Trotz alledem

Mein Leben

HANNES WADER

PENGUIN VERLAG

MIX
Papier aus verantwortungsvollen Quellen
FSC® C083411

Klimaneutral*
Druckprodukt
ClimatePartner.com/14044-1912-1001

Penguin Random House Verlagsgruppe FSC® N001967

1. Auflage 2021

Redaktion: Christiane Bernhardt
Umschlaggestaltung: Büro Jorge Schmidt, München
Umschlagabbildungen: Hannes Wader, 1989
© Getty Images/Redferns/K & K Ulf Kruger OHG (Vorderseite);
© Michael Petersohn (Rückseite)
Satz: Leingärtner, Nabburg
Druck und Bindung: CPI books GmbH, Leck
Printed in the Czech Republic
ISBN 978-3-328-10710-1
www.penguin-verlag.de

Inhalt

Vorweg

Hätte ich doch nur Tagebuch geführt. Dann hätte ich für meine hier vorliegenden Lebenserinnerungen nicht so mühsam in meinem Gedächtnis nach halbwegs belastbaren Daten und Fakten buddeln müssen. Auch ein penibel archivierter Briefwechsel (am besten mit bedeutenden Personen der Zeitgeschichte) wäre hilfreich gewesen. Aber zum Sammeln fehlt mir das Talent und ich korrespondiere kaum – weil ich nicht gern schreibe.

Dass ich – trotz alledem – seit über fünfzig Jahren schreibe, neben dem Singen vom Schreiben lebe und jetzt auch noch dieses dicke Buch verfasst habe, ist nur halb so paradox, wie es klingt. Der Widerwille gegen das Schreiben ist unter Autoren und Autorinnen verbreiteter als man denkt und wird belegt durch das folgende Zitat: »I hate to write, but I love having written«, das gleich mehreren Verfassern (könnte also auch von mir selbst sein) zugeschrieben wird – unter anderem Dorothy Parker und Robert Louis Stevenson.

Nun, letztlich kann ich doch noch auf etwas Ähnliches wie Tagebuchaufzeichnungen zurückgreifen – nämlich auf meine Lieder. In ihnen habe ich immer wieder zum Ausdruck gebracht, was mich im Laufe der letzten Jahrzehnte bewegt hat, und sie haben mir beim Schreiben als Erinnerungsstütze gedient. Insofern: I love having written them! Und das gleiche gilt – jetzt, da die Arbeit getan ist – für dieses Buch.

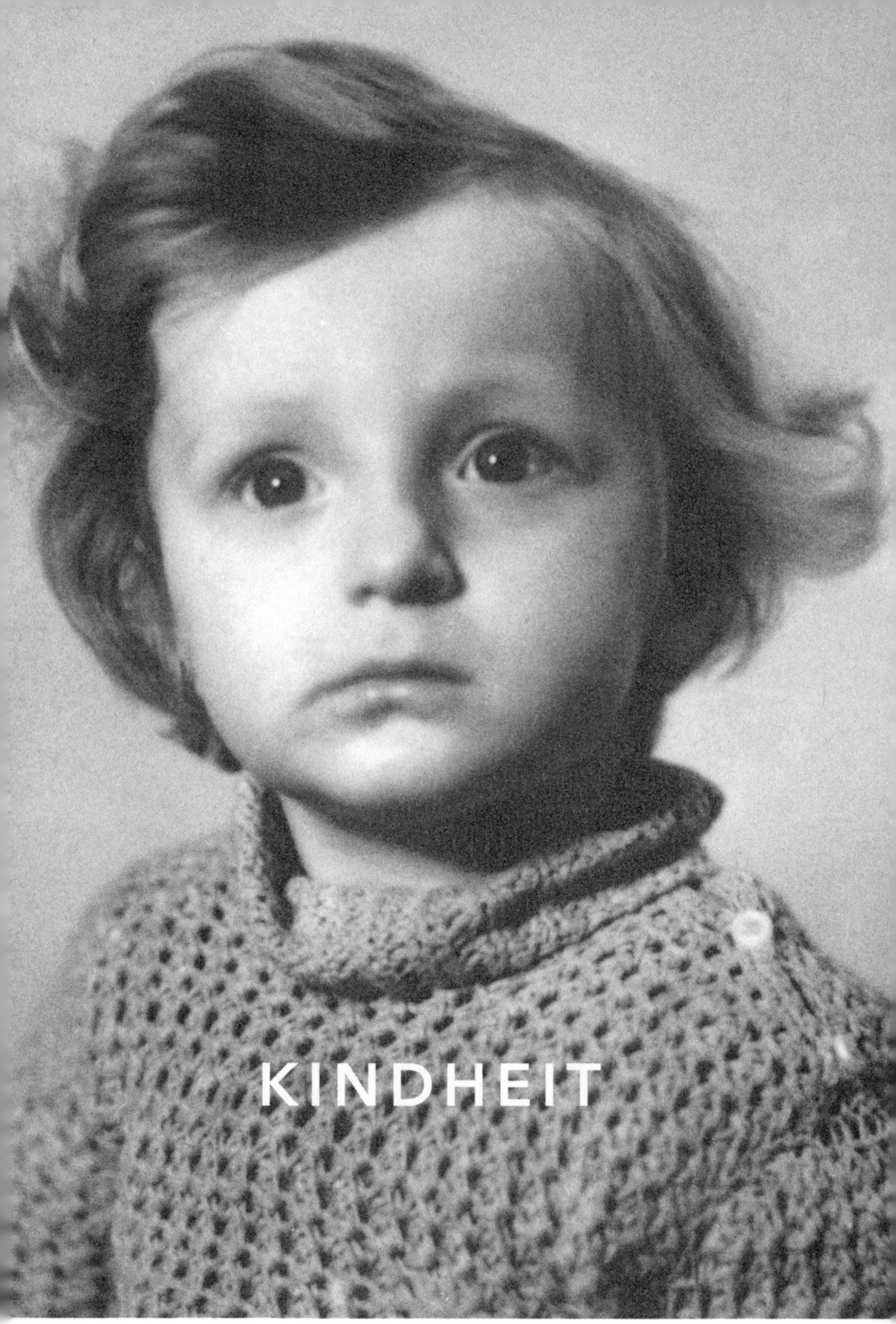

KINDHEIT

Krebsgeboren

Gegen sechs Uhr morgens, am 23. Juni 1942, werde ich in Bethel bei Bielefeld im Hause Gilead, der Entbindungsstation, mit einem Haarkringel über der Stirn geboren. Dem diensthabenden Arzt, der mich hochhebt, schiffe ich laut schreiend ins Gesicht. Er tauft mich, auf meine Stirnlocke anspielend, spontan »Napoleon der Bogenpisser«. Nach meinen beiden Schwestern Ursula und Gisela, sie sind acht und neun Jahre älter als ich, bin ich das dritte und letzte Kind meiner Eltern. Ein Wunschkind, wie mir meine Mutter später des Öfteren versichert, was ich nicht so recht glauben kann. Wer wünscht sich schon mitten im Krieg ein Kind?

Auf jeden Fall bin ich ein Urlaubskind. Mein Vater ist im Krieg und als Gefreiter mit seiner Einheit soeben aus Heydekrug in Ostpreußen nach Norwegen versetzt worden. Es gelingt ihm von dort aus, über die Gärtnerei Heinz in unserer Heimatgemeinde Hoberge, meine Mutter zu meiner Geburt mit einem großen Strauß spätblühender Bauernrosen zu erfreuen. Vielleicht wird deswegen die Pfingst- beziehungsweise Bauernrose später meine Lieblingsblume.

Mein Geburtsjahr 1942 beginnt mit der Wannseekonferenz im Januar, auf der Nazi-Politiker festlegen, wie die totale Vernichtung des Judentums im gesamten Herrschaftsbereich ihres Regimes im Einzelnen erfolgen soll. (Die Begriffskoppelung »National-Sozialismus« gebrauche ich, wenn ich Faschismus meine, nur ungern. Obwohl in der Geschichte immer wieder desavouiert und missbraucht, verbinde ich das Wort »Sozialismus« immer noch mit den Ideen humanitären Fortschritts.)

Die seit den Siebzigerjahren Bielefeld angeschlossene Doppelgemeinde Hoberge-Uerentrup liegt westlich der Stadt am Nordhang des Teutoburger Waldes. Wir wohnen im Ortsteil Hoberge in dem quasi allein liegenden Haus Poetenweg 25. Die nächsten Nachbarn leben hundert Schritte weiter in Kantsteiners Kotten. Oma Kantsteiner sehe ich noch vor mir. Sie trägt ein dunkles Kopftuch, eine Schürze, darunter einen langen schwarzen

Rock und geht immer in Holzschuhen, die mit Stroh ausgepolstert sind. Die langen Halme, die aus deren Hacken nach hinten herausragen, erinnern mich ein bisschen an die geflügelten Fersen des Götterboten Hermes. Ihr Kotten liegt am Fuße des Hügels, wo der Poetenweg ins Twellbachtal einmündet. Oma Kantsteiner sieht alles und weiß immer als Erste, wer und was sich von Osten her nähert. In den frühen Monaten nach dem Krieg wimmeln die Wälder vor marodierenden Banden. Es sind von der Zwangsarbeit auf den umliegenden Höfen endlich befreite, aber hungernde Polen und Russen, die jetzt nach Jahren der Knechtung Rache nehmen können; sich zu plündernden, gewalttätigen Rotten zusammenschließen und den Teutoburger Wald durchstreifen. Auf einem ihrer Raubzüge haben sie bereits den unterhalb des Bußberges gelegenen Dieringschen Hof überfallen und den Bauern erschlagen. Erst, nachdem sich die Briten als Besatzungsmacht etablieren und das Land Nordrhein-Westfalen gründen, werden die Übergriffe ein Ende finden. Aber vorerst herrscht noch Anarchie.

»War das eine Zeit, alle Männer im Feld / die Frauen allein, ganz auf sich gestellt«, heißt es in meinem Lied »Schön ist die Jugend«. Nur dass die Männer jetzt nicht mehr im Feld stehen, sondern tot, an den Fronten gefallen oder in westalliierter und russischer Kriegsgefangenschaft sind.

Oma Kantsteiner, über achtzig Jahre alt und furchtlos – tatsächlich geschieht ihr auch nie etwas –, hat die Aufgabe übernommen, die Hoberger Mütter mit ihren Kindern vor heranahenden Marodeuren zu warnen, damit sie sich rechtzeitig im Wald verstecken können. Und zwar sehr wirksam mittels zweier riesiger Topfdeckel, die sie wie Marschbecken aneinanderknallen lässt, dass es durch das ganze Twellbachtal hallt.

Der Poetenweg verbreitert sich ein wenig da, wo er nach Westen aus dem Stadtwald herausführt, und wird, durch das Twellbachtal verlaufend, zu einer engen Straße mit einer Decke aus Kalksteinschotter, die direkt an unserem Haus vorbeigeht. Dort mündet auch der von Süden kommende Twellbach in den von Osten parallel zur Straße fließenden Johannisbach, der im späten Winter, wenn der Schnee schmilzt und der Dauerregen einsetzt, regelmäßig über die Ufer tritt. Zudem liegt unser Haus an der tiefsten Stelle des an sich flachen Tales, sodass der Keller jedes Mal überschwemmt wird und von der Feuerwehr leer gepumpt werden muss.

Wir sechs, das heißt meine Mutter, Dora gerufen, mein Vater Hermann, bis Ende 1945 als Soldat noch in Gefangenschaft, meine Schwestern und ich, leben in einer Dreizimmerwohnung im ersten Stock des Hauses. Mein Großvater mütterlicherseits, Georg Hose, für mich Opa Hose, schläft in einem unbeheizbaren Zimmer im Parterre. Im Winter legt er abends immer einen im Backofen vorgewärmten Ziegelstein in ein Handtuch gewickelt an das Fußende seines Bettes. Wir teilen uns die Etage mit Vaters Schwester Tante Anneliese und ihrer Tochter Marlies, die ein oder zwei Jahre älter ist als ich. Tante Anneliese wird schon vor meiner Geburt Kriegerwitwe, sodass ich meinen auf dem Russlandfeldzug früh gefallenen Onkel Willi nur von Fotos kenne.

Das Haus gehört unserer 1936 verwitweten Großmutter väterlicherseits. Sie heißt Karoline, Lina gerufen. Sie wohnt Parterre mit Onkel Edi, Vaters älterem Bruder, und Tante Thea, die unverheiratet und die jüngste Schwester meines Vaters ist, zusammen mit einem schon alten und misslaunigen Hund, dem Spitz Fifi.

Wenige Hundert Meter von uns entfernt wohnt noch eine jüngere Schwester meines Vaters, Tante Lilli mit Onkel Willi, ihrem Mann, auch er zu der Zeit noch im Feld, und ihren drei Töchtern Gertrud, Christa und Renate, die einige Jahre nach Kriegsende noch einen Bruder bekommen, der, wie sein Vater, Willi genannt wird.

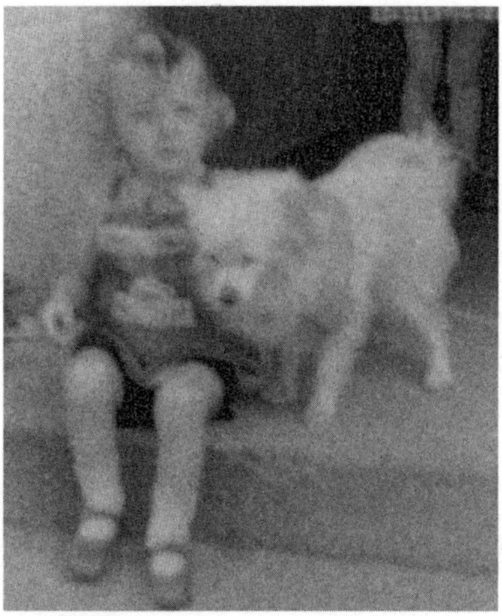

Mit Fifi um 1945

Tante Friede, die Erstgeborene von Vaters fünf Geschwistern, werde ich erst später kennenlernen. Sie ist mit Onkel Luis, einem Tiroler Kleinbauern, verheiratet und lebt mit ihm und ihrer gemeinsamen Tochter Hermine in Haiming im Ötztal am Inn. Meine Cousinen fahren als Schulkinder in ihren Sommerferien immer zu Tante Friede nach Österreich. Ich darf nicht mit, man kann mich, weil ich Bettnässer bin, nicht auf eine Reise mitnehmen.

Wie Vater dient beziehungsweise kämpft auch Onkel Edi als Soldat. Auch er kehrt erst nach Kriegsende von der Westfront heim. So vertrete ich während meiner ersten drei Lebensjahre gemeinsam mit Opa Hose die männliche Minderheit im Haus gegenüber einer weiblichen Mehrheit: sieben Frauen, elf, wenn Tante Lilli mit meinen drei Cousinen meist am Wochenende ihre Geschwister besucht. Wenn sie dann gemeinsam unten bei Oma in der Küche sitzen, ist immer was los. Besonders Tante Lilli spricht sehr laut und lacht gern, wobei ihr Lachen mit dem Wort Juchen, das durch das ganze Haus schallt, dass die Wände wackeln, exakter bezeichnet ist. Tante Lillis Gejuche begleitet mich durch meine Kindheit und Jugend. Neben vielen anderen Erinnerungen, die vom harschen Grundton der Nachkriegsjahre zeugen, ist dies eine der eher angenehmen.

Schön ist die Jugend

War das eine Zeit, alle Männer im Feld
die Frauen allein, ganz auf sich gestellt
ich wuchs auf unter Tanten, Schwestern, Cousinen
die es schwer mit mir hatten, aber ich auch mit ihnen
alles Frauen mit starker Persönlichkeit
um es nett auszudrücken, ich will keinen Streit
und ich mit meinem kleinen Schwänzchen dazwischen
das Hänschen, ohne Chance, da mitzumischen …

Sieben Kaffeebohnen

Zweifellos bin ich während meiner frühen Kindheit durch diesen zum Teil kriegsbedingten Frauenüberschuss in der Familie nachhaltig geprägt, auch wenn ich dadurch bedingte Entwicklungsdefizite oder -vorteile nicht genau benennen könnte. Ich wachse nun mal so auf.

Auch später in meiner Lehrzeit als Dekorateur in einem Schuhgeschäft sehe ich mich mit zwei männlichen Kollegen einer Überzahl von Verkäuferinnen gegenüber. Desgleichen während meines Grafikstudiums ab 1964 in Berlin: Vier männliche Studierende im selben Semester mit sechzehn Kommilitoninnen, die spontan und von Anfang an statt Hans, Hannes zu mir sagen, was vorher noch niemand eingefallen war. Mir ist es recht, und ich selbst nenne mich von da an auch so.

Während meine Schwestern in der Schule sind, arbeitet meine Mutter, auch nach der Heimkehr meines Vaters aus dem Krieg, ganztägig beim Bauern Meyer zu Hoberge in der Küche und auf dem Feld. Daher muss mein Opa Hose fünf lange Jahre, bis zu meiner Einschulung, vormittags auf mich aufpassen. Opa Hose, Jahrgang 1866 und damit schon über achtzig, hat ein steifes linkes Bein, kann sich nur schlecht bewegen und hat der weiblichen Dominanz im Hause kein nennenswert männliches Korrektiv entgegenzusetzen.

Meine allererste Erinnerung: Ich bin zweieinhalb Jahre alt – und auch wenn die Wissenschaft hier sofort einwendet, dass kindliches Erinnerungsvermögen frühestens ab dem vierten Lebensjahr einsetzt, existiert in meinem Kopf dennoch diese Erinnerung. Und niemand in der Familie hat mir je davon erzählt, ergo muss ich es so erlebt haben. Also, Opa Hose stellt sich mit mir vor den Küchenherd, ostwestfälisch Kochmaschine genannt, und bimst mit mir das der emaillierten Backofenklappe aufgeprägte Firmenlogo. Am frühen Abend, als alle wieder zu Hause sind, sagt er: »Der Junge kann lesen«, deutet auf das Logo und fragt mich: »Was steht hier?« Ich antworte: »Original Senking.«

Mutter und Schwestern loben meine frühkindliche Lernwilligkeit, an die seitens der Familie danach lange Zeit – im Sinne gezielten Unterrichts – leider keine Anforderungen mehr gestellt werden. Die vielen Stunden, die ich in der Folge allein mit Opa zubringen muss, sind oft langweilig. Ich bin hungrig nach Geschichten. Aber wenn ich sage: »Opa, erzähl mir doch mal was«, kommt nichts. Manchmal frage ich ihn, wie er zu seinem steifen Bein gekommen ist. Er antwortet immer ausweichend mit einer jedes Mal anderen Legende über seine Behinderung. Immerhin, es sind Geschichten, aber die Wahrheit über sein steifes linkes Bein kenne ich bis heute nicht.

Jedenfalls ist Opa Hose mit meiner Betreuung ständig überfordert. Um mal Atem schöpfen zu können, knüpft er mich mit einem Band locker an mein Gitterbett, das im Schlafzimmer meiner Eltern steht, verschließt die Tür und lässt mich dort schreien. Kleinkinder sich müde schreien lassen, gilt zu jener Zeit als erzieherisch vernünftig. Ich werde aber – glaube ich mich zu erinnern, und so erzählt es später auch meine Mutter – nicht müde, sondern befreie mich irgendwie von dem Band, reiße mir die Windel herunter, klettere aus dem Bett, pinkle gegen die Wand und beschmiere die Blümchentapete breitflächig mit Scheiße. Diese »al-fresco-Wandgestaltung«, die, großzügig interpretiert, schon meine kreative Veranlagung erahnen lässt, bleibt ein einmaliger Vorfall. Keine weiteren Fäkal-Graffitis. Dafür bleibe ich noch lange Bettnässer.

Dem Windel- und Gitterbettalter längst entwachsen, liege ich dann nachts auf einer roten Gummiunterlage, die das alte und durchgelegene Küchensofa schützen soll, das dennoch tagsüber immer schwach nach Pisse riecht und mir über die nächsten Jahre hinweg als Schlafstatt dient. Ein eigenes Bett, geschweige denn ein eigenes Zimmer, wird es für mich erst geben, als ich, schon zwanzig Jahre alt, nach Westberlin umziehe. Erst lange Zeit danach mache ich mir bewusst, dass es zu Hause für mich zwanzig Jahre lang nicht mal einen Kubikzentimeter Raum gab, in dem ich mir gehörende Gegenstände unterbringen konnte. Ich werde nie lernen, etwas zu sammeln. Das Wenige, das ich besitze, fliegt überall in der Wohnung rum. Hauptsächlich dadurch, glaube ich, wird noch Jahre danach meine Beziehung zur Ordnung, zum Geld, zu Besitz und Eigentum bestimmt. Doch nachdem ich zu alldem lange gar kein Verhältnis hatte, ist es inzwischen nur noch gestört.

Dass ich noch bis zu meinem zehnten Lebensjahr jede Nacht ins Bett mache, könnte auf eine »emotionale Unterversorgung« seitens meiner Eltern hindeuten. Ich habe ihnen daraus nie einen Vorwurf gemacht. Der Krieg, die Nachkriegsära – eine Zeit der Entbehrungen. Man hat andere Sorgen. Klar werde ich vernachlässigt und auch schon mal geschlagen, aber nicht öfter oder härter als irgendein anderes Kind in jener Zeit. Da es keine allgemeingültige Maßeinheit gibt, die Schwere seelischer Verletzungen zu gewichten, ist es wohl so, dass sie sich individuell und unterschiedlich stark auf das jeweils davon betroffene Gemüt auswirken.

Ich war womöglich nur eines dieser besonders schwierigen, übersensiblen Kinder, das, um sich nicht unglücklich zu fühlen, mindestens doppelt so viel Zuwendung braucht, wie die Menschen in ihrer Umgebung für sie aufbringen können – also nie genug; dem sich durch eine vielleicht angeborene Überempfindlichkeit schon ein sogenannter harmloser Klaps als traumatische Erfahrung tief in die Seele brennt. Ein unauflösliches Dilemma, für das, so scheint es mir, niemand verantwortlich zu machen ist, nicht das Grauen der Kriegs- und Nachkriegszeit, die Familie nicht – ich nicht.

Meine Mutter erlebe ich eigentlich immer nur arbeitend, manchmal bis zur Erschöpfung tief in die Nacht hinein. Nur einmal – sie vermeidet es, wenn sie sich elend fühlt, sich uns anderen so zu zeigen – sehe ich sie zusammengesunken am Tisch sitzen und weinen. Aber sie singt auch oft bei der Arbeit. Sie hat eine schöne Stimme und kennt viele, viele Lieder, die sie beim Putzen, Strümpfe stopfen, Wäsche aufhängen, bei der Gartenarbeit oder beim Abwasch singt. Oft gemeinsam mit meinen Schwestern. Nach der Heimkehr meines Vaters aus dem Krieg greift der manchmal zur Mandoline und begleitet sie. Obwohl ich mich nicht erinnere, dass meine Mutter sie gesungen hätte, kenne ich schon mit sechs Jahren, ich weiß nicht woher, einige Klassiker der sozialdemokratischen Arbeiterbewegung und kann sie auswendig. Unter anderem: »Wann wir schreiten Seit' an Seit'« und »Brüder, zur Sonne, zur Freiheit«.

Für meine Eltern, für ihre ganze Generation, ist Wien das Mekka der Musik. Der Wiener Walzer ist für sie die Königsdisziplin aller Gesellschaftstänze. Wiener Lieder bedeuten ihnen alles. Besonders die von Robert Stolz: »Auf der Heide blüh'n die letzten Rosen«, »Vor meinem

Vaterhaus steht eine Linde«, »Im Prater blüh'n wieder die Bäume« (dass Robert Stolz nach 1933 Juden das Leben rettete, indem er sie im Fond seiner Limousine bei insgesamt 21 Fahrten über die »Reichsgrenze« nach Österreich brachte, möchte ich hier nicht unerwähnt lassen). Mutters riesiges Repertoire umfasst neben Dutzenden von Volksliedern jede Menge Operettenmelodien und sogar Opernarien, aber auch ältere, noch in der Weimarer Republik entstandene Schlager. Die Neueren aus den Nazijahren, von den populärsten, die ohnehin jeder kennt, wie »Heimat, deine Sterne« einmal abgesehen, kann sie sich schon deshalb nicht so leicht aneignen, weil wir kein Radio haben. Erst nach dem Tod meines Vaters im August 1957 – ich bin 15 und im zweiten Lehrjahr – schafft Mutter von ihrem Putzfrauenlohn eins an.

Das zu der Zeit einzige Radio im Haus, ein alter Volksempfänger, steht nebenan in Tante Annelieses Küche. Manchmal gehe ich zu ihr rüber, um mit meiner Cousine Marlies zu spielen. Meistens ist das Radio eingeschaltet. Über den NWDR, den Nordwestdeutschen Rundfunk, von den Engländern als Sender für die britische Besatzungszone eingerichtet, werden auch manchmal von Hans Albers gesungene Lieder ausgestrahlt. Nach zweimaligem Hören kann ich »Auf der Reeperbahn nachts um halb eins« auswendig. Wenn Nachbarn zu Besuch kommen, werde ich aufgefordert, das Lied vorzusingen. Das tue ich zwar gern, stelle mich dazu aber – wie Miles Davis mit seiner Trompete – in eine Ecke mit dem Rücken zum Publikum. Einerseits möchte ich Aufmerksamkeit und im Mittelpunkt stehen, andererseits bin ich scheu und meide jeden Augenkontakt mit meinen Zuhörern.

Ich bin schon damals keine Rampensau, und es wird später auch keine mehr aus mir werden. Ich mag es, auf der Bühne zu stehen, aber keine Minute länger als unbedingt nötig. Da stellt sich schon die Frage, ob der bühnengeile Selbstdarsteller nicht doch auf idealere Weise den eigentlichen und echteren Typus des Künstlers verkörpert als einer wie ich, der seinem Publikum mehr misstraut, als es zu mögen – selbst aber von ihm geliebt werden will. Ich schließe den Gedanken nicht aus, dass es nicht zuletzt meine Starrköpfigkeit war, die mich dazu gedrängt und getrieben hat, unbedingt auf der Bühne stehen und »mit etwas groß rauskommen zu wollen«, was mir im Grunde gar nicht so liegt.

Ich höre meine Mutter immer gern singen. Obwohl ich nie den Wunsch nach einem besonderen Lied äußere, habe ich schon früh meine Favoriten, auf die ich mich jedes Mal freue. An erster Stelle steht für mich: »Zogen einst fünf wilde Schwäne«. Dieses Lied selbst zu singen und auf Schallplatte zu veröffentlichen, ist mir dann später ein Bedürfnis. Schon als Kind bin ich von der heiteren Melodie und dem Text, der im Gegensatz zu ihr Melancholie und Vergeblichkeit vermittelt, berührt, ohne dessen Inhalt zu begreifen:

Zogen einst fünf wilde Schwäne,
Schwäne leuchtend weiß und schön.
»Sing, sing, was geschah?«
Keiner ward mehr gesehen, ja.

Ebenso wenig wie ekstatischer Frohsinn ist Melancholie meine Lieblingsstimmung. Ich versuche aber auch nicht, Letzterer zu entgehen. Ich fürchte mich nicht davor, allzu tief in ihr zu versinken. Mit der Zeit habe ich mir ein paar mentale Techniken angeeignet, mit denen ich mich zügig aus solchen Zuständen wieder herausarbeite, namentlich mit Singen. Hat meine Mutter mich manchmal in den Schlaf gesungen? Ich kann mich nicht erinnern, nehme es aber an. Wenn an der Theorie was dran ist, nach der Kinder bereits im Mutterleib Geräusche, Musik und Stimmen wahrnehmen, sogar ihre emotionalen Färbungen unterscheiden können, muss ich meine Mutter schon vor meiner Geburt sehr oft singen gehört haben.

Jedenfalls bin ich mir sicher, dass meiner Mutter das Singen ihr schweres Leben manchmal erträglicher gemacht hat. Es heißt: »Singen vertreibt das Leid« – das ist wahr. Nun kann ich mich zwar nicht selbst in den Schlaf singen, es ist aber so, dass ich mich manchmal heute noch zu Hause hinsetze, um mich singend zu trösten. Und es funktioniert meistens.

Die Arbeit auf dem Bauernhof in der Küche und besonders auf dem Acker ist viel zu hart für meine Mutter mit ihrer eher zarten Statur. Ständig leidet sie unter Prellungen, Verstauchungen, sogar Knochenbrüchen, die dann wochenlang ausheilen müssen, ehe sie wieder arbeiten kann. Das bedeutet jedes Mal, dass weniger zu essen auf den Tisch kommt. Jeden Abend, sommers noch im Hellen, winters im Dunkeln, geht sie zu

Fuß die zwei Kilometer vom Hof bis nach Hause. Die holprigen Feldwege entlangstolpernd, dann durch den Wald, bringt sie immer einen Liter frische Milch im Henkelmann mit. Einmal im Winter, nach Einbruch der Dunkelheit auf dem Heimweg, rutscht sie aus und stürzt die steile Böschung hinunter in den leicht überfrorenen Twellbach. Sie verstaucht sich das rechte Sprunggelenk, ohne dabei, um die Milch zu retten, den Henkelmann loszulassen. Wochenlang kann sie nicht zur Arbeit gehen, also gibt es auch keine Milch. Dennoch kann ich mich nicht erinnern, dass wir wirklich hätten hungern müssen. Im Keller liegen Kartoffeln aus dem eigenen Garten und Steckrüben, aus denen Mutter Eintöpfe kocht, die ich hasse. Die klein geschnittenen Rüben sind oft so zäh und faserig, dass ich würgen muss.

Schon bald, nachdem sie die Arbeit beim Bauern annimmt, verhebt sie sich schwer. Ich erinnere mich gut an das Bruchband, das sie vorm Schlafengehen immer abnimmt, unters Bett schiebt und am nächsten Morgen wieder anlegt. Trotz ihres harten Lebens wirkt sie auf mich nicht unglücklich. Eher fatalistisch. Mehr als einmal höre ich sie sagen: »Ach, heute ging es mir richtig gut. Womit ich dafür wohl wieder bezahlen muss?«

Die Heimkehr meines Vaters aus dem Krieg ändert nicht viel an ihrer Lage. Auch er arbeitet zunächst beim Bauern, später dann als Handlanger auf dem Bau, macht sich zwischenzeitlich sogar selbstständig. Er stellt in dem großen Schuppen hinter unserem Haus, mit seinem Bruder als Partner, manufakturell, also in Handarbeit, »Leichtbauplatten« her. Seine eigene Erfindung. Rechteckige, aus Holz gezimmerte Formen, circa 180 Zentimeter mal 60 Zentimeter und 40 Millimeter tief, dahinein eine feuchte Mischung aus Holzwolle und Zement, Deckel drauf, hochkant zum Trocknen und Aushärten an die Wand gestellt und fertig. So wie ich es hier darstelle – ein Kinderspiel. Vielleicht aber doch nicht so ganz. Meine Schwester Ulla erinnert sich, dass mein Vater im Stall hinterm Haus mehrere quadratische Felder, also quasi ein Versuchslabor, anlegte, um die für den Fertigungsprozess jeweils günstigsten Materialmischungen zu bestimmen.

Das geht eine Zeit lang gut. Es wird, wenn auch noch zaghaft, schon wieder gebaut. Mein Vater versäumt es, ein Patent auf seine Erfindung anzumelden. Die Idee wird ihm gestohlen. Die Herstellungsmethode ist, jeder kann sie sich sofort aneignen, schlicht – oder genial einfach, wenn man so will. Bald produzieren die Baufirmen der Region die Platten nur leicht umgewandelt nach seinem Muster. Zwar nicht besser, aber schneller, billiger und vor allem mehr. In verschiedenen Varianten ist heute die sogenannte zementgebundene Leichtbauplatte, unter anderem als Dämmmaterial, verbreiteter denn je. Aber mein Vater muss aufgeben. Obwohl in der Gemeinde beliebt wegen seines kommunalpolitischen Engagements als Sozi, wird sein Scheitern als Unternehmer von manchen mit Häme kommentiert. Fritz Kaiser, er ist Maurer und einer unserer Nachbarn am Poetenweg, dichtet einen Zweizeiler, den seine Söhne Gerd und Herbert mir bei jeder Gelegenheit hinterherrufen: »Hermann Wader stadtbekannt / als Fabrikant im Ruhestand.«

Wieder wird das Geld im Hause knapp. Krank werden darf keiner. Die Familie ist zeitweilig nicht versichert. Meine Mutter sieht zunehmend schlechter, kann sich keine Brille leisten. Mein Vater findet zufällig eine, ein Kassengestell mit nur einem Bügel, beim Ausschachten auf einer Baustelle. Die bringt er ihr mit. Die zermürbenden Anstrengungen beider Eltern, die Familie zu ernähren, aber auch Spannungen zwischen meiner Mutter und ihrer angeheirateten Verwandtschaft, belasten das Verhältnis der Eltern zueinander. Einmal, als sich meine Mutter über anhaltende Niedergeschlagenheit und Erschöpfung beklagt, sagt mein Vater: »Heier man up to greinen, de Arbeit mutt ja maket warn, hest ja auk de Knuaken doartau.«*

… und unter uralten Eichen versteckt,
hausten auf stolzen Höfen, einsam, abgelegen,
Bauerngeschlechter, hochfahrend, hart …

… heißt es in meinem Lied »Eltern«. Der Großgrundbesitz Meyer zu Hoberge, auf dem meine Mutter und gelegentlich auch mein Vater arbeiten, meine Schwester Gisela nach ihrer Schulentlassung ein damals sogenanntes Haushaltsjahr ableistet, ist einer der ältesten dieser stolzen Höfe. Von ihm, dem »Hof am Berge«, leitet sich auch der Ortsname Hoberge ab.

---

* »Hör auf zu jammern, die Arbeit muss getan werden, hast ja auch die Knochen dafür.«

Schon im 12. Jahrhundert urkundlich erwähnt, werden die Besitzer dieses am nördlichen Hang des Mielberges gelegenen Hofes, als Sattelmeier bezeichnet. Der Überlieferung nach waren die Sattelmeier Mitstreiter des Sachsenfürsten Widukind, der um 800 nach Christus im nahe gelegenen Enger bestattet worden sein soll.

Die im Mittelalter zwar nicht freien, aber ansonsten privilegierten Sattelmeier wurden auf besonders ehrenvolle Weise beigesetzt: Stirbt ein Sattelmeier eines Kirchspiels im Ravensberger Land, wird dies durch Glockenläuten von Mittag bis ein Uhr verkündet. Der Leichnam wird in besonderer Weise auf der Deele, ostwestfälisch für Tenne, aufgebahrt. Währenddessen schaut das nun herrenlose Sattelpferd durch die geöffnete Deelentür auf den Sarg des Verstorbenen. Der Sarg wird auf einem Leiterwagen von sechs Pferden zur Kirche gezogen. Dem Wagen folgt das Sattelpferd, erst danach der Trauerzug. Während des Beisetzungsgottesdienstes schaut das Pferd durch die geöffnete Kirchentür.

Auf der nordwestlichen Hofseite befindet sich eine alte Thingstätte. Unter einer riesigen Linde, einer Nachpflanzung der Thinglinde, die vorzeiten hier an gleicher Stelle gestanden hat, ein germanischer, in der Mitte geborstener Runenstein. Schon vor Jahren soll er von einem ausgebrochenen, wild gewordenen Zuchtbullen zertrümmert worden sein, so erzählt es mir meine Mutter. Ich selbst habe keinen Zugang zu diesem blickdicht von hohen, teils immergrünen Sträuchern umwachsenen Teil des Hofes, zu diesem Heiligtum aus heidnischer Zeit.

Am Rande des Hofplatzes, neben einer Jahrhunderte alten Fachwerkscheune, steht die von den Hobergern so genannte Tausendjährige Eiche, deren Stammumfang über dem Wurzelbereich gut sieben Meter beträgt. Ihr tatsächliches Alter wird auf 600 bis 700 Jahre geschätzt.

Die zum Hof gehörenden Ländereien – es mögen an die 600 bis 700 Morgen sein – Wälder und fruchtbare Äcker, die über tausend Jahre lang Dutzende von Bauerngeschlechtern mitsamt ihrem Gesinde, den Köttern und Heuerlingen, ernährt haben, werden ab Mitte der Siebzigerjahre nicht mehr bewirtschaftet und in einen Golfplatz mit zunächst neun Loch umgewandelt.

Wenn ich meine alte Heimat besuche, wandere ich sommers gern auf dem Kammweg vom Peter auf'm Berge, einem beliebten Ausflugslokal, nach Kirchdornberg und nehme dann oft den Weg über den Hof Meyer zu Hoberge. Irgendwann in den Siebzigern, als ich wieder mal über den Hof gehe, um den Mielberg hinaufzusteigen, bleibe ich bei der Eiche abrupt stehen, geschockt, aber eher beeindruckt als erschrocken über das Bild, das sich mir bietet. Ein gewaltiger Ast von über einem Meter Durchmesser an der Bruchstelle ist, vermutlich vom Blitz aus der Krone herausgesprengt, der Länge nach gesplittert zu Boden gestürzt. Daneben liegt auf dem Rücken der Kadaver eines schweren – mit seinem von Faulgasen aufgetriebenen Bauch noch mächtiger wirkenden – Kaltblüterwallachs. Alle vier Beine steif in die Luft gereckt. Die buschigen Behänge an den Hufgelenken bewegen sich leicht im Wind. Aus seinem geöffneten Maul hängt zwischen den gebleckten Zähnen die Zunge heraus. Krähen picken seine mit einer milchigen Schicht überzogenen Augäpfel aus; lassen ärgerlich krächzend von ihrer Beute ab, als ich näher komme. Ist dieser Pferdekoloss direkt vom Blitz erschlagen worden, oder hat der herunterkrachende Ast ihm das titanische Kreuz gebrochen? Wer weiß. Dieses von der Wucht elementarer Raserei drapierte »Stillleben« wirkt erschütternd, aber durchaus stimmig auf mich. Deplatziert erscheint mir eher die gepflegte Dekadenz des Golfparcours als Rahmen für dieses Tableau barbarisch-archaischer Urgewalt.

Die kurzen Nachmittagspausen an den Wochenenden zu Hause, in denen sich meine Mutter eine Tasse Mokka aus echten Nachkriegskaffeebohnen gönnt, sind die Ausnahme. Es herrscht die von meiner Mutter sogenannte schlechte Zeit, und es gelingt ihr, auf dem Schwarzmarkt gegen ich weiß nicht was echten Bohnenkaffee einzutauschen. Sie liebt guten Kaffee über alles. »Gut« bezeichnet den Unterschied zu dem Muckefuck genannten Gesöff aus gerösteter Gerste. Das Wort »Muckefuck« soll sich übrigens von »Mocca faux« – falscher Mokka –, im preußisch-französischen Krieg eingedeutscht, herleiten.

Eines Morgens, als sie in aller Eile die Kurbel der hölzernen Mühle dreht, um sich schnell noch vor der Arbeit einen Kaffee zu kochen, fallen ihr beim Mahlen ein paar Bohnen herunter und kullern unter den Küchenschrank. »Ogottogott, die guten Bohnen … und ich muss doch jetzt schnell zur Arbeit!«

Kaum ist sie aus dem Haus, versuche ich schon unter den Schrank zu kriechen und mit dem Besen die Kaffeebohnen darunter hervorzuholen.

Zusammen mit der Zuckertüte, die Mutter dort vor mir versteckt hält. Ich bin immer auf der Suche nach etwas, das essbar und süß ist. Mutter ist gezwungen, jeden Tag neue Verstecke für den im Grunde ekelhaften braunen – weißen gab es damals noch nicht – Rübenzucker zu suchen.

Ich habe einen eisernen Magen und erinnere mich nicht, dass mir während meiner ganzen Kindheit und Jugend von irgendetwas, das ich gegessen habe, jemals schlecht geworden wäre. Den Zucker, fast noch ein halbes Pfund, esse ich gleich auf.

Ich trage immer eine Schürze mit einer aufgenähten Tasche vor dem Bauch, in die ich die gesammelten Kaffeebohnen stopfe. Abends übergebe ich sie gleich meiner Mutter, als sie von der Arbeit kommt. Von ihr weiß ich, ich selbst kann noch nicht zählen, dass es genau sieben Bohnen sind. Mutter ist so gerührt, dass ich an sie gedacht und etwas nur in der Absicht, sie zu erfreuen, getan habe, dass sie die Geschichte danach immer wieder erzählt. Die leer gefressene Zuckertüte erwähnt sie dabei nicht. Sie lässt es mir durchgehen, schon weil eine ihrer stehenden Redensarten lautet: »Zucker nährt«. Kann auch sein, sie hat die Tüte einfach nur vergessen.

Später finde ich noch öfter unterm Geschirrschrank, sogar unterm Sofa, Reste halb verrotteter Teewurst oder angebrochene Dosen mit Kaffeesahne, die sie vor mir versteckt, um sie dann ebenfalls zu vergessen. Ähnlich wie die Eichhörnchen, von denen man weiß, dass sie ihre sorgsam angelegten Winterdepots mit Haselnüssen mitunter nicht mehr wiederfinden.

Die Gewohnheit zu naschen, besser, Zuckermahlzeiten zu mir zu nehmen, behalte ich auch bei, nachdem es schon wieder weißen Zucker gibt. Ich lege den Kopf in den Nacken, schütte mir den Zucker aus der Tüte in den Mund und spüle ihn mit Kondensmilch direkt aus der Dose runter. Glücksklee Dosenmilch gibt es, dank Karl Lagerfelds Vater Otto, gleich nach Kriegsende wieder.

Allein mit meinem Opa in der Wohnung und wieder mal auf der Suche nach Zucker und sonstigem Essbaren, öffne ich alle Schranktüren und reiße alle Schubladen auf, an die ich herankommen kann. Ich muss einen Küchenstuhl an den Schrank stellen und darauf noch eine Fußbank, um an den Zucker im obersten Fach des Geschirrschranks zu gelangen. Wenn ich ungezogen bin, droht Opa Hose mir gewöhnlich damit, mich verhaften zu lassen: »Lass das sein, sonst hole ich Schandarm Karwanke, der sperrt dich ein.«

Ich weiß aber, dass Karwanke inzwischen längst seines Postens enthoben ist. Damit geht Opas Drohung ins Leere, und ich kann diesmal seinen Versuch, mich am Naschen zu hindern, mit den Worten abschmettern: »Hau bloß ab, oder ich schlage dich zum Krüppel, du altes Nazischwein.«

Diesen und ähnliche Sprüche muss ich damals gleich nach dem »Umschwung«, wie meine Mutter das Ende der Naziherrschaft und des Krieges nennt, von den älteren Nachbarskindern, obwohl ich ihnen nur selten begegne, aufgeschnappt haben. War doch niemand in der Familie, weder väterlicher- noch mütterlicherseits, Nazi. Opa Hose folglich auch nicht, und ich bin ganz dankbar, einer in dieser Hinsicht wenig belasteten Sippe zu entstammen; habe ich doch immer wieder Leute getroffen, die an der Nazivergangenheit ihrer Eltern schwer zu knacken hatten – und noch haben.

Wachtmeister Karwanke – ich habe ihn als Dreijähriger noch als Polizist in voller Montur erlebt und so in Erinnerung – begegne ich 1971 als Gespenst im Fernsehen wieder. Verkörpert von Arno Assmann als Nazi-Polizist Jens Ole Jepsen in »Deutschstunde« nach dem Roman von Siegfried Lenz. Assmann in seiner Rolle wirkt auf mich wie ein Klon Karwankes. Wie er sein Fahrrad besteigt, den Tschako trägt, den Uniformmantel, die schwarzen, blank gewichsten Ledergamaschen. Der Ausdruck starrer und dumpfer Selbstgewissheit im Gesicht. Beklemmend, diese Ähnlichkeit.

Schwein gehabt

Mal schwächer, mal stärker spürbar, wird mich ein Grundgefühl der Verlassenheit und Traurigkeit durch meine Kindheit – ja, mein ganzes Leben hindurch – begleiten. Überempfindlich und unfähig, das, was um mich herum geschieht, als getrennt von mir betrachten und erleben zu können, beziehe ich alle Ereignisse unmittelbar und ungefiltert, ohne eine innere, die Wucht der Eindrücke mildernde Pufferzone, auf mich. Dann diese nur selten »sprühende«, eher quälend langsame, aber unausgesetzt und ruhelos, sogar noch im Schlaf arbeitende, sich ziellos in alle Richtungen zerfasernde und zerfließende Fantasie.

In und mit diesem Zustand lebe ich nun schon so lange, dass ich ihn inzwischen als Teil meiner selbst akzeptiere. Dabei bewundere ich meditationserfahrene, spirituell begabte Menschen, Meister der Entrückung und der hohen Kunst, ihr Hirn zumindest zeitweilig von jeglichem Gedankenmüll zu leeren. Ich selbst habe das nie gelernt, obwohl mir doch als Künstler eine spirituellere Weltsicht entsprechen und der Zugang zu ihr nicht schwerfallen sollte – tut es aber. Vielleicht kann ich das ja noch nachholen. Nun bin ich aber kein Anhänger des Axioms, dass der Mensch bis zu seinem Ende nicht nur lernen und sich weiterentwickeln kann, sondern muss. Ich möchte im Alter eher meine Ruhe haben. Die Vorstellung, mich noch auf dem Sterbebett in meinen letzten Zügen, röchelnd weiterentwickeln zu sollen, betrachte ich als Zumutung. Seit einigen Jahrzehnten behelfe ich mich, um Stress abzubauen und Energien zu bündeln, mit gelegentlichem autogenen Training. Manchmal hilft es, manchmal nicht.

Erst als junger Erwachsener erlebe ich – was ich im Songtext »Der Büffel« schon als Ahnung anklingen lasse – das Gefühl, die wüst, aber gleichzeitig träge umherwirbelnden Ideen und inneren Bilder sortieren, ihnen Struktur und Gestalt geben zu können.

Gern würde ich für eine bildhafte Darstellung dieser Vorgänge, wie sie sich in meinem Geist abspielen, mit all den Gedankenfetzen und Impulsen, die durch den Mikrokosmos meines Gehirns vagabundieren, als Metaphern Sternenstaub und Meteoritensplitter heranziehen, die das Weltall mit vieltausendfacher Lichtgeschwindigkeit so lange durchrasen, bis sie sich zu einem neuen Planeten verdichten. Nur hat noch nie etwas in kosmischen Tempi mein Gehirn durchrast. Es dümpelt alles immer nur, trotzdem verdichtet es sich da manchmal auch zu Etwas, muss ja nicht gleich ein Planet sein. Deswegen will ich mich darüber auch nicht beklagen; habe ich mich doch inzwischen, spätestens nach der Lektüre von Sten Nadolnys großartigem Roman »Die Entdeckung der Langsamkeit«, mit meiner eigenen längst versöhnt.

Dabei kommt mir ein Spruch auf westfälisch Platt, den ich wohl nicht übersetzen muss, in den Sinn: »Langsam Patt kümmt auk naa Stadt.«

Nun kann ich mir aber denken, dass mein Verhalten, besonders während meiner ersten fünf Lebensjahre, mein sich dauernd am Rand der Panik befindender Zustand, von den Menschen, die mich umgeben, als sehr anstrengend empfunden wird.

»Stell dich doch nicht so an, du alte Heulsuse«, bekomme ich oft zu hören. Meine Schwester Ulla antwortete noch kürzlich auf die Frage eines Bekannten, wie ihr Bruder denn so als Kind gewesen sei: »Na ja, er hat viel geweint.«

Verständnis für meine Eigenheiten kann ich weder innerhalb noch außerhalb meiner Familie erwarten und fühle mich von der Welt, da, wo ich mit ihr in Berührung komme, abgelehnt und in der Familie nicht aufgehoben. Ein über seltene Momente hinausgehendes Gefühl des Angekommen- und Aufgehobenseins werde ich nie kennenlernen und es vermissen als etwas, »was mir fehlt und was ich wiederfinden muss«, wie ich im Refrain meines Liedes »Erinnerung« singe.

An der Art der Fragen, wenn mir überhaupt welche gestellt werden, spüre ich Desinteresse an mir, dass der Frager im Grunde nichts von mir wissen will. Es sind in Form von Scheinfragen geäußerte Zurechtweisungen, Tadel, Beschimpfungen oder Bestrafungen. Etwa nach dem Muster: »Was soll das denn schon wieder?«; »Sag mal, bist du nicht ganz dicht?«; »Was hast du dir eigentlich dabei gedacht?« und so fort. Noch immer reagiere ich gelegentlich unwillig und gereizt auf oft harmlose und aus echtem Interesse an einer Antwort an mich gerichtete Fragen, denen ich schnell einen inquisitorischen Ton unterstelle und die ich dann reflexhaft als Angriff werte, gegen den ich mich verteidigen muss.

Als Kind bin ich mit meinen Nöten, man kann es so sagen, alleingelassen. Wahrscheinlich haben Psychologen längst herausgefunden, dass sich bei Kindern in dieser Lebensphase, die ersten Grundschuljahre eingeschlossen, nur durch den regen Austausch miteinander gerade die Eigenschaften herausbilden, die sie dann im Erwachsenenalter befähigen, mit jedermann gut klarzukommen. Also, dass Heranwachsende jene gerühmte und begehrte Sozialkompetenz entwickeln, mit der auch ich gern üppiger ausgestattet wäre. Auch bedingt durch die Alleinlage meines Elternhauses treffe ich nur selten eines der ohnehin wenigen gleichaltrigen Nachbarskinder; und obwohl ich mich oft danach sehne, fürchte ich mich gleichzeitig auch davor. Sie wohnen über das Twellbachtal hinaus verstreut und zu weit entfernt, dass ich mit ihnen spielen, mich mit ihnen austauschen könnte. Ich denke, die entscheidende Phase, in der aus mir ein ausgeglichener Charakter und ein richtiger Teamplayer hätte werden können, habe ich damals verpasst.

Auch später sehne ich mich oft nach der Gesellschaft anderer Menschen, halte sie aber nur alkoholisiert länger aus. Ich mache gern Musik zusammen mit Freunden und Kollegen im Studio und auf der Bühne. Aber ebenso gern bin ich solo. Assistenz bei alltäglichen Verrichtungen ist mir unangenehm. Ich koche zwar gern und auch manchmal für Gäste, hasse es aber, wenn mir jemand beim Zwiebelschneiden oder Kartoffelschälen helfen will. Ich liebe es, im Garten zu arbeiten – aber allein. Ich ertrage es nicht mal, dass mir einer die Leiter hält, wenn ich in die Baumkrone steige, um Äpfel zu pflücken.

Auch handwerkliche Tätigkeiten verrichte ich gerne, und auch diese am liebsten allein. Es gibt ein Gedicht von Brecht, das vom Menschen als einem sozialen, von der Gemeinschaft geprägten Wesen handelt. Etwa des Inhalts, dass ein Haus, das ein Mensch allein baut, nur eine Baracke sein kann. Auch in Schillers »Lied von der Glocke« wird die Teamarbeit gefeiert: »Wenn gute Reden sie begleiten, / Dann fließt die Arbeit munter fort.« In einer seiner Barfüßer-Erzählungen schildert Maxim Gorki, wie ein Haufen zerlumpter Landstreicher und Gelegenheitsarbeiter im Rhythmus des gemeinsamen Entladens eines Wolgaschleppers (via

Endorphinausschüttung, nehme ich an) in eine Art Glücksrausch verfallen und so die heiligende Wirkung des Hand-in-Hand-Arbeitens erfahren. In meinem Leben gibt es nur eine Situation, in der ich annähernd so etwas erlebe: beim Musizieren gemeinsam mit anderen.

Ich erinnere mich an einen Versuch meiner Mutter, mich mit anderen Kindern zusammenzubringen. Als kurz nach Kriegsende von der Gemeinde in einem unbewohnten Kotten ein provisorischer Kindergarten eröffnet wird, geht sie mit mir hin. Aber nur einmal. Die ungewohnte Umgebung, die fremden Kinder, versetzen mich augenblicklich in Angst und Schrecken. Als sich meine Mutter dann auch noch zum Gehen wendet, mit dem Versprechen, mich später wieder abzuholen, erfasst mich eine solche Panik, dass ich mich zitternd an sie klammere und nicht mehr aufhöre zu schreien.

Dass ein Kind nur den grauenhaften Moment des Verlassenwerdens als real erlebt, in dem die Aussicht auf ein baldiges Wiederabgeholtwerden gefühlt nicht enthalten ist, trifft auf mich wohl im besonderen Maße zu, denn außer mir hat sich damals, meiner Erinnerung nach, keines der anderen Kinder so aufgeführt.

Kann sein, dass ich mich schon damals mit meinem Hang zu exaltiertem, fast panischem Verhalten auf der einen und dem zu Eigensinn und cholerischen Ausbrüchen auf der anderen Seite von anderen Kindern stark unterschied. Hinzu kommt mein, ich nenne es hier mal: Mangel an Anpassungsintelligenz. Ich will unbedingt und gern geben, was andere von mir wollen, kann es aber nicht. Ständig ecke ich irgendwo schmerzhaft an, ohne zu begreifen, wieso. Weil ich richtig und falsch nicht unterscheiden kann, will ich oft mit dem Kopf durch die Wand. Diese früh erworbene, vielleicht auch angeborene Unfähigkeit, um nicht zu sagen sture Weigerung, aus begangenen Fehlern zu lernen und sie zu korrigieren, behalte ich noch lange Zeit bei. Es ist wie ein Zwang, dieselben Irrtümer zwanzigmal zu wiederholen, ehe es mir gelingt, sie zu vermeiden.

Ich will meine Eigenheiten und Macken, wie sonderbar sie auch erscheinen mögen, hier nicht einseitig als Störungen, Schwächen oder gar Charaktermängel denunzieren. Im Gegenteil. Ich glaube, dass sie später meinen künstlerischen – manchmal gewundenen – Werdegang eher begünstigt als behindert haben. Ein Zitat, das Graham Greene in den

Mund gelegt wird, lautet: »Das Kapital des Schriftstellers ist seine unglückliche Kindheit.« Demnach ist, so möchte ich es interpretieren, der Schriftsteller beziehungsweise der Künstler ein Mensch, der das Glück hat, anstatt an erlittenen Beschädigungen zu zerbrechen, sich in Träume retten und diese in kreative Energie umwandeln zu können. So kann er sich seinen Erinnerungen – auch den schlechten, die er ohnehin nie mehr los wird – immer wieder stellen und sogar noch »Honig aus ihnen saugen«.

Schwerste seelische Verletzungen, welche bei einigen den besagten schöpferischen Elan freisetzen, mögen bei anderen wiederum kriminelle und zerstörerische Energien oder Zustände der Lähmung und der Gebrochenheit auslösen. Es soll aber auch Menschen geben, die trotz alledem ein zufriedenes und sozial angepasstes Leben führen können.

Wie sich ein Mensch mit unglücklicher Kindheit entwickelt, scheint mir von tausend Zufällen abhängig. Das heißt: Ich habe lediglich Schwein gehabt, auf Künstler »gepolt« zu sein und bin dankbar, weder als Langzeitpatient die Couch eines Psychoanalytikers durchliegen noch ein Dasein als Handtaschenräuber oder Serienkiller fristen zu müssen.

Dass sich kindliches und frühkindliches Erleben dramatisch und in jedem Fall daseinsbestimmend auf den erwachsenen Menschen auswirkt, ist wohl nicht zu bestreiten. Daher gebe ich dem Thema Kindheitserinnerungen hier so viel Raum, wie ich meine, dass er ihm zusteht. Deshalb nehme ich auch in meinen Liedern, in denen das von mir tatsächlich Erlebte das Erfundene meistens überwiegt, immer wieder Bezug auf Ereignisse in meiner Kindheit.

Erste Narben

Solange sie noch zur Schule gehen, übernehmen meine Schwestern manchmal an Nachmittagen und Wochenenden – der Ausdruck für Babysitten lautet damals »Kinderverwahren« – die ihnen eher lästige Aufgabe, mich zu betreuen. Ein Erlebnis, das ich mit ihnen hatte und an das ich mich genauestens erinnere, ist aus beider Gedächtnis vollständig gelöscht. Ein Sonntagmorgen im Vorfrühling knapp vor Kriegsende. Ich sitze im Kinderwagen, meine Schwestern schieben mich durch Kreiensieksheide den holprigen Poetenweg entlang, zu der Zeit noch eine Kalksteinschotterstraße. Vor Ewald Schildmanns Schmiede treffen sich sonntags die Kinder aus der näheren Umgebung. Die Gemeinde ist damals noch dünn besiedelt und wird von alliierten Bombern nur einmal am 30. September 1944 in geringer Höhe überflogen, um das sechs Kilometer entfernte Bielefeld in Schutt und Asche zu legen. Ich erinnere mich, diesen Nachmittag mit Mutter und Schwestern im Keller der Sinningschen Villa verbracht zu haben, die der Nachbarschaft als Luftschutzbunker dient. Noch weitere sieben Monate wird es dauern, bis Adolf Hitler sich in Berlin in seinem Führerbunker umbringt und dieser schreckliche Krieg endet. Dass mir für mein Geschichtsverständnis Lieder – sie sind ja mein Leben – unentbehrlich sind, wird jeder verstehen; noch nach dem Ersten Weltkrieg kommen zahllose auf den Kaiser gemünzte Spottlieder in Umlauf:

O Tannenbaum! O Tannenbaum!
Der Kaiser hat in ’n Sack gehau’n.
Er kauft sich einen Henkelmann
Und fängt bei Krupp in Essen an …

… habe ich selbst noch als Kind unterm Weihnachtsbaum gesungen. Ebenso kannte ich schon immer die Verse:

Wem ham' se die Krone geklaut?
Dem Wilhelm, dem Doofen, dem Oberganoven,
Dem ham' se die Krone geklaut.
Wer hat ihm die Krone geklaut?
Der Ebert, der Helle,
der Sattlergeselle.
Der hat ihm die Krone geklaut.

Dagegen existiert kein einziges mir bekanntes Lied, das je den »GröFaZ« – »den größten Feldherrn aller Zeiten« – aufs Korn genommen hätte.

Aus der Nähe, ich bin ja kaum drei Jahre alt, habe ich noch nie einen Motor laufen hören. Weit und breit besitzt hier niemand ein Auto oder ein Motorrad. Dreschmaschinen und Trecker stehen schon lange sprit- und nutzlos in den Scheunen der Bauern.

Plötzlich ein entsetzenerregendes und ohrenzerfetzendes Brüllen. Ein Tiefflieger keine zehn Meter über der Schmiede. Nur eine Sekunde lang, aber deutlich, kann ich den Kopf des Piloten der vermutlich englischen Maschine sehen. Schreiend ducken sich alle Kinder und hechten in den Straßengraben. Der Kinderwagen kippt mit mir um, ich knalle mit der Stirn gegen einen Backstein, der auf dem Grund des Grabens auf diesen Moment gewartet hat. Der Flieger ist längst weg. Ich bin blutüberströmt und brülle. Meine Schwestern tragen mich in die Schmiede. Frau Bökenkamp und Paula Koslowski, beide Kriegerwitwen, die mit den Resten ihrer Familien hier im Haus wohnen, verbinden meine Kopfwunde. Mich wird die Narbe an meiner rechten Schläfe, die sich erst nach Jahrzehnten verwachsen soll, stets an diesen Frühlingsmorgen im Jahre 1945 erinnern. Für meine Schwestern, damals zehn und elf Jahre alt, hat, wie gesagt, dieses für sie eher belanglose Ereignis nie stattgefunden. Umso besser erinnern sie sich an jenen Januarmorgen nur wenige Wochen zuvor, an dem ich plötzlich verschwinde und unauffindbar bin. Es ist mein erster »Ausflug« allein und auch mir selbst noch gut im Gedächtnis.

Erinnerung

Ich erinnere mich zurück
bis in mein drittes Lebensjahr,
da schickte mir mein Vater,
der in Norwegen war
als Soldat um die Weihnachtszeit
'ne Eisenbahn aus Holz.
Die wurde meine Liebe,
und ich spielte voller Stolz
mit der Lok, aus deren Schornstein
dicke, weiße Watte quoll,
lud sie jeden Tag mit Kohle, Sand
und anderen Gütern voll.
Wenn ich des Nachts, die Lok im Arm,
auf meinem Kissen schlief,
geschah es oft, dass ich im Traum
nach meinem Vater rief.
Dass er trotzdem niemals kam,
konnte ich noch nicht versteh'n,
und so fasste ich den Plan,
zu ihm nach Norwegen zu gehen.

Ja, vielleicht sind wir Menschen
nur dazu geboren,
um ruhelos zu suchen bis zum Schluss.
Auch ich habe irgendwann einmal
etwas verloren,
was mir fehlt und was ich
wiederfinden muss.

Eines Morgens in der Dunkelheit,
es war im Januar,
zog ich mich mühsam selber an,
die Luft war kalt und klar.
Ich koppelte die Wagen an

im ersten Morgenrot,
in einem lag ein Apfel
und im andern ein Stück Brot.
Doch ich kam nur langsam vorwärts,
denn die Straße war verschneit,
schon fast Nachmittag
und der Weg nach Norwegen noch weit.
Mir gefror der Rotz am Ärmel,
und da stand ich winzig klein,
fing an zu weinen, schlief dann bald
im Straßengraben ein.
Der Briefträger, der durch Zufall
dort vorüber kam,
war es, der mich fand, mich halb
erfroren mit nach Hause nahm.

Ja, vielleicht sind wir Menschen …

Frühjahr fünfundvierzig
war der Krieg dann endlich aus.
Doch statt Vater kam mein
Onkel Eduard nach Haus.
Das war Vaters Bruder,
und ich weiß es noch genau,
wie er ankam, im Soldatenmantel,
abgerissen, grau.
Aber ich, so sagte Mutter später,
stürzte mich auf ihn.
»Onkel Papa, Onkel Papa« hab
ich immer nur geschrien.
Am nächsten Tag, als ich mit ihm
in Omas Küche saß,
sprach er nicht ein Wort mit mir,
sondern schimpfte auf den Fraß.
Und voll Hass auf seine Mutter
warf er, warum weiß ich nicht,

ihr den vollen Teller mit dem
heißen Grünkohl ins Gesicht.

Ja, vielleicht sind wir Menschen …

Oft hab ich gebettelt um ein
bisschen Liebe wie ein Hund.
Doch stattdessen schlug mein
Onkel mich und meistens ohne Grund.
Manchmal nahm er die Trompete,
machte sich zum Ausgeh'n fein,
meist in lauen Vollmondnächten.
Und man konnte sicher sein,
dass im Dorfe jeder lauschte
und die Fenster offen ließ,
wenn er dann vom Berg herunter
traurig-schöne Lieder blies.
Vorher ging er in die Kneipe,
und dort soff er sich in Wut,
verprügelte die Gäste.
Wenn er dann im eignen Blut
morgens vor der Haustür lag,
hatte er noch Kraft genug,
dass er mit der blutbesudelten
Trompete nach mir schlug …

Der Briefträger, der durch Zufall dort vorüberkam, war ein Mann namens Rudolf Reihersloh, der, wie damals auf dem Lande üblich, einen Lebensmittelladen mit Poststelle betrieb. Ein seltsames Gefühl, mich hier an einen Namen zu erinnern und ihn niederzuschreiben, den ich mit einem Erlebnis verbinde, das ich vor weit mehr als siebzig Jahren hatte. Zu der Verszeile »mich halb erfroren mit nach Hause nahm« fällt mir ein, dass erst neulich bei einem Gesundheitscheck die Röntgenaufnahme eine verschleppte, nie vorher diagnostizierte Lungenentzündung aus meinen Kindertagen zum Vorschein gebracht hat, die ich mir genau an diesem Tag eingefangen haben könnte. Was bedeuten würde, dass mir Rudolf Reihersloh damals das Leben gerettet hat.

Onkel Edi

Wie schon im Lied »Erinnerung« beschrieben, kann ich mich an die Heimkehr meines Vaters aus dem Krieg nicht mehr erinnern, umso deutlicher an die meines Onkels Edi.

Als Soldat in Frankreich und in Italien überlebt er körperlich unverletzt, aber psychisch schwer lädiert bei Monte Cassino – Austragungsort einer der blutigsten Schlachten des Zweiten Weltkrieges. In dem vier Monate dauernden Gemetzel finden 20 000 deutsche, und 12 000 alliierte Soldaten den Tod.

Um die Jahrhundertwende geboren, muss er als Schulkind täglich das gemeinsame Morgengebet mit den laut und deutlich gesprochenen Worten: »Gott strafe England, Amen!«, beschließen. Er erlebt als Jugendlicher schon bewusst den Ersten Weltkrieg und sieht seinen Vater, meinen Opa August, ins Feld ziehen und glücklicherweise auch unverwundet wieder heimkehren.

Es ist anzunehmen, dass traumatische Kriegserlebnisse Onkel Edis ohnehin vorhandene Neigung zu giftiger Bitterkeit und gewalttätigem Zorn, besonders im Suff, noch gesteigert haben. Er hasst alles und jeden, einschließlich sich selbst. In den seltenen Momenten, in denen er behaglicher und friedfertiger Stimmung ist, präsentiert er sein als Landser erworbenes fremdsprachliches Können, indem er seine plattdeutsch geknurrten Sätze entweder mit »wui, wui« oder »ssi, ssi« beendet, dabei raucht er Zigaretten ohne Filter Kette, Marke »Eckstein № 5« in der grünen Packung.

Als misogyner Einzelgänger – die Frauen mögen ihn nicht sonderlich, dann mag er sie eben auch nicht – bleibt er ledig. Schon in seinen jungen Jahren, äußerlich wenngleich nicht gerade hässlich, auch nicht besonders ansprechend, beneidet er meinen Vater, seinen jüngeren Bruder. Ironischerweise geht mein Vater, Sozi und erklärter Nazigegner, äußerlich geradezu als arisches Prachtexemplar des faschistischen Rassenideals durch:

hochgewachsen, schlank, als Turner durchtrainiert, ebenmäßig geschnittenes Gesicht, blond, mit stahlblauen Augen, die mir – wenn er gut gelaunt ist – als strahlend und durchdringend in Erinnerung sind, ist er, wenn man von seiner Anlage zum Jähzorn absieht, auch von seinem Wesen her offener und zugänglicher als sein Bruder Eduard. Eigenschaften, von denen ich, statt seines cholerischen Temperaments, gern mehr geerbt hätte.

Von meinem Vater erzählt meine Mutter später gern: »Doch, doch, euer Vater machte schon was her als junger Mann. So groß und diese kerzengerade Haltung. Die Leute sagten damals, wenn sie ihn sahen: ›Da kommt der deutsche Hermann.‹ Und dann erst in Uniform. Er war ja man bloß Gefreiter. Aber in der Stadt haben sogar ranghohe Offiziere, wenn er ihnen entgegenkam, als Erste gegrüßt. Und die Frauen waren hinter ihm her, aber er war ja aus Prinzip treu.«

Für so ein Prinzip hat mein Onkel Edi nur Spott übrig: »Du büss ja so wat vun dösig, olle de Lüdens sünd scharp op di, un du nutzt dat ni mol ut.«*

Wie im Lied »Erinnerung« beschrieben, übertrage ich meine anfangs überschwänglichen kindlichen Gefühle für meinen Vater, dem ich noch nie begegnet bin, in dessen Abwesenheit auf meinen Onkel – den Onkel Papa –, weil der zumindest physisch gegenwärtig ist. Wann immer es mir möglich ist, suche ich seine Nähe. Wohl weil ich es mir anders wünsche,

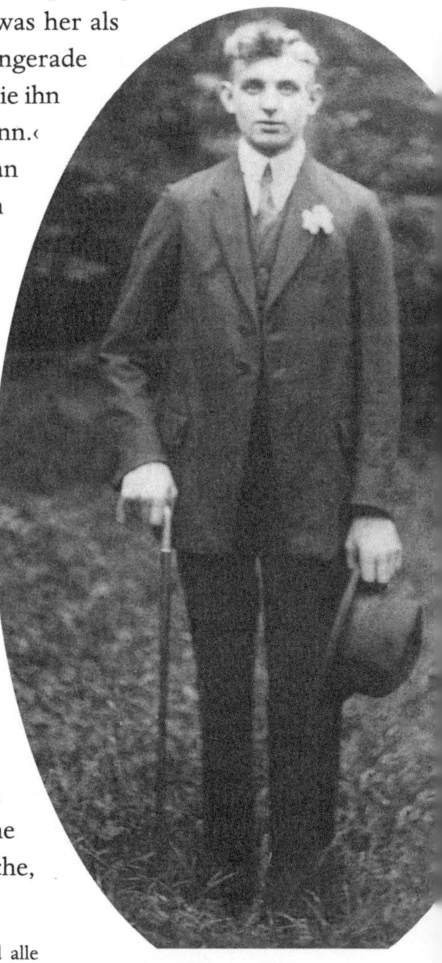

Mein Vater Hermann um 1930

* »Du bist ja so was von dämlich, die Mädchen sind alle scharf auf dich und du nutzt das nicht mal aus.«

ignoriere ich seine Zurückweisungen; die finstere Miene, mit der er sich abwendet, sobald ich ihm näher komme.

Eines Nachmittags hackt Onkel Edi Holz im Hof hinter unserem Haus. Ich, noch keine vier Jahre alt, spiele mit den Buchenscheiten, die verstreut um den Hauklotz herumliegen.

Onkel Edi sagt: »Wosse woll dat Holt doar liggen laten, chong doar denne un af noar buaben, owwer n' biadken tengern!«*

Ich sage: »Ich will aber nicht nach oben.«

Onkel Edi, auf mich zukommend: »Jau, töf man, ick kuame di gliks.«**

Ich renne ein paar Schritte, lache, fasse das Ganze als ein Spiel auf: »Komm doch, komm doch, ich kann ja viel schneller laufen!«

Onkel Edi: »Jau, dat will ick di woll wiesen.«***

Er bückt sich, greift nach einem dünnen Haselnusszweig, der auf dem Boden liegt, lässt ihn zur Probe durch die Luft pfeifen, ist mit drei Sätzen bei mir und peitscht so heftig auf meine nackten Beine ein, dass mir augenblicklich das Blut aus Kniekehlen und Waden spritzt.

Es tut weh, ich schreie, weine, laufe aber nicht ins Haus nach oben. Es ist außer Opa Hose auch niemand in der Wohnung. Stattdessen steige ich die Stufen zum Johannisbach hinab, der an unserem Haus vorbeifließt und wasche das Blut von meinen Beinen. Als meine Mutter am Abend heimkommt, die blutigen Striemen sieht und schimpft: »Wie siehst du nun schon wieder aus? Musst du denn auch immer in jedem Gestrüpp rumkriechen?«, sage ich nicht, dass Onkel Edi mich geschlagen hat. Heute denke ich, wahrscheinlich aus Scham geschwiegen zu haben, aus dem Gefühl heraus, dass mir, ohne dass ich begreife, warum, recht geschehen ist und ich deshalb auf Trost keinen Anspruch habe. Es macht mich sprachlos, so brutal und schockartig gezeigt zu bekommen, dass alles, was ich bin, was ich tue, was ich denke, was ich empfinde, grundfalsch und derart abstoßend ist, dass es mir mit Gewalt ausgetrieben werden muss.

Diese und ähnliche Lektionen, wie sie mir mein Onkel Edi nicht einmal

---

* »Willst du wohl das Holz da liegen lassen, geh da weg und ab nach oben, aber ein bisschen plötzlich.«

** »Ja, warte man, ich komme dir gleich.«

*** »Ja, das will ich dir schon zeigen.«

gezielt – er will einfach nur bösartig sein – erteilt, bleiben nicht ohne Wirkung auf mein künftiges Verhalten.

Es mögen auch noch andere Gründe ursächlich sein für die Verwerfungen in meiner kindlichen Seelenlandschaft, vielleicht sollte ich dafür meinem Onkel Edi nicht allein die Schuld in die Schuhe schieben. Schließlich kann man selbst von einem ausgemachten Stinkstiefel nicht verlangen, dass er 24 Stunden am Tag nur fies ist. Er wird schon auch seine guten Seiten gehabt haben. Zum Beispiel ist er unbestreitbar der Musikalischste in der Familie. Er bläst sehr gut Trompete und spielt Mandola im regionalen, von meinem Vater 1927 mit gegründeten Mandolinenorchester. Gerechterweise muss ich auch erwähnen, dass er sich einmal und dann nie wieder, von dieser ganz anderen Seite gezeigt hat. Er ist es nämlich, der damals den Drachen, von dem im folgenden Lied die Rede ist, für meine Cousine Marlies und mich gebaut hat, das heißt: eigentlich mehr für Marlies, ich helfe ihr nur, ihn steigen und gleich darauf auf einem Telegrafenmasten landen zu lassen.

In dem Lied erlaube ich mir die dichterische Freiheit, statt Onkel Edi meinen Vater als den Drachenbauer einzusetzen und meine Cousine Marlies unerwähnt zu lassen.

Der Drachen

Ich nehme den Weg durch die Wiesen, die Felder
Der Wind, der weht, riecht nach Herbst und die Wälder
An den Berghängen oben, färben sich schon
auf der Weide lässt ein Vater mit seinem Sohn
einen fabrikneuen Drachen steigen
wie schade, wenn der sich gleich in den Zweigen
der Eiche da drüben am Waldrand verfängt
und dann bis zum Frühjahr in der Baumkrone hängt
Ich muss dabei an meinen ersten Drachen denken
ich war noch nicht groß genug, um ihn gut zu lenken
er war selbst gemacht – nicht wie heute, wo man
Drachen längst überall kaufen kann

Es hatte der Drachen, den mein Vater mir baute
die Form – na, ich sage mal – einer Art Raute
zwei Tapetenleisten zurechtgesägt
eine kurz, die andre lang, über Kreuz gelegt
die vier Ecken mit kräftigem Zwirn umwunden
das Ganze fest miteinander verbunden
ein paar Bogen mit Mehlkleister – so circa vier –
aneinandergeklebt – Butterbrotpapier –
dann zuschneiden, Kanten, die überkragen
Mit Leim bestreichen, um den Zwirnrahmen schlagen
Rote Farbe für das lachende Drachengesicht
Jetzt nur noch der lange Schwanz fürs Gleichgewicht

Da fliegt er, mein Drachen, eine plötzliche Böe
Jagt ihn übers Stoppelfeld steil in die Höhe
Reißt an der Schnur und ich bin doch noch zu klein
Um sie halten zu können, dazu ganz allein
Ich sehe ihn trudeln, sehe ihn taumeln
hoch oben am Telegrafenmast baumeln
Mein Vater, er schaut zum Fenster heraus
sieht, ich komme ohne meinen Drachen nach Haus
Er sagt nichts zu mir, ich kann aber sehen
wie enttäuscht er ist und ich kann ihn verstehen
Bei dem, was ich alles schon falsch gemacht hab
Er schüttelt nur den Kopf und wendet sich ab

Bin weit gegangen. Zeit für mich umzudrehen
der Vater mit seinem kleinen Sohn, auch sie gehen
jetzt müde vom Drachensteigenlassen nach Haus
der Junge sieht stolz und zufrieden aus
sie packen ihre Sachen und auch das machen
sie gemeinsam, der Vater, der den Drachen
sein Sohn, der die Spule mit der Drachenschnur nimmt
Das ist gut, das gefällt mir und es würde mir bestimmt
gefallen haben, hätte es auch in meinem Leben
als Kind damals solche Momente gegeben

Ich bin ein bisschen neidisch, aber nicht sehr
Dafür ist das alles doch schon zu lange her

In den insgesamt 15 Jahren, die ich danach noch mit Onkel Edi auf engem Raum unter einem Dach lebe, ihm täglich begegne, werden wir nicht mehr als ein Dutzend Worte miteinander wechseln. Damit kommen wir auf eine Quote von eineinviertel Wörtern per anno. Erstaunlich, wie lange es Menschen aushalten können, auf begrenztem Raum schweigend nebeneinanderher zu leben.

Im Schmerz werde ich von nun an kaum noch Trost von außen beziehungsweise in der Familie suchen. Ich mache viel mit mir selbst ab. Jahrelang lutsche ich noch am Daumen – dem rechten, aus dem ich die mir von den anderen vorenthaltene Zuwendung sauge.

Ich streune viele Kilometer weit allein durch die Forsten, die Höhen und Schluchten des Teutoburger Waldes. Von März bis Oktober laufe ich barfuß. Für Schuhe ist kein Geld da. Häufig verletze ich mich an den Füßen, wasche blutende Wunden für gewöhnlich im Johannisbach aus, die ich, um mir Vorwürfe zu ersparen, vor der Familie zu verbergen suche. Verstauchungen, Zehenbrüche, die geschient und verbunden, Wunden, die genäht werden müssten, heilen unbehandelt oft eher schlecht als recht aus. In meinem Wehrpass vom März 1963 hat mir der Arzt bei der Musterung die Wehrtauglichkeitsstufe III bescheinigt – und eine »Formveränderung der Füße« vermerkt. Nicht alle Verletzungen kann ich vertuschen. Ich klettere auf Bäume und falle manchmal runter. Einmal breche ich mir bei einem Sturz das Schlüsselbein und muss ins Krankenhaus. Wiederholt bereiten mir Mittelohrentzündungen schreckliche Schmerzen. Mutter gießt mir durch einen Trichter heißes Rapsöl ins Ohr, was als bewährtes Hausmittel gilt. Ab meinen späten Fünfzigern werde ich, als Erster und Einziger in der Familie, soweit mir bekannt ist, zunehmend und inzwischen hochgradig schwerhörig. Auch wenn die Schulmedizin eine solche Diagnose als Unsinn abtut, bin ich mir doch sicher: Meine Schwerhörigkeit ist eine Spätfolge der brutalen Rapsölkur in meiner Kindheit.

Ohne mich anderen ganz zu verschließen, gehe ich jetzt nur noch vorsichtig auf sie zu, was dann zu einer weiteren, fast paradox erscheinenden

Eigentümlichkeit in meinem Verhalten führt, von der ich mir wünschte, ich könnte sie noch zu meinen Lebzeiten ablegen: Ich kann mich – wenn überhaupt – mir weniger nahestehenden Menschen leichter öffnen als den mir Liebsten und Nächsten.

Später, als ich merke, dass ich nicht nur ein Publikum für meine Lieder habe, sondern mit zunehmender Bekanntheit auch außerhalb der Bühne auf offene Ohren treffe, nutze ich das aus, um mich mit einem nicht mehr zu bremsenden Mitteilungsbedürfnis in nächtelangen Monologen vor den Nächstbesten innerlich zu entblößen. Dabei gieße ich Bier und Grappa in mich hinein und lasse aufgestaute Emotionen nur so aus mir herauslaufen. Dass ich mich mit der Preisgabe peinlicher Einzelheiten anderen ausliefere, ist mir egal, solange ich dabei eine gewisse Reziprozität gewahrt sehe. Wer meine zunehmend attraktive – weil Ruhm besonnte – Nähe sucht, muss das abkönnen und sich seinerseits mir und meinen Monologen stellen.

Das kann süchtig machen. Erst im Verlauf einer Psychotherapie, lange her, wird es mir gelingen, meine Ein- und Auslassungen gegenüber Dritten besser zu portionieren und mich mehr zurückzunehmen. Umgekehrt trete ich meinerseits Menschen, die sich nach meinem Empfinden »kindisch benehmen«, eine zu klebrige Anhänglichkeit an den Tag legen, sich schwächlich und larmoyant zeigen, oft ungerecht und mit unangemessener Verachtung und Härte gegenüber. Zu sehr erinnern sie mich an meine eigene beschämende Schwäche als Kind: »Oft hab ich gebettelt um ein bisschen Liebe wie ein Hund« (aus »Erinnerung«). Ich verhalte mich damit, so deutet es später mein Therapeut, unnachsichtig und ablehnend gegenüber dem Kind, das ich selbst einmal war – respektive innerlich immer noch bin. Klingt schlüssig.

An Fantasie fehlt es mir, wie schon gesagt, nicht. Noch nicht ganz fünfjährig, übe ich mich schon darin, mich aus dem Stand direkt in selbst erschaffene innere Parallelwelten zu beamen. Als ich knapp ein Jahr später, Ostern 1948, eingeschult werde, habe ich gleich meinen Namen weg. Für Lehrer Müller bin ich von nun an »Hans der Träumer.« Doch schreibt er in mein erstes Volksschulzeugnis: »Hat einen guten Anfang gemacht.«

Meine Fantasien und Träume brauchen überreichlich Nahrung, die sie nur in kleinen Happen und nie in ausreichendem Maße bekommen. Ich zeichne und male viel auf bedrucktes Zeitungspapier, es gibt kein anderes. Wenn ich sicher sein kann, dass niemand mich hört, singe ich oft stundenlang. Sobald ich das Alphabet gelernt habe, packt mich schon damals eine bis heute unersättliche Leidenschaft: Ich möchte lesen, lesen, lesen, aber es gibt kein einziges Buch in unserem Haus. Nicht mal eine Bibel. Doch, halt, eines gibt es. Tante Anneliese hat ein bebildertes Märchenbuch: »Deutsche Märchen«, herausgegeben 1939 vom Cigaretten-Bilderdienst Hamburg, das ich mir manchmal gemeinsam mit Marlies angucken darf. Aber lesen kann ich es zunächst nicht. Es ist in Fraktur gedruckt, der von den Nazis bevorzugten Schrift, die keine Ähnlichkeit mit den lateinischen Buchstaben hat, die wir in der Schule lernen. Sechzig Jahre danach habe ich ein Exemplar dieses Märchenbuches in einem Antiquariat wiedergefunden.

Vater kehrt heim

Mein Gedächtnis hat den Tag, die Stunde, die Umstände meiner ersten Begegnung mit meinem Vater, anlässlich seiner Rückkehr aus dem Krieg für immer ausgeblendet. Er war irgendwann einfach da. Mich innerlich auf ihn einzulassen, als er dann endlich erscheint, ist mir zunächst nicht möglich. Umgekehrt kann er auch nicht viel mit mir anfangen.

… Und auch Vater kam nach Hause
ein Jahr später, irgendwann.
Was er sagte, wie er aussah,
ich erinnre mich nicht dran,
fand auch später, als ich größer
wurde, nie mehr diesen Ton –
nun, ihr wisst schon, was ich meine:
dies Verhältnis Vater-Sohn.
Mein Gefühl für ihn, das hatte
schon ein anderer verbraucht,
wie ein Feuer ausgepisst,
das dennoch ewig weiterraucht.
Doch ein Funke von Vertrauen
ist noch da, und irgendwann,
will ich glauben, kommt ein Wind
und bläst das Feuer wieder an …

Diese Verszeilen aus meinem Lied »Erinnerung« umschreiben recht gut meinen inneren Zustand von damals. Den oben bezeichneten »Funken von Vertrauen« hat zwar kein Wind wieder anblasen können, aber ich habe irgendwann festgestellt, dass mich vieles, was mich in der Vergangenheit belastet hat, einmal in Verse gesetzt und gesungen, nicht mehr so angreift.

Nach den Briefen zu urteilen, die ich seit der Veröffentlichung dieses Liedes immer wieder erhalte, gehe ich davon aus, dass es nicht nur meine, sondern auch Erfahrungen vieler Menschen meiner Generation widerspiegelt. Noch nach so vielen Jahrzehnten lastet auf ihnen bis heute das Schweigen ihrer Väter über das, was sie im Krieg, in der Gefangenschaft, erlebt haben. Ihre Gefühle in sich verkapselt, blieben viele dieser Kriegsheimkehrer emotional unzugänglich bis zur Dauerverstörtheit. Sind sie gedemütigt, misshandelt worden? Haben sie viele Menschen sterben sehen, selbst welche umgebracht? Waren sie an Plünderungen, Folter und Vergewaltigungen aktiv beteiligt?

Auch mein Vater hat – jedenfalls in meiner Gegenwart – niemals über seine Kriegserlebnisse geredet. Aber auch er kehrt, spürbar für die, die ihn schon vorher kannten, verändert aus dem Krieg heim. Nur meiner Mutter erzählt er bei einer Gelegenheit, dass, als er sich in Norwegen während einer Marschpause zum Pinkeln in die Büsche schlägt, ein Kamerad gerufen habe: »Hermann, was machst du denn da, bist du wahnsinnig? Da liegen Minen!« Und dass er drei Stunden für die zehn Schritte zurück zur Straße brauchte, um sich in Sicherheit zu bringen, um dann erst einmal ohnmächtig zusammenzubrechen. Auch weiß ich von meiner Mutter, dass er zwar als Scharfschütze ausgebildet, aber wohl nie, wie ich hoffe, als solcher eingesetzt worden ist.

In den knapp zehn Jahren, die er nach seiner Rückkehr noch lebt, nehme ich die Haltung meines Vaters mir gegenüber, von wenigen Ausnahmen einmal abgesehen, als ratlos, vielleicht auch als gleichgültig, wahr. Eine meiner wenigen Erinnerungen an gemeinsame Unternehmungen ist die, dass er mich manchmal zum Haareschneiden in die Nachbarschaft zu Doktor Niemann mitnimmt. Dr. Niemann ist als Hilfsarbeiter in der Fahrradproduktion der Dürkoppwerke angestellt. Den Doktortitel haben ihm seine Hoberger Nachbarn verliehen, weil er unausgesetzt in einem dozierenden Tonfall Plattheiten von sich gibt, den Kopf dabei hebt und die Augen schließt, dass seine Haltung so etwas wie Herablassung auszudrücken scheint. Ein Klugscheißer also – ein »Weeseprattk«, wie es auf westfälisch Platt heißt. Dr. Niemann verfügt, einen Frisör gibt es hier auf dem Lande nicht, über eine mechanische Haarschneidemaschine, mit der er in seiner Küche den Männern und

Jungs aus der Gemeinde für 50 Pfennig einen »Kümpkenschnitt«, auch bekannt als Topfschnitt, verpasst. Obwohl Dr. Niemann keinen Topf benutzt, sehen die Ergebnisse seiner Mühen immer danach aus. Ich habe feines Haar, aber davon sehr viel. Als meine Mutter einmal bemerkt: »Also, der Junge hat ja 'nen tüchtigen Stamm Haare«, sagt mein Vater zu mir:

»Dann süh man tau, dat du dat auk behöls«, als ob die Vermeidung von Haarausfall dem Willen unterläge.

Auch erinnere ich mich deutlich und auch sehr gern an einen Ausflug mit meinem Vater zu Fuß – ich bin vielleicht vier oder fünf Jahre alt. An einem Sonntagmorgen im Juni machen wir beide uns auf zu einem Marsch von mindestens drei bis vier Kilometern, immer den Poetenweg am Johannisbach entlang, mal durch den Wald, die Wiesen, mal durch die Kornfelder bis fast an den Stadtrand. Nur wir beide, er und ich. Im Botanischen Garten liest mein Vater mir auf Hochdeutsch vor, was auf den vielen kleinen Schildern steht. Allein, dass er mir damit zutraut, mir die Namen der fremdartigen Bäume und Pflanzen merken zu können, was ich natürlich nicht kann, macht mich glücklich. Gut denkbar, dass dieses Erlebnis der Auslöser ist für meine Manie bei Museumsbesuchen, die Inhalte sämtlicher Hinweistafeln bis zur letzten Silbe aufzusaugen.

Auf dem Rückweg machen wir einen Abstecher zum Tierpark Olderdissen. Dort sehe ich zum ersten Mal einen richtigen Wolf. Und einen Uhu, den ich sogar rufen höre. Ich hätte zu gern auch einen Bären gesehen, aber zu der Zeit gibt es dort keinen.

Der Marsch nach Hause kann für mich gar nicht lang und weit genug sein. Auf dem Kerkebrink am Waldrand verdunkelt sich plötzlich der Himmel, und wir geraten in ein so schweres, von einem Wolkenbruch begleitetes Gewitter, wie ich es danach nie wieder erlebt habe. Was mich eigentlich in Todesangst hätte versetzen müssen, erlebe ich vollkommen furchtlos und entzückt, eher wie eine grandiose, eigens für mich inszenierte Theateraufführung.

In einem Lied, 2005 entstanden, habe ich dem Gewittererlebnis eine Strophe gewidmet. Ich habe es »Gute Tage« genannt, weil ich darin ausschließlich auf Erinnerungen eingehen wollte, die mir angenehm sind:

Gute Tage

Mein Vater ist aus dem Krieg heimgekehrt
Hohlwangig, mager, doch sonst unversehrt
Heiß liegt der Sommer über dem Land
Und zum ersten Mal geh' ich an Vaters Hand
Durch die Felder, den Wald, ich bin 5 Jahre alt
Das Laufen macht müde, bald machen wir halt
Unter einer Buche, die ist riesig groß
Schwarze Wolken zieh'n auf, ein Gewitter bricht los
Unter Vaters feldgrauem Mantel versteckt
der regendicht ist und uns beide bedeckt
nach Waffenöl riecht, nach Rauch, Erde und Schweiß
Lache ich in die Blitze, den Donner und weiß
Um mich herum wird gleich die Welt untergehen
Aber ich bin geborgen, nichts kann mir geschehen …

Wenn es danach weitere solcher Momente der Nähe zwischen meinem Vater oder anderen Erwachsenen und mir gab, sind sie mir nicht mehr erinnerlich. Doch glaube ich, wer als Kind jemals so einen Moment erlebt hat, in dem er sich ganz und gar beschützt und geborgen fühlen konnte und sei es auch nur ein einziges Mal, weiß damit immerhin, dass es so was überhaupt gibt und vergisst es nie mehr. Das ist doch schon mal was, und mir kommt es so vor, als könnte ich heute noch davon zehren.

Dennoch, in der Folge empfinde ich es jedes Mal als schmerzlichen Mangel, wenn ich einsam Wälder und Wiesen durchstreife, dass niemand da ist, der mir das, was meine Sinne an Natur erfassen, benennen und erklären kann. Wenn ich auf die Wegwarte am Ackerrain deute und den Bauern frage:

»Wie heißt diese Blume?«, antwortet er: »Unkraut.«

Sehe ich einen Sperber im Sturzflug und frage den Jäger:

»Wie heißt dieser Vogel?«, antwortet er: »Raubzeug.«

Ich möchte gern wissen, worin der Unterschied zwischen Tanne und Fichte besteht, aber ich kenne keinen, den ich fragen könnte.

Die Ignoranz und Feindseligkeit der auf dem – und vom – Land Lebenden gegenüber allem, was außer Nutzvieh und Nutzpflanze auch noch atmet und wächst, ist in all den vergangenen Jahren, scheint mir, nicht geringer geworden. Ich glaube, ich werde, wie bereits angesprochen, nicht öfter geschlagen oder häufiger Zeuge gewalttätiger Szenen als andere Kinder. Ich kann sogar von Glück sagen, nicht die entsetzlichen Entbehrungen, die Gefahren, die Kälte, den Hunger der damals zu Millionen nach Westen strömenden Flüchtlingskinder erleiden zu müssen. Dennoch könnten traumatische, wenn auch mir nicht mehr erinnerliche, oder gar verdrängte Erlebnisse, mit ein Grund sein, dass seit meiner Kindheit die Gewalt in allen möglichen Ausprägungen in meinem Denken und Fühlen, meiner Arbeit eine so große Rolle spielt.

Gewalt ist Thema vieler meiner Lieder. Ein Freund bemerkte einmal, eher anerkennend als abwertend: »Deine Texte sind manchmal ganz schön blutrünstig.«

Gewalt

… SS-Mann Erich Holt an Krücken vor der Gartenpforte,
Noch bei Kriegsschluss hinterrücks von deutschen Landsern abgeknallt,
Rief – einbeinig, einäugig – Frauen gern obszöne Worte nach.
Und Gerd, ein Nachbarsjunge, nicht mal fünfzehn Jahre alt,
Sagte: »Meine Mutter darfst du Nazischwein nicht Hure nennen.«
Erich Holt bat um Verzeihung – und Gerd, anstatt wegzurennen,
Gab ihm darauf die Hand. Zum Schein griff Erich Holt danach,
Um mit der Krücke zuzuschlagen, die Gerd beide Beine brach.

Und du hast alles mit angesehen, wieder Alpträume bekommen und dich tagelang geweigert, zur Schule zu gehen.
Weil der Weg an Erich Holts Gartenpforte vorbeiführte.
Ein Nachbar sagte zu deiner Mutter: »Der Bengel soll sich doch nicht so anstellen, gib ihm ein paar hinter die Löffel« …

Für mich ist das Verfassen von Liedern wie das Singen an sich, immer auch eine Art autotherapeutischer Prozess. Ich schreibe und singe mir etwas von der Seele. Was nicht immer bedeutet, dass meine jeweiligen Probleme damit gelöst wären. Manche verschwinden, andere nicht.

Neben einer tief sitzenden Abscheu und der Furcht vor realer und unmittelbarer Gewalt, zieht mich in meinen jüngeren Jahren die bloße Darstellung und Inszenierung von Gewalttätigkeit in Filmen und Büchern auf eine mir selbst befremdliche Weise an. Das ist nichts Besonderes und geht vielen so, ich weiß. Vielleicht gibt es ein angeborenes Bedürfnis, sich zu gruseln, Grauen zu empfinden, allein weil es starke Gefühle sind. Schon in antiken Tragödien und Shakespeareschen Dramen fließen Ströme von Blut. Katastrophenfilme, Action- und Horrorstreifen im Fernsehen und im Kino haben ein Millionenpublikum. Buchläden quellen von Krimis und Thrillern über, bedienen Heerscharen von Lesern, ohne dass die meisten ihrerseits, hoffe ich zumindest, jemals gegen andere handgreiflich werden.

Auch dieses ambivalente Verhältnis zur Gewalt, sie einerseits zu hassen und die erschreckende Erkenntnis, die Anlage dazu in sich selbst vorzufinden, teile ich sicher mit vielen Menschen. Den Verdacht, auch das könnte bei mir über ein normales Maß hinausgehen, bin ich aber nie losgeworden, zumindest auf die Vergangenheit bezogen. Wie nach einem mühseligen, zähen Entgiftungsprozess meine ich, in Temperament und Verhalten etwas ruhiger und ausgeglichener geworden zu sein. Nicht unbedingt mein Verdienst und vielleicht nur einer normal fortschreitenden, das Alter begleitenden Vitalschwäche geschuldet.

Auf wirkliche oder auch nur unterstellte Angriffe und Kränkungen reagiere ich als Kind und als Jugendlicher, weil mir die innere Panzerung fehlt, an der sie abprallen können, hilflos mit Wutanfällen und Jähzorn. Später als Erwachsener lasse ich mich dazu hinreißen, andere aufs Gröbste zu beleidigen oder ihnen – in gottlob ganz seltenen Fällen – die Fresse zu polieren. Die Frage, ob es sich dabei um erworbene Reflexe oder angeborene Charaktermerkmale handelt, kann ich nicht beantworten. Ich muss zugeben, in der Vergangenheit eine Menge Porzellan – im buchstäblichen wie im übertragenen Sinne, sowohl nüchtern als auch betrunken – zerschlagen zu haben, um es dann hinterher bitter zu bereuen.

Oma Lina

Als meine Eltern 1932 heiraten, ziehen sie erst einmal für eine Weile in eine Wohnung in der entfernteren Nachbarschaft der Familie meines Vaters. Laut meiner Schwester Gisela, verleben sie dort die glücklichste Zeit ihrer Ehe. Mein Vater übernimmt damals – ich kann es mir kaum vorstellen – sogar freiwillig Hausarbeiten, unter anderem den Abwasch. Später fasst er gegen den Willen meiner Mutter – schon glaubhafter für mich – den Entschluss, mit ihr und meinen Schwestern zu seiner Mutter und seinen Geschwistern in sein Elternhaus zu ziehen. Zu unserer Mutter sagt er: »Wosse doar nu met hen, oder nich? Wenn nich, gah ick alleen.«*

Eine Entscheidung, die meine Mutter als Nötigung empfindet, die sie ihm wohl nie mehr so richtig verzeiht und die danach sicher zu vielen Unstimmigkeiten zwischen meinen Eltern beigetragen hat.

Eine harmonische Gemeinschaft bilden die Bewohner des Hauses Poetenweg 25 also nicht. Meine Mutter und ihr Vater Schorsch sind und bleiben eingeheiratete Außenseiter aus der Stadt. Verhalten und Ansichten der Familie meines Vaters – er selbst, Onkel Edi und Oma Lina sprechen besser plattdeutsch als hochdeutsch – werden von ihrer kleinbäuerlich landproletarischen Herkunft dominiert.

Oma Lina, geboren 1873 im Kreis Halle/Westfalen, muss schon als Kind schwer arbeiten. Im nahe gelegenen Wiehengebirge wächst sie mit Mutter und Schwester in ärmlichsten Verhältnissen ohne Vater auf, der die Familie gleich nach ihrer Geburt verlassen und sich nach Amerika abgesetzt hat. Sie bringen sich unter anderem mit Zigarrendrehen in Heimarbeit für die regionalen Tabakmanufakturen durch. Oma, die nie etwas anderes als harte Arbeit und Entbehrungen kennengelernt hat, ist selbst ein »harter Brocken«. Im normalen, alltäglichen Umgang ist sie

* »Willst du mit oder nicht? Wenn nicht, gehe ich alleine.«

auch in friedfertiger Stimmung nüchtern, unsentimental und schroff. Vermittelndes, konfliktmilderndes Verhalten ist ihr fremd. Sieht sie ihre Interessen, namentlich ihr Eigentum, gefährdet oder angegriffen – und das ist häufig der Fall –, kann sie in rasende Wut geraten und mit einer jedes vernünftige Maß übersteigenden Härte und Erbitterung reagieren.

Einmal gellen aus der Waschküche im Parterre Schreie wie von einem misshandelten Kind bis zu uns in den ersten Stock herauf. Meine Mutter, meine Schwestern und ich hasten die Treppe hinunter und finden Oma, Gesicht und Bluse mit Blut bespritzt, über das Waschbecken gebeugt, wie sie versucht, mit einem stumpfen und schartigen Messer, einem zappelnden und quiekenden Ziegenlamm die Gurgel durchzuschneiden. Dabei schimpft sie: »Deuker nomal, wosse wull dat blären naalaten?!«*

Zu dieser von Gefühlsrohheit, ja Brutalität zeugenden Seite in Omas Charakter will ihr Verhalten anlässlich einer Auseinandersetzung besagten Wachtmeisters Karwanke mit meiner Mutter nicht so recht passen, ist mir aber von meiner Schwester Gisela so bestätigt worden.

Meine Eltern lassen, um den Nazis nicht mit ihrer sozialdemokratischen Gesinnung aufzufallen, meine Schwester Gisela dem Bund Deutscher Mädel beitreten. Sie ist zehn Jahre alt und »voll auf Linie.« Ihre Tanten, die zwar Kraft-durch-Freude-organisierte Urlaubsreisen unternehmen, unter sich aber schon mal über die Nazis lästern, hat sie noch vor Kurzem gewarnt: »Wenn ihr noch einmal schlecht über unsern Führer sprecht, melde ich das.«

Sie ist dabei, als meine Mutter im Beisein Wachtmeister Karwankes laut und unbedacht ihrem Unmut über die Dauer des Krieges und die immer bedrückenderen Lebensverhältnisse Luft macht. Karwanke, ein fanatischer Nazi, der stolz darauf ist, schon mehrere Kommunisten und Sozis ins KZ gebracht zu haben – auch mein Vater steht diesbezüglich ganz oben auf seiner Liste –, droht ihr mit Verhaftung und einer Anzeige wegen Volksverhetzung in einem besonders schweren Fall.

Aber hier greift Oma Lina ein. Sie packt Karwanke am Arm und geht, ihn dabei im Schlepptau, auf dem Poetenweg auf und ab und redet unablässig

---

* »Deubel noch mal, wirst du wohl aufhören zu jaulen?!«

auf ihn ein. Mit dem Ergebnis, dass der von Omas Attacke erschöpfte Polizist nachgibt. Er verspricht, es meiner Mutter noch ein letztes Mal durchgehen zu lassen, steigt dann auf sein Dienstfahrrad und fährt weg.

Man kann davon ausgehen, dass Oma trotz ihrer Abneigung gegen unsere Mutter, sie, besser gesagt uns alle, durch ihr entschlossenes Eintreten vor den möglicherweise bösen Folgen einer Anzeige bewahrt hat. Was ich ihr, ungeachtet egoistischer Motive, die sie vielleicht bewogen haben einzugreifen, hoch anrechnen möchte.

Meine Schwester Ulla wiederum erinnert sich an einen Tag im Vorfrühling noch vor 1936, als Omas Ehemann Opa August noch gelebt hat. Die Schneeschmelze, dazu starke Regenfälle, haben eingesetzt, der Johannisbach und der Twellbach, die sich direkt vor unserem Haus vereinigen, sind wie jedes Jahr um diese Zeit über die Ufer getreten und überschwemmen den Poetenweg vor der Haustür und unseren Keller, der wieder mal von der freiwilligen Feuerwehr leer gepumpt werden muss. Von den Männern unterstützt, legt Opa August, um das Hochwasser notdürftig zu überbrücken, ein paar Bohlen in den Eingang. Währenddessen kommt Oma aus Fingbergs Laden auf der sogenannten Lämmkenstadt – einem Ortsteil Hoberges – vom Einkaufen zurück, mit dem vollen Rucksack auf dem Buckel und Holzschuhen an den Füßen. Als Oma auf dem schlammigen Grund ins Rutschen kommt und in den eiskalten Johannisbach fällt, ruft Opa August: »Lat dat Wief man susen, wenn ick blot Brout un Üalje hebbe!«*

Diese Bemerkung mag halb scherzhaft gemeint gewesen sein, sagt aber einiges über das Verhältnis beider Eheleute zueinander aus. Meiner Mutter gegenüber äußert sich Opa August einmal nach einem heftigen Streit mit Oma: »Die vielen Nächte, in denen ich Tränen wegen diesem Weib vergossen habe, kann ich schon nicht mehr zählen.«

Opa August stammt aus dem Landkreis Bielefeld und arbeitet mehrere Jahre in Essen »auf Zeche« untertage als Maschinist. Ich besitze eine Kopie der Heiratsurkunde meiner Großeltern, darin steht:

---

* »Lasst das Weib man sausen, wenn ich bloß Brot und Öl habe!«

Der Bergmann Ernst Heinrich August Wader --- evangelisch --- wohnhaft in Altenessen --- geboren 1874 in Altenhagen --- und die gewerblose Maria Louise Caroline Koch --- evangelisch --- wohnhaft in Barnhausen --- geboren 1873 --- in Borgholzhausen --- haben am 18. November 1889 vor dem Standesamt III Essen --- die Ehe geschlossen.

Die Kopie der Urkunde stammt aus dem Jahr 1943, mit dem Hakenkreuzsiegel der Stadt Essen versehen.

Opa August muss wegen seiner Steinstaublunge den Beruf aufgeben, verlässt das Ruhrgebiet, kehrt in seine Heimat, den Teutoburger Wald, zurück, um dort zu leben und reinere Luft zu atmen. Wie und wo er Oma kennenlernt, weiß ich nicht. Sie erwerben gemeinsam das Haus Poetenweg 25 zusätzlich mehrerer Demath Garten und Ackerland. Als Selbstversorger verkaufen sie, sofern vorhanden, überschüssige Ernteerträge auf dem Wochenmarkt in der Stadt. Sie schlachten jährlich ein Schwein, halten ein paar Hühner, Ziegen, eine Kuh, führen ein karges Leben und bringen sich und ihre sechs Kinder immer nur mit knapper Not durch die damals noch kälteren und harten Winter.

Als meine Tante Thea, so erzählt es meine Mutter, das jüngste der sechs Geschwister, geboren wird, herrscht Krieg, Opa August ist Soldat. Kurz nachdem seine Schwester das Licht der Welt erblickt hat, versteckt sich mein Vater, er ist zwölf Jahre alt, auf dem Dachboden vor den anderen und weint. Vor Kummer. Er weiß, die Geburt seiner Schwester bedeutet in nächster Zukunft noch mehr Elend, noch mehr Hunger, noch schwerere Arbeit. Irgendjemand aus der Familie erzählt später, Oma habe Tante Thea auf dem Feld allein und ohne Hilfe während der Roggenernte in einer Ackerfurche entbunden, die Nabelschnur mit dem Küchenmesser durchtrennt, das Neugeborene in einen Roggensack gewickelt einer ihrer größeren Töchter zur Aufbewahrung übergeben und weitergearbeitet. Wenn Oma sicher auch hart im Nehmen war, ist diese Legende wohl übertrieben, wenn auch nicht maßlos. Sie charakterisiert meine Großmutter ziemlich gut.

1936 stirbt Opa August, knapp 62 Jahre alt, an den Spätfolgen seiner Lungenzerstörung. Wenige Stunden vor seinem Tod kommt Oma herein, um nach ihm zu sehen. Opa August, schon abgemagert zum Skelett, greift nach dem Krückstock neben seinem Bett, den er gar nicht mehr heben kann und röchelt: »Du verdammtet Wief, gah dar denne, ick schlaa di dot, lat mi doch blot in Rouh verrecken!«*

Bei dem Versuch, gerecht zu sein und hier auch ein paar liebenswerte Eigenschaften meiner Großmutter aufzuzählen, muss ich scheitern. Das Adjektiv »liebenswert« auf sie angewendet, erscheint mir ganz und gar unpassend. Man könnte meinen, dass der Begriff »Liebe« und damit zusammenhängende Bedeutungen weder in ihrem Wortschatz noch in ihrer Gefühlswelt vorhanden waren. War es die Schriftstellerin Gabriele Wohmann, die gesagt hat: »Man liebt nur das, was einen rührt«? Auf meine Oma bezogen hieße das für mich: Ich habe an ihr nie etwas Rührendes beobachtet, auch nicht, dass sie sich selbst jemals von etwas hätte rühren lassen.

Am Ende des Kapitels »Oma« kann ich immerhin von ihr sagen, sie war eine starke Persönlichkeit mit einem ganz eigenen Charakter, von dem ich – kann ja nicht anders sein – wohl einige Merkmale geerbt habe.

---

* »Du verdammtes Weib, hau ab, ich schlage dich tot, lass mich doch bloß in Ruhe verrecken!«

Gnädige Frau

Anders als die ländlich sozialisierte Sippe meines Vaters, ist meine Mutter durch ihre Familie eher städtisch geprägt. Schon allein dieser Unterschied sorgt für andauernd schwelende, manchmal offen ausgetragene Konflikte im Haus. Auch die beiden Seiten gemeinsame sozialdemokratische Grundhaltung und Tradition ändert daran nichts. Die Differenzen offenbaren sich – wie das hier folgende Beispiel zeigt – schon kurz nachdem meine Eltern in das Haus meiner Großmutter ziehen. In deren Küche wird das Geschirr, die Töpfe und Pfannen mit dem Essen (meist Bratkartoffeln) schon immer zu den Mahlzeiten auf die nackte Tischplatte gestellt. Meine Mutter schenkt ihrer Schwiegermutter zum Geburtstag eine Leinentischdecke. Oma erkennt darin einen Affront, den versteckten Tadel ihrer Schwiegertochter, die sich für was Besseres hält, an den verwilderten Waderschen Tischsitten. Statt Omas Küchentisch zu schmücken, hängt das Tuch eine Woche später um den Schinken eines frisch geschlachteten Schweins gewickelt an einem Haken im »Wiem«, was ostwestfälisch ist für Räucherkammer. Dieses und ähnliche Beispiele gegenseitiger Missachtungen und Kränkungen bestimmen künftig das Verhältnis beider zueinander. Meine Mutter wird von nun an Omas Küche nie wieder betreten.

Opa Hose ist gebürtiger Nordhesse aus Eschwege und spricht auch so. Statt »Kuchen«, sagt er »Kuren«. Statt »ganz was anderes«, sagt er »ganz was annersder«. Als gelernter Schriftsetzer hat es ihn nach Bielefeld verschlagen. Dort bleibt er im Verlagshaus Gundlach bis zu seiner Rente unter anderem als Korrektor tätig. Er gehört damit also der damals auch »Stehkragenproletariat« genannten »Arbeiteraristokratie« an.

Opa Hoses lange vor meiner Geburt verstorbene Frau Amanda, meine Großmutter, schreibt neben ihrer Arbeit als Büglerin in der Spinnerei für die sozialdemokratische Zeitung »Vorwärts« Gedichte. In ihren Versen ist sie mangels eines eigenen um einen hoch gestimmten goethe- und schillernahen Ton bemüht. Zunächst kann die dichtende Arbeiterklasse

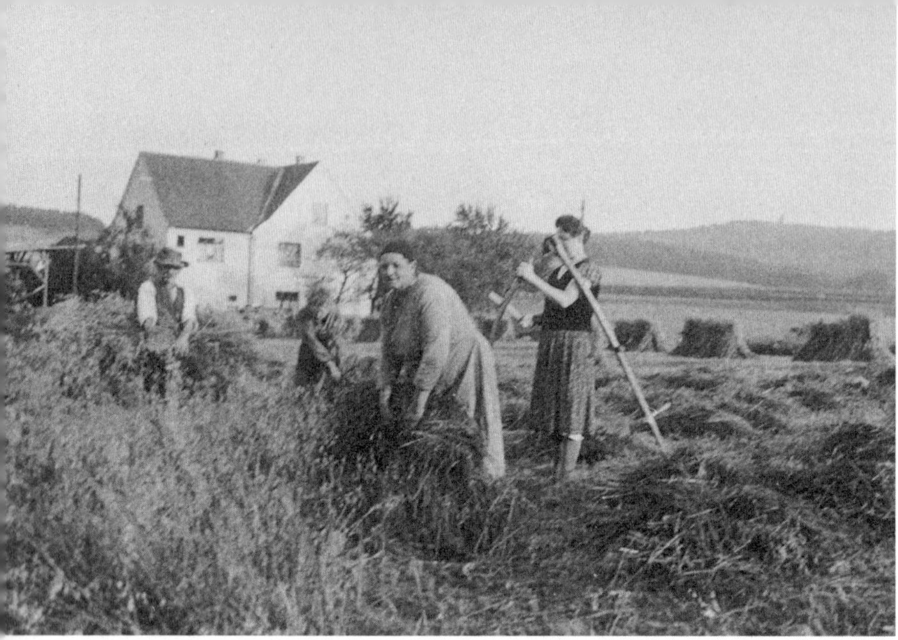

Von links nach rechts: Opa August, Tante Thea, Oma Lina, Tante Friede vor unserem Haus im Poetenweg 25, 1930

ja nur durch Nachahmung der bürgerlichen Vorbilder in Lyrik und Prosa zu einem ihr eigenen Ausdruck finden. Auch ich taste mich in meinen Anfängen als Songschreiber erst mal epigonal voran; obwohl meine Möglichkeiten, mich autodidaktisch Wissens- und Bildungsinhalten zu nähern, sich ungleich komfortabler darstellen als die meiner Großmutter vor mehr als 120 Jahren. Mein Cousin Dieter, Sohn der Schwester meiner Mutter, hat mir vor nicht langer Zeit einen Stoß von Briefen und Manuskripten mit Gedichtideen, sozusagen die Zettelkiste unserer Großmutter Amanda übergeben. Ein eigenartiges Gefühl, in den mürben, sich an den Rändern langsam auflösenden Seiten vorsichtig zu blättern. Teilweise aus der Zeit um 1885 datiert, sind sie allesamt in einer unglaublich feinen, hinreißend schönen vorsütterlinschen Kurrentschrift, wahrscheinlich mit einem Gänsekiel, dicht und doch wie gestochen beschrieben. Diese Gabe der Schönschrift wird meine Mutter von ihr erben. Nur schade, dass ich weder Kurrent noch Sütterlin lesen kann.

In den Jahren zwischen 1912 und 1913 kann Großmutter Amanda in der Sonntagsbeilage des »Bielefelder General-Anzeigers« und der »Volkswacht« – der ersten sozialdemokratischen Zeitung der Region, aus der später die »Freie Presse«, dann die »Neue Westfälische« hervorgehen – einige ihrer Gedichte veröffentlichen.

Da ich meine poetischen Gene ihr verdanke, möchte ich wenigstens eines ihre Poeme hier gedruckt wissen.

März

Die Veilchen und die Krokus' blüh'n
Es weh'n die Märzenwinde
Die Sonne weckt das frische Grün
In Wald und Feld geschwinde
Voll Sonnenglanz die klare Luft
Und frischem kräft'gem Erdgeruch
Es zeigt sich allerwegen
Des Frühlings holder Segen

Und Du, O Herz! – willst traurig sein?
In Duft und Glanz und Sonnenschein?
Nimm all Dein Leid; wirf's hinter Dich
Wie abgetrag'nen Plunder
Geschwind! Geschwind!
Den Stab zur Hand
Und wand're froh durchs weite Land
Zu schau'n das Frühlingswunder

Meine Mutter Dorothea, Dora gerufen, geborene Hose (ihre Jugendfreundin trägt sinnigerweise den Namen Grete Jacke) lernt in einem Bielefelder Textilbetrieb Posamentiererin und geht als junge Frau nach Hamburg, um sich dort einige Jahre in einem Harvestehuder Kapitänshaushalt als Dienstmädchen zu verdingen.

Sie kommt zurück nach Bielefeld und ist dort ebenfalls als Dienstmädchen »in Stellung«, wie es damals heißt, im herrschaftlichen Haushalt eines Patriziers des Tabakhandels. Die Herrschaften sind vom Personal mit »gnädige Frau« und »gnädiger Herr« anzusprechen.

Fasziniert von der Geschichte um den Selbstmord des gnädigen Herrn, lasse ich sie mir später von meiner Mutter mehr als einmal erzählen. Sie illustriert auf eine für mich besonders eindringliche Weise, wie stark politische und wirtschaftliche Krisen auch auf die privaten und familiären Verhältnisse einwirken.

Es ist das Jahr 1929. Die kapitalistische Welt wird von der größten Finanz- und Wirtschaftskrise erschüttert, die sie bis dato erlebt hat. In meinem Lied »Familienerbe« greife ich das Thema auf:

… Die junge deutsche Republik hat sich scheinbar befreit
von alten Zwängen. Und auch meine Mutter ist zu jener Zeit,
neunzehnhundertneunundzwanzig, noch recht jung und sie
ist im Haus eines Patriziers der Tabakindustrie
als Dienstmädchen, als sogenannte Perle, angestellt.
Wenn ich Patrizier sage, meine ich so richtig altes Geld.
Reichtum, wie er sich über Jahrhunderte erhält.
An dem Spinnweben kleben, der zu Goldstaub zerfällt
bei Berührung und sich so noch vergrößert und vermehrt.
Meine Mutter also, Fenster offen, singt und steht am Herd.
Zwei Zimmerleute draußen bei der Arbeit singen mit,
auch den ›Sozialistenmarsch‹ schmettern sie laut zu dritt.

Der Hausherr kommt, sagt: ›Dora, wenn ich in diesem Haus
noch einmal solche Töne hören muss, fliegen Sie raus!‹
Kurz darauf wird meine Mutter nachts von einem Schuss geweckt,
findet ihren Dienstherrn tot im Sessel ausgestreckt.
Fast so groß wie eine Faust ist das Loch in seiner Stirn.
Dora fegt mit Handfeger und Schaufel sein Gehirn
vom Teppich und, die gnädige Frau will es nun mal so,
entsorgt es, wie befohlen, auf dem Dienstbotenklo.
So geschehen damals nach dem großen Börsenkrach,
jenem schwarzen Freitag, als die Welt zusammenbrach
für die Herrschaft meiner Mutter – plötzlich ruiniert,
all das schöne alte Geld für immer futsch, verspekuliert …

Das ist eine etwas knappe Darstellung der Ereignisse, stark verkürzt, um den Umfang und die Dauer eines Liedes nicht zu überdehnen. Hier in Prosa hole ich etwas weiter aus. Allerdings werde ich die Namen einiger handelnder Personen an dieser Stelle und in den noch folgenden Kapiteln zum Teil ändern, mal ganz verschweigen. Zum einen, um deren vielleicht noch lebende Angehörige nicht bloßzustellen, zum andern weil ich dieses Buch schreibe, um mich zu erinnern – und eher, um mit mir selbst abzurechnen, als die Geheimnisse anderer zu enthüllen.

Dem gnädigen Herrn also obliegt die Leitung des Unternehmens und die Verwaltung und Mehrung des dynastischen Millionenvermögens. Mutter und Bruder »privatisieren« in dem damals hoch mondänen Wiesbaden. Die vom Gnädigen zu verantwortenden Spekulationsverluste sind enorm (aber keinesfalls so ruinös, wie ich es oben im Lied behaupte).

Zutiefst geschockt fühlen Bruder und Mutter sich, als sie davon erfahren, hintergangen und verraten. Letztere droht dem gnädigen Herrn mit Entmündigung und damit, sich von ihm als ihrem Sohn loszusagen. Dieser schickt – mit der Bitte um Verzeihung – eine antike Marmorstatue, sorgfältig verpackt, nach Wiesbaden. Sie stammt vermutlich aus einer Raubgrabung, ist echt und von hohem Wert. Die Kiste mit der als Versöhnungsgeschenk gedachten Skulptur kommt nach einigen Tagen wieder zurück. Inliegend, ohne Begleitschreiben, die Marmorstatue in einem verschnürten Jutesack, mit einem Hammer in tausend Stücke zertrümmert.

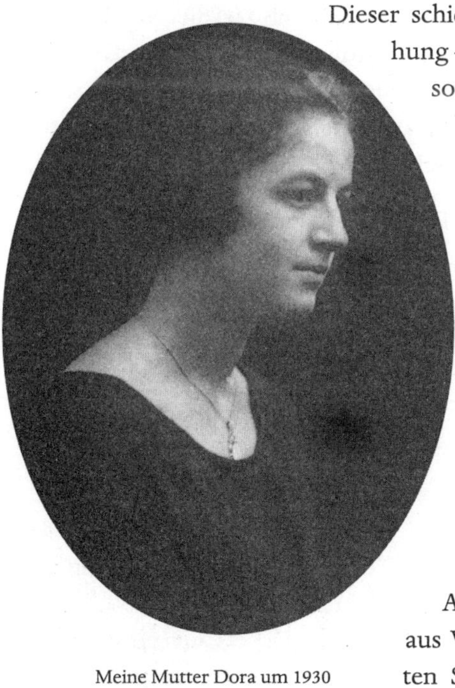

Meine Mutter Dora um 1930

Am selben Tag wie die Kiste aus Wiesbaden mit der zerkleinerten Statue, erreicht den gnädigen

Herrn ein eingeschriebener Brief der Anwälte des Bruders und der Mutter. Des Inhalts, dass er sich von seiner Verantwortung als Vermögensverwalter und Leiter des Familienunternehmens ab sofort als entbunden zu betrachten habe. Ein Entmündigungsverfahren gegen ihn sei bereits eingeleitet, die unterzeichnende Anwaltskanzlei fungiere von nun an als ausschließliche Vermittlerin zwischen den Parteien; und dass jeder Versuch seinerseits, Mutter und Bruder persönlich zu kontaktieren, als Belästigung und Angriff gewertet werde.

Sich deswegen das Leben zu nehmen, wie in diesem Fall der gnädige Herr, mag aus heutiger Sicht als eine etwas voreilige und übertriebene Reaktion erscheinen. Tatsächlich aber springen 1929, nach dem berüchtigten Schwarzen Freitag, Spitzen des Kapitals und der Hochfinanz, die plötzlich keine mehr sind, reihenweise von Brücken und Hochhäusern, erschießen, vergiften und erhängen sich. Vielleicht gibt es zu der Zeit noch so eine Art aus dem 19. Jahrhundert überkommene postfeudalbourgeoise Kapitalistenehre. Wer weiß?

Meine Mutter, 1929 ist sie 22 Jahre alt, wird also nachts von dem Knall eines Schusses geweckt, kleidet sich hastig an und stürmt in das Arbeitszimmer des gnädigen Herrn, in dem der Schuss gefallen sein muss; weiß sie doch, dass dort in einer meist verschlossenen Vitrine hinter kostbar gebundenen Büchern, ein geladener Revolver liegt, den sie schon vor längerer Zeit beim Staubwischen entdeckt hat. Ihr Dienstherr sitzt tot im Sessel, vornübergesunken mit dem Gesicht auf dem Schreibtisch. Sichtbar sind ein kleines Einschussloch in der rechten, eine große Austrittswunde in der linken Schläfe, aus der Hirnmasse quillt und literweise Blut austritt, das sich über die Schreibtischplatte ergießt, auf den neben dem Sessel liegenden Revolver und den Orientteppich tropft und dort gerinnt.

Die gnädige Frau in Negligé und Morgenmantel stürzt herein, erleidet einen Schock und sinkt, der Ohnmacht nahe, auf eine Chaiselongue. In der Blutlache auf dem Schreibtisch steht das einzige Telefon im Haus, mittels dessen es meiner Mutter gelingt, Hilfe zu rufen. Nach dem Abtransport der Leiche wird meine Mutter von der gnädigen Frau angewiesen, die nicht mehr zu rettende Orientbrücke zu entsorgen, das Zimmer zu säubern und wie schon erwähnt, Blut und Gehirnreste auf ein Kehrblech zu fegen und ins Klo zu schütten.

An der mit Blutspritzern bedeckten Wand neben dem Schreibtisch hängt eine Kopie des berühmten Gemäldes »Der Mann mit dem Goldhelm«, das lange Zeit Rembrandt zugeschrieben wurde, nach neueren Erkenntnissen aber von einem seiner Epigonen stammen soll. Die Revolverkugel steckt im Rahmen, an dem ebenfalls Blut und Gehirnmasse trocknen. Ein unerträglicher Anblick für die gnädige Frau. Sie sagt zu meiner Mutter: »Dora, hängen Sie sofort dieses Bild ab. Behalten Sie es, werfen Sie es weg, machen Sie damit, was Sie wollen, bitte.«

Jahre später muss die Gnädige den Anblick des Bildes doch noch einmal ertragen. Diesmal bin ich dabei: Anstatt es wegzuwerfen, behält meine Mutter das Bild. Sie pult die Kugel aus dem schweren, vergoldeten Rahmen, verschließt das Einschussloch mit Gips, übermalt es mit Goldbronze, nimmt einen Lappen und überdeckt mit schwarzer Schuhcreme die Blutflecken auf dem in rembrandtschem Dunkel gehaltenen Bildhintergrund.

Während meiner gesamten Kindheit und Jugend hängt »Der Mann mit dem Goldhelm« in dem engen Flur mit dem altersrissigen Balatum-Fußboden des Hauses Poetenweg 25 im ersten Stock, der Treppe gegenüber an der Wand zwischen unserer Klotür und der Tür zu Tante Annelieses Speisekammer, in der sie ihr Eingemachtes aufbewahrt. Das Gemälde hängt über einem Schuhschrank aus Sperrholz, den meine Mutter mit dunkelbraunem Mattlack anstreicht, sodass er den Farbton des Bildhintergrundes wieder aufnimmt.

Kurz nach Kriegsende, ich bin gerade vier Jahre alt, kommt an einem Sonntagnachmittag überraschend – ein Telefon, mit dem sie ihren Besuch hätte ankündigen können, haben wir nicht – die gnädige Frau zu uns. Draußen wartet derweil in einer schwarzen Mercedes-Limousine ihr livrierter Chauffeur. Meine Mutter arbeitet schon längere Zeit nicht mehr im Hause der Gnädigen. Weshalb die jetzt ihr ehemaliges Hausmädchen besucht? Wer weiß? Es soll ja schon mal vorkommen, dass Dienstherrinnen an ihren Untergebenen hängen.

Die gnädige Frau kommt die Treppe herauf, in elegantes Schwarz gekleidet und trägt einen Hut mit breiter Krempe, von meiner Mutter als Florentiner bezeichnet. Sie trägt Trauer wegen eines ihr nahestehenden, noch kurz vor Kriegsende an der Ostfront gefallenen Angehörigen. Sie ist von dem dezenten Duft eines edlen Pariser Parfüms umweht, das es derzeit in einem Deutschland in Trümmern gar nicht zu kaufen gibt und dessen Reste in einem Flacon zwar den Krieg überdauert haben, das sich aber gegen den scharfen Geruch fermentierten Weißkohls in Omas Sauerkrautfässern auf dem Flur direkt hinter der Haustür nicht durchsetzen kann.

Die gnädige Frau zögert kurz, als sie an der Wand vor sich den »Mann mit dem Goldhelm« bemerkt, löst mit der behandschuhten Hand einen zarten, durchsichtigen Schleier vom Rand ihres Hutes, lässt ihn über ihr Gesicht fallen. Meine Schwester Gisela gibt der Gnädigen die Hand und knickst. Ich soll einen »Diener« machen, weiß aber gar nicht, was das ist, und lerne es bei der Gelegenheit.

Mein Vater, als Kriegsheimkehrer erst seit wenigen Wochen wieder zu Hause, ist, als er die Gnädige sieht, schon durch die Waschküche zur Hintertür raus in den Wald, weil er ihr nicht begegnen möchte. Er will als klassenstolzer Proletarier nicht »gnädige Frau« sagen und keinen »Diener« machen müssen. Er kommt erst zurück, als die Gnädige das Haus wieder verlässt, ihren Schleier lüftet, der Chauffeur ihr beim Einsteigen in den Fond der Limousine behilflich ist und sie fortfährt.

Der Poetenweg

Bin ich ein Poet? Ich weiß nicht. Selbst würde ich mich nicht so nennen. Sollten andere mir diesen Ehrentitel zuerkennen, hätte ich aber auch nichts dagegen. Mir gefällt dieses altmodische Wort »Poet«. Ich finde mich selbst auch altmodisch, in mancher Hinsicht sogar der Vergangenheit mehr zugewandt als der Gegenwart. Seit meiner Kindheit liege ich mit der mich umgebenden Wirklichkeit über Kreuz und hätte gern eine andere. In jüngeren Jahren – inzwischen hat sich das gegeben – habe ich von einem Leben in vergangenen Jahrhunderten geträumt. So wie in dem Lied, das meine Mutter manchmal singt: »Ein fahrender Sänger, von niemand gekannt, / ein Rattenfänger, das ist mein Stand.«

Als ich beginne, meine ersten Lieder zu schreiben, fühle ich mich Walther von der Vogelweide näher als John Lennon. Als ich zum ersten Mal bewusst die Lieder von Franz Schubert höre, merke ich, dass ich, ohne ihn zu kennen, meine eigenen sozusagen bei ihm abgeschrieben habe und dass sie irgendwie schon vor 200 Jahren da waren. Ich halte mich gern im Wald auf, liebe Pferde, bin technikfeindlich, hasse Autos. Ehe ich dann mit 32 Jahren beim dritten Anlauf die Führerscheinprüfung für Pkw und Motorrad bestehe, schaffe ich mir ein Pferd an und lerne erst mal reiten. Es liegt mir etwas daran, so der menschheitsgeschichtlichen Fortbewegungschronologie zu entsprechen. Schließlich war der Mensch zunächst ein paar Jahrtausende lang beritten, ehe er sich motorisierte.

Diese und noch andere Vorlieben und Abneigungen – meinetwegen auch Schrullen –, Wünsche und Sehnsüchte und die Ablehnung der Wirklichkeit machen mich schon in frühester Jugend, ohne dass ich wüsste, was das ist, zum Romantiker. Dass die Romantik eine kulturgeschichtliche, Literatur, Malerei, Musik und vor allem die Poesie umfassende Epoche, eine sehr deutsche und heute immer noch mächtige geistige Strömung ist, lerne ich erst später. »Das Romantische gibt es bis heute«, schreibt Rüdiger Safranski in seinem Buch »Romantik – eine deutsche

Affäre«. Novalis definiert das Romantische wie folgt und bringt es nach Ansicht Safranskis damit auf den Punkt: »Indem ich dem Gemeinen einen hohen Sinn, dem Gewöhnlichen ein geheimnisvolles Ansehen, dem Bekannten die Würde des Unbekannten, dem Endlichen einen unendlichen Schein gebe, so romantisiere ich es.«

Manche Historiker nehmen an, dass aus der Vermischung von Romantik und Politik schädliche oder gar verheerende Auswüchse resultieren, welche auch die beiden letzten Weltkriege mit ausgelöst haben sollen, und sprechen unter anderem von kollektiv irrationalen, die Massen ergreifenden Todessehnsüchten und Ähnlichem. Wo beginnt die Epoche der Romantik, wo endet sie? Worin bestehen ihre Vorzüge, worin ihre Nachteile? Schwer zu sagen. Schon Goethe schreibt: »Das Klassische nenne ich das Gesunde und das Romantische das Kranke.«

Obwohl ich Goethes Auffassung nachvollziehen kann, behalten sich meine rest-romantisch-mythischen inneren Anteile vor, den Umstand, als Poet am Poetenweg aufgewachsen zu sein, als mir schicksalsbestimmt zu deuten. Solche Zufälle kann es doch gar nicht geben.

Nun ist der Poetenweg damals nicht viel mehr als ein Feld- und Wanderweg, selten begangen, kaum befahren. Er führt durch eine für das Ravensberger Land typische Sieklandschaft. Sieke sind seit dem Mittelalter kultivierte feuchte Niederungen, Bachauen und Kerbtäler, durch Abstich der Kanten symmetrisch begradigt und dadurch in leichter zugängliches Grünland umgewandelt. Der Poetenweg bleibt auch nach seiner Teilasphaltierung, etwa um das Jahr 1954, eine wenig genutzte, schmale Straße. Ausnahmen bilden die warmen Sonntage im Sommer, wenn Spaziergänger aus der Stadt an unserem Haus vorbei zum »Waldfrieden« wandern, einem Ausflugslokal mit Kaffeegarten am Rande des Twellbachtals. Manchmal, wenn durch das offene Fenster der mehrstimmige Gesang meiner Mutter und meiner Schwestern nach draußen dringt, bleiben die Leute stehen und fragen, ob hier eine Musikerfamilie wohnt.

Es ist schon arg wenig los am Poetenweg. Und doch beobachte und erlebe ich hier so manches Erwähnenswerte: Großen Eindruck macht auf mich der Hausierer mit dem Hundewagen. Er handelt unter anderem mit Kurzwaren, Nähnadeln, Zwirn und dergleichen. Mit Peitsche und Zügeln in den Händen, sitzt er in einer vollgummibereiften zweirädrigen Karre und lässt sich von einem Hund den Poetenweg entlangziehen. Ein großes hechelndes Tier, eine Mischung aus Bernhardiner und Neufundländer, dem eine lange Zunge aus dem Maul hängt. Die Deichselstange des Karrens ist seitlich an seiner Flanke mit einer Art Geschirr aus Lederriemen befestigt. Ich sehe das Gespann nur dieses eine Mal an unserem Haus vorbeifahren, aber es beschäftigt mich danach noch tagelang. Ich schlinge unserem Hund Fifi einen Bindfaden um den Hals, verknote ihn mit meiner kleinen Spielschubkarre, setze mich hinein und fordere den Spitz auf, mich zu ziehen. Aber die Schubkarre hat ja nur ein Rad, und Fifi ist klein, übellaunig und tückisch. Er knurrt und schnappt nach mir.

Nach der Rückkehr meines Onkels Edi aus dem Krieg sehe ich noch einige andere aus der Gefangenschaft entlassene Landser den Poetenweg herunterkommen, und alle tragen sie noch ihre grauen Uniformmäntel. Onkel Heinz zum Beispiel, der Mann von Tante Friedchen Soße. Dann der Vater der sieben Schneider-Kinder, die mit ihrer Mutter aus Schlesien geflüchtet sind und in einem alten zugigen Fachwerkkuhstall hausen. Überhaupt leben viele schlesische Flüchtlingsfamilien in der Umgebung. Manche von ihnen beziehen die hier überall noch verstreut liegenden, teils jahrhundertealten und windschiefen Kotten. Wohnraum ist knapp. Es werden deshalb sogenannte Behelfsheime errichtet, eilig zusammengenagelte Holzhütten, für deren Bau sich besonders mein Vater starkmacht, der gleich nach seiner Heimkehr aus dem Krieg schon wieder für die SPD kommunalpolitisch aktiv und Mitglied des Gemeinderates ist. Einige dieser Holzhäuser, unter anderem Tante Martha Krupphölters Hütte am Poetenweg, stehen heute noch; von ihren Bewohnern über die Jahrzehnte hinweg immer wieder repariert, stabilisiert und zum Teil erweitert.

Wo der Poetenweg leicht ansteigend das Twellbachtal verlässt, nach Osten in Richtung Stadt am Waldrand entlang verläuft, steht auf der Anhöhe eine Bank, gestiftet vom städtischen Verschönerungsverein. Von hier aus hat man einen weiten Blick nach Süden ins Twellbachtal. Auf dieser Bank sitzt manchmal mein Opa Schorsch Hose zusammen mit Opa Lepper und Opa Broscheit, die auch in der Nachbarschaft wohnen. Opa Broscheit ist Ostpreuße und redet in stark masurisch gefärbtem Dialekt. Die drei versuchen sich zu unterhalten, was jedes Mal schwierig ist, besonders wenn Opa Broscheit sein altes, aus einem Kuhhorn gefertigtes Hörrohr vergessen hat. Er ist schwerhörig und sitzt meist zwischen den beiden anderen Alten. Mein Opa kann sich furchtbar über ihn aufregen: »Dieser verfluchte taube Hund! Wie laut soll ich denn noch schreien, dass er was versteht?« Opa Lepper nimmt dann Partei für Opa Broscheit: »Schorsch, Mensch, reg dich ab. Was kann er denn dafür, dass er schlecht hört?«

Es ist ein Sonntagnachmittag im Sommer. Ich sehe zum ersten Mal einen Leichenbitter. Er trägt einen schwarzen Zylinder, einen dunklen Mantel und einen Trauerflor am Arm. Er spricht an der Haustür mit meiner Mutter und geht dann weiter. Ich höre, wie meine Mutter zu Opa sagt: »Oma Broscheit ist gestern gestorben.« Ich frage: »Was ist denn gestorben?« »Gestorben ist tot«, sagt meine Mutter. »Was ist denn tot?« »Tja, wie soll ich dir das erklären? Geh einfach mal hin, Tante Martha ist da, die zeigt dir das, dann kannst du dich auch gleich von Oma Broscheit verabschieden.« Die Broscheits wohnen wie wir am Poetenweg, keine 300 Meter von unserem Haus entfernt auf der Anhöhe unweit der Bank, bei der sich die drei Alten immer treffen.

Tante Martha Krupphölter, auch eine Kriegerwitwe, ist die Nichte der Broscheits. Sie öffnet mir auf mein Klopfen. »Ich will mich von Oma Broscheit verabschieden«, sage ich. »Dann komm mal rein und sei leise«, sagt sie und legt den Finger auf die Lippen. In der Küche liegt auf dem ausgezogenen Tisch Oma Broscheit ausgestreckt auf dem Rücken. Sie trägt ein knöchellanges schwarzes Kleid und schwarze Schuhe, die Augen geschlossen, die Hände, die so weiß sind wie ihr Gesicht, über der Brust gefaltet. Sie sieht friedlich aus. »Schläft sie?«, frage ich. »Ja«, sagt Tante Martha, »für immer, sie wacht nie wieder auf.« »Ist das tot sein?« Tante Martha nickt bejahend. Da ich nun annehme, dass die Leiche für immer auf dem Tisch liegen bleibt, will ich wissen: »Wo esst ihr denn jetzt Mittag?« Tante Martha versteht und sagt: »Oma Broscheit bleibt da nicht liegen, sie kommt in ein Grab auf den Friedhof.« Ich weiß nicht, was ein Grab und ein Friedhof ist. »Warum hat sie denn den Bindfaden am Kopf?« Um ihr Kinn herum sind über dem Kopf der Toten die Enden eines Stücks Wäscheleine verknotet. »Damit der Mund zubleibt«, erklärt mir Tante Martha geduldig. Wieder auf dem Heimweg, ist mir etwas feierlich zumute, und ich bin ganz zufrieden mit meiner ersten Begegnung mit dem Tod.

In näheren Kontakt mit anderen Kindern – außer mit meinen Cousinen – komme ich erst mit meiner, wie ich meine, zu frühen Einschulung. Ich bin erst fünf Jahre alt, verträumt, wie die Erwachsenen sagen, bin klein für mein Alter und lutsche am Daumen. Ich bin davon überzeugt, dass meine Kindheit, wenn nicht mein ganzes Leben, einen völlig anderen Verlauf genommen hätte, wäre ich, wie alle anderen Kinder auch, erst mit sechs oder sieben Jahren in die Schule gekommen. Auch wenn ich natürlich nicht sagen kann, in welcher Weise sich mein Leben anders gestaltet hätte.

Der Grund für meine frühe »Abschiebung« in den Schulunterricht liegt nahe. Außer meinem inzwischen über achtzigjährigen Großvater, der zu alt ist, um noch auf mich aufzupassen, arbeiten jetzt alle tagsüber. Meine Schwester Ulla geht in die Lehre als Schneiderin. Gisela macht ihr Haushaltsjahr auf dem Bauernhof bei Meyer zu Hoberge, besucht anschließend die Handelsschule, die sie, wie zu erwarten, als Jahrgangsbeste abschließt, um später Sekretärin zu werden. Die Eltern arbeiten beim Bauern. Das Problem, wohin mit dem Jungen, ist, zumindest auf die Vormittage bezogen, gelöst, wenn ich in der Schule bin.

An den Nachmittagen von März bis Oktober bin ich immer draußen, egal, ob es regnet oder die Sonne scheint. Manchmal gehe ich zur Hufschmiede, wo sich die Kinder aus der Umgebung oft treffen. Sie stammen mehrheitlich aus Handwerker-, Arbeiter- und auch Flüchtlingsfamilien aus Schlesien, die zum Teil noch ärmer sind als wir. Eine häufig gehörte Redensart: »Geh mir weg mit den Schneiders, die können doch vor Hunger nicht in den Schlaf kommen. Die Kinder fressen schon den Kitt von den Fenstern.« Wir dagegen haben wenigstens einen Garten, in dem ein paar Obstbäume stehen, Kartoffeln, Weißkohl, Erbsen, Bohnen, Lauch, Möhren und anderes Gemüse wachsen.

Die meisten dieser Kinder sind älter und größer als ich. Sie sind ausnahmslos Rabauken. Nur selten sind Mädchen dabei, die bleiben mehr unter sich. Nach Schulschluss vermeide ich es, mit den Großen gemeinsam nach Hause zu gehen. Der Heimweg ist lang, und sie nutzen unterwegs jede Gelegenheit, die Kleineren zu schurigeln. Mich besonders, weil ich Daumenlutscher bin. Schon mehr als einmal haben sie meine Hand in Kuhscheiße getunkt und mich dann gezwungen, den Daumen wieder in den Mund zu stecken. Sie spielen auch nicht mit mir. Sie spielen überhaupt nicht. Nicht Cowboy und Indianer, nicht Räuber und Gendarm. Fußball spielen sie auch nicht, es gibt keine Bälle. Sie bolzen nicht einmal mit leeren Blechdosen aus dem Müll, schon deshalb nicht, weil es keinen Abfall gibt. Alles wird weiterverwendet. Müll wird erst in den Fünfzigerjahren im Zuge der Wirtschaftswunderjahre wieder neu erfunden.

Die Jungs sind roh, prügeln sich untereinander, aber noch lieber schikanieren sie Schwächere, wollen ihren Spaß haben. Und der muss brutal sein. Spaß haben sie nur, wenn sie anderen Schmerzen zufügen. Sonst gibt es für sie nichts zu lachen. Vielleicht ist es die noch immer von Faschismus und Krieg verseuchte, gewaltgesättigte Luft, die alle hier und jetzt lebenden Menschen einatmen müssen, und die das Denken, Fühlen und Handeln vieler noch lange steuern wird. Das Fazit, das ein Zeuge aus den grauenhaften Schlächtereien im jüdischen Ghetto Litzmannstadt zieht, bestärkt mich in meiner Annahme: »Der Nationalsozialismus bezeichnet einen weltgeschichtlichen Einschnitt; er hat die Seelen verwandelt.« Dieser Zeuge, damals noch ein Kind, berichtet, dass er unter anderem dabei zusehen musste, wie seine Eltern unter drohenden Pistolenläufen bei wieherndem Gelächter der Deutschen den Geschlechtsakt zu vollziehen hatten – neben ihnen Elternpaare in gleicher Situation – und wie seine Eltern anschließend erschlagen wurden.

> *Dies alles ist so furchtbar, dass es als untilgbare Last für immer mit dem deutschen Namen verbunden bleiben wird. […] Es ist, als ob mit Hitler neue Dimensionen der menschlichen Verworfenheit erschlossen worden wären, die nun als bedrohliche Möglichkeit in jedermann schlummert.*

Besonders, was diesen letzten Satz betrifft, kann ich dazu nur sagen: Das sehe ich auch so. Und frage mich: War diese von Hitler-Deutschland ausgehende weltgeschichtlich bis dahin einzigartige Katastrophe voraussehbar? An Propheten habe ich bisher nie geglaubt. Und doch haben verschiedene Menschen das Desaster antizipiert. Neulich erst bin ich über die vor mehr als 150 Jahren niedergeschriebenen Zeilen eines unserer großen Dichter und Denker gestolpert, die ich hier auf keinen Fall unzitiert lassen will. Für mich waren sie so neu, dass mir beim Lesen buchstäblich die Spucke wegblieb. Heinrich Heine schreibt in seiner Studie »Zur Geschichte der Religion und Philosophie in Deutschland« über gewisse Gefahren des deutschen Idealismus:

> *[…] so wird der Naturphilosoph dadurch furchtbar sein, daß er mit den ursprünglichen Gewalten der Natur in Verbindung tritt, daß er die dämonischen Kräfte des altgermanischen Pantheismus beschwören kann, und daß alsdann in ihm jene Kampflust erwacht, die wir bei den alten Deutschen finden, und die nicht kämpft, um zu zernichten, noch um zu siegen, sondern bloß um zu kämpfen. Das Christentum – und das ist sein schönstes Verdienst – hat jene brutale germanische Kampflust einigermaßen besänftigt, konnte sie jedoch nicht zerstören, und wenn einst der zähmende Talisman, das Kreuz, zerbricht, dann rasselt wieder empor die Wildheit der alten Kämpfer, die unsinnige Berserkerwut, wovon die nordischen Dichter so viel singen und sagen. Jener Talisman ist morsch, und kommen wird der Tag, wo er kläglich zusammenbricht; die alten steinernen Götter erheben sich dann aus dem verschollenen Schutt, und reiben sich den tausendjährigen Staub aus den Augen, und Thor mit dem Riesenhammer springt endlich empor und zerschlägt die gotischen Dome. […] Der Gedanke geht der Tat voraus, wie der Blitz dem Donner. Der deutsche Donner ist freilich auch ein Deutscher und ist nicht sehr gelenkig, und kommt etwas langsam herangerollt; aber kommen wird er, und wenn Ihr es einst krachen hört, wie es noch niemals in der Weltgeschichte gekracht hat, so wißt, der deutsche Donner hat endlich sein Ziel erreicht. […] Es wird ein Stück aufgeführt werden in Deutschland, wogegen die französische Revolution nur wie eine harmlose Idylle erscheinen möchte.*

Ich kann manchmal tagelang allein sein und mich mit mir selbst beschäftigen. Dann zieht es mich wieder magnetisch zu den anderen Kindern vor der Schmiede. Ich brauche Gesellschaft, und es gibt nur diese eine. Ich gehe immer wieder hin, suche ihre Nähe trotz der zu erwartenden Attacken gegen mich. Hin und wieder habe ich sozusagen Glück, und sie finden andere Opfer. Wenn das der Fall ist, beteilige ich mich nicht an den Schikanen. Die anderen tun mir leid. Ich bin zu schwach, um ihnen beizustehen, kann aber auch nicht weggehen und versuche nur, nicht weiter aufzufallen. Diese Wechsel zwischen dem unwiderstehlichen Drang, Teil einer Gemeinschaft zu sein, mich mitzuteilen, zu kommunizieren, mich aber dann davon abgestoßen wieder in mich zurückzuziehen, praktiziere ich bis auf den heutigen Tag.

Diesmal ist Horst das Opfer. Horst, der Sohn von Käthe Hülsmann, ist ein etwas älterer Junge. Er ist mongoloid. Den Begriff »Downsyndrom« gibt es damals noch nicht. Die beiden wohnen auch am Poetenweg, am Waldrand direkt neben dem Johannisbach in einer Art Rohbau, unverputzt und ohne fließend Wasser, in dem bis Kriegsende polnische Zwangsarbeiter untergebracht waren.

Ein sonniger Nachmittag im Herbst. Die Bäume haben schon viel Laub verloren. Die Horde Bengels, vielleicht ein halbes Dutzend, denen ich mich anschließe, zieht von der Schmiede aus in den Wald vor Käthe Hülsmanns Haus. Käthe kommt raus, schiebt einen Jungen vor sich her und sagt: »So, das ist Horst, das ist mein Junge, da könnter mit spielen«, und geht wieder rein. Wir alle haben Horst noch nie gesehen, wissen gar nicht, dass es ihn gibt. Käthe muss ihn jahrelang vor Nazi-Karwanke – der Horst zweifellos als lebensunwert nach Hadamar, oder in eine ähnliche Tötungsanstalt, hätte ausliefern lassen – verborgen gehalten haben. Die älteren Jungs, einige unter ihnen waren noch in der Hitlerjugend, wissen das, auch wenn sie den Begriff Euthanasie nicht kennen. Sie, das heißt wir, sind einen Moment lang unsicher, sind noch nie einem geistig Behinderten begegnet, wissen nicht, was wir mit Horst anfangen sollen, wie er dasteht, etwas ungeschlacht und füllig, mit kindlichen Händchen, viel zu klein für seinen Körper. Da schreit auch schon einer: »Eh du Missgeburt, dich haben 'se wohl vergessen zu vergasen?«

»Missgeburt« – alle lachen erleichtert. Mit Missgeburt als Ordnungsbegriff können sie etwas anfangen. Der nächste baut sich vor Horst Hülsmann auf, hebt den Arm zum deutschen Gruß und schreit: »Heil Hitler!« Ein paar von den Großen zucken zusammen, kichern verlegen, sehen sich verstohlen um. Der Hitlergruß ist seit Neuestem verboten. Außer uns ist hier weit und breit kein Mensch zu sehen. Wie auf ein Signal heben alle den rechten Arm und grölen: »Heil Hitler!« Horst ist sichtlich verdattert, fängt an zu weinen und schluchzt: »Nein, nein, nein«, ballt seine Hände zu Fäusten und geht tollpatschig auf uns los. Die anderen wuseln Heil Hitler schreiend um ihn herum. Horst dreht sich einmal schwerfällig um sich selbst, gerät ins Stolpern, fällt in eine flache, regennasse, mit frischem Herbstlaub ausgepolsterte Kuhle und landet mit den Beinen in der Luft auf dem Rücken. Er trägt kurze schlabbrige Hosen, die ihm trotz seiner Fülligkeit viel zu groß sind, und darunter keinen Schlüpfer. Alle können jetzt seinen Schniedel sehen. Im Gegensatz zu seiner Körpergröße ebenso unentwickelt wie seine Hände. Horst wühlt sich mühsam aus der Kuhle, von oben bis unten wie ein Waldschrat von dichtem, feuchtem Laub bedeckt, das an ihm kleben bleibt, während er weinend nach Hause stolpert.

Alle lachen sich darüber schlapp, dass sie Horsts Pimmel gesehen haben. Horst bin ich danach nie wieder begegnet.

Dafür erinnere ich mich an eine andere Beobachtung – Begegnung wäre unzutreffend – im Zusammenhang mit Käthe Hülsmanns Haus am Poetenweg. In den ersten Nachkriegsjahren ist in der Gemeinde personell einiges in Bewegung. Oft trifft man auf alleinstehende Männer, die als sogenannte Kostgänger bei einheimischen Familien unterkommen und in der Stadt Arbeit finden. Unter ihnen auch junge ehemalige Wehrmachtssoldaten, die, in französische Kriegsgefangenschaft geraten, gleich in die Fremdenlegion übernommen, nun als Veteranen aus den Kolonialkriegen in Indochina und Algerien heimgekehrt, hier als Hilfsarbeiter ihr Auskommen suchen.

Auch in Käthes Haus, in dem sie selbst nur Mieterin ist, wechseln die Bewohner, ziehen ein und wieder aus. Ein gewisser Balinski ist für ein paar Monate bei Käthe eingezogen. Auf ihrer Seite des Johannisbaches hat sie für ihre drei oder vier Hühner aus alten Brettern einen wackeligen, aber fuchs- und marderdichten Stall gezimmert. Als ich auf der anderen Seite des Baches vorbeigehe, steht an die Hühnerstallwand gelehnt Balinski mit offenem Hosenstall und rubbelt mit der Hand rhythmisch an was Rotem. Die Hühner flattern aufgeregt um ihn herum und an ihm hoch. Als er mich sieht, wird sein Gesicht auch rot, dabei glotzt er mich an und rubbelt noch heftiger. Was er da macht, kenne ich bisher nur in der Theorie. Ich weiß, was ein Ständer ist, die älteren Jungs reden dauernd davon. Balinski grunzt laut und entlädt sich über den Hühnern. Dann knöpft er – Reißverschlüsse sind zu der Zeit knapp – seine Hose zu, spuckt aus und geht ins Haus.

Ich erinnere diese Begebenheit als die einzige in meiner Kindheit, die in einem sexuellen Kontext steht. Sie hat keinen weiter traumatisierenden Effekt auf mich und wirkt eher grotesk. Ich weiß auch ungefähr, was ich da gesehen habe, ist in den Gesprächen der älteren Jungs doch immer mal wieder vom »Wichsen« die Rede.

Fahrendes Volk

Wie aus einer anderen Welt. Eine Erscheinung. Ein Spuk. An einem heißen Sommernachmittag: die drei von mageren kleinen Pferden, die vor Schweiß dampfen, den Hang hinaufgeschleppten Wagen, angestrichen mit kräftigen Farben, die abzublättern beginnen. Aus den Dächern ragen schmale blecherne Ofenrohre, von denen eins sogar qualmt. Männer, dunkelhaarig und mit fremdartigem Aussehen, klettern vom Kutschbock und führen die Pferde am Zaum. Frauen mit langen, bunten Kleidern und Kinder mit großen dunklen Augen steigen aus den Wagen, um den Pferden den Anstieg zu erleichtern. Sie lachen, rufen sich Worte zu in einer seltsam klingenden Sprache – einer Art Deutsch –, die ich nicht verstehe. Anders als die Dialekte, die ich schon unterscheiden kann, wie Schlesisch, Ostpreußisch, Nordhessisch und natürlich Plattdeutsch. Ich weiß sofort, es sind Zigeuner. Dieses Wort »Zigeuner«, das heute nur noch Neo-Nazis und Rassisten benutzen, wird erst Jahrzehnte später durch die Bezeichnung Sinti und Roma ersetzt werden. Die Roma – oder sind es Sinti? – sehen genauso aus, wie ich sie mir jedes Mal vorstelle, wenn meine Mutter das Lied von den drei Zigeunern singt, das ich liebe und das ich auswendig kann.

Mir klopft das Herz, ich bin aufgeregt, verzaubert und laufe neben den Wagen her bis zu Landwehrmanns Hof. Der kleine Treck hat den steilen Anstieg überwunden, die Frauen singen. Ich schaue ihnen nach, bis sie im Wald verschwunden sind.

Die Begegnung mit den Sinti und Roma ist kurz, hat etwas Unwirkliches. Hat sie überhaupt stattgefunden? Ihr Erscheinen ist so ungewöhnlich, dass eigentlich alle Anrainer des Poetenweges – auch wenn es nicht so viele von ihnen gibt – vor ihren Türen stehen müssten, um das Schauspiel zu bestaunen. Die Hübels, Käthe Hülsmann, Oma Kantsteiner, meine Oma, die Broscheits, Frau Wendt, Mimi Schmitz, die Tölles, die Boges, die Landwehrmanns und wie sie alle heißen. Keiner von ihnen lässt sich sehen. Alle haben Hunde, aber keiner bellt. Habe ich mir die Zigeuner nur eingebildet? Ich kann mich jederzeit und aus dem Stand tief in meine Fantasiewelt sinken lassen, aber eigentlich verwechsle oder vermische ich innere Bilder niemals mit dem realen Geschehen um mich herum.

Da, wo der vom letzten Regen noch aufgeweichte Weg in den Wald mündet, sehe ich deutlich die tiefen, frischen Spuren der eisenberingten Wagenräder, und als ich mich umdrehe, um zurückzugehen, hängt immer noch ein Hauch von dem Geruch der schwitzenden Pferde in der unbewegten heißen Luft. Dieser Geruch ist wirklich. Ich mag ihn sehr, und ich kenne ihn von Bauer Niedergassels Senta, der großen gutmütigen Kaltblüter Fuchsstute. Es scheint, dass ich der Einzige bin, der hier auf dem Poetenweg den kleinen Treck hat vorbeiziehen sehen. Was außer mir keiner sieht, findet nicht statt, so viel weiß ich inzwischen. So gern ich es auch mit anderen gemeinsam erlebt und mich darüber ausgetauscht hätte. Auch auf dem Heimweg treffe ich niemand, es ist still, immer noch kein Hundebellen. Im Westen, hinter der riesigen Linde, die auf Reinhard Spielkers Hof steht, geht rot glühend die Sonne unter. Was ich heute erlebt habe, werde ich wieder für mich behalten.

Die drei Zigeuner

Drei Zigeuner fand ich einmal
Liegen an einer Weide,
Als mein Fuhrwerk mit müder Qual
Schlich durch die sandige Heide.

Hielt der eine für sich allein
In den Händen die Fiedel,
Spielte, umglüht vom Abendschein,
Sich ein feuriges Liedel.

Hielt der zweite die Pfeife im Mund,
Blickte nach seinem Rauche,
Froh, als ob er vom Erdenrund
Nichts zum Glücke mehr brauche.

Und der dritte behaglich schlief,
Und sein Zimbal am Baum hing,
Über die Saiten der Windhauch lief,
Durch seine Seele ein Traum ging.

An den Kleidern trugen die drei
Löcher und bunte Flicken,
Aber sie boten trotzig und frei
Spott den Erdengeschicken.

Dreifach haben sie mir gezeigt,
Wenn das Leben uns nachtet,
Wie man's verraucht, verschläft, vergeigt
Und es dreimal verachtet.

Nach den Zigeunern lange noch schaun
Mußt ich im Weiterfahren,
Nach den Gesichtern dunkelbraun,
Den schwarzlockigen Haaren.

Eine ähnliche Wirkung wie auf mich als Kind könnten die 1838 niedergeschriebenen Verse Nikolaus Lenaus auf seine Zeitgenossen ausgeübt haben. Sie bündeln und spiegeln wie kaum ein anderes Gedicht die Vorurteile der Künstler, der Dichter und Komponisten dieser Zeit dem »fahrenden Volk« gegenüber wider. Ihre von »Zigeunerromantik« durchtränkten Werke wirken bis heute nach, bestimmen gegenwärtig noch das Bild, das sich die Menschen von den Romvölkern machen, denen sich der Durchschnittseuropäer und Nichtzigeuner – der »Gadjo« – im günstigsten Fall eben nur mit romantisierender Sympathie nähern kann, wenn er ihnen nicht mit Angst, Abscheu oder gar wie die Nazis mit blankem Hass, bis hin zum Vernichtungswillen, gegenübertritt. Es geht sogar beides gleichzeitig.

Schon in der klassischen Literatur, im Barock und der Renaissance ist von Zigeunern die Rede, spielen sie eine Rolle. Die Monarchien Europas gründen nach dem Sieg über Napoleon ihre »Heilige Allianz« der Unterdrückung und der Zensur, um freiheitliche und republikanische

Bestrebungen der Völker schon im Keim zu ersticken. In ihren Hoffnungen auf politisch-liberalere Veränderungen enttäuscht, werfen sich die Literaten und Künstler der Romantik und der ihr folgenden Epochen mit Eifer auch auf das Thema »Zigeunerleben«. Auf das Geheimnis der Herkunft der Sinti und Roma, ihre Kultur, auf ihr Anderssein, ihre Art zu leben, lassen sich ideal die Sehnsüchte vieler Menschen jener Zeit projizieren. In dem romantischen Drang, sich wenigstens in der Überhöhung des Gewöhnlichen, in tiefen und großen Empfindungen und Leidenschaften frei zu fühlen, schreiben sie dem Idealtypus des Zigeuners Begabungen und seiner Lebensweise Vorzüge zu, die sie an sich selbst schmerzlich vermissen. Ein Katalog von Eigenschaften wird erstellt, den der Musterzigeuner von nun an zu verkörpern hat. Bis ins 20. Jahrhundert hinein geistert das Bild des schönen Zigeunermädchens, tanzend und glutäugig durch Literatur, Oper und Operette. Dazu das männliche Pendant: von unbezähmbarem Freiheitswillen durchdrungen, von wildem, ungezügeltem Temperament, hochmusikalisch fiedelnd, seelendunkel, unergründlich und so weiter.

Dieses Verständnis – besser Unverständnis – hat sich bis heute in der Gesellschaft erhalten und verfestigt, zumal nach dem Zweiten Weltkrieg bis in die Gegenwart das Thema Sinti und Roma als Sujet in Literatur, bildender Kunst und Musik nur noch zögernd aufgegriffen wird. Einer der wenigen Ausnahmekünstler, die sich während dieser Zeit intensiv und mit Empathie mit dem Leben der Sinti und Roma auseinandersetzen, ist der 1966 verstorbene Maler Otto Pankok. Kurz nach der Gründung des Pankok-Museums 1968 bei Wesel, konnte ich dort seine beeindruckenden Arbeiten auf mich wirken lassen.

Als Kind, und auch in späteren Jahren, habe ich nichts auszusetzen an Lenaus Gedicht. Als Romantiker, der ich nebenher immer noch bin, niemand kann seinen soziokulturellen Prägungen je ganz entkommen, folge ich zu gern den Projektionen des Dichters. Ich bin also selbst nicht ganz frei von »Philoziganismus«, wenn ich frage: Was soll daran verkehrt sein, dass diese drei Männer mit Löchern und bunten Flicken an den Kleidern mutig und frei den Erdengeschicken Trotz bieten? Das ist doch vorbildlich. Und das Leben, indem man es verraucht, verträumt und vergeigt gleich dreimal zu verachten, ist super – cooler geht's nicht.

Mitten in den Krieg hineingeboren, und damit in ein (fast) zigeunerleeres Deutschland, weiß ich als Fünfjähriger nicht, dass die Menschen, denen ich an diesem heißen Sommertag begegne, Überlebende eines Genozids sind. Angehörige eines kürzlich erst aus Konzentrationslagern befreiten Volkes, das seit 600 Jahren in Deutschland lebt, in Armut und gesellschaftlich geächtet. 500 000 von ihnen erschlagen, verhungert, vergast und verbrannt. Die noch Lebenden und die Nachgeborenen, die erst ab den Achtzigerjahren nicht mehr Zigeuner, sondern offiziell Sinti und Roma genannt werden, und auch genannt werden wollen, bleiben eine bis heute hier abgelehnte und anderswo verfolgte Minderheit.

Kann meine kindliche Vorstellung mit den Zigeunern, den Sinti und Roma, so wie ich sie im Wald gesehen habe, mit den Liedern über sie einiges anfangen, erfahre ich bis in meine späte Kindheit hinein fast gar nichts von jener anderen – seit vielen Jahrhunderten in den Ländern Europas ansässigen Minderheit – den Juden. Ich wüsste nicht, dass Erwachsene damals in meiner Gegenwart jemals das Wort »Jude« ausgesprochen hätten. Weder in der Familie noch in der Schule. Das Echo, der in dieser Zeit schon beendeten Nürnberger Prozesse gegen die Hauptkriegsverbrecher ist bereits verhallt und scheint nie bis in unsere Gemeinde durchgedrungen zu sein. »Holocaust« oder »Schoah« sind Begriffe, mit denen ich erst als junger Erwachsener etwas zu verbinden lerne. Von Juden – falls hier je welche gelebt haben sollten – weit und breit keine Spur. Keine Erwähnung, keine Erinnerung, keine Lieder. Vielleicht bietet das Judentum als ehemals weltverändernde, uralte, unzerstörbar erscheinende Kraft (anders als das »lustige Zigeunerleben«) weniger Ansätze, es in Liedern poetisch romantisierend zu verbrämen. Mit jüdischer Klezmermusik, wie von Giora Feidman gespielt, jiddischen Liedern, gesungen unter anderem von Esther Bejarano und der Gruppe Zupfgeigenhansel, werde ich erst in den Siebzigerjahren bekannt. Lieder von Nichtjuden über jüdisches Leben (von Nazi-Hassgesängen abgesehen) kenne ich nicht und stelle beim Schreiben dieser Zeilen fest, dass ich vielleicht nicht der Erste und Einzige, sicher aber einer von ganz Wenigen bin, die so ein Lied (2011) geschrieben haben.

Boulevard St. Martin

Nein, ich werde dieses Mal nicht in den Louvre gehen
nicht das Floß der Medusa, nicht die Mona Lisa, sehn.
Pas le Cimetière du Père-Lachaise, le Mur des Fédérés,
nicht im Pied de Cochon zu Mittag speisen, nein ich geh'
zum Boulevard Saint-Martin Haus Nummer 11, stelle mich davor
und berühre mit der Hand, ohne dass ich den Hof betrete
das Eingangstor.

Dann schließe ich die Augen, seh' denselben Boulevard
nur um Jahrzehnte zeitversetzt, da geht ein Mann auf dem Trottoir.
Männer in Gestapoledermänteln folgen ihm, die Hand
locker an der Waffe, sicher, dass weder Flucht noch Widerstand
mehr von diesem mageren Juden zu erwarten steht,
der zerlumpt, halb totgeschlagen und scheinbar gebrochen
dort vor ihnen geht.

Er gibt trotz der Schläge, trotz der Folter nicht einen Namen preis.
Aber ein Versteck der Résistance, von dem er sagt, dass er weiß,
wo es sich befinden könnte, wenn auch nur so ungefähr.
Und tut so, als wüsste er die genaue Hausnummer nicht mehr.
»Ich führe euch hin«, sagt er zu den Nazis, »folgt mir nach, ich geh
auf den Boulevard Saint-Martin, und ich gebe euch ein Zeichen,
sobald ich es seh'«.

Aus den Augenwinkeln sieht er dann so im Vorübergehn
den Eingang von Haus Nummer 11 einen Spalt breit offen stehn.
Hastet los, und mit letzter Kraft springt er durch das Tor,
dreht sich schnell um, schlägt es zu und schiebt den Riegel vor.
Rennt durch den Hof zum Hinterausgang und kommt bei dem Haus
Nummer 18 in der Rue Meslay als freier Mann und lebend
wieder heraus.

Er taucht ab, nur für kurze Zeit, und geht in den Untergrund.
Seine Frau und Kameraden aus der Résistance pflegen ihn gesund.

Und bald schon kämpft er weiter, unermüdlich und er erhebt
von nun an immer wieder seine Stimme, warnt so lang er lebt
vor dem Vergessen, ruft auf zur Wachsamkeit, zum Widerstand,
dass niemals wieder Krieg, nie mehr Faschismus ausgehen sollen
von diesem Land.

Nein, zugegeben, über so viel Mut wie du, verfüge ich nicht.
Nicht über dein Vertrauen in die Menschheit, deine Zuversicht.
Aber während meine Hand noch immer dieses Tor berührt,
dein Tor zur Freiheit, Peter Gingold, habe ich nicht nur gespürt,
dass mein Herz ganz plötzlich viel kräftiger und freier schlägt.
Ich kann sogar fühlen, wie sich jetzt etwas von deiner Stärke
auf mich überträgt.

Gewiss bin ich in meinem Denken und Fühlen beeinflusst von den gängigen Vorurteilen und Anschauungen, wie sie damals in der Bevölkerung, in dem Milieu, in dem ich aufwachse, allgemein verbreitet sind. Wohl auch in meiner Familie, wenn auch nicht in nennenswerter Ausprägung. Ich bin folglich – lange Zeit, ohne es zu wissen – latent xenophob, in üblichem Maße frauenfeindlich, schwach antisemitisch, gemäßigt rassistisch, von allem ein bisschen und bin, als ich es zum ersten Mal bemerke, tief erschrocken. Ich will aber kein Rassist sein und habe mir deshalb angewöhnt, mir das jeden Tag kurz bewusst zu machen, quasi mithilfe geistiger Dehnübungen im Training zu bleiben, um mich nicht von gedankenlos dumpfen Reflexen lenken zu lassen.

Die Überwindung, der Abbau rassistischer – überhaupt aller – Vorurteile ist eine Kulturleistung und nur über Gedankenarbeit möglich. Archaische Gefühle von Furcht und Hass allem Fremden gegenüber, von den Nazis als Nachweise eines »gesunden Volksempfindens« gefeiert, das sich nicht irren kann, weil es angeboren sei, sind auch noch von großen Teilen meiner Generation, mehr oder weniger abgemildert, übernommen und verinnerlicht worden. Selbst wenn in den letzten Jahrzehnten einiges an Aufklärung und Vergangenheitsaufarbeitung geleistet worden ist; alle diese zu einem zähen Brei verpanschten Übel stinken weiter vor sich hin. Und scheinen in den letzten Jahren wieder an Kraft zu gewinnen.

Hans der Träumer

Die Idealisierung und Verklärung eines ungebundenen Zigeunerlebens gewinnt zu Beginn des vorigen Jahrhunderts, besonders in der Jugendbewegung noch einmal deutlich an Schwung. Die bürgerliche Jugend, sich selbst gern antibürgerlich gerierend – Proletarierkinder haben aber zu ihren Verbänden keinen Zugang, die Arbeiterbewegung gründet daher eigene, wie die Naturfreundejugend –, organisieren sich in verschiedenen bündischen Gruppierungen, wie den Pfadfindern, den Deutschen Jungenschaften oder den Nerother Wandervögeln. Sie alle eint ein romantisches Fernweh, der Drang, als domestizierte Vagabunden in verschworener Gemeinschaft aus grauer Städte Mauern in die freie Natur zu ziehen, nachts an Lagerfeuern zu sitzen und zu singen, in Kohten und Jurten zu schlafen. »Woll'n sehn, was hinter den Bergen haust und wie die Welt so weit.« Wie gern wäre ich dabei, aber von einer Zugehörigkeit – ganz gleich, zu was und zu wem – werde ich immer nur träumen können.

Meine Mutter kennt auch viele Lieder, die ursprünglich bündisch, längst allgemein verbreitet sind. Wenn sie »Wilde Gesellen« singt, gefallen mir zwei Verse besonders:

Wilde Gesellen vom Sturmwind durchweht,
Fürsten in Lumpen und Loden,
ziehn wir dahin bis das Herze uns steht,
ehrlos bis unter den Boden.
Fidel Gewand in farbiger Pracht
trefft keinen Zeisig ihr bunter,
ob uns auch Speier und Spötter verlacht,
Uns geht die Sonne nicht unter.

Ziehn wir dahin durch Braus und durch Brand,
klopfen bei Veit oder Velten.

Huldiges Herz und helfende Hand
sind ja so selten, so selten.
Weiter uns wirbelnd auf staubiger Straß
immer nur hurtig und munter;
Ob uns der eigene Bruder vergaß,
uns geht die Sonne nicht unter …

Ich habe noch nie einen Pfadfinder gesehen, auch nicht auf einem Foto. Dennoch weiß ich, das sind welche, als ich überraschend einer ganzen Gruppe auf dem Poetenweg begegne. Einen von ihnen kenne ich sogar. Peter heißt er. Ein freundlicher Junge aus der Klasse unter mir, Sohn besser gestellter Eltern, die ihre Kinder nach dem vierten Jahr aus der Schule nehmen und aufs Gymnasium schicken. Er hinkt. Eins seiner Beine ist unterm Knie amputiert, und er trägt eine Prothese, die man jetzt unter der langen Hose nicht sieht. An seinem breiten Ledergürtel steckt in einer Scheide ein Fahrtenmesser. Als er mich bemerkt, grüßt er und lacht. Er hat einen großen Pfadfinderhut auf. Er trägt ein Halstuch um den Hemdkragen geschlagen, die Enden durch einen Metallring gezogen. Ich starre ihn und die anderen an; dass sie sich »Wölflinge« nennen, erfahre ich später und kann wieder mal nichts sagen. Ich kann es nicht fassen, dass es so was Schönes wie diese Pfadfinderkluft in Wirklichkeit gibt und von Jungen aus Fleisch und Blut getragen wird.

Dass ich kein Pfadfinder sein kann und nie so einen Dress tragen werde, weiß ich wohl. Aber ich sehne mich danach, auch Teil einer Gruppe, einer Gemeinschaft von Gleichaltrigen zu sein. Ich habe keine Ahnung, dass es auch Organisationen der Arbeiterjugend gibt, wie die Falken oder die Naturfreundejugend. Hätte mir auch nichts genützt. So was gibt es nur in der Stadt, und wir leben auf dem Lande.

Ein paarmal treffe ich wandernde Handwerksgesellen unterwegs auf dem Poetenweg. Besonders beeindrucken mich die Zimmerleute in ihrer Tracht aus schwarzem Cord. Ihre Manchesterjacken, das Koppelschloss am Gürtel, die Zunfthosen mit dem breiten Schlag, der verhindern soll, dass den Zimmerleuten herumfliegende Sägespäne von oben in ihre Arbeitsstiefel rieseln. Dann die Westen mit den vielen Knöpfen, deren unterschiedliche Anzahl eine jeweils eigene, zunftbezogene Bedeutung hat (so symbolisieren acht Knöpfe beispielsweise den Achtstunden-Arbeitstag). Über die Schulter gehängt, das helle Bündel aus Leinen. Manche tragen den knotig gedrehten Stock, den »Stenz«. Alle tragen einen Ohrring. Ich lerne, dass der Ring – ich werde später selbst einen tragen – aus Gold sein muss, um dem Wandergesellen, der nach altem Brauch mindestens drei Jahre und einen Tag unterwegs ist, sollte er in der Fremde sterben, damit ein würdiges Begräbnis zu finanzieren. Ich erfahre, dass in alter Zeit einem Zimmermann, der etwas verbrochen hatte, zur Strafe der Ring gewaltsam aus dem Ohrläppchen gerissen wurde und sich daher die Bezeichnung »Schlitzohr« ableitet. Und dann vor allem der große schwarze Hut. Ich will auch mal Zimmermann werden und so einen Hut tragen. Einen Sommer lang suche ich die Ufer des Twellbachs und des Johannisbachs ab, um einen zünftigen von Knöterich oder Geißblatt umwundenen Knotenstock zu finden. Vergebens.

Der Zimmermann

Ich weiß es noch, als wenn es gestern erst gewesen wär',
obwohl es klingt, als wär' es mehr als hundert Jahre her.
Ein warmer Sommertag, ich bin grad zehn Jahre alt
und streune wie so oft allein und barfuß durch den Wald.

Über die Hügel kommt ein fremder Zimmermann
bleibt steh'n und nimmt sein Bündel von der Schulter,
spricht mich an »Junge sag mir, wie weit ist es bis zum nächsten Ort,
bin fremdgeschrieben, abgebrannt und suche Arbeit dort.«

»Fremder Zimmermann, lass mich ein Stück weit mit Dir geh'n.
Du bist überall gewesen, und Du hast die Welt geseh'n,
ich zeige Dir den Weg, aber dafür erzählst Du mir
von andern Ländern, auch mich zieht es lang schon fort von hier.«

Wir geh'n und weißer Straßenstaub legt sich auf seine Schuh
und meine nackten Füße, gerne höre ich ihm zu.
Ich will wissen, wie der Himmel anderswo aussieht
und er spricht und singt sogar, und dabei lerne ich sein Lied.

Am Bach unter der Weide sitzen wir, um auszuruh'n.
Der Weg ist weit, ich spüre meine wunden Füße nun
und der Zimmermann gibt mir das, was er übrighat
von seinem bisschen Brot und beide werden wir nicht satt.

Der Zimmermann melkt auf der Wiese eine fremde Kuh,
Forellen fang' ich mit der Hand und ich sammle noch dazu
eine Handvoll wilder Erdbeer'n und dann bitten wir zu Tisch
bei frischer Milch mit Waldbeeren und gebratnem Fisch.

»Zimmermann, bald wird es dunkel und ich muss zurück.
Da drüben liegt ja schon die Stadt und ich wünsche Dir viel Glück.«
Ich seh' noch seinen gold'nen Ohrring, wie er wippt und blinkt,
als er mir ein letztes Mal noch aus der Ferne winkt.

Während der rund 25 Jahre, in denen ich meine Windmühle in Nordfriesland bewohne, klopfen manchmal fahrende junge Zimmerleute bei mir an, im Wissen, dass es hier immer eine Kleinigkeit zu essen und zu trinken für sie gibt. Ich meinerseits fühle mich geehrt, weil die meisten von ihnen handschriftlich eingetragen, die Liedtexte von »Heute hier, morgen dort« und »Der Zimmermann« in ihren Wanderbüchern mit sich führen.

Ein Zimmermann, ein Fremdgeschriebener, der die Welt durchwandert, ist nicht aus mir geworden. Aber meinen Wunsch schon als Halbwüchsiger nach einem goldenen Ring im Ohr, meinen Traum, immer wieder genährt durch Bücher, Bilder, Filme von Musketieren, Cowboys und Gunmen, irgendwann einmal ein Cape wie El Zorro und einen großen schwarzen Hut zu tragen, habe ich mir später erfüllt. Auf den Straßen singend, streife ich per Anhalter durch die Bundesrepublik und durch ganz Europa. Ich durchlebe damals eine Phase, in der ich mich als Einzelwesen sehe. Keiner Gruppe – einer Partei schon gar nicht – fühle ich mich zugehörig, vertrete nur mich selbst und stelle mich nach außen so dar, wie ich gern wäre und gesehen werden möchte. Ich verabscheue die Gegenwart, lehne die Zeit ab, in der ich existieren muss, falle lieber aus ihr heraus. Bärtig und langhaarig, altertümlich gewandet, fordere ich die mich umgebende soziale Realität heraus. Missachte sie. Reize die Normalos bis zum Äußersten und setze mich damit ihrem Mobbing aus. Die schockierende

Wirkung, die mein Anblick auf den deutschen Durchschnittspassanten in den Fußgängerzonen der späten Sechzigerjahre ausübt, ist heute gar nicht mehr nachzuvollziehen. Namentlich in Westberlin, wo ich die meiste Zeit lebe, fühlen sich ältere Bürger bei meinem Erscheinen augenblicklich in eine nostalgisch-wehmütige Stimmung versetzt – rufen mir hinterher: »Mit so was wie dir hätte der Führer kurzen Prozess gemacht«, oder auch: »Eine Schande, dass es keine Gaskammern mehr gibt.«

Taxifahrer weigern sich, mich zu befördern. Wegen meines Äußeren tagtäglich einen solchen Hass auf mich zu ziehen, ist schwer aus- und durchzuhalten, sodass ich fast erleichtert bin, als in den späten Sechzigerjahren, dank der – sagen wir ruhig – Pogromhetze der Springerpresse, die Mordlust der Normalbürger sich breiter gestreut nicht nur auf die gesamte Westberliner Studentenschaft, sondern auch auf die der ganzen Bundesrepublik verteilt.

Während ich diese Zeilen schreibe, wird mir klar, dass ich Zeit meines Lebens fast nichts anderes getan habe, als zu versuchen, meine Jugendträume zu realisieren. Dafür habe ich einiges auf mich genommen und auch anderen zugemutet. Bin ich meist erfolgreich in der Umsetzung banaler Vorhaben, wie einen Hut oder einen Ohrring zu tragen, scheitere ich an ehrgeizigeren Traumzielen, wie zum Beispiel die Welt zu retten. Mehr als nur einen Bruchteil seiner Träume zu verwirklichen, ist ohnehin unmöglich. Niemand kann das. Es kommt nur darauf an, seine Träume auch im Scheitern nicht zu entwerten, gering zu schätzen und sich ihrer nicht als Hirngespinste zu schämen.

Übrigens finde ich diese These, diese Gedanken über Träume, von kompetenter Seite gestützt. In seinem Drama »Don Karlos« lässt Schiller den Marquis von Posa zur Königin von Spanien sagen und dem Prinzen ausrichten:

[...] Sagen Sie
Ihm, dass er für die Träume seiner Jugend
Soll Achtung tragen, wenn er ein Mann sein wird,
Nicht öffnen soll dem tötenden Insekte
Gerühmter besserer Vernunft das Herz

Der zarten Götterblume – dass er nicht
Soll irre werden, wenn des Staubes Weisheit
Begeisterung, die Himmelstochter, lästert.

Ich denke, dass ich noch Achtung trage für die Träume meiner Jugend. Mehr noch, mir waren die Versuche, meine Jugendträume zu verwirklichen, immer selbstverständlich, sodass mir erst jetzt bewusst wird, dass darin womöglich der Sinn des – zumindest meines – Lebens besteht. Wobei die Betonung auf »Jugend« liegt. Auch heute noch ist mir die Fähigkeit zur Begeisterung geblieben, doch mit dem Älterwerden träume ich weniger. So finde ich mich in der ersten Strophe von Georges Moustakis wunderbarem Lied »Le Métèque« wieder, in der es heißt: »Mit meinen ganz verwaschenen Augen / die mir ein Aussehen geben, als ob ich träume / mir, der nicht mehr oft träumt …«

Die Träume seiner Jugend – die er sorgsam hegen sollte – bilden für den Künstler später, indem er sie in Bezug zu der ihn umgebenden Wirklichkeit setzt, nicht nur die nie versiegende Quelle seiner Ideen, sondern auch eine wirksame Barriere gegen das »tötende Insekt gerühmter besserer Vernunft«, dem er sein Herz nicht öffnen sollte. Ich könnte keine vernünftigen Lieder schreiben.

Kleines Abc

Ostern 1948. Von nun an werde ich acht Jahre lang in Hoberge zur Schule gehen. Der ungefähr zwei Kilometer lange Feldweg führt von unserem Haus über Gentrups Hof und dann weiter durch die Wiesen und Äcker am Kerkebrink bis zu der kleinen Volksschule an der Dornberger Straße. Mit den anderen Schülern, die ich unterwegs oder in der Pause auf dem Schulhof treffe und die in der Klasse neben mir sitzen, komme ich einigermaßen zurecht. Ich gehe weder sonderlich gern noch ungern in die Schule, aber gleich zu Anfang – trotz meiner schimpfenden, mich zur Eile drängenden Mutter – gewöhne ich mir an, schon morgens nach dem Aufstehen, und dann unterwegs, zu trödeln, sodass ich nur selten mit den anderen Kindern, die auch diesen Weg nehmen, gleichzeitig ankomme. Manchmal nehme ich den noch interessanteren Umweg am Twellbach entlang. Aber auch wenn ich die kürzere Strecke wähle, muss ich die letzten paar Hundert Meter, wo der Feldweg in die Dornberger Straße einmündet, rennen, um gerade noch pünktlich zum Unterricht zu kommen. Auch auf dem Heimweg falle ich oft hinter die anderen zurück. Ich entdecke draußen immer etwas, von dem ich mich aufhalten lasse.

Dieses beinahe Zuspätkommen, immer und überall, behalte ich bei bis ich einundzwanzig bin und noch am Poetenweg wohne. Eine Angewohnheit, die mir manchmal Ärger einbringt, aber auch ihr Gutes hat. Fast täglich laufe ich locker konzentriert in mittlerem Tempo zur Schule, wenn nötig die letzten Meter im Spurt, und achte dabei, um Seitenstiche zu vermeiden, genau auf meinen Atem. Meine Sprints auf der Zielgeraden bleiben nicht unbemerkt, und Lehrer Müller meint: »Der Hans rennt so richtig mit Stil, wie ein Marathonläufer.« Ich behalte diese Angewohnheit auch während meiner Lehrzeit und darüber hinaus bei, indem ich jeden Morgen zur Bushaltestelle am Waldfrieden jogge, um in letzter Sekunde den Bus zu kriegen. Der Schaffner macht sich gern über mich lustig. Einmal, als ich angerannt komme, über dem Arm meinen frisch gewaschenen weißen Dekorateurskittel, schreit er:

»Alles hinlegen, der Arzt kommt!«

Die Fahrgäste, morgens auf dem Weg zur Arbeit meist muffiger Stimmung, lachen dankbar. Durch dieses allmorgendliche, sich über fünfzehn Jahre erstreckende Lauftraining, das ich mir mit meinem Hang zur Bummelei selbst aufzwinge, schaffe ich mir unabsichtlich ein Reservoir an Zähigkeit und Ausdauer, das ich, als sich meine physischen Aktivitäten danach nur noch auf Rauchen, Saufen und Singen beschränken, immer wieder anzapfen kann. Auch diesen Befund wird die Schulmedizin so nicht akzeptieren wollen, aber nur so kann ich es mir erklären, dass ich dieses Leben mit schlechter Ernährung und wenig Schlaf, und mit zum Teil über hundertfünfzig Konzerten im Jahr in Folge, so lange durchhalte, ohne ernsthaft krank zu werden.

Anders als mein Vater halte ich nämlich gar nichts von körperlicher Ertüchtigung. Schon weil ich wohl nicht so sein will wie er. Erst als Mittvierziger werde ich spüren, dass sich meine in der Jugend gespeicherten Reserven aufzubrauchen beginnen, und ich über eine Veränderung meiner Lebensgewohnheiten nachdenken und vielleicht anfangen sollte, Sport zu treiben.

Die Volksschule Hoberge, schon vor 1900 erbaut, umfasst vier Klassenräume von unterschiedlicher Größe. Zwei davon im Untergeschoss und zwei kleinere, nach 1945 hinzugekommene, im ersten Stock. In dem einen der unteren Räume werden das erste und zweite, in dem anderen das dritte und vierte Schuljahr zusammen unterrichtet. Im Obergeschoss sind jeweils die fünfte und sechste Klasse und die siebte und achte gemeinsam untergebracht, so, dass in jedem der Räume jeweils zwanzig bis dreißig Schüler gemeinsam unterrichtet werden.

Lange vor ihrem Umbau geht schon mein Vater in der Zeit des Ersten Weltkrieges in diese Schule. Aber nicht regelmäßig und (so wie ich) selten pünktlich. Ab seinem zehnten Lebensjahr – sein Vater, mein Opa August, ist schon 1914 Soldat an der Westfront – wird seine Arbeitskraft dringend gebraucht. Besonders im Sommer. Mit seinem Bruder Edi zusammen, der älter und schon aus der Schule entlassen ist, muss er mindestens an zwei

Tagen in der Woche um fünf Uhr morgens aufstehen und einen Bollerwagen in die Stadt zum Markt ziehen, voll beladen mit frischem Gemüse, das meine Oma dann dort verkauft. Der beladene Handwagen ist zu schwer, um ihn die sechs Kilometer über den steil ansteigenden Poetenweg zu bringen. Sie müssen einen Umweg nehmen, wodurch sich die Strecke auf neun Kilometer verlängert. Nach Ablieferung des Wagens geht es für meinen Vater auf dem kürzesten Wege und im Laufschritt direkt zurück zur Schule, wo er dann mit Verspätung, manchmal bis zu einer Stunde, ankommt. Dort erwartet ihn schon Lehrer Klenke, um ihn vor der versammelten Klasse windelweich zu prügeln, ihm blutige Striemen zu verpassen; mit einer der dünnen Gerten, die seine Schüler regelmäßig für ihn vom Haselnussstrauch hinter dem Schulhof schneiden müssen. Was für ein Leben, sich beeilen, um möglichst schnell eine ungerechte und demütigende Abstrafung hinter sich zu bringen und dem Lehrer womöglich noch selbst das dazu benötigte Werkzeug zureichen zu müssen! Unwillkürlich muss ich dabei an das Lied »Vom armen Dorfschulmeisterlein« denken, das, wie ich glaube, ziemlich realistisch den wenig gehobenen sozialen Status des gewöhnlichen Dorfpädagogen im ausgehenden 19. Jahrhundert schildert:

… Des Sonntags ist er Organist,
des Montags fährt er seinen Mist,
des Dienstags hütet er die Schwein,
das arme Dorfschulmeisterlein.

Des Mittwochs fährt er in die Stadt
Und kauft, was er zu kaufen hat,
'nen halben Hering kauft er ein,
das arme Dorfschulmeisterlein.

Des Donnerstags geht er in die Schul
und legt die Buben übern Stuhl.
Er haut so lange, bis sie schrein,
das arme Dorfschulmeisterlein.

Und wenn im Dorfe Hochzeit ist,
dann könnt ihr sehen, wie er frisst.

Was er nicht frisst, das steckt er ein,
das arme Dorfschulmeisterlein …

»Ist selbst doch nur ein armes Schwein / das arme Dorfschulmeisterlein«, möchte man hinzufügen. Ich stelle mir vor, Lehrer Klenke könnte so ähnlich ausgesehen haben wie der von Wilhelm Busch gezeichnete Lehrer Lämpel bei »Max und Moritz«.

Irgendwann hat mein Vater es wohl satt. Als Lehrer Klenke ihn wieder einmal über die Schulbank zieht, um ihn zu schlagen, reißt er sich los und schreit ihn an:

»Fatt mi nich an, du aule Bass!«* und rennt aus der Schule. Für die damalige Zeit ist das seitens eines Schulkindes ein unerhörter Akt des Ungehorsams. Als Klenke kurz darauf meine Oma zur Rede stellt und sich über ihren verkommenen Sohn beschwert, sagt sie:

»Min Junge brauk vun mi ut nich naar de Schaulen hen gahn, hei sall ja keen Avkaat warn.«**

Diese Antwort bringt sehr klar die bockige, nicht ganz unverständliche Bildungsfeindlichkeit der kleinbäuerlich-landproletarischen Schicht, der Oma entstammt, zum Ausdruck. Denn welchen Nutzen sollten sie – an Acker und Scholle gekettet – aus der Fähigkeit zu lesen, zu schreiben, zu rechnen schon ziehen? Für die sich zunehmend organisierende Industriearbeiterschaft dagegen, haben die Begriffe Bildung und Kultur bereits einen ganz anderen Klang, von dem sich auch mein Vater angezogen fühlt. Er kennt die auf Francis Bacon zurückgehende Formel »Wissen ist Macht.« Sie bedeutet ihm etwas, und er kann es nach dem Weltkriegsende 1918 kaum erwarten, in die SPD einzutreten, um mitzuhelfen, eine Republik zu errichten. Zunächst noch »Eleve« (damals die Bezeichnung für lernende Balletttänzer und Landwirte gleichermaßen) auf Osthoffs Bauernhof, zieht es ihn bald in die Stadt, und er arbeitet als sogenannter Anlernling in der Nähmaschinenfabrik Baer & Rempel als Justierer, wo er unmittelbar mit Kollegen, die in Gewerkschaft und Arbeiterbewegung aktiv sind, in Berührung kommt.

---

* Etwa: »Fass mich nicht an, du alter Sack!«

** »Von mir aus braucht er nicht in die Schule zu gehen, er soll ja kein Advokat werden.«

Zu meiner Zeit verzichten die Lehrer an unserer Schule, jedenfalls die jüngeren unter ihnen, schon weitgehend auf die körperliche Züchtigung ihrer Schüler. Ein Lehrer bildet die Ausnahme in dem damaligen Kollegium und ist mir deshalb noch besonders in Erinnerung. Er taucht plötzlich an der Schule auf. Er unterrichtet die höheren Klassen und unterwirft sie einen Sommer lang seinem brutalen Regime, von dem mein Jahrgang – ich bin im zweiten Schuljahr – glücklicherweise verschont bleibt. Der neue Lehrer heißt Koppe, von den älteren Schülern »Stahlglatze« getauft. Ein treffender Name. Allein seine äußere Erscheinung ist abstoßend, sogar furchteinflößend. Ein Mann in seinen Fünfzigern, eher klein gewachsen, kompakt und gedrungen. Ohne jede Körperbehaarung, auch die Augenbrauen fehlen, hat er einen spiegelglatten Schädel. Unter der Haut seiner nackten O-Beine – er trägt grundsätzlich kurze Hosen, Sandalen und keine Socken – treten knotige Muskelstränge hervor und bringen, besonders wenn er Fahrrad fährt, seine Krampfadern an den Waden zur Geltung. Er schlägt mal mit einem Rohrstock, mal mit einer Haselnussrute. Fast täglich taumelt aus Stahlglatzes Klasse in der Pause mal der eine, mal der andere der größeren Jungen weinend auf den Schulhof. Manche bluten an den Beinen oder am Rücken. Die ewige Zuchtrute, ob als Rohrstock, Haselnuss- oder Weidengerte, ist wohl schon seit 6000 Jahren pädagogisch im Einsatz und die Prügelstrafe doch jetzt erst, vor wenigen Jahrzehnten, endlich abgeschafft.

Es muss den Schulleiter und Hauptlehrer Müller einige Anstrengung gekostet haben, den Kollegen Koppe, den die Schulbehörde ihm zugewiesen haben wird, wieder loszuwerden. Bis zum Herbst bleibt er auf seinem Posten, ist dann aber von einem Tag auf den anderen verschwunden und wird von niemandem mehr erwähnt.

Einem Sadisten wie Koppe muss sich Nazi-Deutschland als das Paradies auf Erden dargestellt haben, und Lehrer seines Schlages (beziehungsweise seiner Schläge) werden an deutschen Schulen auch nach dem Krieg weiterhin tätig bleiben. An unserer nach Stahlglatze glücklicherweise nicht mehr.

Der Schulalltag langweilt mich meistens. Ich bin Hans der Träumer und klinke mich oft gedanklich aus, es sei denn, Lehrer Müller erzählt was Interessantes. Einmal, in der Adventszeit, erzählt er die Weihnachtsgeschichte:

Auf der überstürzten Flucht vor dem Kindermörder Herodes durch Nacht und Wind, durch Eis und Schnee, gelangen Maria und Josef erschöpft und todmüde von den Strapazen der Reise nach Bethlehem. Doch es ist kein Raum in der Herberge. Aber Josef weiß Rat. Ein Bekannter von ihm wohnt hier, »ein alter Kumpel aus schwerer Zeit«. Bei dem klopft er tief in der Nacht an. Der aber leugnet hartherzig die alte freundschaftliche Verbundenheit mit Josef, der zerrissen und vom Staub der Wüste bedeckt vor ihm steht, und lässt ihn und Maria nicht ins Haus. Mir stehen die Haare zu Berge. Noch nie habe ich so eine spannende Geschichte gehört. Was Wunder – es hat mir ja auch noch nie jemand Geschichten erzählt.

Manchmal lerne ich auch gern etwas, zum Beispiel Schreiben. Das kleine Alphabet. Herr Müller malt das kleine lateinische a an die Wandtafel. Wir Schüler, I-Männchen wie es damals heißt, müssen es mit dem Griffel auf unsere linierten Schiefertafeln kratzen. Auf der Bank neben mir sitzt Adelheid Sauer. Adelheid ist ein schlesisches Flüchtlingskind, sie sammelt immer die Reste der Schulspeise ein, nimmt sie mit, um sie mit ihrer Familie zu teilen, die unweit der Schule am Waldrand in einer zugigen Holzbaracke haust.

Adelheid neben mir hat statt einer heilen Tafel eine etwas größere unlinierte Schieferscherbe vor sich und kritzelt mit einem abgebrochenen Griffel einen Druckbuchstaben, ein großes A auf die Scherbe. Herr Müller tritt hinter sie und mahnt mit sanfter Strenge:

»Adelheid, du musst das kleine a so abmalen, wie es an der Tafel steht.« Adelheid wird rot und senkt beschämt den Kopf. Sie kann doch schon das große A und hat ein Lob erwartet. Adelheid spuckt auf einen Rockzipfel und wischt damit den Buchstaben von der Scherbe. Herr Müller geht zur Wandtafel und schreibt das kleine b und auch das c. Alle malen es ab. Nur Adelheid kratzt ein großes B und daneben ein dem entsprechendes krakeliges großes C. Lehrer Müller schaut sich das an und seufzt: »Ach, Adelheid, kannst du denn auch das große D schreiben? Adelheid schüttelt, rot im Gesicht, verneinend den Kopf. Herr Müller wendet sich schweigend ab und schreibt mit weißer Kreide noch ein paar weitere perfekte Kleinbuchstaben an die Tafel. Adelheid, den Kopf noch tiefer gesenkt, ihren Griffelstummel in der Faust, die Schultern hochgezogen, nagt sie an ihren Fingernägeln, schaut nicht mehr auf. Sie tut mir leid, weil ich meine, sie verstehen zu können. Wie gut ich das Gefühl kenne, diesen Glauben, mit großer Mühe und Begeisterung etwas Schönes und Richtiges zustande gebracht, Anerkennung verdient zu haben, um stattdessen dafür getadelt und abgeschmettert zu werden.

Der Büffel

Ich sehe mich sitzen zwischen den Erlen unten am Bach,
fülle einen Eimer mit grauer Tonerde, was ich nicht soll,
schleppe den Eimer nach Haus in den Ziegenstall, was ich nicht darf,
versuche, ohne mich schmutzig zu machen, was ich nicht kann,
den Ton zu kneten, daraus ein Tier zu formen, von dem ich nichts
  weiß.
Ich denke an einen Büffel, der stark ist, mutig und schön.
Ich selbst bin oft ängstlich und finde mich hässlich und klein.

Diesen Hunger, diese Gier
nach Schönheit, Liebe, nach dem Leben
spür ich heute noch in mir,
ungebrochen, ungestillt.
So ist mir als Kraft gegeben,
was oft nur als Schwäche gilt.

Ich rolle vier Würste, das sind die Beine, und setze darauf
den Rumpf, forme den Kopf, überhastet und ohne Plan.
Das Gebilde knickt ein in den Knien und ähnelt so mehr einem
  Schwein.
Ich schwitze, und in Kleidern und Haaren trocknet der Dreck.
Ich biege aus feinem Draht ein Skelett und beginne von vorn..
Die Figur bleibt stabil, sie wirkt aber plump, irgendetwas ist falsch.
Ich setze mich erschöpft auf den Boden und weiß keinen Rat.

In der Ecke meckert der Ziegenbock, lange betrachte ich ihn.
In seinen Bewegungen, dem Verhältnis von Gliedern und Rumpf,
finde ich etwas von einem Büffel, nur eine Idee.
Nun wächst aus vier schlanken, kräftigen Beinen wieder ein Tier:

der wuchtige Nacken, der kleine gehörnte Kopf, tief gesenkt,
die breite, zottige Brust, der Schwanz mit der Quaste dran.
Diesmal ist es ein Büffel, ein Bild der Schönheit und der Kraft.

Ich denke an meinen Vater, wenn der abends nach Hause kommt,
und die Mutter sagt, war es schwer, komm setz dich und iss.
Oft sehe ich ihm zu dabei, mag seinen Geruch nach Erde und
Schweiß.
Auch meine Arbeit war schwer, ich betrete die Küche, bin stolz.
Die Mutter sagt, wie siehst du aus, deine Hose, dein Hemd?
Die Schläge treffen nur meinen Rücken, ich bücke mich tief,
versuche, den Büffel zu schützen, und nur ein Hinterbein bricht ab.

Ich verstecke den Büffel unter dem Bett und schlafe nicht gleich.
Morgen zeige ich ihn dem Lehrer, der hat uns erzählt,
schon Urmenschen hätten aus Ton Figuren und Töpfe geformt.
Er wird sich den Büffel ansehen und sagen, sehr gut gemacht.
Nebenan hör ich die Mutter, wie sie zum Vater sagt,
was soll aus dem Jungen bloß werden, er liest nur den ganzen Tag,
dabei lutscht er noch am Daumen, und immer ist er schmutzig.

Ich wickle am nächsten Morgen den Büffel in Zeitungspapier.
Meine Mitschüler prügeln mich gerne, und neulich haben sie
mich gepackt und meinen Daumen in frische Kuhfladen gesteckt.
Darum nehme ich heute den Umweg und klettere über den
Zaun,
durchquere den Wald, die Wiese und springe dann über den
Bach.
Ich rutsche aus und stürze, der Büffel fällt mir aus der Hand.
Ich fische ihn aus dem Wasser, es regnet, ich komme zu spät.

Diesen Hunger, diese Gier …

Ich klopfe an, betrete die Klasse, und alles lacht.
Einer schreit, diese Pottsau wühlt schon wie sein Alter im Dreck.
Der Lehrer sagt, schon wieder Hans der Träumer, wo kommst du her?
Ich will etwas sagen, kann aber nicht, ich hab's nicht gelernt.

Wenn mich etwas stark angreift, kann ich nie sprechen,
bis heute noch nicht richtig. Ich ducke mich in meine Bank,
durchnässt, und friere im Traum.

Solange die Unterrichtsstunde noch dauert, in der wir noch ein paar weitere Kleinbuchstaben des Abc lernen, und bis dann die Pause kommt, macht Adelheid nicht mehr mit. Aber nicht aus Trotz, nehme ich an. Wer weiß, wie sehr sie sich hat quälen müssen, diese drei Druckbuchstaben, das große A, das B und das C zu lernen? Und das soll jetzt falsch gewesen sein? Ihr ganzer Eifer? Wer weiß, welchen Druck ihr Vater auf sie ausgeübt hat, um ihr damit einen vermeintlichen Vorsprung vor uns anderen Erstklässlern zu verschaffen. Wahrscheinlich hat er es gut gemeint, der alte Sauer. Eine hoch aufgeschossene, klapperdürre Gestalt, mit eingefallenen Wangen und abstehenden übergroßen Ohrmuscheln. Adelheid will gegenüber dem Lehrer nicht ungehorsam sein. Sie gibt auf, weil sie ganz einfach nicht begreift, was hier mit ihr geschieht. Sie ist hilflos. Die Kluft zwischen Groß- und Kleinbuchstaben ist für sie gedanklich unüberbrückbar. Warum erinnere ich mich heute noch so deutlich an diese Schulstunde? Vielleicht ahne ich schon, dass auf Adelheid in ihrer Armut, mit ihrem Griffelstummel und der Schieferscherbe keine rosige Zukunft wartet, dass sie auch so ein, wie meine Mutter zu sagen pflegt, »armes Menschenkind ist, das es im Leben immer schwer haben wird.« Armut? Na gut, von den drei bis vier bereits erwähnten Schülern, die nach der vierten Klasse auf die höhere Schule wechseln werden mal abgesehen, sind wir hier alle arm. Das ist eben so, und Adelheid ist nur die Ärmste von uns. Jetzt hockt sie da zusammengesunken in ihrer Bank und kratzt sich, soweit es ihre abgekauten Fingernägel erlauben, die Handgelenke blutig. Sie hat Krätze. Im Gesicht immer noch schamrot. Aber nicht wie im Roman auf anrührende Weise »von anmutig zartem Teint und blutübergossen.« Ihre Haut ist rau, schuppig, grau und rotfleckig. Es stellt sich bald heraus, dass die roten Flecken auch da sind, wenn sie sich nicht schämt. Ihr dünnes aschfarbenes Haar ist stramm und eng am Kopf zu zwei Zöpfen geflochten. Sie trägt eine dunkle, zerschlissene Bluse. Schultern und Nacken sind von weißen Schuppen bedeckt, darunter ein halbes Dutzend Nissen, Läuseeier. Sie ist hier nicht die Einzige, die Läuse hat.

Ein paar Jungen in der Klasse haben deswegen kahl geschorene Köpfe, mit einem ausgesparten Haarbüschel über der Stirn, eine sogenannte Glatze mit Vorgarten. Mit der Sauberkeit haben wir alle unsere Schwierigkeiten, besonders in den kälteren Monaten. Von Bädern, Duschen und fließend warmem Wasser haben die meisten von uns noch nie etwas gehört. Wenn wir uns waschen – seit meiner Einschulung erledige ich das selbst, aber möglichst selten – dann mit kaltem Wasser und Kernseife. Außer an den Samstagen, an denen meine Mutter unten in der Waschküche eine große, von ihr als Küben bezeichnete, ovale Waschwanne aus Blech mit heißem Wasser füllt, in die ich mich hineinstellen muss, damit sie mich abschrubben kann.

Schon in ihrem Äußeren, ihrer Kleidung, ihrem Haarschnitt, unterscheiden sich die Kinder »besserer Leute«, namentlich ihre Töchter, deutlich wahrnehmbar von uns anderen. Sie strahlen eine gepflegte Reinlichkeit aus, die nicht auf den Gebrauch von Kernseife zurückzuführen sein kann. Sie haben das, was die meisten Mädchen in der Klasse nicht haben, und was Adelheid schon gar nicht hat – eben diesen »anmutig zarten Teint«. Sie sind irgendwie anders als wir, sie riechen auch anders – besser. Ich kann das feststellen, wenn ich zufällig in ihre Nähe komme. Das geschieht nicht oft, sie bleiben eher unter sich. Ich bin scheu und halte meinerseits Abstand. Ich spüre, dass sie keinen großen Wert auf Kontakt legen, weder zu mir noch zu den anderen Schmuddelkindern. Während meiner Kindheit und Jugend werde ich mich, wie unzählige andere auch, mit dem neidischen Blick aus der Ferne auf die Reichen und Schönen begnügen müssen. Es ist, als gehörten sie einer anderen Welt, einer anderen Gattung und Rasse an. Die höheren Töchter sind unerreichbar. Da bleibt einem nur die Attitüde des Aesopschen Fuchses: sich einzureden, sie seien einem gleichgültig. Aber wer ist schon so weise und abgeklärt, dass er seine Leidenschaften so im Griff hat und steuern kann wie der, von dem Kurt Tucholsky sagt: »Er hat alle Frauen bekommen, die er begehrt hat – und er hat aus Vorsicht nur die begehrt, die er bekommen konnte.«

Zwar kommt es im wirklichen Leben öfter mal zu einer Liebesbeziehung zwischen Oben und Unten, aber dann geht sie meistens schief. Zwischen reicher Sie und armem Er oft schiefer als umgekehrt. In patriarchalisch tradierten Gesellschaften wie der unseren, lässt man dem reichen Erben eine Mesalliance schon eher durchgehen als etwa seiner Schwester. Dass ein König eine Bürgerliche heiratet und damit durchkommt, ist zwar selten, kommt aber, wie in Schweden, vor. Romantisch ist so eine Verbindung in jedem Fall, und wenn sie tragisch endet, erst recht. Literarisch ist die Mesalliance ein ewiges Thema. Nehmen wir zum Beispiel Schillers »Kabale und Liebe«, das von der katastrophalen Liebschaft zwischen dem Aristokraten und Präsidentensohn Ferdinand von Walter und der Luise Miller, Tochter eines Stadtmusikanten, erzählt. Oder D. H. Lawrences »Lady Chatterley's Lover«, das eine vor hundert Jahren noch als skandalös geltende Affäre zwischen einer Frau aus der gehobenen Mittelschicht und einem Bergarbeitersohn und Wildhüter erzählt, von deren Ausgang – obwohl der Autor das Ende offenlässt – nichts Gutes zu erwarten ist. Aber natürlich werden Mesalliancen auch in Liedern, in Liedtexten, thematisiert. In seinem Song »Love Love Alone« besingt Harry Belafonte die wohl spektakulärste Mesalliance des 20. Jahrhunderts. König Edward dankt knapp ein Jahr nach seiner Thronbesteigung ab. Aus Liebe zu der Amerikanerin Wallis Simpson verzichtet er 1936 auf die Königswürde: »I don't know what Mrs Simpson got in her bone / That caused the king to leave his throne…«

Und wer auch immer das Lied »Es fiel ein Reif in der Frühlingsnacht« gedichtet hat, die bekannteste Vertonung dieser Verse stammt von Felix Mendelssohn Bartholdy, es ist sehr romantisch. Sogar das Blaublümelein – das Symbol der Sehnsucht, die blaue Blume – blüht auf dem Grabe der Liebenden.

Es fiel ein Reif

Es fiel ein Reif in der Frühlingsnacht.
Er fiel auf die zarten Blaublümelein;
sie sind verwelket, verdorret.

Ein Knabe hatte ein Mädchen lieb.
Sie flohen beide von Hause fort,
es wussten nicht Vater noch Mutter.

Sie sind gewandert wohl hin und her,
Sie hatten nirgends Glück noch Stern,
sie sind verdorben, gestorben.

Auf ihrem Grab Blaublümlein blüh'n,
Umschlingen sich zart wie sie im Grab,
der Reif sie nicht welket, nicht dorret.

In einem meiner ersten Lieder – ich glaube, es war nach »Das Loch unterm Dach« mein zweites – widme auch ich mich dem Thema »Armer Junge, reiches Mädchen«:

Die Blumen des Armen

Ich kam mit einem kleinen Strauß
ins Haus der Schönen,
ins Haus der Schönen,
fand alle Kristalle gefüllt mit Nelken,
so eitel, als brauchten sie nie zu welken,
geschnitten im Garten des Reichen,
im Garten des Reichen.
Kein Platz für die Blumen eines Armen,
die nur nach Jugend duften …

Es wird wohl immer der heimliche Wunsch der meisten Unterschichtsjugendlichen bleiben, in die Nähe von Gleichaltrigen aus besseren Familien zu gelangen. Und bezogen auf so eine romantische Verbindung zwischen einem Jungen und einem Mädchen gilt: Je unerreichbarer ein reiches Mädchen ist, desto begehrenswerter.

Schuljahre

Ich bin ein mittelmäßiger Schüler. Es gibt nur wenige Unterrichtsfächer, die mich interessieren. Vor Hausaufgaben drücke ich mich, wo es geht. Die fast täglich automatisch gestellte Frage meiner Mutter: »Habt ihr denn heute gar nichts auf?«, beantworte ich dann ebenso automatisch mit nein. Am wenigsten mag ich mit Zahlen zu tun haben, wie ich es später wahrheitsgemäß in »Begegnung«, einem meiner früheren Lieder, anspreche: »Ich habe mich nie nur zum Vergnügen / mit Zahlen und Ziffern herumgequält …«

Und doch werde ich, wenn auch nur für kurze Zeit, richtig gut im Rechnen. Ab welchem Schuljahr wird das kleine Einmaleins gelehrt? Ich denke, im zweiten Jahr. Jedenfalls ist das schon zu zwei Dritteln rum, und ich bin wieder mal das Schlusslicht der Klasse im Rechnen. Mein Vater sagt eines Tages zu meiner Schwester Gisela: »Ick hewwe met Lehrer Müller küert. De Junge is so slechte in Riaken. Sett di mol met em hen un wies em dat.«*

Gisela gehorcht, setzt sich mit mir hin und paukt mit mir an zwei Nachmittagen hintereinander jeweils eine Stunde lang das kleine Einmaleins. Das reicht mir schon, um mich für den Rest des Schuljahres als Klassenbester im Kopfrechnen zu profilieren, was sich leicht messen lässt. Die ganze Klasse muss erst mal aufstehen. Und wenn der Lehrer fragt: »Sechs mal sechs?«, darf sich der, der zuerst »sechsunddreißig!« schreit, setzen, und das bin jetzt immer ich. Aber wenn nur zwei Stunden intensives Rechentraining schon einen solchen Effekt bringen, wie wird dann erst ein regelmäßig betreuter und geförderter Schüler aufblühen? Ich blühe nicht auf. Dieser zweistündige Grundkurs in Kopfrechnen bei meiner Schwester bleibt einmalig. Für den Rest meiner gesamten Schulzeit wird sich in der Familie niemand mehr um meine schulischen Belange

---

* »Ich habe mit Lehrer Müller gesprochen. Der Junge ist so schlecht im Rechnen. Setzt dich mal mit ihm hin und zeig ihm das.«

kümmern. Als im kommenden Jahr das große Einmaleins drankommt, falle ich mit meinen Leistungen im Rechnen wieder zurück ins untere Mittelmaß, in dem ich mich in den kommenden Jahren halten kann, ohne sitzen zu bleiben. Es gibt ein paar Lichtblicke im langweiligen Schulalltag. Zum Beispiel das Unterrichtsfach »Zeichnen und Werken« bei Lehrer Konrad, der manchmal für meine Arbeiten ein anerkennendes Wort findet, was mir guttut. In einer Ecke des Schulhofes steht das Schülerplumpsklo, Mädchen und Jungen getrennt, mit einer offenen Pissrinne am Boden für die Jungen. An den Außenwänden rankt wilder Wein. In jedem Herbst, wenn sich die Blätter färben, müssen wir alle ein Weinblatt pflücken, es abzeichnen und mit Wasserfarben kolorieren. Das kann ich besser als die anderen. Später schreibe ich hin und wieder ganz passable Aufsätze, für die ich vom Lehrer schon mal gelobt werde. Und dann ist da noch der Singkreis, den unsere Lehrerin Grete Boge betreut, die ihn auch gegründet hat. Bei ihr lernen wir, was ein Violinschlüssel ist. Sie zeichnet fünf Linien an die Wandtafel und dazu die Noten. Wir erfahren, was eine ganze, eine halbe oder eine Viertelnote ist, und noch einiges mehr. Dass ich gerne mitsinge und die vielen, vielen Lieder lerne, die sie uns beibringt, darf ich nicht so offen zeigen. Die älteren Jungen fühlen sich von Fräulein Boge zum Singen verdonnert. Für sie gehört es, wenn ich das mal so sagen darf, zum »guten Ton«, falsch zu singen und, wie sie es nennen, zu »brummen«, aber so, dass Fräulein Boge nicht raushören kann, wer im Einzelnen unseren Chorgesang sabotiert.

Mein Vater, erinnert sich meine Schwester Gisela, habe einmal zu ihr gesagt: »Ick hewwe den Jungen dar buten achter de Hüchte singen häuern. Mann, he kunn dat owwer as de Düwel.«*

Als ich in der siebten Klasse bin, soll es anlässlich einer Schulfeier, die halb öffentlich im Jägerkrug stattfindet, eine Schüleraufführung geben. Fräulein Boge, die inzwischen Frau Colban heißt, sie hat einen britischen Besatzungsoffizier geheiratet, spricht mich darauf an: »Hans, wir wollen zum Schulfest im Jägerkrug ein Singspiel aufführen, willst du nicht die Hauptrolle übernehmen?« Ich bin verdattert und kann nicht gleich

---

* »Ich habe den Jungen draußen hinter den Büschen singen hören. Mann, er konnte das aber wie der Teufel.«

antworten. Frau Colban versteht das und sagt: »Überleg dir das mal bis morgen, und dann sagst du mir Bescheid.«

Die Hauptrolle in einem Singspiel. Davon hätte ich nicht einmal zu träumen gewagt. Ich bin überwältigt. Mir ist schwindelig. Hin- und hergerissen zwischen dem Gefühl, durch dieses Angebot emporgehoben, geehrt und ausgezeichnet zu sein, und der panischen Angst, mich auf der Bühne zu blamieren, ausgebuht, geächtet und quasi hingerichtet zu werden, gehe ich am nächsten Tag zu Frau Colban und sage: »Ich möchte lieber nicht.«

Auch das versteht Frau Colban. Über 65 Jahre danach habe ich sie angerufen aus dem Bedürfnis heraus, mich bei ihr für die Lieder, die ich bei ihr gelernt habe, und die Stunden im Singkreis zu bedanken. Frau Colban, schon hoch in ihren Neunzigern, konnte sich gut an mich erinnern und schien sich über meinen Anruf zu freuen. Ich glaube, dass ihre zähe Begeisterung für die Musik und besonders für das Chorsingen meinen eigenen musikalischen Werdegang mit beeinflusst hat.

In besagter Aufführung übernimmt statt meiner Hansi Holt die Rolle. Ich sitze im Publikum, und, soweit ich mich erinnere, macht er seine Sache beneidenswert gut. Er ist forsch und kennt – anders als ich – keine »Bühnenskrupel«.

Hansi besucht mich kurz vor seinem Tod um das Jahr 2011 bei einem Konzert Backstage. Er spricht bei der Gelegenheit die Singspielrolle an, die ich ihm damals quasi überlassen habe, und ich bin erstaunt, dass er das noch weiß. Gar nicht so abwegig finde ich den Gedanken, dass ich es mir selbst nie richtig verziehen habe, damals zu feige gewesen zu sein, die Rolle anzunehmen, und dass die (sicher nur von mir so empfundene) Schande, gekniffen zu haben, noch lange an mir genagt hat, sodass ich mich nicht zuletzt auch heute noch – unbewusst natürlich – immer wieder auf die Bühne stelle, um mein damaliges Versagen abzubüßen, etwas gutzumachen, mir etwas zu beweisen. Denn neben dem Wunsch nach öffentlicher Anerkennung, der Freude am Singen, einem gewissen Talent und dem Drang, mich in Liedern, in poetischen Bildern auszudrücken und mitzuteilen, haben mich wohl noch zahlreiche andere, widersprüchlich und unentwirrbar miteinander vermengte Impulse, die ich selbst nicht mal kenne, veranlasst, eine Bühnenlaufbahn einzuschlagen. Der aggressiv konnotierte Ausdruck »einschlagen« suggeriert seine Anwendbarkeit gleichermaßen auf Fensterscheiben, Schädel und Berufswege. In meinem Fall durchaus zutreffend. Wer sich wie ich, seiner sozialen Herkunft gemäß, notgedrungen autodidaktisch anmaßt, Künstler sein zu wollen, schlägt damit quasi gewaltsam die Türen für ihn verbotener Räume ein.

In der Wochenzeitung »der Freitag« lese ich im November 2018 einen Artikel, der sich mit dem Thema »Aufsteiger« befasst und den Soziologen Michael Hartmann aus seinem Buch »Soziale Ungleichheit« zitiert. Am Beispiel eines Journalisten, der aus einer nicht akademischen Familie stammt, beschreibt dieser:

> *Er habe immer, wenn er mit den Bürger- und Großbürgerkindern unter seinen Kollegen zu tun habe, den Eindruck, sie hätten so etwas wie ein letztes Geheimnis, das er nicht kenne. Vielleicht noch wichtiger aber sei, dass er keine Ahnung habe, worin dieses Geheimnis bestehe, und er deshalb auch nicht adäquat reagieren könne. Er sitze dann da und wisse dann einfach nicht, ob die anderen jetzt innerlich wieder den Kopf schütteln über einen Fauxpas seinerseits.*

Wie die materiell- und bildungsprivilegierten Schichten und Familien mit Söhnen und Töchtern verfahren, die sich entscheiden, Künstler zu werden, anstatt der ihnen zugedachten Laufbahn zu folgen, kann ich nicht sagen. Sie werden es wohl auf ihre Weise schwer haben und auf Widerstand stoßen und Konflikte mit sich selbst und ihrer Klasse austragen müssen. Um das geschlossene System ihrer Erziehung und oft profunden akademischen Bildung nutzen zu können, das primär auf führungselitäre Positionen in Politik und Wirtschaft abzielt, müssen sie es wohl erst einmal auflösen, zerstückeln und die Teile neu und anders wieder zusammensetzen, um als Künstler etwas befreit Schöpferisches hervorzubringen, die schützende Blase, in der sie zu leben gewohnt sind, wenigstens zeitweilig zu verlassen und deren Wände aus festen Normen und Werten immer mal wieder zu durchbrechen. Das muss mühsam sein. Da hat es unsereiner doch leichter. Als Autodidakt kann ich gleich kreativ loslegen, ohne das akademisch Oktroyierte, mühsam Erworbene und Aufgebaute erst zertrümmern zu müssen.

Als einem der »Volkshefe« entwachsenen Künstler geht indessen auch bei mir etwas zu Bruch, nämlich meine Klassenzugehörigkeit. Ich bin und bleibe, so nennt man das wohl: »deklassiert«, gehöre einmal mehr nicht dazu – weder zur Klasse, in die ich geboren wurde, noch zu der, in der ich mich als Erwachsener bewege. Andererseits vollzieht sich der Bruch des Künstlers aus besseren Kreisen mit seiner Klasse, wenn es überhaupt dazu kommt, nicht so radikal und krass. Und wenn er Erfolg hat, ist er schnell wieder Elite.

Ein dem bedeutenden Kultursoziologen Pierre Bourdieu zugeschriebenes Zitat lautet: »Man kann seiner Klasse nicht entkommen, man kann sie nur verraten.« Der Mann wusste Bescheid. (Er selbst war Sohn eines Bauern und späteren Postangestellten). Ich habe versucht, Bourdieus Buch »Die feinen Unterschiede« zu lesen, und musste aufgeben. Bourdieus Stil, berühmt wie gefürchtet, aus verschachtelten Sätzen, sich manchmal über ganze Seiten erstreckende, endlose Perioden, hat sich mir nicht erschlossen. Ich kann daher zu »Klassenfragen«, ein Thema, das mich mehr denn je interessiert, hier nur meine eigenen Betrachtungen anstellen.

Manche meiner Freunde – kaum einer von ihnen entstammt der Arbeiterklasse oder ist selbst Künstler – sagen durchaus wohlmeinend und anerkennend: »Also, wie du das alles geschafft hast, ohne, na ja, ohne die üblichen Voraussetzungen, sozusagen aus eigener Kraft, kannste doch stolz drauf sein.« Was sie dabei übersehen ist, dass ich es zwar geschafft habe, vom Schreiben und Singen zu leben, mich aber auch – und darauf bin ich nicht stolz – als Künstler notgedrungen sozial isolieren musste: Das Gefühl, abgespalten zu sein von der Klasse, der ich entstamme, einer anderen aber weder angehören zu können noch zu wollen, hat sich in dem Maße, in dem ich mir einen Ruf und eine damit verbundene Wertschätzung erkämpft habe, etwas abgeschwächt, wird aber nie ganz verschwinden.

Wo ich herkomme

Wo ich herkomme, dahin gibt es für mich kein Zurück
vom Leben an fremde Ufer gespült bin ich zum Glück
nie zu hart gestrandet, doch auch nie wirklich gelandet
und zu Haus gefühlt hab ich mich nie, wo ich auch war
Das ist okay so, damit komme ich klar …

Wie sehr ich mir früher auch gewünscht habe, meiner Klasse zu entkommen, es ist mir nicht gelungen. Noch einmal mit Bourdieu gesprochen, haftet »der Stallgeruch« weiter an mir. Da halfen auch meine schon erwähnten Anstrengungen nichts, mich auffällig zu kostümieren, um mich äußerlich von meiner Herkunft abzugrenzen.

Mit dem etwas schizophrenen Zustand, in meinem täglichen Leben meinen sozialen Wurzeln längst entfremdet zu sein, mich aber in meiner Arbeit, meiner künstlerischen Identität dennoch immer wieder auf sie zu beziehen, habe ich mich abgefunden – damit komme ich klar.

Jahreszeiten

Wie schon gesagt, habe ich in den ersten drei, vier Schuljahren, sowohl während als auch außerhalb des Unterrichts, eine nur lose Verbindung zu anderen Kindern. Freundschaften, die diesen Namen auch verdienen, werde ich erst später schließen. Nach Schulschluss durchstreife ich meistens allein die Wälder der Umgebung. Manchmal im zeitigen Frühjahr komme ich erst nach Einbruch der Dunkelheit wieder nach Hause. Einmal, im März, es ist fast sieben Uhr abends und stockduster, gerate ich auf der Straße in Höhe der Hufschmiede mitten in einen Zug von Kröten und Fröschen, die auf der Wanderung zur Tonkuhle, ihrem heimatlichen Laichgewässer, den Weg überqueren. Ich bin barfüßig, sie sind unsichtbar, eine Straßenbeleuchtung gibt es nicht, und sie sind stumm, nur das feine, schabende Kriechgeräusch unzähliger Krötenbäuche auf der Kalksteinschotterpiste ist zu hören. Ich begreife erst, was los ist, als schon mehrere Tiere unter meinen nackten Füßen zerplatzt sind. Ich bleibe stehen, spüre, wie die Kröten sich quer über meine Zehen schieben. Ich entschließe mich weiterzugehen. Wie dicht und in welcher Breite die Straße vor mir von ihnen bedeckt ist, kann ich nicht absehen. An die fünfzig Meter, schätze ich später. Ich bewege mich langsam und vorsichtig vorwärts, setze tastend einen Fuß vor den anderen, versuche dabei meine Zehen, ohne die Füße zu heben, unter die Krötenleiber zu schieben, um nicht noch mehr von ihnen zu zertrampeln. Wie lange es dauert, bis ich den Zug der Amphibien durchquert habe, weiß ich nicht. Zu Hause angekommen, steige ich, ehe ich unsere Wohnung betrete, im Finstern in den Johannisbach und wasche mir die Reste der Froschkadaver von den Füßen. Mein Vater ist nicht da. Er ist auf Gemeinderatssitzung. Meine Mutter will wissen, warum ich so spät und im Dunkeln nach Hause komme. Ich sage nichts, lasse sie schimpfen und gehe ohne etwas zu essen, der Hunger ist mir vergangen, ins Bett, also auf das Sofa mit der roten Gummiunterlage. Ich schlafe schnell ein, träume aber – so scheint es mir – die ganze Nacht und auch in den darauffolgenden Nächten von Kröten und Fröschen, die unter meinen nackten Füßen mit schmatzendem Geräusch zerquetscht werden.

Am Tag darauf höre ich, wie sich auf dem Schulhof in der Pause die älteren Jungen für den Nachmittag zum »Frösche aufpusten« in der Tonkuhle verabreden. Was das bedeutet, weiß ich nicht, werde aber mal hingehen und es herausfinden. Die Tonkuhle ist ein großer Teich, fast schon ein kleiner See, und das einzige stehende Gewässer in Hoberge. Wie es der Name schon andeutet, handelt es sich um eine mit Wasser gefüllte Senke aus rotem Ton auf dem Gelände einer ehemaligen Ziegelei. Hier bedient um 1900 mein Opa August, der vordem ja schon Maschinist unter Tage war, die »Lokomobile«, eine altertümliche Maschine zur Förderung der Tonerde für die Herstellung von Dachpfannen und Backsteinen. Nach Stilllegung des Ziegeleibetriebs lernen alle Hoberger Kinder – so auch ich – noch bis in die Sommer der Fünfzigerjahre hinein in diesem Teich das Schwimmen.

Noch ehe ich an der Tonkuhle ankomme, höre ich das Quaken der Kröten und Wasserfrösche. Es sind tatsächlich Tausende, die im Laufe der Nacht hier eingetroffen sind. Mit ihren aufgepumpten Schallblasen veranstalten sie einen Höllenlärm. Die Uferzone wimmelt nur so von sich begattenden Kröten. Meist zu zweit, eine auf der anderen. Aber auch viele Doppeldecker, wie wir es nennen, nämlich drei übereinander, vereinzelt sogar vier, bilden sie kleine akrobatische Kopulationstürme, die sich dann aber nicht lange halten können und umfallen.

Die großen Jungs sind auch schon da. Angeführt von Meck Steinmann. Er ist der Älteste von ihnen und wohl der Erfahrenste in dem, was sie hier vorhaben. Wie gewöhnlich halte ich mich etwas abseits. In doppelter Hinsicht vorsichtig. Ich möchte nie wieder barfuß auf eine Kröte treten. Zum anderen sollen die Großen auf keinen Fall auf mich aufmerksam werden. Ich bekomme schnell raus, was mit »Frösche aufpusten« gemeint ist: Alle Jungs haben Dutzende circa zwanzig Zentimeter lange Strohhalme bei sich, die schräg abgeschnitten sind, damit sie an den Enden eine kanülenähnliche Spitze bilden. Sie hocken sich im Kreis um einen granitenen, etwa einen halben Meter hohen Findling, der dicht am Ufer liegt. Meck

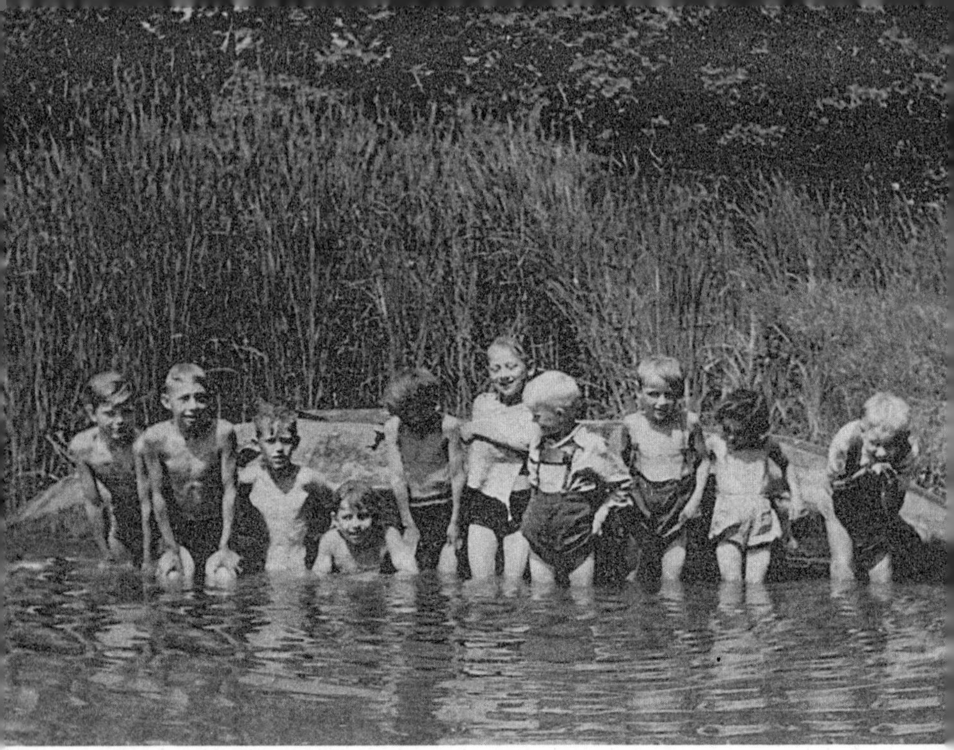

Wir Kinder in der Tonkuhle, um 1952. Der Dritte von links ist mein späterer Freund Hartwig »Haddi« Bökenkamp, der Fünfte von links bin ich.

Steinmann zeigt ihnen, wie es geht. Er nimmt eine Kröte steckt ihr einen Strohhalm tief in den Anus, setzt sie auf den Stein, atmet wiederholt tief ein und pustet. Er wird rot im Gesicht. Die Kröte bläht sich zu doppelter Größe auf. Das Publikum schweigt gebannt. Plötzlich zerplatzt ihr Leib, die Fetzen fliegen in alle Richtungen. Einige der Jungs haben was abbekommen. Von Meck so nicht geplant, nimmt jetzt ein unbeschreibliches Gemetzel seinen Lauf.

Ein abgerissener Froschschenkel hat sich in Ernsti Knokes Haar verfangen. Arnold Flöttmann wischt sich einen Klumpen Gedärme aus dem Auge und brüllt: »Das kriegst du wieder, du Arsch!«, krallt sich zwei aufeinander klebende Frösche und knallt sie Meck Steinmann ins Gesicht. Der klaubt ebenfalls zwei Frösche vom Boden auf, wirft, verfehlt Arnold und trifft Schapper Meier an der Stirn, dem jetzt die Froschinnereien seine Brille verschmieren und an seinen Wangen herunterlaufen. Eine Schlacht jeder gegen jeden entbrennt. Geschrei und hysterisches Gelächter mischen sich mit dem klatschenden Geräusch, wenn die wahllos aus der krabbelnden Masse gegriffenen Kröten und Frösche als Wurfgeschosse ihr Ziel treffen. Ebenso plötzlich wie sie begonnen hat, endet nach zwei bis drei Minuten, wie nach einem kurzen kollektiven Blutrausch, die Schlächterei. Die Gesichter, die Kleidung von blutigen Innereiteilen besudelt, die langsam und klebrig an ihnen herabsinken, stehen die Jungs jetzt verlegen kichernd und betreten da. »Mann o Mann«, oder Ähnliches vor sich hinmurmelnd, versuchen sie, sich mithilfe überjähriger Grasbüschel und Schilfblätter notdürftig von den Kadaverfetzen zu reinigen. Die meisten laufen barfuß, so wie ich auch, und trampeln dabei achtlos auf toten wie lebenden Kröten herum. Ich habe genug gesehen und ziehe mich zurück. Wenn ich sie jetzt auf mich aufmerksam mache, werden sie – sie sind dazu jetzt in der richtigen Stimmung – mich packen und in den Froschleichen herumwälzen.

Ich verbringe danach wieder einsame Tage im Wald, der jetzt langsam grün wird. Ich esse, wenn ich hungrig bin, Sauerampfer und auch Buchenblätter, solange sie noch jung und zart sind. Sie schmecken angenehm wie Salat und leicht säuerlich. So vergeht der Vorfrühling, dann der Frühling. Manchmal gehe ich zur Tonkuhle. Es sind jetzt nur noch wenige Frösche und Kröten zu sehen. Dafür ist die seichte schilfbewachsene Randzone des Teiches über und über mit ihren Laichballen und -schnüren bedeckt. An einigen Stellen wimmelt es schon von Kaulquappen. Zum Baden ist es noch zu kalt. Ich träume nachts nicht mehr von Massen zermalmter Kröten unter meinen Fußsohlen. Aber wenn ich an das an ihnen verübte Massaker denke, nehme ich eine Art Verzerrung des Gefühls an mir wahr. Ich ekle mich, obwohl sie die Opfer sind, fast mehr vor ihnen als vor ihren Mördern. Ich bleibe von nun an auf Distanz zu allem, was kriecht, werde für den Rest meines Lebens auch keine Kröte mehr anfassen. Daran konnte ich bis heute nichts ändern, trotz meines Wissens um die Bedrohung dieser Spezies und ihrer liebenswerten Harmlosigkeit und Nützlichkeit.

Den Sommer über, besonders an den heißen Nachmittagen, ist die Tonkuhle der beliebteste Treffpunkt der Hoberger Jugend. Fast versteckt liegt sie in einer baumbestandenen Senke. Am Ufer im Schilf liegt kieloben das Wrack eines alten Kahns, von dem aus die Jungs ins Wasser springen, »Bauchklatscher« und »Arschbomben« vollführen oder »Köpper« üben. Ich lerne früh schwimmen. Zunächst mit unkoordinierten Bein- und Armbewegungen, von uns Kindern als Hundepaddeln bezeichnet, dann nach und nach und schon methodischer, Brust- und Rückenschwimmen und ein bisschen Kraulen. Ich bin kein besonders guter Schwimmer. Aber wenn ich mit anderen um die Wette tauche, gewinne ich meist und schwimme mit angehaltenem Atem die längste Strecke unter Wasser. Auch dabei halte ich mich möglichst, besonders in Gegenwart älterer Jungs, an das Prinzip, nicht zu sehr aufzufallen. Auch nicht positiv durch Leistung. Einmal lässt mich Siggi Mück beim Wetttauchen nicht wieder hochkommen, sodass ich fast ersaufe. Dennoch zieht es mich, so wie die anderen Kinder, an warmen Tagen immer wieder ans Wasser.

An den Wochenenden kommen manchmal auch, wie an diesem heißen Sonntagnachmittag, Erwachsene zum Baden, sodass es hier fast zugeht wie in einem Freibad. Es planschen an die zwanzig schreiende Kinder im Wasser. Es ist alles wie immer. Die wenigsten von ihnen haben Badehosen an. Ein paar, vor allem die Kleineren, baden nackt. Die meisten, die Mädchen sowieso, steigen in ihren Schlüpfern ins Wasser. Ich normalerweise auch. Ausgerechnet heute muss ich aber nackt baden, weil meine Unterhosen, ich besitze zwei, die schon meine älteren Schwestern als Kinder getragen haben, kaputt sind. Meine Mutter ist noch nicht dazu gekommen, sie zu flicken. Eigentlich ist nichts dabei, hier nackt herumzulaufen. Aber ich bin prüde, mir macht das was aus, und das merkt man mir wohl an – namentlich Siggi Mück. Ich wate seitlich durch das Schilf ins flache Wasser, ziehe schnell und möglichst unauffällig meine kurze Hose aus, sie ist aus festem Stoff und mit ihren Trägern einer bayerischen Krachledernen nachempfunden, werfe sie ans Ufer und hocke mich so ins Wasser, dass nur noch mein Kopf rausguckt. Siggi sitzt mit seinen Eltern am Ufer auf einer ausgebreiteten Decke. Er hat mich beobachtet, hechtet in den Teich, stürmt schreiend und spritzend auf mich los, umklammert mich von hinten, hebt mich hoch aus dem Wasser, um so seinen Eltern meinen Zipfel zu präsentieren. Die lachen sich krank, als sie sehen, dass ich hilflos und vor Entsetzen anfange zu weinen. Die anderen Leute werden auf uns aufmerksam. Siggi, um seinen Publikumserfolg noch zu steigern, schmeißt mich wieder ins Wasser, steigt an Land, schnappt sich meine Hose und schleudert sie, sich des Beifalls der Zuschauer sicher, in die Luft. Sie bleibt in der Astgabel einer Erle hängen, die an der Uferböschung steht. Einer von den größeren Jungs macht dem Spektakel ein Ende, indem er die Hose zu mir in den Teich wirft. Ich ziehe sie mir unter Wasser an und stolpere abseits von den anderen durch Schilf und Uferschlamm an Land. Dann schleiche ich in Richtung Poetenweg davon, gehe aber nicht in unser Haus, ehe meine Hose wieder trocken ist.

Auch am nächsten Tag ist schönes Wetter, und wieder lande ich nach der Schule in der Tonkuhle. Heute sind nur etwa ein halbes Dutzend Jungen da. Siggi Mück ist nicht dabei. Dafür gleich vier von den Meier-Brüdern. Sie haben noch neun weitere Geschwister, deshalb wird die Familie hier in der Gemeinde kurz »Meier 13« oder auch »Kindermeier« genannt. Auch dienen diese Bezeichnungen der Unterscheidung von anderen Meiers, von denen es mehrere in der Gemeinde gibt. Die Familie ist bitterarm. Wie es die Eltern schaffen, sich und ihre dreizehn Kinder durchzubringen, ist kaum zu verstehen. Natürlich haben die vier Brüder Spitznamen. Der jüngste von ihnen stottert, kann seinen Namen Hans-Jörg nicht richtig aussprechen. Wenn man ihn fragt: »Wie heißt du?«, sagt er: »Ich ha-ha-heiße Hannör.« Dann kommt sein Bruder Udo, der – keiner weiß, warum – von allen »Bussard« gerufen wird. Sein etwas älterer Bruder – er ist Jahrgang 1940 – hört lieber auf seinen Spitznamen »Kuharsch« als auf seinen jetzt nach dem Krieg zu sehr belasteten Taufnamen Adolf.

An diesem Tag in der Tonkuhle ist auch Kurt, der älteste der vier Brüder, »Schapper« genannt, mit dabei. Horst Koslowski und Hartwig »Haddi« Bökenkamp kommen noch dazu. Sie spielen das in dieser Sommersaison gerade angesagte, von Haddi erfundene Spiel, das er – er ist der Einzige unter den Jungs mit genügend Fantasie, sich so was Schräges auszudenken – »die goldene Schrift« nennt. Es geht so: Unter der Astgabel der Erle, in der gestern noch meine Hose hing, wird das Gras ausgerissen, sodass eine möglichst glatte Fläche, ein Kreis von circa einem halben Meter Durchmesser, entsteht. Einer nach dem anderen hockt sich mit runtergelassener Hose auf die Astgabel und muss versuchen, die Initialen seines Namens in den Kreis zu kacken. Wer die lesbarste Leistung erbringt, hat gewonnen. Logisch, dass es dabei weder zu einem auch nur entfernt interpretierbaren Ergebnis noch zu einem einhelligen Urteil kommt. Es endet immer im Streit, der, wie ich glaube, das eigentliche Ziel dieser Art Veranstaltungen ist. Selbstredend beteilige ich mich schon aus reiner Prüderie nicht an diesem Spiel, finde es aber lustig und spannend, dabei zuzugucken.

Bei anderen Unternehmungen hingegen mache ich gerne mit. Besonders bei den Raubzügen und Plünderungen der umliegenden Gärten und Obstwiesen, wenn die Kirschen, Äpfel und Birnen reif sind. Manchmal werden wir von den Bauern oder Gartenbesitzern bemerkt, aber bevor sie uns erwischen, verschwinden wir schnell wieder über die Mauern und Zäune. Einmal fallen wir durch eine Lücke der den Hof umgebenden Mauer in Bauer Osthoffs Obstgarten ein. Ich klettere in den Wipfel eines hochstämmigen Apfelbaums. Ob spontan oder auf ein verabredetes Zeichen hin, plötzlich sind alle anderen Jungs wieder draußen hinter der Mauer und schreien im Chor: »Willem Osthoff, oller Bauer, deine Äppel sind so sauer!«

Willem Osthoff kommt schimpfend aus dem Haus gerannt, schnappt sich eine lange Bohnenstange, bei uns Fitzebraken genannt, und stochert damit nach mir. Die Jungs hinter der Mauer lachen sich scheckig. Ich klettere höher, sodass der Bauer mich mit seiner Stange nicht erreichen kann:

»Jau, waahr di, segg ick di, waahr di…, ick will mal jüst de Ledder haalen!«*

Er wirft den Fitzebraken auf den Boden, dreht sich um und humpelt – er ist schon ziemlich alt – so schnell er kann weg, um die Leiter zu holen. Damit gibt er mir zum Glück Gelegenheit, rasch, mehr fallend als kletternd, vom Baum zu kommen und hinter der Mauer zu verschwinden. Dieser Vorfall verdeutlicht mir noch einmal, welchen Stellenwert so etwas wie Fairness oder Gemeinschaftsgeist bei meinen Spielkameraden hat. Ich selbst kenne solches Verhalten nur aus Büchern, also in der Theorie, würde aber zu gerne in diesem Geiste handeln.

So vergeht der Sommer, der Herbst kommt. Ende September, Anfang Oktober werden die Tage kürzer, die Abende und Nächte kälter. Schluss mit Barfußlaufen. Schuhe habe ich nicht, stattdessen ziehe ich die Gummistiefel an, die mir im letzten Winter noch gepasst haben. Seitdem bin ich

---

* »Pass auf, sage ich dir, pass auf …, ich will nur mal die Leiter holen!«

aber etwas gewachsen, und sie sind mir zu klein geworden. Wenn ich keine Socken trage, sie sind aus dicker Wolle gestrickt, stoße ich vorn mit den Zehen nicht so stark an. Beide Stiefel haben Risse und Löcher an den Seiten und über dem Spann, die mein Vater erst noch flicken muss. Leichtere Schuhreparaturen führt er selbst aus. Mithilfe eines eisernen Dreifußes, über den er den Schuh stülpt, kann er abgelaufene Absätze und manchmal sogar Sohlen erneuern. Gummistiefel flicken, gehört zu den leichteren Übungen. Mit Schleifpapier raut er die Ränder der Risse auf, schmiert sie mit Gummilösung ein und klebt ein vorher präpariertes Stück von einem Fahrradschlauch drauf. Mit etwas Glück bleiben die Stiefel so für ein paar Wochen wasserdicht, bis die Flicken sich lösen oder ein neuer Riss entsteht. Falls bis dahin meine Füße keinen stärkeren Wachstumsschub bekommen, kann ich die Stiefel bis zum Frühjahr tragen und brauche erst im nächsten Herbst wieder neue. Auch im Winter ist nach den ersten kalten Tagen und Nächten die zugefrorene Tonkuhle wieder Anziehungs- und Treffpunkt. Wenn das Eis stabil genug, die Schneedecke nicht zu hoch ist, wird Eishockey gespielt. Eine ganze Horde Kinder kommt da zusammen. Die drei oder vier der etwas Älteren, die als einzige Schlittschuhe besitzen, werden auf die Mannschaften verteilt. Hockeyschläger gibt es nicht, wir spielen mit krummen, aus den umstehenden Büschen herausgebrochenen oder, wenn man ein Taschenmesser hat, herausgeschnittenen Krücken. Als Puck dient uns ein flacher Kieselstein. Wenn Siggi Mück und Werner Schewe – wegen seiner kompakten Gestalt »Strammer« gerufen – mitspielen, setze ich aus. Ich gehöre hier immer noch zu den Jüngeren. Beide Jungs knallen ihre Schläger gern gegen die Schienbeine und Knie der kleineren Mitspieler, selbst der eigenen Mannschaft, und tun dann so, als geschähe das aus Versehen. Wenn Schnee liegt, rodeln wir die steile Böschung der »Kuhweide« genannten Wiese hinunter quer über den Poetenweg. Einen eigenen Schlitten besitze ich nicht. Cousine Marlies hat einen, den sie mir manchmal leiht. Auch beim Rodeln ist es ratsam, darauf zu achten, dass sich Siggi und Werner der Stramme nicht gerade seitlich der Bahn aufhalten. In dem Moment, in dem ein nichts ahnender Rodler in voller Fahrt an ihnen vorbeisaust, lassen sie ihn auf ihre blitzschnell auf die Piste geschobenen Schlitten krachen. Auch mir passiert das einmal, ich habe aber Glück und komme mit ein paar blauen Flecken davon.

Ich erinnere mich an bitterkalte Winternächte in Folge, an Eisblumen an den einfach verglasten, zugigen Fenstern, an meinen zu Reif gefrierenden Atem auf der Bettdecke, wenn nachts der Küchenherd erlischt. Doch die Jahreszeiten, das Klima, haben sich seitdem spürbar verändert, wenn auch vielleicht nicht so krass wie im folgenden Lied:

Im Januar

Kirschbäume blühen im Januar
und milde Winde weh'n seit Neujahr.
Wie viele Winter wollte ich schon
mit Dir einen Schneemann bauen, mein Sohn?
Mit Deinem Schlitten sehe ich Dich nun
im Regen steh'n,
hast im Leben noch nie
Schnee geseh'n.

Habe selbst fast vergessen, was Eisblumen sind,
die ich an die Scheiben hauchte als Kind.
Habe seitdem nur immer durch Fenster geschaut,
die niemals beschlagen, ob es friert oder taut.
Dass alles Neue das Alte verdrängt,
hab ich immer gewusst
und doch spüre ich auch
den Verlust.

Sommer und Winter, der Tag und die Nacht,
der Wind und der Regen, von Menschen gemacht.
Es scheint sich die Erde wie im Fieber zu dreh'n,
Eisberge schmelzen, neue Wüsten ensteh'n.
Für meine Kinder wünschte ich mir schon
eine wärmere Welt,
hab sie mir nur nicht so vorgestellt.

Die Wintertage bei Regenwetter, wenn ich im Haus bleiben muss, sind sterbenslangweilig. Ich kann nicht den ganzen Tag Schularbeiten machen, vor mich hinsingen und Zeitungspapier bemalen, um mir die Zeit zu vertreiben. Ich versuche, auf verschiedenen Wegen an Lesestoff heranzukommen. Wir haben eine Schulbibliothek. Von Nazischrifttum gesäubert, ist sie zurzeit noch sehr karg ausgestattet. Es gibt so kurz nach Kriegsende noch wenig unbelastete und neuere Literatur. Jeden Mittwochnachmittag verleiht Lehrer Müller Bücher für umsonst. Ich bin bald einer der fleißigsten Leser der Leihbibliothek und wäre es gern für den Rest meiner Schulzeit geblieben. Aber nachdem ich wiederholt Bücher entweder verschmutzt – ich esse beim Lesen immer mit Margarine und Rübenkraut beschmierte Brote –, verspätet oder gar nicht zurückgebe, leiht Lehrer Müller keine mehr an mich aus. Es gibt außer mir nicht viele Schüler, die lesen. Nur einmal ist ein Buch Gegenstand eines flüsternd im Verschwörungston geführten Pausengespräches unter den Älteren. Arnold Flöttmann behauptet, auf eine schlimme Stelle in Friedrich Gerstäckers »Die Flusspiraten des Mississippi« gestoßen zu sein, die lauten soll: »Sie [gemeint sind die Indianer] banden die Frauen an die Marterpfähle und befuckten sie.« Ich habe das Buch gelesen, nach dieser Stelle gesucht und sie nicht gefunden. Auch in Gerstäckers »Die Regulatoren in Arkansas« keine Spur von Pornografie. Bei all dem wilden Lesen alles Gedruckten, das mir in die Finger gerät, ist es unvermeidbar, dass ich auf mehr Allgemein- beziehungsweise Kreuzworträtselwissen – wenn auch in erratischer Streuung – zurückgreifen kann als jemand, der gar nicht liest. Was nicht unbedingt von Vorteil für mich ist. Als viel lesendes Kind verändere ich beim Reden unwillkürlich meine Wortwahl. Nun werden aber schon minimalste Klangabweichungen vom Regionaljargon von den Nichtlesenden als dünkelhaft wahrgenommen und drastisch bestraft. Einmal rutscht mir in Gegenwart von Werner dem Strammen das Wort »humoristisch« heraus.

Er sagt: »Wie war das eben, du Arsch? Humoristitatisch? Du kriegst jetzt humoristitatisch was auf die Fresse.« Dann rammt er mir ein paarmal die Faust ins Gesicht, bis meine Nase blutet.

Mag sein, dass Wissen Macht bedeutet. Besserwissen wohl eher nicht. Das zeigt sich, als Lehrer Müller in einer Unterrichtsstunde, in der er uns Proletarierkindern eine Ahnung von »klassischer Kultur« zu vermitteln sucht, in seiner perfekten Handschrift die Titel der Mozartopern an die große Tafel malt, damit wir sie abschreiben und auswendig lernen. Neben »Don Giovanni«, »Cosi fan tutte« und der »Zauberflöte« schreibt er auch »Fidelio« an die Tafel. Ich melde mich und sage: »Aber Herr Müller, ›Fidelio‹ ist doch gar nicht von Mozart. ›Fidelio‹ ist doch von Beethoven und auch die einzige Oper, die er geschrieben hat«, füge ich hinzu. Lehrer Müller dreht sich zu mir um und sagt in strengem Ton: »Sei nicht so vorlaut, denk erst mal nach und rede keinen Unsinn. ›Fidelio‹ ist von Mozart. Beethoven hat nie eine Oper geschrieben.« Ich bin damit zurechtgewiesen, fühle mich beschämt und ertappt. Ich habe mich wohl geirrt und bin wieder mal blamiert.

Die Bücher aus der Schulbibliothek genügen mir schon bald nicht mehr. In Tante Annelieses Küchenschrank haben Hefte mit Rolf-Torring-Geschichten, verfasst von einem gewissen Hans Warren, den Krieg überdauert. Ich lese sie alle. Von Gerd Kaiser, der zwei oder drei Jahre älter ist als ich, eine Brille trägt, die ihn schon rein äußerlich als Lesenden denunziert, erfahre ich, dass man im Kiosk an der O-Bus-Endstation am Wellensiek Groschenhefte kaufen kann. Hefte mit Wildwestgeschichten von Tom Mix, Billy Jenkins, Tom Prox und einem Teenager Namens Pete, die ich aufsauge, in denen ich lebe. Als die Klasse einen Aufsatz schreiben muss mit dem Thema: ein Abenteuer, das gut ausgeht, bin ich nicht mehr zu bremsen und schreibe etwa wie folgt:

Umschwirrt von pfeifenden Kugeln, abgefeuert aus der Winchester Vier des im gestreckten Galopp vor ihm flüchtenden Reiters, glitt Jack mit einer geschmeidigen Bewegung seitlich aus dem Sattel und schlang sein rechtes Bein um den Sattelknauf. So hing er kopfüber an der Flanke seines Wallachs, überholte den verdutzten Verbrecher, nahm ihn – den entsicherten Colt in der linken Hand – unter dem Bauch des Pferdes hindurch ins Visier und schoss. Die Kugel durchschlug den siebten Rippenbogen, blieb im rechten Herzmuskel des Viehdiebes stecken und führte seinen sofortigen Tod herbei …

Lehrer Ernst Vette schüttelt zwar den Kopf, findet den Aufsatz ansonsten aber gelungen und gibt mir eine gute Note.

Später kommen neben den Wildweststories noch die Comic-Hefte dazu. »Donald Duck«, »Fix und Foxi« und vor allem die Urwaldabenteuer von

»Tarzan«. Die Hefte kosten tatsächlich nur ein paar Groschen. Dreißig, vierzig, manchmal fünfzig Pfennig – die ich allerdings nicht habe. Woher nehmen? Meine Mutter gibt mir kein Geld. Von Opa Hose bekomme ich einmal im Monat fünfzig Pfennig, dafür, dass ich ihm die Zehennägel schneide, an die er wegen seines steifen Beins selbst nicht herankommt. Das reicht mir nicht. Ich fange an, meinen Vater zu bestehlen. Zwei- bis dreimal die Woche ist er abends unterwegs. Entweder zur Gemeinderatsversammlung, zum Ortsverein der SPD, oder er ist, was in letzter Zeit immer häufiger vorkommt, mit Willi Maurer, dem Dachdecker und Saufaus auf Kneipentour unterwegs. Dazu zieht er sein beiges, sein einziges, Jackett an, das immer stark nach Rauch und billigem Tabak riecht, und dessen Taschen ich am nächsten Tag durchsuche, wenn es wieder im Kleiderschrank hängt. Oft finde ich zwischen Tabakkrümeln den einen oder anderen Groschen, ohne dass mein Vater es je bemerkt. Wenn ich 50 Pfennig zusammen habe, laufe ich über den Berg zum Wellensiek und kaufe das neueste Heft von »Tarzan« oder Billy Jenkins. Manchmal bleiben 20 Pfennig für eine Rolle Drops übrig. Um an einen von mir heiß begehrten, von Hal Foster gezeichneten Band »Prinz Eisenherz« heranzukommen – Hardcover, edel, bibliophil gestaltet – hätte ich ein Jahr lang meine gestohlenen Groschen sparen müssen. Daran ist nicht zu denken. Ebenso wenig wie ich Gegenstände sammeln kann, bin ich zur Sparsamkeit fähig. Ich muss alles Geld noch am selben Tag ausgeben, an dem ich in seinen Besitz gelange.

Ich mag inzwischen acht oder neun Jahre alt sein. Noch hat sich in Hoberge, zumindest meiner Wahrnehmung nach, seit Kriegsende nicht viel verändert. Es gibt immer noch vereinzelt Zuzüge von Flüchtlingsfamilien, meist aus Schlesien und Ostpreußen, deren Kinder zum Teil hier eingeschult werden. Ins Behelfsheim bei der Tonkuhle ist Joseph Dloczik mit seiner Familie eingezogen. Er ist nach Wachtmeister Karwankes Dienstentlassung der nun amtierende Gemeindepolizist. Verballhornende Wendungen und Sprüche des schlesischen Idioms finden Eingang in den Wortschatz der hiesigen Kinder und Jugendlichen. Jupp Dloczik fischt und angelt in seiner Freizeit. Mittels einer sogenannten »Bunge«, einer Art Reuse aus Maschendraht, mit einer gekochten Kartoffel als Köder fängt er in der Tonkuhle Schleien und Karpfen und im nebenan fließenden

Krebsbach Forellen. Aus zusammengenagelten Brettern, von leeren Benzinkanistern über Wasser gehalten, hat er sogar ein Floß gebaut, mit dem er über die Tonkuhle stakt. Seinen Beinamen »Forellenjoseph« bekommt er, als er seine Reuse beschädigt und geplündert vorfindet. Sein Verdacht fällt auf Meck Steinmann, den er sich vornimmt, am Ohr zieht und fragt: »Wer hot die Furelle gegriffa, du Lerge?«

Dieser Satz macht sofort die Runde und wird bei jeder, auch der unpassendsten, Gelegenheit zitiert. Im Unterschied zu ihren Eltern passen die Flüchtlingskinder ihre Sprechweise erstaunlich schnell an die der hier Alteingesessenen an. Trotzdem kann von rascher Integration nicht die Rede sein. Ihre Unterernährtheit und ihre zerlumpte Kleidung würde allein schon genügen, um von den nur um Grade weniger armen Kindern verächtlich behandelt und angegriffen zu werden. Doch kleben an ihnen weitere, nicht konkret zu benennende, aber spürbare Attribute der Fremdartigkeit, die sie noch längere Zeit zu Zielscheiben von Schikanen und Ausgrenzung machen. Sie mit dem Nachäffen aufgeschnappter schlesischer Dialektbrocken zu ärgern, wird bei den anderen Kindern eine Zeit lang richtig Mode: »Eh, du Lerge, wo kommste gewesen? Kommste von der Oder-Neiße, aus der kolten Heimot? Ja, auf der Oder-Neiße, da schwomm a Stickla Scheiße.«

In der politischen Diskussion um den finanziellen Lastenausgleich, mit dem die Flüchtlinge gemäß der Höhe ihres erlittenen Eigentumsverlustes entschädigt werden sollen, wird ihnen oft unterstellt, daraus betrügerischen Profit schlagen zu wollen, indem einige behaupten, Großgrundbesitzer gewesen zu sein.

Ein dementsprechendes, den Heimatvertriebenen untergeschobenes Zitat verbreitet sich schnell und wird oft deklamiert: »Flichtlinge sein wir dahier, niwah …, aber Rittergieta hom wir gehobt dahäme … Mohnkuchla hom wir gefressa.«

Nach dem Abebben des Vertriebenenzuzuges aus dem Osten in den Fünfzigerjahren und mit dem Beginn der Wirtschaftswunderjahre werden Flüchtlingsprobleme in der öffentlichen Diskussion kein Thema mehr sein.

Ein Freund

Hundert Schritte von meinem Elternhaus entfernt, in der Kreiensieksheide am Ufer des Twellbaches, wohnt in einem noch während des Krieges errichteten Einfamilienbehelfsheim die Arztfamilie Berressem. Vom Tag ihres Einzuges an scheinen Doktor Berressem, seine Frau und ihre drei Kinder von einer Aura des Apart-Exotischen umgeben zu sein. Allein schon der Name, den die meisten Hoberger sich weigern, richtig auszusprechen. Für sie ist Dr. Berressem, vielleicht weil es für sie vertrauter klingt, nur »Dr. Behrensen«. Außerdem ist die Familie in unserer mehrheitlich evangelischen Region auch noch katholisch. Hier gelten nach gängigem Vorurteil Katholiken als scheinheilig und verlogen, weil sie sich der Ohrenbeichte anschließenden Absolution bedienen, um in ihren Seelen Platz für neue Sünden und Sauereien zu schaffen. Die drei Kinder gehen wie ich in Hoberge zur Schule. Die Geschwister werden – wie kann es anders sein – von den anderen Kindern auf dem Schulweg und in den Pausen angegriffen und schikaniert. Peter, der jüngste der Berresssems, und ich freunden uns an. Er ist ein Jahr älter als ich. Es ist meine allererste tiefergehende Kinderfreundschaft und daher von großer Bedeutung für mich. Wohl nicht zuletzt führt uns unsere Außenseiterrolle zusammen, die wir in unserer Umgebung unfreiwillig spielen. Später, schon in seinen Sechzigern, hat Peter seinerseits ein paar seiner Kindheitserinnerungen, die sich mit meinen weitgehend decken, zu Papier gebracht und mir zur Verfügung gestellt. Ich zitiere:

Aber manchmal war es nicht so schön, weil wir Berressems immer von den Dorfjungens gehänselt wurden. Ich weiß nicht warum, wahrscheinlich weil wir aus der Stadt kamen und ›anders‹ waren. Da wurde man auf dem Schulweg nach Hause getreten, bekam Kopfnüsse, manchmal kam es auch zu regelrechten Kämpfen, meine Mutter erzählte mir später, dass ich mehrmals mit blutiger Nase daheim angekommen sei mit dem Spruch ›Kampf gehabt.‹ […] Ich muss hier einmal innehalten, denn meine Kindheit war, trotz der eben geschilderten Dinge, eigentlich wunderschön. Mein bester Freund war Hannes Wader, nur ›Pleck‹ geheißen, weil er einmal im Dorf erzählt hatte, sein englischer Name sei ›Jack‹, was die anderen falsch verstanden und verballhornten …

Die Zeit mit Peter und seinen Geschwistern erlebe auch ich als schön und intensiv, bei mitunter wilden Spielen in dem kleinen Haus, das wir auf den Kopf stellen, wenn die Eltern abwesend sind, und auch draußen am Twellbach, wo wir auf die Erlen klettern, wenn die Sonne scheint. Peter verfügt über ein offenes und heiteres Naturell. Ihr Vater hat als einer der Ersten in der Gemeinde ein neues Auto, das er für seine Hausbesuche benötigt, einen Opel Olympia. An einem Wochenende – ich darf mitfahren und sitze zum ersten Mal in meinem Leben in einem Pkw – mache ich mit den Berressems einen langen Ausflug. In der Engen Weste, einem Café-Restaurant in der Stadt, essen wir zu Abend. Es ist mein erster Restaurantbesuch und für mich ein unvergessliches Erlebnis. Von der Bockwurst mit Salat, davor wusste ich gar nicht, dass es so was gibt, kriege ich vor Aufregung erst kaum was runter. Von da an wird Bockwurst mit Salat mein Lieblingsessen sein und es bleiben, bis ich volljährig bin und darüber hinaus. Bei den Berressems gibt es jede Menge zu lesen. Frau Berressem hat Wochenzeitschriften abonniert mit Bildern drin und Schutzumschlägen drum rum, auf denen »Lesezirkel Krumbeck« steht. Bei Regenwetter, wenn wir nicht rauskönnen, darf ich im »Stern« und in der »Revue« blättern. Der Begriff »Illustrierte« sagt mir nichts, und Frau Berressem amüsiert es jedes Mal, wenn ich frage: »Darf ich'n bisschen Industrierte gucken?« Außerdem gibt es im Haus ein großes Wilhelm-Busch-Album, in der für mich nur mühsam zu entziffernden Nazi-Fraktur gedruckt. Also liest Peter mir vor. Das tut er oft und gern. Ich sauge die Verse auf, kann »Max und Moritz« fast auswendig. Buschs Bildergeschichten begeistern mich, regen mich dazu an, mich hinzusetzen, mir selbst so eine Geschichte auszudenken und zu zeichnen. Bei uns zu Hause nehme ich ein Blatt Papier und einen Bleistift und zeichne einen Comicstrip, den ich »Katzenmusik« nenne. Er handelt von zwei Katern, die nachts bei Vollmond auf dem Dach miauend, fauchend und kratzend um die Gunst einer Katze kämpfen und die dabei von einem in seiner Nachtruhe gestörten Mann aus dem Fenster mit Haushaltsgegenständen beworfen werden. Ich selbst halte das Werk für ziemlich gelungen. Obwohl ich weiß, dass mir die Familie wenig zutraut, zeige ich das Blatt meiner Schwester Ulla, die sagt: »Das willst du dir selber ausgedacht haben? Du spinnst ja, das haste doch irgendwo abgemalt.«

Ihr Urteil bringt mich nicht davon ab, auch weiterhin zu malen und zu zeichnen. Ich werde es nur niemandem mehr in der Familie zeigen.

In seinen Aufzeichnungen erwähnt Peter auch das alljährliche Martinssingen im November, bei dem die Hoberger Kinder von Haus zu Haus gehen. Beim Martinssingen bin auch ich immer dabei. Von meiner Mutter kenne ich das Lied »Sankt Martin ritt durch Schnee und Wind.« Aber wir Hoberger Kinder beziehen den Brauch des Martinssingens auf Martin Luther. Neben »Ein feste Burg ist unser Gott« singen wir immer ein in vielen Variationen über das Ravensberger Land hinaus verbreitetes Lied, das hochdeutsch beginnt und plattdeutsch endet. Ich stelle es hier noch einmal vor, ehe es ganz aus dem kollektiven Gedächtnis gelöscht ist:

Martin Luther, Martin singen wir
Wir treten herfür
Vor reichen Manns Tür
Wer uns was gibt
Und nicht vergisst
Der kriegt eine goldene Krone
Die Krone, die reicht so weit, so weit
Bis über die ganze Christenheit
Guten Abend, guten Abend …

(Und dann, das Tempo verdoppelt):
… Laat us nich so lange stahn
Wi mööt no een biadken weeder gahn
Vun he'er bet naah Köllen
Köllen is ne graude Stadt
Daar gift us olle Lüe wat
Fit, fat,(vivat) Rausenblatt
Scheune Jungfru gif us wat

Gif us een'n Appel
De ligg bi you inn'n Schappe
Gif us eene Nuss
Denn gahn wi we'er nah Huus.

Ein oder zwei Jahre lang fühle ich mich im Hause Berressem als willkommener Gast. Dann tritt ein – im Grunde genommen belangloses – Ereignis ein, das dennoch das Ende meiner ersten Jugendfreundschaft markiert. Ein harmlos unanständiger Kinderreim ist der Anlass. Von meiner Schwester Ulla, die gerade mit noch anderen Mädchen in einem Betrieb eine Lehre als Schneiderin macht und manchmal aus der Näherei frivole Witze mit nach Hause bringt, höre ich ein Gedicht, das mir besonders gut gefällt und das ich unbedingt der Familie Berressem vortragen möchte. Wie ich, erinnert sich auch Peter noch daran, und er schreibt:

Ich werde nie vergessen, wie er (Hannes) eines Tages zur Mittagszeit zu uns kam und uns am Tisch mit lustigen Sprüchen unterhielt:
»Goethe sprach zu Schiller, mein Arsch ist keine Triller, und Schiller sprach zu Goethe, mein Arsch ist keine Flöte. Da sprach zu Goethe Lessing, mein Arsch ist nicht aus Messing.«
Da war was los bei uns, das in Gegenwart meiner Mutter, die sonst nie ein »schlechtes Wort« duldete! Aber der Hannes (Hänschen, wie wir ihn nannten) hatte immer schon einen feinen Witz …

Ja, da war was los. Ich weiß nicht, wie mir geschieht, als Frau Berressem aufsteht und zu mir sagt: »Du verlässt jetzt sofort das Haus, und lass dich nie wieder hier blicken!«

Vielleicht war es von ihr nicht so streng gemeint. Tatsächlich aber wird es nicht mehr dazu kommen, dass ich das Haus noch einmal betrete. Ich bin nun wieder allein, ohne Freunde, und ich leide darunter. In seinen Aufzeichnungen schreibt Peter über seine Mutter: *Sie war überhaupt sehr etepetete und fühlte sich ständig als etwas Besseres …*

Das könnte ihre Überreaktion auf mein ungezogenes Betragen erklären, nicht aber, dass sich auch Peter und seine Geschwister mir gegenüber zunehmend feindselig verhalten, wenn ich ihnen jetzt auf dem Schulweg begegne. Ich empfinde nicht den mindesten Groll gegen sie, nur großes Bedauern. Ich möchte mich gern wieder mit ihnen vertragen. Einmal im Vorübergehen rufe ihnen ich etwas nett und einlenkend Gemeintes zu. Was genau, weiß ich nicht mehr. Missverständnis. Die drei fühlen sich von meinen Worten verletzt und gekränkt. Einer ruft: »Dafür kriegste jetzt was an die Schnauze.«

Ich renne los. Die drei hinter mir her. Peter ist der Schnellste, stellt mir im vollen Lauf ein Bein. Ich stürze, schramme mit nacktem Oberkörper linksseitig mehrere Meter über den mit schwarzer Asche bedeckten Weg. Die drei lassen von mir ab, nicht ohne mir zu drohen, beim nächsten Mal noch ganz andere Seiten aufzuziehen. Mein linker Arm blutet stark, ist oberhalb des Ellenbogens vom Schotterboden tief aufgerissen. Ich wasche die große Wunde im nahen Twellbach so gut es geht aus. Die groben Aschekörner puhle ich raus, die feineren lasse ich drin. Zu Hause habe ich ein Hemd mit langen Ärmeln, das ziehe ich an, damit keiner die Wunde sieht und mich darauf anspricht. Weil die feinkörnigen Aschereste erst nach und nach rauseitern, heilt die Abschürfung nur sehr langsam. Jetzt, über fünfundsechzig Jahre danach, erscheint im Sommer, wenn die Sonne auf die Stelle scheint, noch immer ein roter Fleck.

Warum begegnen die Berressems mir, wahrscheinlich auch anderen Kindern, zunehmend aggressiv, missverstehen meine – sicherlich ungeschickten – Annäherungsversuche als Angriff? Peter sehe ich jetzt nur noch aus der Ferne, wenn er für seinen Vater im Waldfrieden Bier holen geht, das ihm Friedken Wiethüchter in ein großes gläsernes Gefäß zapft. Wenn er mich bemerkt, sieht er durch mich hindurch, als wäre ich Luft. Das tut weh.

Vernachlässigt, oft bis an die Grenze der Verwahrlosung, sind wir damals alle. Die nur langsam verfliegenden Reste des giftigen Dunstes der Naziideologie werden von der Nachkriegsgesellschaft noch immer eingeatmet. Den Menschen, die zum Teil noch immer Hunger leiden, die Mühe haben, ihre Kinder satt zu bekommen, liegt nichts ferner, als sich auch noch um deren psychische Befindlichkeiten zu kümmern. Wir alle haben deshalb – die einen mehr, die anderen weniger – »einen Hau weg«. Viele Männer und Väter sind zutiefst kaputt und ertränken ihre inneren Verletzungen.

Peter selbst schildert nachstehend einen der nächtlichen Alkoholexzesse im Hause Berressem:

Aber mein Vater hatte allen etwas voraus, wir sagen heute, das Know-how. Das betraf besonders das Brennen von Schnaps aus allen möglichen Grundstoffen, vornehmlich Korn, aber auch Kartoffeln. Der Vorgang dauerte immer mehrere Tage, bis am Samstagabend der Stoff fertig war. Dann fanden sich alle bei uns ein, wir hatten ein kleines Häuschen. Alle Suffköppe von Hoberge kamen und fingen an zu saufen. Wir Kinder schliefen dann natürlich schon, hörten jedoch im Halbbewusstsein lautes Johlen, auch Gelächter, Schreien und oft auch Streit; denn schlecht hergestellter Schnaps, noch nicht gereinigt von Fuselstoffen, führt auch bei harmlosen, friedlichen Konsumenten zu aggressivem Verhalten. Manchmal hörten wir Kinder auch, wenn es neben dem verbalen Streit Gerangel und Schlägereien gab. Ganz besonders beteiligte sich daran ein gewisser Herr Holt, der aus dem Krieg mit zerschossenem Arm, einem fehlenden Auge und mit nur einem Bein zurückgekommen war und nun auf Krücken lief.

»Ein gewisser Herr Holt.« Da ist er wieder. Ich kenne ihn ja auch. Erich Holt, den Faschisten, für mich die Verkörperung der Verworfenheit und Bösartigkeit, der mich als Kind so stark beeindruckt und sich in meiner Erinnerung verhakt, dass ich ihn später in zweien meiner Lieder auftauchen lasse. Einmal in »Langeweile« gebe ich ihm die Rolle des Pförtners und dann in »Gewalt«, wo ich ihn mit seinen Krücken einem Halbwüchsigen die Beine brechen lasse – so, wie es wirklich geschehen ist. Nur dass ich die Namen ändere. Sowohl der Junge, den ich hier Gerd nenne, als auch Erich Holt hießen eigentlich anders.

Ich sehe Erich Holt, der schon aufgrund seiner Versehrtheit meint, sich alles erlauben zu können, noch deutlich vor mir. Auf seine Krücken gestützt, bei warmem Wetter den Schenkelstumpf seines überm Knie amputierten Beines auf die Oberkante der hüfthohen Gartenpforte gelegt, das leere Hosenbein aufgefaltet und mit einer Sicherheitsnadel befestigt, ruft er den auf der Straße vorübergehenden Nachbarsfrauen Schweinereien zu: »Na, Else, wie isses, n' Stündchen ficken?«

Kaum einer hat sich je über ihn beschwert. Nicht ausgeschlossen, dass die Hoberger und Hobergerinnen sogar noch vor dem jetzt schwerstbehinderten Erich Holt Angst haben. Ein paar Jahre zuvor, mitten im Krieg. Erich Holt noch unversehrt, in Polen stationiert und auf Heimaturlaub, sitzt – so hat es mir meine Mutter später erzählt – in seiner SS-Uniform im Waldfrieden, säuft Bier und Korn und führt das große Wort vor den dort ehrfurchtsvoll schweigenden Anwesenden: »Dieses Kroppzeug von Pollacken, was haben wir die gejagt! Dann die dreckigen Juden, die Rabbiner mit sooo langen Bärten, verfilzt und voller Läuse. Was haben wir gemacht? Benzin drauf und zack, zack angesteckt. Die hatten hinterher keine Läuse mehr, das könnter aber glauben.«

Erich Holt ist stolz darauf, ein Kriegsverbrecher und Mörder zu sein. Was bringt einen klugen und sensiblen, solcher Gräueltaten unfähigen Mann wie Dr. Berressem dazu, sich mit so jemandem gemein zu machen und ihn in die Nähe seiner Frau und seiner Kinder zu lassen? Was zwingt einen hoch qualifizierten Arzt in die Alkoholabhängigkeit?

Warum kann der Doktor – von den Nazis wegen seiner Ablehnung der Euthanasiepraktiken kaltgestellt – auch nach dem Krieg beruflich nie wieder richtig Fuß fassen? Dieser im Innern wohl zutiefst gespaltene und unglückliche Mensch wird schließlich am Leben zerbrechen.

Aus sicher gänzlich anderen Gründen und mit unterschiedlichem Verlauf erlebe auch ich – fast zeitgleich – den sowohl psychisch-moralischen als auch physischen Verfall meines Vaters. In seinen letzten beiden Lebensjahren ist es eine an Hörigkeit grenzende Anhänglichkeit an einen großmäulig-anmaßenden Saufkumpanen namens Willi Maurer, die sein zu frühes Ende mit gerade mal 53 Jahren beschleunigt.

Wo immer die Ursachen dafür zu suchen sind, man begegnet in der Realität häufig Menschen, die, nicht einmal besonders charakterschwach, von der – ich nenne es mal – »Magie der Niedertracht« angezogen werden, verkörpert von für sie charismatisch erscheinenden Personen, denen sie verfallen.

Die Attraktivität des Bösen ist nichts Neues – auch in der Literatur und im Theater ist sie wohlbekannt. In Selma Lagerlöfs »Gösta Berling« lässt die Figur des Sintram als eine Art Dämon, der mit den saufenden und Bellman singenden Kavalieren von Ekeby einen teuflischen Pakt schließt, deren Anfälligkeit für das Böse hervortreten. Ein Mephisto wäre immer und schon von vornherein unterhaltender als ein Dr. Johannes Faustus, wohnten nicht die »ach zwei Seelen« in des Letzteren Brust. Die inneren Widersprüche, die Zerrissenheit, die ihm das Böse in ihm selbst vor Augen führen, machen ihn für das Publikum fast so interessant wie sein mit übermenschlichen Fähigkeiten ausgestatteter satanischer Versucher.

So verfügen auch Typen wie Erich Holt über die Attraktivität der Bösartigkeit. Nur ist die nicht dämonisch-satanisch, sondern banal. Banal insofern, als ein Erich Holt in keiner Weise über außergewöhnliche Gaben und Kräfte verfügt, die ihm von denjenigen zugeschrieben werden, die sich so jemand unterwerfen: Wenn sie doch nur auch mal so ganz anders sein könnten – so wie Erich Holt. Sie täuschen sich. An einem Erich Holt ist nichts dran, was andere nicht haben. Im Gegenteil – was andere haben, fehlt ihm. Und zwar an allen Ecken und Enden. Aber Leute, die sich selbst gering schätzen, neigen dazu, so jemanden wahrnehmungsverzerrt zu überhöhen.

Notgeilen Zechern ähnlich, die sich abends an der Theke wenig attraktive Frauen schön saufen, deuten sie die Fehler und Mängel bei einem Erich Holt zu positiven Eigenschaften um. So können sie die absolute Schamlosigkeit, das völlige Fehlen von Rücksichtnahme auf die Gefühle anderer, als erfrischende Unbekümmertheit wahrnehmen. Das Fehlen jeglicher Skrupel, die Hemmungs- und Gewissenlosigkeit, mit der er sämtliche soziale Regeln bricht und Grenzen verletzt, ist für sie nur der Ausdruck ersehnter innerer Unabhängigkeit und Freiheit. Die fehlende Fähigkeit eines Erich Holt, die von ihm am laufenden Band begangenen Sauereien überhaupt als solche zu erkennen, scheint nur seine bewundernswerte Furchtlosigkeit zu beweisen, seinen Mut, ungeachtet aller Konsequenzen, zu seinen Fehlern zu stehen. Dabei hat er diesbezüglich gar keine Konsequenzen zu befürchten. Mangels Schuldbewusstseins erwächst ihm daraus wie von selbst doch noch eine Eigenschaft, die andere nicht haben, aber zu gerne hätten: eine entwaffnende Dreistigkeit. Einer wie Holt kommt immer mit allem durch.

Wenn ich selbst in meinem Leben auch nicht bis zur Selbstauflösung in den Bann des Bösen geraten bin, weiß ich dennoch, wovon ich rede. Habe ich doch von meinem Vater diese spezielle Schwäche geerbt, die ich hier mal Verführbarkeit nennen möchte. Bei meiner Mutter war der Hang dazu – ein Glück für die Familie – kaum ausgeprägt. Unzählige Male hänge ich mich noch als Erwachsener an Typen mit Charme, großer Schnauze und wenig dahinter, lasse mich oft – geradezu unbelehrbar – von ihnen blenden. Ich werde den falschen Leuten vertrauen und Schuldenberge in Millionenhöhe auftürmen. Zugleich füge ich sowohl anderen als auch mir selbst unnötige Kränkungen zu. Zur Bekräftigung des hier Gesagten möchte ich die Schlussstrophe von »Krebsgang« zitieren:

… Leichtgläubig bin ich oft gewesen
bin Phantomen nachgerannt
habe Freunde, die mich liebten
oft als solche nicht erkannt.

Die bitte ich jetzt um Vergebung
ich sehe meine Fehler ein
doch wenn sie nicht vergessen wollen
muss ich mir eben selbst verzeih'n.

Eines Tages steht das Haus der Berressems plötzlich leer. Von mir unbemerkt ist die Familie umgezogen. Wohin, werde ich erst Jahre später erfahren, als ich Peter wieder begegne. Im Wechsel von Verlust und Wiedererlangung seiner Approbation hat Dr. Berressem in Milse, weit weg von Hoberge, eine Praxis eröffnet. Außer Peter werde ich niemanden aus seiner Familie je wiedersehen.

Erst kurz vor Peters Abitur, ich mache zu der Zeit eine Lehre als Schuhdekorateur in Bielefeld, treten wir auf der Basis gegenseitig immer noch bestehender und sich erneuernder Sympathien – unsere alten Hoberger Differenzen sind vergessen – wieder in losen Kontakt miteinander; und zwar vermittelt durch einen Schulfreund Peters, den auch ich gut kenne. Jürgen Lippold, »Lippi«, wie wir ihn nennen, verkehrt wie ich in der Rio-Milchbar am Jahnplatz, wo die Pennäler sich nach Schulschluss treffen und wo auch ich oft meine Mittagspausen verbringe.

Lippi führt gern Menschen zusammen – fast als wäre es ein Hobby von ihm. Wiederholt wird er es sein, der sozusagen »zäh am Ball bleibt« und so spätere Treffen zwischen Peter, ihm und mir herbeiführt. Und das, obwohl wir alle drei räumlich weit voneinander getrennt leben.

Ich glaube, dass es bei Wiederbelebungen lange vernachlässigter Freundschaften nicht darum geht, genau da wieder anzuknüpfen, wo sie mal geendet haben. Das ist wohl kaum möglich. Es ist normal und alltäglich, dass Kinder- und Jugendfreundschaften sich überleben. Meist unterliegt das kindliche Verlangen nach Fortdauer des zuverlässig Gewohnten in ständigem Streit mit der Gier nach dem Neuen und Unerhörten. Ähnlich wie in der Weltpolitik werden hier – wenn auch nur auf der Mikroebene – Bündnisse geschlossen, wieder gelöst, oder sie zerbrechen, um sich vielleicht unter ganz anderen Umständen neu zu bilden, wenn ein oft altersbedingtes Bedürfnis nach Kontinuität und Beständigkeit wieder verstärkt seinen Anspruch geltend macht. Freundschaften haben mir immer viel bedeutet. Allerdings muss ich feststellen, dass meine Fähigkeit, Freundschaft zu empfinden, ausgeprägter ist als die Gabe, sie auch zu pflegen. Wohl aus Faulheit, sprich »Trägheit des Herzens« – alten katholischen Dogmen zufolge eine der sieben Todsünden –, habe ich es in der Vergangenheit oft unterlassen, aktiv Unstimmigkeiten zwischen mir und meinen Freunden zu klären, oder mich nur mal bei ihnen zu melden. Lieber laufe ich mit einem schlechten Gewissen herum. Deshalb gehören für mich die wenigen Male, in denen ich dann doch freundschaftsrettend initiativ werde, mit zum Besten, was ich in meinem Leben gemacht habe.

Rainer der Verlässliche

Mich auf Gruppen einzulassen, mich in einem Gefüge von mehreren wohl und akzeptiert zu fühlen, das gelingt mir nur schwer, in meiner Kindheit eigentlich gar nicht. Umso wichtiger sind Freunde für mich – und werden es mein ganzes Leben lang bleiben. Mit Peter, und auch bei seiner Familie, habe ich mich zum ersten Mal angenommen gefühlt. Da ist jemand, der mich versteht, bei dem ich so sein kann, wie ich bin. Und dann gibt es noch einen weiteren Antrieb für Freundschaften: geteilte Begeisterung. Begeisterung wofür? Das ist bezogen auf meine Kindheit einfach: vor allem anderen sind das Bücher und die Natur. Oder besser: Bücher und Jungs-Abenteuer in der Natur. Die Berressems sind also unbekannt verzogen und, so ist es nun mal, aus den Augen, aus dem Sinn. Aber ich finde neue Freunde.

Direkt hinter unserem Haus, neben dem großen Schuppen, in dem die jetzt leeren Holzformen für die Leichtbauplatten vor sich hin rotten, seit mein Vater deren Produktion einstellen musste, verläuft ein Entwässerungsgraben, der gleichzeitig die Gemeindegrenze zwischen Hoberge diesseits und Dornberg jenseits markiert. Auf der Dornberger Seite steigt das Gelände zu einem auf seinem Kamm bewaldeten Hang an. Auf dessen halber Höhe steht allein liegend die Leppersche Villa. Sie ist in einem Gelb gestrichen, das auf mich vornehm wirkt. Von der Villa aus hat man einen weiten Blick nach Süden auf unser Haus und das damals noch als lieblich zu bezeichnende Twellbachtal. Die Villa – vermutlich das Herrenhaus eines ehemaligen Gutshofes – beherbergt den Eigentümer, Opa Lepper mit seiner Familie, und vier weitere Mietparteien. Alles normal arme Arbeiterfamilien. Eine davon sind die Kastrups. Onkel August Kastrup – für uns Kinder sind alle Männer in der Nachbarschaft Onkel – ist Maurer. Mit dem jüngsten seiner drei Söhne, mit Rainer, freunde ich mich an. Nicht eng, aber wir verstehen uns gut, weil Rainer auch liest. Rainer ist zwei Jahre älter als ich und hätte wohl lieber gleichaltrige Freunde. Es gibt aber weit und breit keine, die wie ich sein Interesse an Büchern, Groschenheften, Filmen und Schlagermusik – Kastrups haben ein Radio – teilen. Aus dem Radio kennt er Heinz-Erhardt-Gedichte und Witze. Die meisten kann er auswendig.

Über Rainer lerne ich Karl May kennen, dessen Bücher er von irgendwelchen Verwandten bekommen hat. Er leiht mir die Bände »Winnetou« I, II und III, die ich nacheinander mehr verschlinge als lese. Wieder mal tauche ich tage-, ja wochenlang in die Abenteuerwelt Old Shatterhands und Winnetous ab, in deren Tiefen Realität und Fiktion sich in meiner Wahrnehmung überlagern und vermischen und bei unseren Treffen lange Thema bleiben.

Im oberen Stock der Lepperschen Villa, über den Kastrups, wohnt das Ehepaar Sander. Der alte Sander ist, wie Rainer ihn erlebt, ein ständig Bosheiten ausbrütender, unangenehmer Hausgenosse. Ein Stinkstiefel ähnlichen Kalibers wie mein Onkel Edi. Für mich ist die Sache klar. Der alte Sander kann kein anderer sein als Fred Santer, der Mörder von Winnetous Vater Intschutschuna und seiner Schwester Nscho-tschi, der sich hier unter falscher Identität verkrochen hat, um seiner gerechten Strafe zu entgehen. Schlau von ihm, das »t« in seinem Nachnamen gegen ein weiches »d« auszutauschen. Aber nicht schlau genug. Er hat seinen Vornamen zu ändern vergessen. Der Beweis: Fast jeden Abend, außer im Winter, wenn er noch draußen in seinem Gemüsegarten wühlt, öffnet seine Frau das Fenster weit und ruft so laut, dass es im ganzen Twellbachtal wiederhallt:

»Freeed, Freeed, essen kommen!«

Ich teile Rainer das Ergebnis meiner Ermittlungen, meinen Verdacht mit, den er auf seine nüchtern freundliche Art zwar nicht ganz zerstreuen kann, aber erst mal entkräftet. Er sagt: »Der alte Sander heißt nicht Fred, er heißt Fritz. Seine Alte ruft doch immer »Friiitz, Friiitz!«

Aha, kann sein! Kann aber auch sein, dass er doch Fred heißt und Fritz nur ein Tarnname ist. Ach, was soll's …

Was Rainer und ich nicht wissen können, weil wir den vierten Band von Winnetou nicht haben: In dem Band taucht die Figur Santers noch einmal auf und heißt dort diesmal tatsächlich »Sander«. Also könnte der alte Sander aus Dornberg nicht doch …?

Rainer ist schon fast 13 und fährt manchmal mit dem O-Bus in die Stadt, um im Kino die Nachmittagsvorstellung zu sehen. Letztens hat er mir den Streifen mit Alan Ladd, »Mein großer Freund Shane«, von vorn bis hinten erzählt. Filme erzählen kann er fast so gut wie meine Schwester Gisela, die von meiner Mutter manchmal – sie geht ja noch zur Handelsschule – Kinogeld kriegt, damit sie für uns dann nach dem Abendbrot den Film noch mal mündlich abspulen lassen kann. Unvergesslich für mich, wie sie Charles Laughton, als Glöckner von Notre Dame, als er einen der berühmten, hoch an der Kathedrale angebrachten Wasserspeier umarmt, verzweifelt sprechen lässt: »Warum bin ich nicht aus Stein wie du?«

Etwa um diese Zeit werden vermehrt Filme ambulant in den Tanzsälen von Landgaststätten vorgeführt. Eintritt 50 Pfennig. Einmal darf ich mit meinen Schwestern in Kirchdornberg einen Film mit Marika Rökk sehen. Sie tanzt, singt und spricht mit feurigem Temperament und ungarischem Akzent: »Mirr kocht derr Blutt«. In einer Szene schreitet sie im Abendkleid fächerwedelnd eine Freitreppe herab. Feierliche Stille, nur das Surren des Vorführgerätes im Hintergrund des abgedunkelten Saals ist zu hören. Plötzlich eine weibliche Stimme aus dem Publikum, ein Seufzer fassungslosen Entzückens: »O Goooott, ist die schöööööön!«

Was für ein Gelächter im Saal. Zwar sind alle von der Treppenszene ergriffen. Aber seiner Verzauberung so laut und unkontrolliert Ausdruck zu geben, das ist komisch, fast ein bisschen obszön. Alle haben das Mädchen an der Stimme erkannt. Hier kennt jeder jeden. Es ist ein Flüchtlingskind aus dem Dorf. Sie kann sich, was Hohn und Spott betrifft, in nächster Zeit auf was gefasst machen.

Rainer und ich treffen uns an Sommernachmittagen meist spontan – wir verabreden uns nie – auf seiner Seite des Grabens in dem kleinen Unterstand für Gartengeräte, der ein Pappdach hat und in dem auch eine schmale Bank steht, auf der wir sitzen können. Dass wir uns manchmal wochenlang gar nicht sehen, macht uns nichts aus. Es ergibt sich von selbst oder auch nicht. Rainer ist von seinem Wesen her das glatte Gegenteil von mir. Rainer ist, wie soll ich sagen, mehr so der »Indoor-Typ«. Er hält sich zwar auch ganz gern im Wald auf, aber Spiele mit viel Körpereinsatz, wie Baumhäuser bauen, Klettern oder Bäche aufstauen, sind nicht so sein Ding. Er kann sich, anders als ich, lesend in die Fabelwelten, Geschichten und Abenteuer, in denen ich lebe und tief versinke, hineinbegeben, ohne sich darin zu verlieren. Da, wo ich meine Gedanken und Gefühle hochfahrend und obsessiv ausdrücke, gibt Rainer sich gemessen, moderat, selbst in seinen Bewegungen. So sagt meine Mutter, die ihn auch schätzt, manchmal: »Also, er ist ja immer von einer Weise, auf den kann man sich verlassen.«

Ich fühle mich gut in seiner Gegenwart. Sein ausgeglichenes Temperament bekommt mir. Vielleicht ist gerade die zwanglose Zufälligkeit unserer Begegnungen der Grund dafür, dass unsere Verbindung von Streitigkeiten ungetrübt und von solider Dauer bleibt. Auch noch während seiner und später dann meiner Lehrzeit sehen wir uns häufig, bis uns nach und nach die Wechselfälle des Lebens auseinanderdriften lassen. Rainers allmorgendlicher Gang zur Arbeit führt ihn über den Poetenweg an unserem Haus vorbei. Korrekt mit Schlips, immer denselben grünen Pullunder an. Aufrecht geht er, etwas steif, die Aktentasche in der Rechten, mit den Frühstücksbroten und dem Henkelmann mit Fitzebohneneintopf drin (sauer eingelegte Stangenbohnen), den seine Mutter am Tag zuvor gekocht hat. Klar, dass meine Familie mir oft Rainers Vorbildlichkeit unter die Nase reibt. Und ich höre noch meine Schwester Gisela, wie sie zu mir sagt: »Da, guck mal aus dem Fenster. Da geht Rainer. An dem kannst du dir mal ein Beispiel nehmen. Der hat nur einen Nicki, und der ist immer sauber. Und wie siehst du wieder aus, du altes Schwein?«

Dergleichen Vorhaltungen lasse ich gewöhnlich an mir abgleiten. Ich kann mich nicht sauber halten, fertig. Erst mit dem Erwachsenwerden, ich streune dann nur noch selten durch die Wälder, wird es etwas besser. Noch heute bringe ich Menschen mit der Fähigkeit, sich beim Essen nicht zu bekleckern, eine gewisse Hochachtung entgegen.

Rainers unaufgeregte Verlässlichkeit prädestiniert ihn geradezu für die von ihm eingeschlagene Laufbahn als Beamter. Und tatsächlich wird er am Ende einer für einen Arbeiterjungen veritablen Karriere, im Range des Amtsleiters der seinerzeit zusammengelegten Bezirke des Amtes Dornberg, in Pension gehen. Wenngleich nur noch sporadisch, halten wir doch über die Jahre hinweg Kontakt.

Zu meinem sechzigsten Geburtstag lade ich ihn und ein paar andere noch lebende Hoberger Jugendfreunde ein. Alle kennen sich untereinander, und es entsteht die Idee, uns danach noch mal gemeinsam zu treffen. Wozu es dann auch kommt. An weiteren Begegnungen können einige aus gesundheitlichen Gründen nicht mehr teilnehmen, andere Freunde versterben in den kommenden Jahren.

Ostern 1953 beende ich mein fünftes Schuljahr. Meine Leistungen sind, wie immer, gerade ausreichend, sodass ich über alle acht Schuljahre hinweg versetzt werde. Lehrer Conrad schreibt in mein Zeugnis unter Schulbesuch:

»… regelmäßig, kommt häufig zu spät …«

Und unter Bemerkungen steht: »Hans' Arbeiten sind flüchtig bis liederlich …«

Mich hinzusetzen und Hausaufgaben für die Schule zu erledigen, habe ich längst aufgegeben und werde auch nicht wieder damit anfangen.

Zwischenzeitlich bahnt sich zwischen mir und einem Jungen aus der weiteren Nachbarschaft nach und nach eine neue Freundschaft an. Hartwig, alle nennen ihn Haddi, hat fünf Geschwister. Zwei ältere Brüder und drei Schwestern. Frau Bökenkamp, Haddis Mutter, ist Kriegerwitwe, die tapfer sich und ihre sechs Kinder irgendwie durchbringt. Haddis Vater – war er Lehrer vor dem Krieg? Ich weiß es nicht, wir sprechen nie über unsere Väter. Was mich vor allem an Haddi anzieht und an ihn bindet – umgekehrt verhält es sich ebenso: Wir beiden lieben es zu lesen. Aber auch, dass wir zusammen viele Abenteuer der Figuren und Helden aus unseren Büchern nachspielen können, darunter die Erlebnisse von Ernest Thompson Setons »Jan und Sam im Walde«. Gemeinsam brechen wir zu stundenlangen Streifzügen durch die Umgebung auf. Außerdem erkenne ich bei meiner Wahl Haddis als Freund durchaus ein Muster, das sich auch später bei Freunden männlichen Geschlechts erkennen lässt: Fast automatisch und meist unbewusst weise ich ihm – und anderen – die Rolle des älteren Bruders zu. Ich lerne von Haddi, der die Realschule in der Stadt besucht und Englischunterricht hat, wie die Namen richtig ausgesprochen werden. Also auf keinen Fall »Jahn« und »Sahm« im Walde. Mit den anderen Jungs aus der Umgebung wären diese Spiele nicht möglich. Die Fantasie nicht lesender Kinder arbeitet scheinbar anders. Außerdem würden sie sich Haddi, der grundsätzlich bei allen unseren Unternehmungen die Regie beansprucht, niemals unterordnen; was mir, auf Haddi bezogen,

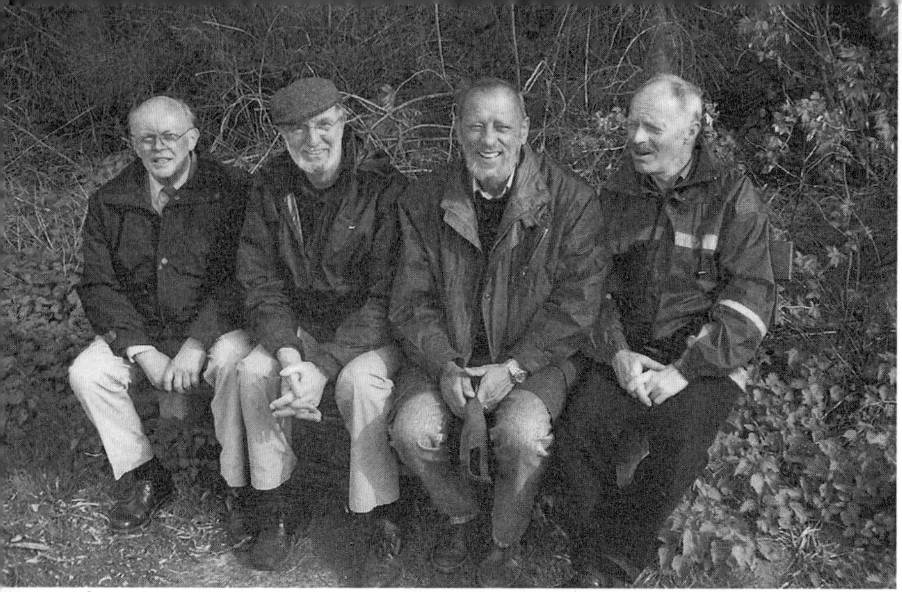

Freunde, 2003. Von links nach rechts: Rainer, ich, Haddi und Werner, der rote Cornel

wenig ausmacht. Mir reicht es, wenn ich brauchbare Ideen und Anregungen beisteuern kann. Irgendwie ergibt es sich, dass Werner, auch ein Nachbarsjunge und jünger als wir, sich uns oft bei unseren Spielen in den umliegenden Wäldern anschließt. Werner hat noch einen älteren Bruder. Die Mutter der beiden, Tante Änne, ist auch, wie so viele Hoberger Frauen, Kriegerwitwe. Werner liest zwar nicht, das ist schade, aber er übernimmt als der Jüngste bei unseren Spielen willig die ihm von Haddi und mir zugedachten Rollen. Werner, sein Bruder und beider Mutter, Tante Änne, haben alle drei feuerrote Haare. Für Haddi und für mich ist Werner ab jetzt nur noch »der rote Cornel«, so wie Karl May den rothaarigen Oberschurken Colonel Brinkley in seinem Buch »Der Schatz im Silbersee« nennt.

Es folgen mehrere Jahre, in denen Haddi und ich viel gemeinsam erleben. Mal mit, mal ohne den roten Cornel. Bis meine Lehrzeit beginnt, dann lockert sich unser Verhältnis, habe ich keine freien Nachmittage mehr zu meiner Verfügung.

Nach einem Schulausflug mit dem Bus nach Detmold zum dreißig Kilometer entfernten Hermannsdenkmal mache ich Haddi den Vorschlag, unseren Teil des Teutoburger Waldes nach Überresten römischer Rüstungen und Legionärsknochen aus der Varusschlacht abzusuchen. Kann ja gut sein, dass die Römer damals im Jahre neun nach Christi hier durchgezogen sind. An mehreren Nachmittagen hintereinander durchkämmen wir Klasings Forst, die bewaldeten Senken am Sennberg, dringen sogar über die Schwedenschanze bis zum Petersberg vor. Bei Godejohanns Steinbruch, der schon länger stillgelegt ist und zu einem ehemaligen Steinmetzbetrieb gehört, stoßen wir dann tatsächlich auf martialische Artefakte, wenn auch aus eindeutig jüngerer Zeit. Anstatt römischer Helme, Kurzschwerter und Sandalennägel, buddeln wir zwei Handgranaten mit halb verrotteten Stielen und Abreißzündern und eine Panzerfaust mit festgerostetem Abzug aus dem Waldboden.

Jetzt, viele Jahrzehnte nach dem Krieg, lese ich, dass zurzeit die Zahl der unentdeckten Bomben aller Kaliber und anderer Kampfmittel in Deutschland auf 100 000 geschätzt wird und jährlich noch rund 5500 Blindgänger gefunden und entschärft werden, wobei es manchmal zu tödlichen Unfällen kommt.

Haddi, der rote Cornel und ich, wir wissen, dass es gefährlich ist, mit Blindgängern zu hantieren. In den ersten Nachkriegsjahren passieren besonders häufig Unfälle. Oft sind es spielende Kinder, die durch detonierende Granaten ihr Augenlicht, Arme und Beine verlieren oder sogar zerrissen werden und sterben. Für Jungen in unserem Alter sind Waffen mit womöglich tödlichem Potenzial unwiderstehlich. Von unseren Funden fasziniert, denken wir statt an irgendwelche Gefahren, nur daran, wie wir die Dinger zur Explosion bringen können. Wir tragen die Waffen einigermaßen vorsichtig zum Steinbruch, einer Art Schlucht, hinter dessen Rand es zwanzig Meter senkrecht in die Tiefe geht. Unten liegen geborstene, aus der Wand herausgesprengte Sandsteinquader übereinander. Haddi, ihm kommt es zu, die Panzerfaust zu bedienen, zählt bis drei und schleudert sie in die Tiefe. Gleichzeitig werfen wir uns, Gesicht nach unten, zu Boden. Wir hören, wie die Panzerfaust auf einen der Felsbrocken knallt, aber damit hat sich's auch schon. Keine Explosion, Enttäuschung. Das Gleiche mit den Handgranaten. Wie die Panzerfaust, prallen sie beide schön laut auf, kullern dann aber zwischen die Fugen der Steinquader und verschwinden. Die Panzerfaust liegt noch da. Wir sammeln die größten und schwersten Steinbrocken, die wir heben können, versuchen, sie möglichst gezielt auf die Waffe, die nur noch ein korrodierter Eisenklumpen ist, fallen zu lassen, ohne dabei zu vergessen, uns jedes Mal wegzuducken.

Wir hören, wie ein dicker Stein schließlich trifft – wieder keine Detonation. Wir lugen über den Rand der Schlucht. Keine Panzerfaust. Auch sie ist in eine der Felsspalten gerollt. Wie die Granaten kann sie da noch hundert Jahre liegen, womöglich geladen und immer noch scharf, um vielleicht irgendwann von selbst hochzugehen.

Natürlich verläuft die Freundschaft zwischen Haddi und mir nicht durchgängig konfliktfrei. Es kommt, selten zwar und nie lang andauernd, auch schon mal zum Streit. Für zwei oder drei Tage muss ich dann allein etwas unternehmen. Eines Mittags nach der Schule gehe ich zum Johannisbach bis zu der Stelle, wo der Bach in einer Betonröhre von circa einem Meter Durchmesser über eine Länge von dreißig Metern etwa in Kniehöhe unter dem Poetenweg hindurchfließt. Ich steige ins Wasser und überlege, ob ich nicht mal durch die Röhre zur anderen Seite waten könnte. Sie macht eine Biegung, dadurch wird es stockfinster da drin sein, außerdem müsste ich die ganze Strecke tief gebückt gehen. Aber möglich wäre es. Das Wasser strömt klar aus dem Rohr, ich bewege mich langsam vorwärtstastend auf seine Mündung zu – und bleibe dann bewegungslos stehen. Ich sehe dort im Halbdunkel einen Schwarm Fische, ein halbes Dutzend vielleicht, zwischen vierzig und fünfzig Zentimeter lang, ebenso regungslos wie ich, in der Strömung stehen. Ich weiß es gleich: Das müssen Bachforellen sein. Ich habe vorher noch nie welche lebend gesehen, aber schon viel über sie gelesen. Ich weiß sogar, wie man sie mit bloßen Händen fängt. Es gelingt mir (anders als ich es in der »Ballade vom Fisch« behaupte) nur dieses eine Mal, einer Forelle die Hand ganz langsam unter den Bauch zu schieben und sie dann plötzlich auf die Uferböschung zu schleudern. Sie zappelt im Gras. Ich esse keinen Fisch und mag die Forelle daher auch nicht töten. Ich greife sie mir und setze sie, ohne sie zu sehr zu würgen – sie ist glitschig und wehrt sich – wieder ins Wasser.

Ballade vom Fisch

Wenn zu Haus im Twellbachtal
um die Osterfeiertage
auf das welke Wintergras der
Wiesen warm die Sonne schien,
kroch ich durch Gestrüpp und Dornen
am Johannisbach entlang,
sah die Hasen und Fasane
vor mir in das Dickicht flieh'n.
Sah im seichten klaren Wasser
Schwärme von Forellen steh'n,
griff hinein, und mehr als eine
fing ich mit der bloßen Hand.
Ich durchbohrte ihre Kiemen,
reihte sie der Größe nach
auf Haselnuss- und Weidengerten,
wie ich sie am Ufer fand.

Wenn die Gedanken treiben
in die Zeit, in der du Kind
gewesen bist,
lass es gut sein, sollen sie so bleiben –
zwischen Wirklichkeit und Traum,
auch wenn es in Wahrheit kaum
jemals so gewesen ist …

Mit einer der Verszeilen des Liedes »Doch mein schönes Twellbachtal ist zersiedelt und zerstört, Wiesen gibt es dort nicht mehr«, bin ich seinerzeit doch ein bisschen zu weit vorgeprescht. Denn obwohl es konkrete, dann aber gescheiterte Bebauungspläne gab, fließt der Johannisbach immer noch, oder wieder, einigermaßen klar. Und es gibt auch noch Wiesen im Twellbachtal. Noch vor einigen Jahrzehnten hieß es, die Flächen sollen in ein Golfgelände mit neun Loch umgewandelt werden. Mit einem bereits vorhandenen, zu einem großen Platz zusammengelegt, würde der einen für internationale Wettkämpfe geeigneten 18-Loch-Parcours ergeben. Durch den Widerstand zahlreicher Anwohner, einschließlich meiner singenden Wenigkeit als ehemaliger Hoberger, bei einer Protestveranstaltung auf »Gentrups Hof«, gelingt es, die Umsetzung dieses Plans zu verhindern.

Falls das von Franz Schubert um 1815 vertonte, schon um 1783 entstandene Gedicht von Christian Friedrich Daniel Schubart, »Die Forelle«, mich zu meiner »Ballade vom Fisch« angeregt haben sollte – heute bin ich mir dessen ziemlich sicher – wird mir das bei dessen Niederschrift um 1979 kaum bewusst, weil ich mich während dieser Zeit gerade erst mit den Liedern Schuberts vertraut mache.

Ich möchte hier die gewagte Behauptung aufstellen, dass Wirkung und Einfluss des Schubertschen Werkes, seine »Unumgänglichkeit« in den letzten 200 Jahren, nicht nur in meinen, sondern in allen Liedern, die nach ihm in Europa entstanden sind, spürbar ist. Schubert ist, so könnte man es sagen, tief in die Liedliteratur »eingesickert«. Egal in welche Sparte – ob Kunstlied, Rock 'n' Roll, Folk oder Pop. Alle Komponisten, Singer-Songwriter, Liedermacher schrieben und schreiben sozusagen noch immer, wohl ohne es zu wissen, bei ihm ab. Denn ob sie seinen Namen je gehört oder sein Werk je bewusst zur Kenntnis genommen haben, ist dabei ganz unerheblich. Und es scheint kaum einen Dichter seiner Epoche zu geben, gleich ob groß, ob weniger bedeutend, von dem Franz Schubert nicht wenigstens ein Poem vertont hätte.

Der Autor des Gedichtes »Die Forelle«, Christian Friedrich Daniel Schubart, nimmt eine Sonderstellung unter den Autoren seiner Zeit ein. Hier nur eine Kurzfassung seines tragischen Schicksals: 1739 geboren, wächst er im schwäbischen Aalen auf. Hochtalentiert, sowohl als Musiker als auch als Journalist und Poet, greift er in Artikeln und Gedichten – unter anderem in der von ihm herausgegebenen Zeitschrift »Teutsche Chronik« – in einer bis dato unerhörten Heftigkeit nicht nur die katholische Kirche an, sondern auch die absolutistisch regierenden Fürsten. Namentlich Herzog Karl Eugen von Württemberg, der ihn daraufhin des Landes verweisen lässt. Auch aus der Verbannung prangert Schubart weiterhin die Willkür der damals politisch Mächtigen an. Der Herzog lässt ihn auf württembergisches Gebiet locken, verhaften und für zehn Jahre in den

Kerker werfen. Von 1777 bis 1787 bleibt Schubart auf der Festung Hohenasperg gefangen und stirbt 1791, vier Jahre nach seiner Haftentlassung als körperlich und geistig gebrochener Mann.

Schubart gilt seitdem als eines der bekanntesten Justizopfer absolutistischer Willkür. Das Gedicht »Die Forelle« entsteht während seiner Kerkerhaft. Die heimtückische Überlistung der Forelle ist daher als Parabel auf Schubarts eigene Gefangennahme zu deuten.

Die Wiesen und Felder des Twellbachtals werden von der Dornberger Straße, die aus der Stadt bis nach Kirchdornberg herausführt, quasi in der Mitte geteilt. Von Reiherslohs Kaufladen sanft abfallend, durchquert sie das Tal über die Länge von knapp tausend Metern bis hinunter zum Waldfrieden. Sie verläuft hier von Ost nach West, auf einer aufgeschütteten Erhöhung, die wir »Meyerdamm« nennen. Der Damm mit seinen beiderseits steilen, grasbewachsenen Böschungen ist links und rechts der Straße mit Ahornbäumen bepflanzt und bildet somit eine Allee. Wenn uns gerade nichts Besseres einfällt, hocken wir uns, Haddi, der rote Cornel und ich, neben den Damm auf eine der Böschungen und raten die Marken der vorüberfahrenden Kraftfahrzeuge nach Gehör. Ich mache dabei mit, finde es aber langweilig. Erstens interessieren mich Autos und Motorräder nicht. Zweitens, wir schreiben das Jahr 1953, gibt es hier auf dem Land kaum Verkehr. Nur ein paar der immer selben Vehikel, die den Krieg überstanden haben, sind unterwegs. Die Marken lassen sich an einer Hand abzählen: BMW, VW, DKW, Borgward, NSU. Ein beliebter Kinderreim ist zu der Zeit: »NSU fährt im Nu hundert Meter und dann steht er.«

Ab und zu knattert auch mal ein Horex-Motorrad oder eine Maschine der Firma Puch vorbei. Eine Verkehrsidylle, die nicht mehr lange andauert. Die deutschen Wirtschaftswunderjahre haben längst begonnen. 1955 wimmelt es auch auf Landstraßen von Isettas, Goggomobilen, Vespas, Lambrettas, Opel Rekords und Kadetts. Am häufigsten sieht man den VW, der hierzulande erst ab den Sechzigern als Käfer bezeichnet wird. Haddi, Werner und mir eröffnen sich damit neue Varianten unserer Wochenendunternehmungen. Überall auf den Waldwegen parken VW-Käfer aus der Stadt, in denen Liebespaare liegen und an die wir uns anschleichen. Doch auch das wird irgendwann langweilig. Haddi wettet mit uns, dass er sich auf die hintere Stoßstange stellen und Taktsynchron mit dem im Auto vögelnden Pärchen auf und ab wippen kann, ohne von ihnen bemerkt zu werden. Er gewinnt die Wette.

Zufällig entdecken wir beim Stromern die Himbeerplantage von Gärtner Kaufmann. Inmitten der großen, vom Twellbach begrenzten Wiesen erstreckt sich das zwanzig mal hundert Meter große Himbeerfeld. Die übermannshohen Stauden richten sich an schnurgeraden Drahtspalieren auf und hängen voll von dicken und tiefroten, zum Teil schon überreifen Beeren. Wir können uns vom Gärtner ungesehen in die Plantage schleichen. Drei heiße Augustnachmittage in Folge. Wir ziehen uns nackt aus und hängen unsere Hosen über die Spaliere, fühlen uns wie im Garten Eden vor dem Sündenfall. Von den Sträuchern beschattet, legen wir uns hin. Die Zweige neigen sich unter der Last der Früchte, wachsen uns in den Mund. Ein Schlaraffenland. Wir futtern Himbeeren, toben durch die breiten Reihen und spielen Verstecken.

Dann regnet es. Wir können mehr als eine Woche lang nicht raus. Haddi und ich tauschen Bücher aus. Wir lesen »Der fliegende Pfeil« von Fritz Steuben und die »Lederstrumpf«-Geschichten von James Fenimore Cooper.

Der Spätsommer endet mit einer Reihe warmer, sonniger Tage. Der September kommt. Die Tage werden kürzer, es wird früher dunkel. Wir haben im Ellernkamp eine mächtige, im letzten Herbst vom Windbruch entwurzelte Buche entdeckt. Im Sturz hat sich ihre Krone in der Gabelung einer neben ihr stehenden ebenso mächtigen Eiche verfangen, sodass ihr nur halb aus dem Waldboden gerissenes, erdbedecktes Wurzelwerk ein schräges Dach bildet, das sich nun über eine höhlenartige Mulde wölbt. Die Nachmittagssonne scheint. Es ist warm. Wir füllen die Wurzelhöhle mit einer hohen Schicht aus trockenem überjährigem Laub, das hier allenthalben herumliegt. Wir werfen uns im Hechtsprung in die weich gepolsterte Mulde, bleiben liegen und finden es gemütlich und kuschelig. Wer als Erster auf den Gedanken kommt, Haddi oder ich, weiß ich nicht mehr. Die Idee ist plötzlich da. Wir gehen heute nicht zum Abendbrot nach Hause – wir werden hier in der Wurzelhöhle übernachten. Werner, der rote Cornel, ist artig und würde ohnehin nicht mitmachen, also fragen wir ihn erst gar nicht. So braucht er sich nicht irgendwie herauszureden und ist darüber wohl auch ganz froh. Dafür erledigt er beflissen und ohne zu murren ein paar Aufträge für uns. Wir gehen mit ihm noch einmal zurück bis zu dem Haus, in dem er wohnt. Es steht ganz in der Nähe des Ellernkamps. Werner geht rein und besorgt uns eine Schachtel Streichhölzer, einen Bleistift und zwei leere Blätter aus einem seiner Schreibhefte. Dann kratzen wir aus unseren Hosentaschen 40 Pfennig zusammen und schicken ihn damit zu Reiherslohs Laden, Brötchen holen. Die kosten einen Groschen pro Stück und sollen Haddis und mein Abendbrot sein, das wir in der Höhle verzehren wollen. In der Zwischenzeit verfassen wir auf Werners Papier zwei gleichlautende Briefe, die Haddi schreibt, weil er der Ältere ist und eine schönere Handschrift hat als ich. Die an Haddis Mutter gerichteten Zeilen lauten: »Liebe Mutter, wir schlafen heute Nacht in unserm Tipi. Bis morgen. Dein Falkenauge und Tecumseh.«

Mit »Tecumseh« unterzeichne ich eigenhändig. Den an meine Mutter adressierten Brief signieren wir umgekehrt. Der rote Cornel kommt und bringt uns die vier Brötchen in einer Papiertüte. Aber seine Mission ist noch nicht beendet. Wir übergeben ihm die beiden Briefe, die zwei Seiten, mehrfach gefaltet. Die soll er, ohne sich dabei erwischen zu lassen, jeweils bei Haddi und bei mir unter der Haustür durchschieben, damit sie nicht gleich gefunden werden. Die Sonne geht unter. Er muss sich beeilen, wenn er die Briefe zustellen und noch rechtzeitig zum Abendessen sein will. Die Abenddämmerung bricht herein, es wird kühler. Auf den Feldern bildet sich Bodennebel. Als Haddi und ich bei der Wurzelhöhle ankommen, ist es schon fast dunkel. Wir machen ein kleines rauchloses Feuer aus trockenen Zweigen und nicht zu dicken Ästen, von denen hier genügend herumliegen. So, wie wir es von den Indianern wissen, achten wir darauf, kein feuchtes Holz zu verbrennen, dessen Qualm dem Feind unser Versteck verraten könnte. Haddi hat etwas, worum ich ihn beneide: ein Taschenmesser. Damit schneidet er uns zwei armlange dünne Stöcke aus einem Haselnussstrauch heraus. Darauf stecken wir unsere aufgeklappten Brötchen und rösten ihr Inneres über der langsam verlöschenden Glut unseres kleinen Lagerfeuers. Wir legen uns in der Höhle ins Laub und essen unsere Brötchen mit großem Appetit. Das Feuer erlischt schnell, und plötzlich ist es stockdunkel. Wir graben uns tiefer in den Laubhaufen, erzählen uns noch was und schweigen dann. Wir sind kein bisschen müde. Eher aufgeregt – und durstig. Wir haben vergessen, Wasser oder überhaupt was Trinkbares mitzunehmen. Der fast volle Mond schimmert durch die Baumwipfel, wirft geisterhaft helle Flecken und Schatten auf den Waldboden, verschwindet hinter den Wolken und ist ein Stück höher und weitergewandert, als er wiederauftaucht. Es ist ganz still. Dann schreit ein Käuzchen in der Nähe. Etwas raschelt im trockenen Laub vor unserer Höhle. Was mag das sein? Wir wissen, wenn es ein Raubtier ist, kann es nur ein Fuchs oder ein Dachs sein. Trotzdem wird uns unheimlich zumute.

Unheimlich ja, aber nur ein bisschen. Wir fürchten uns – ich jedenfalls – nicht wirklich. Ganz gleich, ob am Tage oder in der Nacht, der Wald macht mir keine Angst. Ich liebe den Wald, dem ich wiederum völlig egal bin, der mich mit nachsichtiger Gleichgültigkeit ignoriert.

Sehr geschützt fühlen Haddi und ich uns in der Wurzelhöhle nicht. Die Luft wird kühler und sogar feucht. Wenn wir uns bewegen, lösen sich von den feinen, senkrecht über uns schwingenden Wurzelfäden, die wir tagsüber gar nicht beachtet haben, winzige kalte Lehmklumpen, die uns in den Nacken rieseln. Wir müssen hier weg, aber auf keinen Fall gehen wir jetzt nach Hause, auch wenn wir schon mal die Richtung dahin einschlagen. Um quer durch den Wald zu laufen, ist es zu dunkel, und wir nehmen den Feldweg zwischen Meyer zu Hoberges Stoppelfeldern. Der Mond kommt hinter den Wolken hervor und bescheint die sich im schwach wehenden Nachtwind ausdehnenden Schwaden von Bodennebel. Eigentlich und für sich genommen eine schöne Stimmung:

… Der Wald steht schwarz und schweiget
und aus den Wiesen steiget
der weiße Nebel wunderbar …

Aber als ganz so »wunderbar«, wie es uns das schönste deutsche Abendlied aller Zeiten empfiehlt, können Haddi und ich die Mondnacht nicht empfinden. Denn wie es auch in dem Lied heißt: »Kalt ist der Abendhauch«, wird es immer kühler.

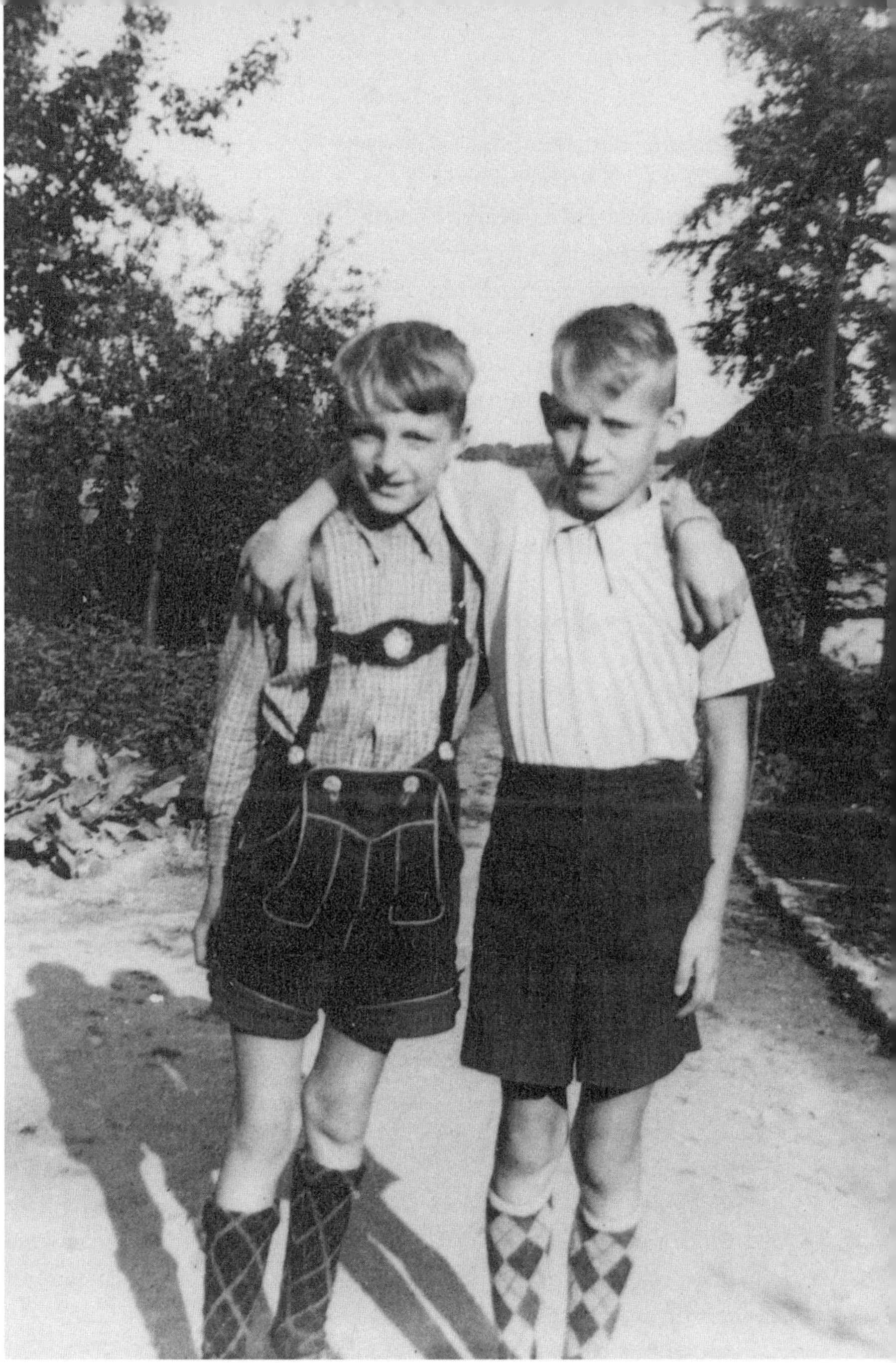

Mit Haddi im Twellbachtal, 1952

Ich habe nur ein dünnes Hemd an, trage kurze Hosen und laufe barfuß. Haddi läuft auch barfuß, trägt aber eine lange Turnhose, ein Hemd mit langen Ärmeln und darüber noch einen knallroten Nicki. Wir waren noch nie so spät abends draußen, woher sollen wir denn wissen, dass es im wärmsten Spätsommer nachts im Freien so kalt werden kann? Aber deshalb jetzt nach Hause gehen? Kommt gar nicht infrage. Fast gleichzeitig sprechen wir beide den gleichen Gedanken aus: Wir versuchen es mal mit Horstbrinks Ponystall. Im Licht des immer wieder aus den Wolken hervortretenden Mondes kommen wir zügig voran. Auf Höhe des Waldfriedens am Ellernkamp schaue ich kurz nach oben, mache Haddi auf die dunkle Silhouette einer kleinen Eule aufmerksam, die in schnellem, völlig lautlosem Flug und stumm über uns durch den großen hellen Mondhof gleitet.

Wir überqueren den Meyerdamm, wir wollen uns von hinten auf das Horstbrinksche Anwesen schleichen, dessen Rückseite über seine volle Länge – hier gibt es keinen Zaun – vom Twellbach mit seinen von Erlen und Brombeergestrüpp auf beiden Seiten umwucherten Rändern begrenzt wird. Wir waten durch den hier knietiefen Bach ans andere Ufer, schöpfen Wasser, schlürfen es aus der hohlen Hand und stillen so unseren Durst. Ich gelange, nicht ohne schmerzhafte, heftig blutende Risse an den Beinen, ans andere Ufer. Im Bachbett ist es dunkel, wir können die Dornen nicht sehen, nur spüren. Wir laufen rasch über die Wiese, dann in den kleinen Wald zu dem vielleicht fünfzig Schritte vom Wohnhaus der Horstbrinks entfernten Pferdestall hinüber. Die Tür ist nicht verschlossen. Drinnen ist es dunkel. Haddi muss ein paar Streichhölzer anzünden, damit wir wenigstens ein bisschen was sehen können. Viel ist das nicht. Der Raum ist leer. Eine Leiter führt zu dem kleinen Heuboden hinauf. Auch er ist leer. Kein Heu, kein Stroh. Die große Hundehütte an der Stallwand hat einen Deckel mit einem Griff und zwei Scharnieren. Den klappen wir hoch, steigen von oben in die Kiste, legen uns hin und schließen den Deckel wieder über uns. Es ist schon wieder um zwei bis drei Grad kühler geworden. Hier drin ist es eng, und wir hoffen, dass der knappe Raum etwas von unserer Körperwärme speichert. Aber in der Außenwand zu unseren Füßen befindet sich die für einen sehr großen Hund gedachte Öffnung nach außen, der Zugang zu einem derzeit noch nicht fertig gebauten Zwinger. Es bleibt kühl in der Hütte. Ich friere in meinen kurzen Hosen. Haddi zieht seinen roten Nicki aus, den er mir überlässt und den ich mir um die bloßen Beine wickle. Schon besser. Das Hundeloch ist wie ein Minitorbogen geformt, durch den wir, wenn der Mond gerade scheint, ein kleines Stück des Waldbodens vor der Hütte sehen können. Wir sind immer noch nicht müde. Kein Wunder. Es ist schon aufregend, was wir heute Nacht erleben. Wieder ruft ein Käuzchen, jetzt aus einem der hohen Bäume ganz in der Nähe. Ich sage: »Hörst du, Haddi? Da ist es wieder, das ist ganz bestimmt dasselbe Käuzchen.«

»Ja«, sagt Haddi, »es ist uns gefolgt und passt jetzt auf uns auf.«

Ich glaube das auch, kann gar nicht anders sein. Draußen ist es wieder ganz still, und wenn wir etwas sagen, flüstern wir. Wir sind immer noch nicht müde. Wir fragen uns, wie spät es wohl ist. Haddi meint, es könnte so kurz vor Mitternacht sein.

»Ich muss mal pissen«, sagt er. Das muss ich auch, und wir kriechen so leise wir können raus aus dem Hundeloch. Es ist noch kühler geworden, der Himmel jetzt mondhell, wolkenlos. Und tatsächlich scheint, als wir wieder reinkrabbeln, in der Hundehütte die Temperatur um zwei bis drei Grad höher zu liegen als draußen. Wir schweigen, drehen uns jetzt öfter mal auf die linke, mal auf die rechte Seite. Auf dem harten, nackten Holzboden zu liegen, wird für uns beide zunehmend unbequem.

»Pssst, hör doch mal«, flüstert Haddi, »da kommt einer.«

Leises Rascheln im Laub, Schritte, bemüht langsam und leise, das Knacken trockener Zweige rechts neben dem Pferdestall. Durch das Hundeloch sehen wir keine zwei Meter entfernt von uns jemanden vorbeischleichen. Er bleibt vor dem Loch einen Moment stehen. Wir rühren uns nicht, halten den Atem an. Deutlich erkennen wir über dunklen Schuhen die Aufschläge von in Kniehöhe ausgebeulten Männerhosenbeinen aus grobem Cord. Der Unbekannte schleicht weiter um die linke Seite des Stalles herum und verschwindet – so hoffen wir. Wir wagen es nicht, uns zu bewegen, wir warten und lauschen. Minutenlang. Es herrscht ringsum wieder Totenstille. Dann hören wir von Weitem, aus der Richtung, in der wir den Waldfrieden vermuten, jemand pfeifen. Es ist die Melodie von »Leise rauscht es am Missouri«. Ich kenne das Lied. Ein Schlager, von Bruce Low gesungen.

»Hörst du? Das ist ein Signal«, sagt Haddi, »das ist der Kerl von eben. Das is'n Einbrecher, der gibt seinen Komplizen das Zeichen zum Losschlagen.«

Klarer Fall. Aber wo und bei wem wollen die denn jetzt einbrechen? Hier hat doch keiner was. Aber vielleicht ist bei Direktor Horstbrink im Haus was zu holen. Was machen wir, wenn die jetzt zu mehreren wiederkommen? Wir überlegen, ob wir nicht schnell die Hundehütte verlassen und uns woanders verstecken sollen. Aber wo? Die Frage erübrigt sich schon in den nächsten Minuten. Über der Eingangstür des Horstbrinkschen Wohnhauses geht die Außenbeleuchtung an. Wir hören Stimmen. Weibliche Stimmen, die aufgeregt durcheinander sprechen. Es sind mehrere Frauen, die sich jetzt in Richtung Ponystall auf uns zu bewegen. Vorne weg, eine brennende Stalllaterne hoch erhoben in der Hand, Else, das Hausmädchen der Horstbrinks. Gleich hinter ihr gehen Haddis und meine Mutter, gefolgt von seinen älteren Schwestern Ingrid und Gisela. Wie vorhin der Einbrecher, gehen sie dicht am Hundeloch, hinter dem wir kauern, vorbei, biegen um die Ecke, wo sich an der Längsseite des Stalles die Tür befindet. Wir hören, wie sie geöffnet wird und Else hereinkommt. Der Schein ihrer Stalllaterne fällt durch die schmalen Ritzen des Hundehüttendeckels zu uns herein. Haddi flüstert mir zu: »Wenn sie alle drin sind, nix wie raus.«

»Was ist das denn für 'ne Kiste?«, fragt Haddis Mutter.

»Ach, das ist die Hundehütte, wir kriegen ja nächste Woche einen großen Hund«, antwortet Else.

»Halten Sie mal die Lampe, den Deckel hier kann man nämlich aufklappen.«

Haddi ist schon durchs Hundeloch rausgekrochen. Ich hinter ihm her und bin auch draußen, gerade als der Deckel sich hebt und die Scharniere quietschen. Geschafft. Jetzt aber ab ins Gebüsch. Nur, dass es dazu nicht mehr kommt. Eine Stimme ruft, ich glaube, es ist die meiner Mutter, die nicht mit den anderen Frauen in den Stall gegangen ist und uns jetzt aus dem Hundeloch kriechen sieht: »Da sind se, ogottogott, da sind se ja!«

Wir bleiben stehen, geben auf. Jetzt noch wegrennen – wozu?

An den weiteren Verlauf des Abends, es ist tatsächlich kurz nach Mitternacht, habe ich keine Erinnerung mehr. Ich meine, Haddi hat sich von seiner Mutter ein paar Ohrfeigen eingefangen und eine Woche Stubenarrest aufgebrummt bekommen. Für mich bleibt die Episode ohne nennenswerte Folgen. Mein Vater schüttelt darüber nur mal kurz nachsichtig grinsend den Kopf. Keine Ohrfeigen von meiner Mutter. Und Stubenarrest, Ausgangssperre? Wer soll das durchsetzen und auch noch kontrollieren und überwachen?

Geschichten – wahre und erfundene Einzelheiten – über Haddis und meine nächtliche Desertion aus unserem jeweiligen Familienverband verbreiten sich in Hoberge schnell. Die wiederholten Versuche der anderen Kinder, auch der älteren Jungs, uns und unser Abenteuer verächtlich zu machen, fallen halbherzig aus. In den bemüht hämischen Ton, in dem sie unsere Briefe, immerhin auswendig und im Wortlaut korrekt, zitieren: »Wir sind in unserm Tipi, Tecumseh und Falkenauge, ihr habt 'se doch wohl nicht alle«, mischen sich Akzente zwar widerwillig gewährter, aber unüberhörbarer Anerkennung für eine verrückte und kühne Tat, die zu begehen sie selbst nie wagen würden.

Ende der Kindheit

Von anderen kaum bemerkt, kündigt sich in kleinen Verhaltensänderungen die Wende zu meinem allmählichen Erwachsenwerden an. Ich mache nicht mehr ins Bett. Ohne damit einen bewussten Willensakt zu vollziehen, habe ich einfach mit dem Bettnässen aufgehört. Ich lutsche auch nicht mehr am Daumen. Ein vages Gefühl sagt mir, dass jetzt die Zeit gekommen ist, damit Schluss zu machen; was mir allerdings nicht ganz so leichtfällt, mir aber mithilfe eines Tricks und eines Aktes der Selbstüberlistung gelingt. Mir den Daumen in den Mund zu stecken, geschieht meist unwillkürlich, affektiv und mechanisch. Ich finde im Schuppen hinter unserem Haus ein Paar alte Gummischutzhandschuhe meines Vaters, die er immer bei Zementarbeiten trug. Vom rechten Handschuh schneide ich den Daumen ab, bohre in den unteren Rand ein Loch, durch das ich einen kräftigen Bindfaden ziehe, stülpe mir das Teil über meinen Lutschdaumen, wickle den Bindfaden mehrfach und fest verknotet um mein Handgelenk. Ich trage die Gummidaumenhülle jetzt Tag und Nacht mehrere Wochen lang, ohne sie abzunehmen. Anfangs fährt mein Daumen noch ein paarmal automatisch zum Mund, er passt aber – wie von mir beabsichtigt – nicht mehr so richtig hinein. Einmal fragt meine Mutter:

»Was hast du da an der Hand, was soll das denn nun wieder?«

Ich sage: »Ach, das is' nix, hab mir den Daumen verstaucht.«

Schreiben und zeichnen könnte ich jetzt nicht mit dem sperrigen Gummiwulst über meinem Daumen. Muss ich auch nicht. Es ist Herbst, und die »Kartoffelferien« haben gerade begonnen. Als ich zum Schulbeginn – ich verspüre nicht mehr die geringste Lust am Daumen zu lutschen – die dicke Gummihülle abnehme, kommt mein Daumen darunter ganz bleich, verschrumpelt und dünn zum Vorschein, sieht aber schon am nächsten Tag wieder normal aus.

Mein letztes Schuljahr beginnt. Der Unterricht bleibt langweilig. Lehrer Müller unternimmt von Zeit zu Zeit immer noch den Versuch, uns gehobenere bürgerliche Kultur zumindest in Ansätzen zu vermitteln, uns mit Gedichten, vorzugsweise von Goethe, etwas bekannter zu machen, was außer mir keinen interessiert. Ich mag den »Osterspaziergang« aus dem »Faust« und »Bei einem Wirte wundermild« von Ludwig Uhland und kann beides auswendig. Ebenso bemüht wie erfolglos bleibt die neue Junglehrerin Fräulein Meuser bei ihren Versuchen, uns überhaupt irgendetwas beizubringen. Sie ist unglücklich in ihrem Beruf. Das kann jeder sehen. Sie kaut Nägel und hat oft blutig verschorfte Fingerkuppen. Damit – und mit der fleckigen, vom Hals aufsteigenden Röte im Gesicht – erinnert sie mich an Adelheid Sauer aus dem ersten Schuljahr. Unfähig, sich durchzusetzen, hat sie Angst vor Schülern, die mit ihr machen können, was sie wollen und es auch tun. In einer ihrer Unterrichtsstunden ist der Unterschied zwischen Anekdoten und Witzen das Thema. Wir lernen, dass eine Anekdote eine knapp erzählte, mit einer Pointe endende Episode darstellt, die grundsätzlich als substanziell höherwertig und damit qualitativ über einen platten Witz zu stellen sei.

»Also«, sagt Fräulein Meuser, »wer von euch kann uns denn mal eine schöne Anekdote erzählen? Wer fängt an?«

Hans Kinke hebt den Finger.

»Aha, Hans, dann erzähl mal.«

Hans fängt an: »Jesus soll ans Kreuz genagelt werden und steht vor Pontius Pilatus. Lauter Juden und Pharisäer drum rum. Sagt Pontius Pilatus: Ich wasche meine Hände in Unschuld. Ruft einer aus der Menge: Nehm 'se lieber Seife!!«

Gelächter in der Klasse. Nur Fräulein Meuser schweigt. So blöd ist hier keiner, dass er nicht merkt, dass Hans' fauler Witz keinesfalls der Vorstellung Fräulein Meusers von einer Anekdote entspricht und sie darüber enttäuscht sein muss. Ein Grund zur Schadenfreude. Hilde Laub, sie ist zweimal sitzen geblieben und mit fast 15 die Älteste in der Klasse, schnipst mit den Fingern, ruft: »Ich hab auch noch einen, ich hab auch noch einen!«

»Was denn?«, fragt Fräulein Meuser ängstlich, »was hast du noch, eine Anekdote?«

»Ja, ja,« sagt Hilde, »der geht so: Eine Ziege ist eine Ziege, zwei Ziegen sind zwei Ziegen – und mehrere Ziegen sind 'ne Ziegelei.«

Wieder lachen, außer Fräulein Meuser, alle. Aber weniger über Hildes schwachsinnigen Witz. Die eigentliche Pointe ist Fräulein Meuser selbst: der Ausdruck von Hilflosigkeit in ihrem Gesicht. Da lässt sich noch mehr rausholen. Prompt erhebt sich Günter Meise, der von seiner Mutter »Spatz« genannt wird und bei uns nur »Spatz Meise« heißt. Er deklamiert laut und unaufgefordert: »Treffen zwei Doofe einen anderen Doofen, tanzen um ihn rum und singen: ›Du hast dein Hemd verkehrt an, du hast dein Hemd verkehrt an!‹ ›Wieso?‹, fragt der Doofe. ›Die Kacke muss nach hinten, die Kacke muss nach hinten!‹«

Auch das ein voller Lacherfolg. Nur Fräulein Meuser, rotfleckig im Gesicht vor Scham, kann nichts sagen, setzt sich auf den Stuhl hinter dem Pult und knetet, die Hände auf ihrem Schoß, ein Taschentuch, jetzt endgültig wehrlos; wodurch sich Wolfgang Eckel provoziert sieht, noch mal richtig und voll anal einen draufzusetzen, und schreit:

»Seid doch mal ruhig, ey, ich hab auch noch 'ne Anekdote, ey: Wie kommste am schnellsten nach Dresden? Steckst'n Finger in'n Arsch und drehst'n!«

Die Pausenklingel schrillt, und die Stunde ist um. Ähnlich wie vordem Lehrer »Stahlglatze« Koppe, bleibt – wenn auch aus anderen Gründen – das arme Fräulein Meuser einige Wochen später unserer Schule fern und taucht nicht wieder auf.

Außerhalb der Schule treffe ich mich weiterhin, wenn auch immer seltener, mit Haddi. Haddi interessiert sich neuerdings mehr für Mädchen und hat kaum noch Lust, mit mir und dem roten Cornel die Wälder zu durchstreifen. Dafür komme ich plötzlich und unerwartet an jede Menge Lesestoff. Eine in der Stadt lebende Cousine meiner Mutter, zu ihren Lebzeiten Christian-Science-Anhängerin und literarisch interessiert, ist gestorben. Sie hat meiner Schwester Gisela, die in regem Kontakt mit ihr stand, mehrere Kisten mit Büchern vermacht. Wegen der beengten Wohnverhältnisse bei uns, für Regale ist kein Platz, müssen die Bücher in der Küche im Brotschrank und unter dem Sofa verstaut werden. Es sind in der Mehrzahl Ausgaben der Büchergilde Gutenberg. Wahre Schätze, die mir zum genau richtigen Zeitpunkt vergönnt sind. Ich fresse sie nach- und durcheinander nur so in mich hinein: Von B. Traven »Das Totenschiff« und »Die Baumwollpflücker«; von Jack London »Alaska-Kid,« »Der

Seewolf«, »Die eiserne Ferse«, »Martin Eden«, »König Alkohol«, »Goldrausch in Alaska«, »Wolfsblut« und »Ruf der Wildnis«; von Maxim Gorki »Meine Universitäten« und viele seiner Erzählungen; von Victor Hugo »Der Glöckner von Notre Dame«; von Dumas »Die drei Musketiere« und »Der Graf von Monte Christo«; von Stevenson »Die Schatzinsel«; von Charles Dickens »Oliver Twist« und »David Copperfield«; von Herman Melville »Moby-Dick« und von Daniel Defoe »Robinson Crusoe«. Einige Storm-Novellen hinterlassen bei mir tiefen Eindruck. Diese Auswahl an Autoren und Titeln bezeichnet nicht mal ein Drittel der Bücher, die ich in diesem einen – deswegen in meinem Leben vielleicht schönsten – Jahr verschlinge. Irgendwann habe ich sie alle durch und bin gezwungen, mich mit der Lektüre weniger interessanter Werke zu begnügen. Ich lese in der Bibel. Das Neue Testament kenne ich schon ganz gut, also suche ich im Alten, in den Chroniken der Erzväter, nach spannenden Geschichten. Die gibt es sicher. Aber in meiner kindlichen Ungeduld verheddere ich mich in den genealogischen Reihungen und kann, wenn ich lese:

»Jeschua zeugte Jojakim, Jojakim zeugte Eljaschib, Eljaschib zeugte Jojada, Jojada zeugte Johanan, Johanan zeugte Jaddua…«, nicht zu Nietzsches Erkenntnis vordringen, wenn er urteilt:

> *Im jüdischen ›alten Testament‹, dem Buche von der göttlichen Gerechtigkeit, giebt es Menschen, Dinge und Reden in einem so grossen Stile, dass das griechische und indische Schriftenthum ihm nichts zur Seite zu stellen hat. Man steht mit Schrecken und Ehrfurcht vor diesen ungeheuren Überbleibseln dessen, was der Mensch einstmals war […].*

Obwohl mich der Titel schon abschreckt, greife ich zu Kants »Kritik der reinen Vernunft«. Unlesbar für mich. Schnell wechsle ich zu Schopenhauers »Urwille und Welterlösung«, was sich dann als Lektüre als ebenso quälend unverständlich erweist.

Dennoch sind auch diese Bände zu etwas gut. Viele Bücher haben vorn, wenn man sie aufschlägt, hinter dem Schmutztitel, eine oder zwei Leerseiten. Die bemale ich – Zeichenblöcke und Aquarellpapier sind teuer – mit Lasso schwingenden Cowboys und mit Indianern beim

Bareback-Reiten auf scheckigen Broncos. Ich versehe die Bände sozusagen mit zusätzlichen Frontispizen.

Jetzt bin ich dreizehn Jahre alt, in der Peterskirche zu Kirchdornberg konfirmiert und seit einigen Wochen schulentlassen. An einem dieser Tage stirbt mein Opa Hose neunundachtzigjährig. Er ist zu schwach, um an diesem Morgen aus seinem Bett aufzustehen. Meine Mutter ist in seiner letzten Stunde bei ihm. Er sagt zu ihr: »Gottes Segen für dich und deine Kinder«. Dann schließt er die Augen und schläft friedlich ein.

Es wird nun langsam Zeit, darüber nachzudenken, was denn mal aus mir werden soll. Ähnlich wie ich es in dem Lied »Der Büffel« schon anspreche, belausche ich eines Nachts – ich liege endlich ohne die rote Gummiunterlage auf meinem Sofa in der Küche – ein Gespräch meiner Eltern in ihrem Schlafzimmer durch die angelehnte Tür. Sie sprechen leise. Über mich. Ich komme mir dabei ein bisschen so vor wie Hänsel und Gretel, bloß ohne Gretel, die zuhören müssen, wie ihre Eltern planen, sie anderntags im Walde auszusetzen. Na ja, vielleicht nicht ganz so dramatisch. Mein Vater sagt: »Wat sall denn mal ut em warn? Up'n Bou as Mürker oder Timmermann, dat geiht ja wohl nich. He is ja man noch so lüttk un dünn.«*

Meine Mutter darauf: »Ja und dann ist er auch noch so verspielt. Mit den Gedanken immer woanders. Dann tut er ja nichts anderes als lesen, singen, malen und im Wald rumstreunen. Ich weiß es ja auch nicht. Vielleicht kann er was Kunstgewerbliches lernen.«

»Kunstgewerblich« ist ein Wort, dass ich nur von ihr kenne und das sie manchmal auf die Mutter meines Klassenkameraden Jochen anwendet, die in der Stadt ein Antiquitätengeschäft besitzt. Meine Mutter sagt: »Also, die Frau Krause, wie die sich anzieht, so apart, das hat ja ganz was Kunstgewerbliches.«

Etwas auf mich bezogen Kunstgewerbliches hat meine Mutter schon im Auge. Sie verfügt, dass ich mich auf die Zeitungsannonce eines Schuh-

---

* »Was soll denn mal aus ihm werden? Auf den Bau als Maurer oder Zimmermann, das geht ja wohl nicht. Er ist ja noch so klein und dünn.«

geschäftes hin in Bielefeld um die Lehrstelle eines Dekorationsgehilfen bewerbe. Ich besitze jetzt ein Paar schwarze Schuhe, die mir meine Schwester Ulla zur Konfirmation geschenkt hat, und eine lange Hose mit Bundfalten. Hosen ohne Bund- und Bügelfalten gibt es in den Fünfzigerjahren noch nicht. Ein weißes Hemd hab ich jetzt auch und einen alten Schlips, den mein Vater sonst manchmal trägt. Dazu kauft meine Mutter mir im Sommerschlussverkauf ein dunkles Sakko für 30 Mark. Einem Vorstellungsgespräch beim Schuhhaus Sievert in der Bahnhofstraße steht nichts mehr im Wege. Ich werde eingestellt.

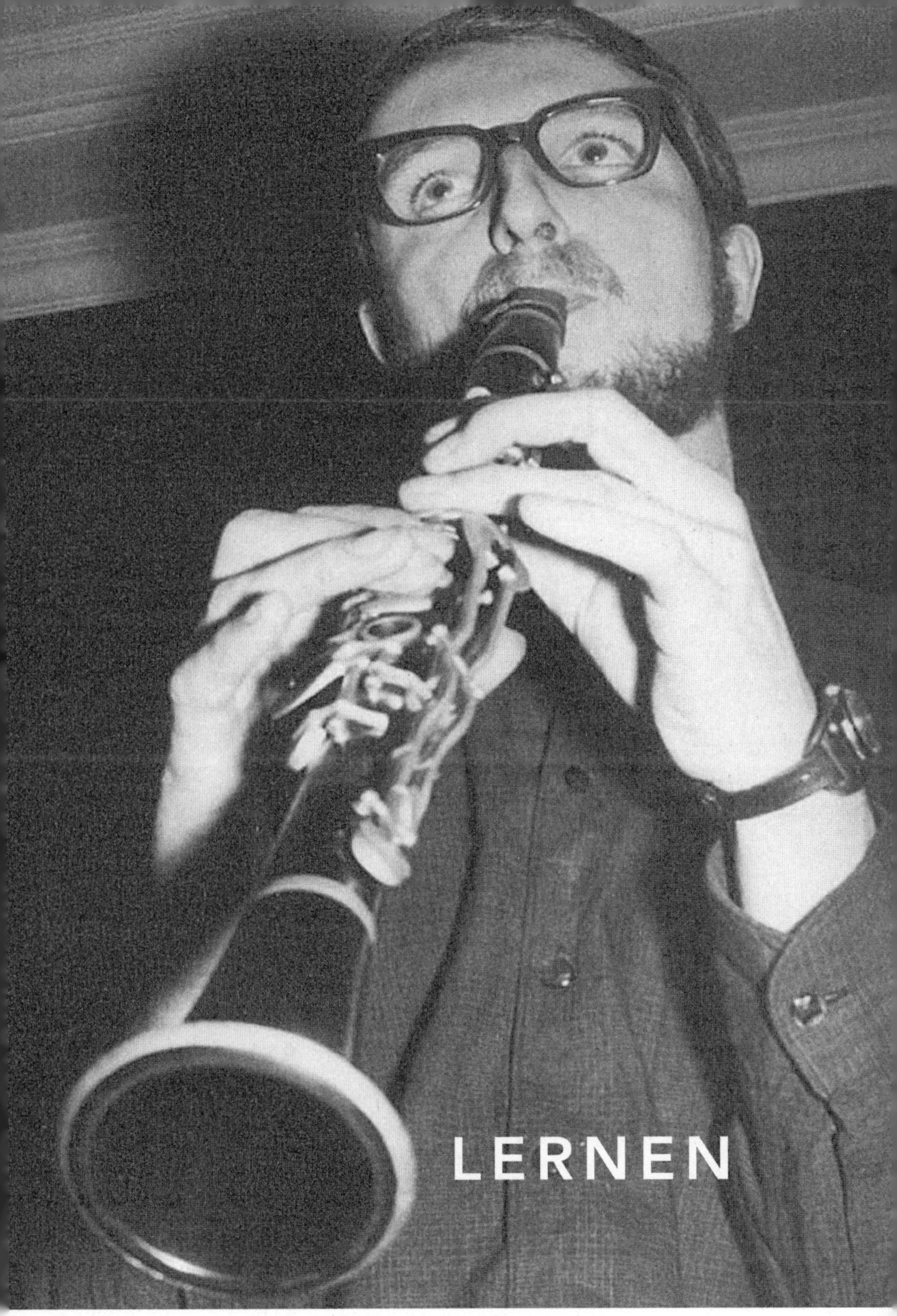

LERNEN

Lehrzeit

Das Schuhhaus verfügt neben dem Hauptgeschäft in der Bahnhofstraße über vier weitere in der Stadt verteilte kleinere Filialen; aber mit nur einem Dekorateur für alle Schaufenster. Der ist mein Lehrmeister und damit Chefdekorateur. Er heißt Rolf Niederee und ist stolz auf seine französisch-hugenottischen Wurzeln und darauf, dass sein Nachname ursprünglich mit einem »Akzankajüh« (Accent aigu) über dem vorletzten »e« geschrieben wurde. Es fällt mir schwer, mich an meinen Arbeitsplatz, an die neue Umgebung zu gewöhnen. Der plötzliche Sprung aus dem Wald in die Großstadt, aus dem Dörflichen direkt ins Urbane erfolgt für mein Temperament zu abrupt. Ich bin im Grunde ein »Landei« und werde es bleiben. Die Jahre, die ich später in Berlin und auch in Hamburg verbringe, können daran nichts ändern. Der Unterschied zwischen Stadt und Land ist zu der Zeit noch groß. Zwar haben, wie Marx und Engels schreiben, Industrialisierung und damit die Verstädterung bedeutende Teile der Bevölkerung »dem Idiotismus des Landlebens entrissen«, aber nicht restlos. In der ersten Woche meines Lehrantritts stehe ich im Laden am Packtisch neben der Kasse und soll von einer Verkäuferin, die mir das vormacht, Schuhe für die Kunden einpacken lernen. Hinter mir hängt an der Wand ein Telefon, und das klingelt. Frau Graf, die Kassiererin, sagt: »Hans, warum gehst du nicht ran, du siehst doch, dass wir zu tun haben.«

»Wie, was, ich soll da, da …?«, stottere ich. Ich habe noch nie ein Telefon in echt gesehen, geschweige denn einen Hörer angefasst. Telefone kenne ich nur aus Filmen. In Hoberge besitzt kein Mensch eins. Ich stehe da wie angenagelt, bis die Verkäuferin schließlich ärgerlich zum Hörer greift. Sie und Frau Graf halten mich jetzt für bockig oder dämlich. Wahrscheinlich beides.

Mein Lehrmeister ist umgänglich und nicht sehr streng. Er erzählt gern Witze, das macht ihn mir sympathisch, und ich versuche, mich möglichst willig und geschickt anzustellen. Willig geht, aber mit dem Geschick hapert es insofern, als ich immer ein bisschen zu langsam arbeite. Es gelingt mir nicht – und so ist es bis heute geblieben –, die nötige, sagen wir, rhythmische Zügigkeit in meine Handlungsabläufe zu bringen. An jeweils einem Vormittag pro Woche habe ich Berufsschulunterricht und muss ein Berichtsheft führen.

Vor der Niederschrift meines zweiten Berichtes, die Tätigkeitsberichte sollen vierteljährlich abgefasst werden, finde ich bei nochmaliger Betrachtung des ersten meine Handschrift zu kindlich. Ich setze mich einen Sonntagnachmittag lang an den Küchentisch und versuche, mein Schriftbild zu verändern, ihm ein flüssigeres und erwachseneres Aussehen zu geben. Ich finde meine Schrift zwar nicht wirklich schön, bin aber mit dem Ergebnis ganz zufrieden.

… Auch in meiner Lehrzeit war ich dann
unter 70 Frauen der einzige Mann
das heißt ein Knabe von 14 Jahren
zurückgeblieben und unerfahren …

… singe ich in »Schön ist die Jugend«. Das trifft auch weitgehend zu. Abgesehen von Herrn Niederee und unserem Geschäftsführer Herrn Krause, volontieren im Verkauf meist nur für ein paar Monate sogenannte Substitute. Es sind die Söhne von Schuhgeschäftsinhabern aus der weiteren Umgebung. An den täglichen Verrichtungen, die ich auszuführen habe, ist wenig Kunstgewerbliches. Nach dem Willen unseres Chefs, Herrn Sievert Senior, hat die Gestaltung von Blickfängen für die Schaufenster raumsparend zu erfolgen. Seine Devise: »Weniger Gedöns, mehr Schuhe ins Fenster, wir wollen Schuhe verkaufen.« Also stellt Herr Niederee im zeitigen Frühjahr eine Vase mit Forsythien und im Advent einen bunten Styroporengel mit Lametta behängt in die Auslage. Abgesehen von den Lagerarbeiten, um die ich mich nicht reiße, wie neue Ware einräumen, im Keller leere Schuhkartons in die Ballenpresse stopfen und Ähnliches, fallen oft – es wird ja nicht ständig dekoriert – Leerzeiten an. Von Herrn Niederee bekomme ich schon früh den Tipp: »Hans, wenn du nur mal so durchs

Haus läufst, nichts zu tun hast, und das soll keiner merken, musst du immer was in der Hand haben, 'nen Zollstock oder 'ne Tapetenrolle, egal, was.«

So was gibt es noch

Nach acht Jahren Schule konfirmiert, stand ich da
mit meinem Zeugnis:
Zeichnen, Singen, Religion gut.
Mutter wollte gern, dass ich Schriftsetzer würde
wie mein Opa, war aber nichts zu machen: zu viele
Bewerber mit Abitur.
Vater war mehr für Maurer oder Tischler.
Aber ich, klein und mager, blass vom Lesen
jede Nacht heimlich bei Kerzenlicht,
Gedanken immer woanders und dann auf dem Bau,
das ging eben nicht.
Doch ich bekam meine Lehrstelle in einem Schuhgeschäft
als Schaufenstergestalter.

Das ist doch ewig lange her,
ist vergessen, das war mal,
das gibt's heut nicht mehr.
So sollte man meinen und doch:
So was gibt es noch.
So was gibt es noch.

Erstes Lehrjahr: Vierzig Mark im Monat.
Tagesablauf wie folgt: morgens um sieben zum Bus.
Brote, Henkelmann in der Aktentasche
und Ermahnungen: »Ernst des Lebens« –
»Lehrjahre sind keine …« und so weiter.
Dann in der Firma Pampelmusen, Teebeutel, Joghurt
einkaufen für die Kolleginnen zum Frühstück.
Dann Ware auspacken, ins Lager einräumen,

Etiketten kleben, dann Glühbirnen auswechseln –
Mittagspause.
Dann in den Schaufenstern Schuhe, Glasplatten
abstauben, dann in den Keller, Arbeitsstiefel fetten.
Neunzehn Uhr – Feierabend.

Zweites Lehrjahr, 60 Mark im Monat, Tagesablauf
genau wie im ersten. Nur alle vierzehn Tage Nachtarbeit.
Dafür durften wir abends warm essen, auf Geschäftskosten.
Ich bekam das erste Steak meines Lebens mit vierzehn.
Einmal setzte sich der Chef zu uns und
bestellte sich ein Mettbrötchen und erzählte,
wie er angefangen hat mit einem Bauchladen,
Schnürsenkel. Durch Fleiß und Sparsamkeit
heute Besitzer einer Ladenkette,
Präsident des deutschen Schuheinzelhandels.
Mein erstes Steak – ich hab es wieder ausgekotzt.

Drittes Lehrjahr, 80 Mark im Monat, Tagesablauf
wie gehabt. Hinzu kam das Bedienen der
Kunden in Stoßzeiten, dann die
Verwaltung des Gummistiefellagers,
Aufblasen von Reklameluftballons und
wachsender Unmut unter uns Lehrlingen.
Gewerkschaft kannten wir nicht, aber trotzdem wurde
ein Sprecher gewählt, und das ist in so einem Fall
immer der Naivste oder Mutigste.
Ich war beides, also sprach ich. Ergebnis:
Ich bekam das Filzpantoffellager
noch dazu, durfte am Betriebsausflug
nicht teilnehmen und die Kollegen schnitten mich.

Ende der Lehrzeit: Was hatte ich gelernt –
so gut wie gar nichts. Dann die Prüfung,
alle wussten, ich würde durchfallen, aber ich bestand.
Freisprechung mit allem Drum und Dran,

Streichquartett, Reden, Kaufmannsgehilfenbrief,
Glückwünsche. Nur die Geschäftsleitung war sauer.
Und warum? Sie hätte mich gern durchfallen
sehen, um mich als billige Arbeitskraft
noch ein Jahr länger behalten zu können.
Nun, drei weitere Jahre habe ich das noch mitgemacht,
bevor ich mich traute zu sagen:
Das ist nicht mein Leben.

Das ist doch ewig lange her …

Die Fünfzigerjahre sind das Jahrzehnt mindestens dreier Wunder: des Wirtschaftswunders, des Wunders von Bern 1954, Deutschland wird Fußballweltmeister, und des Fräuleinwunders. Letzteres ein in den USA geprägter Begriff für die im Nachkriegsdeutschland heranwachsenden – und für amerikanische Besatzungssoldaten besonders attraktiven – jungen Frauen. Mit meinen Kolleginnen, den Verkäuferinnen also, komme ich gut klar. Den Älteren bin ich gehorsam, den Jüngeren, Lehrlingen wie ich, ein Kumpel. Was bleibt mir anderes übrig? Nehmen sie mich doch in meiner vorpubertären Phase, in der ich noch lange verharre, nicht als geschlechtsreif wahr. Schuhverkäuferinnen haben zu der Zeit noch ein leicht romantisiertes – obwohl der Ausdruck erst später allgemein wird – »Image«. Meine jüngeren Kolleginnen sind fast alle hübsch, oft von aufgeweckter Frivolität. Die meisten sind musikalisch und singen gern bei der Lagerarbeit, beim Einräumen neuer Ware oder bei der Jahresinventur. Sie kennen wie ich die neuesten Schlager. Es gibt sogar Schuhverkäuferinnenlieder, zumindest eins. Willi Forst, Johannes Heesters und Peter Alexander singen:

… Mein Mädel ist nur eine Verkäuferin
In einem Schuhgeschäft
Mit 80 Franc Salär in der Woche
Doch sie gibt mir für viele Millionen Glück …

Mein Schwarm und persönliches Fräuleinwunder ist Elke Schäfer. Sie sieht in ihrem dunklen Arbeitskittel hinreißend aus. Sie ist, wie Raymond Chandler es in einem seiner Krimis ausdrückt: »eine Blondine von der Art, die einen Bischof dazu bringt, mit einem Ball ein Loch in ein Kirchenfenster zu schießen.«

Mit ihrem platinblonden Haar, dem Pferdeschwanz, ihren langen Beinen, dem grazilen Gang auf ihren High Heels sieht sie aus wie das lebende Pendant zu Lilli, einer Comicfigur aus der Bild-Zeitung. Wahrscheinlich nicht ganz absichtslos. Alle Verkäuferinnen lesen selbstverständlich die »Bild«, und Lilli ist damals in den Fünfzigern so unerhört populär, dass sie als Vorlage für die später weltweit beliebte, aus den USA stammende Barbiepuppe dienen wird. Elke – für mich Fräulein Schäfer – ist schon mindestens zwanzig Jahre alt und verlobt mit dem jungen Chef einer Getränkefirma, der Karlheinz heißt und der, obwohl er einen Fahrer beschäftigt, es sich nicht nehmen lässt, den Arbeitsplatz seiner Braut persönlich mit Flüssigem zu beliefern, die Sinalco-Kisten eigenhändig in den Keller zu schleppen und das Leergut auf seinen Transporter zu laden. Er ist dabei, den total zerbombten elterlichen Betrieb wiederaufzubauen. Dazu hat ihm der Oberbürgermeister der Stadt persönlich, so erfahren wir nebenbei, die Sondergenehmigung erteilt, schon mit 16 Jahren den Führerschein zu machen, um den Firmentransporter zu steuern. Karlheinz, meine Erinnerung will es so, sieht, naturblond gelockt, unverschämt gut aus und hat eine dynamische Ausstrahlung. Man sieht ihn und denkt: Der bringt es mal zu was – und wird damit so was von recht behalten. Seine Elke und er, ein Traumpaar. Hier trifft Fräuleinwunder schicksalhaft auf Wirtschaftswunder. Eine Verbindung von der Art, wie sie nur in den Fünfzigern vor dem Hintergrund jener mystischen, gerade mal zehn Jahre zurückliegenden »Stunde Null« zustande kommen kann.

Die Sinalco-Lieferung durch Karlheinz erfolgt pünktlich jeden Montag um die gleiche Zeit. Betont unauffällig zu beobachten, ob und wie sich die Verlobten begrüßen, wie lange ihr Blickkontakt währt, ob der von einem beiderseitigen Lächeln begleitet ist oder nicht, wird bei Fräulein Schäfers Kolleginnen zu einer Art von ihnen erstaunlich neidlos vollzogenem Ritual. Es ist für sie mehr als nur eine kleine, ihren prosaischen Arbeitsalltag kolorierende Ablenkung. Fräulein Schäfer lebt ihnen stellvertretend den heimlichen Traum aller jungen Verkäuferinnen vor. Es ist nicht schwer, in Karlheinz, dem jungen Getränkeunternehmer, den Märchenprinzen zu sehen. Man gönnt ihn ihr, zumal Elke zu den Menschen mit der seltenen Gabe gehört, ausnahmslos jeden für sich einzunehmen. Damit nicht genug. Das Leben muss Verlauf und Ergebnis dieses – zumindest von außen betrachtet – glücklichen Bundes unbedingt noch ins Märchenhafte steigern. Karlheinz, mit Elke an seiner Seite und als Getränkehändler längst wohlhabend, stößt in den Siebzigerjahren bei Bohrungen auf dem von seinem Vater ererbten Betriebsgelände in 300 Metern Tiefe auf 20 000 Jahre altes Eiszeitwasser; auf Quellen, die zu den an Mineralstoffen reichsten Deutschlands zählen sollen. So wird aus einem wohlhabenden ein reicher Mann.

Parallel zu meinem Lehrlingsalltag ist auch so einiges in Bewegung. Meine Schwester Gisela ist auf dem Wege in ihrem Lehrbetrieb Chefsekretärin zu werden, meine Schwester Ulla ist verlobt.

Meine Mutter hat, aus welchem Grund auch immer, stark an Gewicht zugenommen. Sie tritt eine Putzstelle im städtischen Gesundheitsamt an, auf dessen Korridoren sie täglich Prostituierten begegnet, die ihrer regelmäßigen Untersuchungspflicht nachkommen und sich ihren »Bockschein« ausstellen lassen. Das Reinigungspersonal teilt sich den Frühstücksraum im Keller des Amtes mit den Krankenwagenfahrern, die gern Witze erzählen. Die Unterhaltungen in den Pausen gleiten grundsätzlich und schnell vom Anzüglichen ins Obszöne ab. Belustigt erzählt meine Mutter von einem der Fahrer, der gesagt habe: »Ach, Kinder, lasst uns da mal gleich von anfangen, wir kommen da ja sowieso drauf.«

Mein Vater ist krank. Im vergangenen Jahr hat er noch in der kleinen neu gebauten Turnhalle neben dem Hoberger Sportplatz die schwarzen Asphaltbodenfliesen gelegt. Ich hatte gerade Sommerferien und musste ihm dabei helfen. Inzwischen führt er nur hin und wieder noch kleinere Gemeindeaufträge aus. Er magert zusehends ab. Isst wenig, schweigt übel gelaunt bei Tisch, was auch die Stimmung des Rests der Familie drückt.

Erst abends wird mein Vater munter. Er zieht sein beiges Jackett an und knurrt: »Ick mutt naa de Versammlung hen.«*

---

* »Ich muss zur Versammlung.«

Wir anderen wissen, dass er schon seit einiger Zeit nicht mehr an Gemeinderatsversammlungen teilnimmt. Er macht stattdessen gemeinsam mit Willi Maurer dem Dachdecker »einen Zug durch die Gemeinde«, der meist in einer der vielen Gastwirtschaften des Dornberger Kirchspiels beginnt. Das sind oft idyllisch im Wald gelegene Ausflugslokale, von denen heute nur noch wenige existieren und deren längst vergessene Namen – die Donnerburg, der Jägerkrug, zum Waldfrieden, bei Mutter Menke, zum Quellental, die Hünenburg, Peter aufm Berge – in mir immer noch nostalgische Gefühle wecken, bin ich doch selbst oft genug dort eingekehrt. Willi Maurer hat ein Auto und fährt auch betrunken. Nächtliche Polizeikontrollen hat er nicht zu befürchten, es gibt bis über die Mitte der Fünfzigerjahre hinaus keine. Mein Vater kommt immer öfter erst spät nachts nach Hause und schläft bis in den nächsten Vormittag hinein seinen Rausch aus. Er raucht weiterhin Zigarrenstummel in der Pfeife. Hustet beim Aufstehen minutenlang, würgt an dem Schleim in seinem Rachen und spuckt ihn in den mit Schlammkohle gefüllten Kohlenkasten unseres Küchenherdes. Mein Vater trägt zum Unterhalt der Familie kaum noch etwas bei. Er entfremdet sich uns. Mir wird das deutlich, als ich eines Morgens im Brotschrank ein Stück fetten Speck entdecke, in Papier eingeschlagen. Ich esse gern fetten Speck auf Graubrot und will mich gleich darüber hermachen. Meine Mutter sagt: »Lass bloß den Speck da eingepackt liegen, den will Vater für sich alleine haben.«

Irgendwie trifft mich das. Für mich heißt das, mein Vater nimmt Abstand von uns, seiner Familie, will nicht mehr mit uns teilen.

Zwanzig Jahre nach seinem Tod, schon in meinen Dreißigern, träume ich mehrere Nächte hintereinander, dass ich den Brotschrank öffne und das Stück Speck in Papier gewickelt finde. Daraus schließe ich – natürlich im Traum –, dass mein Vater noch lebt, und ich mache mich auf die Suche nach ihm. Im Taubenschlag, Elli Schlottmanns Kneipe, sagt man mir: »Ja, er war gerade hier, hatte sein beiges Jackett an und wollte weiter in den Waldfrieden.«

In den Waldfrieden komme ich auch wieder knapp zu spät, er ist schon unterwegs zum Peter aufm Berge. So geht es weiter, bis ich dann wach werde, ohne ihm je im Traum zu begegnen.

Wir leben vom Putzfrauenlohn meiner Mutter und von dem Kostgeld,

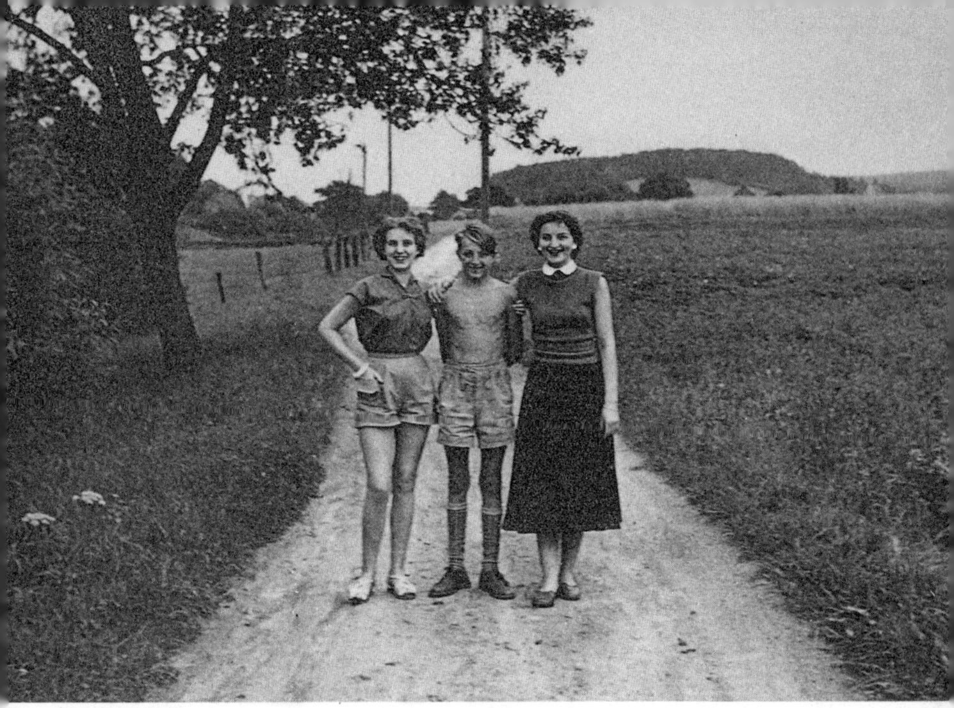

Mit meinen Schwestern am Poetenweg, 1954. Links steht Ursula, rechts von mir Gisela.

das meine Schwestern und ich monatlich beisteuern. Mein Vater geht donnerstags auch nicht mehr – so wie Onkel Edi, meine Schwestern und ich – zu den Übungsabenden unseres Mandolinenorchesters in den Kreuzkrug, dessen Wirt, Gustaf Austmann, gleichzeitig unser Kontrabassist ist. Ich bin inzwischen dem Verein beigetreten und spiele auf Vaters Mandoline. »Mandolinenorchester« klingt sperrig. Vielleicht hat ihm einer seiner Gründer (aber nicht mein Vater) deshalb gleich nach der Zwangseingliederung in die Reichsmusikkammer unter den Nazis den an Unkrautjäten erinnernden Namen »Zupfverein Dornberg von 1938« verpasst. Ein Mitgründer des Vereins und Freund meines Vaters ist Albert Bökenkamp (nicht mit Haddi verwandt). Er spielt wie Onkel Edi Mandola, ein Instrument, das in etwa der Bratsche in einem Streichorchester entspricht. Albert ist ein alter Hoberger, arbeitet als Dreher in einer Maschinenfabrik in der Stadt, hat ähnlich wie Opa Hose ein steifes Bein, fährt trotzdem ein uraltes Motorrad, eine 98er DKW, Baujahr 1934, auf platt »Pöttkenschnöber« genannt – ohne Führerschein (noch dürfen alle Motorräder ohne Führerschein gefahren werden). Onkel Albert ist witzig, er spricht ein gepflegtes Platt alter Schule, ist liebenswert, fidel, ein Original. Alle mögen ihn. Dass er sich gern »einen knallt«, stört keinen, das tun hier viele. Bei passenden Anlässen, wenn zum Beispiel ein Vereinsmitglied Geburtstag hat, muss Onkel Albert »den Bollmann« vortragen. Er ziert sich erst: »Och nee …«, mimt den Verlegenen. Das allein ist schon lustig und gehört zu der Nummer dazu. Dann nach noch ungeduldigerem Drängen seitens des Publikums beginnt Onkel Albert mit dem Vortrag:

»Bollmann kreich sine Frubben an'ne Tein!
Ja, mein Gott Gustaf, wat is denn dütt?
Tein? – Tündel* mein!«
(Nur der Refrain wird gesungen, das Publikum fällt mit ein)

»Ganz egal, ganz egal –
Bollmann kreich sine Frubben mol dahl.«

»Bollmann kreich sine Frubben an'n Plattfaut …« – und so weiter (ohne Ende). Garantiert ist dieses mündlich überlieferte Rezitativ ein echtes Volkslied. Zufrieden nehme ich das Verdienst für mich in Anspruch, das Werk als Erster aufgeschrieben, es als Einziger auf Tonträger verewigt (H. W. Volkssänger) und es damit vor dem Vergessen bewahrt zu haben.

Unser Dirigent ist Martin Höke. Martin ist der Verlobte und Ehemann in spe meiner Schwester Ulla, bei dem ich auch ein paar Stunden Mandolinenunterricht nehme. Er ist einer der musikalischsten Menschen, die ich kenne. Er beherrscht mehrere Instrumente und verfügt über eine schöne Tenorstimme, ausgebildet im gemeinsamen Gesangsunterricht mit seinem Jugendfreund Engelbert Kutschera, der später als Bass auf internationalen Opernbühnen Karriere macht und der also jemand ist, der »Achtung trägt für die Träume seiner Jugend« und sie verwirklicht. Mein Schwager Martin verzichtet auf eine Laufbahn als Sänger. Vielleicht aus Rücksicht auf seine Eltern führt er stattdessen in Kirchdornberg deren Lebensmittelladen mit Poststelle weiter, singt nur noch im Kirchenchor und dirigiert unseren Mandolinenverein. Unser Repertoire besteht aus

* Was bedeutet »Tündel mein«? Onkel Albert lebt nicht mehr, ich kann ihn nicht mehr fragen.

Volkslieder-Potpourris, die Titel tragen wie »Unter der Dorflinde« oder »Ein Abend an der Wolga«. Wir spielen auch extra für Saiteninstrumente bearbeitete Opernouvertüren, wie von Verdis »La Traviata« und Webers »Der Freischütz«.

1957, ich bin 15 und im zweiten Lehrjahr, stirbt mein Vater. Die letzten Monate waren quälend für ihn und auch für meine Mutter. Todesursache ist sein zu großes, entzündetes, von Viren befallenes Sportlerherz und eine durch Rauchen zerstörte Lunge.

Ich meinerseits habe inzwischen, obwohl ich darauf bedacht bin, die Anschauungen, Werte, Fehler und Laster meiner Eltern – besonders die meines Vaters – auf keinen Fall zu übernehmen, dennoch mit dem Rauchen begonnen. Weil ich mir keine Zigaretten leisten kann, die Zehner- und später die Elferpackung kostet eine Mark, stehle ich sie zunächst von meiner Schwester Gisela. Sie raucht Ernte 23 mit Filter und legt manchmal eine oder zwei noch nicht angebrochene Schachteln als Vorrat in den Geschirrschrank. Ich nehme eine davon, öffne an der Unterseite mit der Küchenmesserspitze zuerst die transparente Zellophanhülle, dann eine Ecke der Schachtel gerade so weit, dass eine Zigarette durchpasst, ziehe eine, manchmal zwei heraus und verschließe die Öffnung wieder mit Spucke und einem Daumendruck. Das mache ich jahrelang so, bis meine Schwester, ohne dass sie je etwas gemerkt hätte, zwecks Eheschließung das Haus verlässt und nach Duisburg zieht. Zehn Jahre lang aus reinem Geldmangel in meiner Sucht gebremst, kann ich erst ab Mitte zwanzig damit beginnen, exzessiver zu rauchen. Jetzt kann ich mir jede Menge Zigaretten kaufen und tue es auch. Ich steige von Ernte 23 auf HB und später über Gauloises auf Gitanes schwarz, ohne Filter um, stecke mir immer drei gleichzeitig an, verteile sie griffbereit auf verschiedene Aschenbecher, rauche sie simultan immer nur halb auf und kann es so – meinem damaligen Verständnis von gesteigerter Lebensqualität gemäß – auf einen Konsum von achtzig Zigaretten pro Tag bringen. Bis es mir fünfundfünfzigjährig, nach vielen vergeblichen Versuchen endlich gelingt, ganz und für immer (wie ich hoffe) damit aufzuhören.

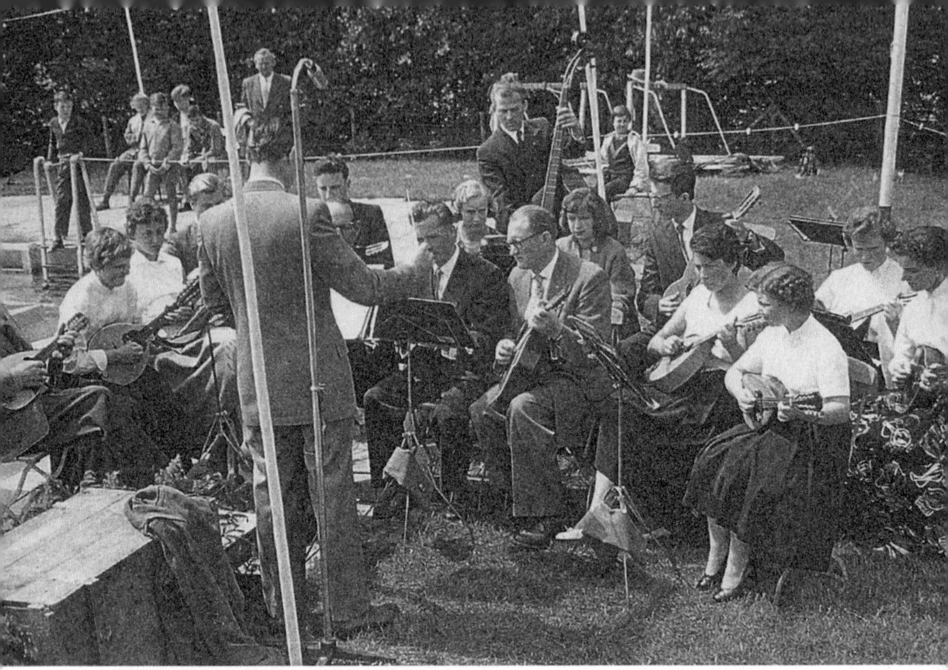

Das Mandolinenorchester, Schwager Martin dirigiert, ich hinten rechts mit Brille.

Der Tod meines Vaters im August fällt in den mir zustehenden Jahresurlaub. Seine letzten Worte sind eine an meine Mutter gerichtete Frage: »Hef' ick denn ollens richtig maket?«*

Meine Mutter antwortet mit Rücksicht auf den Sterbenden mit ja. Alles richtig gemacht? Mein Vater? Wohl eher nicht. Dass er zu seinen Lebzeiten, anstatt sich um seine Familie zu kümmern, sie mit zu ernähren, sich als Sozi nur für andere Leute, seine Partei und für gemeindepolitische Belange eingesetzt hat, tragen meine Mutter und wir Kinder ihm nach. Ich jedenfalls will, durch sein Beispiel abgeschreckt, mit Politik nichts, mit sozialdemokratischer schon gar nichts, zu tun haben. Das halte ich lange durch.

Ich würde jetzt, wäre mein Vater nicht gerade gestorben, ins Dornberger Freibad gehen. Es ist ein heißer Nachmittag. Ich setze mich ein paar Minuten schweigend auf den Stuhl neben das Totenbett. Ich verspüre dabei keine Trauer. Die kommt später und äußert sich dann über Jahre verteilt in kleinen Schüben meist nachts im Traum. Ich kann den

* »Hab' ich denn alles richtig gemacht?«

Tod meines Vaters, wie den von Opa Hose und bald auch Oma Lina, zwar nicht gleichgültig, aber als normal und gegeben hinnehmen, was sich vielleicht auf mein Erlebnis mit der toten Oma Broscheit zurückführen lässt.

Ich bekomme von meiner Mutter den Auftrag, aus einer Schneiderei am Wellensiek das fertig genähte, im Voraus bestellte Totenhemd für meinen Vater zu holen. Das ist ein ernster Anlass, deswegen darf ich für den Weg zur Schneiderei und zurück ausnahmsweise Tante Annelieses Fahrrad benutzen. Meine Mutter gibt mir Geld, mit dem ich das Totenhemd bezahle. Ich bekomme drei Mark fünfzig zurück. Das Totenhemd, in Packpapier eingewickelt und verschnürt, klemme ich auf den Gepäckträger. Gegenüber am Kiosk an der O-Bus-Endstation kaufe ich mir eine Rolle Drops, ein Micky-Maus- und ein Tarzanheft und fahre los. Es ist Nachmittag und immer noch heiß. Ich fahre die Wertherstraße runter, biege beim Freibad ab, zahle an der Kasse die 50 Pfennig Eintritt. Das Fahrrad lehne ich unabgeschlossen an den Zaun. Dass ein Rad geklaut wird, kommt zu der Zeit so gut wie gar nicht vor. Ich nehme das Totenhemd und die Comic-Hefte mit auf die Liegewiese. Meine Badehose habe ich schon an und springe gleich ins Wasser. Ein Handtuch zum Abtrocknen brauche ich nicht. Ich lege mich ins Gras auf den Bauch. Die Sonne brennt mir auf den Rücken, und ich blättere im Tarzanheft – was für eine Enttäuschung. Die Tarzan-Strips sind normalerweise – wie ich finde – hervorragend gezeichnet. Ich habe mir sogar den Namen des genialen Zeichners gemerkt. Er heißt Hal Foster. Aber dieses Heft hier? – So was von schlampig hingeschmiert. Im Impressum steht, der bisherige Zeichner sei auf der Suche nach Tarzan im afrikanischen Dschungel verschollen und ein ebenso fähiger Nachfolger führe jetzt seine Arbeit fort. Ob der alte Zeichner je wieder aus dem Dschungel herausfinden wird, interessiert mich nicht mehr. Am Todestag meines Vaters verabschiede ich mich nun auch für immer von Tarzan als meinem Comic-Helden.

Ich lasse meine Badehose am Leibe trocknen, ziehe mich an und komme bei Sonnenuntergang nach Hause. Meine Mutter hat meinen toten Vater inzwischen rasiert und gewaschen, wartet seit Stunden darauf, ihm das Totenhemd anziehen zu können und ist wütend auf mich: »Wo kommst du her, wo bist du so lange gewesen, du dämlicher Bengel? Und rück sofort das Wechselgeld raus, wo sind die drei Mark fünfzig?«

Ich sage: »Da war'n Loch im Reifen, ich musste den Schlauch erst flicken. Und dann hat die Gummilösung, das Schleifpapier und alles auch noch so viel gekostet.«

Meine Mutter darauf: »Gummilösung, Loch im Schlauch, das glaubst du doch selbst nicht, du verdammtes Aas!«

Mittlerweile spiele ich im Verein statt Mandoline Gitarre. Auch hier gibt mir mein zukünftiger Schwager Martin Unterricht. Ich lerne auf einem Instrument, das ein ausgeschiedener Spieler dem Verein überlassen hat. Meine erste – genau genommen die mein späteres Schicksal bestimmende – Gitarre also. Nach wie vor singe ich gerne, wenn ich allein bin, und begleite mich dazu auf der Gitarre. Bis wir einen Fernseher bekommen, wird es noch dauern, aber wir haben jetzt ein Radio, und ich kann alle Schlager, auch die neuesten, nach einmal hören auswendig.

Ein ungewöhnlich klingendes, vom Autor selbst, der auch Schauspieler ist, teilweise im Sprechgesang vorgetragenes Lied, fällt aus den üblichen Schlagerschemata heraus. Sowohl der Text als auch das an Brecht-Songs erinnernde musikalische Arrangement gefallen mir besonders gut; und wohl nicht nur mir, denn es wird häufig gesendet. Es ist das Chanson »Im Wartesaal zum großen Glück« von Walter Andreas Schwarz mit dem Refrain:

… Im Wartesaal zum großen Glück
Da warten viele, viele Leute
Die warten seit gestern auf das Glück von morgen
Und leben mit Wünschen von übermorgen
Und vergessen, es ist ja noch heute
Tja, die armen, armen Leute …

Man könnte sagen, Walter Andreas Schwarz war ein Vorläufer und Wegbereiter der deutschen, sich zehn Jahre später erst langsam formierenden Liedermacherszene. Sein Chanson ist mit der sogenannten Pionierpflanze vergleichbar. Einer Pflanze also, die (laut Lexikon) an noch vegetationsfreie Brachen angepasst, zur Bodenbildung beiträgt und später meist durch anspruchsvollere Gewächse verdrängt wird – deren Vorkommen jedoch die vorherige Existenz der Pionierpflanze voraussetzt.

Eine meiner Lieblingssendungen im Radio ist eine Hörfunkreihe mit Pelz von Felinau mit seiner unvergleichlich suggestiven Sprechstimme, mit der er kulturhistorisch bedeutende Künstlerpersönlichkeiten vorstellt wie Richard Tauber, Arturo Toscanini und andere. Seine Version der Geschichte des Tenors Joseph Schmidt erschüttert mich. Zum ersten Mal höre ich von diesem kleinen, 1,54 Meter messenden Sänger mit der großen und klaren Stimme, in der, zutiefst berührt und voller Schmerz, auch in seinen heiteren Liedern, immer eine Ahnung von Trauer mitschwingt. Ein Weltstar und auf der Höhe seines Ruhms, wird er als Jude von den Nazis verfolgt. Immer auf der Flucht, gelangt er im November 1942 – ich selbst bin gerade mal fünf Monate auf der Welt – nach einer Irrfahrt durch halb Europa in ein Schweizer Internierungslager, wo er achtunddreißigjährig unerkannt und zu Tode erschöpft, als Simulant abgetan, an unbehandelter Lungenentzündung und Herzversagen stirbt.

Die zunehmende Beliebtheit der Gitarre in der populären Musik, besonders im Rock 'n' Roll, wird in den folgenden Jahren in einem ungeheuren, jetzt noch kaum erahnbaren Boom gipfeln. Aber schon posieren internationale Popstars auf ihren Fotos und Plattencovern mit Gitarre so wie Elvis mit seiner Gibson. National verbindet das Volk dieses Instrument jetzt namentlich mit einem gewissen Franz Eugen Helmuth Manfred Nidl, alias Freddy Quinn. Nicht nur, wenn er einen seiner vielen Hits wie »Die Gitarre und das Meer« singt. In der »Populärkultur«, ein zu der Zeit noch kaum verwendeter Begriff, passiert in diesen Jahren überhaupt sehr viel. Filme mit James Dean wie »… denn sie wissen nicht, was sie tun« und Rock-'n'-Roll-Hits wie »Hound Dog« von Elvis Presley und »Rock Around the Clock« von Bill Haley schlagen bei der Weltjugend (bei der westlich-kapitalistischen zumindest) ein wie Bomben. Bloß bei mir nicht. Warum eigentlich nicht? Ich denke, dafür kommen eine Menge Gründe infrage. Aber um es kurz zu machen:

Rock 'n' Roll ist damals Musikstil und Lebensgefühl gleichzeitig. Rock 'n' Roll ist städtisch, bewegungs- und tempoübersteigert, enthemmt-rebellisch, sexuell-herausfordernd, aggressiv-brutal, auf Tabubruch gebürstet. Ich dagegen bin provinziell geprägt, langsam im Denken und Handeln; und obwohl wenig erfolgreich darin, bin ich durchaus anpassungswillig, dazu sexuell verklemmt und schüchtern, und statt wild-renitent höchstens defensiv-störrisch. Klar finde ich Elvis, Little Richard und Bill Haley gut, kann aber mit Rudi Schurickes »Capri-Fischer« oder René Carols »Rote Rosen, rote Lippen, roter Wein« mehr anfangen. James Deans tödlicher Autounfall 1955 löst einen Kult um seine Person aus, wie ihn die Welt noch nie erlebt hat, und lässt ihn zum unsterblichen Mythos werden. Für seine Generation verkörpert er lebend wie tot alle ihre Sehnsüchte und Leiden – nur meine wieder mal nicht. Vielleicht bin ich zu jung, um in Jimmy Dean, dem über zehn Jahre Älteren, mein diffuses Lebensgefühl inkarniert zu finden. Und dass sich noch Jahre später zwei Mädchen aus Hamburg gemeinsam mit dem Ruf »Jimmy, wir kommen!« aus dem Fenster eines Hochhauses stürzen, nehme ich mit einem eher verständnislosen Staunen zur Kenntnis.

In meinem Lehrbetrieb tue ich, so gut ich kann, weiterhin das, was mir aufgetragen wird. Ohne Begeisterung zwar, aber immer noch willig. Ich fahre jeden Abend gegen sieben Uhr brav mit dem Bus nach Hause. Über meine Zukunft denke ich nicht nach. Seit meinem Lehrantritt erlebe ich mehrere leichte Wachstumsschübe. Die sind teuer. Ich trage meine Klamotten, die Jacken und Hemden, bis die Ärmel so kurz werden, dass es nicht mehr geht. Das Gleiche mit den Hosen. Es gibt kaum etwas, was doofer aussieht als »Hochwasser«, zu kurze Hosen also. Noch schlimmer sind zu kleine Schuhe. Die drücken und tun richtig weh. Aber ich kann mir nicht alle halben Jahre, nur weil ich noch wachse, ein neues Paar Schuhe leisten, selbst wenn ich sie billiger kriege. Drei Jahre lang, in denen meine Schuhgröße sich von anfänglich 42 auf schließlich 46 erhöht, muss ich leiden.

Bis ich meine Größe von 1,88 Meter erreiche (nur relativ endgültig, bin ich doch inzwischen in meinem achten Lebensjahrzehnt wieder auf 1,85 Meter geschrumpft), wird es noch eine Weile dauern. Derweil trage ich die Sachen meines verstorbenen Vaters auf. Aber nur die zwei Paar Socken und seine drei Oberhemden, die mir am Hals zu weit sind, sodass ich den ebenfalls ererbten Schlips nicht tragen kann. Vaters beige Jacke, die Hosen und Schuhe sind mir zu groß. Die vier Unterhosen aus seinem Nachlass eigentlich auch, aber ich trage sie trotzdem – sieht ja keiner. Vaters Hemden sind alt und fadenscheinig, stammen noch aus der Nazizeit, die Kragen schon arg abgestoßen. Einmal nimmt Herr Krause, unser Geschäftsführer, mich beiseite: »Also, Hans, so geht das aber nicht. Sie können mit so einem Hemd nicht durch die Verkaufsräume laufen, was sollen denn die Kunden denken? Morgen ziehen Sie sich gefälligst was Anständiges an.«

Ein Jahr noch, dann endet meine Lehrzeit. Ich werde, gerade noch sechzehnjährig, die Kaufmannsgehilfenprüfung ablegen, um, wie damals üblich, noch ein weiteres Jahr als Ausgelernter in der Firma zu verbleiben.

Ausgelernt

Unsere Großmutter Lina ist inzwischen fünfundachtzigjährig gestorben. Oberschenkelhalsbruch. Wir acht Enkelkinder, Gisela, Ulla, ich, meine Cousinen Marlies, Gertrud, Christa, Renate und Cousin Willi, besuchen sie davor noch einmal im allgemein als »Klösterchen« bezeichneten Franziskus-Hospital. Meine Schwester Gisela sagt zu ihr: »Ach, Oma, das tut uns ja so leid.«
Oma antwortet – und es sind gleichzeitig ihre letzten Worte: »Wat hef ick denn darvan?«*

In unserem Haus am Poetenweg wohnen jetzt insgesamt nur noch sieben Personen. Opa Hose, mein Vater und Oma Lina sind innerhalb dreier Jahre gestorben. Bestattet auf dem Kirchdornberger Friedhof – Erbbegräbnis August Wader. Meine Schwester Ulla hat geheiratet, das Haus verlassen und lebt jetzt bei Martin, ihrem Mann, in Kirchdornberg.

Ich gehe jetzt, vorausgesetzt ich habe das Geld dafür, öfter mal ins Kino. Ich sehe mir Filme an, in denen gesungen wird, wie »Wenn die Conny mit dem Peter« mit Peter Kraus und Cornelia Froboess oder Schlagerstreifen mit Caterina Valente und Peter Alexander.

Ansonsten geht mein erstes Gesellenjahr in meiner Lehrfirma ohne nennenswerte, mich persönlich betreffende Ereignisse zu Ende. Das heißt, mit einer Ausnahme: Ich komme zum ersten Mal nach Hamburg. An den Landungsbrücken sehen wir, ein weiteres erstes Mal, Mädchen, die statt Petticoats Blue Jeans tragen. Für uns Jungs ein atemberaubender Anblick. Uns bleibt der Mund offen stehen.

Mit jetzt 17, fast 18 Jahren so gut wie ausgewachsen, lasse ich die Pubertät hinter mir, trage dauerhaft passendes Schuhwerk und bewerbe mich als Dekorateur beim Schuhhaus Fiebach, das keine fünfzig Meter von

* »Was habe ich denn davon?«

meinem Lehrbetrieb entfernt ebenfalls in der Bahnhofstraße liegt, und werde für 250 Mark Monatsgehalt eingestellt. In der Zeit, die ich dort verbringe, wird mir die Arbeit immer mehr zuwider. Erst in der Mittagspause, die regulär zwei Stunden dauert, und am Feierabend nach halb sieben, lebe ich auf. Ich gehe jetzt oft mittags in die Rio-Milchbar am Jahnplatz, für 40 Pfennig einen Erdbeermilchshake trinken. Hierher kommen nach Schulschluss die Gymnasiasten. Ich erfahre, dass einige von ihnen, Mädchen und Jungs kurz vor dem Abitur, zur Tanzschule gehen. Mir gefällt die Atmosphäre. Ich schließe neue Bekanntschaften. Hier treffe ich Achim, Missi und George. Die drei machen Skifflemusik. Ich lerne schnell, dass ich in dieser Umgebung mit meiner Vorliebe für deutsche Schlager nicht landen kann. Überhaupt sind hier Lieder mit deutschem Text verpönt. Ich fange an, mich insgeheim für meinen schlechten Musikgeschmack zu schämen. Die drei, Achim, Missi und George, kennen viele für mich neue Gospelsongs und Spirituals. Anders als ich können alle gut Englisch, lernen es in der Schule und hören im Radio den britischen Militärsender. George spiet Banjo. Achim spielt Washboard, indem er sich Fingerhüte aufsetzt und auf dem Waschbrett den Rhythmus raspelt. Missi spielt Teekistenbass: eine umgestülpte Holzkiste als Resonanzkörper mit einem als Basssaite dienenden Draht, der den Kistenboden straff gespannt mit einem Besenstiel verbindet und gezupft dumpfe Töne von sich gibt. Ich bin dem Trio als Gitarrist willkommen, und ich lerne zum ersten Mal einen englischen Songtext. Einen der Hits des damaligen Königs der Skifflemusik, des Briten Lonnie Donegan:

… Does your chewing gum lose its flavour
On the bedpost over night?
If your mother says, don't chew it
Do you swallow in spite? …

Wir treffen uns jetzt fast jeden Abend, unsere Instrumente haben wir immer dabei, im Lindenstübchen, einer von Jugendlichen frequentierten Kellerkneipe, und machen dort Musik. Ich habe damit begonnen, abends statt Sinalco Bier zu trinken. Ein- bis zweimal in der Woche ist Party bei irgendeinem Schüler mit sturmfreier Bude, dessen Eltern verreist sind.

Ich nehme jetzt immer den letzten Bus nach Hause, der Punkt Mitternacht losfährt. Manchmal verpasse ich ihn, das macht mir nichts aus, ich trabe dann die sechs Kilometer zu Fuß durch den oft stockfinsteren Stadtwald. Furchtlos.

Ich stolpere niemals im Dunkeln über herumliegende Äste und werde unterwegs nie jemanden begegnen. Den Hausschlüssel, ich besitze keinen eigenen, legt meine Mutter vor die Tür unter die Fußmatte. Manchmal vergisst sie es, dann klettere ich am Fallrohr der Dachrinne zum ersten Stock rauf und krieche durch das meistens offen stehende Oberlicht des Küchenfensters. Morgens komme ich nur noch schwer von meinem Schlafsofa hoch und erreiche den Bus zur Arbeit wie gewohnt – immer nur knapp im Dauerlauf. Die Vorhaltungen meiner Mutter, die auf mein Abrutschen in einen liederlichen Lebenswandel zielen, prallen an mir ab. Es ist ja gerade die Arbeit, die mich vom wahren Leben, wie ich es von nun an führen möchte und das nur abends und nachts stattfindet, immer noch trennt. Ich fühle den immer stärker werdenden Drang, mich ausschließlich mit den Dingen zu befassen und nur die Ideen zu verwirklichen, für die ich mit Leidenschaft brenne.

Es wird wieder viel – und immer noch mehr – gefeiert und gesoffen. Schützenfeste, Feuerwehrbälle, Jahrmärkte, Frühjahrskirmes, Herbstkirmes in jedem Dorf, wo sich auch die Jugend, die erst nach und nach eine eigene Szene entwickelt, einfindet. Nur die Fahrgeschäfte auf den Rummelplätzen legen schon mal Rock-'n'-Roll-Platten auf und werden von Halbstarken beiderlei Geschlechts regelrecht belagert. Der Schah von Persien hat sich gerade von Kaiserin Soraya getrennt, weil sie ihm keinen Thronfolger gebiert. Wenn in den Festzelten die Feuerwehrblaskapellen zum Tanz aufspielen und den großen Hit der Saison, den River-Kwai-Marsch intonieren, singen die schwofenden Massen dazu:

»He-ja, Soraya kriegt kein Kind / He-ja, der Schah hat Luft im Spind.«

Ich selbst kann zwar auch ganz gut tanzen, meine Schwestern haben mir ein paar Schritte beigebracht, bin aber schüchtern, habe Angst, einen Korb zu bekommen, und gerate schon bei der Aufforderung zum Tanz – »Darf ich bitten?« – ins Stottern. Für die Folgeprozeduren – »Darf ich dich zu 'ner Sinalco einladen?« –, die irgendwann auf – »Darf ich dich nachher bis vor deine Haustür begleiten?« – enden, muss ich viel Mut aufbringen. Dennoch kommt es schon mal zu der einen oder anderen Verabredung mit einem Mädchen, mit dem ich dann meist ins Kino gehen und es hinterher nach Hause bringen darf. Das ist alles. Mit anderen Worten: Ich mache keine nennenswerten sexuellen Erfahrungen, so als würde ich mir die aufsparen, bis die Richtige kommt. Vielleicht halten sich umgekehrt auch die Mädchen mir gegenüber aus dem gleichen Grund zurück. Wer weiß.

Als es mir einmal gelingt und mir Waltraud aus Isingdorf erlaubt, sie nach Hause zu bringen, werden wir schon vor dem Eingang des Festzelts abgefangen. Draußen stehen drei Jungs, älter als ich. Einen von ihnen – Ludwig »Ludchen« den Wortführer, ein Isingdorfer Bauernsohn – kenne ich. Er ist schon fast zwanzig Jahre alt, so groß wie ich, aber schwer und mit dicken Handgelenken. Ich dagegen bin ein dünner Hering. Seine kleinen Augen, sein Gesicht über dem kurzen Hals sind von Bier und Steinhäger gerötet. In den Kneipen der Region immer ein Bier und einen Schnaps zusammen zu saufen, hat Tradition, nennt sich neuerdings aber Herrengedeck.

»Ey, du Scheißer«, sagt Ludchen zu mir und kommt auf mich zu, »zeig mal deinen Jagdschein, hast du überhaupt einen?«

»'Nen Jagdschein? Nee, wieso?« Ich weiß natürlich, was er meint, und auch, was jetzt auf mich zukommt.

»Du willst hier in unserm Revier wildern, du Arsch? Mit unseren Frauen losziehen und hast nicht mal 'nen Jagdschein? Entweder du gibst jetzt einen aus, oder du kriegst was auffe Fresse.«

Meine Antwort, von der er weiß, dass sie nur lauten kann: »Ich hab doch kein Geld«, wartet er gar nicht erst ab und knallt mir seinen Ellenbogen gegen die Brust. Ich lande rücklings zwischen den Hartriegelsträuchern hinter mir und schnappe nach Luft. Ludchen mit seinen beiden Kumpels im Gefolge packt Waltraud am Arm und zieht sie hinter sich her, wieder ins Festzelt in Richtung Theke.

Ich gehe an manchen Wochenenden auch weiterhin zu Volksfesten, tanze aber nicht mehr. Lieber mache ich Musik. In vielen dieser Festzelte gibt es eine extra abgeteilte Ecke, die sogenannte Sektbar, in der ein Akkordeonspieler Musik macht. Meistens allein. Mit einem von ihnen habe ich mich angefreundet. Wir treten öfter mal als Duo auf, indem ich ihn mit der Rhythmusgitarre begleite. Ich bekomme jetzt neben einer Bockwurst mit Salat und vier Freibier sogar Geld dafür – sind es fünf oder eher 15 Mark die Nacht? Ich weiß es nicht mehr. Es interessiert mich damals aber auch nicht, ich würde auch umsonst spielen. Wie schön das Leben doch sein kann. Wenn ich nur nicht immer morgens so früh rausmüsste.

Der konjunkturelle Aufschwung in der Bundesrepublik unter Wirtschaftsminister Ludwig Erhard dauert weiter an, scheint sich sogar noch zu steigern. Es gibt wieder alles und davon viel. Die meisten Haushalte, auch unserer, haben jetzt Kühlschränke. Die sind voll, werden leer gefressen und wieder gefüllt. In Storks Würstchenbude an der Busendstation Kesselbrink, gönne ich mir am Monatsende nach Gehaltsauszahlung jedes Mal drei bis vier, manchmal fünf, Bratwürste nacheinander. Storks Bratwürste – leider gibt es sie nicht mehr – sind die besten in der Bundesrepublik. Ich kann das beurteilen. In den letzten fünfzig Jahren habe ich auf meinen Tourneen zwischen München und Flensburg Hunderte von Wurstbuden überprüft; Storks Würstchen sind nicht zu toppen.

Jetzt, zum Ende der Fünfzigerjahre hin, gibt es neuerdings Grillhähnchen- und Schaschlikstände. Es kommt vor, dass mein Vorgesetzter zu mir sagt: »Geh'n Sie doch mal zum Jahnplatz und holen Sie uns ein Schaschlik, ich gebe einen aus«, was ich dann nur zu gern tue. Schaschlik und Hähnchen mag ich, werde mich aber strikt allen danach noch folgenden populär-kulinarischen Entwicklungen verweigern und mein Leben lang weder Gyros, Pizza noch Döner essen.

Einige meiner neuen Freunde, die Schüler aus der Rio-Milchbar und dem Lindenstübchen, tragen echte Blue Jeans. Raw Denim Jeans gibt es noch in keinem Laden zu kaufen. Woher haben sie die? Sie haben Kontakt zu britischen Besatzungssoldaten, die an der Detmolderstraße in den Catterick Barracks kaserniert sind und mit Sachen Schwarzhandel treiben, die bei uns nicht so ohne Weiteres, eher gar nicht, zu haben sind. Ich will auch unbedingt Blue Jeans tragen und besorge mir eine, zusammen mit ein paar Stangen geschmuggelter Rothmans und Benson & Hedges. Die neuen Jeans sind langweilig dunkelblau und steif. Sie sollen abgewetzt aussehen, hell an den Oberschenkeln und Nähten. Ich wasche die Jeans, meine Mutter will ich damit nicht behelligen, erst mal selbst. Ich koche sie in einem Suppentopf aus, damit sie dann, sie ist zu lang, während des

Trocknens einläuft. Ich ziehe sie noch nass an, stelle mich, eine Dusche haben wir nicht, in unsere Familienwaschschüssel und scheuere mit Bimsstein zunächst die Oberschenkel hell und dann über dem Hosenstall die Knopfleiste, bis sie fast weiß ist. Die enge und nasse Hose wieder auszuziehen, ist mühsam. Sie färbt ab, und die Haut auf meinen Oberschenkeln bleibt noch tagelang bläulich. Am nächsten Morgen ziehe ich die über Nacht getrocknete und passend eingelaufene Jeans zur Arbeit an. Noch vor der Mittagspause werde ich zu Herrn Fiebach, meinem Chef, gerufen. Ein paar ältere Verkäuferinnen, vorneweg Frau Stölting und Frau Dopheide, haben sich über mich beschwert. Der Anblick des weiß gescheuerten Hosenstalls meiner Blue Jeans hat ihr sittliches Empfinden verletzt. Ich werde von Herrn Fiebach zur Rede gestellt:

»Wie können Sie es wagen, derart schamverletzend gekleidet an Ihrem Arbeitsplatz zu erscheinen? Knöpfen sie gefälligst ihren Kittel zu, morgen will ich Sie hier in einer anständigen Hose sehen.«

Damit ist mir das Tragen einer Jeans erst einmal verleidet.

Eines Abends nehmen mich Jungs aus der Rio-Milchbar in den Bunker Ulmenwall, damals der erste Jazzkeller in der Stadt, zu einem Jazzbandball mit. Mir ist, als beträte ich eine andere Welt. Ich höre und sehe zum ersten Mal Jazz live. Eine Amateur-Dixieland-Band spielt in klassischer Besetzung: Schlagzeug, Kontrabass, Klavier, Banjo, Trompete, Posaune, Klarinette. Es ist eine Jam Session. Das bedeutet, wie man mir erklärt, dass es sich hier um ein zufälliges Zusammentreffen von »Jatzern« (und nicht etwa »Dschässern«) handelt, die alle unterschiedlichen Bands angehören. Ich bin augenblicklich begeistert und weiß: Das, was ich hier höre, ist ab sofort auch meine Musik. Dieser Abend ist für mich unvergesslich. Am meisten beeindruckt mich der Klarinettist, da ist für mich die Sache klar: Ich werde auch Klarinette spielen lernen.

Dass Dixieland-Jazz in den Fünfzigern eigentlich unzeitgemäß und längst von moderneren Jazzstilen abgelöst ist, nur ein Revival erlebt, stört mich überhaupt nicht. Meine Begeisterung für Jazz wird auch von der vorwiegend studentischen Jugend und einer akademischen Minderheit geteilt. In vielen Städten gibt es jetzt Jazzkeller, denen der Existenzialisten der Pariser Rive Gauche nachempfunden, wo Amateurgruppen ebenso wie bekannte nationale als auch internationale Profis auftreten. Obwohl die Saint-Germain-des-Prés-Welle bereits im Abklingen begriffen ist, trifft man in den Kellern noch entsprechend gekleidete Leute, die Camus, Sartre und de Beauvoir lesen. Ich besorge mir »Das Jazzbuch« von Joachim-Ernst Berendt und lese darin wie in einer Bibel. Auch ich trage jetzt einen schwarzen Rolli, das Haar kurz geschoren und eine dunkle Hornbrille mit Fensterglas. Ich möchte älter erscheinen und intellektuell aussehen. Außer Mike Bennewitz, Posaunist und Kontrabassist in verschiedenen Bielefelder Bands, der auch einen Vollbart trägt, bin ich derzeit der Einzige in ganz Ostwestfalen, der sich traut, mit Bart rumzulaufen.

Neben dem Bunker Ulmenwall hat jetzt im Souterrain des Gewerkschaftshauses Eisenhütte ein weiterer Keller geöffnet, der sich Jazz-Klause nennt und der neben dem Bunker der einzige Laden in der Stadt ist, in dem Jazzplatten aufgelegt werden. Ein Glück. Ich selbst besitze weder einen Plattenspieler noch Platten. Im Radio sind Jazzsendungen noch selten. Hier höre ich Jazz querbeet. Louis Armstrong neben Miles Davis und Ella Fitzgerald. Benny Goodman neben den Feetwarmers aus Düsseldorf. Duke Ellington neben Eddie Condon und Knut Kiesewetter, dem Jazzsänger in Hamburg. Das Modern Jazz Quartet neben Django Reinhardt und viele, viele andere. Hier in der Jazz-Klause treffe ich auf jazzversessene Jungs meist meines Alters, die entweder schon ein Instrument spielen können oder spielen lernen, um so schnell wie möglich eine Band zu gründen. Einer von ihnen kennt jemand, der mir eine gebrauchte Klarinette für 50 Mark verkauft. Ich will mir selbst Klarinette beibringen und keinen Unterricht nehmen. Was ich nicht weiß: Es gibt zwei Arten von Klarinetten mit jeweils unterschiedlichem Griffsystem. Das deutsche sogenannte Oehler-System und das französische Boehm-System. Das Oehler-System ist hierzulande logischerweise verbreiteter als das französische meines frisch erworbenen Instruments. Als ich im Musikgeschäft nach einer Klarinettenschule mit Grifftabelle frage, haben sie nur eine für das deutsche System, die ich dann trotzdem nehme. Was soll ich sonst machen? Ich muss die Anordnung der Klappen und Ringe völlig umdeuten, was mir mit großer Mühe irgendwann auch gelingt. Im Haus darf ich nicht üben, die hohen schrillen Töne dringen durch alle Wände. Tante Anneliese hat sich schon beschwert. Ich gehe in den Schuppen hinterm Haus. Hier versuche ich manchmal stundenlang neben Tonleiteretüden und schnellen Läufen, die rauen Growl-Töne und die jaulenden, atemberaubenden Glissandi über vier Oktaven, vom tiefen E bis zum C nachzuahmen, wie sie Pee Wee Russel auf seiner Klarinette zaubert. Für den passiven Zuhörer sicher die reine Folter, aber nicht für mich. Der Schuppen ist ziemlich groß. Eines Sonntagmorgens, als ich wieder mal diese höllischen Portamenti übe, höre ich, immer während ich blase, aus der Ecke, wo Onkel Edis Kaninchenstall steht, ein Klopfen. Wenn ich das Instrument absetze, ist Ruhe. Ich gehe zum Kaninchenstall. Das Karnickel liegt zitternd und hyperventilierend auf der Seite. Ich setze die Klarinette wieder an und blase. Das Kaninchen springt auf und rammt seinen Kopf ein paarmal gegen die Käfigwand. Daher also das Klopfen. Ich will das arme Tier mit meiner Musik nicht umbringen und blase erst wieder im Schuppen, nachdem Onkel Edi es geschlachtet hat. In der Zwischenzeit setze ich mich zum Üben im Elternschlafzimmer in den Kleiderschrank, wo die darin hängenden Klamotten auch die lautesten Töne sehr wirksam dämpfen.

Wir, das heißt ein paar Jungs aus der Jazz-Klause und ich, haben endlich eine Band gegründet. Nach einer Idee unseres Banjoisten Klaus »Flöhchen« Weber, nennen wir uns »Gut Bucket Stompers«, was übersetzt etwa »Gedärme-Eimer-Stampfer« bedeuten könnte. Dabei bilden wir keine feste Formation: Der eine kommt, der andere geht. Viele habe ich mit den Jahren aus den Augen verloren. Jochen Adler, damals am Schlagzeug, ist die Ausnahme. Ihn und seine Frau Petra treffe ich noch regelmäßig, wenn ich nach Bielefeld komme. Manchmal spielen britische Soldaten aus der Catterick-Barracks-Kaserne mit, wie Truck Driver Johnny Hopkins an der Posaune und sein Freund Wally am Schlagzeug. Ray Austin aus Halifax stößt zu uns. Ray ist ebenfalls Soldat, spielt Trompete und spricht erstaunlich gut Deutsch. Anfang der 60er verlieren wir uns für ein paar Jahre aus den Augen. Zu Beginn der 70er begegnen wir uns in Freiburg wieder. Ray hat die Trompete zur Seite gelegt, spielt jetzt Gitarre und ist wie ich Singer-Songwriter geworden.

Wir Jazzer treffen uns einmal die Woche zum Üben in einem Kellerraum, den uns die Eltern unseres Kontrabassisten zur Verfügung stellen. Einige von uns zieht es wieder mal nach Hamburg. Wir fahren mit dem »Tanzzug« hin, eine Einrichtung der Bundesbahn an Wochenenden. Tatsächlich kann man unterwegs in den leer geräumten Speisewagen tanzen. In Hamburg soll es jetzt eine lebendige Jazzszene geben. Die Old Merry Tale Jazzband hat sogar mit »Am Sonntag will mein Süßer mit mir segeln geh'n« einen Hit gelandet, tritt am Abend unserer Ankunft aber nicht auf. In den Riverkasematten am Fischmarkt spielt eine kleine Combo: Altsax, Piano, Bass und Drums. Knut Kiesewetter kommt rein, packt seine Posaune aus, steigt mit ein und singt auch ein paar Titel. Der etwas modernere, mainstreamigere Sound gefällt mir. Aus irgendeinem Grund hört die Band noch vor Mitternacht auf zu spielen. Schade. Wohin jetzt? Wir gehen ins Top Ten auf der Reeperbahn. Hier tritt fast die ganze Nacht lang eine sechsköpfige britische Rock-'n'-Roll-Gruppe auf. Nicht so unser Ding, aber live und besser als nichts.

Erst Jahre später, als ich Tony Sheridan persönlich begegne, stellt sich heraus, dass er in dieser Nacht im Top Ten der Lead-Sänger der ihn begleitenden Truppe war – den Beatles – damals noch mit Stuart Sutcliffe am Bass und Pete Best an den Drums.

Der Ausflug nach Hamburg macht es mir noch schwerer, wieder in meinen normalen Arbeitsalltag zurückzufinden. Ich ergreife die Gelegenheit, für 100 Mark günstig ein gebrauchtes Tenorsaxofon zu kaufen, das, nachdem ich die alten undichten Klappenpolster durch neue ersetze, wieder einwandfrei funktioniert. Leider komme ich nicht so oft zum Üben, wie ich gerne möchte.

Meine Klarinette nehme ich jetzt öfter mit in die Firma, wo ich mich manchmal in der Mittagspause, wenn mein mir vorgesetzter Dekorateur zu Tisch ist, in der Toilette einschließe und übe. Welcher Teufel reitet mich, irgendwann auch außerhalb meiner Tischzeit auf dem Lokus bei offenem Fenster Klarinette zu blasen? Vielleicht, um damit unbewusst eine Entscheidung – den Bruch mit meinen bisherigen Lebensumständen – herbeizuführen? Jedenfalls rennen Frau Stölting und Frau Dopheide, ihre speichelleckerischen Kolleginnen im Gefolge, gleich los, um mich zu denunzieren.

Fritz Fiebach höchstpersönlich hämmert mit der Faust gegen die Klotür: »Hören Sie augenblicklich auf mit diesem entsetzlichen Lärm! Öffnen Sie die Tür! Sofort!«

Er ist fassungslos vor Zorn und Verständnislosigkeit, so was hat er noch nicht erlebt – ich ja auch nicht – wir beide nicht. Ich sabotiere mit meinem Verhalten den Betrieb und seinen streng geregelten Geschäftsablauf.

Er ringt nach Worten, holt Luft, um zu brüllen: »Das wird ein Nachspiel haben, Sie …, Sie …, Sie sind gefeuert!«

Ich erwidere darauf so etwas wie: »Und ich kündige. Machen Sie doch Ihren Scheiß alleine!«

Damit bin ich – ich weiß nicht mehr, ob fristlos oder nicht – erleichtert und ohne Bedauern draußen. Die Firma Fiebach stellt mir sogar noch ein Zeugnis aus, das ich eigentlich nicht mehr brauche. Da ich von nun an, Gelegenheitsjobs sind die Ausnahme, nie wieder als Angestellter beschäftigt sein werde, weiß ich bis heute nicht, ob es ein schlechtes oder passables Zeugnis ist.

Es heißt ja, dass sich Firmeninhaber untereinander über eine spezielle Zeugnissprache verständigen und in harmlos erscheinenden Formulierungen codierte Botschaften über ihre bisherigen Mitarbeiter an deren künftigen Arbeitgeber richten können. Ich kann mir gut vorstellen, dass die Floskel »Herr Soundso hat alle ihm übertragenen Arbeiten zur Zufriedenheit erledigt« nichts anderes bedeutet als: »Die faule Sau konnte sich vor jeder Art von Arbeit erfolgreich drücken.«

Sicher, ich gebe zu, mein Betragen ist für einen vorbildlichen Untergebenen wohl nicht beispielgebend. Andererseits machen mir in den rund sechs Jahren, in denen ich abhängig beschäftigt bin, die vielen Kriecher, die nach oben buckelnden und nach unten tretenden »Radfahrer«, unter meinen Kolleginnen und Kollegen manches Mal zu schaffen. Die ihnen später gewidmete »Arschkriecherballade« habe ich dementsprechend unappetitlich verbal bebildert.

Arschkriecherballade

An einem trüben Tag, als er gerade vierzehn war,
eben wuchs auf seiner Brust das erste blasse Haar,
spielte er für sich im Wald, da rief sein Vater ihn herein,
brachte ihn zu seiner Mutter, ließ ihn dann mit ihr allein.
Den Kopf mit Waldgeschichten vollgestopft bis an den Rand,
drei Federn noch im Schopf, Pfeil und Bogen in der Hand,
stand er da ganz nackt, und seine knochige Gestalt

war von Kopf bis Fuß mit bunten Kriegszeichen bemalt.
Seine Mutter strich um ihn herum und deutete dann
mit dem Blick auf seinen rot-weiß-grün gestreiften Pillermann.
Sagte: »Ach, mein Junge, wenn du schon so gerne malst und schmierst,
sorge ich dafür, dass du was Künstlerisches wirst.«

Kurze Zeit darauf fand sich ein Warenhaus bereit,
ihn als Schildermaler einzustellen mit ’ner Probezeit.
Er bestaunte, dass ihm tagelang der Mund weit offen stand,
in dem großen Hause all die neuen Dinge, die er fand.
Schöne Menschen gab es dort mit Gesichtern glatt und weich,
und er schaute in den Spiegel, lief schnell weg und fragte gleich
einen unrasierten, alten Mann mit eckigem Gesicht:
»Warum sind wir beide denn so hässlich und die andern nicht?«
»Wenn’s dein Wunsch ist«, sprach der Mann, »so wie die anderen zu sein,
halte dich an deinen Chef, kriech ihm einfach hinten rein.
Das übst du fleißig, bis sich dein Profil schön sanft und glatt
an der Darmwand des Vorgesetzten abgeschliffen hat!«

Und schon wandte sich der Junge an den sauberen Verein
mit dem heißen Wunsch, bald auch so’n schöner Arschkriecher zu sein.
Doch da zeigten sich die Menschen sehr verwundert und empört,
taten so, als hätten sie das Wort noch nie gehört.
Sie packten ihn am Arm, führten ihn in einen Raum,
dort hing ein hoher Vorgesetzter, höher als ein Baum,
von der Zimmerdecke festgeschnallt in einem Stützkorsett,
dessen nackter Hintern pendelte, schön glänzend, bleich und fett
wie ein praller Gasballon, nur zig tausendmal so schwer,
als die Tür aufging, kaum wahrnehmbar, im Luftzug hin und her.
Der Junge spürte, als das dicke Ding dicht vor ihm schwang,
eine sanfte Hand im Nacken, die ihn in die Knie zwang.

Und dort fand er sie, die Öffnung, ganz tief unten, gar nicht groß,
und er jauchzte laut vor Freude, und sofort ließ man ihn los.

Er atmete tief ein, bohrte dann mit aller Macht
seinen dürren Knabenkörper in den engen dunklen Schacht.
Doch im nächsten Augenblick ein heißer Druck, ein Donnerschlag,
und als er darauf halb betäubt in einer Ecke lag,
einen Mann vor Schmerz laut brüllen hörte, war ihm endlich klar,
dass er als Afterkriecher völlig ungeeignet war.
Er befühlte sein Gesicht, es war noch alles wie vorher,
nur mit der scharfen Krümmung seiner Nase hatte er
dem Vorgesetzten nicht allein den Schließmuskel geritzt,
sondern ihm auch noch der Länge nach den Mastdarm aufgeschlitzt.

Voller Angst sah er jetzt, wie die schönen Menschen um ihn her
hässlich wurden und ihn schlugen, und schon spürte er nichts mehr.
Als er dann erwachte, sah er jenen alten Mann
mit dem eckigen Gesicht, er kroch hin und schrie ihn an:
»Ich habe die Menschen jetzt, wie sie wirklich sind, geseh'n,
und ich krieche auch nie wieder, davon wird man gar nicht schön.
Ich will wissen, alter Mann, was ist mit den Leuten los,
wenn sie schon nicht hübscher werden, warum kriechen sie denn
bloß?«
»Schwer zu sagen«, sprach der Mann, »manch einer kriecht ja auch
nicht gern
und meint, er muss es tun, um die Familie zu ernähr'n.
Dem andern macht es Spaß, er schafft sich Frau und Kinder an –
als Vorwand – nur damit er besser Arschkriechen kann.«

Weiter geht's – irgendwie

Plötzlich arbeitslos zu sein, ohne Aussicht auf eine beruflich gesicherte Zukunft – und vielleicht überhaupt keine zu haben –, bedrückt mich nicht. Im Gegenteil. Ich schwebe eher. Bin ein Ballonfahrer, der Ballast abwirft. Da geht einiges über Bord. Auch das Gewicht, das ich bisher auf das Urteil anderer gelegt habe. Mir wird leichter, ich steige auf, überlasse mich ohne Vorsicht und Rücksicht allein den Winden und der Thermik meiner Träume.

Ich weiß nicht mehr, ob ich bewusst dahin führende Entschlüsse fasse oder einfach nur etwas aufgebe, was ich sowieso nicht kann – mich anpassen. Klar will ich auch gemocht werden. Da ich aber nicht mehr einfach funktioniere, nur noch mache, was ich will, nur noch nach meinen Neigungen handle, und zwar äußerlich sichtbar, ecke ich an. Allein schon indem ich weiterhin meinen Bart trage, bekomme ich vonseiten der gut rasierten »normalen« Leute reichlich Gegenwind zu spüren. Den halte ich aber ganz gut aus. Von einigen wenigen einigermaßen toleriert und anerkannt zu sein, muss mir erst mal genügen.

Mangels großer Lebensziele sehe ich mich von nun an nur noch meinen jeweiligen Einfällen und Träumen verpflichtet. Bisher nur schlafend vorhandene Charaktereigenschaften – und nicht nur schöne – kommen jetzt verstärkt zum Vorschein, nehmen Kontur an, werden mein künftiges Verhalten und mein Leben bestimmen.

Ganz gleich, ob ich große Träume hege oder kleine, wird die Außenwelt alles daransetzen zu verhindern, dass sie sich erfüllen. Wenn er sich gegen die Realität stemmen will, muss der Träumer enorme Kraftakte vollbringen. Dazu ist ein hohes Maß an Rücksichtslosigkeit, Sturheit und Furchtlosigkeit unerlässlich.

Viele Menschen sehen auch deshalb von der Umsetzung ihrer Träume ab, um ihnen nahestehende Personen nicht vor den Kopf zu stoßen. Sie geben auf und vermeiden es damit, sich auch ihrerseits Hautabschürfungen –

nicht nur im übertragenen Sinne – und andere Verletzungen zuzufügen. Das ist das Normale. Immer wieder begegnen mir Leute, die sagen:

»Eigentlich wollte ich ja Maler, Sänger, Musiker oder Kernphysiker werden, aber dann musste ich den väterlichen Betrieb übernehmen.«

Ich habe schon vor Längerem damit begonnen, und werde auch in Zukunft viel Kraft darauf verwenden, mir alle lästigen Menschen, Tatsachen, Wahrheiten, Mühen und Pflichten vom Leibe zu halten. Ich verschließe »dem tötenden Insekte gerühmter besserer Vernunft mein Herz« und lasse meinem Hang zur Übertreibung bis zur Maßlosigkeit freien Lauf. Ohne Rücksicht auf eigene oder fremde Verluste.

Doch nicht alle meine Versuche, mich mit zum Teil brachialer Rücksichtslosigkeit von realen und auch eingebildeten Zwängen zu befreien, gelingen. Ich empfinde immer, mal stärker, mal schwächer, einen Rest von Unerlöstheit. Ein diffuses Gefühl des Ungenügens bei allem, was ich tue, wird mich wohl nie ganz verlassen.

Ich wache oft des Morgens mit einem mulmigen Gefühl und der Frage auf, was ich wohl heute wieder nicht richtig hinkriegen werde. Was mir dann schon den Einstieg in den Tag versauen kann. Tröstlich ist, dass es anderen ähnlich ergeht. Zudem werde ich mir wohl noch auf dem Sterbebett vorwerfen, mich auch beim Abkratzen wieder nicht zu hundert Prozent eingebracht zu haben.

Sich so konsequent asozial zu verhalten, ist zwar mühsam, setzt andererseits aber auch wieder Energien frei. Ich bin durchaus – manchmal bis zur Verbissenheit – aktiv, habe aber gleichzeitig das Wort »Arbeit« aus meinem Wortschatz gestrichen. Ich meine, die Arbeit als das alle menschlichen Beziehungen zersetzende Übel erkannt zu haben. Hat mich die Arbeit denn nicht mir selbst, meiner Klasse, meiner Familie und dem wahren Leben entfremdet? Es wird noch zehn Jahre dauern, bis ich über die Lektüre marxistischer Theorien meine Deutung des Begriffs Arbeit korrigieren werde.

Dass ich bei Fiebach so von einem Tag auf den anderen in den »Sack gehauen« habe, nimmt meine Mutter eher ergeben und resigniert hin. Vielleicht hat sie schon so etwas kommen sehen. Ich bin mit meinen 19 Jahren zwar immer noch minderjährig, lasse mir von ihr aber nichts mehr sagen. Ich habe jetzt mehr Zeit tagsüber im Schuppen, ohne jemand zu stören (der Kaninchenstall bleibt unbewohnt), Saxofon und Klarinette zu üben. Allerdings fehlt es mir an Geld. Ich bekomme kein Gehalt mehr, soll aber weiter Kostgeld an meine Mutter zahlen. Obwohl wir mit unserer Jazzband so oft wie möglich auftreten, Geld lässt sich damit kaum verdienen.

Eines Abends im Bunker spricht mich Peter Ilskensmeier an. Er hat ein Trio gegründet, das jede Freitag- und Samstagnacht im Keller des Gesellschaftshauses am Klosterplatz, in der Jonathan-Bar, die eine kleine Tanzfläche hat, Musik macht. Peter spielt Schlagzeug, Franz Kontrabass und Wilfried Piano. Sie brauchen noch einen vierten Mann. Ich sage sofort zu und aktiviere neben dem Sax und der Klarinette wieder die Rhythmusgitarre. Wir spielen Barmusik. Franz kann ganz gut singen und hat alle Sinatra-Nummern aus dieser Zeit drauf. Wir bringen unter anderem einige Jazzstandards wie »All of Me«, »Honeysuckle Rose«, »The Sheik of Araby«. Auf dem Saxofon spiele ich von Stan Getz inspiriert – zu einem improvisierten Chorus reicht mein Können nicht ganz – die Melodie von »Desafinado«. Auf der Klarinette kriege ich Stücke wie »Petit Fleur«, den »Wild Cat Blues«, und von Sidney Bechet »Si tu vois ma mère« ziemlich gut hin. Es gibt sogar eine Gage. Wir bekommen jeder 30 Mark pro Abend, also 60 für zwei Nächte und Getränke frei. Das ist schon mal nicht schlecht, reicht mir aber nicht, ich gebe mehr Geld aus als früher.

Ich bin jetzt jeden Abend bis nach Mitternacht unterwegs. Wenn ich nicht gerade Musik mache, gehe ich ins Kino. Ich sehe alle Streifen mit meinen Helden wie Burt Lancaster, Kirk Douglas, Clark Gable, Yul Brynner, John Wayne, Cary Grant. Auch die französischen Filme – die Nouvelle Vague ist jetzt angesagt – gefallen mir. Besonders »Außer Atem« mit Jean-Paul Belmondo und Jean Seberg. In einem dieser Filme steigen Belmondo und Jean-Claude Brialy mit Straßenschuhen in ein frisch bezogenes Bett. Ich bin von dieser Szene stark irritiert, ja geschockt. Warum, weiß ich nicht. Eine mögliche Erklärung: Ein richtiges Bett ist mir heilig, weil ich noch nie im Leben in einem geschlafen habe, und ich empfinde daher das Herumtrampeln auf dem blütenweißen Laken als Bettenschändung.

Wenn der letzte Bus schon weg ist, lasse ich mich, wenn auch selten, manchmal mit dem Taxi nach Hause fahren, was dann so um die zehn

Mark kostet. Auch wenn es bedeutet, dass ich morgens wieder früh raus muss, was mir gar nicht passt, muss ich mich nach einem Job umsehen. In der Nähe des Hauptbahnhofs befindet sich unter einer Bahnunterführung eine Zweigstelle des Arbeitsamtes, die Gelegenheits- und Tagesjobs vermittelt; von den Oberschülern aus der Rio-Milchbar, die in ihren Ferien arbeiten wollen, »Penneramt« genannt. Oft ist der Eingang des Büros von Arbeits- und Obdachlosen umlagert, die es immer noch gibt, obwohl sie seit einigen Jahren im Zuge des Wirtschaftswunders völlig aus dem innerstädtischen Straßenbild verschwunden sind. Am späten Vormittag, die meisten Jobs für den heutigen Tag sind wohl schon verteilt, betrete ich den Warteraum des kleinen Amtes. Auf einer der Bänke sitzt Joe – allein.

Ich bin überrascht. Es ist schon fast Hochsommer, und ich hätte ihn jetzt um diese Zeit, wie im letzten Jahr und dem davor, an der Côte d'Azur vermutet. Wahrscheinlich braucht er Geld für seinen Trip nach Saint-Tropez. Joe mag ein oder zwei Jahre älter sein als ich. Er ist etwas Besonderes und für die »reiferen« Jugendlichen meines Alters eine Legende. Ich kenne ihn unter anderem aus dem Deutschen Haus, in dessen Saal, bevor dort ein Großbrand ausbrach, manchmal englische Rock-'n'-Roll-Bands auftraten, die aus Soldaten der Catterick Barracks bestanden. Auch auf Rummelplätzen und Zeltfesten kann er plötzlich auftauchen. Wir reden nicht oft miteinander, aber Joe mag mich, das merke ich und empfinde es als Auszeichnung. Joe, sein Taufname ist Axel, ist bewundert und gefürchtet. Obwohl viele Jungs ebenso wie die Mädchen seine Nähe suchen, ist er auf Abstand bedacht, ein Einzelgänger und weder der Wortführer noch das Alphatier eines von ihm erwählten und unterworfenen Rudels. Ohne dass er den typischen Schlägertypen verkörpert, umgibt ihn eine Aura des Gefährlichen, die oft derart provozierend auf meist schon besoffene Rabauken wirkt, dass sie nur noch auf ihn einschlagen wollen. Joe ist nicht groß, aber athletisch gebaut, kann sich sowohl lässig hinstellen als auch schnell und geschmeidig bewegen. Meistens geht er Prügeleien aus dem Wege, manchmal aber auch nicht. Dann fliegen die Fetzen. Ihm fehlen die Schneidezähne, und er versucht, die Lücke im Kiefer beim Reden mit der Oberlippe zu verdecken. Das Gesicht eines jeden anderen würde dadurch entstellt und verkniffen wirken, bei Joe sieht das einfach nur »cool« aus.

Joe macht mir den Vorschlag, uns gemeinsam von dem Beamten eine Arbeit – das Wort »Job« ist wie der Ausdruck »cool« derzeit in der deutschen Alltagssprache noch nicht angekommen – vermitteln zu lassen. Zwei Großbaustellen stehen zur Wahl. Der Stundenlohn beträgt bei beiden eine Mark achtzig. Wir entscheiden uns für Bielefeld-Schildesche. Dort soll der Viadukt, 1945 zerstört durch eine zehn Tonnen schwere sogenannte Grand-Slam-Bombe, repariert werden. Um die sechzig Meter weit klaffende Lücke zu schließen, ist eine Spannbetonbrücke geplant. Übrigens wird der Viadukt – so ein Zufall – von eben dem Johannisbach unterquert, der auch an unserem zehn Kilometer weiter westlich liegenden Haus vorbeifließt. Wenn ich von nun an auf dem Bau arbeiten werde, muss ich meine Brille abnehmen. Ich stecke sie ein. Für Bauarbeiter ist ein Brillenträger der Arsch. Joe und ich gehen hinüber zum Bahnhof, um von dort mit der Straßenbahn nach Schildesche zu kommen.

»Halt, stopp«, sagt Joe, »das machen wir anders.«

Er geht auf das Hotel Bielefelder Hof zu. Davor parkt ein nagelneuer knallroter Mercedes 190 SL. Ein Cabrio mit offenem Verdeck. Gegen die Motorhaube gelehnt, mampft ein etwas pummeliger Typ, ungefähr in Joes Alter, eine Bratwurst vom Pappteller aus der Imbissbude schräg gegenüber. Es ist Lutz, der Sohn vom Apotheker.

»Na Lutz, wie isses?«, fragt Joe. Lutz fällt, als er Joe erkennt, vor Schreck fast der Restzipfel seines Würstchens aus der Hand.

»So, Lutz, das passt ja prima, du fährst uns jetzt mal nach Schildesche«, sagt Joe.

»Mensch, Joe, Mensch, ich kann doch jetzt nicht, ich muss doch …«

»Klar, musst du, du musst uns mal ganz fix nach Schildesche fahren.«

Dass es wahrscheinlich verboten ist, gequetscht zu dritt nebeneinander in einem offenen Zweisitzer-Cabrio zu fahren, interessiert Joe nicht im Mindesten.

Unter dem Viadukt, zwischen zwei mächtigen Pfeilern, steht die Bauleitungsbaracke. In der offenen Tür steht ein Mann, ich nehme an, es ist der Bauleiter. Er mustert uns befremdet und ratlos einen nach dem anderen. Als Joe ihm sagt, dass wir hier arbeiten wollen, ist er erst recht verblüfft. Er ist wahrscheinlich der einzige Bauleiter und bleibt es wohl auch, der jemals Hilfsarbeiter mit Mercedes und Privatchauffeur beschäftigen wird. Kopfschüttelnd holt er ein Klemmbrett aus der Baracke, notiert unsere Namen und glotzt der Staubfahne hinterher, die der Roadster aufwirbelt, als Lutz Vollgas gibt und von der Baustelle braust.

Wir sind angewiesen, mithilfe einer Schubkarre zunächst mal die Wendeplätze und Zufahrtswege für die Baumaschinen und die Lkws freizuräumen, die voller Baumaterial ankommen und rasch entladen wieder abfahren. Überall liegen Reste von Schalholz, Stahlmatten und dicke Bauschuttbrocken herum. Die Arbeit, besonders das anschließende Beregnen der Wege mit der Spritzdüse an einem 3/4-Zoll-Schlauch, um den Baustaub zu binden, macht mir beinahe Spaß. Joe ist weniger begeistert. Über uns, in circa 16 Metern Höhe, auf der Decke der Viaduktruine, rumort ein Bagger, rattern schwere Abbruchhämmer. Joe steckt sich eine Zigarette an, setzt sich auf den Rand der Schubkarre und schaut nach oben. Plötzlich springt er auf, hechtet aus dem Stand auf mich zu und reißt mich um. Ich lande knapp unter dem Viadukt hart auf dem Rücken. Gleichzeitig poltern und krachen lawinenartig, von der Baggerschaufel über den Viaduktrand geschobene Massen von Bauschutt nieder. Dicke Gesteinsbrocken zerquetschen und begraben die keine drei Meter von uns entfernte Schubkarre. Während Joe mit seinem Hechtsprung nur knapp dem Tod entrinnt, stehe ich in dem Moment einigermaßen geschützt unter einem der Viaduktbögen. Joe hätte mich also gar nicht zu Boden reißen und retten müssen. Aber wie ich schon sagte, er mag mich. Wir stehen auf, beide bedeckt von weißem Staub. Joe sagt: »Los, nichts wie weg hier.«

Wir melden uns erst gar nicht beim Bauleiter ab, verzichten auf den Lohn für zwei Stunden Arbeit und fahren mit der Straßenbahn in die Stadt, direkt zum Kesselbrink, unserer Alternative zur Viadukt-Baustelle. Joe und ich werden sofort für den nächsten Tag eingestellt. Diesmal ist die Bezeichnung Großbaustelle wirklich angebracht. Hier soll die größte Tiefgarage Deutschlands entstehen. Pünktlich um 7 Uhr fangen wir am nächsten Morgen an und werden gleich ganz schön rangenommen. Wir müssen den Vormittag über schwere – und wie ich glaube – gusseiserne Rohre schleppen. Durch Steckmuffen miteinander verbunden, bilden sie eine Rohrleitung, durch die mit einer Pumpe der flüssige, frisch gemischte Beton in den gigantischen Tiefgaragenkeller gepresst wird. Gegen Mittag erklärt mir Joe, dass er von der Schufterei genug hat, sich für fünf Stunden auszahlen lassen, abhauen und nicht mehr wiederkommen wird. Dann ist er auch schon verschwunden.

Wir werden uns erst Jahrzehnte danach wieder begegnen. Bei einem Open-Air-Konzert auf Burg Abenberg im Mittelfränkischen, das ich 2003 im Rahmen einer Tournee zusammen mit Konstantin Wecker gebe. Backstage während der Pause meldet unser Tourneeleiter Peter Ledebur: »Hier ist einer, der Joe heißt und dich sprechen will. Er sagt, du wüsstest Bescheid.«

Ja, ich weiß sofort Bescheid und erkenne Joe gleich wieder, obwohl wir uns seit fast vierzig Jahren nicht mehr gesehen haben. Joe ist gerade bei Freunden in Nürnberg zu Besuch, lebt seit Langem in Nizza und malt surrealistische Bilder. Von einigen hat er Fotokopien dabei, die er mir überlässt. Ich staune und finde, er malt richtig gut.

Er kennt sogar das Lied »Charley« und weiß, von wem auch immer, dass ich mit diesem Charley ihn gemeint habe, als ich es Anfang der Siebzigerjahre schrieb. Ich habe Joe darin nur in Charley umbenannt, weil ich wegen des Versmaßes einen zweisilbigen Namen brauchte. Dass ich Charley dabei mit »e« und »y« schreibe, ist eine Laune und hat nichts weiter zu bedeuten.

Hier die Verse, die von Joe alias Axel alias Charley handeln, einem der Helden meiner Jugend:

Charley

Früher lief hier einer rum, es ist schon ziemlich lange her,
einer, der sich Charley nannte, viele wissen's gar nicht mehr.
Ein paar andre, ich bin sicher, die erinnern sich noch gut
an seine Hinterhältigkeit und ihre Angst vor seiner Wut.
Manchmal blieb er ein paar Wochen, mal verschwand er für ein Jahr.
Salz und Sonne in der Haut und mit ausgeblich'nem Haar
war er plötzlich, stark wie immer, nach 'ner Weile wieder hier,
für uns Jungs war er der König, für die Alten mehr ein Tier …

Alle haben es bemerkt, wie gut sein Blumenhemd ihm stand
mit Löchern drin, ganz heimlich mit 'ner Kippe reingebrannt,
was aussah, dass fast jeder sie für Einschusslöcher hielt,
und der Sohn vom Apotheker hat sofort danach geschielt.
Er kaufte Charleys Hemd zu einem unverschämten Preis,
trug es schmutzig, wie es war, mitsamt den Löchern und dem
Schweiß.
Sicher hat er fest geglaubt, er brauche es nur anzuzieh'n
und Charleys Kraft und Schönheit übertrügen sich auf ihn.

Viele Mädchen rissen wegen Charley von zu Hause aus,
er nahm das als selbstverständlich, machte sich nicht viel daraus.
Doch nicht nur besonders wilde, freche Mädchen wollten ihn,
sogar brave, graue Mäuse wurden scharf, wo er erschien.
Eine sah ich, wie sie mehrmals dicht an ihm vorüberlief,
jedes Mal bei seinem Blick die Schenkel fest zusammenkniff,
später tat, als sei er Luft für sie, weil sie ihn nie bekam,
und sich irgendeinen andern, den sie kriegen konnte, nahm.

Dieses Mädchen, was liegt näher, nahm sich ausgerechnet den,
der die Apotheke erbte, neulich hab ich ihn gesehn.
Er sah anders aus als früher, als ihm immer, wo er ging,
Charleys Fetzenhemd an seinem schlotternden Gerippe hing.
Heute knicken seine Beine, ähnlich wie bei einem Schwein,
unter dem Gewicht der Hüften mehr und mehr nach innen ein.
Und die Kinder auf der Straße woll'n ihn nackig sehn und gern
seine Knie, wenn er geht, aneinanderklatschen hörn.

Hörst du, Charley, was mir dieser Mensch berichtet hat?
Du wärst jetzt auch schon so wie er, so sauber, sanft und satt.
Auch dein Name wär' jetzt anders, nicht mehr Charley, sondern Karl,
und alles liefe, wie es sein soll, ruhig und normal.
Weißt du, Charley, was du tust, geht mich schon lange nichts mehr an.
Nur schade, dass so einer sich mit dir vergleichen kann,
einer der, obwohl er wollte, nie wie du gewesen ist,
soll nicht sagen dürfen, dass du so wie er geworden bist.

Anders als Joe halte ich es noch mehrere Wochen auf der Baustelle aus. Gusseiserne Rohre brauche ich nicht mehr zu schleppen, nachdem mein Kollege Kostas und ich nur knapp einem Unfall entgehen. Wir tragen so ein Rohr, immer zu zweit hintereinander, rechts auf den Schultern. Um das Teil anzuheben und auf Mannshöhe zu bringen, ist ein dritter Mann nötig. Kein Problem, solange die Träger ungefähr gleich groß sind. Zufällig bin ich hier im Moment unter den Ungelernten, es sind mehrheitlich Griechen, damals noch Fremdarbeiter genannt, der Längste. Wir, Kostas und ich, stellen uns links neben das Rohr. Kostas vorn, ich hinten. Dimos, in der Mitte zwischen uns, zählt vor: »Ena, dio, tria!« Bei drei wuchten wir das Rohr auf Kostas und meine Schultern, und los geht's.

Kostas ist zwanzig Zentimeter kleiner als ich. Das Rohr liegt nicht waagerecht. Nach drei Schritten stolpert er leicht über ein auf dem Boden liegendes Stromkabel. Um nicht auf die Schnauze zu fallen, versucht er, sich mit ein paar schnellen Trippelschritten wieder zu fangen. Ich, am hinteren Ende des Rohrs, das durch seine Neigung plus Gewicht jetzt einen zusätzlichen Schub entwickelt und nach vorn drückt, bin gezwungen, mich Kostas Tempo anzupassen. Wir fallen in einen stolpernden, immer schneller werdenden Trab, dann in einen trippelnden Galopp. Wir werfen uns mitsamt dem Rohr auf den flachen, von Kostas angesteuerten Kieshaufen. Wir haben Glück und bleiben dabei beide unverletzt. Die Griechen um uns rum, die unsere unfreiwillige Slapsticknummer beobachtet haben, kringeln sich vor Lachen. Verständlich.

Die Griechen sind nette Kollegen. Sie wohnen in den Bauwagen und Baracken am Rande der Baustelle und laden mich nach Feierabend manchmal auf ein Glas roten Demestica zu sich ein. Sie bringen mir ein paar Worte griechisch bei: Efcharisto, Kalimera, Kalispera, Kalinichta. Sogar an einen ganzen Satz kann ich mich erinnern: Bami volta Dispinis in Cinema, was heißen soll: Ich gehe mit meiner Freundin ins Kino – ob das so stimmt?

Ich bleibe noch ein paar Wochen auf der Baustelle, bis meine Finger von der harten Arbeit steif werden, meine Feinmotorik gestört ist. Das bemerke ich, wenn ich Klarinette oder auch Gitarre spiele. Ich muss mir also eine andere Arbeit suchen. Und die finde ich auch. Ich werde Postbote. Als Zusteller habe ich den Status eines Postfacharbeiters inne, bekomme ein Fahrrad gestellt und muss neben der Briefzustellung auch noch Pakete abliefern, die ich auf den Gepäckträger schnalle oder an den Lenker hänge. Hier auf dem Lande bekommen die Menschen nur selten Pakete. Bargeld auszahlen, macht am meisten Spaß. Die Leute freuen sich, wenn ich ihnen Geld bringe. Besonders die Rentner am Monatsende. Zustellungsurkunden sind bei den Adressaten weniger beliebt. Sie enthalten, nach Erfahrung meines Chefs Heinz Sandmann, oft Unerfreuliches. Zum Beispiel Gerichtsbeschlüsse wie Zahlungsbefehle oder Aufforderungen zum Haftantritt und dergleichen mehr.

Bis zum Winterbeginn halte ich durch, dann fängt der Job an, mich zu langweilen. Gleichzeitig wird es draußen immer ungemütlicher. Schneeregen, Kälte, Glatteis. Ich bin jetzt, wenn ich Post austrage, nicht mehr richtig bei der Sache. In einem amerikanischen Film habe ich gesehen, wie der noch jugendliche Postbote auf seinem Fahrrad freihändig fährt, in einem Affentempo die Post und die eingerollten Streifbandzeitungen in hohen, eleganten Bögen auf die typisch amerikanischen Holzveranden in Richtung der unvermeidlichen Schaukelstühle schleudert. Das kann ich auch, denke ich. Am Samstagmorgen schneit es, und es ist etwas windig. Schade. Freihändig geht nicht, schnell fahren aber schon. Ich lenke mit einer Hand und schmeiße mit der anderen die Briefe, Päckchen und die Streifbandzeitungen, auf die Haustüren zielend, in die Vorgärten. Leider haben die wenigsten Häuser hier so schöne überdachte Veranden wie bei den Amerikanern. Mir doch egal. Dafür komme ich flott voran. Obwohl es schneit, bin ich eine halbe Stunde früher als sonst im Postbüro. Heinz Sandmann wundert sich: »Wat is denn mit di löss?«

Heinz ist der Einzige seines Alters, den ich kenne, der noch richtig platt »küern« kann: »So tengern we'er torüch … un dat auk no bi düsse Weer?«*

Als ich am Montagmorgen wieder meinen Dienst antreten will, empfängt mich Heinz, warm angezogen, schon in der Bürotür. Er lässt mich gar nicht erst rein und kündigt mir – diesmal auf Hochdeutsch – fristlos. Er muss jetzt selber raus, solange er keinen Ersatz für mich findet. Über den Sonntag hat Tauwetter eingesetzt und unter dem schmelzenden Schnee die völlig durchnässte Post – Briefe, Päckchen, Zeitungen – wieder zum

* »So schnell wieder zurück … und das auch noch bei diesem Wetter?«

Vorschein gebracht. Rausreden kann ich mich nicht. Ich bin bei meiner »Eilzustellungs-Aktion« am Samstag beobachtet worden.

Nach meinem Rauswurf bei der Post halte ich mich weiterhin mit der Wochenendmucke im Jonathan über Wasser. Zusätzlich verdiene ich mir ein paar Mark, indem ich gelegentlich für die Eltern meiner Freunde und Bekannten Wohnzimmerwände und -decken tapeziere und streiche.

Verlobt

Inzwischen habe ich Helga kennengelernt. Meine erste Liebe. Bei einem Jazzbandball im Bunker Ulmenwall sehe ich sie zum ersten Mal. Ich weiß noch, wer an diesem für mich so bedeutungsvollen Abend mit mir auf dem Podium stand. Peter Drenckhahn am Schlagzeug, Mike Bennewitz am Bass, Klaus »Flöhchen« Weber am Banjo, Hannes Kohlmann an der Trompete, Jochen »Tödder« Hillenkötter an der Posaune, Hans Kasper am Piano und ich an der Klarinette.

Heute Abend sind viele Studierende der unterhalb des Sparrenberges gelegenen Werkkunstschule da. Unter den Tanzenden vor der Bühne fällt mir ein Mädchen – besser gesagt, eine junge Frau – besonders auf. Sie kann strahlend lächeln und als Einzige, sie wird es mir später noch beibringen, richtig Charleston tanzen. Ich meine zu bemerken, dass sie mich ein paarmal anlacht. In der Pause spreche ich sie, ohne stottern zu müssen, an.

Wir verabreden uns für den nächsten Tag und sind von nun an zusammen. Helga wird meine erste Beziehung von einiger Dauer. Meine erste »wirkliche« Liebe. Helga hat ein offenes, heiteres Wesen. Sie ist zwei Jahre älter als ich und schon 22. Sie studiert an der Werkkunstschule Bielefeld Modedesign im vorletzten Semester. Wir sehen uns jeden Tag, können nur schlecht voneinander lassen. Dass sie abends den letzten Zug ins rund dreißig Kilometer entfernte Bad Oeynhausen bekommen muss, wird uns zunehmend lästig. Zu Hause habe ich bisher über Helga und mich kein Wort verloren. Meine Mutter und meine Schwester Gisela – wir wohnen nur noch zu dritt in unserer Hoberger Wohnung – sollen ruhig denken, dass ich mit Mädchen (noch) nichts am Hut habe. Aber wo können wir bleiben? Ein Hotel käme, selbst wenn wir das Geld dafür hätten, nicht infrage. Zimmer an unverheiratete Paare zu vermieten, ist nach dem sogenannten Kuppeleiparagrafen streng verboten. Aber wir finden Lösungen.

Mal übernachten wir bei Kommilitonen von Helga oder bei Mike Bennewitz auf dem Sofa, das sehr eng ist, für uns aber nicht schrecklich eng. Wenn das nicht klappt, setzen wir uns in Angermanns durchgängig geöffnete Gaststätte im Hauptbahnhof und halten uns bis zum Morgen mit Kaffee wach. Eine Nacht oder auch zwei Nächte hintereinander ohne Schlaf auszukommen und die folgenden Tage durchzuarbeiten ist, solange man jung ist, kein Problem.

Eines Nachts im Oktober sitzen wir, vom ersten Frost überrascht, bei drei Grad unter null eng aneinandergedrängt auf einer Bank im Bürgerpark und frieren. Wir haben keinen Pfennig in der Tasche für einen Kaffee in der Bahnhofsgaststätte. Bei der Kälte die Nacht im Freien zu verbringen, daran ist nicht zu denken. Ich entschließe mich etwas zu tun, was ich bisher immer vermieden habe: Ich schlage vor, zu mir nach Hause zu gehen. Bisher habe ich noch nie ein Mädchen mit nach Hause gebracht, am Tag nicht und schon gar nicht tief in der Nacht. Ich hatte ja auch noch nie das, was ich jetzt habe – eine feste Freundin. So gesehen erscheint mir die Idee auf einmal normal und folgerichtig. Helga ist einverstanden. Zu mir nach Hause zu gehen, bedeutet, sechs Kilometer weit und mehr als eine Stunde lang stramm zu marschieren. Der Mond scheint, und wir können die Abkürzung durch den schon halb entlaubten Stadtwald nehmen. Gegen halb zwei Uhr morgens stehen wir vor unserer Haustür am Poetenweg 25. Ich habe jetzt einen eigenen Hausschlüssel, den mir meine Schwester Ulla nach ihrer Heirat überlassen hat. Gisela ist nicht da, sie übernachtet in der Stadt bei einer Freundin. Ich wecke meine Mutter und sage: »Das ist Helga, meine Freundin, sie bleibt heute Nacht bei uns.«

»Wenn das so ist, dann kommt mal rein«, sagt meine Mutter, die Überraschung viel gelassener hinnehmend, als ich befürchtet habe. Damit ist Helga in die noch als Rest vorhandene Familie eingeführt.

Helga, die nicht nur älter, sondern wohl auch vernünftiger ist als ich, findet nichts dabei, dass ich mich als Gelegenheitsarbeiter und als Barmusiker betätige, meint aber auch, ich könnte vielleicht doch noch mehr aus mir machen – ein Lebensziel, Perspektiven entwickeln. Mir sind solche Gedanken neu. Abgesehen von gelegentlichen diffusen Träumen, mal irgendwann mit irgendetwas groß rauszukommen, lebe ich in den Tag hinein.

Von Helga, die an mein – aus ihrer Sicht brachliegendes – zeichnerisches und gestalterisches Talent glaubt, kommt die Idee und der Vorschlag, mich an der Werkkunstschule für ein Grafikstudium zu bewerben. In Ausnahmefällen sei es dort einem Kandidaten mit entsprechender Begabung und abgeschlossener Berufsausbildung möglich, auch ohne Abitur oder Mittelschulabschluss ein Studium zu beginnen. Studieren? Ich? Dieser Gedanke, von Helga kaum ausgesprochen, lässt mich nicht mehr los. Ich beginne augenblicklich damit, mich auf eine Bewerbung an der Werkkunstschule vorzubereiten. Über Tage und Wochen bin ich selbst bei Minusgraden draußen unterwegs, um vor der Natur zu zeichnen, wenn es nicht gerade regnet oder schneit. Ich fülle Blöcke mit Kohle-, Bleistift- und Federzeichnungen. Ich zeichne alte Scheunen, Kotten, Gehöfte, Bäume, Landschaftspanoramen wie den Blick vom Berg herunter ins Twellbachtal; ergänzt durch penible Detaildarstellungen, wie zum Beispiel einen Grünkohl am Strunk im Frost.

Da ich von Helga erfahre, dass Otto Kraft, Professor für freie und angewandte Grafik, was die Manieren, den Habitus seiner Studenten angeht, eher konservativ eingestellt ist, rasiere ich mir den Bart ab. Dafür setze ich meine Fensterglashornbrille, als akademisch konnotiertes Accessoire akzeptierter als ein Bart, wieder auf. Zusammen mit einer schriftlichen Begründung, einer Art Aufsatz, in dem ich näher zu erläutern habe, was mich dazu veranlasst, ein Grafikstudium aufnehmen zu wollen, reiche ich meine Zeichnungen zur Bewerbung ein.

Ich werde angenommen. Allerdings, so heißt es in dem Bestätigungsschreiben, unter Vorbehalt. Nämlich, dass meine Bewerbungsskizzen zwar eine gewisse Eignung zum Grafikstudium erkennen ließen, der ihnen beigefügte schriftliche Beitrag dagegen sowohl stilistisch als auch orthografisch und grammatikalisch nicht tolerable Schwächen aufweise. Ein Nachhilfekurs in Deutsch sei mir daher dringend nahegelegt.

Ich nehme keinen Nachhilfeunterricht in Deutsch. Zum Glück fragt auch niemand mehr danach. Ich will lernen, mich bildnerisch auszu drücken, will zeichnen, malen, nicht schreiben, nicht Journalist oder Dichter werden. Mir gefällt es zu studieren. Mit den Kommilitonen, mehrheitlich Kommilitoninnen, komme ich gut klar. Ich lerne Techniken des Aquarellierens, ich stehe gern im Aktsaal an der Staffelei, zeichne die wechselnden Modelle mit Kohle auf große Makulaturbögen. Wenn kein Modell vorhanden ist, posieren wir Zeichnenden abwechselnd (und bekleidet) selbst.

Im Fach Typografie lerne ich Handsatz mit Winkelhaken, Ahle und Kolumnenschnur. Hochinteressant die Vorlesungen in Kunstgeschichte mit Diavorträgen, bei denen ich leider oft einschlafe, sobald der Saal abgedunkelt ist.

Das erste Semester vergeht schnell. Helga hat viel zu tun. Sie bereitet sich schon auf ihre Abschlussprüfung vor und ist selten dabei, wenn wir jüngeren Semester unsere Mittagspause in der Brede, einer Eckkneipe am Fuße des Sparrenberges verbringen, in der es preiswerte Bockwurst mit Salat und Frikadellen gibt. Wir sitzen immer hinten in einer gemütlichen, vom Gastraum abgetrennten Ecke und singen.

Ja, wir singen, wobei Paco und ich den Ton angeben. Francisco Aragon-Alvarez, wir nennen ihn Paco, stammt aus Valencia, ist mit einer Deutschen verheiratet, hat zwei kleine Töchter und ist mit mir im gleichen Semester. Paco beherrscht auf der Gitarre alle Latino-Rhythmen und kann dazu sämtliche spanisch-lateinamerikanischen Hits so mitreißend singen, dass auch ich sie unbedingt lernen will und bald auswendig kann. Ich bringe irgendwann meine eigene Gitarre mit, die ich gleich beim Wirt der Brede in Aufbewahrung gebe, um sie immer in greifbarer Nähe zu haben, weil wir inzwischen sogar manchen Abend hier verbringen. Wir spielen und singen dann zusammen »Tristeza« aus dem Film »Orfeu Negro«, »Besame mucho«, »Cucurrucucú Paloma«, »Las mujeres de Colombia«, »La Cucaracha«, »Amor, Amor, Amor«, »Esperanza« und viele andere Lieder. Unsere Kommilitonen, besonders die weiblichen, lieben es. Ich beginne, zugunsten der Gitarre Klarinette und Saxofon zu vernachlässigen. Mein Interesse an Jazz lässt nach. Obwohl es noch keine Beispiele und Vorbilder gibt – die Songs von Bob Dylan, Joan Baez und Pete Seeger haben es noch nicht über den Atlantik hierhergeschafft –, drängt es mich, nach Stücken auf Englisch oder Spanisch zu suchen, die ich zur Gitarre singen kann. Ich beherrsche keine dieser Sprachen. Egal, bloß nichts Deutsches – das heißt mit einer Ausnahme: Es kursiert eine Platte von Will Höhne, der, nur von einer Gitarre begleitet, zotige »Frau-Wirtinnen-Verse« singt, die auch ich im Repertoire habe.

Aber vielleicht spüre ich es schon, wissen kann ich es ja noch nicht: Da liegt was in der Luft. Heute weiß ich, es kündigen sich bereits politisch wie kulturell Veränderungen von globaler Dimension an, die in die 68er-Bewegung münden werden. Ob und wie Politik und Kultur zusammenhängen, interessiert mich zu der Zeit nicht. Ich möchte zeichnen, malen, Grafiker werden und nebenher Musik machen.

Demnächst wird, von Liverpool ausgehend (bei aller Bewunderung werde ich davon aber nicht infiziert), das Beatles-Fieber die Jugend der westlichen Welt erfassen. Wenn auch weniger hysterisch rezipiert, wird die Folk- und mit ihr die Singer-Songwriter-Welle über den Nordatlantik zu uns herüberschwappen; binnen eines Jahres Europa überfluten und schließlich auch mich – wieder mal mit der für mich typischen Verspätung – mit sich reißen.

Ich merke es zwar nicht sofort, aber das auf mich etwas später lebensverändernd wirkende Ereignis findet schon sehr bald statt: Ich höre zum ersten Mal die Lieder von Georges Brassens. Das löst bei mir keine Initialzündung, keine Explosion aus. In meinem Gemüt explodiert so schnell nichts. Von einer langsam vor sich hin glimmenden Lunte zu sprechen, die einen Brand erst zeitversetzt entfachen wird, wäre hier treffender. Auch hierbei ist Helga beteiligt – wenn auch absichtslos und eher indirekt. Sie hat sich mit einer Kommilitonin aus dem Fachbereich Architektur angefreundet, Margaux Quermann, die wir beide manchmal besuchen. Margaux ist eine resolute Person. Apothekertochter frankophiler Eltern, wie ihr Vorname vermuten lässt. Sie besitzt einen Plattenspieler und LPs von Trini Lopez und von Georges Brassens. Trini Lopez spricht mich zunächst mehr an als Brassens, und ich lerne ein paar seiner Songs. Brassens singt und begleitet sich mit der Gitarre, wie ich sie auch spielen gelernt habe, unterstützt nur von einer dezenten zweiten Gitarre und Kontrabass. Sein Gesang klingt deutlich prononciert und nölig zugleich und beeindruckt mich erst mal gar nicht. Ich verstehe kein Wort Französisch. Margaux übersetzt für mich nur ein paar Zeilen des »Chanson pour l'Auvergnat« und die auch nur so ungefähr. Aber das reicht schon, um in mir besagte Lunte zum Glimmen zu bringen. Hier von mir ein paar Zeilen (roh) übersetzt:

»Für dich ist dieses Lied, Auvergnat,
der mir die paar Stücke Holz für ein Feuer gab,
als es in meinem Leben kalt war,
und alle anderen Leute mir die Tür vor der Nase zuschlugen.
Nur ein kleines Holzfeuer, das mir den Körper wärmte,
aber in meiner Seele brennt es noch weiter wie ein Freudenfeuer.
Wenn du stirbst, Auvergnat, soll der Totengräber dich quer durch den Himmel geleiten – zum ewigen Vater.
Für dich ist dieses Lied, Hôtesse, die mir ein paar Bissen Brot zusteckte, als es in meinem
Leben nur Hunger gab und es alle anderen Leute amüsierte, mich an einer Brotrinde
nagen zu sehen. Nur etwas Brot, um meinen Magen zu füllen, aber meine Seele feiert es
noch wie ein Festessen …«

Obiger Chansontext ist vielleicht nicht einmal einer der stärksten von Brassens. Doch wenn im Deutschen nach Walther von der Vogelweide – ich sehe auch ihn als Singer-Songwriter – etwas Brassens Gleichrangiges an gesungener Poesie entstanden ist, kenne ich es zu dem Zeitpunkt noch nicht. Und mit der französischen Chansontradition ebenfalls alles andere als vertraut, kann ich es kaum glauben, dass es möglich ist, Worte solchen Gehalts, derart starke Botschaften in einen Liedtext zu gießen und auch noch so beiläufig im Ausdruck zu singen. Ich lasse mir von Margaux noch weitere Rohübersetzungen von Brassens-Texten liefern, die mich womöglich – ich höre die Lieder jetzt mit ganz neuen Ohren – noch tiefer ergreifen als das »Chanson pour l'Auvergnat«. Manchmal fühle ich mich dabei, obwohl ich nach wie vor kein Französisch verstehe, dennoch wie berauscht. Ich spüre bei Brassens große Poesie und höchste Sprachbeherrschung. Er kann seine Verse je nach Belieben derb polternd, lyrisch zart und bildreich, komisch, obszön, ätzend oder auch anarchisch, frei und gesetzlos klingen lassen. Später erfahre ich: Brassens ist bekennender Anarchist – logisch. Ich lerne so viele seiner Lieder, wie ich kann, durch tausendmaliges Abspielen der LP rein phonetisch auswendig. An die gedruckten Texte ist nicht heranzukommen. Als die Nadel so stumpf wird, dass sie nur noch quer über die Rillen schrammt, reagiert Margaux ziemlich gereizt. Ich habe ihre LP und – ich besitze immer noch keinen eigenen – ihren Plattenspieler ruiniert. Dafür kann ich jetzt ein gutes halbes Dutzend Brassens-Lieder singen: »Le parapluie«, »Porte des Lilas«, »Les Copains d'abord«, »J'ai rendez-vous avec vous« und andere. Das heißt, ich meine nur, sie singen zu können. Es gibt hier niemanden, der meine Aussprache kompetent überprüfen und korrigieren könnte. Es bleibt daher nicht aus, dass ich mich, ohne es zu bemerken, bei mehreren Textstellen »verhöre« und sie unverständlich und auch sinnentstellend wiedergebe. Ähnlich jenem Kind, das bei dem Lied »Der Mond ist aufgegangen«, die Verszeile mit dem weißen Nebel falsch versteht und singt: Und aus den Wiesen steiget der weiße Neger Wumbaba …

Leider kommen die Lieder, wenn ich sie anderen vorsinge, nicht so gut an, wie ich es mir wünsche. Wohl weil keiner – ich selbst ja auch nicht – Französisch versteht. Das kann aber die einmal von Brassens gelegte Lunte – um das Bild noch mal zu bemühen – nicht löschen. Im Gegenteil, sie glimmt nicht mehr nur, sie sprüht jetzt schon die Funken, die mich bald für die beste Idee entflammen lassen werden, die ich jemals hatte: die Idee, nach Brassens' Vorbild, aber in deutscher Sprache, selbst mal ein Lied zu schreiben. Aber noch ist es nicht so weit.

Helgas Prüfungsvorbereitungen gehen in die letzte Runde. Mit ihrem eleganten Strich fertigt sie eine Menge Modezeichnungen an, die sie koloriert. Dazu komplizierte Schnittzeichnungen für Kostüme, Röcke, Blusen. Sie näht selbst entworfene Kleider nach ihren eigenen Maßen. Im Aktsaal wird eine schulinterne Modenschau mit einem provisorisch aufgestellten Laufsteg organisiert; auf dem die Absolventinnen der Abteilung Modedesign als Models, damals noch Mannequins, ihre eigenen Kreationen vorführen. Helga bewegt sich auf dem Catwalk, wie ich finde, anmutig und natürlich. Der Rest der Studierenden und die Dozenten bilden das Publikum. Musikalisch dezent begleitet wird die Vorführung von einem Trio, bestehend aus Paco, Harald, einem befreundeten Möbeldesignstudenten, und mir.

Helgas Bewerbung um eine Anstellung hat, schon aufgrund ihrer selbstverständlich guten Prüfungsergebnisse, umgehend Erfolg. Ein großer Damenkonfektionsbetrieb in Ellerau bei Hamburg macht ihr ein für eine

Berufsanfängerin gutes Angebot. Helga nimmt an. Das bedeutet für uns räumliche Trennung auf unbestimmte Zeit. Aber wir wollen trotzdem als Paar zusammenbleiben. Wir besorgen uns Ringe und verloben uns.

Ich bin jetzt erwachsen, über 21, volljährig und damit wahlberechtigt. Politisch desinteressiert wie ich noch immer bin, wähle ich – vielleicht auch um meinen Vater als Sozi postum noch zu ärgern – die CDU.

Auf dem Sprung

In der nächsten Zeit bleiben Helga und ich brieflich in Kontakt, schreiben uns regelmäßig. Über ein Telefon verfügen wir beide nicht. Ein paarmal trampe ich nach Hamburg, besuche sie dort in ihrer kleinen Einzimmerwohnung. Umgekehrt kommt sie mit der Bahn an manchen Wochenenden zu mir nach Bielefeld, wo ich inzwischen allein bei meiner Mutter wohne. Meine Schwester Ulla ist ja schon verheiratet, und Gisela wird es auch demnächst sein und zu ihrem Mann nach Duisburg ziehen.

Habe ich mit einigem Eifer mein Studium begonnen, lassen jetzt Lust, Fleiß und Elan etwas nach. Das geht in meinem Semester mehreren so. Es wird, wenn auch verhalten, Kritik an dem zu verschult und beengend empfundenen Lehrbetrieb hörbar. Und dass Bielefeld überhaupt ein provinzielles Kaff sei. Obwohl mir als Jungen vom Lande die Stadt im Grunde urban genug ist, werde auch ich von der Aufbruchsstimmung erfasst. Wer von uns als Erster das elektrisierende Wort »Berlin« ausspricht, weiß ich nicht mehr; auch nicht, was uns an dieser Stadt, knapp zwei Jahre nach dem Mauerbau, plötzlich so anzieht. Ich zumindest hätte, obwohl ich meine Entscheidungen, auch lebenswichtige, nur nach Gefühl und nie aus Vernunftgründen treffe, ein konkretes Motiv, nach Berlin zu gehen. Denn nach meiner Musterung muss ich jederzeit damit rechnen, zur Bundeswehr eingezogen zu werden. Wenn ich einen Studienplatz in Berlin nachweisen kann, bin ich vom Wehrdienst befreit.

Kurz: Einige von uns Studenten bewerben sich bei der damaligen »staatlichen Akademie für Grafik, Druck und Werbung« am Einsteinufer, die heute der Universität der Künste angeschlossen ist. Es ist Sommer. Mit meiner Kommilitonin Sabine trampe ich gemeinsam zu einem Vorstellungsgespräch nach Berlin. Beide tragen wir eine prall gefüllte DIN-A1-Mappe mit unseren Arbeiten bei uns, um sie zur Begutachtung vorzulegen. Wir werden angenommen, müssen aber als Erstsemester wieder von vorn anfangen. Uns ist es recht. Außer Sabine und mir haben die anderen Bewerber es ebenfalls geschafft.

Ehe mein letztes Bielefelder Semester zu Ende geht, organisiert die Schulleitung noch eine mehrtägige Studienreise nach Paris, an der ich gerne teilnehme. Wir, das heißt eine Busladung voll Studierender verschiedenster Fachbereiche und ihrer Dozenten. Dazu, dass die Fahrt ganz lustig wird, trägt mein Studienkollege Charly einiges bei. Er stottert leicht, kompensiert sein Handicap aber, setzt es sogar geschickt ein, indem er oft den Semesterclown gibt. Wir kommen erst abends an und werden in einem billigen Hotel am Gare du Nord untergebracht. Von dem Augenblick an, in dem ich aus dem Bus steige, liebe ich Paris und weiß, dass ich immer wieder hierherkommen werde. Schade, dass ich immer noch kein Französisch sprechen kann. Irgendwann werde ich es lernen.

Natürlich besuchen wir am nächsten Tag als Erstes den Louvre. Zum ersten, aber nicht zum letzten Mal, betrachte ich das mich jedes Mal wieder packende Gemälde des »Floß' der Medusa«, das ich bisher nur von Brassens, in einem Lied erwähnt, kannte. »Les copains d'abord« beginnt mit den Zeilen: »Non, ce n'était pas le radeau / De la méduse, ce bateau / Qu'on se le dise au fond des ports …« Im Jardin du Luxembourg sehe ich – was ich ebenfalls nur aus einem Brassens-Lied kenne und was in Bielefeld undenkbar wäre – auf den öffentlichen Bänken überall knutschende Pärchen: Les amoureux qui s'bécotent sur les bancs publics …

Spät am Abend, bereits voll von Eindrücken, durchwandere ich die Stadt bis zu den Markthallen, »les Halles«. Bis zu ihrem Abriss sind es nur noch wenige Jahre. Aber noch sind sie der »Bauch von Paris«, wie Émile Zola sie nennt. Sie sind riesig. Und was für ein hektischer Betrieb hier herrscht. Lastwagen werden an den unzähligen, grell beleuchteten Ständen entladen. Der infernalische Lärm aufheulender Motoren, Hupen, das Geschrei der Fahrer und der Arbeiter, das Quietschen der Ladeflächen, die entleert zurück auf die Fahrgestelle der Kipplaster donnern; vermischt mit den Gerüchen von Schweine- und Rinderhälften, gerupftem Geflügel, gigantischen Mengen Fisch, Gemüse und Früchten. Ich mitten drin, überwältigt, verloren. Dann dieser Mann auf dem Laster, dem Camion, der mich bemerkt und mir freundlich zuzwinkert.

Gute Tage

… Ich mag so um die zwanzig Jahre alt sein
Ohne Geld und hungrig, durchstreife allein
Bei Vollmond die Stadt und es hat mich der Duft
Frisch geernteter Früchte überall in der Luft
Der Geruch nach Orangen, Brot, Fisch und Anis
In die Hallen gelockt, in den »Bauch von Paris«
Berge von Äpfeln werden gebracht
Ein Mann lädt ab, sieht mich, ruft etwas, lacht
Nimmt einen Apfel und wirft ihn mir zu
Ich fange ihn, setze mich in aller Ruh
Den Morgen erwartend, auf eine Bank
Reibe den Apfel an den Hemdsärmeln blank
Bis er glänzt, als wenn er der Vollmond wäre
hoch über der Rue du Faubourg Poissonière

Gute Tage und Stunden. Seit Langem verschwunden
wie für immer im Meer des Vergessens versenkt
drängen nun aus der Tiefe wieder nach oben
von der Erinn'rung wie Schätze gehoben
werden sie mir jetzt noch einmal geschenkt.

Wieder zu Hause, findet im Aktsaal der Werkkunstschule eine Vollversammlung statt. Ein fotodokumentiertes Resümee unserer Parisreise soll gezogen werden. Herr Hansen, ein sympathischer Mann, Dozent für angewandte Malerei, hat sich, um seinen Paris-Diavortrag im abgedunkelten Saal kurzweilig zu gestalten, die Mühe gemacht, seinen Text nach dem Muster einer Bierzeitung in launige Reime zu setzen. Eine PowerPoint-Präsentation ganz im Stil der Sechzigerjahre, die ungefähr wie folgt vonstattengeht:

Klick, Dia:
»Im Louvre sah'n wir die Gemälde
von Rembrandt und von van de Velde.«

Klick, Dia:
»Dann sah'n wir auch die Mona Lisa
Ein armer Tropf, wer die noch nie sah.«

Klick, Dia:
»Vom Marsch auf der Champs-Élysées
taten uns bald die Füße weh.«

Klick, noch ein Klick, Dia hängt fest, Pause.
Von hinten aus dem Off Charlys Stimme:

»Dann kam' wir ins Kartjeh Latäng
Da p-platzte der P-Pariser, P-Päng.«

Westberlin – Untermiete

Nach einigen Nächten auf Matratzen bei Bekannten ziehe ich bei dem Rentnerehepaar Rohmann in Kreuzberg, Fichtestraße 36, ein, einem Hinterhaus schräg gegenüber vom Fichtebunker, Berlins ältestem Gasometer, der heute unter Denkmalschutz steht. Die Rohmanns besitzen eine Badewanne mit Warmwasserkessel, der mit Briketts angeheizt werden muss, und die ich mitbenutzen darf, was ich so oft ich kann auch tue. Zum ersten Mal in meinem Leben liege ich in einer Badewanne. Für mich wird das Wannenbaden immer ein Symbol des Wohlstands und des Luxus bleiben. Ich habe sogar einige meiner frühen Songtexte in der Badewanne geschrieben.

Mit der U-Bahn oder dem Doppeldeckerbus komme ich mit einmal Umsteigen vom Südstern bis zum Ernst-Reuter-Platz und von dort aus zu Fuß zur Akademie am Einsteinufer. Das Institut ist viel größer als die Werkkunstschule in Bielefeld, mit einer vielfachen Menge an Studierenden und hat sogar eine Mensa. Außer den Seminaren in Naturstudium, Aktzeichnen, Aquarell- und Temperamalerei, Schrift- und Drucktechniken gibt es Vorlesungen in Politik und Geschichte, Psychologie, Kunstgeschichte und Germanistik und Englischkurse. Das alles mit dem erkennbaren Ziel, Führungseliten für die Werbebranche heranzubilden. Alles sehr interessant. Mich selbst später mal in einer leitenden Position als Artdirector in einer Werbeagentur zu sehen – soweit denke ich gar nicht.

Voller Neugier und Tatendrang versuche ich, mich auf das aufregende und für mich schockierend fremdartige Berlin einzulassen. Ich spüre von Anfang an ganz stark die Gefahr, in diesen besonderen Sog gerissen zu werden, den diese Stadt, die keine Polizeistunde kennt, auf so leicht beeindruckbare und damit labile Charaktere wie mich ausübt. Ich habe meine Gitarre und meine Klarinette mit nach Berlin gebracht. Vielleicht ergeben sich Gelegenheiten, nebenbei mit anderen Amateuren ein bisschen Musik zu machen. Das sollte hier kein Problem sein. Ist es aber. Ich kenne ja niemanden. Eines Abends gehe ich in die Badewanne, einem über die Grenzen Berlins hinaus bekannten Jazzklub. Statt einer Jazzcombo tritt dort die ganze Nacht lang Drafi Deutscher mit seiner Band auf. Ich werte das als Zeichen einer beginnenden Durchlässigkeit der früher eher hermetischen Jazzkellerszene (die ja bedeutende Talente hervorgebracht hat) für andere Musikgenres. Ich selbst verspüre inzwischen übrigens keinen Drang mehr, mich im Kleiderschrank zu verkriechen und Klarinette zu üben.

Um es gleich zu sagen, wird es mir, obwohl ich es gern möchte, nie gelingen, in Berlin richtig Fuß zu fassen. Dafür bekommt umgekehrt Berlin schon kurz nach meiner Ankunft und im physischen Sinne des Wortes, meinen Fuß zu fassen. Das geht so: Ich fahre abends mit der U-Bahn nach Hause. Ich denke, ich bin schon am Südstern, lese aber beim Aussteigen auf dem Schild am Bahnsteig Gneisenaustraße. Eine Station zu früh. Ich stutze kurz – das heißt, kurz nach meinem Zeitgefühl –, die Bahn fährt an, meine linke Hacke ist zwischen den sich schließenden Türflügeln eingeklemmt. Ich stürze, bleibe aber zum Glück unverletzt, weil ich Slipper trage, aus denen sich mein Fuß leicht löst. Ich sehe meinen linken Schuh wegfahren, ziehe den rechten aus, besteige die nächste Bahn auf Socken und fahre bis Südstern. Auf den Gleisen, dicht an der Bahnsteigkante, finde ich meinen linken Slipper wieder, der von den Wagontüren freigegeben und, schlauer als ich, an der richtigen Station ausgestiegen ist. Ich erwähne diesen Vorfall, weil er ganz gut mein Verhältnis als Landei zum Berliner Tempo veranschaulicht, an das ich mich weder anpassen noch gewöhnen werde. In meinen zehn Berliner Jahren bleibe ich, auch aufgrund der fehlenden Sperrstunde, permanent der Gefahr ausgeliefert, auch im übertragenen Sinne »unter die Räder« zu kommen.

Ich will aber fleißig sein und mich nicht ablenken lassen. Darum erkunde ich zunächst nur bei Tageslicht und zu Fuß die nähere Umgebung der Akademie. Knapp tausend Schritte von hier entfernt, Richtung Tiergarten, haben, wie ich bald erfahre, 1919 die Mörder Rosa Luxemburgs ihre Leiche in den Landwehrkanal geworfen. Vom Ernst-Reuter-Platz ein Stück die Hardenbergstraße entlang, liegt schräg gegenüber die Universität der Künste, in deren Konzertsaal ich, was ich noch nicht wissen kann, in den nächsten Jahrzehnten regelmäßig auftreten werde. Oft gehe ich dann am Café am Steinplatz vorbei, durch die Carmerstraße zum Savignyplatz, und von dort durch die Knesebeckstraße auf den Kurfürstendamm. Auf dem Ku'damm sehe ich zum ersten Mal einen Pflastermaler. Auch für die anderen Passanten ist das etwas Neues, und die Blechbüchse, die er aufgestellt hat, füllt sich schnell mit Münzen.

Ein paar Monate lang, durch Geldmangel zusätzlich diszipliniert, widerstehe ich tapfer den Verlockungen der nachtdunklen Seite Berlins. Meine Mutter schickt mir monatlich per Postanweisung Geld. Mal 100 Mark, mal 250. So viel, wie sie von ihrem Putzfrauenlohn erübrigen kann. Ich selbst verdiene keinen Pfennig und habe an manchen Tagen nichts zu essen. Meine Wäsche wasche ich in der Badewanne der Rohmanns. Ich pumpe meine Kommilitonen an, schnorre Zigaretten. Mittags in der Mensa macht ein Spruch die Runde: »Leute, da kommt Hannes, versteckt eure Portemonnaies.«

Ich habe mir angewöhnt, unterwegs in der Stadt in kein Schaufenster mehr zu sehen, um in mir keine Begehrlichkeiten nach Dingen zu wecken, die ich mir nicht leisten kann. Ich ziehe jeden Abend den Wecker auf und erscheine morgens pünktlich im Aktsaal. Nachts liege ich in meinem Zimmer im Bett und lese. In Secondhandläden bekomme ich zerlesene Buchexemplare für 50 Pfennig pro Stück: »Nackt unter Wölfen« von Bruno Apitz; »Wolf unter Wölfen« von Hans Fallada, den ich sehr mag und von dem ich mir noch weitere Romane besorge. Ich lese mindestens zwei Dutzend Romane der »Menschlichen Komödie« von Balzac. Über den ich wiederum auf Flaubert und Stendhal stoße.

Aber ohne Geld und nur studieren und lesen? Lange halte ich das nicht mehr aus. Ich vermisse Helga. Wozu haben wir uns verlobt, wenn wir uns so selten sehen? Und noch etwas fehlt mir, wenn ich nur wüsste, was. Ich bekomme es bald heraus.

Eines Nachmittags schlendere ich über den Ku'damm und nähere mich einem kleinen Menschenauflauf vorm Café Kranzler. Die Leute bilden einen respektvollen Kreis um einen jungen Mann in meinem Alter. Ein amerikanischer Student. Er steht da auf dem Bürgersteig, breitbeinig, spielt Gitarre mit einem Plektrum, damit sie lauter klingt, und singt dazu Lieder in seiner Sprache, Folksongs, die ich noch nie gehört habe. Der Boden des offenen Gitarrenkastens zu seinen Füßen ist mit Markstücken, ja sogar mit Fünfmarkstücken bedeckt. Ich applaudiere ihm nach jedem Song, so wie die Leute um mich herum – in der Mehrzahl Touristen aus der BRD, also aus Westdeutschland. Und wie sie erlebe ich zum ersten Mal in meinem Leben einen Straßensänger live aus nächster Nähe. Ich würde ihn gern ansprechen, traue mich aber nicht. Aber plötzlich weiß ich, was mir in letzter Zeit so gefehlt hat. Ganz auf mein Studium konzentriert – ich rühre meine Instrumente nicht mal an –, habe ich mich von jeder Art von Musik willentlich abgeschottet. Nur vor den Beatles gibt es kein Entkommen. Aus jeder Jukebox der westlichen Hemisphäre dröhnt »A Hard Day's Night«. So wie kurze Zeit später »(I Can't Get No) Satisfaction« von den Stones. In diesen wenigen Monaten hat die oben bereits bezeichnete Folk-Welle Teile des Kontinents einschließlich Berlins schon unterspült. Nur ich habe es noch nicht so recht mitbekommen. Aber ich besitze ja auch kein Radio. Und so sehr ich mir einen Plattenspieler wünsche, um mir einen kaufen zu können, müsste ich eisern sparen (ausgeschlossen). Dieser junge Amerikaner auf Europatrip animiert mich augenblicklich, seinem Beispiel zu folgen und auch auf der Straße zu singen – vor Publikum. In nächster Zeit werde ich noch einigen singenden und Gitarre spielenden amerikanischen Studenten hier auf dem Ku'damm begegnen und mir was bei ihnen abgucken können. Auffällig, diese gehäuften Berlinbesuche junger Amerikaner gerade um die Mitte der Sechziger. Was animiert sie dazu? Ist es das berühmte Bekenntnis ihres erst vor knapp einem Jahr ermordeten Präsidenten, ein Berliner gewesen zu sein? John F. Kennedy ist noch postum in der westlichen Welt enorm populär. Ist es der zurzeit günstige Dollarkurs? Kann mir auch egal sein. Ich verfüge schon über ein kleines Repertoire von Liedern, die ich auf der Straße singen könnte. Zum einen die spanisch-lateinamerikanischen Nummern, die ich von Paco gelernt habe, dazu ein paar Skifflesongs und natürlich die Stücke von Trini Lopez und Brassens. Letztere sind vielleicht weniger für die Straße geeignet. Mal sehen. Lieder in deutscher Sprache hinzuzunehmen – auf den Gedanken komme ich gar nicht. Noch am selben Tag packe ich meine Gitarre aus und fange an zu üben. Ich stehe aufrecht und gehe in meinem Zimmer hin und her. Straßenmusik kann und will ich nicht im Sitzen machen. Mein Zimmer bei den Rohmanns liegt nach hinten raus, von den anderen Wohnräumen separiert. Ich kann bis in die Nacht hinein Gitarre üben und singen, ohne irgendjemandes Schlaf zu stören.

Genauer gesagt ist das, was ich da tue, schon kein Üben mehr, es ist eher ein Dammbruch; anders ausgedrückt: Jene schon zitierte glimmende Lunte hat endlich den Großbrand in mir entfacht. Irgendwann schaue ich auf den Wecker. Es ist zwei Uhr nachts. Von heute Nachmittag fünf Uhr an, also seit neun Stunden, stehe ich ununterbrochen da. Ohne etwas zu essen oder zu trinken, singe und bearbeite ich das Instrument. Zeige-, Mittel- und Ringfinger meiner rechten Hand bluten. Ich habe mir ihre Kuppen an den Stahlsaiten meiner Gitarre aufgerissen. Eine Blase am Daumen, mit dem ich die Basssaiten anschlage, ist aufgeplatzt und suppt. An meiner Linken schmerzen, von keinerlei Hornhaut geschützt, die sich ja auch erst nach und nach durch regelmäßiges Akkordegreifen bilden kann, meine wunden Fingerkuppen.

Einige meiner vor sich hin dösenden Eigenheiten, die ich in den letzten Monaten unterm Deckel halten konnte, brechen jetzt erneut aus mir hervor. Rigide setzen sie ihren Führungsanspruch durch, den sie für den Rest meines Lebens immer wieder behaupten werden. Aufgelistet stünde da an erster Stelle mein Hang zur Besessenheit: mich anfallartig und obsessiv auf den jeweiligen Gegenstand meines Interesses und meiner Leidenschaft zu stürzen, um mich ihm dann mit einer fast wütenden Ausschließlichkeit zu widmen, bis ich seiner überdrüssig bin und in einen – zum Glück nie lange anhaltenden – Zustand depressiver Untätigkeit und Antriebslosigkeit verfalle. Momentan also bin ich ganz und gar von dem Drang beseelt, Gitarre zu spielen und zu singen. Nicht ahnend, dass ich nun auf immer enthusiasmiert sein werde und sogar Kontinuität beweisend, mein ganzes künftiges Leben darauf aufbauen werde. Ich gebe mich zwar noch eine Weile der Illusion hin, den Schwerpunkt auf mein Grafikstudium legen und nebenher noch etwas Musik machen zu können, aber das Schicksal – oder wer oder was auch immer – hat bereits anders entschieden.

Am nächsten Tag gehe ich wieder zum Ku'damm, würde gerne noch mal den jungen Amerikaner sehen, singen und Gitarre spielen hören. Er taucht nicht mehr auf, ist weitergezogen. Ich fahre nach Hause, besorge mir eine Rolle Leukoplast, klebe damit rechts meine wunden Fingerkuppen, die Blase am Daumen ab, setze mich erneut hin und übe Gitarre. Links tun die Fingerkuppen höllisch weh. Wenn ich sie auch abkleben würde, könnte ich aber nicht mehr sauber greifen. Ich sollte ein paar Tage mit dem Üben aussetzen. Das wäre nur vernünftig und kommt für mich genau deswegen nicht infrage. Ich ignoriere die Schmerzen, mache weiter, wenn auch erst mal nicht ganz so exzessiv. Nach etwa zehn Tagen sind meine Fingerspitzen verhornt.

Ich gehe jetzt auf den Ku'damm und singe. Ich stelle mich vor dem Kranzler, in der Nähe des Pflastermalers auf. Vor mir eine Blechbüchse für die zu erwartenden Fünfmarkstücke, einen Gitarrenkoffer habe ich nicht, nur einen Stoffbezug, mal sehen, was passiert. Aber Singen, dazu noch solo vor Publikum, vor wildfremden Leuten, ist doch etwas anderes, als nur ein Instrument zu spielen und Teil einer Band zu sein. Ich geniere mich, fange aber trotzdem an mit »If I Had a Hammer«, das ich von Trini Lopez gesungen kenne. Die Gitarre trage ich an einem Stück Wäscheleine um den Hals gehängt. Einen Gurt habe ich auch nicht. Die Gitarre zwischen dem Publikum und mir gibt mir ein wenig das Gefühl, mich hinter ihr verstecken zu können. Es bleiben ein paar Leute stehen, hören zu, applaudieren aber nicht; werfen im Weitergehen auch die eine oder andere Münze in die Büchse, aber kein einziges Fünfmarkstück. Nach einer halben Stunde packe ich meine Gitarre wieder ein. Ich zähle das Geld. Immerhin sind so an die sechs Mark fuffzig zusammengekommen. Ein paar Schritte weiter bei Aschinger, am Bahnhof Zoo, Ecke Hardenbergstraße, leiste ich mir von meinen ersten ersungenen Münzen einen Teller Erbsensuppe mit Schrippe für 50 Pfennig.

Ich bin ganz zufrieden mit dem Ergebnis meiner Premiere als Straßenmusiker, habe mir selbst was bewiesen – Mut. Obwohl ich zugeben muss: Der amerikanische Junge ist bei den Leuten besser angekommen als ich. Woran das wohl liegt? Dieser Ami hat mir, und wohl nicht nur mir, imponiert mit seiner selbstbewussten Lässigkeit, über die ich so nicht verfüge. Vielleicht könnte ich diesen Mangel durch forciert offensives Auftreten ausgleichen? Ich frage mich, woher nimmt dieser Amerikaner diese überzeugend lockere Selbstverständlichkeit? Ich ahne, dass er sich seiner sicher ist, sich heimisch fühlt in dem, was er singt und spielt, ganz gleich, wo in der Welt er sich gerade befindet. Er ist in seiner Muttersprache, in der

Musiktradition der USA, dem mächtigsten Land der Welt; das im Begriff ist, seine Kultur bis tief in die entlegensten Wurmfortsätze des Globus zu drücken. Englisch ist längst die Lingua franca, in der sich die Völker der Erde in den kommenden Jahren verständigen werden. Kein Wunder, dass ein Angehöriger einer derart begünstigten Nation auch als musizierender Amateur eine souveräne Performance hinlegt; in der ich – sie aus diesem Blickwinkel betrachtend – auf einmal eine Beimengung von Arroganz ausmache. Ich bin neidisch. Amerikaner müsste man sein. Bin ich aber nicht. Ich bin Deutscher. Ich singe Lieder in fremden Sprachen, von denen ich keine auch nur ansatzweise beherrsche. Das heißt, ich bin, der Begriff »Authentizität« ist damals noch ungebräuchlich, nicht »echt«.

Aber deutsche Lieder in deutscher Sprache? Immer noch betrachtet der kritischere Teil der jüngeren Deutschen, zu dem auch ich mich zähle, seitdem ich keine Schlager mehr höre, das traditionelle deutsche Liedgut als naziverseucht und daher nicht singbar. Das ist die Grundstimmung, wie sie auch Franz Josef Degenhardt, den ich zu dem Zeitpunkt noch nicht kenne, in seinem Songtext »Die alten Lieder« ausdrückt.

›Wo sind eure Lieder –
Eure alten Lieder?‹
Fragen die aus andern Ländern …

… Tot sind uns're Lieder –
Uns're alten Lieder!
Lehrer haben sie zerbissen,
Kurzbehoste sie verklampft –
Braune Horden totgeschrien,
Stiefel in den Dreck gestampft!

Knapp zwanzig Jahre nach Kriegsende ist Deutsch für den Rest der Welt nach wie vor die Sprache der Schlächter und Massenmörder. In manchen nicht deutschsprachigen Ländern ist deutscher Gesang sogar so verhasst, dass es dort heißt: Lieber deutsche Panzer als deutsche Lieder.

Ich schreibe ein Lied

Ich möchte so gerne singen. Auch wieder auf der Straße. Doch wenn ich nur dann authentisch bin (und das möchte ich unbedingt sein), wenn ich in deutscher Sprache singe, die alten Lieder aber besser nicht bringen sollte, bleibt mir nur eins: Ich muss selbst welche schreiben – ganz neue Lieder. Dieser Gedanke erscheint mir zwingend logisch und erfüllt mich jetzt ganz und gar. Ich habe überdies, was sonst so gar nicht meine Stärke ist, einen Plan. Zum ersten Mal in meinem Leben sehe ich ganz klar vor mir, wie ich jetzt weiter vorzugehen habe. Obendrein stelle ich Regeln auf, die ich sofort in einem Tempo niederschreibe, von dem mir fast schwindelig wird; gleichzeitig mit dem Gefühl der unumstößlichen Richtigkeit dessen, was ich da tue und was mit mir gerade passiert:

1. Ich muss als Songpoet vor allem frei sein und sollte mich daher nicht knechtisch an Regeln binden. Auch nicht an meine eigenen.
2. Der Text kommt zuerst, dann die Vertonung.
3. Sein Inhalt muss sich immer und unmittelbar auf das beziehen, was ich erlebe und kenne, kann aber ruhig ein wenig poetisch-romantisch eingefärbt sein. Das Liebeslied ist die Königsdisziplin aller Liedliteratur seit der Antike. (Heldenepisches, Politisches und Sonstiges sind nur Sekundärgenres).
4. Der Text kann sowohl bloße Empfindungen wiedergeben als auch eine Geschichte erzählen.
5. Stil möglichst alltags- und umgangssprachlich. Unbedingt lakonisch. Komik und Witz ja, Ironie, Zynismus, Sentimentalität nur als kontrollierte Ausdrucksmittel. Kein Pathos, Fäkalausdrücke nur, wenn nötig, keine gespreizten Genitive. Also niemals »seines Leibes Notdurft verrichten«, dann schon lieber »pissen«.
6. Endreime bevorzugt. Alliterationen, wenn sie passen. Unreine Reime (wie heute auf Freude) und bloße Assonanzen vermeiden. Metrik kann

(muss nicht) gelesen und gesprochen gern holpern (ein Liedtext muss kein Gedicht sein); sollte gesungen nicht elegant, aber flüssig klingen.
7. Die Vertonung eines Textes geschieht idealiter am Klavier. (Da ich keines habe und auch nicht Klavier spielen kann, komponiere ich mithilfe der Gitarre; wobei mir einige rudimentäre Kenntnisse in Musiktheorie und Harmonielehre zugutekommen.)

Ich schiebe das regelbekritzelte Blatt Papier beiseite. Ich und Regeln. Das passt irgendwie gar nicht zusammen. Aber ich bin in Hochstimmung und fange gleich an zu reimen: Also, ein Lied über etwas, das ich kenne. Aber was soll das sein? Ich bin ein Student, der ein Untermieterdasein führt. Ganz schön langweilig. Das ein bisschen verklärt und überhöht dargestellt, kann nicht schaden. Damit habe ich schon mal mein Thema. Nur, dass sich das rasante Tempo, mit dem ich noch meine Regeln aufgestellt habe, beim Dichten plötzlich dramatisch verringert. Ich habe es mir nicht so schwierig vorgestellt, den Wust an Einfällen und Bildern, an denen es mir ja nicht fehlt, zu bündeln, zu strukturieren und mit möglichst sauberen Endreimen in eine strenge Metrik zu quetschen. Eine Schinderei – so mühselig und profan wie absolut notwendig. Wie schmerzlich, zugunsten einer unabdingbaren Stringenz von Form und Inhalt, ständig auf die schönsten Wendungen und Ideen verzichten und sie verwerfen zu müssen: ein permanenter »Kill-Your-Darlings«-Prozess. Die Gitarre beim Schreiben immer griffbereit, überprüfe ich jede neue Verszeile auf Klang und Singbarkeit. Ohne bereits eine konkrete Vorstellung von einer Melodie zu haben – die ergibt sich dann von selbst –, versuche ich so, den Text von vornherein »musikalisch« zu verfassen. Meiner Illusion, ein Lied als genialen Wurf und wie aus einem Guss in einem einzigen großen Moment der Eingebung zu kreieren, folgt bald die Ernüchterung. Nein, es dauert und dauert. Ich brauche Wochen, bis ich den Text so weit ausgefeilt, und dazu schon die vage Idee einer Melodie entwickelt habe, dass ich an eine Vertonung denken kann; was auch wieder seine Zeit braucht. Aber jetzt will ich das Lied endlich singen, und zwar auswendig, und mich auf der Gitarre möglichst fehlerlos und mit kunstvoll aufgelösten Akkorden begleiten – und nicht bloß so runtergeschrappt. Als Interpret meines selbstverfassten Liedes muss ich auch das noch zusätzlich pauken; stolpere dabei über Unzulänglichkeiten in der Verbindung von Text und Melodie, die ich vorher nicht wahrgenommen habe. Mir kommt das Ganze verpfuscht vor, schlampig gebaut wie ein Spatzennest. Ich komme so nicht weiter. Ich weiß, dass ich jetzt ein paar Tage Abstand brauche. Das halte ich aber nicht aus. Habe keine Geduld. Also morgen. Morgen werde ich das bisher Geschriebene wegschmeißen und von vorne anfangen.

Wie gewohnt, besuche ich am nächsten Tag die anfallenden Seminare. Ich schlafe während des Diavortrags über Tizian und Giorgione ein, was ich sehr bedauere. Ich bewundere Dr. von Löhneisens kunstgeschichtlichen Kenntnisreichtum und seine Gabe, ihn uns lebendig zu vermitteln. Dass ich den Vortrag verpenne, wurmt mich vor allem, da ich Giorgione liebe. Allein, dass er zu seiner Zeit als Musiker, Sänger und Lautenspieler ebenso hochgeschätzt wurde wie als Maler, macht ihn für mich schon interessant. Ihm wird nachgesagt, als Erster eine musikalische Kompositionsästhetik in die Malerei eingeführt zu haben. Und das vor mehr als 500 Jahren. Giorgiones Bilder, in denen ich deutlich die für ihn als typisch geltende »intuitive kontrapunktische Umsetzung von Konsonanz und Dissonanz« zu erkennen meine, ergreifen mich. Und ich bin davon überzeugt, dass auch er seine eigenen Songs geschrieben, gesungen und so Poesie, Musik und Malerei respektive Grafik bravourös unter einen Hut gebracht hat. So wie ich es auch gern möchte.

Wieder zurück in meinem Zimmer, nehme ich mir meine Verse noch mal vor, will sie, bevor sie im Mülleimer landen, noch einmal kurz lesen. Wie doch allein nur dieses »eine Nacht drüber schlafen« die Sichtweise auf die Dinge radikal erneuern, ihre Bewertung umstülpen kann. Schon beim ersten Überfliegen finde ich meinen Text durchaus gelungen. Ich schreibe ihn noch einmal ab; habe nach wenigen Minuten metrische Mängel beseitigt, Reime geändert, die mir gestern noch unkorrigierbar missglückt erschienen und die jetzt auf einmal mit der Melodie harmonieren.

Das Loch unterm Dach

Ich friste in einem Loch unterm Dach
als armer Hund mein Dasein,
hab' wenig zu essen, drum lieg' ich oft wach

und hung're bei Wasser und Wein,
und starrt die nackte Wand mich auch an,
was macht das schon, jetzt hängt ja daran
ein Bild von ihr, sie schenkte es mir.

Meine Bücher, die letzten Habseligkeiten,
ich werde mit ihnen ins Pfandhaus geh'n,
dort vermach' ich sie den Leuten,
die sie doch nicht zu lesen versteh'n.
Auch wenn sie mir nicht viel dafür geben,
was macht das schon, dann lese ich eben
die Briefe von ihr, sie schickte sie mir.

Ich glaube, mein Fenster habe ich mal
des Nachts im Suff zerschlagen.
Mein Wirt will, dass ich den Schaden zahl',
einen Streit mit ihm darf ich nicht wagen.
Ich geb' ihm den Schein, und ist's auch mein letzter,
was macht das schon, jetzt hängt vor dem Fenster
ein Mantel von ihr, sie schenkte ihn mir.

Ich friste in einem Loch unterm Dach
als armer Hund mein Dasein,
doch sie denkt an mich in ihrem Prunkgemach,
denn ihr Mann ist alt und gemein,
ein Sonntagsjäger und Herrenreiter.
Was macht das schon, ich brauch ja nichts weiter,
als das Herz von ihr, sie schenkte es mir.

Ich habe mein erstes Lied geschrieben. Es ist fertig. Wie ich mich in diesem Moment gefühlt habe, weiß ich nicht mehr. Aber gedacht habe ich: Ich kann das. Gleich am nächsten Tag stelle ich mich wieder in der Nähe des Kranzlers auf den Ku'damm und singe. Diesmal, so scheint es mir, komme ich besser bei den Passanten an als beim ersten Mal. Aber eindeutig besser funktionieren die Skiffle-Standards und Songs wie »House of the Rising

Sun«, mit denen The Animals gerade einen Welthit gelandet haben, den sogar ich kenne. Es sind die Songs mit möglichst vielen langen Tönen, mit starkem Stimmdruck und lautem Plektron-Gitarrenspiel begleitet vorgetragen, bei denen die Leute aufhorchen, stehen bleiben und Münzen in meine Blechbüchse werfen. Als ich später bei Aschinger nachzähle, sehe ich, dass ich mit einer Stunde Singen fast zwölf Mark eingenommen habe. Leider muss ich auch feststellen, dass die Leute auf mein erstes eigenes Lied kaum reagiert haben. Ich vermute, ähnlich wie die Brassens-Lieder, an denen ich mich beim Dichten orientiere, passt mein Lied nicht auf die Straße. Es ist nicht laut »gröhlbar«, zu textlastig, um sich gegen den Verkehrslärm durchsetzen zu können. Na ja, dann ist es eben so.

In unserer Klasse, das heißt in unserem Semester sind wir sechs männliche und circa zwanzig weibliche Studierende. Wir vertragen uns alle gut miteinander. Nach den ersten Monaten des Aneinandergewöhnens sind wir auch privat in Kontakt. Mindestens einmal in der Woche steigt bei irgendeinem eine Party, zu der jeder etwas mitbringt. Billigen Wein oder ein paar Flaschen Bier, eine Schüssel Salat oder Ähnliches. Ich bringe meine Gitarre mit.

Unser Kommilitone Rüdiger gibt eine Einweihungsparty in der später in den Siebzigern von Berliner Rockbands als Übungsbunker genutzten Wrangelkaserne in Kreuzberg, in deren erstem Stock er für 45 Mark im Monat einen einzelnen, tausend Quadratmeter großen Raum bewohnt. Auf einem Trichtergrammofon vom Trödelmarkt lässt er, so als Partygag, alte Schellackplatten von Richard Tauber und den Comedian Harmonists abnudeln. Plötzlich, ich glaube im ersten Moment, mich verhört zu haben, füllt die trotz der störenden Kratzgeräusche strahlende Stimme Joseph Schmidts den riesigen Raum. Seit der Radiosendung mit Pelz von Felinau über Joseph Schmidt weiß ich, dass die Nazis alles unternommen haben, jede Spur, jede Erinnerung an diesen Sänger zu tilgen; sodass von seinen ehemals unzähligen Schallplatten, die noch vor dem Krieg im Umlauf waren, heute nur noch ganz wenige Originalaufnahmen existieren. Von ursprünglich mehreren Hundert mögen es insgesamt ein bis zwei Dutzend gerettete und offiziell registrierte Liedtitel sein. Die Aufnahme, die ich hier höre, ein Zufallsfund vom Flohmarkt, zählt nicht dazu. Es ist das sentimentale, in den Vorkriegsjahren populäre Lied vom Jägersmann und seiner Lola.

Ich gehe den anderen Partygästen auf die Nerven, indem ich Rüdiger dazu bringe, die Scheibe wiederholt aufzulegen. Ich kann nicht genug von Joseph Schmidts »Lola« bekommen. Sie bleibt mir unvergesslich, und gern würde ich nach so vielen Jahrzehnten die Aufnahme noch mal hören. Leider ist sie seit damals samt Rüdiger für immer verschollen. Ich bezweifle, dass den Joseph-Schmidt-Archivaren überhaupt bekannt ist, dass eine solche Aufnahme je existiert hat. Zu gründlich haben die Nazis »die Ausmerzung jüdischer Elemente aus der deutschen Kultur« vollstreckt.

Auf einer der nächsten Feten staunen meine Kommilitoninnen, als ich ihnen mein erstes selbst geschriebenes Lied vortrage; wollen es gleich noch mal hören. Auf einen solchen Erfolg hätte ich nicht zu hoffen gewagt. Anders als auf der Straße, dringe ich mit meinem Lied, wie ich schon vermutet hatte, in einem geschlossenen Raum zu meinen Zuhörern besser durch. So bestätigt und ermutigt, beginne ich gleich damit, noch ein weiteres Lied zu schreiben: »Die Blumen des Armen«. Wenn ich behaupte, »gleich« damit zu beginnen, bedeutet das bei mir, dass nach frühestens sechs bis acht Wochen täglichen und mehrstündigen konzentrierten Knobelns mit einem singbaren Ergebnis zu rechnen sein wird. Ich gehe davon aus, dass mir künftig allein durch mehr Übung das Schreiben von Liedern leichter und schneller von der Hand geht. Ein Irrtum. Ich weiß es nur noch nicht: Abgesehen von ganz wenigen Ausnahmen, stellt von nun an jedes neue Lied das Ergebnis manchmal monatelanger, fast masochistischer Quälerei dar. Ich komme mir vor wie jemand, der sich über Jahre hinweg – die reale Erfahrung habe ich allerdings nie gemacht – am laufenden Band schmerzhafte Tattoos stechen lässt. Schon stellt sich die Frage: Warum tue ich mir das immer wieder an? Vielleicht wegen des letztlich doch befriedigenden Resultats und dem starken Bedürfnis mich auszudrücken, mich mitzuteilen; aber auch, um mich danach wenigstens kurzzeitig wie ein organisierter und somit besserer Mensch zu fühlen. Dahin gelangen kann ich nur, wenn ich mich hinsetze, mich zusammenreiße, um aus Extrakten meiner unkontrolliert wuchernden Phantasmagorien etwas zu formen, das einen Anfang, einen Verlauf, einen Rhythmus, ein Ende, eine Aussage hat. Das gelingt mir nur schriftlich.

Im Leben, in der Natur, in der Wirklichkeit ereignen sich in jeder Nanosekunde Milliarden Dinge simultan. Jede beliebige Situation setzt sich aus einer Fülle gleichzeitig ablaufender Geschehnisse zusammen, deren Schilderung aber nur über kontrollierte Gedankenketten und singulär aneinandergereihte Worte möglich ist. Mir scheint daher das Geheimnis aller Erzählkunst, namentlich der mündlichen, in der Fähigkeit zur sinnvollen Reihung von blitzschnell sortierten Gedanken und Worten zu liegen. Wie sehr ich doch Menschen bewundere, die ohne zu stocken und ohne »Ähhhhs« flüssig und druckreif sprechen können.

Es soll unter den Stars der Rap- und Hip-Hop-Szene Talente geben, die live und aus dem Stand improvisierte Texte sprechen können; gereimt und rhythmisch perfekt, die sogar auch noch einen Sinn ergeben. Für mich unfassbar. Ich selbst stelle mich im mündlichen Ausdruck oft mehr als nur etwas unbeholfen an. Manchmal glaube ich, an dem Stau parallel laufender Gedanken ersticken zu müssen in dem Drang, sie alle gleichzeitig auszusprechen, anstatt sie, auf die einzig mögliche Weise, nämlich einander folgend, zu äußern. Obwohl ich in den Jahrzehnten nach 1970 Hunderten von Journalisten Telefoninterviews gebe, fürchte ich mich noch immer vor jedem einzelnen; weil ich nicht mal auf die immer gleichen Fragen routiniert antworten kann.

Ich weiß, ich sollte mit mir und meinen Schwächen nicht zu streng ins Gericht gehen, steht ihnen andererseits doch auch die eine oder andere Stärke gegenüber. Dennoch, mein Selbstwertgefühl wird immer zwischen zu schwach und zu wenig und zu viel und übertrieben schwanken.

Bewegung

Jetzt sind erst einmal Semesterferien. Ich fahre, besser gesagt trampe nach Hause, um mir in Bielefeld einen Ferienjob zu suchen. Vor Kurzem hat in der Bahnhofstraße eine Karstadt-Filiale neu eröffnet, die laufend Mitarbeiter sucht. Ich werde zusammen mit Gerd, einem ehemaligen Kommilitonen von der Werkkunstschule und wie ich gelernter Dekorateur, als Hilfskraft in der Abteilung Hausinspektion angestellt. Gerd verfügt über den Charme eines Trickbetrügers, den er fantasievoll einsetzt, um möglichst nichts tun zu müssen. Davon profitiere auch ich. Mit Gerd zusammen zu »arbeiten«, ist jeden Tag aufs Neue ein Vergnügen. Das Eröffnungsdatum des Hauses liegt erst kurze Zeit zurück. Das Personal ist kein eingespieltes Team. Vieles geht noch drunter und drüber. Die Geschäftsleitung begegnet dem Durcheinander mit drastischen Maßnahmen: abends nach Ladenschluss stichprobenartige Handtaschenkontrollen. Gerüchte machen die Runde. Eine Verkäuferin soll wegen Kameradendiebstahls fristlos entlassen worden sein, nachdem sie in der Kantine für eine leere Fanta-Flasche, die ihr nicht gehörte, 20 Pfennig Pfand kassiert hat. Gerd macht sich die unübersichtliche Situation raffiniert zunutze. Wie dem Verkaufspersonal stehen auch uns zwei Stunden Mittagspause zu, die wir mehrmals in der Woche, ohne das es auffällt, nur Gerd weiß, wie das geht, auf vier Stunden ausdehnen.

Der Hausinspektion obliegt die Reinigung und Pflege der Verkaufsräume, die Wartung aller technischen Einrichtungen des Hauses und der großen Abfallverbrennungsanlage im Kellergeschoss, in der täglich riesige Mengen Verpackungsmaterial verfeuert werden. Unser Vorgesetzter ist Herr Pottkämper, ein Bauingenieur, der die anderen Leitungskader des Hauses als gelackte »Heringsbändiger« verachtet. Gerd und mich mag er. Obwohl ich glaube, dass er unsere Arbeitsvermeidungstricks durchschaut, lässt er uns gewähren. Er stellt uns sogar während seiner häufigen Abwesenheit in seinem Büro, in dem nie jemand anruft, zum Telefondienst ab.

Einmal müssen wir Überstunden leisten. Unbezahlt. Aber das macht uns nichts aus. Wir haben unseren Spaß. Eine spezielle Filialeröffnungsfeier für das Karstadt-Personal wird abends nach Ladenschluss anberaumt. In der Kantine ist ein Podium aufgestellt. Zu beiden Seiten blickdicht mit schwarzen Moltonbahnen verhangen und mit einem Bühnenvorhang auf der Rückseite. Gerd und ich müssen backstage für die auftretenden Redner und die Künstler (richtig berühmte) den Vorhang öffnen und schließen. Die Künstler singen play-back. Zuerst kommt Roberto Blanco mit drei Songs, darunter »Schwarzer Engel«. Dann singt Lale Andersen »Der Junge an der Reling«, »Lili Marleen« und noch andere Stücke.

Morgens, eine Stunde bevor um halb neun Uhr die ersten Kunden eingelassen werden, drücken wir die Stempeluhr am Hintereingang und fegen mit extrabreiten Besen in einer Kolonne von Männern in grauen Kitteln die Böden der Verkaufsetagen. Gerd gelingt es, uns beide von dem erst gestern von Pottkämper zum Oberfeger beförderten Herrn Schielemann zum Fegen in die Bettenabteilung beordern zu lassen. Wir verstecken die Besen, legen uns auf einen der Matratzenstapel, Gerd hat seinen Wecker dabei, und wir pennen erst mal 'ne Runde bis kurz vor Ladenöffnung. Wenn wir danach nicht im Keller, wo ein riesiger Ofen steht, zur Papier- und Abfallverbrennung eingeteilt werden, müssen wir manchmal in Anzug und Krawatte den Kundenfahrstuhl bedienen und die Abteilungen ausrufen. Danach schlägt Gerd einen Bummel durch alle Etagen vor. Im Büro unseres Chefs findet er ein Klemmbrett, mir drückt er ein großes Bandmaß in die Hand. In jeder Etage ziehen wir die vollen zwanzig Meter Maßband aus und vermessen, Gerd an einem, ich am anderen Ende, alles, was uns in die Quere kommt, wobei Gerd mit ernstem, fast grüblerischem Gesichtsausdruck die Papierbögen auf seinem Klemmbrett mit sinnlosen Zahlen und Daten bekritzelt. Die Verkäuferinnen schauen uns defensiv und etwas ratlos dabei zu. In der Herrenabteilung kommt der Erste Verkäufer skeptisch, ja misstrauisch die Stirn runzelnd auf uns zu. Gerd zischt: »Schnell weg hier.« Während ich das Maßband einrolle, fragt der Verkäufer: »Darf ich fragen, was Sie hier machen?«

Gerd antwortet konziliant: »Das kann ich Ihnen gerne sagen. Wir sind von Herrn Direktor Lueg beauftragt, sämtliche Räume komplett neu zu vermessen. Die bisher gültige Umsatzberechnung pro Quadratmeter

Verkaufsfläche hat sich als ungenau, sogar als total falsch erwiesen und muss je nach Marktsegment gänzlich neu erstellt werden. So, und jetzt müssen wir weiter, wir haben noch zu tun. Auf Wiedersehen.«

Ich bin mindestens so perplex wie der Erste Verkäufer. Gerd zieht mich am Ärmel, und wir verschwinden über die Treppe ins Erdgeschoss durch den Haupteingang nach draußen.

Ich verbringe jetzt viele Abende im »Dorf«, wie Kirchdornberg, idyllisch unterhalb vom Gottesberg am Waldrand gelegen, allgemein genannt wird, im Hause meines Schwagers Martin und meiner Schwester Ulla. In meiner Erinnerung ist es eine schöne Zeit, die mir im Nachhinein als ein letztes kurzes Aufbäumen dörflicher Intaktheit gegen den schon einsetzenden Verfall der altvertrauten ländlichen Gemeinschaftsstrukturen erscheint. Mit dem Fernsehen, zu der Zeit noch schwarz-weiß, drängt sich die Welt unaufhaltsam in jeden noch so abgeschiedenen Flecken. Alle gucken »Bonanza«. Jeder kennt Rancher Ben Cartwright und seine Söhne Adam, Hoss und Little Joe. Am Waldrand hinterm Dorf am Fuße des Bußberges hat eine Kneipe neu eröffnet, mit alten Wagenrädern an den Innen- und Außenwänden und einer Massivholzbohle über der Tür mit dem eingebrannten Namen Ponderosa Ranch. Laut Speisekarte gibt es hier eine Hoss-Suppe und ein Little-Joe-Käseschnittchen zu essen.

Auch im Dorf selbst verändert sich das Leben, wenn auch noch kaum spürbar. Da ist die Peterskirche, in der ich konfirmiert wurde, der Kirchenchor und der uralte Dorfplatz. Da ist der Friedhof, auf dem alle meine Ahnen begraben liegen. Da ist der Küster und Glöckner Hans Butzkies, der abends in einer der drei Kneipen im Ort – manchmal auch in allen – gern mal einen trinkt. Da ist der von Martin und Ulla geführte Tante-Emma-Laden mit der Poststelle und dem Telefon; die meisten Leute im Dorf haben noch keinen eigenen Anschluss. Es gibt einen Heimatverein. Die älteren Leute sprechen alle noch Platt. Da ist Peter, »Peider« genannt, der Dorftrottel. Da ist Gottlieb Lindemann, der Schlachter. Im Hause meines Schwagers Martin treffen sich an manchen Abenden die Nachbarn, die sich untereinander alle gut verstehen. Wir feiern. Wenn wir Musik machen – und wir machen viel Musik und singen –, setzt Fiete

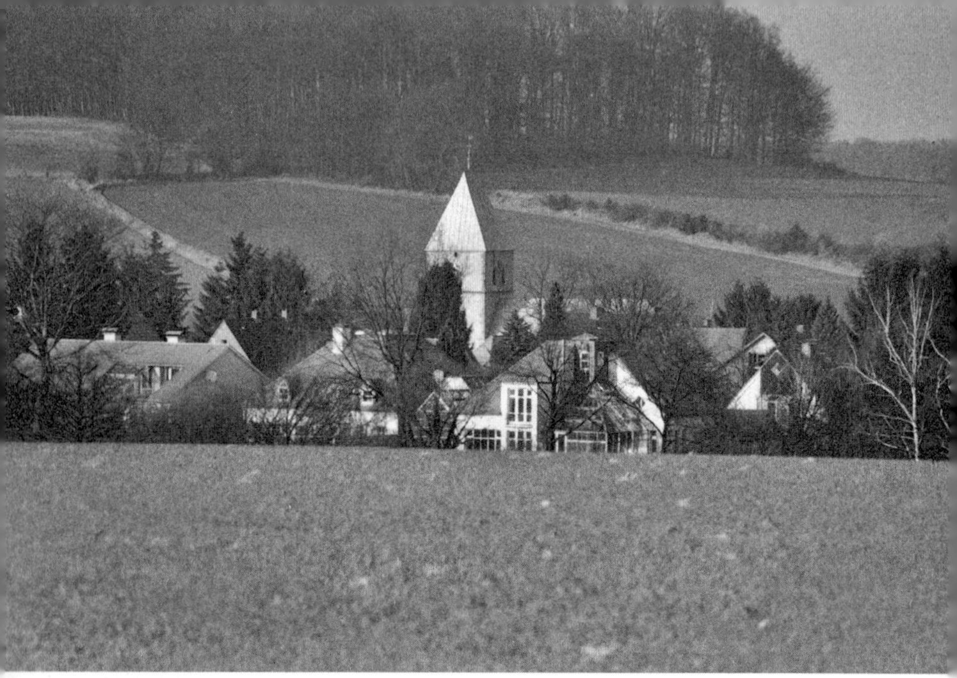

Kirchdornberg 2018

immer einen Suppentopf umgedreht auf seine Knie und trommelt mit zwei Kochlöffeln auf dem Topfboden den Takt. An Sommerwochenenden kommt manchmal unser Cousin Dieter auf seinem Motorroller, einer Lambretta, aus dem achtzig Kilometer entfernten Heessen bei Hamm. Er ist der Sohn von Tante Manda, der Schwester meiner Mutter. Er arbeitet untertage wie sein Vater, der dort Steiger ist, auf der Zeche Sachsen. Später antwortet er auf die Frage, warum er die weiten Fahrten so oft auf sich genommen habe: »Bei euch war immer was los.«

Hier auf dem Dorf spüre ich den Kontrast zu meinem Leben in Berlin sehr stark; hier fühle ich mich manchmal sogar zu Hause – aber nicht mehr lange. Längst wieder in Berlin und von zum Teil turbulenten Ereignissen in Anspruch genommen, bekomme ich kaum mit, was derweil »zu Hause« in Hoberge und Kirchdornberg passiert. Irgendwann will ich meine Schwester Ulla anrufen. Mein Schwager Martin ist am Apparat: »Du willst mit Ulla sprechen? Das geht nicht, Ulla ist nicht mehr da.«

»Wieso? Was heißt das, Ulla ist nicht mehr da?«

»Das heißt, Ulla wohnt hier nicht mehr, wir haben uns getrennt, wir lassen uns scheiden.«

An die sechzig Jahre sind seit damals vergangen. Von den Dorfbewohnern leben nur noch wenige. Auch Martin ist längst gestorben. Ich komme noch manchmal nach Kirchdornberg, trinke im Dorfkrug ein Bier, besuche auf dem Friedhof das Wadersche Familiengrab und werde wohl (und zwar möglichst bald, die Zeit drängt) die Grabstelle für mich übernehmen. Ich könnte mir vorstellen, hier später selbst mal zu liegen.

Alle Hügel

Alle Hügel und Täler sind heute so grün
wie am Tag, als ich fortging, die Linden sie blüh'n
fast vergessene Lieder fall'n mir wieder ein
bin durstig vom Singen und Wandern.

Bald halte ich Rast bei der Schänke im Wald
wie ist sie verfallen, auch der Wirt ist nun alt.
Er stößt mit mir an, doch er kennt mich nicht mehr
wir sitzen, wir trinken und schweigen.

Ich komme als Fremder und war doch einmal
zu Hause hier in diesem Dorf, diesem Tal.
Habe Vater und Mutter schon vor langer Zeit
auf diesem Friedhof begraben.

Ich grüße die Leute, doch sie stehen stumm
vor dem Haus meiner Eltern, dreh'n sich nach mir um.
Und im Grunde kann ich ihren Argwohn versteh'n
was hab ich denn hier noch verloren?

Ich will noch die Dorflinde sehn, nur sie weiß
wie oft ich damals hier saß und im Kreis
der Freunde in Sommernächten lachte und sang.
Sie sind aus meinem Leben verschwunden
so wie ich haben die, die noch leben, schon lang
ein andres Zuhause gefunden.

Zwei Wochen vor Anfang des Wintersemesters treffe ich während der Mittagspause Klaus Schmitz, George genannt, auf der Bahnhofstraße vorm Karstadt-Eingang. Wir kennen uns aus der Jazz-Klause. George studiert in Münster Jurisprudenz und fährt ein rotes Cabriolet, und zwar einen VW – was sonst?

»Mensch, gut, dass ich dich treffe«, sagt er, »kommst du mit nach Frankreich?«

Ich darauf: »Wie, was, Frankreich?«

»Na ja, ich wollte mit 'nem Kumpel morgen nach Frankreich, aber der ist abgesprungen. Also was ist, kommst du mit?«

Klar komme ich mit. Von Karstadt stehen mir noch ungefähr 250 Mark Lohn zu. Im Personalbüro erzähle ich, meine Oma (die es nicht gibt) in Bad Rothenfelde sei gestorben, ich müsse unverzüglich dorthin, um ihre Bestattung sowie die damit verbundenen und etwas verwickelten Nachlassprobleme zu regeln. Ich bekomme das Geld, verabschiede mich von Gerd, der die ihm hier noch verbleibenden 14 Tage runterreißen will.

George fährt mich nach Hause. Seine Reisetasche liegt schon fertig gepackt auf dem Rücksitz. Ich werfe hastig ein paar Klamotten in meinen alten Koffer. Meine Gitarre muss selbstverständlich auch mit. Vom Karstadt-Lohnbüro bis zu dem Moment, in dem ich zu meiner Mutter Tschüs sage, vergeht knapp eine Stunde. Wir fahren an Gütersloh vorbei über die A2 nach Südwesten.

Früher Nachmittag, Spätsommer, die Sonne scheint, wir fahren mit offenem Verdeck. Die Autobahn gähnend leer. Der Begriff »Verkehrsstau« steht noch nicht im Duden. Wenn uns auf der Gegenfahrbahn ein VW entgegenkommt, winkt der Fahrer, wir winken zurück. Fantastisch. Noch nie habe ich mich so gut gefühlt. Gar kein Vergleich mit der Fahrt im Cabrio vor drei Jahren mit Joe und Apotheken-Lutz in dessen engem Zweisitzer. Das waren auch nur ein paar Minuten. Aber jetzt mache ich eine richtig lange Reise tief in den Süden bis an die Côte d'Azur. Ist seit Mitte der Fünfzigerjahre Italien das Traumurlaubsziel der Deutschen, vor allem einer breiten unteren Mittelschicht, gilt die Côte d'Azur – noch – als geheimes Sehnsuchtsziel einer jüngeren frankophilen Minderheit, die sich geschmacklich und überhaupt kulturell von der Masse abheben möchte. Oberschüler, Studenten mit wenig Geld und Hippies – ja und

Straßensänger, auch »Folksinger« genannt – werden in den kommenden Sommern entlang der legendären Route nationale 7 dorthin trampen und die ganze Zeit nur von »Väng und Päng« leben – soll heißen Vin und Pain, Rotwein und Baguette.

Jeder weiß, dass Brigitte Bardot, wenn sie nicht gerade in Paris dreht, in Saint-Tropez lebt. Vielleicht ist sie zufällig da, wenn George und ich dort ankommen. Wir reisen in einem angenehm mäßigen Tempo. Ich kann mich nicht sattsehen an den Landschaften, die wir durchqueren. Gegenden, von denen ich allenfalls mal im Erdkundeunterricht gehört habe.

Auf den Schweizer Passstraßen kommen wir am nächsten Tag nur langsam voran. Die Steigungen scheinen für unser Cabrio eine Zumutung zu sein. Wir fahren wieder mit offenem Verdeck, wir riechen die Bergluft, die immer dünner und frischer wird, je höher wir kommen. Wir haben unsere Jacken angezogen und reden wenig. Mir verschlägt der Anblick der Berge, der beschneiten Gipfel hoch über uns, die Sprache. George geht es ähnlich. Auch er sieht die Alpen zum ersten Mal. Ich bin nicht schwindelfrei und erlebe den Blick in kilometertiefe Abgründe, Schluchten, in grüne Talsohlen, in denen ich Gehöfte in Ameisengröße ausmache, als atemberaubend.

Wir überqueren den Pass. Ist es der Grosse St. Bernhard? Keine Ahnung. Direkt hinter der Grenze auf der italienischen Seite steht eine Hütte, in der man bei einem der Zöllner Geld wechseln kann. George steigt aus, geht rein, tauscht 20 Mark gegen Lire ein. Wir wollen, bevor wir nachher in Frankreich sind, noch mal in Italien zu Abend essen. Ich warte draußen solange im Wagen. Nach ein paar Minuten kommt George aus der Hütte gerannt, springt hinters Steuer, startet den Wagen und sagt: »Halt dich jetzt mal fest, wir müssen hier ganz schnell weg.«

Fast doppelt so schnell wie in der Schweiz bergauf, brettern wir auf der italienischen Seite die Serpentinen runter. Je tiefer wir kommen, hier auf der Südseite der Alpen, desto wärmer wird der Fahrtwind, desto würziger riecht die Luft. Wir haben die Straße ganz für uns. Nur in den Haarnadelkurven, mir kommt es so vor als wären es Dutzende, bremst George etwas ab. Ich klammere mich so gut es geht mit beiden Händen an meinen Sitz. Angst habe ich nicht. Ich selbst kann nicht Auto fahren und vertraue blind jedem, der neben mir hinterm Lenkrad sitzt. Aber ich kann George jetzt auch nicht fragen, warum er so rast. Verbissen aufs Fahren konzentriert, schaut er doch immer wieder in den Rückspiegel: »Dreh dich mal um«, sagt er, »ist das ein Motorrad da oben hinter uns?«

Es ist ein Motorrad. Aber ganz weit weg. Mindestens zwanzig Kurven über uns. Wir erreichen eine Ortschaft in der Talsohle. George muss langsamer fahren. Er biegt in eine Nebenstraße ein und stoppt, atmet tief durch, wischt sich den Schweiß von der Stirn und sagt: »Schnell das Verdeck schließen, dann fallen wir nicht so auf. Dann ist die Karre auch noch knallrot, so'n Mist aber auch.«

Endlich erfahre ich den Grund für unsere überhastete Flucht in das Aostatal: Der italienische Zöllner in der Wechselbude am Grenzübergang hat an George für seine 20 Mark versehentlich über 20 000 Lire, also eine Summe ungefähr 200 Mark entsprechend, ausgeschüttet.

George holt ein dickes Bündel dieser von ihm erbeuteten Lirelappen aus der Jackentasche, reicht mir die Hälfte davon rüber, und wir zählen erst mal nach. George sagt, mit dem Ergebnis hochzufrieden: »Wenn wir nachher in Ventimiglia sind, gebe ich einen aus, wir gönnen uns mal ein richtig schönes Abendessen.«

George hält Wort. Dass er später einmal als Richter am Bielefelder Amtsgericht Strafen gegen Diebe, Räuber und Defraudanten verhängen wird, können wir beide damals noch nicht ahnen.

Die Riviera. Nizza. Zum ersten Mal in meinem Leben sehe ich nicht nur das Mittelmeer, sondern überhaupt das Meer. An eine Badehose habe ich nicht gedacht, muss mir erst einmal eine kaufen. Am Nachmittag dann legen wir uns hier auf einen der Sandstrände. Ganz gut besucht von anderen Badenden außer uns, aber nicht voll. Noch weit entfernt von dem Massenandrang späterer Jahrzehnte. Nizza gefällt mir. Ich kann Joe, den es im Sommer immer wieder hierher zieht, sehr gut verstehen.

Weißer Strand. Palmen. Das Meer unglaublich blau. Das Wasser angenehm warm. Ein ganz leichter, wunderbar lauer Wind, der die Sonnenhitze mildert. Ich packe die Gitarre aus, spiele und singe ein bisschen. Mehrere Leute verlassen ihre Liegestühle, schlendern vorbei, bleiben stehen, applaudieren. Einige setzen sich zu uns in den Sand, darunter mehrere junge Mädchen. Alles Französinnen. Deshalb traue ich mich auch nicht, meine Brassens-Versionen zu bringen. Ich bin eine Attraktion. Ich fasse es nicht. Offenbar hat man hier so was noch nicht erlebt. Im Nachhinein betrachtet, bin ich an dem Tag wohl (das erste von ganz wenigen Malen in meinem Leben) eine Stunde lang Avantgarde. Denn die Zeit, in der an allen Stränden Europas in der Abenddämmerung die Lagerfeuer aus Treibholz brennen und junge Leute zu Gitarrenklängen »Don't Think Twice« und »Blowin' in the Wind« singen, ist noch längst nicht angebrochen.

Mein Hochgefühl nach dem unverhofften Erfolg am Strand bekommt einen Dämpfer, als ich kurz vor Sonnenuntergang mit George die Promenade des Anglais entlanglaufe. Ein flanierendes, schönes, mediterran dunkelhaariges Paar kommt uns entgegen. Die elegant gekleidete Dame am Arm ihres Ehemanns, oder Amants, sieht uns, scheint zu erschrecken, schlägt die Hand vor den Mund, sodass ich die Goldarmreifen klirren höre. Dasselbe bei dem nächsten und übernächsten Pärchen, das uns begegnet. Die jungen Frauen bekommen, sobald sie uns sehen, einen deutlich verwirrten Ausdruck im Gesicht. Verwundert und Rat suchend schaue ich George an und sehe ihn grinsen. Da weiß ich augenblicklich Bescheid: Die Damen starren nicht uns an, sondern ihn. Na schön, zugegeben, George sieht nicht schlecht aus; der blonde, hochgewachsene Typ, bei uns aber nichts Besonderes und häufiger anzutreffen. Aber für die Mädels hier ist er offenbar so was wie eine nordische Lichtgestalt, eine verdammte Erscheinung.

Mir kommt plötzlich der Verdacht, dass die Aufmerksamkeit am Strand, zumindest die des weiblichen Teils des Publikums, auch nicht mir und meiner musikalischen Darbietung, sondern eher George gegolten haben könnte. War mir gar nicht so aufgefallen. Aber jetzt schockt mich diese Erkenntnis doch ein wenig. Unwillkürlich stelle ich selbstquälerisch Vergleiche zwischen uns an, bei denen ich schlechter wegkomme als er: Hochgewachsen sind wir beide. George ist groß, schlank, sportlich. Ich dagegen bin nur lang, dünn und schlaksig. Wir sind beide blond, ich etwas dunkler, mit einer zum Sonnenbrand neigenden Haut, die sich auf meiner Nase gleich morgen schälen wird. George hat leicht gewelltes Haar, honigfarben und glänzend, von Sonne und Salz zusätzlich aufgehellt. Nach den paar Stunden am Strand hat seine Haut direkt und ohne den

Umweg über eine Rötung einen schimmernden, mit dem Hellblau seiner Augen und dem Weiß seiner Zähne harmonierenden Karamellton angenommen. Zusätzlich zu all diesen Übeln spricht er auch noch fließend Französisch. Wie er da jetzt so neben mir geht, strahlt er etwas aus, was ich auch gerne hätte: ein mit sich selbst Einverstandensein.

Den Prozess der Selbstfindung habe ich zwar nahezu abgeschlossen. Nur liegt der Liedermacher, der ich ja bereits bin, mit dem Grafiker, der ich außerdem werden will, immer noch im Widerstreit. Auch an der Selbststilisierung hapert es. Ich probiere immer noch ständig an mir rum. Auf der Fahrt von Ventimiglia hierher, habe ich mir in Menton eine Baskenmütze und eine Schachtel Gauloises ohne Filter gekauft. Die männlichen Darsteller in den Nouvelle-Vague-Filmen und die unter den Platanen Boule spielenden Männer vor Augen, übe ich, die brennende Kippe so wie sie an der Unterlippe hängen zu lassen; und habe nun eine schmerzende Brandblase im Mundwinkel. Die Baskenmütze setze ich auf in der Hoffnung, zumindest aus der Entfernung, als Franzose durchzugehen; und muss bald feststellen: Die Franzosen, die ich sehe, tragen überhaupt keine Baskenmützen. Trotzdem, ich bleibe stur, trage sie weiterhin. Ich finde, dass sie gut zu meiner Fensterglasbrille passt.

Was man überall in Frankreich kann und was es außer in Berlin am Ku'damm vorm Kranzler und vorm Café Möhring im übrigen Deutschland noch gar nicht gibt: auf dem Trottoir an kleinen runden Tischen sitzen und einen Kaffee oder einen Pastis trinken. An einem solchen Tisch sitzen wir in Saint-Tropez vor dem Café de Paris. George blättert in einer Zeitung. Ich sehe mir die vorübergehenden Leute an. Aus der Richtung Passage du Port nähert sich, mit seiner Glatze unverwechselbar, Yul Brynner in Begleitung seiner, wie ich annehme, damaligen Frau Doris. Beide gehen dicht an uns vorüber. Fehlt jetzt nur noch Brigitte Bardot. Stattdessen schiebt sich eine Gruppe von vier jungen, hübschen und dunkeläugigen Frauen an Yul Brynner vorbei, ohne ihn weiter zu beachten – sie haben George gesehen. Sie setzen sich an den freien Tisch neben uns und starren ihn an wie hypnotisiert. George grinst, macht einen Scherz. Die Mädchen lachen beglückt. Als hätte George in Nizza die Frauen nicht schon genug durcheinandergebracht, setzt er hier noch mal einen drauf. Ich verstehe zwar nicht, was er sagt, aber: Höre ich da aus seinem

Französisch nicht einen ganz leichten S-Fehler heraus, der, wenn er deutsch redet, völlig fehlt? Macht er das etwa mit Absicht? Jedenfalls zeigen sich die vier Mädchen von George, bei diesem Hauch von Lispeln in Kombination mit seinen blauen Augen, den weißen Zähnen und dem (von mir bisher nicht erwähnten) Kirk-Douglas-Grübchen im Kinn, unmittelbar betört. Mich ignorieren sie völlig.

Am nächsten Morgen brechen wir auf, um über Paris nach Hause zu fahren. Die Route nationale 7, die »Route Bleue«, diese alte magische, in vielen Liedern besungene Strecke von hier aus nach Norden zu nehmen, ist schon ein besonderes Erlebnis, das noch gesteigert wird, wenn man ihr in umgekehrter, der gefühlt richtigen Richtung folgt, nämlich von Norden nach Süden – in die Sonne, ans Meer.

Unruhe

Wie sehr ich Helga und ihr heiteres, optimistisches Temperament vermisst habe, merke ich erst richtig, als sie beschließt, zu mir nach Berlin zu ziehen. Wenn auch nicht in eine gemeinsame Wohnung. Ich bin immer noch Untermieter bei der Familie Rohmann in Kreuzberg. Auch hier in Berlin findet Helga schnell eine gut bezahlte Stelle in einem Damenkonfektionsbetrieb. Mit einer jungen Frau ihres Alters teilt sie sich eine kleine Wohnung, in der jetzt mindestens einmal in der Woche eine Fete steigt. Ich übernachte dann öfter mal bei Helga. Ein ganz angenehmes Leben, wie ich finde. Überhaupt wird viel gefeiert. Zu Wasser und zu Lande. Wir, die Kommilitonen aus meinem Semester, treffen uns im Sommer an Wochenenden zum Baden am Wannsee. Einmal sind wir zu einer Bootspartie auf einer Jolle eingeladen, die dem Vater eines Berliner Studenten gehört, der aber gar nicht segeln kann. Das Boot, von zu vielen Bierkästen und Menschen überladen, kentert bei einem Wendemanöver mitten auf dem See. Normal richten sich Jollen nach dem Kentern wieder auf. Diese nicht, sie sinkt. Wir müssen ans Ufer schwimmen. Nur die Mastspitze mit einem roten Wimpel dran ragt aus dem Wasser.

Das Wintersemester beginnt. Die Frankreichreise wirkt in mir immer noch nach, und ich melde mich im Maison de France, Ku'damm Ecke Uhlandstraße, zu einem Abendkurs für Französisch an. Dreimal gehe ich hin, dann gebe ich auf. Ich habe Mühe, den Ausführungen des Professeurs konzentriert zu folgen, wenn er zum Beispiel die liaisons obligatoires oder interdites erklärt. Wie es sich gehört, machen die anderen Kursteilnehmer sich eifrig Notizen, übertragen alles in ihre Kladden, was der Lehrer an die Tafel schreibt. Ich habe dazu keine Lust. Hatte ich im Grunde noch nie. Nicht zum ersten Mal, und in letzter Zeit immer häufiger, kommen mir Zweifel: Entspricht mir diese für andere völlig normale Art des Lernens, des Studierens überhaupt? Es fällt mir von Tag zu Tag schwerer, den von einem Dozenten ex cathedra vermittelten Stoff in Gestalt abstrakten, nützlichen Wissens aufzunehmen. Fakten narrativ, am besten gesungen vorgetragen, würden leichter zu mir durchdringen. Ich bin an Bildern, Geschichten, Musik und Poesie interessiert. Obwohl zunehmend demotiviert, gehe ich immer noch jeden Tag in die Akademie, bin aber oft unpünktlich. Ich bin müde, führe Arbeiten, die mir bisher Freude gemacht haben, wie freies Zeichnen und Malen, nur noch halbherzig aus. Als einige meiner Kommilitonen von ihrem Traum reden, nach dem Examen in einer großen Werbeagentur wie McCann oder Thompson zum Artdirector aufzusteigen, stelle ich fest, dass ich mir bisher weder über ein Examen noch über die Zeit danach Gedanken gemacht habe. Vielleicht sollte ich mal langsam damit anfangen. Ob sich die Lust am Studieren irgendwann wieder einstellt? Und wenn ja, mit welcher Perspektive? Etwa der einer Karriere als Artdirector oder als freier Grafiker und Maler? Kann ich mir nicht vorstellen. Im Vorausdenken bin ich ungeübt, und so stellt sich mir meine Zukunft ohne Kontur, vage und verschwommen dar. Ich gleite ab in einen Zustand der Antriebslosigkeit und Gleichgültigkeit. Nachts schlafe ich schlecht, habe Albträume. Tagsüber fühle ich mich, als würde ich in der Luft hängen und schweben, ohne etwas, an das ich mich festklammern könnte. Nur wenn ich singe und Gitarre spiele, richtet mich das wieder etwas auf. Wie den Jungen im Lied »Hotel zur langen Dämmerung«:

> … Auch der Junge schläft noch nicht, nimmt sein Instrument und
> spielt. Dazu schreibt er etwas auf, bringt in Reime, was er fühlt.
> Falsche Töne, schlechte Verse – es ist gleich, wie gut er's macht.
> Denn nur schreibend, spielend, singend übersteht er diese Nacht …

Eine Zeit lang können unsere studentischen Rotweinfeten meine trübsinnige Stimmung etwas aufhellen, bis mir auch das langweilig wird. Längst hat auch zwischen Helga und mir ein schleichender Prozess der Entfremdung eingesetzt. Sie hat Geduld mit mir und meinen Launen, doch unsere unterschiedlichen Eigenschaften, die sich anfangs eher ergänzten, trennen uns mehr und mehr. Helga ist zwei Jahre älter und wohl auch reifer, vernünftiger als ich. Ihr Bezug zur Realität ist pragmatischer, ungestörter als meiner. Das heißt, ich fühle mich von ihr nicht mehr verstanden. Wir trennen uns. Genauer gesagt, ich verlasse sie nach einer durchfeierten

Nacht im Frühjahr. Die letzten Gäste sind gerade gegangen. Es ist vier Uhr morgens und draußen schon hell. Ich ziehe meinen Verlobungsring vom Finger und sage zu Helga, dass ich sie nicht mehr treffen will. Ich gehe aus dem Haus, fühle mich elend und laufe stundenlang durch Berlin. Durch die Straßen Neuköllns, durch Kreuzberg. An riesigen, birkenbewachsenen Trümmerfeldern und Bombenkratern vorbei in den Sonnenaufgang. Der Gesang Zehntausender Vögel (doch, doch, so viele waren es damals noch pro Quadratkilometer Ruinenfeld) dröhnt mir wie das Gebrüll von Monstern in den Ohren.

Heute erscheint mir mein abrupter Bruch mit Helga brutal und plump. Aber wer hätte es mir – auch darin bin ich Autodidakt – denn beibringen sollen, wie ich eine Liebesbeziehung mit Anstand beende? Obwohl ich schlimmer unter der Trennung von Helga leide, als ich befürchtet habe, denke ich keinen Moment an einen Versuch, sie wieder rückgängig zu machen.

In Charlottenburg

Nach der Trennung von Helga spüre ich stark das Bedürfnis, auch meine Unterkunft zu wechseln. Alles, was ich besitze, trage ich am Leibe. Der Rest passt einschließlich der sauberen und schmutzigen Wäsche in meinen kleinen Koffer. Ich ziehe bei Rohmanns in Kreuzberg aus und in ein anderes Untermietzimmer. Alt-Lietzow heißt die Straße hinter dem Charlottenburger Rathaus. Ich wohne im fünften Stock bei Herrn und Frau Höhne, einem Rentnerehepaar, und zahle sechzig Mark im Monat. Das Zimmer ist noch kleiner und hässlicher als das bei Rohmanns und auch tagsüber ziemlich dunkel. Das Bettgestell quietscht, wenn ich mich auf der durchgelegenen Matratze umdrehe. Das alte Oberbett ist klamm und verklumpt. Aber immerhin kann ich auch hier die Badewanne mitbenutzen.

Das Haus steht allein zwischen lauter Ruinen. Es ist auf in sumpfigen Grund getriebenen Pfählen erbaut und konnte so – laut Herrn Höhne – stärkste Erschütterungen auffangen und damit alle Berliner Bombennächte, die gerade mal etwas über 15 Jahre zurückliegen, heil überstehen. Im Parterre gibt es einen Bäckerladen. Das könnte sich für mich als günstig erweisen, wenn ich, und das bin ich die meiste Zeit, knapp bei Kasse bin und, wie fast immer, Hunger habe. Ich will es gleich mal ausprobieren und betrete den Laden. Vor mir steht eine Kundin am Tresen und kauft ein Brot. Neben ihr ein etwa zehn Jahre alter Junge. Offenbar ihr Sohn. Er ist, wie es damals heißt, mongoloid. Die Frau bezahlt und verlässt mit dem Jungen den Laden. Der Bäcker hinterm Tresen, ein kleiner dicker Mann mit einer Fistelstimme, fragt: »Sie wünschen?«

Ich räuspere mich: »Tja, ich wollte mal fragen, ich bin nämlich Student und wohne jetzt oben bei Höhnes, ob sie mir, ich habe gerade kein Geld, ob sie mir ein halbes Graubrot und 'n halb' Pfund Margarine vielleicht anschreiben können? Nur bis nächste Woche, ich meine, ich wohne ja jetzt hier.«

Der Bäcker mustert mich eingehend von oben bis unten, aus verquollenen schräg stehenden Augen, mit kleinen, stumpf dunklen Pupillen und sagt erst mal gar nichts. Dann dreht er sich um, greift nach einem Brot im Regal und wendet mir dabei seinen gewaltigen, überdimensionierten, in karierte hellgraue Bäckerhosen gehüllten Hintern zu. Ich bin erschrocken. Sofort fällt mir das Wort Fettsteiß ein. Der Bäcker nimmt ein Messer, schneidet das Brot in der Mitte durch, betont langsam, richtet seinen Blick aus den Augenwinkeln lauernd auf mich und sagt:

»Sie haben das doch eben auch gesehen, diese Frau da, mit dem verkrüppelten Kind. So was kann man doch nicht frei rumlaufen lassen. Das ist nicht richtig, so was nicht wegzuschließen. So was angucken zu müssen. Eine Zumutung ist das doch, ich meine, für normale Menschen wie uns.«

Ich bin verwirrt. Was sollte das denn jetzt? Ich sage automatisch Danke, als er mir das halbe Brot und das Päckchen Margarine in einer Papiertüte über den Tresen reicht; steige die fünf Treppen rauf und setzte mich erst mal auf mein Bett. Ich habe keinen Hunger mehr, jedenfalls nicht auf das Brot in der Tüte. Die nehme ich, öffne das Fenster und werfe sie samt Margarine in hohem Bogen auf das Trümmergrundstück hinterm Haus. Noch am selben Tag kratze ich meine letzte Markfünfzig zusammen und zahle beim Bäcker meine Schulden, um den Laden nie wieder zu betreten.

Von Alt-Lietzow aus ist die Akademie am Einsteinufer zu Fuß in 15 bis 20 Minuten zu erreichen. Ich spare somit das Geld für die U-Bahn. Nach Vorlesungsschluss gehe ich selten direkt nach Hause; werde mich noch jahrelang meistens in der Umgebung vom Bahnhof Zoo herumtreiben. Im Programmkino Filmbühne am Steinplatz, gleich neben dem schon erwähnten Café am Steinplatz, laufen Eddie-Constantine-Filme wie »Rote Lippen – blaue Bohnen«, die ich mir alle ansehe. Die von Eddie verkörperte Figur des Lemmy Caution ist Kult – nicht nur bei uns Studenten. Eines Nachmittags, ich löse an der Kasse eine Eintrittskarte für »Im Banne des blonden Satans«, tippt mir ein mir flüchtig bekannter Student der Kunsthochschule von gegenüber auf die Schulter. Neben ihm ein junger Mann in etwa unserem Alter, den er mir vorstellt: »Ey, Hannes, das hier ist Peter Handke, du weißt schon.« Klar, weiß ich. Der Name ist momentan in aller Munde. Ich wusste nur nicht, dass Handke auch Eddie-Constantine-Fan ist. Handkes »Publikumsbeschimpfung« ist als Bühnensensation gerade im Berliner Forum Theater angelaufen, um dort von nun an zehn Jahre lang en suite gespielt zu werden.

Zurück zu Eddie Constantine. Er singt auch gut. Ich liebe seine Songs noch heute: »Jeder macht mal eine Pause« zum Beispiel oder »Schenk deiner Frau doch hin und wieder rote Rosen« und »Ich wünsch dir einen schlaflosen Abend«.

Bald entdecke ich für mich eine besondere Kneipenszene, eine eigene Art Boheme, wie sie sich nur unter den speziell Westberliner Bedingungen der Sechzigerjahre herausbilden kann und die mich stark anzieht, sodass ich schon nach kürzester Zeit darin eintauche und an keinem Abend mehr vor Mitternacht ins Bett komme. In keiner Stadt der Bundesrepublik, weder in München noch in Hamburg, existiert eine so bunte, facettenreiche, breit gestreute und doch gleichzeitig dichte und kompakte Boheme-Welt. Die Kneipen sind über mehrere Stadtteile Berlins verteilt. Einige davon in Kreuzberg. An erster Stelle und am beliebtesten: Die kleine Weltlaterne. Dann der Leierkasten, das LSX und Ossi Wieners Exil. Oswald Wiener, er ist gebürtiger Wiener, zapft unentwegt Bier und hat einen Roman geschrieben: »Die Verbesserung von Mitteleuropa«. Von Heimito von Doderer und Karl Kraus beeinflusst, wie es heißt, steht das vorerst nur in einer Literaturzeitschrift veröffentlichte Werk bereits in dem Ruf, skandalös-avantgardistisch, genial-verrückt und was weiß ich noch alles zu sein. Ich bin gern im Exil und bewundere Ossi. Er begegnet mir im Gespräch freundlich, nachsichtig; bemüht, nicht allzu herablassend zu wirken. Er ist für mich die Inkarnation eines (Bier zapfenden) Intellektuellen – und ich bin eben keiner.

Ich tauche, wie gesagt, in diese Szene der Berliner Bohemiens ein; verkehre vorzugsweise in der Dicken Wirtin und dem Zwiebelfisch am Savignyplatz. Später werden die Paris Bar, das Franz Diener, der Eden Saloon, das Leydicke in Schöneberg und noch viele andere hinzukommen.

Ich bewundere diese schriftstellernden, malenden, musizierenden, saufenden und schwadronierenden Originale, auch die sie umgebenden interessanten, aber seltener aktiv-kreativen Frauen. Manche der Älteren sind jeden Abend da. Bilden die Spitze einer Hierarchie, in der wir Jüngeren, meist Studenten und Studentinnen der nahegelegenen Hochschule der Künste und ich, die untersten Ränge einnehmen. Für uns schreiben die Wirte nicht an. Um mein Bier bezahlen zu können, singe ich zwei- bis dreimal in der Woche nachmittags auf dem Ku'damm vorm Kranzler, vor der Gedächtniskirche am Breitscheidplatz oder vor dem KaDeWe, dem größten Kaufhaus auf dem europäischen Kontinent, wie ich gehört habe.

Ich kann mir jetzt sogar, von einem Fernseher oder Plattenspieler kann ich weiterhin nur träumen, ein Radio leisten, ein gebrauchtes aus dem Trödelladen. Aber es spielt. Ich bekomme den SFB (Sender Freies Berlin) rein und den RIAS (Rundfunk im amerikanischen Sektor). Beide Sender bringen nur Musik, die mich nicht interessiert – nicht mehr, besser gesagt. Opern- und Operettenmelodien, Schlager natürlich und ohne Ende Nummern von Paul Lincke und von Walter Kollo. Dann die sogenannte konzertante Mittagsmusik, meist von einem Komponisten namens Werner Eisbrenner. Von dieser Art Musikgeschmack habe ich mich bereits gelöst. Inzwischen kenne ich schon einige der von den jungen Amerikanern auf dem Ku'damm gesungenen Titel von Bob Dylan, Joan Baez und von Peter, Paul and Mary, die mir sehr gefallen. Bei einem Kommilitonen und Plattenspielerbesitzer habe ich »Catch the Wind« des Schotten Donovan gehört, dessen Gitarrentechnik ich bestaune. Vergebens warte ich darauf, im Radio endlich mal einen Song von einem von ihnen zu hören. Was mich dann doch aufhorchen lässt: Es werden neuerdings klassische, von Andrés Segovia und Narciso Yepes gespielte Stücke für Konzertgitarre gesendet. Ganz klar: Die Gitarre ist in allen Musikgenres stark im Kommen.

Wenn auch noch nicht in die deutschen Radiosender, in die Jukebox der Dicken Wirtin haben die Beatles und die Stones es jetzt schon mal geschafft. Eines Abends setze ich mich, ich komme vom Ku'damm, zu einigen Biertrinkern, die ich kenne, an den Tisch. Einer sagt zu mir: »Spiel doch mal was.« Ich packe die Gitarre aus und fange an zu singen. Schon nach den ersten Tönen steht einer der mit am Tisch Sitzenden auf, sagt was zu Boris, dem Kellner, geht dann zur Musikbox und steckt zwei Groschen in den Schlitz. Schon kracht ein Song der Rolling Stones aus der Box. Ich habe – ganz und gar unplugged – dagegen nicht die mindeste Chance und gebe auf. Indem Boris den Lautstärkeregler auf volle Pulle dreht, verweist er mich so auf dezente Weise auf meinen Rang hier in der Trinkerhierarchie. Ich habe verstanden und werde mich nicht mehr vordrängeln. Nur einmal mache ich noch den schüchternen Versuch, mit Vera, einem der hier manchmal verkehrenden Mädchen, anzubandeln. Ich kann sie eines nachts dazu überreden, mit mir vor dir Kneipentür zu gehen. Boris spült Biergläser und grinst wissend, als wir an der Theke vorbeikommen. Der Savignyplatz ist eine von der Kantstraße durchschnittene Rasenfläche. Dort setzen Vera und ich uns auf eine Bank. Wir schweigen etwa eine Minute lang. Das beleuchtete Zifferblatt der Straßenuhr gegenüber zeigt genau Mitternacht. Plötzlich fängt Vera an zu weinen. Behutsam (wie es so meine Art ist), frage ich sie: »Sag mal, was haste denn, was ist denn mit dir los, warum heulste denn so?«

Vera lehnt ihren Kopf an meine Schulter und schluchzt. So nach und nach, mein Hemd ist an der Stelle schnell von ihren Tränen durchnässt, erfahre ich von Vera, dass soeben, Schlag zwölf, der einjährige Todestag ihres Verlobten angebrochen ist. Als Kampfpilot mit seinem Starfighter bei einem Übungseinsatz über dem Mittelmeer abgestürzt, seien bis heute weder seine Leiche noch irgendwelche Trümmerteile seiner Maschine geborgen worden. Schrecklich. Was Vera da sagt, scheint mir mehr als plausibel. Seit Jahren fallen ständig Starfighter vom Himmel. So oft, dass Mike Krüger singt: »Ich hol Dir jede Beule ausm Starfighter raus/Ich beule Starfighter aus. Jawoll ...«

Vera hört so abrupt wie sie begonnen hat auf zu weinen, wischt sich mit dem Blusenärmel über die Augen, sagt: »Ich kann hier nicht länger mit dir sitzen, du musst das verstehen«, springt auf, läuft weg und verschwindet in der Carmerstraße. Ich gehe wieder rüber in die Dicke Wirtin. Boris spült immer noch Gläser und grinst wieder, als er mich sieht. Aber diesmal wissend und dreckig gleichzeitig.

»Na, was hat sie dir denn heute vorgelogen? Etwa dieselbe Story, die sie Werner letzte Woche erzählt hat? Da war nämlich der fünfte Todestag von ihrem Verlobten. Fallschirmjäger in der Fremdenlegion; bei einem Nachteinsatz über der algerischen Wüste hat sich nach seinem Absprung der Fallschirm nicht geöffnet.«

Die kurze Episode mit Vera gibt mir schon mal einen Vorgeschmack künftiger Begegnungen mit Frauen, die spinnen.

Das Bier in dieser Kneipe

Das Bier in dieser Kneipe schmeckt mir nicht mehr,
ich käme am liebsten gar nicht mehr her.
Außerdem weiß ich und nicht erst seit heute,
ich kenne hier die falschen Leute.

Einer sitzt jeden Abend hier,
hat nie einen Pfennig Geld in der Tasche,
dann bittet er jeden, das ist seine Masche,
um einen Groschen, schon hat er sein Bier.
Bei den Mädchen geht er ähnlich vor,
tätschelt hier ein Gesäß, gibt dort ein Küsschen,
beißt da in ein Ohr, von allem ein bisschen,
reicht das noch nicht aus, macht er noch mal die Runde
und verschafft sich so manche glückliche Stunde.

Ebenso oft kommt einer rein,
der hat nur noch drei Haare, und die wickelt er
sich um seinen Kopf, fünfmal oder mehr,
weil er glaubt, noch zu jung für 'ne Glatze zu sein.
Bei den Mädchen fängt er's ähnlich an,
er wickelt, so sagt er, die jungen Dinger,
und glaubt fest daran, nur so um den Finger.
Warum soll's nicht stimmen, man weiß ja nie,
selbst die feuchteste Hand findet mal ein Knie.

Ich selbst lasse mich hier nur noch selten seh'n,
ich trinke lieber mein Bier,
dort sitz ich und arbeite an mir,
sogar meine Nachbarn finden das schön.
Mit den Mädchen hier rede ich auch nicht mehr,
ich halte mich da schon lieber an eine,
die hat zwar Charakter, aber leider krumme Beine,
doch lässt sich alles, und an mir soll's nicht liegen,
wenn man weiß, was man will, gerade biegen.

Das Bier in dieser Kneipe …

Ich selbst lasse mich hier nur noch selten seh'n,
ich trinke lieber zu Hause mein Bier,
dort sitz' ich und arbeite an mir …

… ist bestenfalls ein guter Vorsatz, den ich fasse, als ich noch nicht weiß, dass ich nur dann den Abend in meinem jeweiligen Zuhause verbringen werde, wenn ich krank bin – und krank bin ich fast nie. Meine eigentlichen Wohn-, manchmal auch Schlafzimmer in den nächsten 25 Jahren werden, möglichst in unmittelbarer Thekennähe, die Schankräume der Kneipen in Berlin und überall dort sein, wohin mich meine Tourneen führen. Auch meine späteren Ehen werden mich nicht von dieser Gewohnheit – eher einer Art Zwang – abbringen. Dem großen Bluessänger Lead Belly scheint es zu seinen Lebzeiten ähnlich ergangen zu sein. In seinem Song »Goodnight, Irene« dichtet er:

Last Saturday night I got married
Me and my wife settled down
Now me and my wife are parted
Gonna take a little stroll downtown

Irene goodnight, Irene goodnight
Goodnight Irene, Goodnight Irene
I'll see you in my dreams …

Ähnlich wie in der Dicken Wirtin ergeht es mir manchmal auch in anderen Lokalen. Ein paar Gäste wollen meine Lieder hören, anderen bin ich egal; aber einer ist immer dabei, der die 20 Pfennig für die Musikbox übrighat, um mit »Strangers in the Night« oder »Yellow Submarine« meinen Vortrag zu sabotieren. Bei mir führt das zu der für mich typischen Reaktion: der pauschal-radikalen Ablehnung jeder Art von Musik, die lauter ist als meine. Alles, was mir im Beat, Rock und Pop zu opulent, pompös und bombastisch daherkommt, beginne ich mehr und mehr zu verabscheuen. Da ich es nicht bekämpfen kann, bemühe ich mich, es zu ignorieren: So wie ich mit allem verfahre, was mir lästig ist, zum Beispiel auch mit meinem Kontostand.

Doch anders als die Augen, lassen sich die Ohren nicht so ohne Weiteres verschließen, man kann ja nicht dauernd mit Oropax rumlaufen. Bis in die Siebziger hinein und darüber hinaus, erst langsam anschwellend, dann mit der Gewalt eines alles mit sich reißenden Tsunamis bricht die Riesenwelle der neueren populären Musik unaufhaltsam über alle Kontinente herein. Sie wird in Bälde die Radio- und Fernsehsender überfluten. Open-Air-Konzerte vor unübersehbaren, bis in die Hunderttausende gehenden Menschenmengen werden demnächst alltäglich. Bands, die auf Welttournee gehen, egal, ob sie The Who oder Pink Floyd heißen, sind mit doppeltem, manchmal dreifachem PA-Equipment unterwegs. Übersetzt heißt das: pro Band bis zu hundert und mehr Techniker und Roadies, die im Schlafsack oft Backstage oder unter den Tourbussen nächtigen. Turmhohe Beschallungs- und Lichtanlagen, schwere Traversen für die Bühnenaufbauten, in Güterwaggons, Lastzügen und Transportjets über den Atlantik und den Pazifik gebracht, werden, weil der Aufbau der gigantischen Bühnen Tage dauert, in Berlin, Tokio und London gleichzeitig montiert.

Für mich zu jener Zeit noch undenkbar, werde ich mich selbst in den Achtzigerjahren auf solchen Bühnen wiederfinden und vor Zehntausenden, ja Hunderttausenden singen – alles halb so schlimm.

Bald schon werden Szenekneipen und Diskotheken mit Stereoanlagen von enormer Leistungsstärke, die jetzt peu à peu die Jukeboxen von Wurlitzer ersetzen, wie Pilze aus dem Boden schießen. Es gibt kein Entrinnen. Auch nicht auf privaten Partys. Ich schalte meine Ohren auf Durchzug und schaffe es tatsächlich, wenigstens teilweise, in einem Zustand rettender Uninformiertheit zu bleiben. Meine Frau Cordula, 18 Jahre jünger als ich, kann es immer nicht glauben, wenn ich zugebe, »Smoke on the Water« von Deep Purple ebenso wenig zu kennen wie »Born to Be Wild« von Steppenwolf und »Stairway to Heaven« von Led Zeppelin. Der Katalog berühmter Bands und Popstars, die mit ihrer Musik die Welt erschüttern, mir aber unbekannt bleiben, ist lang. Da ich nun mal keine andere Methode kenne, um mich vor ihrem erdrückenden Ausstoß an Hits zu schützen, bin ich ignorant aus reiner Notwehr.

Dass trotzdem immer mal wieder einzelne Songs zu mir durchdringen, mich sogar packen – auch wenn sie ohne Wirkung auf mein eigenes Liedschaffen bleiben –, ist unvermeidlich.

Da wären zum Beispiel »The Star-Spangled Banner« von Jimi Hendrix, »Walk on the Wild Side« von Lou Reed gesungen und von David Bowie produziert; von dem ich (Schande über mich) keinen einzigen Titel kenne. Lou Reed übrigens wird bei »Walk on the Wild Side« auf dem Bass von Klaus Voormann begleitet, einem (mindestens) doppelbegabten Künstler, sowohl als Musiker wie auch als Grafiker hochinspiriert; und noch dazu – ich hatte die Ehre, ihm in den Achtzigern in Hamburg kurz persönlich vorgestellt zu werden – sympathisch. Dann John Lennons »Imagine« und Paul McCartneys »Mull of Kintyre« – ich liebe den Sound der Highland-Warpipes. Großen Eindruck macht auf mich »The Boxer« von Simon & Garfunkel. Nun, ein paar Titel haben sich mir über die Jahre dann wohl doch eingeprägt …

Obwohl ich mich, wie oben schon mal angedeutet, in der Berliner Boheme nie wirklich als einer ihresgleichen anerkannt fühlen noch Fuß fassen werde, bin ich jede Nacht unterwegs: »To take a little stroll downtown«. Manchmal, wenn auch nur in kleinen Gruppen, sehe ich in den Kneipen junge Leute meines Alters und auch jünger, die ihre Haare etwas länger tragen als üblich und sich betont nachlässig kleiden; einige von ihnen in Jeans und mit Bundeswehrparka: Gammler. Im Zwiebelfisch sitzt Abend für Abend Oskar Huth, von allen »Hütchen« gerufen, den ich als liebenswert und geistreich in Erinnerung habe. Er bezeichnet sich selbst als »freischaffender Kunsttrinker« und genießt einen legendären Ruf als Orgelbauer, Schubertinterpret auf dem Klavier, als Maler, Zeichner und Kupferstecher. Als genialer Dokumentenfälscher hat er während des Faschismus verfolgten Juden so zur Flucht verholfen. Hütchen trägt einen eleganten Oberlippenbart und immer eine rote Fliege.

Ebenfalls immer tipptopp im dreiteiligen Anzug erscheint Robert Biberti, die Bassstimme der sagenhaften Comedian Harmonists. Er betreibt gleich um die Ecke in der Carmerstraße einen Antiquitätenladen; ist also von all den hier Genannten am wenigsten Bohemien.

Wolfgang Graetz ist schon eher einer; er hat, wegen mehrerer Straftaten verurteilt, im Gefängnis gesessen, als es noch Zuchthaus hieß, schreibt Hörspiele und hat ein Buch veröffentlicht mit dem Titel »Die Welt von unten«. Sein von ihm eben erst beendetes Theaterstück »Die Verschwörer« wird bereits vor seiner Aufführung von der Presse verrissen. Ich bin

Zeuge, als er dem Theaterkritiker Hellmut Kotschenreuther, ebenfalls Stammgast im Zwiebelfisch, wegen eines solchen Schmähartikels einen halben Liter Bier über den Kopf gießt. Mir dagegen gönnt Kotschenreuther später, nach meinem ersten Konzert 1971 in der Philharmonie, eine lobende Kritik im »Tagesspiegel«.

Aber bis dahin vergehen noch an die vier Jahre, in denen ich jeden Abend mit wechselnden Schwerpunkten durch alle oben bereits genannten Kneipen vagabundiere. Hertha Fiedler, geborene Sächsin mit ausgeprägtem Kunst- und Geschäftssinn und künstlermütterlicher Attitüde, betreibt die Kleine Weltlaterne in der Kohlfurter Straße als Galerie und Kneipe. Ein Ort von einzigartigem Zauber. Hier erlebe ich so manche Vernissage von Künstlern, deren Namen in der Berliner Bohemeszene dieser Jahre nur mit scheuer Hochachtung genannt werden. Es heißt, Hertha habe Friedrich Schröder Sonnenstern, diesem tragischen, surrealistischen Genie, das ich nie zu Gesicht bekommen werde, im Tausch gegen einige seiner Werke in einem Zimmer über ihrem Lokal dauerhaft Obdach gewährt.

Viele der späteren »Berliner Malerpoeten« stellen hier aus. Zu ihnen zählen unter anderen Günter Bruno Fuchs, Artur Märchen, Günter Grass, Robert Wolfgang Schnell, Wolfdietrich Schnurre und Kurt Mühlenhaupt, der selbst eine »Trödelladenkneipengalerie« in der Zossener Straße, den Leierkasten, führt. Für ihn singe ich – und das ist zu der Zeit noch etwas völlig Neues – ein paar Lieder anlässlich der Vernissage einer Mühlenhaupt-Ausstellung im Old Eden Nestorstraße Ecke Kurfürstendamm, einer Mischung zwischen Nacht- und Jazzklub. Rolf Eden, schillernd und ideenreich, hat gerade erst begonnen, Westberlin gastronomisch aufzumischen; Diskotheken, Nachtklubs ohne Ende zu eröffnen und Deutschlands bekanntester Playboy zu werden.

Mit Artur Märchen freunde ich mich an. Wir sind uns auf Anhieb sympathisch. Artur ist geborener Schlesier und hat neben der Malerei schon alles gemacht. Er war Matrose, Karussellbauer, Tischler, Uhrmacher. Er trägt den Namen Märchen, weil er etwas zu erzählen hat. Artur mag meine Lieder und fragt mich, ob ich hier schon einem Musiker begegnet wäre, der auch eigene Stücke schreibt und den alle »Gitarren-Ingo«

nennen, was ich verneinen muss. Ich werde Ingo Insterburg erst einige Zeit später begegnen.

Die »Rixdorfer Drucker«, namentlich Ali Schindehütte und Uwe Bremer, gehören zu den Kings der Szene. Wenn sie auftauchen, kommt Leben in die Bude, sind sie trinkender Mittelpunkt – und können sich einiges erlauben. Ich schaue ihnen gern dabei zu, sitze immer in respektvollem Abstand mit dem übrigen Fußvolk an einem der Nebentische, bin nur, wie die Österreicher sagen, ein »Aa Dabei«.

Fiorenzas Tipp

Es gelingt mir etwas, von dem ich nie gedacht hätte, dass ich es schaffen kann: Ich habe über Monate hinweg Geld zurückgelegt und mir davon eine neue Gitarre gekauft. Eine richtige, nylonbesaitete Konzertgitarre in einem festen Koffer; von dem zu dieser Zeit hochgelobten ungarischen Gitarrenbauer Ernest Köröskenyi. Zumindest solange es noch neu ist, versuche ich, obwohl mir dazu das Talent fehlt, das Instrument zu schonen; möchte sie mir nicht an einem Stück Wäscheleine um den Hals hängen. Ich habe ja noch meine alte, stahlsaitenbespannte, inzwischen bundunreine Gitarre, die ich mitnehme, wenn ich auf dem Ku'damm vorm Kranzler singe.

Diesen Abend verbringe ich in meinem Zimmer. Ich habe eine Erkältung, fühle mich schlapp. Lustlos greife ich ein paar Akkorde auf meinem neuen Instrument; empfinde es als bedrückend, der Einzige zu sein, der auf deutschem Boden in Personalunion Lieder dichtet, komponiert, singt und sich dazu auf der Gitarre begleitet: also etwas tut, für das es keinen Ausdruck gibt; der Begriff »Liedermacher« ist noch nicht erfunden. Ich lehne die Gitarre gleich wieder an die Wand und schalte das Radio an.

Was da in den nächsten zwei Stunden aus dem Lautsprecher kommt, haut mich fast um; aber anders als mein Unwohlsein, das plötzlich wie weggeblasen ist. Die Sendung wirkt auf mich wie eine Serie von Donnerschlägen. Schon als der Sprecher im SFB sie ankündigt, denke ich, ich höre nicht richtig: »Nun eine Aufzeichnung des Jugendfunks des Senders Freies Berlin, des ›Jamboree Chanson Folklore‹. Die Wiederholung eines Mittschnitts aus dem Vorjahr 1965.«

Das Wort »Jamboree« habe ich noch nie gehört, errate aber gleich, was es in Bezug auf Chanson und Folklore bedeutet. Es ist, als öffnete sich plötzlich mit einem Ruck der Vorhang zu einer mir bisher verborgenen Welt, die aber im Innern der mir bekannten schon länger existiert haben muss. Was ich da zu hören bekomme, wühlt mich auf. Die Sängerinnen und Sänger, ihre Lieder in verschiedenen Sprachen, die sie nur von der Gitarre begleitet vortragen. Ich sauge ihre Namen auf, obwohl ich im Moment nur wenige behalten kann. Leider entgeht mir auch der Name eines Sängers, dessen Lied, ebenso wie seine Stimme und sein Gitarrenspiel, mich stark berührt. Dass sein Name Reinhard Mey ist, erfahre ich erst Monate später. Er singt unter anderem einen von ihm vertonten, ins Deutsche übersetzten Text von François Villon. Der Titel des Liedes prägt sich mir ein. Es heißt »Mädchen in den Schänken«.

Jetzt singt eine junge Frau mit glockenklarem Ton. Auch sie begleitet sich selbst auf der Gitarre. Ihr Vortrag klingt gesammelt, aber unangestrengt leicht, mit einem Lächeln in der mädchenhaft klingenden Stimme. Sie ist 17 Jahre alt und geht noch zur Schule. Sie ist Berlinerin und heißt Susanne Tremper. Den Namen muss ich mir merken, vielleicht begegnen wir uns irgendwann mal.

Noch ein Name brennt sich sofort in mein Gedächtnis ein: Franz Josef Degenhardt. Für mich ist er, und das Lied, das er singt, eine Offenbarung. Haben Brassens' Lieder mich erst nach und nach mit einem gewissen »Delay« in ihren Bann gezogen, trifft mich, was Degenhardt da singt, gleich beim ersten Hören. Habe ich mich bisher als jemand gesehen, der mit seinen Liedern einsam und verkapselt einem verschrobenen Hobby frönt, wird mir jetzt schlagartig klar: Wenn es außer mir noch Leute gibt, die so etwas machen, bin ich gar nicht allein, kann gar kein so isolierter Spinner sein. Im Gegenteil, ich ahne, ja ich weiß es in diesem Augenblick schon: Ich bin Teil einer neuen kulturellen Bewegung, liege womöglich im Trend. Ein befreiendes Gefühl.

Ich liege danach lange wach, fühle mich aber so gut wie schon lange nicht mehr; lasse das, was ich da gehört habe, noch einmal vor meinem inneren Ohr abspulen. Es gibt also bereits eine lebendige Chanson- und Folkszene in der BRD und in Berlin. Wieso habe ich vor dieser Radiosendung davon nie etwas bemerkt? Nie vorher die Namen der dabei Mitwirkenden gehört? Es müsste mir doch möglich sein, denke ich noch und schlafe dann ein, mit denen irgendwie in Kontakt zu kommen. Und die Chance dazu – es fällt mir schwer, da noch an einen Zufall zu glauben –

ergibt sich gleich am nächsten Tag in der Akademie. Mittags in der Mensa erzähle ich, eine geschnorrte HB mit Filter und eine Fanta in der Hand, den mit mir am Tisch sitzenden Kommilitonen von meinem gestrigen Hörerlebnis im Radio. Es interessiert sie wenig, aber ich muss darüber reden. Nur Fiorenza hört mir aufmerksam zu. Fiorenza ist Deutsch-Italienerin von angenehm zurückhaltendem Temperament, stammt aus Konstanz am Bodensee und studiert wie ich Grafik, aber ein Semester unter mir. Sie hat mich zwar noch nicht singen hören, weiß aber, dass ich auch Lieder schreibe. Als ich beim Erzählen den Namen Degenhardt fallen lasse, unterbricht mich Fiorenza auf ihre schüchterne Art – sie hat die Sendung auch gehört. Mehr noch: Sie behauptet, Franz Josef Degenhardt sogar persönlich zu kennen. Aus ihrem Mund höre ich zum ersten Mal von einem Ort namens »Burg Waldeck« irgendwo tief im Hunsrück. Ich bin baff, als ich erfahre, dass dort schon seit 1964 jedes Jahr zu Pfingsten ein Folklore- und Chansontreffen all der Sängerinnen und Sänger, die ich gestern im Radio gehört habe, stattfinden soll. Und zwar unter freiem Himmel. Unglaublich. Es sind tatsächlich die ersten Open-Air-Musikfestivals in Deutschland. Fiorenza ist mit Diethart Kerbs befreundet, einem Mitglied des studentischen Arbeitskreises, der dieses Festival organisiert. Die Verdienste der Initiatoren wie Diethart Kerbs, Hein & Oss Kröher, Peter Rohland und anderen um die neue Folk- und Liedermacherbewegung sind, so wird sich bald zeigen, nicht hoch genug zu veranschlagen.

Dieser Kreis, so verstehe ich Fiorenza, bewegt sich in einer mir bis dahin völlig fremden Sphäre, ist einer Untergruppierung der bündischen Jugend; damit der Wandervogelbewegung eng verbunden. Für mich ein bürgerlich exklusiver Geheimbund wie etwa die Freimaurerloge. Kein Wunder also, dass ich nichts darüber weiß. Fiorenza nimmt eine Papierserviette, schreibt eine Adresse drauf und gibt sie mir. Es ist die Anschrift der ABW, der Arbeitsgemeinschaft Burg Waldeck, die das »Chanson Folklore International – Junge Europäer singen« organisiert. Sie empfiehlt mir, mich dort für die Teilnahme am nächsten Festival zu bewerben. Mich bewerben? Womit? Bei wem? Wie mache ich das? Fiorenza will bei Diethart Kerbs ein gutes Wort für mich einlegen.

Es geht jetzt alles Schlag auf Schlag. Innerhalb von 24 Stunden hat sich der Vorhang zu dieser mir bislang verschlossenen und geheimen

Parallelwelt geteilt. Ein Tank, in dem sich die darin brodelnden Aktivitäten und Energien über plötzlich geöffnete Überdruckventile nach außen entladen. Es bleibt mir nicht viel Zeit, diesen heißen Informationsdunst, der mich einhüllt, sich klären und sacken zu lassen. Wenn ich mich da noch bewerben will, muss ich mich beeilen – in ein paar Wochen ist ja schon wieder Pfingsten.

Ein Kommilitone aus der Werbung, mit dem ich mich angefreundet habe, Ulf, besitzt ein Uher-Tonbandgerät mit Mikrofon. Er nimmt meine drei oder vier Lieder – mehr habe ich noch nicht geschrieben – im stark hallenden, gerade nicht besetzten Aktsaal der Akademie auf. So wie jeder, der zum ersten Mal über Lautsprecher die Wiedergabe seiner eigenen Stimme hört, erschrecke ich vor mir selbst. Ulf überlässt mir das Band. Ich schicke es mit meiner Bewerbung an die mir von Fiorenza übergebene Adresse. Mit Erfolg: Ich werde zum dritten an Pfingsten 1966 stattfindenden Burg-Waldeck-Festival eingeladen.

Es ist nicht nur die erste Tonbandaufnahme von mir und meinen Liedern, es ist zugleich auch die für mich zukunftsentscheidende. Und ich meine, dass ich Ulf somit etwas verdanke.

Zur Burg Waldeck – 3. Festival – mein erstes

Es ist wieder mal an der Zeit, mein Äußeres zu verändern. Noch trage ich die Haare nicht lang. Dafür habe ich mir in den letzten Monaten einen Schnurrbart wachsen lassen. Die Fensterglasbrille und auch die Baskenmütze trage ich nur noch gelegentlich. Hosen ohne Bundfalten und mit Schlag sind in der Mode ganz stark im Kommen. Sie erinnern mich an Zimmermannshosen. Ich hätte gern eine, kann mir aber keine leisten. Da spricht mich, so ein Zufall aber auch, mein Kommilitone Peter Butschkow in der Mensa an: »Sag mal Hannes, was hast du für 'ne Bundweite? Ick hab' mir da so 'ne Hose jekooft, die is mir 'ne Nummer zu kleen und zu kurz, könnte dir passen.«

Peter ist über eins neunzig groß, aber die Hose passt mir tatsächlich. Sie ist hellgrau und hat den breiten Schlag. Die ziehe ich auf der Bühne an, wenn ich auf die Burg Waldeck komme.

Kurz vor Pfingsten trampe ich von Berlin nach Bielefeld. Damit wäre schon mehr als die halbe Strecke bis in den Hunsrück zur Burg Waldeck geschafft. Vier eigene Lieder habe ich im Gepäck. Am Grenzübergang Dreilinden bei Berlin spreche ich einen Opelfahrer an, der über die Transitstrecke Helmstedt-Marienborn nach Düsseldorf fährt und mich mitnimmt. Der Fahrer, ein netter Mensch, von Beruf Vertreter für Hausschuhe der Marke Romika, ist sichtlich froh, auf der Fahrt durch DDR-Gebiet Gesellschaft zu haben. Ich gebe mich ihm als ehemaliger Schuhdekorateur zu erkennen, der schon Tausende Romika-Puschen ins Schaufenster gesetzt hat. Das behagt ihm; schafft Vertrauen. Aber an den Kontrollstellen ist er besonders nervös. Wenn ich per Anhalter auf dieser Strecke unterwegs bin, erlebe ich es öfter, dass den Fahrern der Schweiß auf die Stirn tritt, wenn sie auf die Seite gewinkt werden; von DDR-Grenzbeamten, die dann meist in ruppigem Sächsisch die gefürchtete »Gänsefleischfrage« stellen: »Gänn'se v'leisch' mal den Gofferraum uffmach'n?«

Neuerdings schieben die Grenzer fahrbare Spiegel unter die Autos; vielleicht um zu kontrollieren, ob sich Republikflüchtlinge an die Unterböden geklammert haben.

Wir verlassen die Kontrollstelle Marienborn. Es herrscht wenig Verkehr, und wir fahren entspannt weiter auf der A2 Richtung Hannover. Zu entspannt. Wir – der Fahrer und ich – schlafen gleichzeitig ein. Plötzlich kracht es, dann ein schrilles Kreischen, Blech auf Stahl, als der Wagen rechts auf meiner Seite an der Leitplanke entlangschrammt. Reflexhaft umklammert der Fahrer das Lenkrad, versucht, den Opel Kapitän von der Planke weg auf die Kriechspur zu bringen, bremst, und wir rollen nach hundert Metern schlingernd in eine Raststätteneinfahrt irgendwo hinter Braunschweig. Sicherheitsgurte gibt es noch nicht, aber uns ist nichts passiert. Wir stehen nur ein wenig unter Schock. Wir steigen aus. Die ganze rechte Seite des Wagens ist zerkratzt und tief eingedellt. Der Fahrer spendiert mir einen Kaffee in der Raststätte. Wir entschuldigen uns beieinander dafür, dass wir eingeschlafen sind. Dann fahren wir weiter.

Seit meinem letzten Besuch in Hoberge sind Monate vergangen. Meine Mutter erkenne ich kaum wieder. Sie hat stark an Gewicht verloren; besser gesagt, sie ist erschreckend abgemagert. Ich denke, die Scheidung meiner Schwester Ulla setzt ihr zu. Sie kann nicht mehr normal essen. Ihre Speiseröhre hat sich verengt. Sie wird von nun an nur noch flüssige Nahrung – und die auch nur unter Schmerzen und Würgeanfällen – zu sich nehmen können, dabei muss sie noch sechs Jahre weiterarbeiten bis zu ihrer Rente. Sie erlebt das Scheitern von Ullas Ehe als noch tragischer als meine Schwester selbst. Für meine Mutter als ehemaliges Dienstmädchen und amtierende Putzfrau muss die Einheirat ihrer Tochter in einen Dorfladen mit Poststelle den Aufstieg in eine höhere Gesellschaftsschicht bedeutet haben. Den proletarischen Fuß in der kleinbürgerlichen Tür. Ein Traum, der plötzlich brutal zerplatzt ist. Ein Schock. Und dann die Scheidung; für die Generation meiner Mutter noch eine Schande. Sie ist buchstäblich unfähig, das alles zu schlucken. Und das Wenige, was sie noch schlucken kann, weigern sich ihre Verdauungsorgane normal zu verarbeiten. Zwanzig Jahre später, in ihrem 81. Lebensjahr, kurz vor ihrem Tod, wird Darmkrebs bei ihr diagnostiziert.

Zurzeit wohnt meine Schwester Ulla, frisch geschieden, alleinstehend und auf Arbeitsuche, bei meiner Mutter. Sie schläft auf der Klappcouch im Wohnzimmer. Ich bleibe auch ein paar Tage und nächtige wieder auf meinem alten Sofa in der Küche.

Abends im Bunker Ulmenwall, ich trinke an der kleinen Theke ein Bier und erzähle Marie-Luise und Horst, dem Wirtsehepaar, dass ich per Anhalter in den Hunsrück will, um an Pfingsten auf der Burg Waldeck mit meinen Liedern aufzutreten. Beide nicken nur wissend, und Horst sagt: »Ja klar, kenn ich, da ist doch an Pfingsten immer dieses Folklore- und Songfestival.«

Ich wundere mich schon gar nicht mehr, als dann noch ein mir unbekannter, neben mir ebenfalls Bier trinkender Student sagt: »Ey, da war ich letztes Jahr auch schon, ich will da wieder hin. Ich fahre Sonnabendmorgen mit dem Auto, wenn du willst, kannst du mitkommen.«

Wie ist so was möglich? Wieder so ein Phänomen: Vorgänge, gestern noch klandestin im Untergrund grummelnd, sind mit einem Mal öffentlich, überall und jedermann bekannt. Sogar in Bielefeld.

Zwar wäre ich lieber schon am Freitag losgefahren, nehme das Angebot aber gern an. Besagter Student fährt einen Deux Chevaux. Wir starten am Pfingstsamstag spät vormittags Richtung Hunsrück. Ich werde mich mit zehn Mark an den Spritkosten beteiligen. Die Fahrt mit der Ente zur Burg Waldeck werte ich als mindestens ebenso schicksalsentscheidend für mich wie meine erste Tonbandaufnahme. Gern würde ich hier, um ihm noch mal Danke zu sagen, den Namen dieses Bielefelder Studenten nennen; leider habe ihn vergessen. Sobald wir unser Ziel, das Festivalgelände, erreichen, trennen sich unsere Wege, und wir werden uns nie mehr begegnen.

Wir sind lange unterwegs. An die fünf bis sechs Stunden. Der 2CV macht nicht mehr als achtzig Sachen auf gerader Strecke. Auf einer extrem steilen und gewundenen, aus dem Moseltal in den Hunsrück führenden Straße bleibt die Ente plötzlich stehen. Ich muss aussteigen. Der Fahrer schaltet auf Dauer in den ersten Gang, gibt Vollgas. Trotzdem muss ich die Kiste schieben. Mehrere Hundert Meter immer im Schritttempo bergauf, bis wir endlich das Hunsrückplateau erreichen.

Es ist später Nachmittag, kühl und der Himmel bewölkt. An einer Wiese vorbei, auf der Hunderte von Zelten aufgeschlagen sind, und wo auch mein Fahrer und Entenbesitzer kampieren wird, gelange ich durch ein Waldstück auf das eigentliche Festivalgelände, das inmitten tiefer, bewaldeter Schluchten liegt. Es erscheint mir riesig und ist ebenfalls eine Wiese. Wieso heißt das hier Burg Waldeck? Es ist weit und breit keine Burg zu sehen. Nicht mal die Reste alter Grundmauern. Nur drei oder vier Hütten an den Seitenrändern, wo das Gelände in den Wald übergeht. Doch soll hier mal eine Burg gestanden haben, die 1689 von Franzosen zerstört wurde.

Zunächst höre ich, als ich das Areal betrete, aus Lautsprecherboxen das überlaute Pfeifen rückkoppelnder Mikrofone, dann eine Stimme, die basslastig und mit viel zu viel Hall den Auftritt eines jungen Berliners ansagt. Dann erst sehe ich, dass rechts auf der sanft abfallenden Wiese Tausende von Menschen auf Schlafsäcken und Decken sitzen und liegen; ihre Aufmerksamkeit auf eine kleine, unten in der Senke aufgestellte Bühne gerichtet. Dass sie, von den Kurparkkonzertmuscheln einmal abgesehen, die erste Open-Air-Bühne auf deutschem Boden ist, sieht man ihr an. Es gibt noch keinerlei Erfahrung im Freiluftbühnenbau. Speziell diese Bühne ist eine von Amateuren und Pfuschern, schlimmer noch, von bündischen Jungakademikern zusammengenagelte Bruchbude, die eine ostentativ schlampige Anmut ausstrahlt. »Alternativ«, wie man heute vielleicht sagen würde. Mir gefällt sie auf Anhieb. Ich lege mein Instrument, meine Klamotten zum Wechseln, die ich in einer Art Seesack bei mir trage, ab und setze mich zwischen das Publikum ins Gras.

Unweit der Bühne ist ein WDR-Übertragungswagen geparkt. Hinter einem Wald von Mikrofonen macht der junge Berliner gerade das, was man in der Folgezeit Soundcheck nennt. Der Ansager, Rolf Gekeler aus Mainz, den alle »Gockel« rufen, tritt noch mal ans Mikrofon: »Und nun singt für uns … Reinhard Mey aus Berlin!«

Er ist es, den ich im Radio gehört habe. Ich erkenne seine Stimme, sein Lied »Mädchen in den Schänken«, sofort wieder. Auch einer dieser seltsamen Zufälle, dass ausgerechnet Reinhard der Erste ist, den ich hier gleich bei meiner Ankunft auf der Bühne erlebe. Anders als bei Degenhardt, zu dem ich zunächst aus der Distanz bewundernd aufschaue, empfinde ich zu Reinhard sofort eine Nähe; betrachte ihn und seine Lieder, bei allem, was ihn von mir unterscheidet, als mir zugleich verwandt und ähnlich. Deutlich höre ich, wie sehr auch er von der französischen Chanson-Tradition inspiriert ist. Einige der Lieder, die Reinhard hier singt, werden wir schon in naher Zukunft gemeinsam auf unserer von ihm organisierten Tournee vortragen. Aber noch haben wir uns nicht einmal kennengelernt.

Nach Einbruch der Dunkelheit enden die Darbietungen auf der Waldeck-Bühne. Es gibt Probleme mit der Beleuchtung und überhaupt mit der Stromversorgung auf dem Gelände. Im sogenannten Säulenhaus am Rande der Festwiese kann ich mich anmelden, meine Ankunft registrieren und mir eine Unterkunft in einer der übrigen Hütten zuweisen lassen. Einen Schlafsack habe ich diesmal dabei.

Dieser Ort, die Atmosphäre. Eine Welt in der Welt. Es ist unmittelbar wahrzunehmen, dass hier etwas kulturhistorisch Bedeutsames abgeht. Aus der konservativen Mitte bündischer Tradition, die ihre große Zeit mit ihren an Lagerfeuern geklampften Fahrtenliedern zwar längst hinter sich hat, schält sich jetzt bei den Waldeck-Organisatoren eine Hinwendung zu einer progressiven Bewegung mit neuen zeitbezogenen Liedern, den »Contemporary Songs«, heraus; ein Begriff, der in Kürze durch den Terminus »Protest-Song«, in erster Linie mit dem Namen Bob Dylan verknüpft, ersetzt sein wird.

Auch alte Lieder werden wiederentdeckt, klingen auf neue Art interpretiert frisch. Dabei kommen den Zwillingsbrüdern Hein und Oss Kröher aus dem pfälzischen Pirmasens besondere Verdienste zu. Den Volksliedsänger Peter Rohland, der ebenfalls zu den Gründern des Festivals zählt, macht sein früher Tod (er ist acht Wochen vor dem Festival, knapp dreiunddreißigjährig, plötzlich verstorben, ich bin ihm daher leider nie persönlich begegnet) zu einer Legende. Dann Dieter Süverkrüp. Neben eigenen Liedern singt er übersetzte, von ihm vertonte Texte aus der französischen Revolution. Und der Steinitz-Klassiker »Deutsche Volkslieder demokratischen Charakters«, ist dabei, zu einer Bibel der »Deutschfolk-Fans« zu werden.

Ich spüre diese Spannungen und Schwingungen bereits sehr deutlich. Auf dieser – wie es im rechts-katholischen »Rheinischen Merkur« zu lesen steht – »Pfingstfeier der Atheisten, Nihilisten und Gammler« fühle ich mich wohl.

Unter den überwiegend jungen Menschen, viele in bündischer Kluft, die hier auf dem Gelände herumwuseln, herrscht ein freundlicher Umgangston. Die Namen der meisten, die sich mir vorstellen, vergesse ich gleich wieder, merke mir nur die der außer mir hier Auftretenden. Es gibt auch einen Stand, an dem flaschenweise vornehmlich pfälzische Weißweine, Obst- und Tresterbrände verkauft werden. Gläser gibt es hier nicht. Ich trinke, wie alle hier, den Wein aus der Flasche; und komme so mit den Leuten, und sie mit mir, leichter ins Gespräch.

In den baumbestandenen Senken am Rande der großen Wiese brennen vor hohen, dunklen Kohten überall Lagerfeuer, an denen getrunken und gesungen wird. Von der Stunde der Abenddämmerung an bis zum Morgengrauen ziehe ich von Feuer zu Feuer. Noch weiß ich nicht, dass ich in dieser Nacht nicht wenigen Menschen begegne, mit denen mich von nun an eine lebenslange Freundschaft verbinden wird.

Heute, am Pfingstsonntag, ich schlafe bis in den späten Vormittag, soll ich im Laufe des Nachmittags auftreten und mich schon mal in der Nähe der Bühne bereithalten. Die Festivalwiese ist von noch mehr Zuschauern besetzt als gestern. Ich schätze, es sind an die zweieinhalb bis dreitausend Leute da. Alle warm angezogen. Ich setze mich dazu. Das Gras ist etwas feucht, der Himmel bewölkt. Die Luft – wir befinden uns hier 400 Meter über Normalnull – ist kühl. Das Bühnenprogramm ist in vollem Gange. Das Publikum scheint wohlwollend, applaudiert nach jedem Beitrag. Ich bin aufgeregt. Ich glaube, ich habe Lampenfieber. Dennoch fasziniert es mich, was da vor mir auf dem Podium geschieht, bin abgelenkt; habe so etwas ja nur einmal im Radio gehört, aber noch nie gesehen. Es unterscheidet sich hier alles begeisternd krass von den Bühnenshows, wie jeder sie aus dem Fernsehen gewohnt ist, wo sich die Künstler, die Ansager, die Orchester immer nur geschniegelt und gelackt zeigen; in Smokings, Fräcke und Abendkleider gewandet. Hier dagegen steigen die Auftretenden, die Gitarre in der Hand, einfach in den Klamotten auf die Bühne, mit denen sie, so wie ich jetzt, gerade noch im Gras gelegen haben.

Ein Engländer, John Pearse, spielt Picking-Gitarre. Er singt, ich höre das Lied zum ersten Mal, »Cocaine« von Reverend Gary Davis. Endlich sehe ich auch Susanne Tremper in Person auf der Bühne. Eine zarte, junge Frau. Sie singt wieder, wie ich finde, mit dem für sie typischen Lächeln in der Stimme.

Dann treten Colin Wilkie und Shirley Hart auf. In seinem Humor ganz Brite, sagt Colin einen irischen Folksong an: »And now we start to sing a protest song called ›Whisky in the Jar‹. It's a protest song against tea!«

Dass ich jetzt dran bin, merke ich erst, als einer der Bühnenhelfer mich am Ärmel Richtung Bühne zieht. Ich stolpere die drei Stufen rauf, meine neue Gitarre knallt mit der Zargenkante gegen die stählerne Bühnenwandstütze und bekommt so die erste Delle. Ich betrete zum ersten Mal im Leben eine Bühne. Einer, ich glaube, es ist der Tonmann, schiebt mich vor die Mikrofone. Es sind mindestens zehn oder zwölf. Ich habe noch nie vor einem Mikrofon gestanden, geschweige denn vor einem Dutzend. Der Tonmann stellt ein Gesangsmikrofon auf meine Größe ein, dann ein zweites auf das Gitarrenschallloch gerichtet. Beide an Mikrofonständern mit, sie heißen wirklich so, Galgen befestigt. Wieder ein Trommelfell zerfetzendes Rückkopplungskreischen. Ich brauche einen Stuhl. Wo ist ein Stuhl, auf den ich meinen Fuß setzen kann? Ich trage keinen Gurt und muss, auf dem linken Bein stehend, die Gitarre auf mein rechtes Knie gestützt spielen. Ich habe noch nie in dieser Haltung Gitarre gespielt. Der Stuhl kommt. Jetzt von der Bühne herab ins Publikum zu sehen, jagt mir einen weiteren Schrecken ein. Noch nie habe ich vor einer solchen Masse von Menschen gestanden. Menschen, die, ihre Blicke auf mich fokussiert, alle was von mir wollen. Mir wird kalt, dann wieder heiß, ich schwitze. Gleich darauf werden meine Finger ganz klamm und glitschig von erkaltendem Schweiß. Ich meine, noch nie ein so ekliges Gefühl verspürt zu haben.

Zu viele Situationen, in denen ich mich zuvor noch nie befunden habe, gleichzeitig und auf einem Haufen. Aber ich muss heute mindestens noch einen weiteren Tiefschlag einstecken: Ich greife einen Akkord auf der Gitarre. Sie ist total verstimmt. Während der Stunde, in der ich unten vor der Bühne auf meinen Auftritt wartete, haben sich in der feuchten Luft die Saiten verzogen. Ich drehe panisch an den Wirbeln, sodass sich das

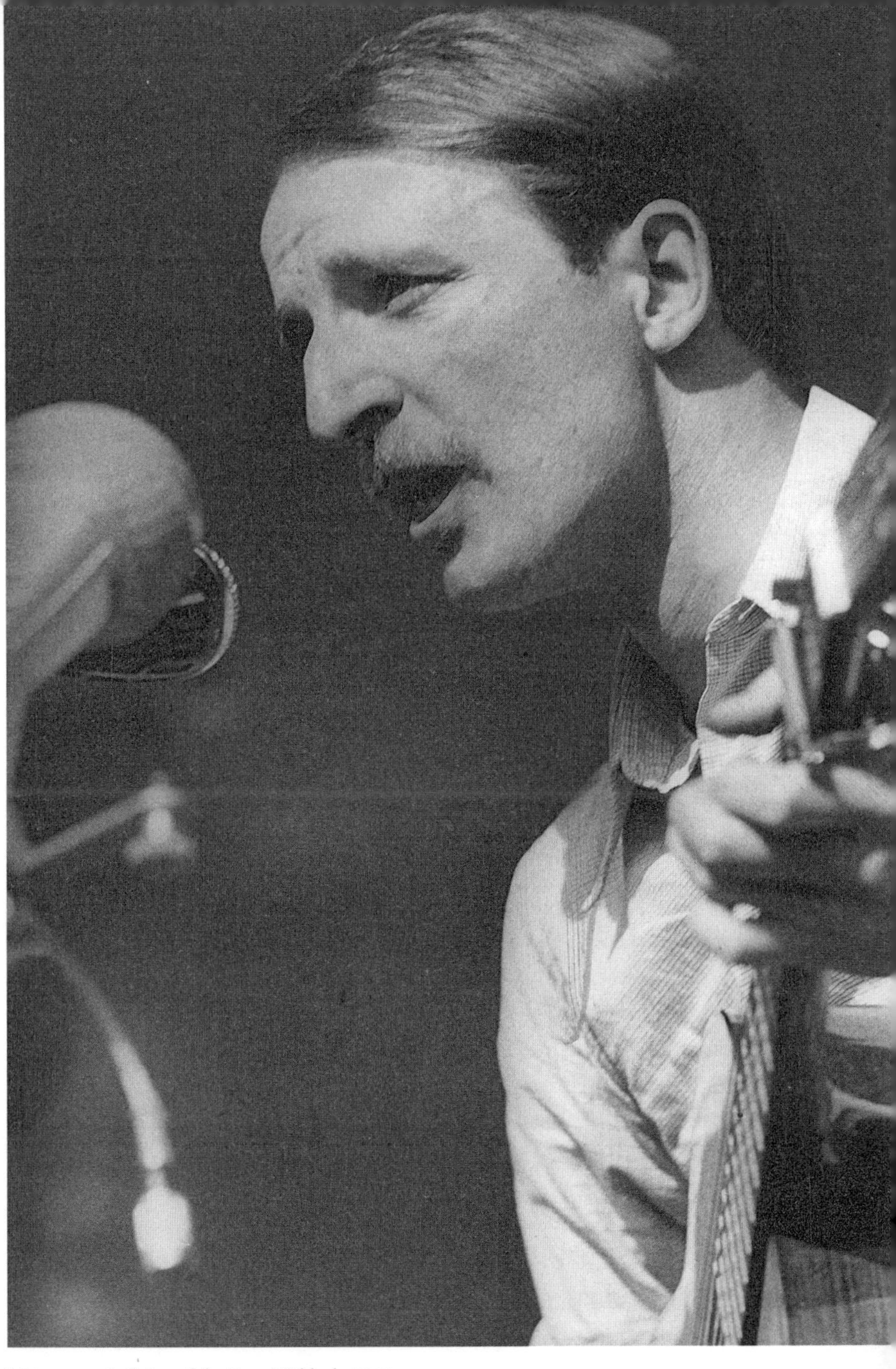

Mein erster Auftritt auf der Burg Waldeck, 1966

Instrument noch schlimmer verstimmt. Meine Finger zittern, ich atme flacher und schneller. Stimmt die Gitarre jetzt? Sage ich etwas? Begrüße ich das Publikum? Ich weiß es nicht mehr. Ich singe nacheinander meine drei oder vier Lieder, von meinem beschleunigten Pulsschlag getrieben, viel zu hektisch und überhastet herunter. Ich bin wie betäubt, werde von einem Gefühl der Panik erfasst, wie ich es noch nie erlebt habe. In das laute Rauschen des Blutes in meinen Ohren mischen sich jetzt die schrillen Pfiffe aus dem Publikum, und das Johlen aus dreitausend Kehlen klingt für mich mehr nach »kreuziget ihn« als nach Zustimmung. Ich habe hier gründlich verschissen und will nur noch eins: runter von der Bühne und weg. Aber sie lassen mich nicht. Bühnenhelfer schreien etwas, ich verstehe nichts. Leute aus dem Publikum springen auf mit – so scheint es mir – hassverzerrten Gesichtern, schreien ebenfalls, versperren mir den Weg und drängen mich wieder auf die Bühne. Gockel, der Ansager, brüllt mir ins Ohr: »Zugabe!«

»Aber ich habe doch kein Lied mehr!«

»Egal, von vorne!«

Ich singe noch einmal »Das Loch unterm Dach«, will danach die Bühne verlassen. Wieder Pfiffe, Rufe, lautes Klatschen, ein in meinen Ohren höhnisch klingender Applaus. Wieder werde ich von Gockel hinter die Mikrofone geschoben. Ich singe »Die Blumen des Armen«, ich kann meine paar Lieder ja im Schlaf automatisch herunterspielen; springe dann, ohne die Treppe zu benutzen, von der Bühne und kann schnell und ungehindert im Wald des Baybachtals verschwinden. Ich laufe, besser gesagt breche so lange durch Gestrüpp und Unterholz, bis ich das Gepfeife und Gejohle des Publikums nicht mehr höre.

Die Gitarre immer noch in der Hand, ihr schöner glatter Palisanderboden hat Kratzer bekommen, setze ich mich ans Ufer des Baybaches unten in der Schlucht. Ich bin so aufgewühlt, dass meine Hände zittern und mir plötzlich die Tränen kommen. Ich weine sonst nie und ärgere mich. Still ist es hier. Nur da, wo der Bach in seinem raschen Lauf gehemmt den quer liegenden Baumstamm überspült, plätschert er nicht etwa, er murmelt auch nicht, er plaudert in einem ganz sanften und unendlich freundlichen Ton, dem ich mich voll überlasse, sodass ich mich augenblicklich beruhige, bald wieder normal atmen kann und meine Gedanken sich wie von selbst ordnen.

Was ist mir da eigentlich passiert? Klar, zu viel Neues auf einmal, dazu in einem viel zu hohen Tempo für einen wie mich, aber doch keine Katastrophe. Mir dämmert langsam, dass ich das soeben Geschehene auf der Bühne und um sie herum ganz und gar missverstanden habe. Wenn ich mit meinen vier Liedern beim Publikum wirklich durchgefallen wäre, hätte man mich dann zu den Zugaben gezwungen? Etwa nur um mich zu verarschen? Das ist absurd. Vielleicht habe ich das Verhalten des Publikums schlicht missinterpretiert. Genauso ist es – wie sich wenig später herausstellt.

Als ich das Festivalgelände wieder betrete, es ist gerade eine Umbaupause angesagt, F. J. Degenhardt soll gleich auftreten, sehe ich nirgends zu Grimassen des Abscheus verzogene Gesichter. Die Leute, die mir begegnen, nicken und winken mir entspannt und freundlich zu.

Nicht nur das: wie oft mir in den nächsten Stunden, im Laufe des Abends und der Nacht auf die Schulter geklopft wird, wie viele Schlucke Pfälzer Wein durch meine Gurgel fließen, darüber verliere ich bald den Überblick. Ich bade in Anerkennung, auch etwas, was ich so noch nie erlebt habe.

Und dann werde ich – ein weiteres erstes Mal – auch noch interviewt. Eine junge Frau mit Notizblock und Kugelschreiber in der Hand fordert mich auf, mich neben sie ins Gras zu setzen und ihre Fragen zu beantworten. Sie heißt Ann Thönnissen und arbeitet für das Magazin »twen«. Mir sagt sowohl ihr Name als auch die »twen« etwas, eine in den Sechzigern viel gelesene Zeitschrift, besonders in ihrer grafischen Gestaltung frisch und neuartig. Ich bin verwirrt und eingeschüchtert. Ich soll etwas sagen, und das wird dann gedruckt? Ich verstehe die Fragen gar nicht, kann sie nicht beantworten. Das übernimmt Walter Mossmann für mich, der neben mir im Gras sitzt. Walter ist auf eine etwas präpotente Weise eloquent und dabei ziemlich klug. Ich kann nur darüber staunen, aus Walters Mund zu hören und zu erfahren, warum und für wen ich Lieder schreibe und singe. Ob ich Botschaften, von einem weltanschaulichen Standpunkt ausgehend, vermitteln will und so weiter. Tatsächlich erscheint der Artikel dann, sogar mit Foto, in der Augustausgabe.

Die Gesichter, die Namen derer, mit denen ich trinke, rede, verschwimmen im Nebel der Trunkenheit. Aber plötzlich, es muss schon nach Mitternacht sein, steht mir Susanne Tremper gegenüber. Ich wische den Hals meiner fast leeren Weinflasche mit dem Hemdzipfel ab, halte sie ihr galant hin und sage: »Na, willste auch 'n Schluck?«

Susanne sagt nichts, zieht eine Augenbraue hoch, mustert mich nur von oben bis unten. Dass ein Mädchen von erst 17 schon ein derartiges Reservoir an vernichtenden Blicken verwaltet, ernüchtert mich. Sie dreht sich um und geht. Ich stehe da und weiß, ich habe wieder mal etwas versaut, und es wird fast ein weiteres Jahr vergehen, bis Susanne und ich doch noch zusammenkommen.

Meine erste Begegnung mit Reinhard Mey an diesem Abend fällt dagegen für beide Seiten angenehmer aus. Dass ich durch Schmeicheleien – sie können ruhig ein wenig plump ausfallen – korrumpierbar bin, sagte ich schon. Reinhard verfügt über einen umwerfenden Charme, der mich ganz für ihn einnimmt, und er lobt mich. Aber bei ihm merke ich gleich, seine Worte kommen von Herzen.

In seinem mehr als fünfzig Jahre später 2017 in der »Frankfurter Allgemeinen Zeitung« erschienenen Artikel schreibt Reinhard:

> *Und diesmal kam vor den Stars mit langen Schritten ein großer, schlaksiger Junge mit Baskenmütze auf die Bühne und sang zu einer mit filigraner Leichtigkeit gespielten Gitarre ›Die Blumen des Armen‹. Ich saß und hörte, ich rührte mich nicht: Da sang einer das, was ich schon immer in unserer Sprache hören wollte, das waren die klaren, einfachen, sanften und zugleich harten Worte, das waren die reinen volksliedverwandten Melodien, die aus der Kindheit, vielleicht aus der Nacht der Zeiten in uns allen klingen. Seine Worte und Melodien verbanden sich, von seiner kräftigen Stimme getragen, zu einem überwältigenden Gesang – Hannes Wader! Wir hörten einander zu, wir hörten den anderen zu, sangen und tranken zusammen, und später fuhren wir, erfüllt von Liedern und Gesprächen, in meinem Käfer zusammen zurück nach Berlin. Aus unserer Begegnung wurde eine Freundschaft für ein ganzes Leben.*

Pardon

Wie tief greifend verändernd sich mein erster Burg-Waldeck-Auftritt, die Begegnungen, auf mein weiteres Leben auswirken, kann ich in dem Wirbel der Auf- und Anregungen nicht mal erahnen. Für mich ist mein kleiner Auftritt ein völlig unerwarteter Erfolg, der mich zusammen mit all den Liedern, die ich hier von anderen gesungen hören durfte, erst einmal zu einem »Weiter so« ermutigt. Zurück in Berlin, leere ich meinen Seesack – es gibt seit Kurzem überall Waschsalons mit Münzautomaten in der Stadt –, um meine schmutzige Wäsche zu waschen. Dabei fallen mir Dutzende von Zetteln mit Namen, Adressen, Telefonnummern und sogar Visitenkarten entgegen. Auch ich habe meine Anschrift, meist auf Tempotaschentücher gekritzelt, dutzendfach verteilt. Ich versuche, mich an die mit diesen Zetteln verbundenen Gesichter und Personen zu erinnern. Einen dieser Namen assoziiere ich schnell wieder mit einem für mich fantastisch klingenden Jobangebot. Hans A. Nikel, der Herausgeber und Chefredakteur der Satirezeitschrift »Pardon« in Frankfurt am Main, bietet mir, als ich ihm auf der Festwiese erzähle, dass ich unter Geldnot leide, spontan an, für die Dauer eines Urlaubssemesters in der »Pardon«-Redaktion als Layouter zu arbeiten. Für 800 Mark im Monat. So viel Geld habe ich noch nie auf einem Haufen gesehen – also ab nach Frankfurt.

Obwohl kein regelmäßiger »Pardon«-Leser, die Zeitschrift ist zu teuer für mich, kenne und schätze ich sie sehr. Und nicht nur ich. Bei der kritischen Vor-68er-Jugend genießt das Blatt längst Kultstatus. Im Verlagshaus Bärmeier & Nikel in der Hebelstraße 11, bin ich dem Cheflayouter Klaus Imbeck unterstellt. Ich bekomme gleich die Aufgabe, die Marginalien für eine geplante 33-bändige »Jules-Verne«-Ausgabe zu gestalten, für deren Neuübersetzung aus dem Französischen unter anderem die Autoren Wolf Wondratschek und Harry Rowohlt beauftragt sind. Schnell lerne ich bei der jeden Montagmorgen stattfindenden Redaktionssitzung die bereits berühmten »Pardon«-Zeichner und Satiriker kennen: Robert Gernhardt, Fritz Weigle alias F. W. Bernstein, dessen Zweizeiler »Die schärfsten Kritiker der Elche/waren früher selber welche« wohl jeder kennt. Dann F. K. Waechter, Kurt Halbritter, Chlodwig Poth und Hans Traxler. Sie alle begegnen mir ausgesprochen freundlich, fast kollegial. Die erste dieser Sitzungen, an der ich teilnehme, eröffnet Hans A. Nikel mit den Worten: »Also, Freunde, im nächsten Heft müssen wir mal wieder ein Tabu brechen.«

Frankfurt gefällt mir. Allerdings habe ich – auch wenn ich es nicht weiter tragisch nehme – ein Problem: Ich bin sozusagen obdachlos. Ein paar Nächte kann ich in einem nicht benutzten Redaktionsbüro auf der Couch schlafen. Dann kann ich ein paar Tage lang in einem Zweibettzimmer eines Wohnheims das Bett eines gerade nicht anwesenden Studenten benutzen. Der Zweitbettbewohner neben mir, ein Student der Rechtswissenschaft, bekommt am Sonntagmorgen Besuch von seiner Freundin.

»Verdammt«, sagt er, »mein letztes Paar saubere Socken, und in dieser ist ein Riesenloch drin.«

»Dann geh doch ohne«, sagt sie.

»Wie bitte? Ich soll in Schuhen ohne Socken laufen, wie 'n Playboy? Ich bin doch nicht Gunter Sachs.«

Er zieht die Socken an und verlässt mit seiner Freundin das Zimmer. Ich bleibe noch ein bisschen liegen, greife mir aus seinem Regal Hitlers »Mein Kampf« und blättere darin. Ob mein Bettnachbar wohl Nazi ist? Der Begriff Neo-Nazi existiert noch nicht – wohl, weil die Alt-Nazis, hohe Justizbeamte und Minister unter Adenauer, auch jetzt unter Erhard noch am Drücker sind.

Auch bei meinem alten Freund Lippi, der hier ebenfalls Jura studiert und zur Untermiete wohnt, kann ich ein paar Nächte bleiben, bis seine Vermieterin dagegen einschreitet.

Heute noch dankbar bin ich Robert Kuhn. Robert ist der erst kürzlich engagierte Justiziar des Verlages. Da seine junge Frau Gabriella zurzeit bei ihren Eltern in Italien zu Besuch ist, lässt er mich bei sich wohnen. Robert und ich reden viel miteinander. Ich fühle mich zu ihm hingezogen wie zu einem älteren Bruder, den ich nie hatte. Und unsere Freundschaft hat Bestand. 26 Jahre später, 1992, an meinem fünfzigsten Geburtstag,

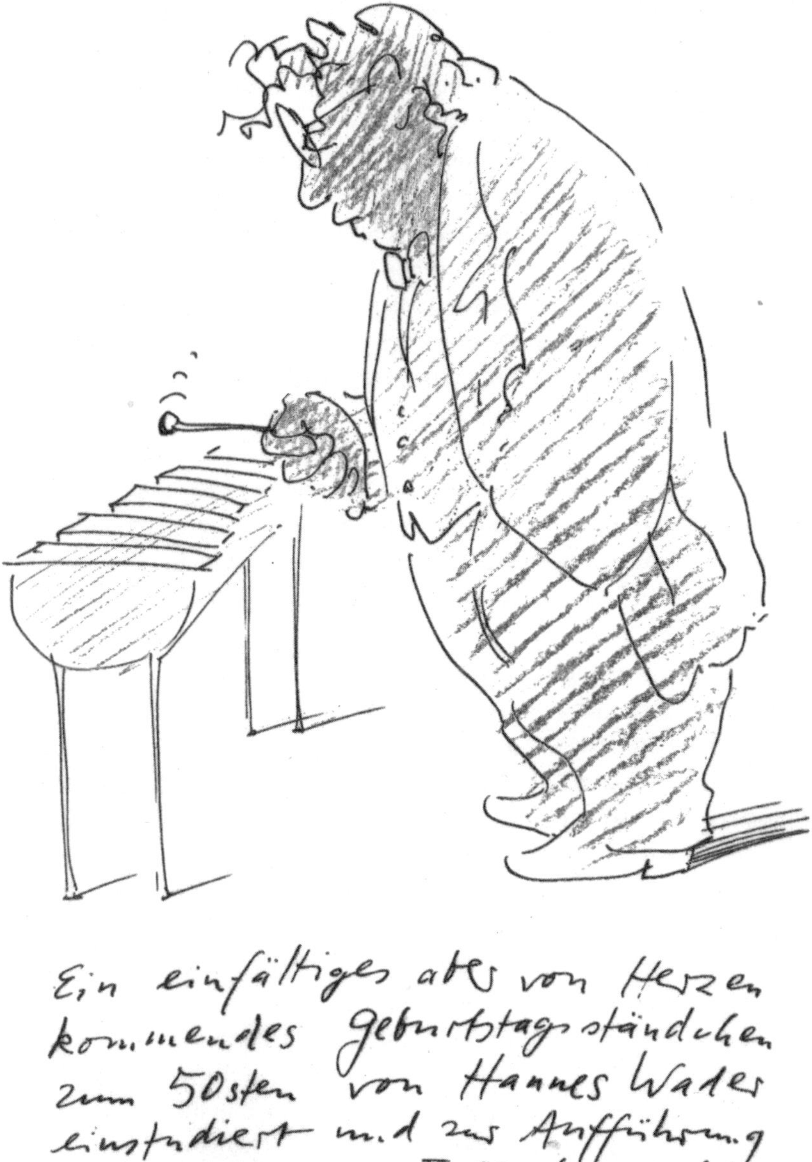

Glückwunschzeichnung zu meinem Fünfzigsten von. F. K. Waechter

überrascht mich Robert mit einem besonderen Geschenk: eine Mappe mit Originalgrafiken der großen »Pardon«-Zeichner, deren »Kollege« ich 1966 kurzzeitig sein durfte. Sie alle haben mir auf Robert Kuhns Initiative hin, freudig, wie er mir versichert, jeweils eine persönliche Glückwunschzeichnung gewidmet. War mir – und ist mir noch immer – eine große Freude.

Meine Gewohnheit, bis möglichst tief in die Nacht hinein unterwegs zu sein, behalte ich auch in Frankfurt bei. Fast jeden Abend gehe ich erst mal auf dem Eisernen Steg über den Main nach Sachsenhausen in eine der Äppelwoi-Kneipen und esse ein um den andern Tag »Rippchen mit Kraut« und »Handkäs mit Musik«. Ich habe jetzt ja Geld. Auch für Zigaretten. Ich bringe es inzwischen, ich kann's ja bezahlen, auf drei Schachteln Gauloises Brunes ohne Filter am Tag.

Anders als in Berlin gibt es in Frankfurt eine Polizeistunde. Szenekneipen, wo Leute »meines Schlages« (wobei mir selbst nicht so recht klar ist, welches Schlages ich eigentlich bin) anzutreffen wären, sind rar. Manchmal sehe ich kleine Gruppen von Gammlern, die sich an Straßenecken nahe der Hauptwache versammeln. Ich selbst halte mich oft bis Mitternacht, manchmal auch länger, mal im Jazzkeller in der kleinen Bockenheimerstraße auf, in dem die Brüder Albert und Emil Mangelsdorff, Volker Kriegel und andere Jazzgrößen vor Langem ihre Karriere begonnen haben, oder ich gehe in den Club Voltaire in der Kleinen Hochstraße. Beide Etablissements, unweit der Hauptwache, der Alten Oper und der »Fressgass« gelegen, existieren heute noch.

Im Club Voltaire finden in kleinem Rahmen auch Kulturveranstaltungen statt. Kleine Jazzcombos spielen, linke Autoren lesen. Gäste trinken Bier und diskutieren politisch. Ich höre halbwegs interessiert zu, beteilige mich aber nicht aktiv.

Auf einer Art »Pardon«-Redaktionsfete singe ich meine paar Lieder und finde damit Anklang. Auch Fritz Rau ist, als Freund von Hans A. Nikel, anwesend und richtet ein paar anerkennende Wort an mich. Fritz Rau ist hier noch ganz am Anfang seiner Karriere als legendärer, von den weltgrößten Stars des Jazz, des Blues, der Rockmusik geliebter Konzertveranstalter. Ich würde es nicht unbedingt Charme nennen, aber er verfügt in der Tat über die Gabe, gerade Künstler auf unwiderstehliche Weise für sich einzunehmen, was ich bei jedem Zusammenreffen mit ihm, wir werden uns noch öfter begegnen, wieder bestätigt sehe.

Pünktlich zum Semesterbeginn Anfang Oktober fahre ich, wieder genauso arm, wie ich die Stadt verlassen habe, per Anhalter nach Berlin zurück. Ich habe nichts gespart. Zu diesem Zeitpunkt hat sich in mir längst eine Haltung, eine Attitüde pauschaler Verachtung von Besitz, Reichtum und von Geld als etwas Schmutzigem verfestigt – einschließlich derer, die darüber verfügen. Ich will der arme Poet sein, der Künstler, der von der Hand in den Mund lebt. Mein bei der »Pardon« verdientes Geld habe ich bis auf den letzten Pfennig in Frankfurt verfressen, versoffen und verraucht. Dass ich mir jetzt nur noch, Essen und Trinken sind nicht so wichtig, eine Schachtel Gauloises statt drei am Tag leisten kann, trifft mich hart. Es war eben doch ein durchaus großzügiges Gehalt, das mir Hans A. Nikel gezahlt hat. Und das, obwohl die »Pardon« auch ohne mich als Layouter gut klargekommen wäre.

Wieder in Berlin

Die sechzig Mark pro Monat für mein Zimmer bei den Höhnes habe ich während meiner Zeit in Frankfurt weiter bezahlt. Etwas Post hat sich angesammelt. Nur ein paar Briefe. Einer davon – schon ein Vierteljahr alt – ist die Einladung zu einem Auftritt im Unterhaus Mainz. Unterzeichnet von Renate Fritz-Schillo und Ce-eff Krüger. Beide habe ich auf der Waldeck-Wiese kennengelernt. Ich bin wie berauscht, kann immer nur denken: Das mache ich, da will ich hin. Und dann lese ich das Schreiben von einer Susanne Fijal, Leiterin des Jugendfunks des SFB. Ich soll an dem diesjährigen »Jamboree Chanson Folklore« im großen Sendesaal teilnehmen. Ich werde also alle meine neuen Freunde wiedersehen, denen ich auf der Waldeck begegnet bin. Dann der Brief von Hilmar Bachor, WDR Köln. Richtig, Hille Bachor, er ist dort Abteilungsleiter beim Hörfunk. Ihn habe ich auch auf der Waldeck getroffen. Er schreibt, sobald ich sechs eigene Lieder zusammen habe, soll ich, um sie im Studio aufzunehmen, zu ihm nach Köln kommen. Anschließend würden die Lieder in verschiedenen Programmen gesendet: Ich im Radio – Wahnsinn. Das mache ich. Pro Titel will er mir 200 Mark zahlen. Ein Heidengeld für maximal zwei Stunden Studioarbeit. Ich habe die sechs Lieder. Nach und nach wird in lockerer Folge und getreu meinem Motto, meine Liedthemen nur im Bereich dessen zu suchen, was ich kenne, noch ein veritabler »Untermieter-Zyklus« entstehen (mit Ausnahme von »Begegnung«), mit den Titeln: »Das Loch unterm Dach«, »Die Blumen des Armen«, »Nach Zwölf«, »Ich hatte lange schon gespart«, »Frau Klotzke« und »Viel zu schade für mich«. Zu den vier Liedern, die ich schon auf der Waldeck gesungen habe, kommen jetzt weitere zwei hinzu, »Das Lied vom kleinen Mädchen« und »Frau Klotzke«. Letzteres habe ich noch während meiner »Pardon«-Zeit in Frankfurt geschrieben. Colin Wilkie, er beherrscht wie John Pearse unter anderem die Technik des Clawhammer-Fingerpicking auf der Gitarre, hat bei unserem Kennenlernen auf der Waldeck erwähnt, dass, um in einem

Lied viel Text unterzubringen, sich dafür besonders die in der American-Folk-Tradition entwickelte Form des Talking Blues – eigentlich eine Art Frühform des Rap – eignen würde. Und dass Bob Dylan darin ein Meister sei. Ich habe noch nie einen Talking Blues gehört, und von Dylan kenne ich bisher nur »Blowin' in the Wind«. Aber allein die Idee, einen mit rhythmischen Gitarrenlicks unterlegten Text einfach nur zu sprechen, begeistert mich. »Frau Klotzke« ist mein erster Versuch, einen solchen Talking Blues zu verfassen:

Frau Klotzke

Es ist wieder Sommer, meine Nachbarin,
ich kenne das schon, ich schau gar nicht mehr hin,
öffnet das Fester nach beiden Seiten
und beginnt, zwei Kissen vor sich auszubreiten,
eins für sich selbst und eins für den Hund,
dessen haarloser Wanst ist überall wund.
Ein krankes Tier, das mehr kriecht als es läuft,
weil sein Hängebauch über den Boden schleift.
Die Frau beugt sich raus, sie ist unglaublich fett,
und schleudert ihre Titten übers Fensterbrett …

Vor dem Haus Alt-Lietzow 7 steht eine Telefonzelle. Ich rufe Hille Bachor in Köln an, und wir verabreden einen Studiotermin. Schon wieder ein »allererstes Mal«.

Aber wie komme ich jetzt ohne Geld nach Köln? Ich trampe. Ich schwänze die Akademie. Ich will ein paar Tage in Bielefeld verbringen, das in Richtung Köln, mal grob geschätzt, auf halber Strecke liegt.

Auch nach Köln komme ich jetzt zum ersten Mal. Ich stehe auf der Domplatte und bestaune das imposante Bauwerk. Ein paar Schritte weiter, am Wallrafplatz, steht das Funkhaus. Ich gehe rein, melde mich beim Pförtner an. Ich soll in der Vorhalle warten. Stattdessen fahre ich Paternoster einmal ganz rum. Denselben Paternosteraufzug, den Heinrich Böll in seiner Erzählung »Doktor Murkes gesammeltes Schweigen« würdigt.

Die Fahrkörbe, 16 Stück sollen es sein, stöhnen und knacken in ihren hölzernen Aufhängungen, die jede Woche gefettet werden müssen. Paternosterfahren wird mir von nun an jedes Mal ein Vergnügen sein, wenn ich im WDR-Funkhaus Tonaufnahmen mache.

Die Aufnahmen im Studio – ich kann die sechs Lieder ja in- und auswendig – sind ein Kinderspiel. Dann wird es kompliziert. Hille will wissen, ob ich Gema-Mitglied bin und ob meine Titel dort registriert sind. »Gema?«, frage ich, »was ist das denn?«

Hille klärt mich auf, erzählt mir was über den Schutz meiner Urheberrechte als Komponist und Textdichter in der Kategorie »U«. Das »U« steht für Unterhaltungsmusik im Unterschied zur E-Musik. Das »E« steht hier für ernst. Für jedes meiner Lieder kassiert die Gema für mich von den Öffentlich-Rechtlichen pro gesendete Minute ungefähr neun Mark. Gesendete E-Kompositionen werden – so lerne ich – wesentlich höher vergütet. Ich werde mich umgehend bei der Gema anmelden.

»Wohin sollen wir deine Gage überweisen? Deine Bank und die Kontonummer bitte.«

Ich weiß zwar, was ein Bankkonto ist, habe aber keins; hatte ich noch nie. Ich brauche jetzt also ein Bankkonto. Ein weiteres Indiz dafür, dass die Veränderungen meiner Lebensumstände eine neue Stufe erreicht haben, noch einmal mehr im Begriff sind, sich zu beschleunigen. Hille setzt sich bei der Funkhauskasse dafür ein, mir das Geld direkt auszuzahlen. Ich kriege 1200 Mark bar auf die Kralle. Ein Portemonnaie habe ich nicht. Ich stopfe die Scheine – so drücke ich meine Missachtung dem Mammon gegenüber aus – nachlässig in meine Gesäßtasche.

Hille hat jetzt Feierabend, geht mit mir zum Lederer, die Kneipe schräg gegenüber vom WDR-Gebäude. An deren Eingang drängeln sich Udo Jürgens und hinter ihm Roy Black an uns vorbei nach draußen.

»Hier beim Lederer«, sagt Hille, »haben schon alle Berühmtheiten, national und international, die jemals etwas im Funkhaus zu tun hatten, ihr Bier getrunken.«

Hille gibt einen aus. Ich trinke ein Bier und esse ein Mettbrötchen. Hille verabschiedet sich. Ich soll mich bei ihm melden, sobald ich wieder sechs neue Lieder habe. Ich habe noch Hunger und gehe um die Ecke zu Früh. Bei Früh gefällt es mir auf Anhieb. Der Laden brummt und hat was Uriges.

Der schwere, Jahrzehnte alte und jeden Tag wieder »aufgefrischte« in der Luft und in den Wänden hängende Geruch nach altem Tabakrauch, verschüttetem Bier, Tausenden servierten Eisbeinen, hier Hämmchen genannt, stört mich nicht im Mindesten. Ich finde die Brauhausatmosphäre eher anheimelnd. Nicht wegzudenken der meist pampige »Köbes« mit seiner blauen Schürze, seinem Tablett mit Tragegriff, der die kleinen Kölschgläser niemals serviert, sondern nur auf die hell gescheuerten Ahornplatten der Tische knallt.

»Dat Hämmche mit Senf und Röggelchen«, oder mit Kartoffelpüree und Sauerkraut, ist von nun an meine Leibspeise, wenn ich nach Köln komme.

Ich habe erst ein paar Lieder geschrieben. Aber die führen mich schon jetzt an Orte, die ich ohne sie vielleicht niemals sehen können und betreten würde. Die Burg Waldeck, Frankfurt, Köln. Orte, an denen ich auf Menschen treffe, denen ich willkommen bin und die mich anerkennen. Den fast schwindelerregenden Gedanken, dass mich die Lieder, die ich erst noch schreiben werde, an noch viele, mir bislang unbekannte Plätze bringen werden, zu Menschen, die mich freundlich aufnehmen, wage ich nicht weiterzuverfolgen. So viel Glück kann keiner haben. Ich schon gar nicht.

Ich habe 1200 Mark in der Tasche. Dass es sich gar nicht so schlecht anfühlt, auf einmal reich zu sein, hätte ich nicht von mir gedacht, und es macht mir ein schlechtes Gewissen. Ich muss die Kohle schnell wieder loswerden.

Bis zum Kölner Hauptbahnhof sind es nur ein paar Schritte. Ich löse am Schalter eine Fahrkarte erster Klasse nach Berlin via Bielefeld. Wieder ein erstes Mal. Ich bin noch nie erster Klasse gereist. Der Zug ist schon abfahrbereit, ich springe gerade noch rechtzeitig auf. Aber Moment mal, bin ich hier überhaupt im richtigen Zug? Wenn nicht, auch egal. Nehme ich eben einen Umweg. Hauptsache, ich bin unterwegs.

Die Erste-Klasse-Abteile sind alle leer, bis auf eins. Darin sitzt ein Mann allein, besser gesagt ein Herr im dunklen Anzug, und liest die »Frankfurter Allgemeine Zeitung«. Zurzeit wirbt die F.A.Z. um mehr Leser mit dem Spruch: »Dahinter steckt immer ein kluger Kopf«.

Ich öffne die Abteiltür und frage: »'Tschuldigung, ist das der Zug nach Berlin?«

Der Herr im dunklen Anzug fixiert mich mit einseitig hochgezogener Augenbraue von oben bis unten, meinen Seesack, den Gitarrenkoffer, und sagt: »Dies ist die erste Klasse.«

Damit wäre die »Klassenfrage«, obwohl ich sie gar nicht gestellt habe, fürs Erste schon mal beantwortet. Ich schließe die Tür und setze mich in eines der benachbarten Abteile.

Ich bin, so bestätigt es mir der Schaffner, im richtigen Zug. Auf der ganzen Fahrt werde ich das Abteil für mich ganz alleine haben.

Ich packe meine Gitarre aus und übe die Technik des Fingerpicking, die ich mir bei Colin Wilkie abgeschaut habe. Dabei kommt mir die Idee zu einem neuen Lied. Ich schreibe die ersten Zeilen von »Viel zu schade für mich« nieder:

Einmal kam sie auf ein Glas Wein
zu mir herein, zu mir herein.
Sie schaute sich um, spuckte kräftig in die Hände
und brachte Ordnung in meine vier Wände.
Alle Sofakissen hatte sie geschickt
und sauber in der Mitte geknickt …

Hinter Helmstedt verlangsamt der Zug seine Fahrt. Er rumpelt viele Stunden, fast im Schritttempo durch DDR-Gebiet, ehe wir spät nachts am Bahnhof Zoo ankommen. Nach ein Uhr fährt keine U-Bahn mehr. Ich nehme ein Taxi. Das gefällt mir gut. Ich werde von nun an öfter Taxi fahren.

Beim Zubettgehen werfe ich meine Hose über die Stuhllehne, und das Bündel Geldscheine, der Rest meiner Radiogage, fällt raus. Trotz Eisbeinessen, erster Klasse und Taxifahrt sind es immer noch über tausend Mark. Was mache ich bloß damit? Wie löse ich diesen lästigen inneren Zwiespalt zwischen der Verachtung des Geldes und des Bewusstseins über den Vorzug, welches zu haben? Das Wissen, dass ohne gar nichts läuft, dass auch ich davon abhängig bin, steigert nur meinen Hass auf das Geld. Wie soll ich mit künftigen Mehreinnahmen – ich ahne schon, dass es so kommen wird – verfahren? Die Antwort weiß ich längst: Ich werde die Kohle noch schneller als bisher verplempern und verschleudern. Das liegt mir. Kostet mich keine Anstrengung. Ohne dass ich es mir bewusst vorgenommen hätte, steige ich schon am nächsten Tag von Gauloises auf Gitanes um. Binnen einer Woche habe ich nicht nur meinen Tagesverbrauch von zwanzig bis dreißig auf achtzig Zigaretten gesteigert, ich besitze jetzt auch einen gebrauchten Plattenspieler samt Boxen. Von Kommilitonen leihe ich mir jede Menge LPs und Singles; höre Dylan, Baez, Guthrie, Seeger, Paxton, Ochs, die Ofarims und viele andere rauf und runter, gebe sie dann total zerkratzt oder gar nicht zurück und kriege so wiederum Ärger mit ihren Eigentümern.

Ich vermute, dass ich demnächst öfter unterwegs sein werde. Ich habe ja schon – zum Beispiel vom Unterhaus Mainz – Auftrittsangebote. Ich will aber nur noch trampen, wenn ich richtig knapp bei Kasse bin. Und ich werde nicht mehr mit dem Zug stundenlang durch die DDR fahren, sondern, was ich noch nie gemacht habe, drüber wegfliegen. Von Berlin-Tempelhof nach Hannover-Langenhagen oder umgekehrt.

Überschüssiges Geld an Bedürftige verteilen? Der Gedanke kommt mir gar nicht. Den letzten kriegsversehrten Bettler habe ich vor mehr als zehn Jahren in Bielefeld auf der Bahnhofstraße gesehen. Wir leben in den Sechzigern. In der Bundesrepublik der immer noch nicht abklingen wollenden Wirtschaftswunderjahre gibt es keine Armut. Und wenn es sie gibt, ist sie kein Thema. Und die Völker der sogenannten Dritten Welt gelten hierzulande zwar als arm, aber glücklich.

Zunächst werde ich das mir von Kommilitonen geliehene Geld, sofern ich mich daran erinnere, an sie zurückzahlen. Das kann nicht so viel sein. Hier ein »Heiermann« (5-Mark-Stück), dort ein Zehner. Zahlungsmoral zeigen. Das erhöht die Chance, dass sie mir vielleicht noch mal was pumpen, sollte ich irgendwann wieder knapp bei Kasse sein.

Wir haben Oktober, und das Wintersemester hat begonnen. Ich nehme mein Studium halb und meine nächtlichen Kneipentouren wieder voll auf. Während meiner Abwesenheit von Berlin habe ich die »Kreuzberger Nächte« – wie sie Beppo Pohlmann und die Gebrüder Blattschuss ein Dutzend Jahre später in ihrem Hit besingen – mehr vermisst, als ich dachte. Es kostet mich zunehmend Überwindung, jeden Morgen aufzustehen und zur Akademie zu gehen. Ich bin immer müde, nur noch selten voll bei der Sache und denke fast nur noch über neue Lieder nach.

Dass ich jetzt öfter in alte Verhaltensmuster zurückfalle, wird mir zunächst gar nicht bewusst. So, wie ich vor Jahren mit meinem Klarinettenspiel auf dem Klo im Schuhhaus Fiebach meine erste Lebenskrise provoziert und herbeigeblasen habe (aber man sagt ja, im Chinesischen soll es für »Krise« und »Chance« nur ein einziges Schriftzeichen geben), bringe ich jetzt manchmal meine Gitarre mit in den Aktsaal und spiele, wenn der Professor gerade nicht im Raum ist. In dessen Mitte sitzt uns eine nackte Oma Modell. Natürlich werde ich beim Singen erwischt. Von Herrn Breitkreuz, unserem Dozenten in Zeichnen. Er hat von mir unbemerkt den Saal betreten und sagt nur: »Sie sollten jetzt doch besser weiterzeichnen.«

Mein Verhalten wird als das erkannt, was es ist: Desinteresse (Tendenz steigend) an einem kontinuierlichen Studium; und ich werde entsprechend abgemahnt.

Ça ira

In Bonn ergeben sich politisch einschneidende Veränderungen. Die große Koalition regiert die Bundesrepublik. Kiesinger ist Bundeskanzler. Willi Brandt, als Oberbürgermeister von Berlin von Heinrich Alberts abgelöst, wird Außenminister. Ebenfalls vom Rheinland ausgehend, passiert auch kulturell Neues. Joseph Beuys' erste Happenings erregen enormes Aufsehen. Erste Studentendemonstrationen gegen den Krieg der Amerikaner in Vietnam finden statt. Aus dem SDS, dem Sozialistischen Deutschen Studentenbund, formiert sich unter der Führung Rudi Dutschkes eine außerparlamentarische Opposition – die APO.

Nicht mehr ganz so desinteressiert an gesellschafts- und kulturpolitischen Entwicklungen, schließe ich nach meiner Rückkehr von Frankfurt nach Berlin dort viele neue Bekanntschaften. Hauptsächlich mit Studenten. Ihre Aktionen, die ein sich spürbar veränderndes gesellschaftliches Klima bewirken, entwickeln einen Sog, der auch mich erfasst, obwohl mir wieder alles viel zu schnell geht. Das, was sonst noch kulturpolitisch an Neuem um mich herum geschieht, ist längst mehr als ein Grummeln im Untergrund. Die Gründung der Kommune 1 durch Fritz Teufel, Rainer Langhans und Dieter Kunzelmann Anfang 1967 löst lang anhaltende Erschütterungen aus; seismischen, die Erdachse verschiebenden Wellen vergleichbar, die sogar auf mich eine – wenn auch in erster Linie verunsichernde – Wirkung ausüben. Was die sich trauen. Selbst wenn vieles davon übertrieben dargestellt wird, wie zum Beispiel Rudelbumsen rund um die Uhr; und wohl auch, dass sie Tag und Nacht zu Dutzenden in einer gemeinsamen Wohnung leben, unter anderem mit dem Ziel, die als bürgerlich-repressiv abgelehnte Privatsphäre zu vernichten. Anscheinend sind dort sämtliche Türen ausgehängt, sogar die Lokustüren; so teilen sie buchstäblich alles miteinander: Geld, Essen, Trinken, Männer, Frauen, Kinder, später Drogen – alles gehört allen.

Sogar an unserer Akademie haben wir eine Kommunardin. Sie heißt Dagmar von Doetinchem und ist mit Ulrich Enzensberger zusammen, dem Bruder von Hans Magnus. Dagmar, eine blonde, kämpferische Schönheit, »feminin-aggressiv«, scheißt mich, als ich mich in der Mensa skeptisch über Ziel und Zweck der Kommune 1 äußere, derart zusammen, dass ich es von da an vermeide, ihr über den Weg zu laufen.

Die Wohngemeinschaft als Modell des Zusammenlebens hat die Kommune 1 vielleicht nicht erfunden, aber sicher populär und attraktiv gemacht. Nicht nur für spätere in Wohngemeinschaften lebende Studentengenerationen. Ich selbst betrachte mich für eine solche Lebensweise als untauglich. Aber das Prinzip der zwar nicht ausgehängten, aber stets offenen Tür für jeden, der bei mir anklopft, übernehme ich gern, nachdem ich noch im selben Jahr meine erste eigene Wohnung beziehe, und behalte es lange bei. Zeitgeist eben.

Bald begegne ich in Berlin nicht wenigen jungen Angestellten, oft Akademikern, die sich schuldig fühlen, weil sie gut verdienen. Und die deshalb wahllos ihre Wohnungen und Gehälter Typen überlassen, von denen sie zudem noch als »Kapitalistenknechte« beschimpft und verachtet werden. Meist von Leuten, die mit ihrem mutigen Studienabbruch – neuerdings »Drop out« genannt – den Forderungen des Establishments trotzen, um es bewusst revolutionär (sprich parasitär) auszusaugen und zu schwächen.

Plötzlich finde ich mich in einem neu gegründeten Klub – wenn auch nicht als Mitglied, so doch als aktiver, fast allabendlich anwesender Gast – wieder. Junge Leute, Schüler und Arbeiterjugendliche, bei den Falken, dem Jugendverband der SPD, organisiert, richten in Berlin-Wilmersdorf eine Baracke mit Bühne und Holzbänken ein und nennen das Ganze »Club Ca ira«. Gedacht als politisch linker literarischer Klub. Parallel zu der sich bereits formierenden Studentenbewegung mit Lesungen, Hörbildern, Diskussionen wird auf dem kleinen Podium, angesteckt von den neuen Stars des sogenannten American-Folk-Revivals, außerdem viel gesungen. Vorbilder sind natürlich Joan Baez und Bob Dylan, gefolgt von Pete Seeger, Woody Guthrie, Peter, Paul and Mary, Tom Paxton und Phil Ochs. Die Idee dazu, heißt es, sei den Klubgründern ein Jahr zuvor einem norwegischen Sommerlager für Berliner Jugendliche gekommen. In einem später veröffentlichten Bericht der Ca-ira-Aktivisten über dieses Norwegen-Camp ist auch von einer Schülerin die Rede, die dort aufgetreten sei. Und zwar, so steht es da, von: »[…] Susanne, einem schwarzhaarigen Meissner-Porzellan-Mädchen mit Guitarre und Joan-Baez-Stimme.«

Gemeint ist die Susanne, die meine erste Ehefrau werden wird. Hier im Club Ca ira treffen wir uns nach unserer (durch meine Plumpheit etwas missratenen) Begegnung auf der Waldeck wieder. Diesmal gelingt es mir, mich ihr weniger indezent zu nähern. Susanne und ich sind von nun an zusammen.

Eines Nachmittags klingelt es an der Tür. Besuch für mich. Reinhard Mey steht da mit einem Tonbandgerät samt Mikrofon in der Hand: »Hannes«, sagt er, »sing mir doch bitte ›Begegnung‹ und ›Das Lied vom kleinen Mädchen‹ auf Band. Ich will die Songs ins Französische übersetzen und singen. Ich habe nämlich gerade einen Schallplattenvertrag in Frankreich unterschrieben, habe aber nicht genug eigene Titel.« Sein Ansinnen ehrt mich. Wir nehmen die Lieder auf. Nachdem Reinhard gegangen ist, stellen mich meine Wirtsleute zur Rede, verbitten sich in Zukunft auch tagsüber derartig unzumutbare Lärmbelästigung oberhalb der Zimmerlautstärke.

Reinhard übersetzt meine beiden Titel hervorragend, wie ich später feststelle, als ich selbst besser Französisch verstehe. »Kongenial« ist hier der passende Ausdruck. Dafür erhält er 1968 unter dem Namen Frédérik Mey den bedeutendsten französischen Schallplattenpreis: Den »Grand Prix International du Disque de l'Académie Charles Cros«.

Susanne und ich treffen uns meist abends im Club Ca ira. Auf dem kleinen Podium der vielleicht hundert Zuschauer fassenden Baracke ist immer was los. Die Klubleitung ist, was die Programmgestaltung betrifft, enorm tüchtig und aktiv. Der Name »Ça ira« (Das wird gehen) leitet sich, um keinen Zweifel an den politischen Intentionen der Klubgründer zu lassen, von einem Lied aus der Terrorphase der Französischen Revolution her. In seiner deutschen Fassung ist es mir durch Dieter Süverkrüps Interpretation schon bekannt:

Ah, das geht ran, das geht ran, das geht ran,
Die Aristokraten an die Laterne
Ah, das geht ran, das geht ran, das geht ran
Die Aristokraten, hängt sie dran
Und wenn sie alle hängen, marsch
Haut man ihn 'n die Schippe vorn Arsch.
Ah! das geht ran, das geht ran, das geht ran …

An zwei Abenden liest Hans Magnus Enzensberger. Günter Grass kommt und hält einen Vortrag, in dem er uns erklärt, wie er einen Roman konzipiert. Wie er mit farbigen Kreiden auf einer großen Schultafel die komplizierten Handlungsstränge chiffriert, um sie dann mit den Namen seiner Figuren mittels Pfeilen, Unterstreichungen und Kringeln miteinander zu verknüpfen. Obwohl ich nicht vorhabe, je einen Roman zu schreiben, finde ich das interessant.

Mich erstaunt die Vielfalt der Repertoires der hier im Klub auftretenden Folklore-Gruppen, der einzelnen Sänger und Sängerinnen. Außer Susanne, die deutsche Lieder singt und fast alle Songs von Joan Baez kann, gibt es Balalaika und Geige spielende Trios und Quartette, die russische und belorussische Volkslieder bringen. Ein Pädagogikstudent, Reiner Rowald heißt er, schreibt und singt, so wie ich, eigene Lieder. An einen seiner Songs, den er anlässlich der jüngsten Nazi-Grabschändungen auf jüdischen Friedhöfen geschrieben hat, erinnere ich mich. Er beginnt mit der Zeile »Ihr werft in der Nacht unsre Grabsteine um.«

Andere singen Lieder aus der Zeit des Vormärz und der Revolution 1848 mit Texten von Georg Herwegh, Georg Weerth und anderen. Hier höre ich auch zum ersten Mal das Bürgerlied, das ich später, wie auch Ferdinand Freiligraths »Trotz alledem« selbst singen werde. Besonders Letzteres prägt sich mir ein. Leider weiß ich den Namen des jungen »Falken« nicht mehr, der dieses Lied im Ca-ira-Club manchmal singt. Ich erfahre, dass es, von Freiligrath ins Deutsche übertragen, von dem großen schottischen Dichter Robert Burns stammt, schon 1795 veröffentlicht unter dem Titel »A Man's a Man for A' That«. Inhaltlich bezieht es sich auf die Unabhängigkeitsbestrebungen des damaligen Schottland. Ich werde dieses Lied später nicht nur in mein Repertoire aufnehmen, sondern auch wiederholt zu der Melodie eigene Texte schreiben. Ich werde meine 2013 erscheinende Compilation-Doppel-CD »Trotz alledem« nennen. Das Lied begleitet mich schon so lange und in variierender Gestalt durch mein Leben, dass es mir nur naheliegend erscheint, meinen hier vorliegenden Erinnerungen den Titel »Trotz alledem« zu geben.

Hier die Freiligrathsche Fassung, wie ich sie 1975 zusammen mit dem oben stehenden Bürgerlied auf meinem Album »Hannes Wader: Volkssänger« aufgenommen habe:

Trotz alledem

War das 'ne heiße Märzenzeit,
trotz Regen, Schnee und alledem!
Nun aber, da es Blüten schneit,
nun ist es kalt, trotz alledem!
Trotz alledem und alledem –
trotz Wien, Berlin und alledem,
ein schnöder, scharfer Winterwind
durchfröstelt uns, trotz alledem.

Die Waffen, die der Sieg uns gab,
der Sieg des Rechts trotz alledem,
die nimmt man uns sacht wieder ab,
samt Pulver, Blei und alledem!
Trotz alledem und alledem –
trotz Parlament und alledem,
wir werden unsre Büchsen los,
Soldatenwild, trotz alledem!

Heißt gnädiger Herr, das Bürschlein dort,
man sieht's am Stolz und alledem!
Und lenkt auch Hunderte sein Wort,
es bleibt ein Tropf, trotz alledem!
Trotz alledem und alledem –

trotz Band und Stern und alledem,
ein Mann von unabhäng'm Sinn,
schaut zu und lacht, trotz alledem!

Und wenn der Reichstag sich blamiert,
Professorhaft trotz alledem!
Und wenn der Teufel reagiert
mit Huf und Horn und alledem!
Trotz alledem und alledem –
es kommt dazu, trotz alledem,
dass rings der Mensch die Bruderhand
dem Menschen reicht, trotz alledem!

Viertes Waldeck-Festival – mein zweites

Der Ablauf der Ereignisse verlangsamt sich nicht, sondern nimmt eher noch an Tempo zu. Und immer ist mein Eindruck, von außerhalb auf mich wirkenden Kräften mal beiseitegeschoben, dann wieder mitgeschleift zu werden, stärker als der, selbst zu entscheiden und zu handeln. Aber wenn man sowieso nicht durchblickt, ist das Gefühl, sich einfach dem Geschehen zu überlassen, so unangenehm nicht.

Jetzt, nach mehr als fünfzig Jahren, erinnere ich mich zwar immer noch an vieles, an manches bruchstückhaft, an anderes überdeutlich, und scheitere, nicht immer, aber oft bei dem Versuch, die Geschehnisse in die zeitlich korrekte Folge zu bringen. In meinem Gedächtnis ragen sie einzeln, ohne durch einen Übergang verbunden zu sein, wie Brückenpfeiler aus dem manchmal reißend fließenden Zeitbrei der Jahre um 68 hervor.

Mein Bemühen, meine Erinnerungen mit denen von Freunden, Kollegen und anderer Zeitzeugen abzugleichen, führen zu oft ins Leere. Die meisten sind schon gestorben. Und denen, die noch leben, geht es dabei wie mir: Sie meinen bloß noch, wissen aber nichts Genaues mehr. Das sonst so allwissende Internet liefert dazu teilweise haarsträubend Widersprüchliches – oft auch gar nichts. Ich muss daher die Endsechziger als eine für mich diffuse Zeitspanne akzeptieren, in die ich konkret Erinnertes dann eben nach meinem Gefühl und Belieben einfügen muss.

Bald ist schon wieder Pfingsten, wir schreiben das Jahr 1967, und wieder steht ein Waldeck-Festival an. Ich fahre allein hin. Susanne will nicht mit. Sie hat inzwischen beschlossen, Schauspielerin zu werden, hat einen Studienplatz am Max Reinhardt Seminar bekommen und ist nun voll auf ihr Schauspielstudium fokussiert. Von allen vier Waldeck-Festivals, bei denen ich mitwirke, gefällt mir dieses, mein zweites, am besten. Die meisten der anderen Teilnehmer kenne ich ja bereits, und sie kennen mich. Es tut mir gut, mich endlich mal irgendwo willkommen, ja, sogar anerkannt zu fühlen und meine Begeisterung mit anderen teilen zu können. Sie alle sind hier, um ihre Lieder zu singen. Egal, ob selbstverfasste oder übernommene. Alle sind freundlich zu mir und zueinander. Bei keinem spüre ich Konkurrenzdenken oder gar Neid. Im Gegenteil. Nach unseren jeweiligen Auftritten auf der Wiese, es sind noch ein paar Tausend Zuschauer mehr als im Jahr davor, singen wir uns gegenseitig Nacht für Nacht, draußen an den Feuern oder in den Räumen des Säulenhauses, unsere Lieder vor; einfach nur glücklich über das, was wir da hören, und froh darüber, dass es uns gibt.

Und obwohl viele der Freunde von damals, ob aktive Sänger oder passiv Begeisterte, inzwischen nicht mehr leben, und vielleicht gerade deswegen, möchte ich hier die Namen derer nennen, quasi noch einmal beschwören, mit denen ich in diesen Pfingsttagen zusammen bin. Werde ich einigen von ihnen nie wieder begegnen, bleibe ich mit anderen von nun an in fester Freundschaft verbunden.

An erster Stelle ist da Reinhard Mey zu nennen. Dann Franz Josef Degenhardt, sein jüngerer Bruder Martin und dessen Frau Trude, Hein & Oss Kröher, Hanns Dieter Hüsch, Dieter Süverkrüp, Walter Mossmann, Christof Stählin, Schobert & Black, Peter (Fuchs) Bertsch, Katja Ebstein – damals noch Karin Witkiewicz, die Schweden Hai & Topsy, Hedy West aus den USA, Joan & Jose aus Katalanien, John Pearse und Shirley Collins aus England, Walter Hedemann, Kristin Bauer-Horn. Der ausschließlich a cappella singende Ire Bob Davenport, Aviva Semadar aus Israel. Der Italiener Fausto Amodei, der Belgier Julos Beaucarne, Drehleierspieler René Zosso aus Genf. Manolo Lohnes, Flamenco-Gitarrist aus Mainz. Nono Breitenstein, der »Le déserteur« von Boris Vian in deutscher Übersetzung singt.

Ich habe danach, allein bedingt durch mein Leben on the road, mit alten und neuen Freunden noch unzählige und schöne Nächte durchgesungen, erzählt, gelacht und getrunken. Aber keines dieser oft spontanen Treffen reicht in seiner Intensität, seiner einigenden und beglückenden Dynamik, diesen good vibrations an die Waldecker Nächte des zweiten Festivals heran. Schwer zu erklären, warum, und unmöglich zu wiederholen.

Kein anderer Dichter hat (meine ich) diese spezielle Situation und die Flüchtigkeit solcher Glücksmomente so tief erfasst wie Bob Dylan in seinem Song »Bob Dylan's Dream«. Kein Wunder, Dylan mag als junger Singer-Songwriter, als er die Verse schrieb und kaum älter als zwanzig Jahre alt war, in Greenwich Village Ähnliches erlebt haben wie ich in diesen Waldeck-Nächten – kann gar nicht anders sein. In den Neunzigern beziehe ich mich in dem Lied »Nachtfahrt« auf diesen Song. Zwar halte ich meine Übertragung ins Deutsche für durchaus gelungen; hier abgedruckt sehen möchte ich aber lieber den Dylan-Originaltext, der mir an dieser Stelle passender und authentischer erscheint:

Bob Dylan's Dream

While riding on a train goin' west
I fell asleep for to take my rest
I dreamed a dream that made me sad
Concerning myself and the first few friends I had

With half-damp eyes I stared to the room
Where my friends and I'd spent many an afternoon
Where we together weathered many a storm
Laughin' and singin' till the early hours of the morn

By the old wooden stove where our hats was hung
Our words was told, our songs was sung
Where we longed for nothin' and were satisfied
Jokin' and talkin' about the world outside

With hungry hearts through the heat and cold
We never much thought we could get very old
We thought we could sit forever in fun
But our chances really was a million to one

As easy it was to tell black from white
It was all that easy to tell wrong from right
And our choices they was few so the thought never hit
That the one road we traveled would ever shatter or split

How many a year has passed and gone?
Many a gamble has been lost and won
And many a road taken by many a first friend
And each one I've never seen again

I wish, I wish, I wish in vain
That we could sit simply in that room again
Ten thousand dollars at the drop of a hat
I'd give it all gladly if our lives could be like that

Vielleicht liegt die besondere Stimmung der 67er-Waldeck-Nächte darin begründet, dass in uns, neben dem vitalen Gefühl von noch ungetrübter Verheißung und Aufbruch, schon die Ahnung von der Unwiederbringlichkeit und Endlichkeit solcher Augenblicke mitschwingt. Bereits im folgenden Jahr 1968 wird das Festival in seinem Gesamtkonzept und seiner bisherigen Form gesprengt werden, um dann 1969 zu Pfingsten, trotz aller Mühen einer Neubelebung, endgültig zu implodieren.

So ereignisreich, wie das Jahr 1967 für mich begonnen hat, geht es weiter. Anstatt gleich wieder von der Waldeck aus mit Reinhard in seinem grauen Käfer zurück nach Berlin zu fahren, schließe ich mich diesmal Schobert und Black an, die ebenfalls in Berlin leben. Sie planen, einen kleinen Umweg über Karlsruhe zu nehmen, um dort ihren Freund Peter Bertsch zu besuchen. Dieser kleine Abstecher (wir haben ja Zeit) wird mehrere Tage dauern. Hier in den Niederungen des Oberrheins fühle ich mich sofort wohl. Ich spüre, dass dies hier Weinland ist, wo die Sonne wärmer und auch öfter scheint als dort, wo ich herkomme. Mir gefällt, wie die Leute hier reden, der badische Zungenschlag.

Peter und seine Frau Rosemarie leben in Rheinstetten Forchheim, einem Karlsruher Vorort. Rosemarie, von allen Marieschen (gesprochen Maries-chen) genannt, ist Ärztin. Peter ist Gymnasiallehrer für Kunst und Sport, gibt aber als Berufsbezeichnung lieber Maler und Grafiker an. Mir gefällt, wie Peter und Rosemarie leben. Sie führen ein ungemein großzügiges, offenes Haus. Noch nirgendwo habe ich mich so willkommen gefühlt. Noch in keinem Wohnzimmer habe ich je einen so schönen und langen Tisch gesehen. Eine alte eichene Refektoriumstafel aus einem

Benediktinerkloster, wie ich bald erfahre, an der fast jeden Abend Gäste sitzen und mit den Gastgebern badischen Wein und Obstbrände trinken. Als alter »Bündischer« – ehemaliger Jungenschaftler vielleicht oder Pfadfinder (ich kenne mich da nicht so aus) – lässt Peter sich von seinen Freunden nur mit seinem Fahrtennamen »Fuchs« anreden. Von ewigem Fernweh getrieben, dient ihm sein Job als Oberstudienrat nur dazu, seine Abenteuerreisen zu finanzieren, die ihn in den langen Sommerferien mal nach Alaska, nach Kanada oder auch über die Seidenstraße durch halb Asien führen. Im Winter fährt er oft mit seinen Schülern, bei denen er entsprechend beliebt ist, ins Schullandheim im Hochschwarzwald, um dort mit mörderischem Tempo Schussfahrt, risikobereit wie ein Psychopath, die schwärzesten Pisten runterzurasen. Hier in seinem Haus beginnt meine über lange Zeit enge Freundschaft mit Fuchs, die, wenn auch später etwas eingetrübt, über vierzig Jahre bis zu seinem Tod andauern wird. Fuchs verfügt neben Charme und großer Schnauze über alle die beeindruckenden und anziehenden Eigenschaften, die mich seine Nähe und Freundschaft suchen lassen. Unbewusst weise ich auch ihm, dem fünf Jahre Älteren, wieder mal die Rolle des großen Bruders zu, sodass mich sein ausgeprägtes Dominanzgebaren mir und anderen gegenüber lange Zeit überhaupt nicht stört.

Fuchs ist Roth-Händle-Kettenraucher – ohne Filter natürlich. Er liebt die große Geste, den Wein, die badischen Obstschnäpse, in seinen späten Jahren dann den Whisky. Er selbst singt nicht gut, aber er liebt Lieder. Für einen dieser Abende organisiert Fuchs ein »Nachtessen«, wie er es nennt, im nahe gelegenen Elsass. Wir, also Fuchs, Marieschen, Schobert, Black und ich, werden uns in Wissembourg, in der Hostellerie au Cygne, das heißt dem Schwan, mit den Zwillingen Hein und Oss Kröher treffen. Die beiden werden aus Pirmasens kommen und zu uns stoßen. Ich sitze neben Fuchs in seinem Wagen. Fuchs liebt es, schnelle Autos schnell zu fahren. Er steuert einen knallroten Alfa Romeo Spider und trägt dabei, auch auf kürzeren Strecken, lederne Rallyehandschuhe. Am Grenzübergang, hinter dem deutschen Weintor, werden sowohl auf deutscher wie auf französischer Seite unsere Ausweise sorgfältig kontrolliert. Weißenburg, oder mundartlich »Wisseborsch«, liegt direkt hinter der Grenze am Rand der Rheinebene, hier geht der Pfälzer Wald in die Vogesen über.

Wir haben noch, Hein und Oss sind auch gerade angekommen, etwas Zeit bis zum Abendessen und machen einen Spaziergang durch die historischen Teile dieser schönen kleinen Stadt.

Wenn es im zerbombten Deutschland noch Städte mit vergleichbar erhaltenen mittelalterlichen Ortskernen geben sollte, kenne ich sie nicht. Ich bin ja auch noch nicht so viel rumgekommen. Obwohl ich weder dieses Städtchen noch etwas Ähnliches je gesehen habe, kommt mir alles an diesem Ort vertraut und bekannt vor. So, als hätte ich hier schon in einem früheren Leben eine gute Zeit verbracht. Eine nostalgische Illusion – klar. Aber was ich jetzt erlebe, deckt sich endlich mal mit meiner, oben bereits erwähnten, romantisch-retrograden Sehnsucht nach einer versunkenen Welt, wie sie wohl nie existiert hat. Alles wirkt auf mich verträumt, das Leben wohltuend verlangsamt, wie von der Welt vergessen.

Von uns einmal abgesehen, nirgendwo ein Tourist. Die Pfälzer und Baden-Württemberger Normalbürger meiden das Elsass. Der Krieg Nazi-Deutschlands gegen Frankreich liegt ja noch nicht viel länger als zwanzig Jahre zurück. Noch immer ist beidseitig die Grenze geradezu verrammelt. Umso mehr schätzt hier eine Minderheit unabhängig lebender und denkender Grenzanrainer, vorwiegend Künstler, Land und Leute des Département Bas-Rhin und seine Gastronomie.

Wir umrunden bei unserem Gang die kleine Stadt. Hein macht mich auf eine sandsteinerne Gedenktafel aufmerksam. Das in eine Hauswand eingelassene Reliefbild zeigt den Benediktinermönch Otfrid von Weißenburg, der in der Sprachwissenschaft als der Stammvater der deutschen Literatur gilt. Vor rund 1200 Jahren, so um 850 nach Christi Geburt, schreibt Otfrid hier ein Bibelepos, das »Liber evangeliorum«. Und nicht etwa in einer der drei heiligen Sprachen Hebräisch, Griechisch oder Latein, sondern in Althochdeutsch, und führt dabei in seinen Text als Erster den als Otfridvers bezeichneten Endreim ein, so wie er – unter anderem von mir – noch heute angewendet wird. Wir folgen einem Pfad, der am Rempart, dem bewaldeten Hügel mit der glyzinienberankten Stadtmauer, entlangführt. Unzählige blühende, blau leuchtende Dolden hängen an ihr herab. Dahinter blicke ich auf uralte Fachwerkhäuser, die dicht am Ufer der in der Pfalz entsprungenen Wieslauter stehen, die hier in Wissembourg zu la Lauter wird. Durch die engen, warmen, von der Abendsonne beschienenen Gassen, inmitten verwunschener hoch ummauerter Gärten, finden wir zurück zum Cygne. Schon nach diesem kurzen Rundgang weiß ich: Hierher, an diesen Ort werde ich in Zukunft immer wieder zurückkehren.

Außer uns speisen im Restaurant heute nicht viele Gäste. Wir setzen uns an zwei zusammengestellte Tische. Darüber ausgebreitet rot-weiß karierte Leinendecken. Das alte, solide Interieur trägt sichtbar die Spuren jahrzehntelangen Gebrauchs und macht so die besonders einladende Atmosphäre dieser Gaststube aus. An den Wänden, über rauch- und altersdunklen Holzpaneelen, hängen Bilder. Grafiken regionaler, meist rechtsrheinischer Künstler, die alle schon Gäste des Cygne waren. Jeannot, der Koch kommt aus der Küche, um uns zu begrüßen. Er ist gleichzeitig der Eigentümer, der »le Patron« der Hostellerie. Seine Frau Nicole, sie ist gebürtige Hannoveranerin – nimmt unsere Bestellungen auf. Von vielen Gerichten auf der Speisekarte, ganz gleich, ob deutsch oder französisch geschrieben, hab ich noch nie etwas gehört. Meine neuen Freunde hier am Tisch kennen sich aus, sie waren schon öfter hier. Die Speisen tragen in meinen Ohren märchenhaft klingende Namen. Ich lerne, dass pâté Pastete bedeutet, weiß aber nicht, was das ist. Tatsächlich kenne ich das Wort Pastete bisher nur aus dem Märchen »Der Zwerg Nase« von Wilhelm Hauff. Und jetzt könnte ich, wenn ich wollte, so eine Pastete, eine pâté en croûte abricots-canard einfach bestellen und essen. Unglaublich. Zwar habe ich schon mal irgendwo gehört, dass Franzosen Schnecken und Froschschenkel essen, sogar rohe Austern schlürfen, aber hier steht das alles zweisprachig auf der Karte. Falls meine Freunde hier am Tisch über mein Erstaunen, meine mangelnde Weltläufigkeit amüsiert sein sollten, lassen sie es sich nicht anmerken. Fuchs schlägt vor, dass jeder von ihnen eine andere Vorspeise – er sagt entrée – bestellt und mir davon zu probieren geben solle. Aber halt: »Zuerst«, sagt Fuchs, »trinken wir als Aperitif einen Pastis. Zum Essen dann eine Flasche Gewürztraminer und außerdem natürlich eau minérale gazeuse.«

Die Vorspeisen kommen. Fuchs hat Austern bestellt. Sie liegen mit schon geöffneter Schale und tatsächlich roh auf einer mit gestoßenem Eis und Meeresalgen bedeckten Platte. Daneben ein Schälchen Butter und – endlich etwas, das ich schon kenne – ein Baguette in Scheiben geschnitten. Fuchs beträufelt eine Auster mit Vinaigrette aus gehackten Schalotten,

Kerbel und Rotweinessig und schlürft sie aus der Schale. Ich mache es ihm nach. Wie die Auster selbst, lasse ich mir auch ihren französischen Namen und den der übrigen Speisen und Getränke auf der Zunge zergehen; schwelge darin, um sie nie wieder zu vergessen. Und wie das klingt:

Une douzaine des huîtres fines de claires. Les escargots. Les cuisses de grenouilles. La foie gras. La choucroute garnie. Un faux-filet sauce moutarde saignant. Les plats de fromage. Un digestif marc de »Gewürz« und wie sie alle heißen.

Alle am Tisch lassen mich von ihren Horsd'œuvres kosten. Es macht ihnen Spaß, mich mit den Genüssen der elsässischen Küche bekannt zu machen, mich in eine mir gänzlich neue Welt einzuführen, von der ich schon jetzt bezaubert bin. Vielleicht deswegen, weil mir in dieser Gegend Frankreich am deutschesten vorkommt? Wie oft hat das Elsass in seiner Geschichte die politische Zugehörigkeit zwischen Frankreich und Deutschland wechseln müssen – allein viermal in den Jahren 1850 bis 1950. Manchmal wird ein Zustand am treffendsten durch einen Witz charakterisiert, wie ihn mir Oskar während des Essens erzählt:

»Ein Elsässer geht zum Rathaus und sagt zu dem Beamten: ›Ich will meinen Namen ändern lassen.‹

Der Beamte: ›Kein Problem, wie heißen Sie denn?‹

›Ich heiße Garde.‹

›Aber das ist doch ein schöner Name, warum wollen Sie den ändern?‹

›Ach, dieses ewige Hin und Her, mal sind wir deutsch mal französisch. Ich habe es satt. Jetzt sind wir gerade französisch, und ich heiße Garde. Sind wir wieder deutsch, heiße ich Wache, sind wir wieder französisch, heiße ich Vache, sind wir wieder deutsch, heiße ich Kuh, sind wir wieder französisch, heiße ich Cul, und wenn wir dann wieder deutsch sind, will ich nicht der Arsch sein.‹«

Ich glaube, dass dem landesfremden Reisenden das Eigene, das Besondere einer Region, sich am sinnlichsten über das Essen und Trinken erschließt. Mit Frankfurt zum Beispiel verbinde ich grüne Soße und Äppelwoi, mit Schwaben und dem Allgäu Zwiebelrostbraten, Maultaschen und Spätzle. Zu Bayern und Franken fallen mir haufenweise schöne Sachen ein: Weißwurst und süßer Senf, Rostbratwurst, Schäufele, Bocksbeutel, Weißbier, Enzianschnaps, Leberknödelsuppe.

Aber das alles zu entdecken, liegt erst noch vor mir. Jetzt sitze ich mit meinen Freunden im Cygne, speise so köstlich wie noch nie in meinem Leben. Nicole öffnet für uns die sechste Flasche Gewürztraminer. Die Zwillinge, Hein ist vier Minuten älter als sein Bruder Oskar, sind mit ihren dröhnenden Bässen beide begnadete Sänger und Erzähler. Aufeinander eingespielt, spinnen sie ihre Geschichten; werfen sich gegenseitig die Bälle zu. Es fehlt ihnen nicht an Themen. Beide sind, ähnlich wie Fuchs, bündisch geprägt und haben auf ihren unzähligen, oft weiten Fahrten, viel erlebt. Oskar wird später in seinem Buch »Das Morgenland ist weit« seine unglaublichen, aber wahren Reisabenteuer schildern: Auf einem alten Motorrad mit Beiwagen, Baujahr 1927, bricht er anno 1951 gemeinsam mit seinem Freund Gustav von Pirmasens aus zu einer über ein Jahr dauernden Morgenlandfahrt auf. Über Genua, Rom, Athen, Istanbul, Damaskus, Bangladesch, Bagdad, Teheran, Kabul. Sie durchqueren Wüsten und Dschungel und gelangen schließlich nach Kalkutta. In Bombay wird Oskar von einem holländischen Wildtierhändler als Tierpfleger engagiert, um von dort sieben Elefanten und zwei Leoparden per Schiff nach Rotterdam zu überführen.

Hein und Oss kennen tausend Lieder, könnten jedes einzelne auf Abruf auswendig vortragen. Wir, das heißt die Zwillinge, Schobert, Black und ich, packen unsere Instrumente aus und singen. Auch Black war schon mit einer bündischen Jungengruppe in Übersee auf Fahrt und hat aus Südamerika Lieder mitgebracht, die er hervorragend interpretiert. Besonders eines seiner, wie ich glaube, paraguayischen Lieder mit dem Titel »Galopeira«, ist mir noch im Gedächtnis. Ein paar Gäste, die eigentlich gehen wollen, setzen sich wieder, trinken noch ein Glas Wein und hören uns zu. Wir singen bis weit nach Mitternacht.

Wir brechen auf, singen auf der Straße weiter, verabschieden uns lärmend voneinander, steigen in unsere Autos. Wir sind betrunken. Auch die Fahrer. Trunkenheit am Steuer? Kein Problem. Kontrollen sind immer noch selten. Die Zöllner an der Grenze, die Franzosen ebenso wie die Deutschen, winken uns durch.

Seit diesem Abend vor so vielen Jahren bin ich Stammgast im Cygne, treffe mich hier von nun an mindestens ein- bis zweimal im Jahr mit den alten Freunden – soweit sie noch leben. Die Initiative für diese Treffen geht meist von mir aus. Im Anschluss an meine Tourneen, vorausgesetzt sie enden irgendwo im Süden, starte ich einen Rundruf, lege den Termin fest, buche im Cygne einen Tisch und wenn nötig Hotelzimmer – und die Freunde kommen. Ich vollbringe damit etwas, was mir so gar nicht liegt: eine Organisationsleistung. Aber nichts kann mich daran hindern zu versuchen, die paradiesischen Momente unseres ersten gemeinsamen Abends im Cygne immer wieder herzustellen. Ich weiß ja – das ist unmöglich. Aber immer mal wieder gelingt es mir, gelingt es uns, wenigstens daran anzuknüpfen und hier schöne gemeinsame Stunden und Tage zu verbringen.

Immer noch, nach so vielen Jahren, fühle ich mich vom Elsass, namentlich von Wissembourg angezogen. Nur das, was es einmal für mich war: das Land, der Ort, auf den ich viele meiner Träume und Sehnsüchte projiziert habe, sogar hoffte, dort eine Heimat zu finden, ist es nicht mehr. An ernsthaften Bemühungen, früher mal allein und später mit meiner Familie dort zu leben, habe ich es nicht fehlen lassen. Bin dabei aber, warum auch immer, jedes Mal gescheitert. Ich werte das als Zeichen, dass es nicht sein sollte. Und damit bin ich einverstanden.

Am Rand und mittendrin

Wieder in Berlin, beende ich mein Untermieterdasein für immer und ziehe nach Kreuzberg in eine Einzimmerwohnung in der Görlitzerstraße. Susanne wohnt derzeit noch bei ihrer Familie. Unsere Beziehung scheint von Anfang an von zwei gegensätzlichen, sich abwechselnden Bestrebungen geprägt zu sein. Zum einen wollen wir so oft wie möglich und auf Dauer zusammen sein. Zum anderen gehen wir immer wieder auf Abstand zueinander; versuchen, alleine klarzukommen. Unsere Lebensrhythmen sind verschieden: Ich, die Nachteule, Susanne, die das Tageslicht liebende Lerche. Wir werden, nachdem wir zusammengezogen sind, bald wieder getrennt wohnen; halten es aber nie länger als ein paar Wochen ohne einander aus und ziehen dann wieder zusammen. Wir lieben uns ja schließlich.

Meine neue Kreuzberger Wohnung liegt im dritten Stock und hat einen kleinen, mit Briketts beheizbaren Kachelofen. Das Klo ist draußen im Treppenhaus, eine halbe Treppe tiefer. Kein Bad, keine Dusche, kein Warmwasser. Ich muss mich wieder, wie früher in Hoberge, zwecks Ganzkörperpflege mit Schwamm und Seife in der Hand in die Waschschüssel stellen. Dafür wohne ich hier für 40 Mark im Monat, also billiger als bei Höhnes für 60.

Ein Bett habe ich nicht, schlafe auf einer alten Matratze, die mir ein Kommilitone überlassen hat, der sich – mal ohne Scheiß jetzt – ein Bade-Schlaf-Sofa angeschafft hat, von dem er uns in der Mensa vorschwärmt. Jeden Sonnabend kippt er ein bis zwei große Töpfe kochendes Wasser, mit mehreren Eimern kaltem gemischt, in den ausziehbaren und wasserdichten Bettkasten unter dem Sofapolster, legt sich rein und badet. Anschließend muss er die Bettkastenwanne wieder leer schöpfen. Mühsam. Aber nicht mein Problem.

Auf dem Rückweg von Karlsruhe nach Berlin mit Schobert und Black sind wir in Hoberge bei meiner Mutter vorbeigefahren, um bei ihr ein

Paket mit Bettwäsche, Handtüchern, etwas Kochgeschirr, Essbesteck und anderen Haushaltsutensilien für mich abzuholen. Eine elektrische Doppelkochplatte besitze ich schon. Einen Kühlschrank leider noch nicht. Mein Radio melde ich nicht an, ich höre schwarz. Aber einen Telefonanschluss lasse ich mir legen. Ein eigenes Telefon. Meine erste eigene Wohnung. Was für ein Luxus.

Nach der Waldeck, beide wieder in Berlin, sehen Reinhard und ich uns jetzt oft. Denn während der letzten Monate, wie über Nacht, so kommt es mir vor, hat sich in Berlin eine Folkklubszene etabliert. Neben dem Folkloreschuppen Ca ira gibt es jetzt das Danny's Pan in der Fasanenstraße, den Steve Club in der Krumme Straße, und – in Anspielung auf die jetzt oft spontan stattfindenden studentischen Sit-ins – das Go-In in der Bleibtreustraße. Nach und nach werden noch andere Livemusikläden dazukommen. Der Folk Pub zum Beispiel. Hier geht es etwas edler und gepflegter zu als in den anderen Klubs. Eine Atmosphäre, wie sie besonders den auch zu unserer Szene zu rechnenden Amerikanern behagt. Pete Wyoming Bender steht hier jeden Abend auf der Bühne. Ebenso Tom Cunningham. John Vaughan und Wayne Grajeda treten als John & Wayne im Duo auf. Sie bleiben alle eher unter sich, haben musikalisch die American-Folk-Phase längst hinter sich gelassen, haben Bob Dylan überwunden. Sie orientieren sich jetzt an James Taylor und begegnen uns, ihren deutschen Kollegen, mit milder Herablassung.

Alle drei Klubs, in denen wir, auch die Amerikaner, fast jeden Tag auftreten, zahlen eine, wenn auch winzige, Gage für ein jeweils viertelstündiges Set. Aber immerhin. Und weil wir diese Zeit gemeinsam (und somit ähnlich) erleben, möchte ich Reinhard Mey hier einmal mehr zu Wort kommen lassen:

Zusammen schlugen wir uns in windigen Berliner Musikkneipen durch. Es war eine gute, verdammt harte Schule, die wir da durchliefen, zwei, drei Klubs hintereinander an einem Abend. Wir hatten gut zwei Dutzend Auftritte in der Woche vor dahindämmernden Kneipengängern, trinkfreudigen Studenten, lärmenden Zufallsgästen und aufgekratzten Touristen. Türen knallten, Tonanlagen streikten, Gläser klirrten, Flaschen fielen um. Wir sangen stoisch gegen alles an und lernten, uns mit unseren Liedern gegen alle

Widrigkeiten zu behaupten. Als Gage gab es fünf Mark und das Bier frei. Für mich gab es allerdings nur die fünf Mark, ich musste ja noch Auto fahren. Mein Führerschein war mir heilig: Er war die Voraussetzung, am nächsten Abend wieder zum »Dienst« fahren zu können. Ich glaube, die Kompromisslosigkeit, mit der ich den zweiten halben Liter nach dem Auftritt ausschlug, hat mir in der Szene den Ruf des unnahbaren, asketischen Außenseiters eingebracht. Hannes, der direkt am Tatort wohnte, konnte die Klubs zu Fuß abklappern, gegebenenfalls sogar heftig schwankend. Später, so die Legende, hatte er dabei unseren Freund Klaus Hoffmann zur Begleitung, der ihm den Gitarrenkoffer von Bühne zu Bühne trug …

So die Legende. Tatsächlich trägt mir Klaus den Gitarrenkoffer immer anschließend an unsere Auftritte, um als damals noch Minderjähriger in meiner Begleitung in die Nachtklubs gelassen zu werden. Was meistens auch klappt. Sei es in Rolf Edens angesagtem Klub Old Eden in der Damaschkestraße oder bei Franz Diener in der Grolmanstraße – und auch anderswo.

Unsere allabendlichen Klubauftritte sind zwar, wie Reinhard es beschreibt, »eine gute, verdammt harte Schule«, gleichzeitig aber kommt für mich inzwischen so viel dabei rum, dass ich fast davon leben kann. Und schon bald werden Reinhard und ich eine kleine, aber sich stetig vergrößernde Fangemeinde haben und in Bälde die Spitzengage von zwanzig Mark pro Auftritt kassieren, zuzüglich »frei saufen«; was mir von da an das Gefühl gibt, in Geld zu schwimmen. Vom Singen leben. Was will ich noch mehr? So gesehen sind die Klubs ein Segen. Aber noch ist es nicht ganz so weit.

In der Bleibtreustraße hat ein indisches Restaurant eröffnet. Das Calcutta. Dessen Betreiber, Herr Taneja, verfügt nebenan über einen zusätzlichen, leer stehenden, an die fünfzig bis siebzig Personen fassenden Raum, eine Art Saal. Irgendwie bekomme ich mit, dass er plant, einen Folkklub daraus zu machen. Die Idee befeuert mich. Ich frage nicht lange danach, wie ausgerechnet ein Inder darauf kommt, in Berlin einen Folkschuppen zu gründen. Dass der Klub Go-In heißt, geht übrigens auf eine Idee von mir zurück.

Und warum »Go-In«, warum nennen wir den Laden nicht passenderweise einfach »Sing-in«? Woran sich heute kaum noch jemand erinnert:

In den späten Sechzigern formieren sich an den amerikanischen Universitäten Studenten mit Kurzhaarschnitt, streng gescheitelt, die den Vietnamkrieg lieben, Stoffhosen mit scharfen Bügelfalten tragen, sich mit Studentinnen in knielangen Röcken, weißen, gestärkten Blusen in Campus-Chören zu einer sogenannten Sing-in-Bewegung zusammenschließen. Im Gegensatz zu der randalierenden, faulen und ungewaschenen Minderheit von Gammlern und Hippies repräsentieren sie so die mehrheitlich patriotische, Zucht und Sitte hochhaltende Weltjugend; und gehen sogar mit ihrem Programm – ich kann mich allerdings an keinen einzigen ihrer Songs mehr erinnern – auf Europatournee. Sie kommen damit auch zu uns in die Bundesrepublik, von den Medien, der Rechtspresse hochgepuscht, gelobt und gefeiert. Das heißt, zur Rechtspresse zählen – mit Ausnahme der »Konkret« mit Ulrike Meinhof als Kolumnistin – damals alle (oder doch zumindest die meisten) Periodika. Zwar fällt diese in ihrem Innern ohnehin kraftlose Singbewegung schon bald in sich zusammen, hat aber den Begriff »Sing-in« auf Dauer kontaminiert. Damit verbietet es sich, eine anständige Folkkneipe so zu nennen.

Ich bringe mich aktiv in das Projekt »Go-In« ein, liefere nicht nur den Namen; ich bin auch bereit, für eine begrenzte Zeit das Bühnenprogramm zu gestalten und die Künstler dafür heranzuschaffen. Ich kenne sie ja alle. Obwohl ich, wie erwähnt, keinerlei Organisationstalent besitze, macht mir das anfangs sogar Spaß. Geld bekomme ich – außer den fünf Mark fürs Singen – dafür nicht, aber Herr Taneja spendiert mir stattdessen jeden Abend ein Tandoori-Chicken auf gegrilltem Mais. Das genügt mir.

Unser lockeres Konzept: Folksongs, Chansons, literarisches Kabarett, Galerie schlägt ein. Nicht wie eine Bombe, aber mit unerwartet schnellem und anhaltendem Erfolg. Wir Künstler auf der Bühne sehen es als Errungenschaft an, leger gekleidet im Gammellook, uns äußerlich nicht mehr von unserem Publikum zu unterscheiden. Eine Bühne anders als geschminkt und im Smoking zu betreten, war noch vor Kurzem gar nicht denkbar.

Ich habe die Telefonnummern aller Auftretenden. Wann jeder seine 15 Minuten pro Abend auf dem Podium ableistet, bleibt im Ungefähren, das machen die Künstler untereinander aus. Hauptsache, das Programm läuft. Es klappt immer. Wir fühlen uns wohl in dem zusammengesuchten Interieur mit Sperrmüll-Touch. Unser Publikum ebenfalls.

Die Bezeichnung »Künstler« sollte ich in dem Zusammenhang eher eingeschränkt verwenden. Viele der hier Auftretenden sind Amateure und bleiben daher sozusagen namenlos. Nicht wenige unter ihnen scheitern bei dem Versuch, ihr Hobby zu einer Profession zu machen. Dennoch ist die Liste derjenigen, die sich später einen Namen machen und von mir damals schon fürs Go-In verpflichtet werden, beachtlich lang. Neben den im vorherigen Kapitel genannten Freunden aus Waldeck-Zeiten wären da: Ingo Insterburg, Jürgen Barz, Karl Dall, Peter Ehlebracht (die vier fusionieren noch in ihrer Go-In-Zeit zur der Gruppe Insterburg & Co.), Susanne Tremper, Ulrich Roski, Ina (damals noch Ingrid) Deter, der persische Tombak-Trommler Mohammad Reza Mortazavi, Jasmine Bonnin, Lothar von Versen, Werner Lämmerhirt, Hannes Wader. Jemand vergessen? Kann sein. Einige Kollegen starten ihre Karriere im Go-In erst, nachdem ich Berlin längst für immer verlassen habe; unter ihnen die Gebrüder Blattschuss, Beppo Pohlmann und Jürgen von der Lippe.

Schade, dass die meisten Namen der glückloseren Kollegen von damals, die es auf den Klubbühnen gerade mal zu lokaler Bekanntheit bringen und bald vergessen sein werden, auch mir entfallen sind. Tut mir leid. So ein bisschen waren wir doch auch eine Familie.

Wie lange mache ich den Programmmanager-Job im Go-In? Ein paar Wochen, vielleicht ein Vierteljahr. Ich verliere die Lust und übergebe an Jo Diekmann. Jo steht hier im Go-In als Geschäftsführer und Barmann hinter der Theke und kann sowieso besser organisieren als ich. Für mein Tandoori-Chicken nebenan im Calcutta muss ich jetzt bezahlen. Aber ich hab's ja.

An manchen Abenden, nicht so häufig, weil sie ihr Studium ernster nimmt als ich meins und morgens früher aufstehen muss, tritt auch Susanne in den neuen Klubs auf. Sie kann wie ich die paar Mark Gage gut gebrauchen.

Irgendwas zieht in letzter Zeit, mehr als sonst, junge Westdeutsche, vornehmlich Studenten, auf Wochenendtrips nach Berlin; wovon auch die von Anfang an erstaunlich gut besuchten Folkklubs profitieren, die auch bei Berliner Studenten immer beliebter werden. Einer von ihnen, Bernd, hat schon an mehreren Anti-Vietnamkriegs-Demos teilgenommen und kellnert nebenbei im Steve Club. Bernd schildert uns an der Theke beim Bier die letzte Protestaktion vor dem Amerikahaus in der Hardenbergstraße als eine Art lustiges Happening: fünzig Polizisten stehen breitbeinig auf dem Bürgersteig und bilden untergehakt eine lange Kette gegen die vorrückenden Demonstranten. In ihrem Rücken spaziert Bernd die Phalanx entlang und schiebt allen fünfzig Bullen, die sich nicht rühren können, einem nach dem anderen mit dem Zeigefinger von hinten die Tschakos und Dienstmützen über die Augen. Das ist in der Tat erheiternd, wird aber auch das erste und einzige Mal bleiben, dass an einer Demo was lustig ist.

Frühsommer in Berlin. Freitag, der 2. Juni 1967. Heute wird im Schöneberger Rathaus der Schah von Persien erwartet. Am Abend findet ihm zu Ehren in der deutschen Oper eine Aufführung der Zauberflöte statt. Obwohl er mich nicht interessiert, weiß ich viel über den Schah, seinen Scheiß-Pfauenthron, die Kaiserin Farah Diba und die ihretwegen von ihm verstoßene Exfrau Soraya. Es ist gar nicht möglich, die aufdringlichen Schlagzeilen der Boulevardblätter zu ignorieren, in denen fast täglich abwechselnd von Schah Mohammad Reza Pahlavi, von Richard Burton und Liz Taylor oder von Gunter Sachs und Brigitte Bardot die Rede ist.

Dass schon am Vormittag vor dem Rathaus Geheimdienstleute des Schah-Regimes, die sogenannten Jubelperser, von der Polizei unbehelligt, mit Stangen und Holzlatten auf die Demonstranten einprügeln und diese zum Teil schwer verletzen, davon bekomme ich zunächst (wieder mal) nichts mit. An den Abenden, an denen ich wie heute im Steve Club meine Auftrittsrunde beginne, gehe ich meistens, vorausgesetzt es regnet nicht, mit meinem Gitarrenkoffer in der Hand zu Fuß dorthin. Von Alt-Lietzow aus via Warburgzeile überquere ich die Otto-Suhr-Allee, biege in die Krumme Straße ein, an deren Ende nach ungefähr einem Kilometer der Steve Club liegt. Es muss so gegen halb acht Uhr sein. Exakt auf halbem Wege, hinter der Oper, Krumme Straße Ecke Bismarckstraße Tumult. Geschrei. Überall Polizisten, Anti-Schah-Demonstranten, Wasserwerfer, aggressions- und reizgasgeladene Luft. Verdammt! Daran habe ich jetzt gar nicht gedacht. Absperrgitter. Grüne Polizeimannschaftswagen am Straßenrand geparkt. Hier ist kein Durchkommen. Ich soll um acht Uhr im Steve Club auftreten. Nichts wie weg hier. Ich laufe zurück zur

Otto-Suhr-Allee, halte ein Taxi an, das einen Riesenumweg nehmen muss. Ich komme zu spät. Christoph hinter der Theke, er organisiert das Programm, zeigt Verständnis. Er und alle hier, auch die Gäste, wissen natürlich, dass die Polizei um die Oper herum, in Erwartung riesiger Randale, schon seit Stunden alles weiträumig abgesperrt hat; nur ich wäre beinahe wieder mal blind und gedankenlos da in was reingelaufen.

Ist ja noch mal gut gegangen. Mein verpasstes erstes Set hat Ulrich Roski, ein Newcomer der noch jungen Berliner Liedermacherszene, übernommen. Ich bin jetzt nach ihm dran. Ich beginne meine Klubauftritte derzeit immer mit »Viel zu schade für mich«. Es ist Punkt halb neun Uhr – das ist die Minute, in der jetzt knapp 500 Schritte von hier, auf dem Innenhof des Hauses Krumme Straße 66, der Student Benno Ohnesorg von dem Polizisten Karl-Heinz Kurras erschossen wird.

So erfährt es die Welt am nächsten Tag aus dem Fernsehen, dem Radio, der Presse. Benno Ohnesorg war 26 Jahre alt, Student der Germanistik mit Abendabitur, so heißt es, und wie ich gelernter Schaufensterdekorateur.

Die Springerblätter – und nicht nur die – kübeln Hektoliter von Jauche über die an der Anti-Schah-Demo beteiligten Studenten aus; drucken, so scheint es, mit Genuss vor Hass triefende Leserbriefe ab.

Es ist der 3. Juni. Heute Abend beginne ich meine Runde im Danny's Pan in der Fasanenstraße. Das sind mindestens zwei Kilometer bis dorthin. Ich gehe, wieder mit meinem Gitarrenkoffer in der Hand, erst einmal zu Fuß die Krumme Straße lang. Ein Umweg. Benno Ohnesorg geht mir nicht aus dem Kopf. Hinter der Oper ist kein Mensch und auch keine Spur mehr von den gestrigen Krawallen zu sehen. Keine Absperrgitter, nichts. Ich betrete den Innenhof des Hauses Nummer 66. Hier stehen ein paar geparkte Autos. Am Boden der Abdruck von Reifenprofilen über den Resten einer geronnenen Blutlache. Es ist bedrückend still hier. Ich verlasse den Hof. Auf der Bismarckstraße vorm Operneingang gehe ich an ein paar unbesetzten Polizeifahrzeugen vorbei, um auf der anderen Straßenseite ein Taxi anzuhalten, das mich zum Danny's Pan bringen soll. Was ist heute bloß mit den Fahrern los? Ich stehe an der Bordsteinkante und winke. Drei, vier freie Wagen, ihre Taxi-Schilder leuchten, rollen nacheinander an mir vorbei, werden erst langsamer, beschleunigen dann – und weg sind sie. Des Rätsels Lösung wird sein, denke ich, dass die Berichterstattung, sprich Hetze, in den Medien über die gestrigen Ausschreitungen – gemeint sind die studentischen – schon einen Tag danach unmittelbar Wirkung zeigen. Gewissermaßen bin ich selbst ja noch Student und sehe wohl auch aus wie einer. Dazu trage ich noch einen schwarzen, verdächtig wirkenden Gitarrenkoffer mit mir rum. Nicht nur mir begegnen jetzt Taxifahrer misstrauisch bis feindselig. Dabei lasse ich mich doch so gerne im Taxi fahren. Ab nun darf das Verhältnis der Berliner Taxifahrer und das der älteren Berliner zu jedem, der studiert, auf Jahre hinaus als vergiftet betrachtet werden.

Meine Haltung zur 68er-Bewegung bleibt passiv-zwiespältig. Vieles verstehe ich nicht, sehr gut wiederum den Protest gegen den verbrecherischen Krieg der Amerikaner in Vietnam. Und ich teile die Empörung gegen die postfaschistische Durchseuchung des Justizapparates von Nazi-Blutrichtern der höchsten Ränge, von der Studentenbewegung ans Licht gebracht.

In Hamburg entrollen Studenten bei der Rektoratsübergabe in der Universität ein Transparent: »Unter den Talaren Muff von tausend Jahren.«

Der Spruch haut dermaßen rein; löst in der ganzen Bundesrepublik ein so donnerndes Echo aus, dass sogar ich angetan bin. Fast ebenso genial Fritz Teufel, der in einer Gerichtsverhandlung gegen ihn, auf die Aufforderung des Richters, sich zu erheben, den bis heute zu Recht als geflügeltes Wort geltenden Satz spricht: »Wenn's der Wahrheitsfindung dient«.

So wie ich spürt auch Reinhard die zum Teil beängstigenden Entwicklungen, die sich in Gesellschaft und Politik anbahnen, und er schreibt später:

Neben den großen Plänen, persönlichen Wünschen und Hoffnungen teilten wir auch die Ahnung der Bedrohungen um uns herum, die Erschütterungen, die uns ein innerer Seismograph meldete. »The times they are a-changin'« sang Bob Dylan, und wir sangen »We shall overcome«. Wir waren auf Demos gegen den bestialischen Krieg der Amerikaner in Vietnam, gegen die Notstandsgesetze, gegen das Springer-Imperium. Hannes haben sie auf einer solchen Demo zwei Zähne ausgeschlagen …

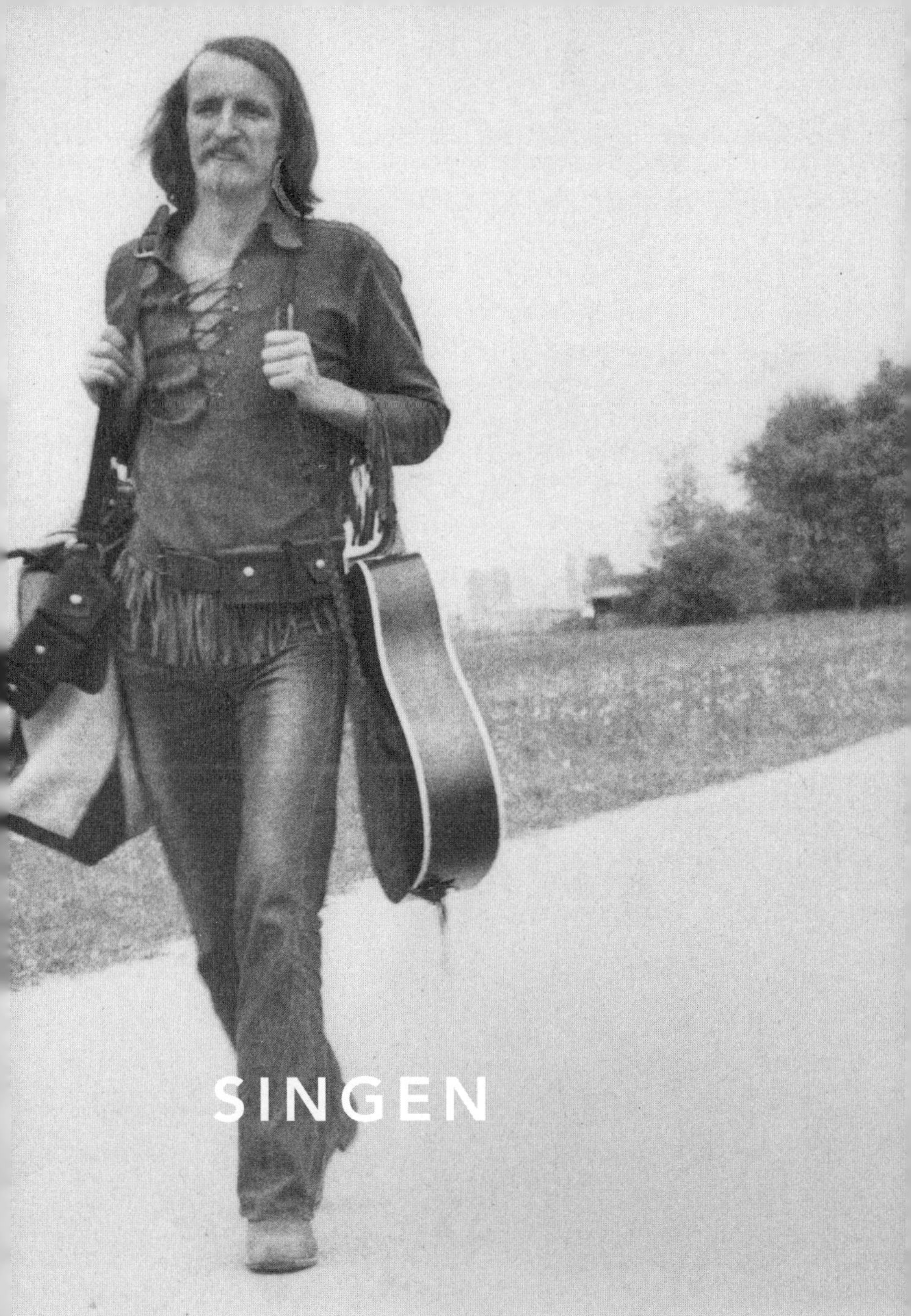
SINGEN

Es ist entschieden

Die paar Wochen als Programmmanager im Go-In waren ein lehrreicher Ausrutscher. Ich weiß jetzt Bescheid. Strukturieren, administrieren ist nicht so mein Ding. Ich werde von nun an nichts mehr organisieren – nicht mal mich selbst. Allein bei der Vorstellung, mich derart einzuengen, meinen Tag zu planen, am Vorabend schon festzulegen, was ich am nächsten Vormittag tun und was ich am Nachmittag lassen werde, bekomme ich Bauchschmerzen. Nicht im Einzelnen zu wissen, was der nächste Tag mir bringt, gibt mir ein Gefühl von Freiheit.

Und, welch glückliche Fügung: In nächster Zeit brauche ich auch gar nichts selbst zu planen. Das hat Reinhard schon komplett für uns beide erledigt. Abends im Steve Club eröffnet er mir, dass wir übermorgen gemeinsam in seinem grauen Käfer in Westdeutschland auf Klubtournee gehen werden. Klar doch, was gibt es da noch lange zu überlegen? Ich und auf Tournee gehen, wie sich das anhört. Traumhaft. Ich war noch nie auf Tournee.

Es ist allein Reinhards Idee. Die ganze Planung, die Durchführung, die Klubkontakte, die Gagenverhandlungen, bei denen er plus minus 200 Mark pro Mann und Abend für uns rausholt. Auch die Frage, wo wir nachts schlafen sollen; alles das regelt er, so erscheint es mir, schnell, elegant und mit leichter Hand. Reinhard selbst erinnert sich daran wie folgt:

Anfang 67 hatte ich ein Dutzend eigene Lieder. Das war genug für den Kurzauftritt in der Kneipe, aber zu wenig für ein ganzes Konzert, für das Sehnsuchtsziel Tournee. Hannes ging es ähnlich, er hatte auch zwölf Lieder und dieselben Sehnsüchte. Also haben wir unsere Schätze zusammengeworfen und zogen mit 24 Liedern los, in meinem grauen Käfer, zwei Gitarren auf dem Rücksitz, Hannes ein begnadeter Beifahrer, ich am Steuer. Wir wechselten uns auf der Bühne ab. Hannes begann seinen Untermieterzyklus mit »Frau

Klotzke«, ich sang »Frau Pohl«, Hannes »Aufgewachsen auf dem Lande« und ich »Bauer, ich bitt' Euch um Pardon«. Wir teilten Hotelzimmer, Spritkosten und Beifall. Und wir teilen noch heute die kostbare Erinnerung daran.

Es kann losgehen. Neben Reinhard in seinem Auto zu sitzen, ist mir auch über längere Strecken ein Vergnügen. Er fährt gern und dementsprechend gut Auto. Und immer haben wir freie Fahrt, denn auf den Autobahnen ist wenig Verkehr. Das bedeutet zum einen: trotz fehlender Geschwindigkeitsbegrenzung – Reinhards alter Käfer macht maximal neunzig Sachen – selten Unfälle. Und zum anderen: keine überbelasteten Fahrbahndecken, also keine Baustellen, ergo keine Staus. Mit den heutigen Verkehrsbedingungen verglichen, eine Traumreise.

Unsere Tour führt uns durch Niedersachsen, Westfalen, durchs Rheinland in die Pfalz nach Hessen und über das Badische ins Schwäbische.

An die Auftrittsorte – waren es zwanzig oder eher dreißig? – erinnern wir uns beide nicht mehr so genau. Die meisten Klubs, einige davon ehemalige Jazzkeller, verfügen über eigene, manchmal minderwertige Anlagen mit Mikros, Verstärkern und Boxen, die wir benutzen können. Wo nicht, singen wir ohne. Geht auch.

Unvergessen unser Open-Air-Auftritt in Darmstadt auf dem FKK-Gelände. Abenddämmerung. Schwülwarme Luft. Das Podium, auf dem wir stehen, befindet sich direkt neben dem Schwimmbad. Nur Reinhard und ich sind bekleidet. Das Publikum sitzt vor uns auf Handtüchern im Gras – natürlich nackt. Man überlässt uns eine Hütte auf dem Gelände als Nachtquartier, sodass wir am nächsten Morgen nach dem Frühstück bei strahlendem Sonnenschein draußen eine Autogrammstunde geben können. Zum ersten Mal in meinem Leben gebe ich Autogramme. Wir sitzen hinter einem rasch aufgefalteten Tapeziertisch auf Klappstühlen und schreiben unsere Namen, Autogrammkarten haben wir nicht – noch nicht – auf irgendwelche Zettel. Es sind mehrheitlich junge Frauen, die, alle wieder nackt wie am Vorabend, geduldig Schlange stehen. Einige stellen sich zweimal wieder hinten an, um noch weitere Autogramme, nein, nicht von mir, von Reinhard zu ergattern. Manche reihen sich sogar ein drittes Mal in die Schlange ein, um sich von ihm ihren Unterarm oder ihren Bauch signieren zu lassen.

Ein bisschen neidisch bin ich schon auch. Erkenne aber sehr schnell, dass ich an Reinhards Wirkung auf andere in erster Linie partizipiere. Seine gewinnende Art, sein umwerfender Charme öffnet uns, damit auch mir, alle Türen. Überall bietet man uns nach dem Auftritt ein kostenloses Nachtquartier an. Ob es die Veranstalter, Leute im Publikum sind, oder wer auch immer, sie können gar nicht anders als entspannt und freundlich auf Reinhard, und so auch auf mich, zu reagieren. Die gesamte Tournee wird sich mir im Nachhinein von Anfang bis Ende als ein »Spaziergang« in Harmonie darstellen.

Durchaus der Wahrheit entsprechend bekenne ich in »Schön ist die Jugend«:

> … Ich lernte Gitarre, ich dachte, dann
> komme ich leichter an Mädchen ran
> ich sang für umsonst auf jeder Fete
> wegen der Mädchen, heute sing' ich für Knete …

In viele Orte, die wir ansteuern, führen uns spätere Tourneen, die wir meist getrennt unternehmen werden, immer wieder zurück. Manchmal begegnen Reinhard und ich uns dann zufällig unterwegs. Unter anderem in der Bastion Kirchheim unter Teck.

Die Bastion ist, wie der Name schon andeutet, das als »politisch-literarischer Klub« genutzte Kellergewölbe einer ehemaligen Festung. E. O. Kröger, der aus Hamburg stammt, kurz Eo gerufen, ist Apotheker hier in Kirchheim; in allem, was die Bastion betrifft, sehr initiativ und idealistisch und uns Künstlern gegenüber immer fair.

Im Jahr 1968 findet die offizielle Eröffnungsveranstaltung der Bastion statt, zu der die Honoratioren der Stadt, festlich dunkel gekleidet, geladen sind. Bin ich an diesem Abend mit Reinhard hier oder allein? Jedenfalls, ich habe gerade schon einen Kurzauftritt hinter mir und setze mich ins Publikum. Alle warten wir jetzt auf den nächsten Act. Bühnenlicht an: Eine Frau betritt die Bühne. Nackt. Sie schwenkt eine kleine Damenhandtasche in der Rechten und geht langsam dreimal im Kreis. Dann Auftritt des Aktionskünstlers Otto Muehl: Auch er nackt. Er nimmt der Frau, die im Bühnenhintergrund stehen bleibt, die Tasche aus der Hand, öffnet sie.

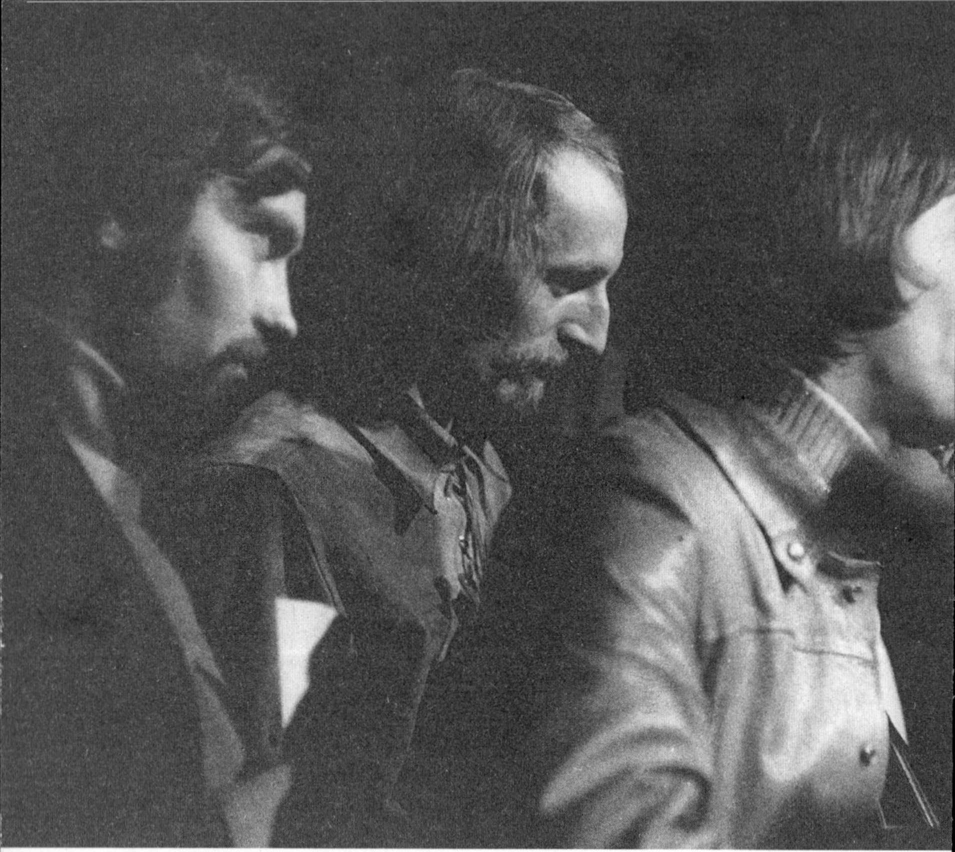

Black, in der Mitte ich und Reinhard, in der Bastion in Kirchheim unter Teck, 1971

Sie ist leer bis auf ein Stück Bindfaden, das Muehl ihr entnimmt. Er verknüpft das eine Ende mit einem der Handtaschenhenkel, das andere wickelt er locker um sein Skrotum. Er tritt an die Rampe, wiegt sich leicht in den Hüften und lässt die Tasche ein paarmal an dem Stück Bindfaden um seine Knie baumeln. Dann löst er die Schleife, wickelt den Faden von seinen abgebundenen Eiern ab, steckt seinen Pimmel in die Handtasche und uriniert. Atemlose Stille im Zuschauerraum. Nur ein mit gedämpftem Druck aus der Handtasche dringendes Rauschen und Plätschern ist zu hören. Otto Muehl scheint seine gesamte Tagesproduktion an Urin nur für diesen einen Augenblick der eruptiven Entladung in seiner Blase gespeichert zu haben. Die Handtasche läuft fast über. Mit beiden Händen, priesterlich gemessen, als wäre es der Heilige Gral, hebt er sie nicht hoch, sondern empor, streckt sie mit einem feierlichen und auffordernden

Nicken, dem in der ersten Reihe sitzenden Eo Kröger entgegen. Der hat verstanden. Ohne zu zögern, für mein Empfinden ein bisschen sehr beflissen und eilfertig, springt Eo auf, beugt sich vor, greift nach dem Handtaschengral, will trinken. Fast erschrocken weicht Otto Muehl einen Schritt zurück, sodass etwas Pisse auf den Bühnenboden platscht. Eo setzt sich, enttäuscht, wie ich seiner Miene entnehmen zu können meine, auf seinen Platz. Wieder mit einem Nicken bedeutet Otto Muehl der nackten Frau hinter ihm, in der Bühnenmitte niederzuknien. Mit einer Hand gießt er den Urin über sie aus, massiert ihn mit der anderen in ihre Kopfhaut ein und stülpt ihr dann die leere Handtasche wie eine Mütze über. Bühnenlicht aus.

Kein Zweifel: Die Zeit der Ekelschwellenüberschreitungen Muehlscher Aktionskunst und der unnützen sowie der notwendigen, später auch mörderischen Tabubrüche hat längst begonnen und sogar schon das schwäbische Albvorland erreicht. Otto Muehl werde ich nicht mehr wiedersehen, dafür bald umso mehr von ihm und der AA-Kommune, auch bekannt unter dem Namen Aktionsanalytische Organisation, hören.

Zu dem irgendwann von Otto Muehl auf dem Ku'damm angesetzten Massenvögeln auf Luftmatratzen und mit Weihnachtsliederbegleitung, dem ich (als Zuschauer) gern beigewohnt hätte, komme ich – als die Polizei schon die Matratzen einsammelt – wieder mal zu spät.

Reinhard und ich treten im Bunker Ulmenwall in Bielefeld auf. Es ist die letzte Station unserer gemeinsamen Tour. Ehe wir am nächsten Tag nach Berlin aufbrechen, machen wir noch eine kleine Wanderung durch den Teutoburger Wald. Nur für eine oder zwei Stunden. Es wird Herbst, die Sonne scheint. Ein schöner Tag. Ich möchte Reinhard, dem Stadtmenschen, zeigen, wo und wie ich so aufgewachsen bin. Vorbei an der Hünenburg und Godejohanns Sandsteinbruch über Meyer zu Hoberges Hof mit der tausendjährigen Eiche, der Thinglinde mit dem geborstenen Runenstein, gelangen wir auf den Poetenweg und besuchen meine Mutter. Die ist, wie immer, aus Sorge um mich so unzufrieden mit mir wie sie von Reinhards Charme, seinen guten Manieren angetan ist, und gibt mir das auch zu verstehen. Ich kann es ihr nicht verdenken. Ich mag Reinhard ja auch:

... Nach und nach wurde ich mit meinen Liedern bekannt
aber meine Mutter, die sie abstoßend fand
meinte, ich sollte mich mal was schämen
und mir an meinem Freund ein Beispiel nehmen
an der Art, wie der seine Verse setzt
so sensibel und fein, dass es niemand verletzt
ich will hier den Namen des Freundes nicht nennen
weil Reinhard ja noch lebt und alle ihn kennen
denn von denen, die auch schöne Lieder schrieben
sind fast nur noch wir beide übrig geblieben
Schön ist die Jugend, so sorglos und frei
Gott sei Dank ist sie endlich vorbei
Und sie kommt zum Glück
Nie mehr zurück ...

(aus: »Schön ist die Jugend«)

Es ist schön, nach Berlin zurückzukommen und Susanne wiederzusehen. Schon am ersten Tag nach meiner Rückkunft von der gemeinsamen Tournee mit Reinhard weiß ich: Mein Leben hat sich verändert. Ich höre mich noch, wie ich morgens nach dem Aufwachen (um korrekt zu sein, am frühen Nachmittag gegen zwei Uhr) in den Spiegel über der Küchenspüle blicke und laut deklamiere: »Ich werde von nun an nur noch Singen und davon leben – oder ich verrecke!«

Das Gefühl von Erleichterung und Glück, eine unumstößliche Entscheidung bewusst getroffen zu haben, das mich unmittelbar darauf erfasst, ist nicht zu beschreiben. Eine klare Entscheidung, ohne Zweifel an ihrer Richtigkeit und ohne Plan B. Zu erkennen und zu akzeptieren, dass ich nicht sein kann, was ich so gern gewesen wäre: das kreative, in tausend Künsten genial dilettierende Multitalent – empfinde ich jetzt als Befreiung von einer enormen Last. Ich exmatrikuliere mich nicht einmal an der Akademie. Ich gehe einfach nicht mehr hin.

Auf der Tour mit Reinhard habe ich nicht viel Geld ausgeben können. Und auch wenn mein Konto leer ist, sind meine Taschen buchstäblich noch voll davon. Das muss weg. Ich gehe mit Susanne jeden Tag mindestens einmal essen. Meine Abneigung gegen das Sparen und gegen die Leute, die sich dazu herabwürdigen, ist nicht geringer geworden.

Sparen als einmaligen symbolisch zelebrierten Akt, wie ich es einmal bei Ingo Insterburg erlebt habe, kann ich gerade noch so gelten lassen: Nach einer durchzechten Kreuzberger Nacht lässt Ingo mich auf seinem Sofa schlafen. Vorher entnimmt er der Nachttischschublade neben seinem Bett noch einen Schuhkarton und öffnet ihn. Er ist innen mit schwarzem Samt ausgeschlagen. Darauf gebettet liegt ein glatt gebügelter Fünfhundertmarkschein.

»Das«, sagt Ingo, »ist mein erster Fünfhunderter, den ich mit meinen Liedern beim RIAS verdient habe. Den gebe ich nicht aus. Den bewahre ich für alle Zeiten auf.«

Überhaupt bin ich jetzt viel mit den »Insterburgern« zusammen. Wir sehen uns fast jeden Abend in den Folkklubs. Ingo hat Verbindung zu Volker Ludwig und Günter Schäfer, die das Reichskabarett in der Ludwigkirchstraße leiten. Dort treten wir jetzt, zusätzlich zu den Klub-Gigs, im Anschluss an das reguläre Programm, jede Freitagnacht ab halb zwölf auf.

Mich spricht die anarchische Lust an, mit der die Gruppe – namentlich Karl Dall – auf der Bühne alle überkommenen Begriffe, bezogen auf Geschmacksniveau, Geist, Witz und Komik aushebelt, unterhöhlt, zerlegt. Das ist teilweise tabubrechend neu und wohl auch mal dringend nötig.

Karl hat mir erzählt, dass er mir einmal hundert Mark geliehen und gleich am nächsten Tag von mir zurückbekommen habe. Um meine Laxheit in Geldangelegenheiten wissend, setzte er auf mein kurzes Gedächtnis und sagte, er habe diese Summe im Abstand von jeweils zwei Wochen dreimal nachverlangt, auch jedes Mal bekommen und so von mir dreihundert Prozent Zinsen kassiert. Diese Geschichte ist ziemlich glaubwürdig. Ich finde mich (aber auch Karl) darin durchaus treffend charakterisiert.

Seit ich nicht mehr in die Akademie muss, gehe ich keine Nacht mehr vor vier Uhr morgens ins Bett und stehe niemals vor zwölf Uhr mittags auf. Wie hält Susanne es bloß mit mir aus? Manchmal nicht so gut. Noch leben wir nicht zusammen, und unsere Beziehung hält sich weiterhin in einem sonderbaren Schwebezustand zwischen Abstand halten wollen und nicht voneinander lassen können. Ohne uns voll in den Sog der von der 68er-Bewegung inszenierten »sexuellen Revolution« ziehen zu lassen (die eigentlich bereits 1967 beginnt), sind wir zumindest verunsichert. Die Auflösung und Sprengung repressiv monogamer Beziehungen und der Kleinfamilie als Keimzelle des Faschismus ist gefordert. Gemäß dem lustig klingenden Spruch, »wer zweimal mit derselben pennt, gehört schon zum Establishment«, gilt Promiskuität als progressiv.

Einem anderen starken Sog, dem, der mich vollends auf die – so möchte ich es hier mal nennen – »Nachtseite des Lebens« zieht, überlasse ich mich nur zu gern. Ich scheue das Tageslicht jetzt ganz und gar. Der Tag ist trivial. Alle lästigen, banalen, mir verhassten Verrichtungen müssen und können nur tagsüber erledigt werden: Aufstehen, waschen, Zähne putzen, (um den Bart herum) rasieren, Kaffee kochen. Zigaretten, was zu essen und neue Socken kaufen, Wäsche waschen im Waschsalon, zur Post gehen und die Miete überweisen, Telefonrechnung und Rundfunkgebühren bezahlen, versuchen, ein paar Verszeilen und Noten zu Papier zu bringen. Aber das Schreiben fällt mir nach wie vor schwer, und ich tue es nicht gern. Schon gar nicht nachts, wenn ich was getrunken habe. Das heißt, ich kann nur schreiben, und so ist es bis heute geblieben, wenn ich stocknüchtern bin.

Dieses Leben als Grenzgänger zwischen Tag- und Nachtwelt zehrt an mir und ist auf eine für mich höchst attraktive Weise ungesund. Das Gefühl, dass dieses exzessive Nachtleben in permanenter Düsternis mir manchmal wie trüber Schleim in meine Gehirnwindungen sickert und mir die Synapsen verklebt, ist so unangenehm gar nicht. Eine der neueren Parolen der linken Studenten, Hippies, Provos und Gammler: »Trau keinem über dreißig«, findet meine volle Zustimmung, und ich lebe danach. Nicht, dass ich mich umbringen möchte, aber der Gedanke, noch bevor ich die dreißig erreicht habe, abzukratzen, hat für mich keinerlei Schrecken; und die Aussicht, mal vierzig zu werden, nicht die mindeste Anziehung. Auf keinen Fall will ich auf mich achten, und fit sein will ich schon gar nicht. Allein das Wort »Sport« stößt mich ab.

Bin ich depressiv? Weiß nicht. Schon möglich. Von Depressionen, inzwischen ja zur Volkskrankheit Nummer eins erklärt, ist damals noch wenig die Rede. Ich habe aber immer empfunden, dass mein Leben als »Nachtarbeiter« auf der Bühne meinem Wesen durchaus entspricht.

Wieder eine Nacht

Wieder eine Nacht, eine von den viel zu vielen,
in der wieder mal der Schlaf nicht kommen will.
Und wie schon so oft, zieht's dich gegen deinen Willen
in die dunklen Straßen, ohne ein bestimmtes Ziel.
Und achtlos stößt du so, als wenn es ein Papierknäuel wär,
mit den Füßen eine tote Taube vor dir her.
Die Mädchen stehen wartend an der Mauer bei der Bahn,
sie kennen dich und sprechen dich schon lange nicht mehr an.
Der Mann dort hält sich tief im Schatten, tut, als wenn er liest,
und traut sich erst heraus, wenn dein Schritt verklungen ist.

Manche, die dir hier begegnen, sind dir ähnlich, sind allein,
manche, weil sie niemand haben, and're woll'n alleine sein.
Und sie sehen dich nicht an, tasten sich an dir vorbei,
und verbergen doch ihr Misstrau'n, ihre Angst nur schlecht dabei,
als wenn ihre Einsamkeit schon ein Vergehen sei.

Und in jener Bar siehst du nachts auf deinen Wegen
viele fremde Männer, volle Gläser in der Hand.
Sie wollen ihren Kopf nicht auf den Fettfleck legen,
der über jedem schäbigen Hotelbett an der Wand
von den Köpfen vieler Hundert andrer Männer stammt,
die vor ihnen hier lagen und wie sie dazu verdammt
zu trinken, dass die Barfrau ein Wort mit ihnen spricht,
mit der sie sich nie zeigen würden, nicht bei Tageslicht.
Auch sie weiß das genau, ohne dass sie es verrät,
doch sicher lässt sie keinen von ihnen in ihr Bett.

Und beim Pissoir, wo die Stricher wieder warten,
unter Büschen, Bäumen, die du nie so düster sahst,
drehst du dich gleich wieder um und meidest diesen Garten,
weil du noch von früher her ein Bild vor Augen hast,
den schwulen Alten morgens früh im Stiefmütterchenbeet,
den Schädel eingeschlagen und auf den Bauch gedreht,

sein Hirn schon in der Nacht von den Blumen aufgesaugt,
lag er ohne Hose da, ganz mager, ausgelaugt
von einem Leben voller Elend, wie sein Tod so grau,
und sein Toupet hing im Dornbusch, feucht von Blut und Tau.

Auch im Wartesaal dösen jetzt betrunkne Männer,
reden zu sich selber immer nur denselben Satz.
Auch du setzt dich an den Tisch zu jenem Wermutpenner,
er findet jede Nacht hier seinen warmen Platz,
frische Narben, Tage alter Schmutz verdecken fast
an seinem Handgelenk die Tätowierung aus dem Knast,
vornüber auf den Tisch gesunken wie die meisten hier,
den Kopf in einer Lache von Rotwein, Rotz und Bier.
Du fragst dich, wie er so verbogen, eingeknickt und krumm
noch schlafen kann, und du beneidest ihn darum.

Du sitzt da und fängst nach und nach selber an zu träumen,
siehst dich als kranke Taube, die sich kaum noch regt,
hast dich fernab von Luft und Sonne und von hohen Bäumen
im Lichtschacht eines Hauses zum Sterben hingelegt,
und aus den tristen Fensterlöchern über deinem Grab
fall'n Auswurf und Gestank pausenlos auf dich herab,
Geräusche hörst du, während deine Lebenskraft verrinnt,
von denen Röcheln, Spucken, Fluchen nicht die schlimmsten sind.
Doch ganz hoch über dir kannst du ein helles Viereck sehn,
ein Stück Himmel, ein Stück Hoffnung, schon bewegst du deine
Zeh'n, stehst auf, schlägst mit den Flügeln und erwachst bei dem
Versuch,
dich hoch zu kämpfen zu dem Fleck, der Leben heißt für dich,
der doch nur aussieht wie ein oft benutztes Taschentuch:

Manche, die dir hier begegnen, sind dir ähnlich, sind allein …

Ja, so will ich leben

Obwohl ich mich an den Aktionen und Demos der Studenten nicht beteilige – es geht mir alles zu rasch, und vieles begreife ich erst gar nicht –, spüre ich doch, dass Berlin kocht. Ganze Straßenzüge, besonders vor dem Amerika-Haus die Hardenbergstraße, sind grün von Reihen rund um die Uhr geparkter und bemannter Polizeifahrzeuge samt Wasserwerfern. Die Presse, vorne weg die Springersche, sabbert vor Hass und Hysterie gegen die »langhaarigen Affen«, die sich Studenten nennen. Ostern '68 am Gründonnerstag ist es dann so weit: Rudi Dutschke wird von einem Attentäter vor dem SDS-Büro auf dem Ku'damm angeschossen, von drei Kugeln getroffen und dabei lebensgefährlich verletzt. Für viele, auch für mich, ist die Sache klar: »›Bild‹ hat mitgeschossen.« An der Anti-Springer-Demo am nächsten Tag nehmen Susanne und ich teil. Wir gehen friedlich in der Mitte des Zuges, erreichen die Kochstraße. Plötzlich greifen uns Polizisten von beiden Seitenrändern her an. Leberwursttaktik – nehmen uns in die Zange; prügeln mit Gummiknüppeln auf uns ein. Alles passiert jetzt gleichzeitig und ganz schnell. Ich nehme Susanne in den Arm, um sie zu schützen, stolpere über die Beine eines gestürzten Demonstranten, fange mich wieder, spüre die Knüppelschläge auf Kopf und Schultern; ducke mich, knalle mit dem Kopf gegen einen Laternenpfahl, taumele halb betäubt weiter. Wann und wie ich dann endlich merke, dass ich Blut spucke und mir beide Schneidezähne fehlen, weiß ich nicht mehr. Sie sind oberhalb der Mitte ausgebrochen. Die Zahnstümpfe stecken noch im Kiefer und wackeln. Susanne ist glücklicherweise nichts passiert.

… Keine Frage, dass ein Sänger Zähne haben muss
Wenn er sich keine leisten kann, ist Schluss
Adiòs Große Oper, egal wie begabt
Er auch immer sei, ich habe Schwein gehabt
Mir schlugen die Bullen vorm Springer-Hochhaus

Achtundsechzig in Berlin die Zähne aus
Aber Susanne – sie war damals mein Schatz –
Sie lieh mir das Geld für den Zahnersatz …

(aus: »So wie der«, dritte Strophe)

Was ich noch vor wenigen Monaten kaum zu hoffen wagte, tritt nach meiner Tour zusammen mit Reinhard, und als Folge davon, ein: Ich werde jetzt öfter nach Westdeutschland eingeladen, um dort in den verschiedensten, oft neu gegründeten Folk- und Jugendklubs aufzutreten. Mit ein paar Anleihen bei Kollegen, wie Reinhard und Franz Josef Degenhardt, habe ich jetzt genug Lieder für einen Soloabend.

Ich bekomme einen Anruf von Wolfgang Grobe. Ich kenne ihn nicht. Woher hat er meine Telefonnummer? Egal. Wolfgang ist der Wirt vom Smuggler's Inn in Dudweiler bei Saarbrücken. Schon innerhalb der nächsten 14 Tage soll ich in seiner Kneipe auftreten. Ich sage: »Von Berlin nach Saarbrücken? Das müssen um die 800 Kilometer sein. Mit dem Zug erst mal nach Hannover – durch die DDR geht es fast nur im Schritttempo –, dauert schon mehrere Stunden. Dann weiter bis nach Saarbrücken. Da muss ich mindestens dreimal umsteigen, oh Mann, da bin ich 14 bis 16 Stunden unterwegs.«

»Weiß ich doch«, sagt Wolfgang, »ich kann dir im Anschluss noch ein paar Klubauftritte organisieren. Ich kenne da Leute in Kaiserslautern und Heidelberg.«

Abgemacht. Übrigens habe ich schon wieder sechs neue Lieder geschrieben und könnte mich mal wieder bei Hille Bachor beim WDR-Hörfunk in Köln melden. Auch das klappt. Hille will die Songs aufnehmen.

Ich bekomme noch einen Anruf. Ein Gewerkschaftler aus Bayern ist am Apparat. Ich soll in zwei Wochen bei einer Veranstaltung der Augsburger IG-Metalljugend, die in den 1. Mai reinfeiern will, auftreten. Ich sage zu.

Ich ahne nur – wissen kann ich es damals nicht –, dass ich gerade in eine ganz neue Entwicklungsphase eintrete: ich werde bereits als »Geheimtipp« wahrgenommen.

Heute erst, nach mehr als fünzig Jahren, sehe ich den zeitbegrenzten Status des Künstlers als Geheimtipp als den für ihn angenehmsten und schönsten Zustand seiner gesamten Entwicklung an: als ein Stadium – genauso unwiederbringlich wie die Phase kindlicher Unschuld, nur kürzer –, das bei mir ungefähr drei Jahre dauern wird. Geheimtipp zu sein, ist die pure Verheißung. Alles ist möglich: Das Stagnieren auf der Ebene regionaler Bekanntheit. Der Aufstieg zu Reichtum und zur Höhe strahlenden Ruhms auf Dauer. Aber auch von dort aus das langsame Abgleiten oder der jähe Sturz in »die kalte Nacht des Vergessens«. Doch Geheimtipp kann man nur am Anfang sein, nur eine Zeit lang bleiben und später nie wieder werden.

So zu leben, habe ich mir gewünscht. Unterwegs sein. On the road. Endlich. Von einem Ort, von einem Augenblick zum andern. Was für ein Gefühl. Von mir aus kann das ewig so weitergehen. Ich bin froh über meine neue Reisetasche, die ich mir im KDW gekauft habe, mit mehreren aufgesetzten Taschen für Kleinkram. Nicht zu groß, aber so, dass jede Menge Wäsche zum Wechseln – und Bücher natürlich – reinpassen. Ich lese jede Nacht vor dem Einschlafen, ganz gleich, wie spät es ist und wie betrunken ich bin.

Die oft langen Bahnfahrten, auch tagsüber, machen mir nichts aus. Wenn ich nicht lese, spiele ich Gitarre, wenn ich allein im Abteil bin. Manchmal, aber nur ganz selten, singe ich, wenn ich mich von ihnen dazu ermutigt fühle, den Mitreisenden was vor.

Vor der Fahrt von Berlin nach Saarbrücken habe ich vergessen, am Bahnschalter eine Fahrkarte zu lösen. Kein Problem. Ich löse im Zug nach. Das mache ich von nun an immer so. Es kommt vor, vielleicht weil ich dann gerade zufällig auf dem Klo bin, dass ich während der ganzen Fahrt keinen Schaffner sehe, dann fahre ich schwarz. Wenn ich nicht genügend Geld für eine Fahrkarte in der Tasche habe – kommt schon mal vor –, trampe ich.

Mein allererstes Solokonzert – in Dudweiler bei Saarbrücken im Smuggler's Inn. Der Schankraum ist nicht groß und gedrängt voll. Die Leute hocken zum Teil auch auf dem kleinen Podium, auf dem ich stehe. Nach der Pause singe ich das Lied »Begegnung«. Nach jeder Strophe folgt ein kleines Zwischenspiel, bei dem ich die Melodie immer pfeife. Bei der letzten gepfiffenen Wiederholung fällt mir eins der Stiftzahnprovisorien aus dem Mund, weg ist es. Ich unterbreche meinen Vortrag, fordere das Publikum auf, mir meinen Zahn suchen zu helfen. Ich verspreche dem, der ihn findet, einen auszugeben. Die Leute in der ersten Reihe krabbeln auf dem Fußboden. Erfolgreich. Ich gebe dem Finder, wie versprochen, ein Bier aus und drücke mir das Teil mit dem Daumen wieder in die Zahnlücke. Es kann weitergehen.

Auf der Rückfahrt von meinem letzten Termin in Augsburg nach Berlin mache ich einen Zwischenstopp in Tübingen. Ich weiß, dass Hölderlin hier in einem Turm am Neckar gelebt hat. Den will ich mir ansehen und dann meinen Freund Christof Stählin besuchen, der eine windschiefe Holzhütte in einem Weinberg über dem Neckar oberhalb der Stadt bewohnt. Wenn es einen noch entschlossener die Gegenwart ablehnenden Romantiker gibt als mich, dann ist das Christof. Das imponiert mir. Noch mehr als ich bedauert er es, nicht als Dichter-Sänger in die Lebenswelten der Vormoderne hineingeboren worden zu sein. Christof erläutert mir seine ideale, leider nur erträumbare Lebensweise, in der er eine Sinekure innehaben würde. Wie ich ihn verstehe, handelt es sich bei einer Sinekure um eine Art bedingungsloses Grundeinkommen, das ein Landesfürst einem Günstling gewähren kann.

Wie ich, ist Christof im Begriff – mir erscheint er auch so schon hoch genug gebildet –, sein Studium abzubrechen, um nur noch vom Singen und Schreiben zu leben. Christof ist längst ein Meister der Sprache in Prosa und in Versen. Er hat sich sogar schon eine Visitenkarte drucken lassen, darauf steht: Christof Stählin – Poet.

Christof gibt in seiner Hütte selbstironisch-kokett den Spitzwegschen »armen Poeten«. Ich sitze auf dem Feldbett an der Wand, auf dem ein zusammengerollter Schlafsack und seine Gitarre liegen. Christof sitzt auf dem einzigen Stuhl im Raum vor seinem Schreibtisch, einem Brett auf übereinandergelegten Ytong-Steinen, mit Stapeln von Hand beschriebenen Din-A-4-Blättern drauf. Eine Maus huscht quer durch den Raum und verschwindet in einem Loch im gestampften Lehmfußboden.

»Das ist Paul. Mein Mitbewohner«, sagt Christof, nimmt ein paar von Paul an den Kanten angenagte Seiten vom Tisch und zeigt sie mir.

»Paul«, sagt er, »ist mein Lektor, er frisst immer nur die Textstellen an, die ich sowieso noch mal überarbeiten muss.«

Von Christof erfahre ich etwas über das Leben und den frühen Tod des genialen, zu seiner Zeit vor mehr als 300 Jahren selbstverständlich verkannten, Dichters Johann Christian Günther. Dass dieser, als er sich entschließt, von seiner Lyrik zu leben, von seinem Vater verstoßen wird und mit erst 28 Jahren – kaum älter als Christof und ich jetzt – im Jahre 1723 in bitterer Armut an Tuberkulose stirbt, gibt ihm in unseren Augen das tragisch-romantische Flair eines barocken François Villon.

Christof nimmt die Gitarre, spielt und singt eine Melodie von Bach zu einem Gedicht von Günther. Er hat diesem Gedicht einfach die Musik der berühmten Aria »Erbauliche Gedanken eines Tabackrauchers« aus dem »Notenbüchlein für Anna Magdalena Bach« unterlegt und nur den Text ausgetauscht; verblüffend, wie überzeugend schön und richtig das klingt.

Erster Vers des Originaltextes:

Sooft ich meine Tabackspfeife
Mit gutem Knaster angefüllt,
Zur Lust und Zeitvertreib ergreife
So gibt sie mir ein Trauerbild –
Und füget diese Lehre bei
Dass ich derselben ähnlich sei …

Ersetzt durch den ersten Vers von J. C. Günthers »Lob des Winters«:

Verzeiht, ihr warmen Frühlingstage,
Ihr seid zwar schön, doch nicht für mich.
Der Sommer macht mir heiße Plage,
Die Herbstluft ist veränderlich;
Drum stimmt die Liebe mit mir ein:
Der Winter soll mein Frühling sein …

Die schöne Übereinstimmung des Güntherschen Textes mit der Melodie der Bachschen Aria erinnert mich an etwas, das ich mal in einer der Schriften des Schönberg-Schülers Hanns Eisler gelesen habe: Nämlich, dass eine neue Musik – die Kunst überhaupt – sich nur in einem (dialektischen) Prozess größter gestalterischer Freiheit innerhalb strenger formaler Regeln entwickeln könne; ähnlich jenem, wie er es nennt, »barocken Schematismus«, der das Kunstschaffen dieser Epoche, die Musik insbesondere, bestimmt und somit auf eine qualitativ einsame Höhe gebracht habe. Nun meine ich, diese Feststellung Eislers im obigen Beispiel bestätigt zu finden; kann aber nicht ausschließen, ihn falsch verstanden zu haben. Denn an anderer Stelle betont er, dass ein echtes Verständnis von Musik nicht spontan erfühlt, sondern nur durch eine umfassende (Aus)Bildung – an der es mir ja nun mal hapert –, erworben werden kann.

Christof verdanke ich auch meine erste Bekanntschaft mit den Liedern des Schweden Carl Michael Bellman. Er singt mir »Weile an dieser Quelle«, »So troll'n wir uns ganz fromm und sacht« und das »Notabene« in den Übersetzungen von Zuckmayer und Klabund vor. Alle drei Lieder nehme ich gleich danach in mein Repertoire auf.

Sänger zu Pferde

Jetzt bin ich ein fahrender Sänger: »I travel the road like the troubadours of old«, wie es in einem Song meines alten Freundes Colin Wilkie heißt. Von unserer Sorte existiert soeben mal eine Handvoll auf diesem Planeten. Wir sind etwas Besonderes, und das soll mir der Rest der Weltbevölkerung von nun an auch ansehen.

Die Haare trage ich schon schulterlang. Dazu lasse ich mir einen Musketierbart stehen. Ein schwarzer Hut mit breiter Krempe ist nicht leicht aufzutreiben. Anders als noch in den Fünfzigern, trägt man in den Endsechzigern keine Hüte mehr, breitkrempige schon gar nicht. Aber ich finde einen. Eine schwarze Hose zu bekommen, ist dagegen kein Problem.

Zufällig – ich pflege immer noch losen Kontakt zu meinen inzwischen ehemaligen Kommilitonen – treffe ich abends auf einer Fete Klaus Vogelgesang. Klaus ist ein hochbegabter Zeichner und Maler. Er wird schon bald nach seinem Abschluss an der Akademie als einer der führenden Vertreter des »Kritischen Realismus« berühmt.

Klaus trägt an diesem Abend eine Art Cape, einen knöchellangen schwarzen Überwurf aus schwerem Stoff. Den muss ich unbedingt haben. Ich mache Klaus, der sich zunächst sträubt, ein Angebot, dass er nicht ablehnen kann, und er überlässt mir den Umhang für 50 oder auch 100 Mark. Mein Kostüm ist mit dem Cape jetzt komplett; dass es mir nicht (wie bei Dracula) bis zu den Knöcheln, sondern nur bis knapp unterhalb der Knie reicht, ist mir egal. Meine Halbschuhe wollen zu dem Aufzug nicht recht passen, und ich trage stattdessen von nun an nur noch Cowboystiefel.

So angezogen, noch ein letzter Blick in den Spiegel, traue ich mich in der folgenden Woche erstmals auf die Straße. Ich bin mit der U-Bahn Richtung Bahnhof Zoo unterwegs. Der Waggon ist nur schwach besetzt, und ich merke, dass schon die wenigen ein- und aussteigenden Leute auf meinen Anblick betreten und verstört reagieren. Manche Gesichter scheinen sogar eine Mischung aus Abscheu und Furcht auszudrücken.

Was erwarte ich eigentlich? Etwa wohlwollendes Interesse? Zustimmende Anerkennung für meinen Beitrag zur Belebung des eintönigen Straßenbildes? Was habe ich mir bloß dabei gedacht? Nicht viel. Ich folge nur wieder mal irgendwelchen inneren Impulsen. Ich laufe über den Ku'damm. Auch hier lese ich in den Mienen der mir entgegenkommenden Passanten nur Erschrecken und Ablehnung als Reaktion auf meine Erscheinung.

Vorm Café Möhring steht ein Gebäudereiniger auf der Stehleiter und putzt Fenster. Er sieht mich und sagt zu seinem Kollegen, der unter ihm auf dem Bürgersteig die Leiter festhält: »Kiek doch mal, Ejon, der da mit'n Bart …«

»Ha' ick längst jesehen«, sagt Egon, »sieht aus wie'n Bär um de Eier …«

Dass ich etwas auffällig gekleidet bin, ist mir klar. Aber die Leute damit so gegen mich aufzubringen, sie womöglich zu ängstigen, liegt nun gar nicht in meiner Absicht. Ich will doch nur so, wie ich mich gebe, akzeptiert sein. Würde ich vernünftig handeln, könnte ich mir jetzt Hohn, Spott, all den von mir selbst provozierten Ärger ersparen, den Hut und das Cape ablegen, mich rasieren und so wie alle im Sakko oder im Bundeswehrparka rumlaufen. Kommt gar nicht infrage. Nein – jetzt erst recht.

Es ist mir nicht bewusst, dass ich, ganz in schwarz, langhaarig und bärtig, von den hochhackigen Cowboyboots bis zum Kniff in der Hutkrone eine (damals noch) bedrohlich wirkende Länge von über 1,90 Meter erreiche. Dazu dann der ebenfalls schwarze Gitarrenkoffer in meiner Hand, der alles Mögliche enthalten kann: Äxte, Macheten und dazu das komplette Sezierbesteck von Jack the Ripper. Dass ich mir manchmal einen roten Schal um den Hals schlinge, um harmloser zu wirken, ganz in der Hoffnung, damit ein wenig Aristide Bruant auf dem berühmten Plakat von Henri de Toulouse-Lautrec zu ähneln, bleibt ohne Effekt. Die mal versteckte, mal offene Feindseligkeit, die mein äußerer Habitus derzeit bei den Leuten auslöst, bewirkt nur, dass ich noch bockiger werde.

Falls Susanne meine – aus meiner heutigen Sicht eher krampfhaften – Selbststilisierungsversuche kritisch sieht, oder auch kommentiert, nehme ich es in meiner Sturheit nicht wahr. Dass es reine Donquichotterie ist, die Anerkennung des Restes der Welt zu meinen Bedingungen erzwingen zu wollen, kann ich nicht einsehen.

Es ist Frühsommer. Das fünfte Waldeck-Festival findet statt. Im Unterschied zu der von mir eher als familiär-harmonisch empfundenen Atmosphäre der früheren Festivals, herrscht diesmal unter den in Rekordzahlen herbeiströmenden Besuchern eine auffällig aggressive Grundstimmung. Angeheizt durch die von überallher angereisten, im SDS organisierten und revolutionär politisierten Studenten zwingen Teile des Publikums einige Sänger mit Störmanövern und der Parole »Stellt die Gitarren in die Ecke und diskutiert« dazu, ihren Bühnenvortrag abzubrechen. Ich selbst bleibe dabei von Störungen weitgehend unbehelligt, aber Hanns Dieter Hüsch erwischt es voll. Ich sitze bei seinem Auftritt direkt vor der Bühne. Hanns Dieter begleitet sich bei seinen gesungenen und auch gesprochenen Texten wie immer auf seiner Philicorda-Orgel. Die Leute mögen Hüsch – eigentlich. Die Stimmung im Publikum ist gut, um dann ganz plötzlich umzuschlagen, als Rolf Schwendter das Podium besteigt, Hüsch in seinem Vortrag unterbricht, sich auf einen Stuhl setzt, ein Mikrofon zu sich heranzieht und Hanns Dieter auffordert, ihm – und auch im Namen des Publikums, das daraufhin dankbar applaudiert – jetzt auf der Stelle ein paar Fragen zu beantworten.

Rolf Schwendter ist Österreicher und hat an der Uni Graz drei Doktorgrade erworben. Weshalb manche Spötter ihn mit »Doktor Rolf, Rolf, Rolf Schwendter« betiteln. Hier auf der Waldeck tritt er als singender »Radikaldemokrat« auf; unter anderem mit einer politisch eingedeutschten Version von »(I Can't Get No) Satisfaction« von den Stones: »Ich bin noch immer unbefriedigt / Die meisten Maturantinnen sind meist auch Masturbantinnen …« Auf einer Kindertrommel schlägt er dazu den Takt, was Martin Degenhardt, Franz-Josefs Bruder, zu der Bemerkung veranlasst: »Tja, Rolf, wenn du dich schon auf Oskar Matzerath mit der Blechtrommel stilisierst, musst du aber auch Fensterscheiben kaputtsingen können.«

Hanns Dieter Hüsch, überrascht und von seinem Wesen her konziliant und vermittelnd, versäumt es, Schwendters Ansinnen auf angemessene

Weise mit den Worten: »Leck mich am Arsch und verpiss dich von meiner Bühne« zurückzuweisen. Er kann aber gar nicht anders, als nachgiebig zu reagieren. Diese auch in seinem Werk spürbare Versöhnlichkeit ist es gerade, mit der er eine Zeit lang bei den sich radikal gerierenden 68ern einen gegen seine Person gerichteten, fast rasend zu nennenden Vernichtungswillen provoziert.

Die Fragen, wie sie Schwendter hier an Hanns Dieter stellt, sind im Grunde Anklagen, und daher gar nicht beantwortbar, und lauten in etwa so: »Glaubst du, mit der inhaltlichen Flachheit deines Vortrags auch nur irgendetwas zu einem Fortschritt auf kulturpolitischer Ebene beitragen zu können?«

Das Publikum applaudiert frenetisch. Hanns Dieter: »Ja ..., doch ... äh ... schon in gewisser Weise ...« Buhrufe im Publikum. Unter der Orgel klemmt Hanns Dieter seine Hände zwischen die Knie, damit man ihr Zittern nicht bemerkt. Ich sehe es aber deutlich. Jetzt steigt auch noch Gerd Wollschon von der Kölner Truppe Floh de Cologne auf die Bühne und sagt:

»Hanns Dieter, nur eine Frage: Bist du Sozialist?« Das Publikum tobt. Hanns Dieter versucht zu antworten: »Äh ... ja ..., ich denke mal ..., irgendwie ..., nicht wahr ...« Wieder Buhrufe und Pfiffe aus dem Publikum.

Gerd Wollschon: »Aber, Hanns Dieter, wenn du behauptest, Sozialist zu sein, dann müsstest du jetzt aber auch ...«

Was Hanns Dieter jetzt aber auch müsste, geht in den stürmischen, Gerd Wollschon geltenden Ovationen seitens des Publikums unter. Noch jemand betritt die Bühne, ein mir unbekannter SDS-Student reißt das Mikrofon an sich, spricht Hanns Dieter sowohl als Künstler wie auch als Person das Existenzrecht ab, beschuldigt ihn des schweren Vergehens der politischen Belanglosigkeit und fordert dafür die Todesstrafe nicht unter drei Jahren. Tosender Beifall. Rufe, wie »hängt ihn auf«, werden nur deshalb nicht laut, weil die Menge Blut sehen will.

Die Befragung Hanns Dieters durch die selbst ernannte Chanson-Polizei hat sich, über das Stadium des Verhörs längst zu einem Tribunal ausgewachsen.

Wieder steigt einer auf die Bühne und nimmt das Mikrofon. Es ist Carl-Friedrich Krüger, Ce-eff genannt, der Gründer und Chef der Kleinkunstbühne

Unterhaus in Mainz. Er ist der Einzige, der hier für Hüsch Partei ergreift. Ce-eff tut es vehement und bezeichnet die Angriffe auf Hanns Dieter, wie auch das Verhalten des Publikums als entwürdigend und niederträchtig. Und das niederträchtige Publikum – wie soll einer das verstehen – jubelt jetzt ihm zu.

Trotz Ce-eff Krügers couragierter Parteinahme für ihn, kriegt Hanns Dieter hier in der Bundesrepublik in nächster Zeit kaum noch ein Bein auf die Erde. Seine schwach besuchten Auftritte werden grundsätzlich gestört. Wenn auch nicht so drastisch wie Hanns Dieter, werde ich selbst bald die Erfahrung machen, dass es schon drei oder vier, nicht selten besoffenen, Störern gelingen kann, das Publikum gegen den Künstler aufzubringen und die Veranstaltung zu sprengen.

Während dieser Phase tritt Hanns Dieter hauptsächlich in der deutschsprachigen Schweiz auf. Hier wird er verehrt. Erst Jahre später bekommt er auch in Deutschland endlich die ihm gebührende Anerkennung.

Ich wohne diesmal auf der Weitscheidt bei der Familie Müller, die ich im Jahr zuvor durch die Zwillinge Hein und Oss Kröher kennengelernt habe. Die Weitscheidt ist ein bewaldetes Plateau oberhalb des Festivalgeländes. Ich frage Jupp Müller, der als Nebenerwerbslandwirt auch Pferde hat, ob ich die falbe Stute, die in seinem Stall steht, mal reiten darf:

»Klar«, sagt Jupp, ohne zu fragen, ob ich überhaupt reiten kann. Ich habe noch nie auf einem Pferd gesessen. Das merkt er schnell, so ungeschickt wie ich mich beim Aufzäumen und Satteln der Stute anstelle. Davon unberührt gibt mir Jupp freundliche Ratschläge:

»Das Tier zieht Luft«, sagt er, »erst mal aufsitzen, einen Moment warten, so und jetzt schnell nachgurten, damit unterwegs der Sattel nicht wegrutscht. Das Bein lang machen, den Absatz tief im Steigbügel halten und ab.«

Im Schritttempo reite ich in den Wald, den steilen Hang hinunter und über den Bach am Fuße der Schlucht. Ich stelle mir vor, wie es wäre, vielleicht mit einem zusätzlichen Packpferd, das mein Instrument und den Seesack trägt, nur noch über Land zu reiten. Ich könnte mal hier, mal da in einem Dorfkrug auftreten, bleiben oder weiterziehen, wo und wann es mir gefällt.

Die Stute fällt in einen leichten Trab, den ich auszusitzen versuche, was mir tatsächlich schon nach ein paar Hundert Metern gelingt. Das Gefühl, auf einem Pferderücken zu sitzen, obwohl ich gar nicht richtig reiten kann, ist überwältigend gut; jedenfalls so lange, bis ich aus dem Wald herauskomme, und mich unmittelbar auf dem offenen Festivalgelände wiederfinde. Ein ganz anderes Gefühl – Panik – droht mich jetzt zu überwältigen. Auf der Bühne spielt das Schnuckenack-Reinhardt-Quintett gerade »Sweet Georgia Brown«. Direkt vor mir auf der etwas abschüssigen Wiese sitzt das Publikum. Über 3000 Menschen, die, als sie mich entdecken, alle gleichzeitig wie auf Kommando die Hälse nach mir recken. Plötzlich als Sensation und Brennpunkt im Fokus einer solchen Menschenmasse zu stehen, erschreckt mich zutiefst. Ich will doch nur … Ja, was denn? Ein bisschen Aufmerksamkeit und wohlwollende Zustimmung, indem ich betont die Gegenwart negiere, mich als eine Figur aus einer früheren Epoche darstelle: als berittener Minnesänger, als D'Artagnan oder als Zorro mit Mantel und Degen.

Aber im Moment fühle ich mich nur als der Ritter von der traurigen Gestalt, bin ich Don Quichotte auf seinem Klepper Rosinante.

Die Sinti-Truppe auf der Bühne spielt immer noch »Sweet Georgia Brown«. Jetzt kommen die Soli. Schnuckenack, die Geige unters Kinn geklemmt, tritt fiedelnd an den Rand der Rampe, will wissen, was da seitlich der Bühne vor sich geht, beugt sich vor, sieht mich. Den Vortrag eines Künstlerkollegen stören, ihm die Schau stehlen, das ist fies. Das habe ich nicht gewollt. Wenn ich das hier einigermaßen heil überstehe, muss ich mich nachher bei ihm entschuldigen.

Gestalten mit Fotoapparaten in den Händen lösen sich vom Rand der Menge, kommen auf mich zu. Sie rennen, umringen mich, rufen, schreien, knipsen mit und ohne Blitzlicht. Das wird selbst meiner gutmütigen, nervenstarken Stute zu viel. Sie tänzelt nervös, dreht sich im Kreis. Um Himmels willen, wenn das Pferd jetzt auch noch steigt, bin ich geliefert. Ich werde mich nicht im Sattel halten können. Was für eine Blamage.

Aber ich habe Glück. Ich reite, ohne vom Pferd zu fallen, zurück in den Wald.

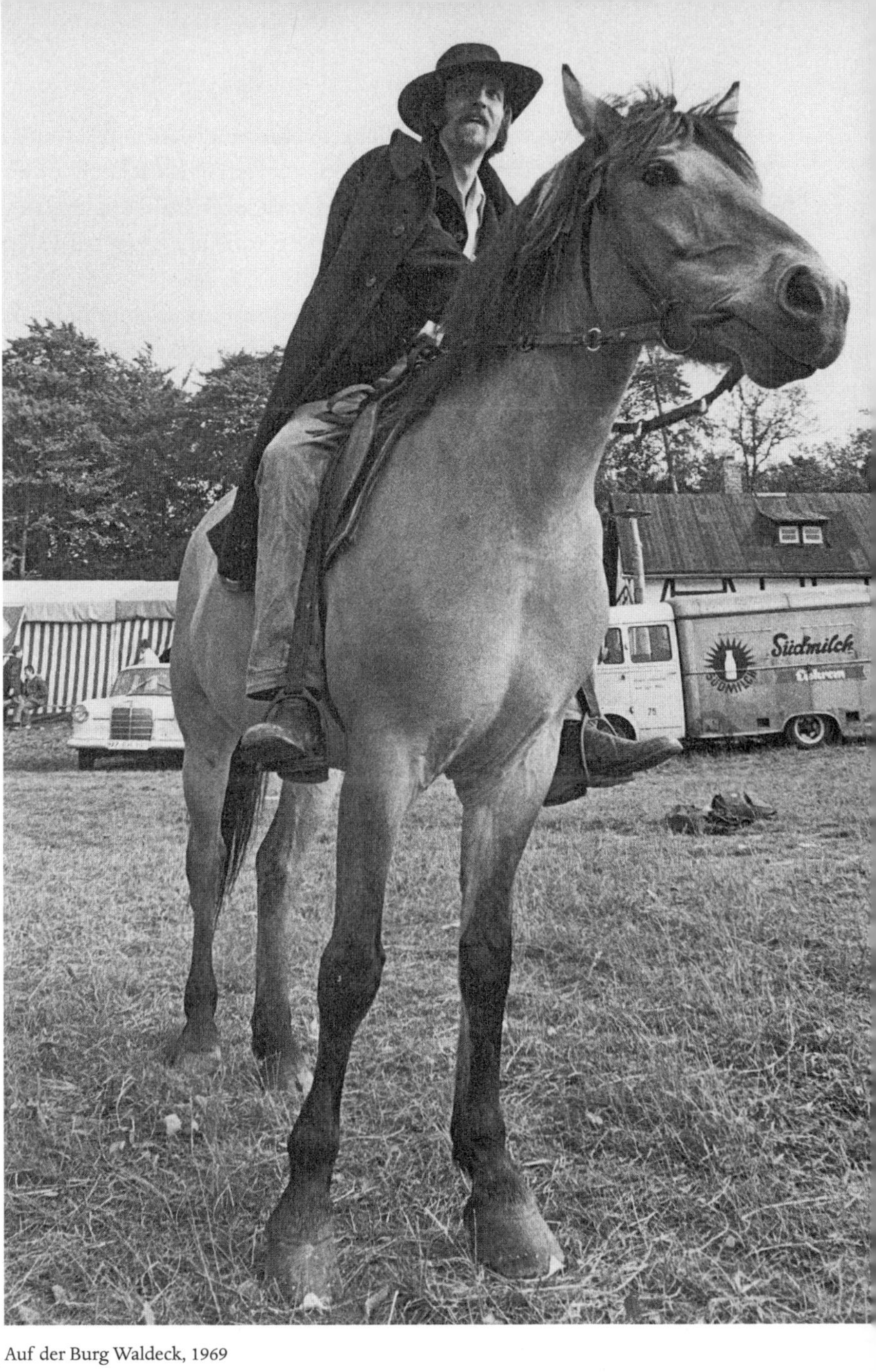

Auf der Burg Waldeck, 1969

Den Traum, den Gedanken, den Plan, als Sänger zu Pferde von Ort zu Ort zu reiten, statt per Bahn oder Autostopp zu reisen, gebe ich schnell als undurchführbar wieder auf. Schade. Stattdessen leiste ich mir selbst den Schwur – und halte mich später auch daran –, erst richtig reiten zu lernen und danach den Führerschein zu machen.

Dass ich mit meiner Kleidung ständig Aufsehen errege, empfinde ich, inzwischen wieder in Berlin, doch als zunehmend anstrengend. Einmal stehe ich nachmittags im Kreuzberger Postamt vor dem Schalter in einer Warteschlange. Hinter mir Rentner, vor mir Rentner. Die Frau hinter mir boxt mir in den Rücken und schreit:

»Wat fällt'n dir ei-en? Erst vordrängeln und dann noch 'nem alten Menschen wie mir uff de Beene trampeln?« (Zu Füßen sagt der Berliner »Beene«.) Das ist das Signal. Mit Schirmspitzen piksen und mit Krückstöcken prügeln die Alten auf mich ein: »Jawoll, immer feste druff, nüscht wie dotschlaren det Schwei-en!«, brüllt einer.

Nicht, dass mich ein solches Erlebnis von meinem Stil abbringt. Natürlich trage ich weiterhin lange Haare und Bart. Nur Hut und Cape nun etwas seltener.

Erster Plattenvertrag

Die meisten meiner Liedermacherkollegen, die ich von der Waldeck her kenne, haben längst einen Plattenvertrag und mindestens schon eine LP rausgebracht. Degenhardt und Süverkrüp sowieso. Sogar Hüsch, trotz oben beschriebener Anfeindungen. Schobert und Black haben einen, Mossmann, Stählin, Reinhard Mey. Dass nur ich noch keinen habe, stört mich nicht. Das wird schon noch.

Nicht, dass mich nicht hin und wieder Leute ansprechen, die mich »groß rausbringen« wollen – in ihrer Mehrzahl Spinner und Schwätzer.

Dann bekomme ich einen Anruf von Walther Richter. Er ist der Schallplattenproduzent von Reinhard Mey, dem er gerade einen Plattenvertrag mit einer kleinen Firma vermittelt hat, deren unangefochtener Star Reinhard für Jahrzehnte bleiben wird. Reinhard hat Walther von mir erzählt, ihm Lieder von mir vorgesungen und ihm meine Telefonnummer gegeben.

In der zweiten Etage eines verlassenen Fabrikgebäudes Nähe Wittenbergplatz hat Walther Richter – er ist ständig mit einem Lötkolben an den Geräten zugange – ein provisorisches Tonstudio eingerichtet. Auf »Schnürsenkel«, das ist im Studio die Bezeichnung für ein Tape von einem Viertel Zoll Breite, nehmen wir ein »Demo« von meinen zwölf Liedern auf. Ein Demo dient als akustische Skizze, die den Plattenfirmen vorgeführt wird, um sie für den Künstler und sein Produkt zu interessieren. Walthers Tochter Ingrid ist praktischerweise Musikverlegerin und nimmt meine zwölf Titel in Verlag.

Walther Richter klappert mit dem Demo meiner Werke sämtliche Plattenfirmen ab. Er gibt sich ehrlich Mühe, mich und meine Lieder bei einer dieser Firmen unterzubringen, wird aber überall abgeschmettert.

Dass Walther Richters Bemühungen scheitern, für das »Produkt Wader« einen Abnehmer zu finden, ist schade, juckt mich aber nicht weiter. Ich behalte meine »das wird schon noch«-Haltung bei. Zu Recht. Der Südwestfunk Baden-Baden veranstaltet eine Livesendung mit Chansons und Folklore. Neben meinen Freunden von der Waldeck bin auch ich dabei.

Im Sendesaal sitzt unter den Zuhörern Knut Kiesewetter. Er hat in einem der benachbarten Fernsehstudios des SWF eine Jazzsendung moderiert und jetzt den Abend frei. Am Ende der Sendung, wir sind gerade dabei, backstage unsere Instrumente einzupacken, höre ich, wie Knut von der Hinterbühne aus – ohne ihn zu sehen, erkenne ich ihn gleich an der Stimme – sich nach mir durchfragt. Ich gehe auf ihn zu und begrüße ihn. Knut kommt gleich zur Sache. Meine Lieder hätten ihm gefallen und ob es die schon auf Platte gäbe. Wenn nicht, würde er gerne als mein Produzent eine LP mit mir aufnehmen.

Anders als beim Film, wo der Produzent lediglich die Funktion des Geldgebers ausübt, übernimmt der Schallplattenproduzent die künstlerische Leitung der Tonaufnahmen im Studio.

Ich erzähle ihm von Walther Richters gescheiterten Versuchen in dieser Richtung. Knut winkt ab und sagt: »Komm, wir gehen noch einen trinken, dann reden wir weiter.«

Wir ziehen zusammen bis drei Uhr nachts um die Häuser. Von Bar zu Bar. Knut zahlt die Zeche. Wir wohnen im selben Hotel. Ein Haus mit Tradition. Hier bringt der SWF alle seine auswärtigen Gäste unter.

»Weißt du was, Hannes«, sagt Knut, als uns der Nachtportier die Zimmerschlüssel aushändigt, »falls wir uns morgen beim Frühstück nicht sehen, kannst du mir deine Adresse an der Rezeption hinterlassen.«

Mein Zimmer liegt im ersten Stock. Die Glastür zum Balkon nach Osten raus steht einen Spalt breit offen. Umrankt von einer alten Glyzinie, die in selten üppiger Nachblüte steht. Es ist Sommer. Die Nachtluft draußen, jetzt kurz vor dem Morgengrauen, immer noch lau und mild. Ich werde die Nachttischlampe löschen, mich raussetzen, warten und mir den Sonnenaufgang angucken.

Da raschelt was im Blauregenlaub. Die langen Blütendolden schwanken – aber nicht im Wind. Es ist, wir kennen uns bisher nur flüchtig von der Waldeck her, Martin Degenhardt. Er ist an der Glyzinie raufgeklettert, auf den Balkon gestiegen und steht jetzt in meinem Zimmer.

»Du hast 'ne Minibar hier drin«, sagt er, »in meinem Hotel hab ich keine.«

Während ich mit Knut Kiesewetter unterwegs war, hat Martin, der während der Sendung als Gast im Publikum saß, mit meinen Kollegen und Freunden den Abend in irgendeiner Kneipe verbracht. Der Sonnenaufgang lässt noch auf sich warten. Wir setzen uns raus auf den Balkon, bedienen uns aus meiner Minibar. Martin weiß viel. Auch über Baden-Baden. Ich kann nur staunen, als ich höre, dass fast alle berühmten, von mir geliebten russischen Dichter des 19. Jahrhunderts – von den großen Musikern und Komponisten mal ganz zu schweigen – die Stadt besucht und zum Teil hier gelebt haben. Vielleicht sogar in diesem Hotel, in diesem Zimmer. Ich spreche, als der Morgen graut, noch einmal ehrfürchtig ihre Namen laut aus: Fjodor Michailowitsch Dostojewski, Nikolai Wassiljewitsch Gogol, Iwan Alexandrowitsch Gontscharow, Lew Nikolajewitsch Tolstoi, Iwan Sergejewitsch Turgenjew.

Die Sonne geht auf. Wir sind müde. Martin lädt mich ein, ihn in Mainz zu besuchen, wo er mit seiner Frau Trude und seiner drei Jahre alten Tochter Annette lebt. Ganz langsam und hoch konzentriert macht er sich an den gefährlichen Abstieg über Balkon und Glyzinie und kommt heil unten an.

Um zwölf Uhr mittags, ich hätte gern noch länger geschlafen, weckt mich ein Anruf von der Rezeption: Ich müsse entweder innerhalb der nächsten halben Stunde auschecken oder den Zimmerpreis für eine weitere Nacht entrichten. Mir bleibt kaum Zeit zu duschen und zu packen. Martin und ich haben die Minibar so gut wie leer getrunken. Beim Bezahlen überlege ich kurz, Knut Kiesewetter, der noch für einen weiteren Drehtag in Baden-Baden bleibt, meine Berliner Adresse dazulassen; entscheide mich dann aber dagegen. Aus meiner Zeit als Amateurjazzer empfinde ich immer noch Respekt vor Knut als Posaunist und Jazzsänger. Ich halte ihn für hochmusikalisch. Doch ich zweifle an der Seriosität seines Interesses an mir und meinen Liedern. Wenn er es ernst meint, soll er doch meine Adresse selbst rausfinden. Ich denke nicht weiter darüber nach.

Wieder in Berlin knapp eine Woche später, klingelt mein Telefon. Knut ist dran. Ich habe ihn falsch eingeschätzt und muss ihm (zumindest in Gedanken) Abbitte leisten. Knut fragt:

»Warum hast du mir deine Adresse nicht im Hotel hinterlassen?«

Ich antworte: »Ich war an dem Morgen noch besoffen, hab's vergessen.«

»Egal«, sagt Knut, »ich kann hier in Hamburg für übermorgen einen Studiotermin kriegen. Am besten, du nimmst'n Flieger und kommst morgen schon. Pennen kannst du bei mir, ich hab hier 'ne kleine Wohnung direkt neben der Uni.«

Ich sage: »Der Flug Tempelhof-Fuhlsbüttel kostet 90 Mark, die hab ich nicht.«

Darauf Knut: »Die 90 Mark würde ich dir ja schicken. Per Postanweisung, aber das dauert zu lange. Borg dir die Kohle irgendwo.«

Als unzuverlässiger Schuldner bekannt, borgt mir hier in Berlin keiner mehr gern was. Da fällt mir ein, ich trete ja heute Abend noch in allen drei Klubs nacheinander auf. Gilbert im Danny's Pan, Christof im Steve Club, Jo im Go-In, alle drei zahlen mir neben der Abendgage einen Vorschuss auf meinen nächsten Auftritt. Das macht zusammen 120 Mark. Ab nach Hamburg.

Knut hat das Windrose-Studio für einen Tag gemietet. Wir kommen vormittags gegen elf Uhr dort an. Der diensthabende Tontechniker stellt die Mikrofone auf. Eins für die Stimme, eins für die Gitarre. Der Soundcheck dauert eine Weile. Das ist gut so, ich singe nicht gerne schon vor dem Mittagessen. Der Tonmann verschwindet im Regieraum, schaut mir durch das schalldichte Sichtfenster zu und kommuniziert mit Knut über Lautsprecher. Der Toningenieur ist daran gewöhnt, Künstler wie Freddy Quinn, Rudi Schuricke, Caterina Valente mit Band oder James (Hansi) Last mit Orchester aufzunehmen. Eine Sängerin oder einen Sänger, der sich allein mit der Gitarre begleitet, hat er in seinem Studio noch nie erlebt. Und dann auch noch diese Lieder. Er macht zwar seine Arbeit, aber was er da von mir zu hören bekommt, beleidigt ihn. Während der gesamten Aufnahme weicht nicht für einen Moment der Ausdruck von Befremdung aus seiner Miene. Ich kenne das. Viele Leute über dreißig gucken so, wenn sie meine Lieder hören.

Knut lässt mich machen. Er unterbricht mich nur selten, um eine »saubere Intonation« anzumahnen. Was er mit Intonation meint, wird mir erst später klar, ich singe einfach drauf los. Ich singe und spiele in der Rekordzeit von nur sechs Stunden alle meine zwölf Titel ein. Und nicht als Demo, sondern als komplett abgemischtes Mastertape, bereit fürs

Plattenpresswerk. Wir haben auch schon einen Plattentitel: »Hannes Wader singt« soll die Scheibe heißen. Knut Kiesewetter als Eigentümer der Produktion, er hat alle Kosten übernommen, braucht jetzt nur noch eine Schallplattenfirma, die Wader haben will – und er findet eine, die meine erste LP in Lizenz nimmt. Wie Knut das angestellt hat, habe ich anlässlich des Wiedererscheinens der über eine längere Zeit nicht erhältlichen Aufnahme schon einmal geschildert. Hier ein Auszug (leicht verändert) aus dem Begleittext zur Neuveröffentlichung meines »Erstlings« im Jahre 2000:

Knut ist von dem Produkt sehr überzeugt und putzt Klinken bei allen großen Plattenfirmen. Schön, jemanden zu haben, der einem das abnimmt. Alle winken ab. Bei der (Philips)-Phonogram schließlich (der Laden wurde im Zuge der Globalisierung von einem noch größeren Konzern geschluckt und hat deshalb heute einen anderen Namen) gelingt es ihm, die Veröffentlichung seiner Bänder bei einem der Unterbosse, der die Stallwache hält, die anderen sind alle in Urlaub, quasi zu erzwingen:
»Wenn ihr Wader nicht nehmt, kriegt ihr von mir keine zweite Witzplatte!«
Knut hat dort bereits eine LP mit Witzen herausgebracht, die beträchtliche Verkaufszahlen erzielt. Jener nette Mensch wird von seinen Kollegen, als sie aus dem Urlaub kommen, fertiggemacht:
»Wie konntest du uns derart in den Rücken fallen? Diese ganze Wader-Scheiße hatten wir doch schon mal (siehe Walther Richter) auf dem Tisch und einstimmig abgelehnt. Kein Mensch will diesen Mist hören!«

Das Album erscheint. Es kostet die Firma Pfennigbeträge. Ein bisschen Vinyl, die Pressung und die Pappe fürs Cover, das ich selbst – schließlich bin ich Grafiker – kostenlos entwerfe. Für Werbung wird keine Mark ausgegeben. Dabei geht es der Branche gut. Spesen in astronomischer Höhe werden widerspruchslos (und ungeprüft) abgerechnet. Für Journalisten, die in ihren Artikeln nur den Firmennamen erwähnen, gibt es Gratis-Puffbesuche; für lobende Artikel Weltreisen für zwei Personen oder wahlweise ein VW-Cabrio.

Einem Debütanten, gut beworben, der zu jener Zeit innerhalb eines Jahres auf 3000 bis 4000 verkaufte Exemplare verweisen kann, ist ein mehrjähriger

Vertrag sicher. Für ein unerwünschtes, nicht promotetes Produkt ist der Verkaufserfolg von »Hannes Wader singt« überwältigend. Es werden binnen weniger Monate mehrere Zehntausend Scheiben abgesetzt, auch meine Plattenbosse sind überwältigt. Aber ins Unrecht gesetzt? I wo! Jetzt haben sie es auf einmal alle immer schon gewusst, und jedem kommt das Verdienst zu, mich entdeckt zu haben. Wohl nie hat ein Erfolg so viele zeugungsunfähige Väter gehabt. Immerhin komme ich so zu einem langfristigen Plattenvertrag.

Knut Kiesewetter hält Wort und nimmt eine weitere Witzplatte auf. Ich meinerseits verpflichte mich vertraglich, jedes Jahr eine LP mit neuen Liedern abzuliefern. Damit setze ich mich selbst unter Produktions-

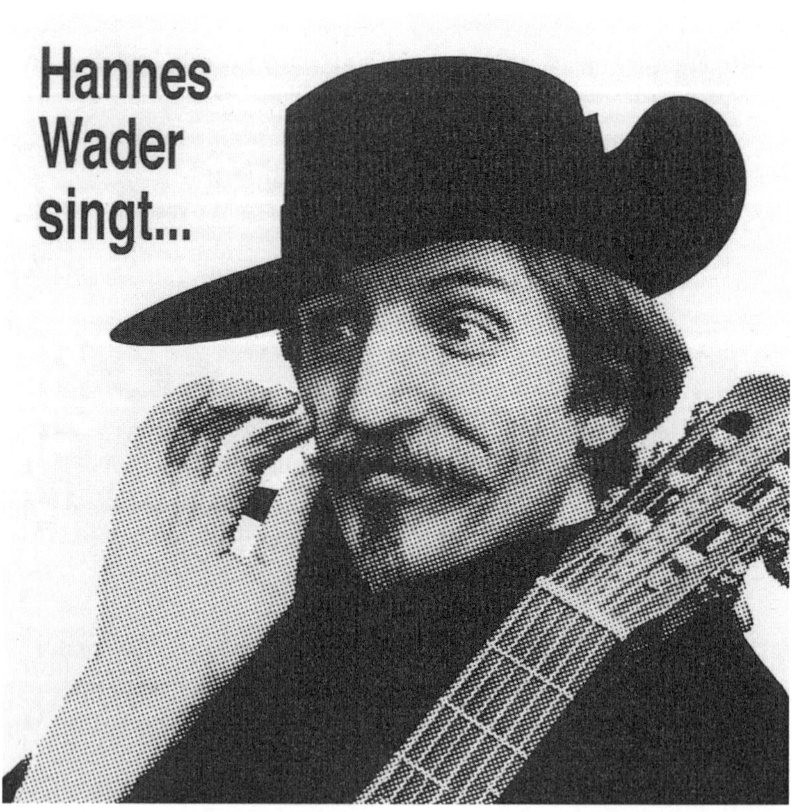

»Hannes Wader singt«, 1969

zwang. Wie ich das schaffen soll, so langsam, wie ich arbeite, weiß ich nicht. Aber ich denke an eine Unterhaltung spät nachts auf dem letzten Waldeck-Festival, mit dem von mir so sehr bewunderten Franz Josef Degenhardt, den seine Freunde, zu denen ich mich jetzt auch zählen darf, »Karratsch« nennen. Karratsch sagt – ich habe immer noch seine Worte im Ohr: »Hannes, du musst jeden Monat mindestens ein Lied schreiben«.

Die Lieder, die ich in Zukunft binnen Monatsfrist zu schreiben imstande sein werde, lassen sich an einer Hand abzählen.

Zwar nicht vertraglich vereinbart, aber seitens der Firma dringend erwünscht: In Hinblick auf einen den Plattenverkauf fördernden Hörfunkeinsatz sollte die Länge des einzelnen Liedes zweieinhalb bis drei Minuten nicht überschreiten und textinhaltlich den »Baby, don't leave me alone«-Themenkreis einer Liebesschnulze möglichst nicht verlassen. Was darüber hinausgeht, gilt als nicht sendbar. Ich beschließe – und werde mich von nun an immer daran halten –, beim Liederschreiben niemals kaufmännische Aspekte zu berücksichtigen. Scheiß auf Kommerzialität. Scheiß auf Sendbarkeit. »Der Tankerkönig« zum Beispiel ist mit seinen mehr als 13 Minuten Länge (und auch aufgrund seines anarchistischen Inhalts) nie im Radio gespielt worden. Schon aus reinem Trotz werde ich in der Folge viele extralange Lieder schreiben und auf Platten einsingen. Und sollten die sich dennoch gut verkaufen, glücklicherweise tun sie das dann auch, umso besser.

Wurden meine Songs bisher nur im WDR und SWR gespielt, bringen jetzt, seitdem meine erste Platte draußen ist, auch die restlichen sieben der neun öffentlich-rechtlichen Sender, private gibt es noch nicht, hin und wieder eines meiner (kürzeren) Lieder; was meinen Bekanntheitsgrad bei den Hörern so nach und nach spürbar steigert.

Jedes Jahr ein Album mit neuen Liedern aufnehmen zu müssen, fällt mir schwer, aber ich schaffe es dann doch – aber gerade so eben.

Zwischen den Bossen und Mitarbeitern der Plattenfirma und mir baut sich kein herzliches Verhältnis auf. In meinem oben schon in Auszügen zitierten Booklet-Begleittext heißt es an anderer Stelle:

So, wie der Gast der natürliche Feind des Kellners, ist der Künstler der natürliche Feind aller großen Plattenfirmen und ihrer Ober- und Unterbosse. Ich will sie nicht, sie wollen mich nicht. Aber kleine schnuckelige Independent-Labels wie dieses hier (»H. W. singt« erscheint 2000 als Neuauflage bei Conträr Musik in Lübeck), gibt es damals noch nicht.

Das mag ein bisschen übertrieben klingen. Wahr bleibt, dass im Grunde kaum jemand in der Firma so recht was mit mir anfangen kann. Aber sie müssen sich mit mir arrangieren – ich mache nämlich Umsatz, und allein das zählt auch hier in dieser Branche.

Parallel zu meiner jetzt stetig wachsenden Bekanntheit im deutschsprachigen Raum und in Berlin sowieso wächst auch die meiner oben schon benannten Berliner Freunde und Kollegen. Katja Ebstein, Ulrich Roski, Schobert & Black, Ina Deter, Susanne Tremper, Insterburg & Co, Reinhard Mey und ich – wir bilden quasi den Kern der von Walter Mossmann so bezeichneten »Berliner Blase« (falls Blasen überhaupt Kerne haben). Von den hier genannten neigen nur die »Insterburger« zu einem ähnlich ausschweifenden Nachtleben wie ich. Wir sehen uns fast jede Nacht in irgendeiner Kneipe in Kreuzberg, Charlottenburg, Schöneberg oder sonst wo. Wir begegnen uns sogar manchmal zufällig, wenn wir in Westdeutschland getrennt zu Auftritten unterwegs sind. Außerdem unterschreiben Insterburg & Co kurz nach mir einen Plattenvertrag bei der Phonogram in Hamburg, wo wir in derselben Abteilung landen. Sogar einen oder auch zwei Fernsehfilme drehen wir während dieser Zeit gemeinsam.

Getrieben

Die »Internationalen Essener Songtage« sind ein noch nie dagewesenes und unwiederholbares Spektakel. Ich bin dabei, kann mich aber an meinen Auftritt dort nicht mehr erinnern. Über 200 internationale Künstler aller U-Musikrichtungen, einige davon weltberühmt, wie Frank Zappa und The Mothers of Invention, nehmen daran teil. Ich fahre mit dem Taxi zum Hotel an der Gruga. Der Fahrer sagt:

»Mann, da is ja jetzt wat los, in allen Sälen gleichzeitig. Sie sind doch Musiker, machen Se da auch mit? Neulich war Zarah Leander da, die muss doch schon bald achtzig sein, kann auch nich' genug kriegen, die alte Scharteke. Wasser inne Beine bis an'n Hals, aber immer noch aufe Bühne!«

An der Hotelrezeption treffe ich den »Father of British Blues«, Alexis Korner, der auch gerade eincheckt. Wir sind einander auf Anhieb sympathisch. Solche Momente – so selten sie sind – werde ich auch mit anderen Menschen immer mal wieder erleben; ebenso wie das Gegenteil davon: Hass auf den ersten Blick. Später in der Nacht besucht mich Alexis, der perfekt deutsch spricht, auf meinem Zimmer. Wir rauchen beide exzessiv, bedienen uns aus der Minibar, erzählen uns was. Die Tür geht auf, Alexis' komplette Band stürmt ins Zimmer. Sie springen zu viert auf mein Bett wie auf ein Trampolin. Der Drummer nimmt ein Bild von der Wand und lässt es aus dem Fenster segeln. Der Keyboarder springt vom Bett und wuchtet den Fernseher aufs Fensterbrett, will ihn rausschmeißen. Alexis springt auf und kann es noch soeben verhindern. Den Jungs wird es langweilig. Sie verlassen mein Zimmer und poltern noch eine ganze Weile lang durch die Hotelflure. Hotelsuiten zerlegen, ist derzeit »Rockkultur« und muss sein.

Jahrzehntwende. Beim Übergang der wilden Spätsechziger in die Siebziger überstürzen sich die Geschehnisse in unverminderter Rasanz, verquirlen, vermengen sich wie in einem riesigen Mixer – und für mich ununterscheidbar: kulturell und politisch Hochrelevantes mit modisch Belanglosem und intim Privatem. Susanne und ich ziehen zusammen.

Eine Kollegin Susannes verschlägt es mit ihrem Mann nach Hannover, und wir können ihre Wohnung in Charlottenburg übernehmen. Sie besteht aus einem großen, hohen, ölofenbeheizten Raum. In einer Ecke wurde in Eigenbau eine Zwischendecke eingezogen, auf der Matratzen für Übernachtungsgäste liegen. Darunter ist ein Duschraum mit Klo installiert mit einer Kochnische daneben. Außerdem gibt es einen, natürlich auch selbst gezimmerten, begehbaren Kleiderschrank (den Susanne gleich für sich beansprucht) mit einem Doppelhochbett obendrauf. Ein Domizil, verglichen mit dem, was ich so gewohnt bin, geradezu luxuriös.

Seit ihrem Debüt ist Susanne festes Ensemblemitglied des Schillertheaters, spielt verschiedene, darunter etliche tragende Rollen. Zu der Zeit wird sie auch zum ersten Mal, es werden später noch viele Nominierungen folgen, von der Zeitschrift »Theater heute« zur Schauspielerin des Jahres gekürt.

Im Zusammenleben mit Susanne wird mir noch mal mehr deutlich, über wie viel Energie und Disziplin diese zierliche Person verfügt. Ich bin ein Chaot. Susanne dagegen achtet auf sich. Sie studiert ausdauernd und konzentriert ihre Rollen, macht regelmäßig, Fitnessstudios gibt es noch nicht, gymnastische Übungen. Sie schläft ausreichend, ernährt sich ausgewogen und gesund, raucht nicht, trinkt kaum Alkohol. Erlebe ich Susanne und ihre Organisiertheit manchmal als lebenden Vorwurf? Bin ich vielleicht sogar neidisch? Susanne meint: ja; ich meine: nein. Ich bewundere sie doch nur. Streiten wir uns oft? Für sie gäbe es Gründe genug, unzufrieden mit mir zu sein. Ich bin jetzt mehr als je zuvor – zwar immer noch Geheimtipp, aber doch zunehmend gefragt – in der ganzen Bundesrepublik und im deutschsprachigen Ausland unterwegs. Und wenn ich dann schon mal in Berlin bin, behalte ich meine Gewohnheit bei, mich nachts in irgendwelchen Kneipen bis zum Morgengrauen volllaufen zu lassen. Aber Susanne hat Erfolg, hat ihren Weg gefunden, lässt sich von mir nicht aus dem Tritt bringen.

Dass die SPD regiert, Willi Brandt Bundeskanzler ist und »mehr Demokratie wagen will«, nehme ich nur als einen der vielen Ereignisfetzen wahr, die – so kommt es mir vor – mir nur so um die Ohren fliegen. In den längst überfälligen Bruch alter Tabus und die Infragestellung überkommener, von vielen nur noch als unerträgliche Zwänge empfundene Werte mischt sich viel Diffuses und übertrieben Abwegiges. Dabei sympathisiere ich durchaus mit den im Kern studentischen, antiautoritären Bewegungen und ihren Zielen. Sie alle wollen sich selbst, die Menschheit, die ganze Welt von der Herrschaft des Menschen über den Menschen befreien. Sie wollen gesellschaftliche Anpassungszwänge, Konsumterror, beruflichen Leistungsdruck, repressive Kindererziehung und vieles mehr bekämpfen; auf Gewalt und Unterdrückung basierende Machtstrukturen abschaffen und gleichzeitig alle Kriege für immer beenden. Das sind, und bleiben es auch, Ideen und Aktionen »kleiner radikaler Minderheiten«.

Als Andreas Baader, gewaltsam aus dem Gefängnis befreit, mit Ulrike Meinhof, Gudrun Ensslin, Horst Mahler und anderen die RAF gründet mit dem Ziel, das »protofaschistische bundesrepublikanische Herrschaftssystem« zu zerschlagen, verwandelt sich die natürliche Abscheu der Bevölkerungsmehrheit gegen alles, was sie für »links« hält in blanken Hass. Immerhin sympathisiert mit den Theorien und Absichten dieser sich revolutionär gebenden studentischen Randgruppen inzwischen eine beträchtliche Anzahl von bereits etablierten, also dem bürgerlichen Milieu zuzurechnenden Kulturschaffenden und Intellektuellen. Sie verspüren das dringende Bedürfnis, sich in den Prozess der doch so notwendigen politischen Umwälzungen, vor allem der Beendigung der Kriegsgräuel in Vietnam aktiv einzubringen. Aber wie? Sie sind darin ungeübt und unerfahren, befinden sich in einer neuen, noch nie dagewesenen Situation. So kommt es bei manchen zu ebenso gut gemeinten wie absurden Handlungen. Zum Beispiel bei der Premiere einer Aufführung von »Don Karlos« am Schillertheater, so erzählt es mir Susanne, schmettert der Kollege in der Rolle des Marquis von Posa dem König (sich ihm zu Füßen werfend) ein donnerndes:

»Sire, geben Sie Gedankenfreiheit … in Vietnam!« entgegen.

Das derzeit aggressiv gereizte gesellschaftliche Klima wirkt sich auch auf mich und mein Liedschaffen aus. Mich wurmt es, dass sich in den sich stetig vergrößernden Chor der mich Bestätigenden und Anerkennenden einzelne Stimmen mischen, die in meinen Liedinhalten jene »politisch fortschrittliche Relevanz« vermissen, wie sie sich zum Beispiel in den Songs von Süverkrüp, Mossmann und Degenhardt findet.

Dass alle, außer mir, wieder mal wissen, wo es langgehen soll, macht mich wütend. Und es schleicht sich in meine Texte wie in meine Stimme ein hörbar zorniger und zänkischer Unterton. In einigen Liedern, zum Beispiel in »Langeweile«, »Arschkriecherballade« und »Der Tankerkönig«, nehme ich die Position eines desorientierten Losers ein (was meinem tatsächlichen Grundgefühl zum Teil durchaus entspricht). Ich arbeite an meiner zweiten LP. In deren Titelsong »Ich hatte mir noch so viel vorgenommen« stelle ich mich als Freak dar, der an der Realität, die ihn umgibt, scheitert. Und rufe damit bei meinem Publikum widersprüchliche Reaktionen hervor. In der Rolle, die ich in meinem Talking Blues »Das Schwein Monika« einnehme, präsentiere ich mich dann als endgültig durchgeknallt. Das Stück kommt bei meinem Publikum zwar mehrheitlich gut an, aber schon gleich nach seiner Veröffentlichung werde ich von der neuen deutschen, sich aus den Sechzigern herausschälenden Frauenbewegung scharf angegriffen. Hier der Inhalt des Songtextes kurz skizziert: Ich halte ein Schwein auf meinem Balkon – Monika. Damit die Sau nicht in der eigenen Jauche ertrinkt, gurte ich sie auf einem Sessel fest, verkaufe ihren Mist als Dünger an Kleingärtner – mache also aus Scheiße Geld. Monika wird von »Frau Klotzkes« Dackel vergewaltigt, den die Nachbarskinder (»Eene, meene, mackel, die Sau macht's mit 'nem Dackel«) vom Balkon über uns – zwecks Zeugung eines »Schweinehundes« – an einem Strick herunterlassen. Ihren ersten Geburtstag feiern Monika und ich mit viel Schnaps. Als ich eine Platte auflege, bekommt Monika einen Tobsuchtsanfall, stürzt mitsamt dem Balkon in die Tiefe und muss wegen innerer Verletzungen und Alkoholvergiftung notgeschlachtet werden. Von Monikas Tod erschüttert, »... wollte ich mir schon – so lautet der Schluss – ein neues Schwein anschaffen, aber der Gedanke daran hat alles Vergangene wieder in mir aufgerührt. Stattdessen habe ich mich für eine mittelschwere Frau entschieden. Der Balkon ist bereits repariert, und frisches Stroh habe ich uns auch schon besorgt.«

Auwei! Noch ekliger und frauenfeindlicher geht's nicht. Die Feministinnen haben recht. Beim Versuch, mich vor mir selbst zu rechtfertigen, sage ich mir: »Der Song handelt von einem total bekloppten Typen. Wer sonst würde sich ein Schwein auf dem Balkon halten? Nur ein zerrüttetes Hirn kann solche kranken Ideen ausbrüten und dann auch noch in die Tat umsetzen – das werde ich doch noch in einem Songtext thematisieren dürfen? In meiner Haltung dennoch verunsichert, streiche ich bald darauf »Die Sau Monika« für immer aus meinem Programm.

Die Frage, ob meiner eigenen Fantasie als Autor solcher Lieder etwas Krankhaftes anhaften könnte, stellt sich mir dabei nicht. Meine Fantasie wird nie kränker sein als der jeweils herrschende Zeitgeist; der allerdings ist, wie ich heute weiß, wirkungsmächtiger, als ich es damals wahrhaben will. Dem Zeitgeist entkommen? Keine Chance. Auch wenn ich mir einbilde, mich erfolgreich gegen ihn zu stemmen, bleibe ich, ohne es zu merken, im Sog seiner Unterströmungen gefangen. Die Herabsetzung der Ekelschwelle – Otto Muehl lässt grüßen – ist nur eine davon. Rassismus, Antisemitismus, Frauenfeindlichkeit dagegen, bilden die sich immer wieder selbst recycelnde Grundausstattung des Zeitgeistes aller Epochen. Und obwohl mein wachsender Erfolg es mir deutlich machen sollte, dass ich mit meinen Liedern dem Zeitgeist ungewollt entspreche, kann ich das zu der Zeit noch nicht erkennen. Da ist John Lennon (ein Genie eben), auf das Thema Frauenfeindlichkeit bezogen, schon weiter. Wohl nicht zufällig schreibt er zu diesem Zeitpunkt mit Yoko Ono an »Woman is the Nigger of the World«.

Die Studentenbewegung verebbt. Der SDS und die APO lösen sich auf. Die sogenannten K-Gruppen bilden sich – kommunistisch, marxistisch, maoistisch, stalinistisch, leninistisch ausgerichtet, stehen sie einander feindlich gegenüber.

Die Stunde der Gurus und Propheten hat geschlagen. Charismatische Anführer wie Bhagwan und auch vom Schlage eines Charles Manson, sammeln Scharen von Anhängern um sich. Die Hippiebewegung mit ihrem Motto »make love, not war« bleibt weiterhin, auch nachdem sie mit dem legendären Woodstock-Festival ihren musikalischen Höhepunkt erreicht hat, prägend für die internationale Jugendkultur. Und nicht nur die Hippies folgen massenhaft dem von ihnen kultisch verehrten Timothy Leary in den LSD-Himmel psychedelischer Ekstasen.

Ich selbst mache ebenfalls Bekanntschaft mit den verschiedensten Drogen, mit denen inzwischen an jeder Ecke gedealt wird. Mein Freund und Kollege Horst Koch lebt erst seit Kurzem in Berlin, schreibt und singt schauerlich lustige Lieder, die unter anderem von Vampiren handeln, und wird zu den damals sogenannten Blödelbarden gezählt. Horst will mich – er selbst schwört darauf – von der bewusstseinserweiternden und die Kreativität freisetzenden Wirkung von LSD, Meskalin, Kokain und Cannabis überzeugen. Eines Nachts im Go-In nach meinem Auftritt dreht Horst backstage einen Joint mit »schwarzem Afghan« und reicht ihn mir rüber. Ich nehme einen tiefen Zug, den ich ein paar Sekunden in der Lunge behalte. Zum Ausatmen komme ich gar nicht erst. Mir wird schwarz vor Augen, ich sacke zusammen, bleibe eine halbe Minute lang bewusstlos auf dem Fußboden liegen, rapple mich dann wieder hoch und weiß, ich werde nie wieder an einem Joint ziehen, nie wieder kiffen. Irgendwann lässt Horst mich Kokain schnupfen, versetzt und gestreckt mit etwas, das er Speed nennt. Die Wirkung bleibt schwach. Vielleicht ist die Dosis zu gering. Ich belasse es ein für alle Mal bei diesem einen Versuch (und schreibe stattdessen später ein Lied übers Koksen).

Der LSD-Trip, auf den Horst mich bald darauf schickt, haut schon mehr rein – rasche, brutale Gefühlswechsel zwischen Euphorie und Panik, Hitze und Kälte. Aber auch diesmal bleiben die kreativen Schübe, die ich mir davon erhoffe, aus.

Einmal treffen Horst und ich uns zufällig in Köln. Unabhängig voneinander haben wir beide dort zu tun. Horst nimmt mich mit zu Jens Hagen, bei dem wir übernachten. Jens teilt sich eine Wohnung mit Henryk M. Broder und dessen damaliger Freundin. Jens ist Journalist, Dichter, Fotograf. Er wirkt sensibel und verletzlich auf mich und ist mir sympathisch. Henryk schaut zu uns rein. Er gibt sich, er mag so Mitte zwanzig sein, beeindruckend alert und kämpferisch mit seinen dunklen, leidenschaftlich funkelnden Augen. Henryk gibt mir einige Exemplare der von ihm herausgegebenen Kampfschrift »bubu« zu lesen, in denen er die spießig rigide bundesdeutsche Sexualmoral auf die Hörner nimmt.

An diesem Kölner Abend hat Horst Meskalin dabei und träufelt etwas davon auf Magnesiumtabletten, die er mir – und wohl auch Jens und Henryk – zu schlucken gibt. Ich spüre davon zunächst mal gar nichts. Aber dann entdecke ich an der Zimmerwand ein paar von Jens geschossene Fotos von Henryk in verschiedenen herausfordernden Posen. Die Bilder gefallen mir. Ich ziehe mich nackt aus und fordere Jens auf, von mir ebenfalls Bilder zu machen – und zwar auf der Stelle. Jens nimmt seine Kamera und legt einen frischen Film ein. Ich schlinge mir einen unsichtbaren

Nylonfaden um die Hüften, an dem ich meinen schwarzen Hut, den ich momentan immer aufsetze, befestige. Es soll so aussehen, als würde der über meinem Dödel hängen. Dass ich, der sonst eher zur Prüderie neigt, solche Ideen habe und dann auch noch auf ihre unmittelbare Umsetzung bestehe, bedeutet, dass die Wirkung des Halluzinogens eingesetzt hat – und wie. Jäh fühle ich mich von einer Welle genialer Eingebungen emporgehoben und getragen. Ich schließe mich mit Gitarre, Kladde und Kugelschreiber in einem der Zimmer ein. Ich setze mich hin, schreibe und singe, singe und schreibe. Dann höre ich plötzlich Gerüche, sehe Geräusche, rieche unerträgliche Kopfschmerzen. Die ganze synästhetische Palette flammend greller Farben brennt mir auf der Haut. Ich kriege Sodbrennen, kotze auf den Fußboden. Schwindelanfälle kommen und gehen in Wellen. Die Zimmerwände bewegen sich, wölben sich nach innen, nach außen. Ich durchlebe eine der schlimmsten Nächte meines Lebens – einen Horrortrip, der nicht enden will und der erst im Morgengrauen langsam beginnt abzuklingen, sodass ich endlich einschlafen kann.

Gegen Mittag wache ich auf und lese, was ich in der Nacht in meine Kladde geschmiert habe: unglaublich, der reinste Schrott. Ich wische die Kotze vom Boden und gucke mir eins meiner Aktfotos an, das Jens inzwischen in seiner Dunkelkammer entwickelt hat. Ich finde mich darauf so was von scheiße. Das war's dann wohl mit mir und den Halluzinogenen – und zwar für immer. Was Rauschgifte betrifft, werde ich mich von nun an wieder mehr an Schnaps und Bier halten und nur noch in nüchternem Zustand dichten und komponieren.

Um sie in einen Songtext umzusetzen, reichen mir meine flüchtigen Drogenerfahrungen völlig aus. Für meine dritte LP »Sieben Lieder« schreibe ich später die nachfolgenden Verse. Obwohl das Lied, als Pro-Drogen-Song missverstanden, von keinem Sender gespielt wird und dann auch noch das Wort »Scheiße« drin vorkommt, ist es schon bald nach Erscheinen, auch ohne Airplay, in der subkulturellen Jugendszene erst ein Hit und danach Kult.

Kokain

Ich kam von Frankfurt nach Berlin,
drei Koffer voll mit Kokain,
Cocaine, all around my brain,
Hallo Taxi, schnell zum Ku'damm, Ecke Tauentzien,
meine Frau, meine Kinder schrei'n nach Kokain.
Cocaine, all around my brain.

Oh, oh Mama, komm schnell her,
halt mich fest, ich kann nicht mehr,
Cocaine, all around my brain.

Meine Frau heißt Evelyn,
ich weiß nicht, liebt sie mich oder mehr mein Kokain,
Cocaine, all around my brain.
›Liebster‹, sagt sie, ›rate mal, was kitzelt so schön
in der Nase, schmeckt nach Scheiße, wirkt wie Arsen‹,
Cocaine, all around my brain.

Mein Sohn ist zwölf und ewig angetörnt,
ich verbiet' es ihm, damit er endlich laufen lernt,
Cocaine, all around my brain.
Seit gestern weiß er endlich, wer ich bin,
wenn er mich sieht, dann ruft er: ›Papa, hattu Kokain?‹
Cocaine, all around my brain.

Meine kleine Tochter ist jetzt grad'
auf 'nem Trip, den sie letztes Jahr schon eingepfiffen
hat.
Cocaine, all around my brain.
Sie sieht aus, als wär' sie dreißig,
und sie macht auf zwanzig, dabei ist sie acht.
Cocaine, all around my brain.

Meine Tante dealt seit einem Jahr,
seitdem geht sie über Leichen, fährt 'nen Jaguar.

Cocaine, all around my brain.
Immer wenn sie kommt,
bringt sie ein Stückchen Shit
in der Radkappe für die Kinder mit.
Cocaine …

Mein Onkel kam vom Alkohol zum Kokain,
jetzt will er sich das Kokain mit Schnaps entzieh'n.
Cocaine, all around my brain.
Seit gestern liegt er im Delirium,
ab morgen steigt er wieder auf die Droge um.
Cocaine …

Opa hat den Gilb, wartet auf den Tod,
freut sich auf Jimi Hendrix und den lieben Gott.
Cocaine, all around my brain.
Oma geht es augenblicklich auch nicht gut,
seit ihrem letzten Flash spuckt sie nur noch Blut.
Cocaine …

Ich merke schon, daß ich jetzt aufhör'n muß,
oh Mama, Mama, Mama, komm, mach mir 'nen Schuss
mit Morphium und Heroin,
Opium und Rosimon oder gib mir
Lysergsäurediäthylamid,
Mescalin und Nepalshit, la, la, la …

Unterwegs nach Süden

Die Sexwelle, die sich seit ein oder zwei Jahren langsam aufbaut, schwillt weiter an und überrollt Europa (das westliche zumindest) jetzt mit voller Wucht. In der Bundesrepublik war Oswalt Kolle zunächst nur ihr Prophet, ist aber inzwischen ihr Papst. 1968 verkündet er »Das Wunder der Liebe« in Dokumentarfilmen und in Büchern, die auf Anhieb Bestseller sind. Titel wie: »Deine Frau, das unbekannte Wesen« lösen Skandale aus und ziehen Publikumsmassen an. Die Filmindustrie reagiert mit Serienproduktionen von Softpornos à la »Liebesgrüße aus der Lederhose«.

Alternativ zu Kolle, mit ähnlich enormem Echo, wendet sich Günter Amendt mit seinem 1970 erschienenen Buch »Sexfront« speziell an die Jugend.

Beate Uhse, genannt »Mutter Courage des sexuellen Tabubruchs« gilt schon bald als eine der einflussreichsten deutschen (Geschäfts)Frauen, eröffnet neben ihrem Versandhandel mit »Artikeln für die Ehehygiene« in jeder größeren Stadt ihre Sexshops, deren Schaufenster mit zum Teil furchterregenden schockfarbenen Dildos und grellbunten Präservativen geschmückt sind.

Weder Susanne noch ich lesen Bücher dieses Genres, noch sehen wir solche Filme. Dass sich dennoch »neo-libertinäre« Einflüsse in unsere Beziehung schummeln, ist unvermeidlich. An der lange auf den Rockbereich beschränkten Groupie-Kultur partizipiert jetzt auch die Folkszene. Ich komme nun leichter »an Mädchen ran« als früher. Ich fange an fremdzugehen. Das bleibt Susanne nicht verborgen, und als sie mich wieder einmal verlässt (diesmal endgültig, wie sie sagt) und es mir schlecht geht, fahre ich zu meinem Freund Fuchs nach Karlsruhe. Ich fühle mich niedergedrückt, tue mir leid. Es ist Anfang August. Als Studienrat hat Fuchs Zeit, da die Schulferien gerade begonnen haben. Er sagt zu mir: »Das kann man ja gar nicht mit ansehen, wie du dich hängen lässt. Weißt du was, ich spanne jetzt den Alfa an, und dann fahren wir los, einfach immer nach Süden.«

Wir fahren. Es geht mir schon etwas besser, wenn auch nicht richtig gut. Am Brennerpass essen wir zu Abend, bevor wir ihn überqueren und in Italien sind. Wir rollen talwärts und sollten uns langsam nach einer Bleibe für die Nacht umsehen. Zu beiden Seiten der Straße Weinberge. Fuchs hält den Wagen an, wir steigen aus und sehen uns um. Weit und breit ist kein bewohnter Ort zu entdecken. Es wird dunkel. Die Luft ist wunderbar warm und weich. Ich sage zu Fuchs: »Ich will nicht ins Hotel, lass uns hierbleiben.« Für solche Ideen ist Fuchs immer zu haben. Auf einer kleinen Grasfläche zwischen den Reben breiten wir unsere Schlafsäcke aus. Ohne Lagerfeuer geht es nicht. Fuchs zündet ein paar trockne Zweige an, einen ganz winzigen Stapel nur; wir wollen nicht auffallen – ganz sicher ist hier Feuer machen streng verboten. Wir lassen es ganz herunterbrennen, und Fuchs löscht den Rest der Glut mit Mineralwasser aus der Flasche. Es ist fast Mitternacht, aber keineswegs stockdunkel. Der Mond ist aufgegangen, drei viertel voll und taucht die Weinberge in ein fantastisches Licht. Und dann dieser Sternenhimmel hoch über uns. So hell und so klar wie in dieser Nacht wird er sich mir nie wieder zeigen. Fuchs weiß, woher der Name »Milchstraße« kommt und erzählt es mir: Zeus hat mit der sterblichen Alkmene ehebrecherisch den künftigen Helden Herakles gezeugt. Damit sein »Bankert« unsterblich wird, so Zeus' Plan, soll dieser von der Muttermilch seiner Gemahlin, der Göttin Hera, trinken. Als Hera schläft, lässt Zeus den kleinen Herkules heimlich an ihre Brust legen, doch das Baby – seinem späteren Charakter entsprechend – saugt so ungestüm, dass Hera aufwacht, das Kind von sich stößt und die Milch über den Himmel spritzt. Eine Geschichte nach meinem Herzen, die ich einer astronomisch-wissenschaftlich fundierten Erklärung vorziehe.

Wir wachen früh auf am nächsten Morgen, trinken Kaffee in einem Gasthaus am Wege, waschen uns notdürftig auf der Toilette und fahren weiter nach Siena, halten vor der Stadtmauer der Altstadt an. Hier ist gerade auf der Piazza del Campo das Palio di Siena, das als eines der härtesten Pferderennen der Welt gilt, in vollem Gange. Auf dem Platz drängen sich Zuschauermengen auf die Tribünen am Rande und in der Mitte des gefährlich rutschigen Parcours, des nur dünn mit Sand bestreuten Kopfsteinpflasters. Wir quetschen uns dazwischen, können vom Rennen zwar nicht viel sehen, sind aber trotzdem von der fast hysterischen Aufgeregtheit der Massen angesteckt. Hier in der Stadt ein Hotelzimmer zu bekommen, brauchen wir erst gar nicht zu versuchen. Mir ist es nur recht, buchstäblich vor den Toren der Stadt, nicht weit von der Porta Romana, auch diese Nacht wieder vor dem Auto zu kampieren.

Weiter nach Süden. Wir erreichen Civitavecchia. Fuchs sagt: »Von hier aus ist es nicht weit nach Rom, liegt grad um die Ecke, wollen wir nicht mal kurz hinfahren?«

Von ihrem Beginn an bis zum Ende unserer Reise verharre ich in einer mir gar nicht so unangenehmen (von meinem Liebeskummer genährten) Stimmung schwebender Melancholie. Vielleicht bin ich deshalb an Rom nicht interessiert. Schon weil man Rom gesehen haben muss, will ich es nicht sehen. Fuchs lacht. Ihm gefällt meine »scheiß-auf-die-ewige-Stadt-Haltung«, so was imponiert ihm. Alle Wege führen nach Rom – nur meiner nicht. Nicht in diesem Leben.

Nach einem kurzen Abstecher nach Sardinien, wo wir Hein Kröher aus Pirmasens treffen, der mit seiner Familie hier gerade Urlaub macht, geht es weiter die Küste entlang über Menton Richtung Frankreich. Ab Ventimiglia kenne ich mich wieder aus. Die Strecke bin ich damals – fast zehn Jahre ist es schon wieder her – mit George in seinem VW-Cabrio entlanggefahren.

Fuchs und ich kommen nach Aix-en-Provence, nachdem wir die Nacht wieder in einem Weinberg vor der Stadt verbracht haben Ein sonniger Morgen – klar doch. Ich sitze vor dem Café, auf dessen Toilette ich mich gerade flüchtig gewaschen habe. Jetzt ist Fuchs dran, er braucht ein bisschen länger, er will sich heute rasieren. Ich sitze also an dem kleinen runden Tisch draußen unter der Platane und trinke Café au Lait. Es ist ein Moment, der nur schön ist und sonst gar nichts. Eine junge Frau kommt von der anderen Straßenseite herüber. Sie trägt einen altmodischen Koffer in der Hand. »Ach«, denke ich, »die will sicher zum Bahnhof, ich sollte ihr vielleicht den Koffer tragen.« Sofort fallen mir die entsprechenden Verszeilen aus meinem alten Lied »Begegnung« ein. Sie setzt sich an einen der Tische neben mir. Sie ist hübsch. Das dunkle Haar kurz geschnitten. Der maghrebinische Typ. Jetzt aus der Nähe sehe ich – das kann doch wohl nicht wahr sein – dunkle Punkte auf ihrer Nase: Sommersprossen. Aber keine echten. Sie sind aufgemalt. Hier stellt jemand (und zwar das Leben selbst) fast Zeile für Zeile eine von mir erfundene Geschichte nach, wie ich sie in meinem Lied »Begegnung« festgehalten habe:

… Ich habe mich nie nur zum Vergnügen
mit Zahlen und Ziffern herumgequält,
doch die Sommersprossen auf ihrer Nase,
die hätt' ich gern gezählt.
Ich sah auch ihren Mund und hoffte
auf ihr Lächeln an kommenden Tagen.
Ich nahm mir vor, sie nach diesem und jenem
und nach ihrem Namen zu fragen …

Mal sehen, wie es weitergeht. Ich sage: »Bonjour«. Sie sagt auch: »Bonjour«, lächelt und – ist das denn zu fassen? – sie zeigt mir ein rein weißes Gebiss mit einem Schneidezahn, der kaum wahrnehmbar schräg steht:

… Es ergab sich schon am folgenden Tag,
dass ich einen Grund sie zu sprechen fand,
nur gab sie mir Antwort in einer Sprache,
von der ich kein Wort verstand.
Verstanden habe ich nur ihr Lächeln,
als ich so ganz brav neben ihr lief,
und hinter dem Lächeln sah ich ihre Zähne,
schneeweiß und ein klein wenig schief …

Fehlt jetzt nur noch ihr Namensschild am Koffergriff. Und da hängt es. Ich lese, an einen Nachnamen erinnere ich mich nicht mehr: Daisy.

… Ihren Namen las ich auf dem Schildchen am Koffer,
den ich für sie zum Bahnhof trug,
dann stand ich allein da, sah sie noch winken
aus dem fahrenden Zug.

Ich bringe Daisy nicht zum Zug. Ich würde ihr gern von diesem Lied »Begegnung« erzählen, dessen Text quasi von ihr handelt und der dank

Reinhard Mey sogar auf Französisch existiert. Aber ich kann kein Französisch. Wir unterhalten uns in auch nicht gerade fließendem Englisch miteinander.

Diese Begebenheit, dieses »rencontre«, ist, wie ich finde, nicht ganz ohne Poesie. Fuchs, als er frisch rasiert zu uns stößt, weiß sofort, was ich meine, und sieht das auch so. Es stellt sich heraus, dass Daisy einen eigenen Schlafsack in ihrem Koffer hat. Jetzt sind wir zu dritt entlang der Strände der Camargue unterwegs. Wir baden tagsüber im Meer, schlafen nachts im Sand. Weder Fuchs noch ich versuchen, Daisy anzubaggern. Ich meine zu bemerken, dass sie sich darüber wundert. Aber unser Verhältnis zu ihr bleibt, was ihr eigentlich nur recht sein kann, geschwisterlich. Fuchs hat, die eheliche Treue betreffend, sowieso seine Prinzipien. Und ich? Ich leide noch immer unter der Trennung von Susanne und hülle ich mich Daisy gegenüber libidobetäubt in einen melancholisch-lyrischen Schleier der Entsagung. Ein Zustand, den ich so noch nicht kannte, eine mir neue Gefühlslage, die ich auskoste. Obwohl wir wenig miteinander reden, für Debatten sind Daisys und meine Englischkenntnisse zu begrenzt, ist sie Fuchs und mir eine angenehme Reisegefährtin. Dass wir so gut wie gar nichts über sie erfahren und sie ebenso wenig über uns weiß, stört uns nicht im Geringsten.

Daisy schlägt vor, gemeinsam mit uns eine Freundin von ihr zu besuchen, die ein Ferienhaus in der Nähe von Avignon besitzt und sich den August über dort aufhält. Das Haus mit einem Swimmingpool davor liegt auf einem Hügel mit traumhafter Aussicht auf die Châteauneuf-du-Pape-Region. Auf dem Klingelschild lese ich den Namen Greta Bergström. Daisys Freundin ist Schwedin und mag so um die sechzig Jahre alt sein. Sie nimmt uns freundlich auf und bietet uns ein Nachtquartier in ihrem Haus. Außer uns hat sie noch einen weiteren Gast. Einen jungen Engländer. Ethan, so sein Name, ist Schauspieler, schwul und witzig. Natürlich baden wir in Greta Bergströms Swimmingpool. Es ist heiß. Über dem Becken kreisen gerade jetzt, von Ethan mit einem Laubkescher verfolgt, besonders aggressive Augustwespen. Ethan steht nackt, die Schamhaare rasiert, im hüfthohen Wasser; und jedes Mal, wenn er sich auf die Zehenspitzen stellt und den Kescher schwingt, taucht sein gelblicher Pimmel knapp über der Wasseroberfläche auf. Ethan sieht es, stutzt: »Oh, look, the yellow submarine! It's amazing, isn't it?«

Wir wollen weiter – Fuchs und ich. Wir verabschieden uns von Greta, Ethan und Daisy und fahren auf der Route nationale 7 nach Norden. Wir lassen Paris, so wie zuvor schon Rom, links liegen und verlassen die Route bei Fontainebleau, wo sie ohnehin endet. Unser nächstes Ziel ist Amsterdam. Wir waren beide noch nie dort.

Auf dem Dam, dem großen zentralen Platz in der Amsterdamer Altstadt, wimmelt es von jungen Leuten aus aller Welt. In der Mehrzahl kiffende und Kokain schnupfende Hippies besetzen ihn zu Hunderten Tag und Nacht; umringen in kleinen Gruppen ihre Dealer, die offen ihren Stoff aus Säcken verteilen, das Geschäft ihres Lebens machen. Allerdings – und das kann hier niemand ahnen – nur noch für ein paar Stunden. Fuchs und ich setzen uns unter den großen Obelisken zu zwei jungen Amerikanern. Der eine spielt Gitarre und singt Dylan-Lieder, der andere trommelt dazu. Ich packe meine Gitarre aus und mache mit. Wir machen bis in den Abend hinein Musik.

Nach Einbruch der Dunkelheit erfolgt dann eine gewaltsame Säuberung des Dam-Platzes – nicht nur durch die Polizei. Eine Hundertschaft Seesoldaten und Matrosen der Koninklijken Marine überrennen den Platz, prügeln mit meterlangen Dachlatten auf die Hippies ein. Fuchs und ich stolpern, eingekeilt in der flüchtenden Menge, in eine Seitenstraße und können uns gerade noch rechtzeitig, ehe der Wirt die Tür verriegelt und das Licht löscht, in ein indonesisches Restaurant retten.

Fuchs zieht es nach Hause. Mich nicht. Von mir aus könnten wir ewig so weiterfahren. Ich werde in Berlin nicht erwartet. Susanne hat mich ja verlassen.

Ich lasse mich von Fuchs bei meinem Freund Jürgen Pankarz, dem »Maler Moses«, absetzen. Moses bewohnt eine alte Windmühle, die »Wackertapp-Mühle« in Kempen bei Krefeld, von Amsterdam ein Katzensprung, und ist als Grafikdesigner und Zeichner sehr erfolgreich. Ich bleibe ein paar Tage bei ihm. Zögere meine Heimkehr nach Berlin hinaus. Ich arbeite schon wieder an meiner nächsten LP. Moses kennt in Krefeld einen guten Fotografen, der ein paar Porträts von mir macht, die mir gefallen. Damit habe ich schon mal das Coverfoto.

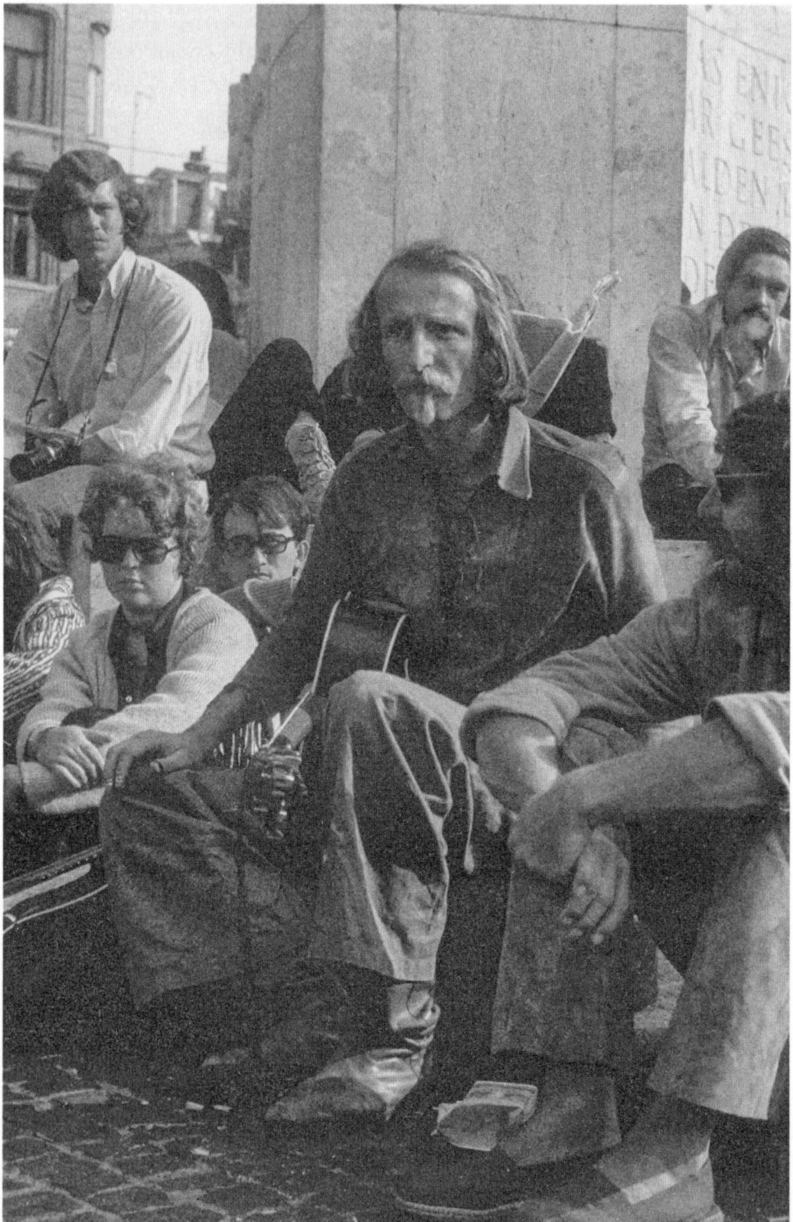

Mit Fuchs in Amsterdam, 1970

In Moses' Mühle schreibe ich, angeregt durch die gerade hinter mir liegenden Reiseerlebnisse, an dem Text zu »Unterwegs nach Süden«. Dabei muss ich wieder an ein Gespräch mit Franz Josef Degenhardt denken. An eine seiner Bemerkungen mir gegenüber: »Es ist ja nun mal so, Hannes, dass ein Text ohne Endreime nicht singbar und somit auch kein Lied ist.« Ich widerspreche und wette mit ihm, dass ich einen singbaren Songtext, nur metrisch gebunden, ohne Endreime zustande bringen werde. Ich gewinne die Wette mit »Unterwegs nach Süden«. Niemand hat je bemerkt – es sei denn, ich weise ausdrücklich darauf hin –, dass sich in dem Lied keine Verszeile am Ende mit einer anderen reimt:

Unterwegs nach Süden

Ich bin unterwegs nach Süden
und will weiter bis ans Meer,
will mich auf heiße Kiesel legen,
und dort brennt die Sonne mir
die Narben aus dem Nacken,
jeden Kratzer, jeden Fleck,
dass von den tausend Händen,
die mich das ganze Jahr
befingert und geschlagen haben,
keine Spur mehr übrig bleibt.
Und wenn der Wind mir fetzenweise
meine alte, tote Haut
vom Rücken fegt als weiße Asche,
steh ich auf und bin gesund.

Ich bin unterwegs nach Süden
und will weiter bis ans Meer.
Doch ich bin längst nicht mehr sicher,
ob die Sonne diesmal hilft.
Sie brennt so heiß wie immer,
aber unter meinem Hemd

spür ich, wie die Kälte
meine Haut zusammenzieht.
Aber der Schweiß in meinen Stiefeln
kocht und frisst an meinen Zehn.
Und von dort, woher ich komme,
trägt der Wind mir den Geruch
von halb vergess'ner alter Angst,
von Hass und Ekel wieder zu.

Ich bin unterwegs nach Süden
will nicht weiter bis ans Meer,
ich bin müde, will nur schlafen,
morgen, morgen schreibe ich
meine Träume auf und sehe,
wie in der Vergangenheit
der Schmutz in meinen Eingeweiden,
im Rückenmark, im Hirn
begonnen hat zu faulen
und zu Gift geronnen ist.
Morgen werde ich dann wissen,
wie es heißt, woher es kommt,
und wenn ich erst den Namen kenne,
bringt dies Gift mich nicht mehr um.

Erst lange Jahre danach wird mir bewusst, dass von all meinen gemeinsamen Fahrten mit Fuchs – und wir werden noch einige unternehmen – diese Reise (meine erste mit ihm) auch die schönste war. Sogar noch mit einem Höhepunkt ganz an ihrem Ende: Ich werde in Berlin doch erwartet. Susanne hat mir verziehen. Sie kommt wieder zu mir zurück.

Nicht länger Geheimtipp

Viel Zeit, oft mehrere Tage hintereinander, verbringe ich, wenn ich unterwegs bin, im Hause meines Freundes Fuchs. Fuchs verfügt über eine kleine, aber für mich interessante Plattensammlung. Die Scheiben von Joan Baez, Tom Paxton, Phil Ochs, Simon & Garfunkel, John Pearse, Colin Wilkie und Shirley Hart – und vor allem die frühen, musikalisch an American Folk orientierten Alben von Bob Dylan höre ich rauf und runter, studiere sie.

Inzwischen bin ich von der mit Nylon besaiteten Gitarre ganz auf die Folk-Gitarre mit Stahlsaiten umgestiegen und stelle meine Spieltechnik vollständig auf Flat- und Fingerpicking um. Ich höre jetzt auch gern – aber ohne mich davon beeinflussen zu lassen – Countrymusik; verändere mein äußeres Erscheinungsbild und orientiere mich dabei nicht mehr an D'Artagnan, sondern an Buffalo Bill. Ich habe das schwarze Cape abgelegt, trage weiterhin einen Bart und die Haare lang, aber keinen Hut mehr.

Immer wieder höre ich »The Boxer« von Simon & Garfunkel. Fasziniert von dem Folkrock-Sound der akustischen Gitarren im Duo, traumschön gespielt von Paul Simon und Fred Carter jr., wünsche ich mir ebenfalls einen zweiten Gitarristen, der wie ich den Fingerpicking-Style einigermaßen beherrscht und mich bei Studioaufnahmen zu meinen Liedern begleiten kann. Ich brauche nicht lange zu suchen. Direkt vor meiner Nase im Go-In finde ich ihn: Werner Lämmerhirt, ein junger Berliner, Anfang zwanzig und schon ein Meister des Fingerpicking. Wir spielen gemeinsam, auch diesmal von Knut Kiesewetter produziert, mein zweites Album »Ich hatte mir noch so viel vorgenommen« ein.

Ich gewöhne mir an, überall, wo ich gerade bin – im Zug oder bei Freunden – zu schreiben und zu komponieren. Unterwegs habe ich immer mindestens ein halbes Dutzend Kugelschreiber im Gepäck und dazu eine dicke Kladde, in die ich reindichte, Reime, Melodien und Akkordfolgen

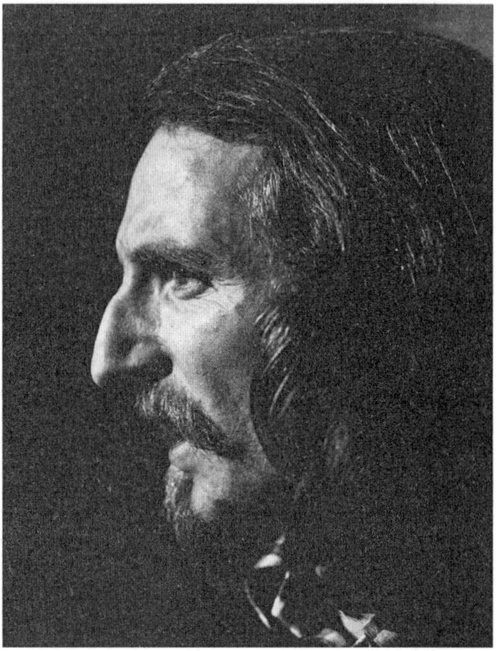

Bei einem Auftritt in Berlin 1969

notiere. Meine Sauklaue, die vielen Streichungen und Randnotizen ergeben oft ein chaotisches, von mir selbst kaum entzifferbares Schriftbild, aber trotzdem entstehen am Ende Lieder. Einige schreibe ich in Fuchs' Haus, darunter den kompletten Songtext zu »Charley«. Ab und zu dichte ich im Hotel in der Badewanne; vorausgesetzt ich bekomme überhaupt ein Zimmer. Noch immer weigern sich manche Hotels, an langhaarige Bartträger zu vermieten.

Ich bin jetzt andauernd und ruhelos unterwegs. Auch innerhalb Berlins. Neben den schon bestehenden Folkklubs eröffnen und boomen in Berlin neue Livemusik-Schuppen, in denen ich gelegentlich auftrete. Darunter das Quartier Latin, der Folk Pub und in einem Keller neben dem Theater des Westens gelegen das Quasimodo.

Oft besuche ich Schobert Schulz am Ostpreußendamm, der mit seiner Frau Vivi und seinem kleinen Sohn David, ganz ähnlich wie unser gemeinsamer Freund Fuchs, ein offenes Haus führt. Manchmal kommen Freunde und Kollegen dazu, und wir machen Musik zusammen. Schobert schreibt einen schönen mehrstimmigen Satz zu dem Lied »Dark as a Dungeon«, das wir, Schobert, Black, Katja Ebstein und ich, gemeinsam singen. Leider existiert davon keine Aufnahme mehr – schade. Schobert hat neuerdings in der Schlagerbranche als Komponist und Arrangeur gut zu tun, und somit Kontakt zu Christian Bruhn – und der wiederum zu Katja. Die beiden heiraten. Christian Bruhn schreibt, scheinbar wie am Fließband, als zu der Zeit erfolgreichster deutscher Musikproduzent und Schlagerkomponist Megahits für viele Schlagerstars: »Zwei kleine Italiener« für Conny Froboess und »Marmor, Stein und Eisen bricht« für und mit Drafi Deutscher haben ihn längst zum Millionär gemacht. Seine Frau Katja bringt er mit Titeln wie: »Wunder gibt es immer wieder« und »Der Stern von Mykonos« an die Spitze der Hitparaden. Das ist und bleibt eine mir unbekannte Welt. Und damit lockert sich erst mal, wenn auch nur vorübergehend, die freundschaftliche Verbindung zwischen Katja und mir.

Es muss um 1970 gewesen sein, als ich mit Hanns Dieter Hüsch und Schobert und Black gemeinsam auf Tournee gehe. Die Zeit bleibt mir in schöner Erinnerung. Besonders gern denke ich noch an die Sache mit unserem (Hanns Dieter und ich haben beide keinen Führerschein) mal von Schobert, mal von Black gesteuerten Tourbus. Nach ungefähr drei Wochen und zwanzig Auftritten legen wir ein paar freie Tage ein, die jeder von uns bei sich verbringt. Unseren VW Bulli stellen wir solange am Flughafen Frankfurt auf dem Langzeitparkplatz ab. Unsere Koffer mit hauptsächlich schmutziger Wäsche nehmen wir mit nach Hause. Unsere LPs, die in unseren Auftrittspausen am Plattenstand verkauft werden, lassen wir im Wagen. Als wir nach einer Woche zurückkommen, um unsere Tour fortzusetzen, finden wir den Wagen mit zertrümmertem Seitenfenster aufgebrochen vor. Überall im Innern des Bullis liegen die LPs von Hanns Dieter und die von Schobert & Black verstreut; sind aber alle noch, von den Autoknackern als Beute verschmäht, vollzählig vorhanden. Geklaut haben sie nur meine Platten, gleich die ganze Kiste.

Offensichtlich habe ich zumindest bei den Ganoven schon mal einen künstlerischen Durchbruch erzielt, was ich somit eher als Auszeichnung denn als Verlust empfinde.

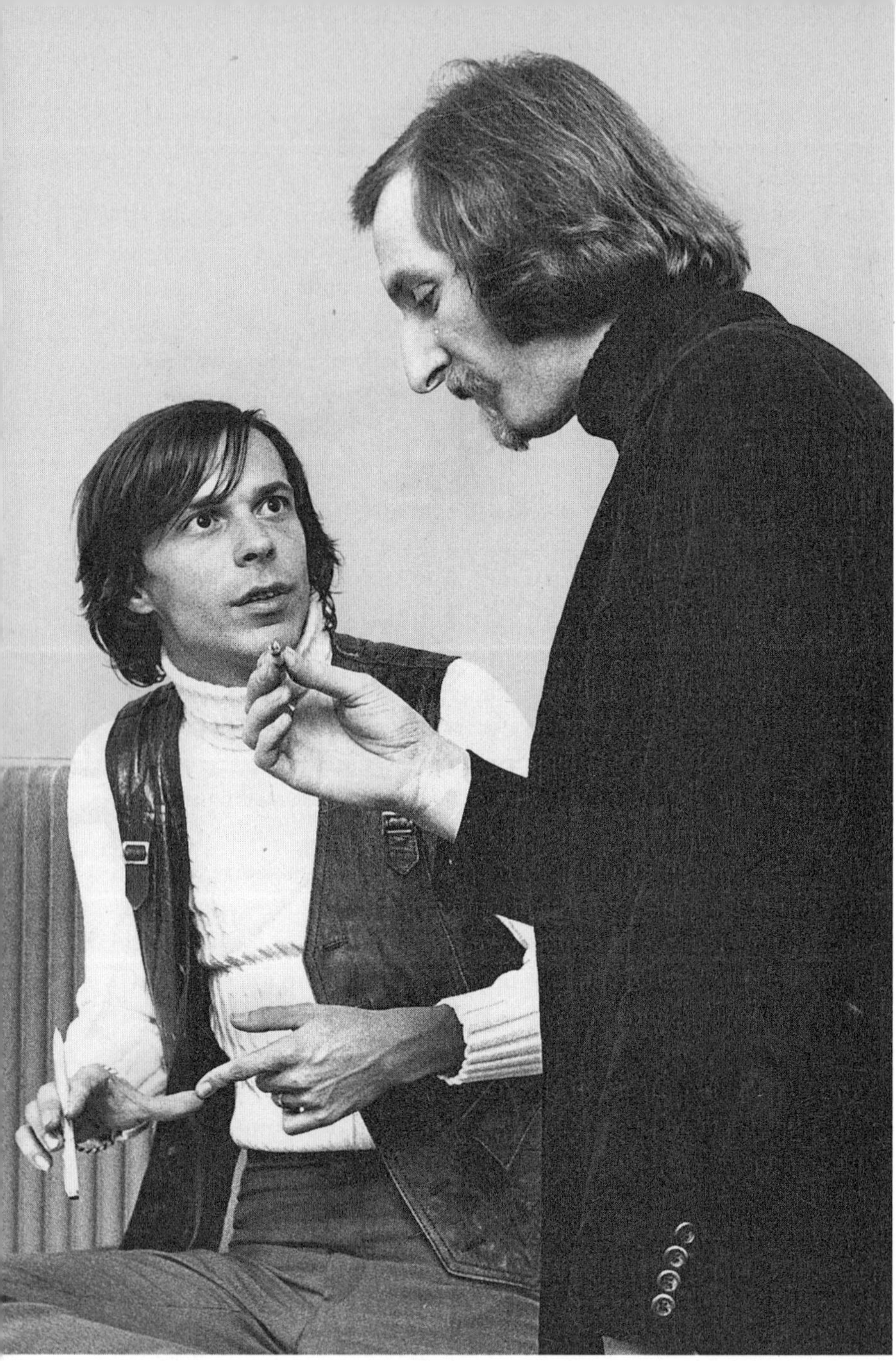

»Reinhard Mey trifft Hannes Wader«, backstage im Audimax in Hamburg 1971

Mein auf Jahre hinaus letztes gemeinsames Konzert mit Reinhard Mey markiert den Beginn einer neuen Etappe in unser beider, von da an getrennt verlaufendem, Werdegang. Karsten Jahnke, Chef einer jungen, aufstrebenden Konzertdirektion in Hamburg, organisiert im dortigen Audimax unseren Auftritt am 24. November 1970 unter dem Titel »Reinhard Mey trifft Hannes Wader«. Das bedeutet ab jetzt für mich – für Reinhard schon seit Längerem – raus aus den Klubkellern und auf die großen Bühnen. Das Audimax ist mit seinen rund 1700 Plätzen ausverkauft und das Konzert für uns beide ein Riesenerfolg.

Karsten Jahnke zeigt sich (auf seine gebremst hanseatische Art) motiviert und schlägt Reinhard und mir eine gemeinsame Tournee durch die großen Konzertsäle der Republik vor. Reinhard lehnt ab. Er meint, dass ab nun ebenso gut jeder für sich seinen Weg machen könne – womit er Recht hat. Aber schade, ich wäre gerne noch mal mit ihm losgezogen. Also organisiert Karsten eine Solo-Tournee für mich durch die Bundesrepublik. Karsten stellt mir einen Fahrer: Jürgen Pohlmann aus Hamburg-Sasel. Jürgen arbeitet im Sommer als Bademeister und in den Wintermonaten als Tourneeleiter. Wir sind in seinem Privatwagen unterwegs, einem alten Mercedes Diesel, Baujahr '59, wie ihn auch die norddeutschen Bauern damals alle fahren. Das erweist sich auf der Tour als Problem. Ein Mercedes, ganz gleich welchen Alters oder Zustandes, gilt unter Jugendlichen als Kapitalistenkutsche und Bonzenschleuder. Als Transportmittel für einen Künstler wie mich wird allenfalls ein Deux Chevaux akzeptiert. Ein paarmal werden wir beim Ein- und Aussteigen von enttäuschten Konzertbesuchern beschimpft. Längst fehlt dem Benz das Emblem auf der Kühlerhaube: der Stern. Wir müssen den Wagen verstecken, in einer Nebenstraße parken, etwas länger zu Fuß laufen vom Auto zur »Venue« und zurück.

Karsten Jahnke hat für meine Konzerte größere Klubs und kleinere Säle gebucht. Sie sind überall gut besucht. Die Tour ist ein Erfolg, die nächste schon geplant.

Auch in Berlin wächst meine Bekanntheit weiter. Ich werde demnächst ein Konzert in der Philharmonie geben. Das heißt, ich habe meinen

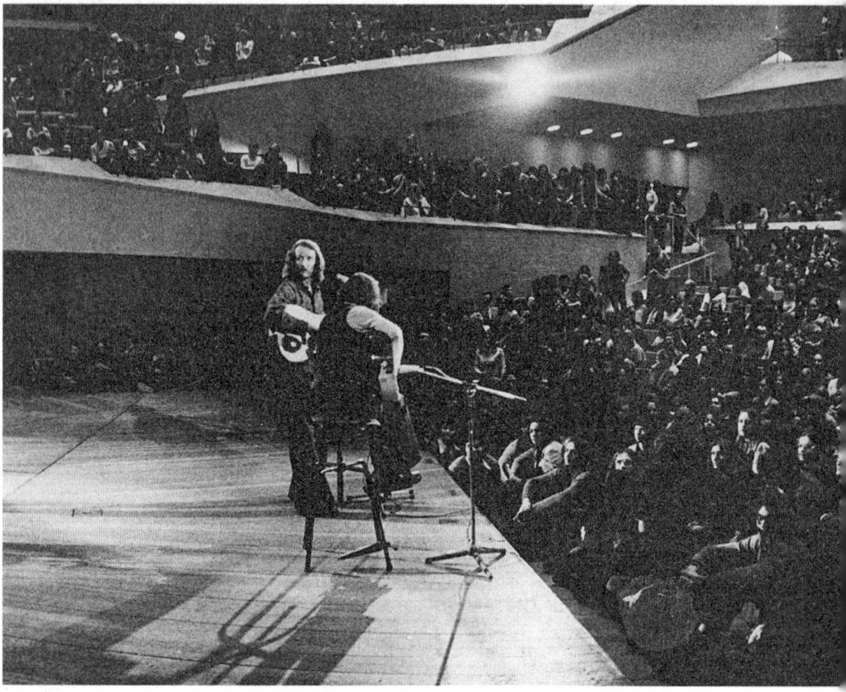

Mit Werner Lämmerhirt (auf dem Barhocker) in der Philharmonie, Berlin 1971

bisherigen Status als Geheimtipp hinter mir gelassen und bin jetzt fast schon berühmt. In der Berliner Folkklubszene, der ich mich immer noch zugehörig fühle, werde ich dazu nicht unbedingt von allen beglückwünscht. Im Keller des Go-In gibt es direkt neben den Klos einen kleinen engen Aufenthaltsraum für die auftretenden Künstler. Da sitzen, als ich abends das Kabuff betrete, Franz de Byl und Joey Albrecht und ziehen sich einen Joint rein. Franz ist Bluessänger. Joey ist Rockgitarrist. Franz sagt: »Weißt du was, Hannes, für mich bist du kein Musiker.« »Da hat er recht«, sagt Joey, »für mich bist du auch keiner.«

Ich glaube zu wissen, wie sie das meinen. Deshalb trifft mich ihr Verdikt nicht so sehr. Dass mir Gitarrenklänge und gesungene Melodien – Letztere fehlen in meinen gesprochenen Liedern sogar ganz – scheinbar nur als Vehikel dienen, um zum Teil endlos lange Textinhalte zu transportieren, empfinden sie als Missbrauch von Tönen und als Verrat an der Musik

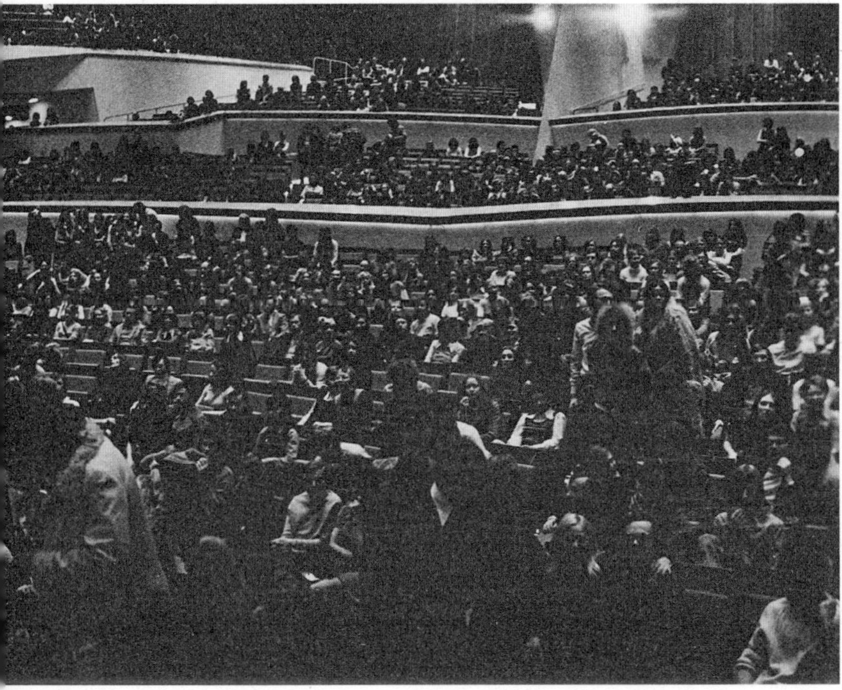

an sich. Und jetzt trete ich damit auch noch in der Philharmonie auf – wie ungerecht.

Und dieses Philharmoniekonzert betreffend, habe ich eine Idee. Ich werde Werner Lämmerhirt fragen, ob er als mein Begleitgitarrist mitmachen will. Werner hat kein Telefon. Ich weiß, dass er derzeit einen Job bei der S-Bahn angenommen hat und Bahnsteige fegt. Also fahre ich hin und treffe ihn an der S-Bahn-Station Westkreuz. Werner stellt gleich den Besen in die Ecke, holt seine Gitarre von zu Hause, und wir üben noch am selben Tag für unser erstes gemeinsames Konzert.

Das Konzert in dem zweieinhalbtausend Plätze fassenden Saal geht glatt über die Bühne. Der »Berliner Tagesspiegel« urteilt positiv, dem Wortlaut nach lautet die Schlagzeile in etwa: »Hannes Wader sang in der ausverkauften Philharmonie vor begeistertem Publikum. Kein Zweifel: Hannes Wader ist in.«

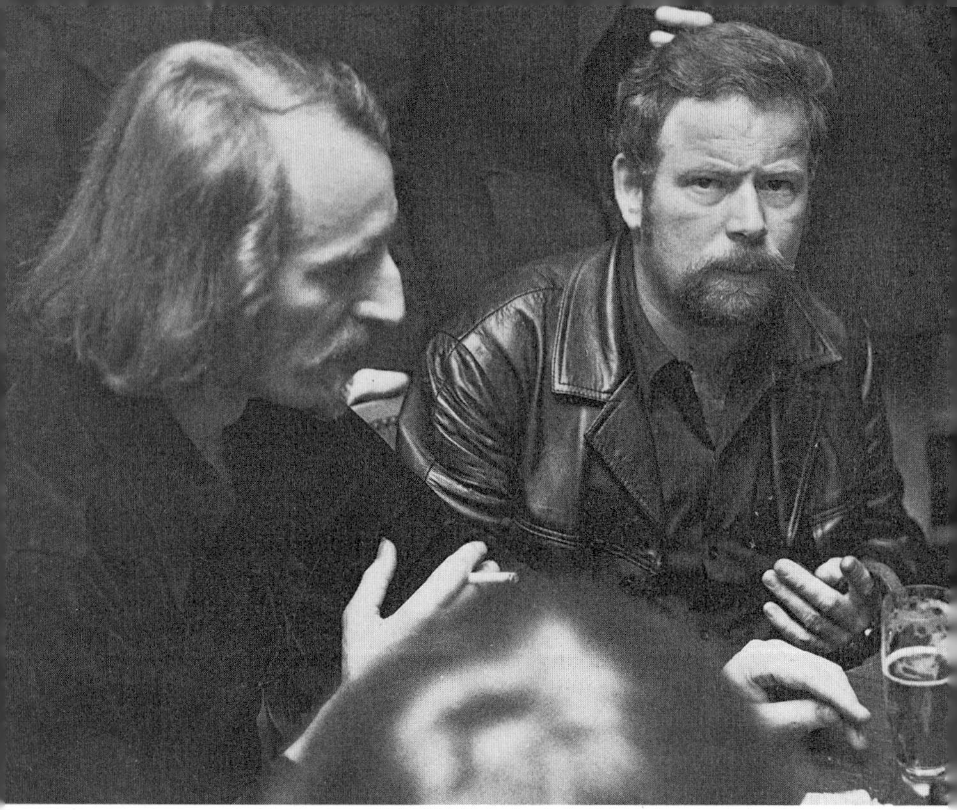

Mit Franz Josef »Karratsch« Degenhardt, Anfang der Siebziger

Gut gelaufen. Ich engagiere Werner für die anstehende Tournee, die in wenigen Tagen beginnt. Wir sind jetzt ein eingespieltes Gitarrenduo. Erstaunt stelle ich fest: Ich bin der einzige deutschsprachige Liedermacher – und inzwischen gibt es fast schon ein Dutzend Newcomer in der Szene, die alle wie Reinhard Mey klingen wollen –, der Fingerstyle-Folkgitarre spielt. Ohne es zu wollen bin ich so, zusammen mit Werner, für einige Momente wieder mal Avantgarde.

Eines unserer ersten Konzerte auf dieser Tour findet im Kölner Gürzenich statt. Nach der Pause entsteht Unruhe unter den rund 1400 Menschen im Saal: Pfiffe, Zwischenrufe. Eine besonders laute, höhnisch klingende Stimme fordert: »Herr Wader, wir wollen jetzt mal ihren Begleiter hören … allein!« Das Publikum stimmt zu, tobt. Was soll ich machen? Ich winke Werner aufmunternd zu und verlasse die Bühne. Während

Werner »Angie«, ein durch John Renbourn bekannt gewordenes Guitar-Fingerstyle-Stück spielt, reime ich mir backstage für das, was da gerade abgeht, eine Erklärung zusammen. In dem Bild, das Werner und ich auf der Bühne nach außen bieten, wirkt Werner neben mir benachteiligt. Ich bin lang und stehe vor meinem Mikrofon, Werner ist klein und sitzt, dazu noch in geduckter Haltung, vor seinem. Für das Publikum entsteht dadurch optisch der Eindruck – und hier greift wieder der Zeitgeistautomatismus –, der arme Werner wird von mir unterdrückt und geknechtet. Werner hat momentan erst drei Solostücke drauf, die er brillant beherrscht. Das Publikum rast. Als die vorbei sind, muss ich wieder auf die Bühne – ihn retten. Das Publikum empfängt mich mit Pfiffen und Buhrufen. Werner beugt sich zu seinem Gitarrenmikro runter und spricht: »Ihr werdet noch von mir hören!« Donnernder Applaus. Ich hänge mir meine Gitarre um und trete wieder an mein Mikrofon. Geschrei und Pfiffe. Das Saallicht geht an. Vorn in der ersten Reihe steht eine junge Frau auf. Eine kleine, zierliche Person: Ina Deter. Sie ist vor Kurzem von Berlin nach Köln umgezogen. Ina steigt auf ihren Stuhl, dreht sich um, dem Publikum mit erhobenen Armen Ruhe gebietend, und ruft mit heller klarer Stimme für alle hörbar: »Ich bin heute Abend hier, um Hannes zu hören und ihr auch, habt ihr das vergessen?«

Anscheinend erinnert sich das Publikum wieder, trampelt und johlt. Das Saallicht geht wieder aus. Ich singe weiter und beende den Abend ohne weitere Unterbrechungen und Zwischenfälle.

Gleich am nächsten Tag schicke ich Jürgen Pohlmann in ein Möbelgeschäft, einen Barhocker kaufen. Auf dem sitzt Werner jetzt für den Rest der Tour neben mir auf der Bühne. Zwar noch nicht ganz auf Augenhöhe mit mir, doch macht er infolge seiner erhöhten Sitzposition einen weniger gedeckelten Eindruck auf das Publikum, und die Proteste bleiben von nun an aus.

Obwohl Karsten Jahnke jetzt schon etwas größere Säle gebucht hat als auf der Tour davor, sind die meisten zu klein, um den plötzlichen – mir nicht erklärlichen – Massenandrang an Wader-Publikum zu fassen, das sich dennoch keineswegs einhellig von mir angesprochen fühlt. Selbst wenn die Studentenunruhen längst abgeklungen sind, geben sich viele meiner jugendlichen Zuhörer in ihrem Fühlen, Denken und Handeln weiterhin antiautoritär – was sich oft auf eine diffuse und beliebige Weise gegen alles und jeden richten kann. Zwar suchen und wünschen sie sich starke Empfindungen, aber wenn sie dann welche haben, fühlen sie sich schnell von ihnen übermannt, manipuliert, verunsichert und ausgeliefert. Ein Zustand, wie er unerträglicher kaum sein kann. Dafür gibt es auch schon einen Ausdruck, der in der Folgezeit schnell Verbreitung findet, und der lautet: »uncool«. Manchmal gehen innerlich aufgewühlte junge Leute auf mich los, die sich und mich dafür hassen, dass sie in meinen Konzerten von gleich zwei (angemaßten) »Autoritäten« auf einmal tief ergriffen und überwältigt werden: zum einen von der Autorität meiner Lieder, außerdem von der ihrer eigenen Gefühle. Ich führe mit ihnen, oder sie mit mir, oft seltsame Dialoge: »Wie kannst du es wagen, solche Lieder zu singen?« »Was für Lieder soll ich denn sonst singen?« »Weiß ich doch auch nicht, andere eben … irgendwie!«

Neuerdings bringen Deutsch- und Musiklehrer, um einen demokratisch-fortschrittlichen Unterrichtsstil bemüht, ihre höheren Klassen in die Konzerte von Liedermachern mit, die aufgefordert sind, im Anschluss daran mit den Schülern zu diskutieren. Die Schüler, von ihren Lehrern darauf präpariert, stellen jedes Mal die gleichen beiden explizit »kritischen Fragen«: Erstens, »Womit rechtfertigst du die viel zu hohen Eintrittspreise?« Und Zweitens, »Wie bringst du diese Ausbeutermethoden mit deinen Liedinhalten in Einklang?« Ich sage dann meist so Sachen, wie: »Drei Mark Eintritt sind doch nun wirklich nicht zu viel« oder: »Ich leiste ja auch was dafür. Ich muss doch auch von irgendwas leben.« Aber ich habe jedes Mal den Verdacht, dass meine Antworten, meine lahmen Argumente, hier keinen interessieren. Mein Freund Franz Josef Degenhardt meistert solche Situationen souveräner als ich. Nach einem seiner Auftritte stellt ihm ein Schüler in der Künstlergarderobe, von seinem Lehrer durch Gesten dazu ermuntert, die Frage: »Herr Degenhardt, wie viel verdienen Sie an so einem Abend, und was machen Sie mit der ganzen Kohle?« Gespielt irritiert und überrascht, wendet sich Karratsch an seinen Tourneeleiter: »Sag mal, du weißt das doch sicher, kriegen wir hier Geld?«

Heute hier, morgen dort

Hanns Dieter Hüsch, von den radikaleren 68er-Studenten aus der Bundesrepublik quasi rausgeekelt, tritt zurzeit fast nur noch in der Schweiz auf. Hier wird er geliebt. Er lässt gegenüber den Veranstaltern, die hier seine Auftritte organisieren und die mich noch nicht kennen, meinen Namen fallen. Daraufhin werde ich von ihnen eingeladen, in der Schweiz ein paar Konzerte zu geben, und sage erfreut zu. Über das Gebiet der Deutschschweiz verteilt gibt es eine ausgeprägt rege Kellerbühnen- und Kleintheaterszene. Hier ist es üblich, den Künstler mehrere Abende hintereinander spielen zu lassen, also en suite zu verpflichten. In Bern fange ich an. Hier, unter den Arkaden der Kramgasse, leitet Bernhard Stirnemann ein Kellertheater mit circa fünfzig bis siebzig Plätzen, die Rampe. Bernhard ist selbst auch Liedermacher und wie Mani Matter zählt auch er zu der Gruppe Berner Troubadours. Er engagiert mich gleich für drei Wochen, ohne freien Abend. Bernhard und seine Frau Marian wohnen zehn Minuten Fußweg von der Rampe entfernt am Ufer der Aare in einem uralten ehemaligen Badehaus, in dem sich schon Giacomo Casanova 1760 während seines Bernaufenthalts hat verwöhnen lassen. Von Marian lerne ich das wohl älteste schweizerische Volkslied vom »S'Vreneli ab em Guggisbärg«, auch »Guggisberglied« genannt.

Ich kann umsonst bei Marian und Bernhard (von seinen Freunden »Bene« gerufen) wohnen, was sich auch als äußerst notwendig erweist – mir bleibt das Publikum aus. Ich bekomme als Gage einen Teil der Abendeinnahmen, das heißt, so gut wie gar nichts. Ich singe jeden Abend vor sieben Leuten. Es sind jedes Mal dieselben sieben, was ich daran erkenne, dass sie sich in dem aus meiner Sicht abgedunkelten Saal immer so, dass ich ihre Gesichter erkennen kann, auf die ersten beiden Sitzreihen direkt vor der Bühne verteilen. Nach Ablauf einer Woche bin ich von ihrer Treue derart genervt, dass ich den Drang verspüre, die paar Anwesenden dafür zu beschimpfen, dass sie da sind. Direkt vor mir an der Bühnenrampe sitzt einer mit Brille. Sobald ich auf der Gitarre zu einer Introduktion ansetze, um ein neues Lied zu beginnen, kneift Brille die Augen zu und dreht, das Gesicht zu einer Grimasse des Abscheus verzerrt, den Kopf mal nach rechts und dann wieder nach links. Jetzt reicht es mir aber. Ich unterbreche meinen Vortrag: »Ey, du da, ja, du da mit der Brille, dich mein ich. Wenn du meine Lieder so scheiße findest und dich vor mir ekelst, warum verpisst du dich nicht einfach und lässt dir an der Kasse den Eintritt wiedergeben?«

Mein aus den ewigen »Berner 7« bestehendes Publikum verfällt ein paar Augenblicke lang in Schockstarre, bis Brille mir in ruhigem Ton antwortet: »Aber Sie irren sich, Herr Wader. Ich finde Ihre Lieder wunderbar, aber das Schlagbrett an Ihrer Gitarre reflektiert den Bühnenscheinwerfer und blendet mich, wenn Sie spielen.«

Wie ich aus dieser peinlichen Nummer heil wieder rausgekommen bin, weiß ich nicht mehr. Jedenfalls scheinen die »7« mir schnell verziehen zu haben – sie kommen weiterhin bis zum Schluss meines Gastspiels jeden Abend zu mir.

Und mein letzter Auftritt wird dann doch noch ein großer Erfolg, was allerdings eher an Bernhard Stirnemann und seinen Berner Troubadours liegt. Wir treten zusammen auf, und diesmal ist ausverkauft. Am Ende des Abends überlassen mir die Troubadours großzügig die gesamte Abendgage.

Im Unterschied zu den drei Wochen Bern, trete ich in Zürich nur an einem Abend im Theater am Hechtplatz auf. Im Anschluss an das Konzert nimmt mich die Frau an der Theaterkasse beiseite, um sich für den Abend zu bedanken; besonders viel habe ihr das »Lied vom Krebs« gegeben.

»Ach ja«, sage ich, »meinen Sie vielleicht den Talking Blues: ›Ich hatte mir noch soviel vorgenommen?‹«

»Ja genau, das Stück meine ich. Sie haben mir damit sehr geholfen. Sie müssen nämlich wissen, ich habe gerade eine Brustamputation hinter mir. Und so, wie Sie in Ihrem Lied mit dem Thema Krebs umgehen, in diesem frivolen und unverschämten Ton, das hat etwas Befreiendes für mich und tut mir gut.« Etwas verblüfft, aber auch erfreut nehme ich die Worte der Kassiererin zur Kenntnis. Bin ich doch in Berlin erst vor wenigen Wochen mit dem Song angeeckt: Nach einem Auftritt im Steve Club macht mich ein Gast deswegen zur Sau. Er wirft mir vor, in diesem zynischen und geschmacklosen Text seine Gefühle in Bezug auf seine unheilbar an Gebärmutterkrebs erkrankten Tante aufs Schwerste verletzt zu haben. »Guter Geschmack« als ästhetische Kategorie – mag er auch als humanistischer Leitbegriff seine Bedeutung haben – hat in der Kunst (zumindest in meiner) nichts zu suchen. Sollte ich je ein geschmackvolles Lied geschrieben haben, dann aus reiner Nachlässigkeit, für die ich um Nachsicht bitten muss.

Ich hatte mir noch soviel vorgenommen

Es begann alles damit, dass ich einen starken Schnupfen bekam.
Ich bin dann auch zum Arzt gegangen und habe mich untersuchen lassen, und er machte so'n merkwürdiges Gesicht dabei. Ich fragte ihn: »Ist es denn was Schlimmes?« »Tja«, meinte der, »Sie haben Krebs. Sie leben nur noch ein paar Tage. Am besten, Sie legen sich jetzt schön ins Bett und machen sich'n paar feuchte Umschläge. Sie haben eben zu wüst gelebt, jetzt haben Sie den Salat!« Ich war natürlich völlig durcheinander, und als ich erst wieder einen klaren Gedanken fassen konnte, bin ich dann zum dummen Bruno* gegangen, ich wollte mich mal richtig aussprechen.

Ich hatte mir noch soviel vorgenommen,
vielleicht wäre doch, vielleicht wäre doch
manches dabei herausgekommen.
Aber jetzt denk' ich wohl besser daran,
wie ich mir noch, wie ich mir noch
einen guten Abgang verschaffen kann …

Meine Tour durch die Deutschschweiz führt mich über Luzern zu Emil Steinberger, der selbst gerade eine große Karriere als Kabarettist startet und nebenbei noch ein Kleintheater und ein Kino betreibt. Weiter nach St. Gallen, dann nach Olten und schließlich zum letzten Stopp nach Basel.

---

* der dumme Bruno – ein seinerzeit in den Berliner Boheme-Kneipen bekannter Sprücheklopfer

Hier treffe ich Mani Matter wieder. Mani spielt eine Woche lang en suite in Rolli Rassers Kellertheater Fauteuil, das im Souterrain liegt und über dem Rolli Rasser erst kürzlich das Tabourettli eröffnet hat; ein zweites kleines Theater mit viel weniger Plätzen, in dem ich auftrete. Die Künstlergarderoben beider Bühnen sind durch eine enge Wendeltreppe miteinander verbunden. Mani und ich machen immer gleichzeitig Pause, in der ich dann zu ihm runter in die Garderobe steige. Wir haben uns viel zu erzählen. Ich trinke Bier dabei. Mani nicht. Er fährt jeden Abend direkt nach der Show in seinem Auto nach Hause. So halten es hier alle meine Schweizer Kollegen, die ich kenne – wie Franz Hohler, mit dem ich seit unserer ersten Begegnung auf der Burg Waldeck befreundet bin. Innerhalb der Deutschschweiz liegt kein Ort vom anderen viel weiter als eine Autostunde entfernt. In den nächsten Jahren werde ich noch oft in der Schweiz auftreten, aber Mani Matter nach unserer letzten Begegnung in Basel nicht mehr wiedersehen: Schon wenige Monate später, er ist 36 Jahre alt, verunglückt Mani auf der Fahrt von Bern zu einem Auftritt in Rapperswil tödlich. Die Schweizer sind geschockt. Populär schon zu seinen Lebzeiten, löst Mani Matter posthum bei seinen Landsleuten eine auf seine Person und seine genialen Lieder gerichtete, bis heute andauernde kultische Verehrung aus, die den Schweizern selbst fast unheimlich ist.

Auch wenn ich nicht gerade auf Tournee bin, reise ich viel, bin immer unruhig, fühle mich getrieben. Ich treffe Ray Austin wieder, den ich seit unseren gemeinsamen Bielefelder Tagen nicht mehr gesehen habe. Er hat in Freiburg im Breisgau einen Folkklub gegründet. Ray macht mich dort mit einer Studenten-Folkgruppe bekannt, die sich Volume Five nennt, gemeinsam in einer WG wohnt und der neben seiner Freundin Gabi auch Ginny, eine junge Amerikanerin, angehört sowie Jörg Suckow, der Cello spielt und noch zwei Jungs. Sie singen, mehrstimmig schön gesetzt, hauptsächlich englische und amerikanische Folksongs. Im Sound ähnlich wie Peter, Paul & Mary. Mir gefällt das sehr. Ich bekomme Lust, auf der Stelle ein Lied zu schreiben, das ich gemeinsam mit ihnen singen kann, und habe dazu auch eine Idee. Eine Melodie habe ich schon im Kopf. Es ist ein Song von Gary. Gary Bolstad ist Amerikaner. Bis vor Kurzem in Berlin Student der Veterinärmedizin, ist er, soweit ich weiß, inzwischen zurück in die USA und nach Omaha in Nebraska unbekannt verzogen. Gary schreibt eigene Songs, die er während seines Studiums regelmäßig im Go-In vorträgt. Einen davon – er heißt »Indian Summer« – mag ich besonders. Von dem Text habe ich mir leider nur die erste Strophe gemerkt:

Summer days turning cold
Summer leaves turn to gold
Summer love gone to sea
Summer birds sound the cry
Restless wings beat the sky
In their flight from the winter's decree

Aber die Melodie hat sich mir eingeprägt. Sie erscheint mir für einen Chorsatz bestens geeignet. Vielleicht kann ich ja heute noch und auf die Schnelle ein paar Verse in Deutsch dazu schreiben. Lächerlich, als wenn ich jemals was auf die Schnelle hingekriegt hätte. Aber diesmal ist es anders. Ich sage zu meinen neuen Freiburger Freunden: »Ich gehe mal kurz was essen, in einer Stunde bin ich wieder da.« In der Gastwirtschaft Grüner Baum bestelle ich erst mal Rinderbraten mit Rotkohl und Klößen. Gern würde ich ein Bier dazu trinken, aber mit Bier im Blut kann ich nicht schreiben; stattdessen nehme ich eine Cola und fange gleich an zu dichten. Der Originaltext »Indian Summer« von Gary bezieht sich auf den Herbst. Darauf kann ich jetzt inhaltlich nicht eingehen. Schließlich ist es Hochsommer und heiß draußen. Am besten ist es, ich schöpfe aus meinen ganz persönlichen Alltagserfahrungen. Und zurzeit besteht mein Alltag aus Unterwegssein. Als der Rinderbtaten kommt, habe ich die erste Strophe schon fertig. Die übrigen Verse fließen mir nur so aus dem Kugelschreiber:

Heute hier, morgen dort,
bin kaum da, muss ich fort,
hab' mich niemals deswegen beklagt,
hab' es selbst so gewählt,
nie die Jahre gezählt,
nie nach gestern und morgen gefragt.

Manchmal träume ich schwer,
und dann denk' ich, es wär'
Zeit zu bleiben und nun
was ganz andres zu tun.
So vergeht Jahr um Jahr,
und es ist mir längst klar,
dass nichts bleibt, dass nichts bleibt, wie es war.

Dass man mich kaum vermisst,
schon nach Tagen vergisst,
wenn ich längst wieder anderswo bin,
stört und kümmert mich nicht.
Vielleicht bleibt mein Gesicht
doch dem ein oder andern im Sinn.

Fragt mich einer, warum
ich so bin, bleib' ich stumm,
denn die Antwort darauf fällt mir schwer.
Denn was neu ist, wird alt,
und was gestern noch galt,
stimmt schon heut oder morgen nicht mehr.

Die Mehrstimmigkeit ergibt sich wie von selbst, und nach ein paar Wiederholungen klingt es fast schon so, wie ich es mir vorgestellt habe. Allerdings verfolge ich meinen damaligen Gedanken, das Lied im Chorsatz gesungen zu veröffentlichen, nicht mehr weiter. Ich bin eben Einzelgänger.

Mit »Heute hier, morgen dort« habe ich jetzt, von der Spieldauer her betrachtet, genügend Material für eine dritte Studio-LP mit sieben Liedern. So wird auch der Titel der Platte lauten: »7 Lieder«. Allein »Der Tankerkönig« ist schon über 13 Minuten lang. Mit den restlichen sechs Songs werden es ungefähr vierzig Minuten. Viel mehr passt auf eine LP nicht drauf.

Nach Veröffentlichung der Platte wird sich herausstellen: Das Schicksal meint es mit mir und mit »7 Lieder« gut – besonders mit »Heute hier, morgen dort«. Als Volkslied führt es längst ein Eigenleben und hat im Laufe der Jahrzehnte eine solche Verbreitung gefunden, dass es oft nicht mehr mit mir als Autor der Verse in Verbindung gebracht wird. Einmal schaue ich mir im Fernsehen eine Sendung an. Darin singt ein Harzer Männerchor »Heute hier, morgen dort«, dazu läuft die Schriftzeile unten über den Bildschirm: »›Heute hier, morgen dort‹: Altes deutsches Handwerkerlied« Ich weiß nicht, soll ich mich jetzt ärgern oder geschmeichelt fühlen? Am besten beides. Denn ein altes Handwerkerlied ist es ja mittlerweile auch. Bereits mehrere Generationen von Handwerksgesellen trugen und tragen unterwegs die Melodie im Kopf und dazu den Text in ihren Wanderbüchern bei sich. Viele Lehrer und Schulkinder kennen das Lied, singen es im Unterricht. Es ist nicht totzukriegen. Das Lied schafft es sogar bis in die USA: Dutzende von Chorleitern üben es – auf Deutsch – mit ihren Sängerinnen und Sängern ein. Nach vierzig Jahren wird es, Campino sei Dank, in der Punkrockfassung der Toten Hosen wieder ein Hit. Und im Jahr 2018 macht das Lied sogar Bekanntschaft mit der Unendlichkeit: Der sympathische Astronaut Alexander Gerst veröffentlicht auf Twitter eine Liste mit Liedern, die er auf die Horizons-Mission ins All mitnimmt – »Heute hier, morgen dort« steht auch darauf.

Zwanzig Jahre nach Erscheinen von »7 Lieder« bekomme ich einen langen Brief aus Amerika – von Gary Bolstad: Auf einer Insel im Indischen Ozean beruflich unterwegs, hat er durch Zufall erfahren, dass ich seinen Song »Indian Summer« sozusagen gecovert habe. Zurück in Nebraska forscht er nach meiner Adresse, kriegt sie raus und schreibt mir diesen Brief. Eine verrückte Geschichte. Nach seinem Weggang aus Berlin um 1970, so Gary, heiratet er, eröffnet in Omaha (er ist ja Tierarzt) eine Kleintierpraxis, die er bald darauf wieder schließt, und arbeitet seitdem als Veterinär im Staatsdienst, als – sag' ich jetzt mal – »amtlicher Trichinenbeschauer« für die Fleischimporte der USA. Auf die Weise kommt er viel rum. Sogar bis nach Japan. In Neuseeland begutachtet er bei einem deutschen Schafzüchterehepaar mehrere Tonnen Lammfleisch. Gary spricht seit seinem Studium in Berlin fließend Deutsch. »Ach«, sagt das Schafzüchterehepaar, »du hast in Berlin studiert und heißt Gary Bolstad? Wir haben hier eine Platte von Hannes Wader, da steht hinten auf dem Cover bei den Credits der Name Gary Bolstad ... das bist doch nicht etwa du?«

Gary schreibt weiter: »Dein deutscher Text zu meinem Song gefällt mir gut. Irgendwann in den nächsten Wochen komme ich nach Hamburg –

deutsches Rindfleisch prüfen. Würde mich freuen, wenn wir uns dann mal treffen könnten«. Gary besucht mich in meiner Mühle, bleibt ein paar Tage und beginnt gleich mit der schönen und fast wortgetreuen Übersetzung meines Textes – seines Liedes – ins Englische:

Day To Day

Day to day, town to town,
sing my songs, travel on:
it's a choice that I made long ago.
Yesterday or tomorrow,
my time's mine to borrow
and share till again I must go

But sometimes, when my dreams
start to haunt me, it seems
I should try settling down,
for a change, in some town.
So, the years and the days
pass me by, go their ways,
and the changes are all that remain.

Though the folk I have met –
(ah, how soon!) they forget
when I've moved on to some other place,
there may be one or two,
when I've played and passed through,
who'll remember my song or my face.

Please don't ask me to say
why I've chosen this way,
just too hard for me to explain.
All the places I've been,
all the changes I've seen
tell me nothing will stay quite the same…

Nach Garys Besuch nehme ich das Lied in beiden von ihm in englischer Sprache geschriebenen Versionen auf CD und in mein Repertoire auf. Auch ein schöner (unveröffentlichter) französischer Text existiert, außerdem gibt es zahlreiche Umwandlungen von Gelegenheitsdichtern in Bierzeitungen zu feierlichen Anlässen wie Geburtstagen und Hochzeiten, sowie Parodien (»Heute Bier, morgen Korn«), die sich im Laufe der Jahre angehäuft haben.

Berlinmüde

Susanne und ich sind zwar wieder zusammen, wohnen aber getrennt. Susanne ist in eine kleine Wohnung in der Nähe vom Potsdamer Platz gezogen. Ich nutze weiterhin die Ladenwohnung in der Christstraße, bin aber selten zu Hause und halte mich immer öfter außerhalb Berlins auf.

Zum letzten Mal in einem Berliner Studio, nehme ich meine dritte LP auf: »7 Lieder«.

Wieder von Knut Kiesewetter produziert, soll sie im Winter, spätestens aber im darauffolgenden Frühjahr erscheinen. Mir liegt bereits eine Masterkopie des Tonbandes vor. Ich höre sie mir – und so halte ich es auch in Zukunft mit allen meinen Plattenaufnahmen – nur einmal, dafür aber intensiv an; würde ich sie öfter abspielen, könnte ich nur noch Fehler wahrnehmen, die ohnehin nicht mehr korrigierbar wären. Als ich am Schluss auf die Stopptaste drücke, sagt mir eine innere Stimme: »Wenn die Platte erscheint, wird es in deinem Leben wieder mal drastische Veränderungen geben.« Gleichzeitig wird mir jetzt ein unbestimmtes Gefühl, das mich in letzter Zeit immer öfter überkommt, zur Gewissheit: Ich muss hier raus. Zehn Jahre im ummauerten Berlin – die Stadt wird mir zu eng.

Ich weiß auch schon, wohin es mich zieht – in den Norden. Ich bin jetzt oft dort oben. In Knut Kiesewetters Haus auf der Geest in Nordfriesland, dem Fresenhof, habe ich den Text zu »Kokain« geschrieben. Doch hier auf dem Lande zu leben, kann ich mir nicht so recht vorstellen, in Hamburg zu wohnen aber, schon eher. In Hamburg entsteht gerade eine interessant gemischte Musikszene. Es gibt den von Bernd Cordua in Pöseldorf gegründeten und jetzt nach Eppendorf verlagerten Livemusik-Schuppen Onkel Pö's Carnegie Hall, kurz das Pö, das ich in der Folgezeit als mein zweites Wohnzimmer nutzen werde. Die City Preachers treten hier auf. Inga Rumpf und John O'Brien-Docker sind Stammgäste. Mit den jüngeren, noch kaum bekannten Nachwuchskünstlern – unter ihnen Otto Waalkes und Udo Lindenberg – spiele ich fast jeden Abend Poolbillard hinten in dem großen Toilettenvorraum des Pö. Dann gibt es außerdem noch die Folkklubs Danny's Pan, in dem seit Kurzem Mike Krüger, zurzeit noch Architekturstudent, auftritt, den Remter, das Logo. Wenn die nachts dicht machen, bleiben noch eine ganze Reihe Szenetreffs und Bars – die Schlachterbörse, das Nach-Acht oder das Zwick –, die bis zum Morgen geöffnet haben.

Hier in Hamburg finde ich immer jemanden, bei dem ich übernachten kann. Bei Lonzo zum Beispiel. Lonzo spielt als der »Teufelsgeiger von Eppendorf« in der Musikgruppe Leinemann und in der von ihm gegründeten Band Okko, Lonzo, Berry, Chris & Timpe. Oft schlafe ich bei Peter Marxen, mit dem ich mich angefreundet habe. Seit er das Pö übernommen hat, ist Peter dabei, den Laden zur Legende zu machen, indem er Jazzmusiker von Weltgröße hier auftreten lässt. Und auch Gottfried Böttger – er wohnt mit Udo Lindenberg zusammen, der zurzeit bei den City Preachers Schlagzeug spielt – bietet mir an, bei ihm zu übernachten: »Kannst heute bei mir knacken. Udo ist gerade nicht da, kannst in seinem Bett pennen.« Udo hat sein »Andrea Doria« (»Im Onkel Pö spielt 'ne Rentnerband seit zwanzig Jahren Dixieland«) noch nicht geschrieben. Manchmal lerne ich Mädchen kennen, die mich (eher selten) mit zu sich nehmen. Julia zum Beispiel. Sie weist mir einmal spät nachts in ihrer WG eine Couch im Wohnzimmer zu. Geweckt werde ich am nächsten Vormittag von lauten, rasend schnell und virtuos gespielten Akkordeonläufen. Auf meiner Sofakante sitzt Otto Waalkes und spielt das Akkordeonisten-Glanzstück »Tico Tico«. Ich weiß, dass Otto unheimlich musikalisch ist, aber dass er so doll gut Quetschkommode spielen kann? Kann er auch nicht. Mit dem Instrument vorm Bauch fährt er sich so nebenbei mit der Hand durch die Haare, das Akkordeon spielt von allein weiter, in seinem Innern läuft ein eingebautes Tonbandgerät.

Abends noch nicht zu wissen, mit oder bei wem ich die Nacht verbringen werde, ist eine Weile lang ganz spannend, wird mir dann aber bald zu anstrengend. Ich miete schon mal prophylaktisch eine Neubauwohnung an. Die hat, was ich in meiner alten Berliner Ladenwohnung in der Christstraße vermisse, eine Badewanne. Ich verbringe eine Nacht in der Wohnung, in der alles nagelneu riecht, die Wandfarbe nicht mal trocken und

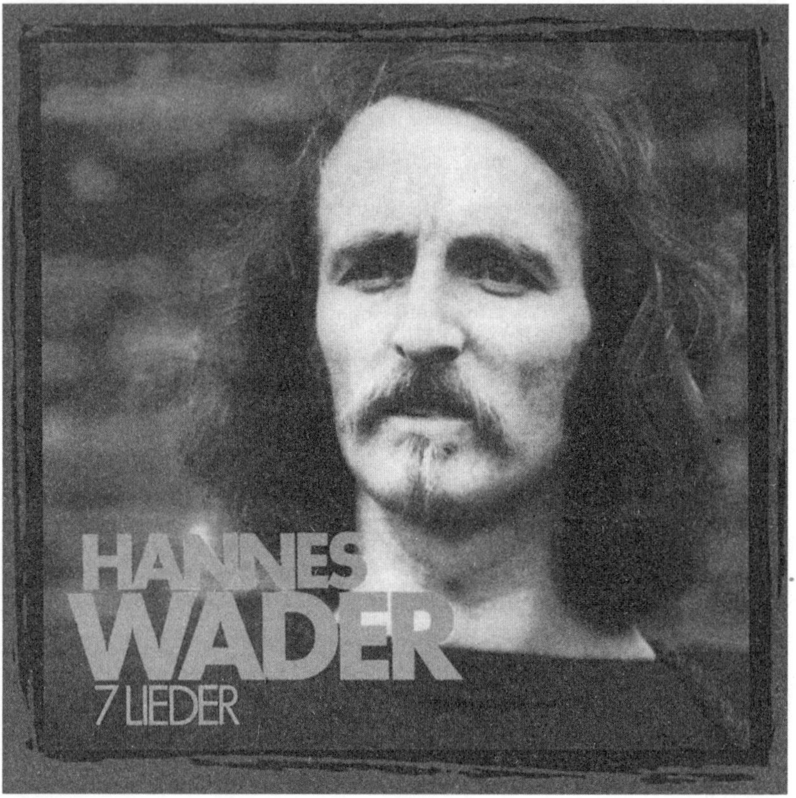

»7 Lieder«, 1972

die Luftmatratze, auf der ich schlafe, das einzige Möbel ist. Dort richtig einziehen will ich erst später.

Zunächst will ich aber etwas ganz anderes machen: nämlich eine längere Reise, eine letzte Tour unternehmen, quer durch Europa per Autostopp, und auf den Straßen singen. Ich ahne ja schon, dass nach meiner Rückkehr – mit dem Erscheinen meiner dritten LP »7 Lieder« – mein Leben in ganz anderen Bahnen als vorher verlaufen wird.

Von Berlin aus trete ich meine Reise an. Solange ich weg bin überlasse ich, und das trifft sich jetzt gut, die Ladenwohnung Hendrickje, die ich gerade im Zwiebelfisch kennengelernt habe. Hendrickje will, eben erst aus Freiburg gekommen, in Berlin studieren und sucht noch nach einer billigen Bleibe. Ich verabschiede mich von Susanne, packe meine Reisetasche, schnalle den Schlafsack daran fest, nehme meine Gitarre, fahre mit dem Taxi zum Grenzübergang Dreilinden und von dort aus per Anhalter durch die DDR erst mal Richtung Westen. Sich mit dem Taxi zum Trampen befördern zu lassen, darin mögen »normale« Leute eine Absurdität erkennen – ich nicht. Ich bin nicht normal und will es auch gar nicht sein.

Manche Chance, manch leeres Glas

Manche Stadt

Manche Stadt und manch ein Land,
manche Stunde, manchen endlos langen Tag
ließ ich im Dunkel hinter mir.
Manche Chance, manch leeres Glas,
manch ein Mädchen, das mich, wenn ich ging, vergaß.

Wenn es auch nicht Freiheit war,
in fremden Wagen, während mancher langen Fahrt,
wenn der Motor mit mir sang,
hab ich mich, ganz gleich, was vor mir lag,
doch frei gefühlt für manche Stunde, manchen Tag.

Wenn's auch kein Zuhause war,
wo immer ich einen Platz zum Schlafen fand,
hab ich mich doch hier und da,
bei manch einem, unter dessen Dach ich lag,
zuhaus' gefühlt für manche Stunde, manchen Tag.

One more city, one more town,
one more long, long road, to travel on,
one more lonely day to pass.
One more empty whiskey glass,
one more girl, to forget me, when I'm gone.

An der Raststätte Hannover habe ich Glück. Es gelingt mir, »to hitch a ride« von dort aus direkt nach Heidelberg. Ich will mich auf den Vorplatz einer der Kirchen in der Altstadt stellen und singen. Aber dazu bekomme ich keine Gelegenheit. Hier hat sich eine Drogenszene gebildet, von der die

Polizei noch nicht zu wissen scheint. Zwei Dealer (ungefähr meines Alters) verticken offen ihren Stoff an die hier zu Dutzenden stoned herumlungernden Jugendlichen. Einer greift sich einen schmächtigen Jungen aus der Menge und schlägt ihm mit der Faust ins Gesicht. Die übrigen Kids, darunter einige Mädchen, geben sich davon unberührt, scheinen es sogar cool zu finden. Den Abend verbringe ich im Cave, einem Jazzklub mit Tradition und Livemusik. Ich komme mit einem Studenten ins Gespräch, der mich in seine WG mitnimmt, wo ich in meinem Schlafsack auf dem Küchenfußboden übernachten kann. Am nächsten Tag mach ich, dass ich wegkomme, nehme den Zug ins nahe gelegene Karlsruhe und besuche Fuchs. Wir beide gehen gern mal, so auch heute Abend, auf ein Bier oder zwei in den Club Ubu. Es ist wie immer voll hier. Wir sitzen mit zwei jungen Frauen am Tisch und kommen mit ihnen ins Gespräch. Hella, so heißt die eine, hat wie ich – wieder so ein Zufall – bis vor Kurzem noch in Berlin gelebt; und sie will, wie ich, nach Hamburg ziehen, kriegt dort aber keine Wohnung; sie kann als freischaffende Journalistin einem etwaigen Vermieter keinen Festgehaltsnachweis als Sicherheit bieten. Ich überlasse ihr für die Zeit meiner Abwesenheit in den nächsten Wochen die Adresse und die Schlüssel meiner neuen Hamburger Wohnung. Schade, dass Fuchs, seine Ferien beginnen erst Ende Juli, mich nicht auf meiner Europatour begleiten kann. Ich fahre von Karlsruhe aus mit dem Zug nach München. Hier findet sich, von den etablierten Locations wie die Lach- und Schießgesellschaft einmal abgesehen, eine lebendige Kleinkunstkneipenszene mit höchst originellen Künstlern, von denen manche mich an Karl Valentin erinnern. Auch ein Danny's Pan gibt es hier, in dem ich auftrete und unter anderen meinen bayerischen Kollegen Fredl Fesl und Arthur Loibl begegne. Ich rufe bei Jo Henschel an, um mich mit ihm zu treffen. Jo und ich, wir mögen uns. Jo hat – er arbeitet als freier Regisseur fürs Fernsehen – auch die schon erwähnten ein oder zwei Fernsehfilme mit den »Insterburgern« und mir gedreht. Jo ist nicht zu Hause, am Apparat seine Frau Christine. Christine will morgen früh zu Jo nach Budapest fahren, wo er gerade eine Folge der Fernsehserie »Von Liebe keine Rede« abdreht. Ob ich nicht mitfahren wolle. Klar will ich mit nach Budapest. Auf durchs schöne Österreich. Entlang der Wachau, der Donau, links und rechts der Strecke liegen Jausenstationen. Ich habe auf unserer Route bis nach Ungarn hinein ein surreales K.-u.-k.-monarchistisches Gefühl, als hätte es hier schon vor fünfzig oder hundert Jahren so ausgesehen. Ich erwarte jeden Augenblick, dass uns ein Trauerflor behängtes Lastauto aus Sarajewo entgegenkommt, Baujahr 1914, mit den auf Eisblöcken gebetteten Leichen von Erzherzog Franz Ferdinand und seiner Gattin drin.

Nach einem Zwischenstopp in Budapest geht es weiter nach Wien – wie, mit wem, daran erinnere ich mich nicht mehr.

Auf dem Wiener Stephansplatz überlege ich, ob ich die Gitarre nicht auspacken, mich vor den Dom stellen und ein paar Lieder singen sollte. Schließlich unternehme ich diese Reise auch, um ein letztes Mal als Straßensänger unterwegs zu sein. Wenn ich das nächste Mal nach Wien komme, das weiß ich jetzt schon, werde ich seriös und im Rahmen einer Tournee in einem Saal auftreten.

Ich lasse meinen Gitarrenkoffer geschlossen – ich bin befangen, traue mich nicht, ihn zu öffnen. In dieser einstigen Welthauptstadt der Musik vibriert noch immer die Luft vom Nachhall längst verklungener, einmal von Genies arrangierter und seitdem milliardenfach gespielter Töne. Ich kann förmlich die Geister Haydns, Mozarts, Beethovens, Schuberts schemenhaft über dem Platz schweben sehen. Sollte ich mich erdreisten, hier zu singen, werden sie gekränkt in die Mechanik meiner Gitarre greifen, die Wirbel verbiegen und sie verstimmen. Oder sogar noch Schlimmeres mit mir anstellen. Wenn ich wiederkomme, werde ich die eben genannten und von mir so hochverehrten Meister in ihren zu Museen erklärten Wohnungen aufsuchen.

Von Wien aus komme ich auf meiner Reise über Regensburg, Nürnberg und Heidelberg nach Mannheim. Ich stelle mich auf die Mannheimer Planken – damals noch keine Fußgängerzone – und singe. Ein junger Mann spricht mich an. Er heißt Hans und ist als Student der Uni Mannheim im AStA-Vorstand. Ich kenne ihn nicht, aber er mich von der Burg Waldeck. Er ist ein Fan und fragt mich, ob ich an der Uni nicht ein Konzert in der Aula oder in einem der Hörsäle geben wolle – und zwar schon übermorgen: »Übermorgen schon? Wie soll das gehen?«

»Die Organisation«, sagt Hans, »kannst du mir überlassen. Macht mir Spaß. 95 Prozent der Einnahmen für dich, der Rest geht als Unkostenbeitrag an den AStA.«

Das Konzert findet tatsächlich zwei Tage später statt. Die Bude, bei drei Mark Eintritt an der Abendkasse, ist voll. Wie Hans das im Einzelnen geschafft hat, ist mir heute noch ein Rätsel. Er motiviert seine Kommilitonen vom AStA, handgemalte Plakate auf dem Campus anzuschlagen, Flugblätter zu verteilen und was weiß ich noch alles. Hans berichtet, dass er auf eine allgemein positive Resonanz gestoßen sei. Mit Ausnahme eines schwäbischen Studenten, der mit den Worten »Was soll i denn mit dem Geklemper?« das Flugblatt zerknüllt habe. Hans ist ein sympathischer Mensch, dazu in seinem selbstlosen Einsatz in meinem Interesse ungewöhnlich tüchtig. Und was mache ich? Ich beleidige ihn. Als er mir meine Gage übergibt – es mögen an die 300 oder 400 Mark sein – ziehe ich mit einer fiesen Bemerkung, für die ich mich heute noch schäme, die Korrektheit der Auszahlung und damit Hans' Redlichkeit in Zweifel. Wie komme ich dazu? In letzter Zeit immer häufiger Mittelpunkt des Interesses vieler zu sein, ist eine neue Erfahrung, die ich erst noch verarbeiten muss. Als ein noch parzivalesker »tumber Tor« hat mich nichts darauf vorbereitet, dass ich es jetzt öfter mit einer besonders widerwärtigen Spezies Mensch – der Gattung Ohrenbläser, Zwischenträger und Verleumder – zu tun bekommen werde, die meine Nähe suchen, um mir das ätzende Gift des Misstrauens gegen anständige Menschen ins Hirn zu träufeln. Es wird noch lange dauern, bis ich gegen solche Einflüsterungen auch nur einigermaßen (aber nie ganz) immun sein werde. Intriganten Kreaturen und ihren Schmeicheleien, egal, ob raffiniert verpackt oder plump, liefere ich mich in schwachen Momenten ganz aus: »Leicht rumzukriegen«, verführbar eben.

Aber es gibt ja auch noch die anderen. Menschen ohne Heimtücke – wie Hans zum Beispiel. Außer ihm lerne ich in Mannheim Dieter Preuß kennen. Er arbeitet als Journalist für den »Mannheimer Morgen«. Wir kommen gut miteinander klar. Dieter beschäftigt sich stark mit alten Liedern und interessiert sich besonders für die mit politikkritischen Bezügen, von denen er schon etliche in Volksliederarchiven ausgegraben hat und die er im privaten Kreis auch selbst singt. Alte Lieder – ein Thema, das auch mich sehr interessiert und über das Dieter Preuß mir wertvolle Kenntnisse vermittelt – was mich dazu anregt, mich selbst intensiver mit Volksliedern zu befassen. Dieter hat gerade Urlaub, den er an sich – er ist verheiratet und hat drei noch minderjährige Töchter – bei seiner Familie zu verbringen plant. Als er hört, dass ich von Mannheim aus in Richtung Irland weiterziehen will, entschließt er sich spontan mitzukommen. Nur für ein paar Tage. Das passt mir gut. Dieter hat ein Auto – einen VW Käfer selbstverständlich. In letzter Zeit habe ich viele Platten mit irischer Folkmusik gehört. Darunter die Gruppen The Chieftains, Planxty, The Sands Family und vor allem The Dubliners. Ich liebe es, Luke Kelly singen zu hören, von dem es heißt, dass er kraft seiner Stimme den Säufern im Pub aus zehn Metern Entfernung den Schaum vom Guinness-Glas fegen kann.

Wir durchqueren mit Dieters Käfer Frankreich und nehmen die Nachtfähre von Cherbourg nach Cork, wo wir gegen Mittag des nächsten Tages landen. Wir fahren westwärts, kommen nach Dingle und zelten dort ein paar Nächte lang am Strand. Beide wollen wir unbedingt die Cliffs of Moher sehen. Wir schlagen unser Zelt in einer versteckten Senke auf; in respektvoller Entfernung der hier nahe des O'Brien's Towers über 200 Meter steil abfallenden Klippenkante. Ich sitze manchmal stundenlang allein auf der Klippe und schaue aufs Meer und in den Himmel über dem Horizont. Kann nicht genug davon bekommen. Könnte es gut noch eine Weile hier aushalten. Aber wir wollen weiter nach Galway und ein paar Tage lang das wilde Connemara erleben.

Dieters Urlaub geht zu Ende. Er muss zurück nach Mannheim. Über Limerick nimmt er mich bis Tipperary mit. Die Frage, wie ich allein und ohne Auto von hier aus weiterkomme, beantwortet sich von selbst. Zufällig sehen wir im Vorbeifahren am Stadtrand eine Art Trailerpark, an dem Dieter mich absetzt. Hier können Touristen von Pferden gezogene einspännige Planwagen für ein paar irische Pfund mieten. Alte ausrangierte Tinker-Caravans. Die traditionellen Gefährte der Kesselflicker und Gipsys, die längst mit der Zeit gegangen, motorisiert und auf Wohnwagen umgestiegen sind.

Wie überall, wird auch in Irland das fahrende Volk, dessen Herkunft im Dunkeln liegt, von der sesshaften Bevölkerungsmehrheit verachtet, gefürchtet, verfolgt und romantisiert. Ich beschränke mich aufs Romantisieren. Gemütlich mit dem Pferdewagen auf den einsamen Straßen der grünen Insel über das Gras- und Heideland vom County Tipperary zu zuckeln, ist genau mein Ding. Der Wagen verfügt über eine pritschenartige Liege, einen Kaltwasserbehälter und einen Gaskocher. Ob er auch ein Campingklo hat, habe ich vergessen. Der Caravanverleiher spannt an und überlässt mir umstandslos den Trailer, einen Sack Hafer als Futter für das kräftige Pferd und einen Wassereimer, um das Tier zu tränken. Ich verpflichte mich, Pferd und Wagen in spätestens acht Tagen heil wieder hierher zurückzubringen.

Auf der Straße nach Cashel herrscht kaum Verkehr. Unterwegs, das Pferd hält ein gemächliches Tempo, kommen uns nur zwei oder drei Traktoren entgegen. Die Farmer hinterm Steuer grüßen mich im Vorbeifahren. Aber nicht kopfnickend, wie bei uns auf dem Kontinent üblich, sondern auf ihre wohl inselspezifische Weise, indem sie – in kontinentaler Lesart verneinend – heftig den Kopf schütteln. Ich sitze entspannt auf dem Kutschbock, lausche dem Klappern der Pferdehufe, halte die Zügel, empfinde das Schritttempo als ideal und dem Menschen gemäßer, als mit 180 Sachen über die Autobahn zu rasen. Langsam dämmere ich weg. Ich wache auf, als ein Ruck durch den Trailer geht, der plötzlich nach rechts geneigt über dem Straßengraben hängt. Das Pferd, in der Deichselschere eingeklemmt, knabbert an einem Weißdornbusch auf der anderen Seite des Grabens. Als ich versuche, das Tier dazu zu bringen, den Wagen wieder aus dem Graben zu ziehen, kippt der vollends auf die Seite. Der Gaul ist gutmütig und lässt sich von mir aus der verdrehten Schere spannen und am Weißdornbusch anbinden, an dem er weiter herumknabbert. Aus dem Farmhaus an der Straßenseite gegenüber kommt ein Mann, winkt, steigt auf seinen Trecker und kommt mir zu Hilfe. Nach ein paar Minuten steht der Trailer wieder auf seinen vier Rädern. Unbeschädigt. Es ist gerade »teatime«, und der Farmer bittet mich ins Haus, um ein Stündchen mit ihm und seiner Frau bei eine Tasse Tee zu plaudern.

Der Farmer hilft mir, das Pferd wieder anzuspannen. Es ist nicht mehr weit bis Cashel. Ich kann vom Kutschbock aus schon in der Ferne die Erhebung des Rock of Cashel mit der gewaltigen uralten Ruine sehen. Unterhalb des Hügels mache ich auf der Wiese, neben den ebenfalls beeindruckenden Resten der Hore Abbey Halt. Auf der weiten Grünfläche um mich herum grasen Rinder. Die Sonne geht bald unter. Ich ziehe die Bremse des Trailers an und spanne das Pferd aus. Ein Mann kommt quer über die Wiese, ein paar Kinder im Gefolge, auf mich zu. Ein Farmer. Er grüßt mich (und schüttelt dabei verneinend den Kopf) und hält, die Finger gespreizt, die Hand hoch: »Five pounds.« Ich gebe ihm das Geld, und er zieht zufrieden ab. Die Kinder bleiben. »Let's make a camp fire, a small one«, sage ich zu den Kindern. Es wachsen nur wenige Büsche in der Nähe der – wie die Kinder sie nennen – »Old Abbey«. Wir sammeln gemeinsam ein paar trockne Zweige und Äste und setzen uns um das kleine Feuer herum auf die Steine im Mauerschatten der Klosterruine. Die Sonne geht bald unter und färbt den Himmel über dem Horizont, dort, wo ich den Atlantik vermute, blutrot. Die Kinder haben meine Gitarre im Trailer entdeckt. Ich soll ihnen etwas vorsingen. Das tue ich gern, und ich singe für sie unter anderem »In einem kühlen Grunde«. Sie haben noch nie ein Lied auf Deutsch gesungen gehört; finden es lustig, wollen dann aber selbst etwas singen und mir dabei ein Lied beibringen. Ich lerne von ihnen den schrecklichen Song von der alten Frau im Wald, die ihr Baby mit einem Federmesser umbringt:

Weela Weela Walya

And there was an old woman and she lived in the woods
A weela weela walya
There was an old woman and she lived in the woods
Down by the River Sailla

She had a baby three months old
A weela weela wailya
She had a baby three months old
Down by the River Sailla

She had a penknife long and sharp
A weela weelya walya
She had a penknife long and sharp
Down by the River Sailla

She stuck the penknife in the baby's head
A weela weela walya

She stuck the penknife in the baby's head
Down by the River Sailla

Wenigstens bekommt sie am Ende die verdiente Strafe: »They took her away and they hung her by the neck …«

Von Cashel aus wähle ich eine einsame Nebenstrecke, die mich wieder in Richtung Tipperary bringen soll. Niemand begegnet mir unterwegs auf der etwa vier Stunden dauernden Fahrt, und ich liefere den Thirty-Foot-Trailer samt Pferd heil wieder ab. Von dort fahre ich mit dem Bus weiter, verbringe die Nacht in einem Dubliner Bed & Breakfast und nehme am nächsten Nachmittag die Fähre nach Holyhead. Auf der Überfahrt lerne ich einen jungen Iren aus Dublin, Matthew Reilly, kennen. Matthew will wie ich nach London.

Wir beide kennen die Stadt noch nicht und beschließen, den Trip dorthin gemeinsam zu machen. Matthew hat nicht mal einen Schlafsack dabei, nur eine alte zerfranste Wolldecke, die er, zusammengeknüllt mit einem Bindfaden darum, unter dem Arm trägt. Passkontrolle in Holyhead. Matthew wird (des Rauschgiftschmuggels – vielleicht sogar der IRA-Zugehörigkeit verdächtig) in einem Nebenraum von den englischen Zöllnern gefilzt und rektal untersucht. Das sieht für mich ganz nach Schikane aus. Mich lassen sie mit meinem deutschen Pass einfach so durch. Später steigen wir in den Nachtzug nach London. Wir finden ein leeres Abteil. Ich packe die Gitarre aus und spiele ein bisschen. Auf dem Gang draußen stehen zwei junge Engländer, die uns fragen, ob sie sich zu uns setzen und zuhören können. Klar können sie das. Die Jungs sind, das stellt sich schnell raus, beide ziemlich zugedröhnte Junkies, die sich in den nächsten Stunden wiederholt in der Toilette einschließen, um sich wahrscheinlich mit H (»Äitsch«) einen Schuss zu setzen. Matthew und mich stört das nicht weiter. Sie sind ganz friedlich. Und auf ihre Frage »Can you sing any Dylan?«, kann ich mit ja antworten und singe die Dylan-Songs, die ich auswendig kann: »Blowin in the Wind«, »Don't Think Twice«, »Love Minus Zero« und andere. Gegen Mitternacht hält der Zug für mindestens eine Stunde auf dem finsteren Nebengleis eines Bahnhofs. Ich sehe aus dem Fenster und lese auf dem über dem Bahnsteig hängenden Schild: Stratford-upon-Avon.

Ein seltsamer Zufall, dass der Zug (abseits der regulären Strecke, wie ich vermute) ausgerechnet in Shakespeares Geburtsstadt, in der er auch begraben liegt, so lange hält. Meine Mitreisenden nehmen davon keine Notiz. Obwohl über »To Be or not to Be« hinaus mit dem Werk Shakespeares nicht vertraut, schweige ich ehrfürchtig, lege die Gitarre aus der Hand und singe erst wieder weiter, als der Zug auf freier Strecke wieder Fahrt aufnimmt, wo Shakespeare mich nicht mehr hören kann.

London Euston Station. Weit nach Mitternacht. Matthew und ich sitzen in einer Ecke auf unseren Schlafsäcken. Wir fallen hier nicht weiter auf. Außer uns hocken oder liegen – wie wir den Morgen erwartend, neben einigen betrunkenen Obdachlosen – viele junge Leute auf dem Boden der Bahnhofshalle. Jugendlicher Rucksacktourismus ist noch ganz neu und wird sich bald (insofern liege ich mit meinem »Heute hier, morgen dort« schon mal voll im Trend) explosionsartig über sämtliche Kontinente ergießen. Tausende werden sich auf dem »Hippie trail« nach Südostasien begeben.

Matthew und ich fahren frühmorgens mit der U-Bahn zum Hyde Park Corner. Mit uns steigen Männer in Anzug und Krawatte aus. Die meisten tragen Melone, Schirm und Aktentasche. Ihre normale Arbeitskleidung. Für mich aber ein ganz ungewöhnlicher Anblick. Für Matthew anscheinend auch. Er findet es lustig, hinter einem von ihnen herzurennen, ihm auf die Schulter zu tippen und nach dem Weg zum Speakers' Corner zu fragen. Der dreht sich um und gibt dem einen halben Kopf kleineren Matthew höflich Auskunft. Dafür tätschelt der wiederum dem Gentleman herablassend dankbar die Schulter.

Die wenigen Tage, die wir in London verbringen werden, reichen nicht aus, die Stadt auch nur ansatzweise zu erkunden. Zu Fuß schon gar nicht. Also geben wir unsere Klamotten bei der Gepäckaufbewahrung ab und fahren, immer stehend, damit wir nicht einschlafen, mit der U-Bahn meinetwegen zum Piccadilly Circus und steigen dort in einen Doppeldeckerbus in Richtung Westminster Abbey, zum Trafalgar Square und so weiter. Im Grunde sind Matthew und ich an einer Erkundung Londons und seiner Sehenswürdigkeiten nicht interessiert. Es genügt uns, einfach nur hier zu sein. Ich würde gern, komme aber nicht dazu, in einen Folkklub gehen. Ich nehme an, dass es hier jede Menge davon gibt. Irgendwo müssen so

Leute wie Donovan und Ralph McTell (der den Song »Streets of London« schon geschrieben hat) und die Gruppe Pentangle mit John Renbourn und Bert Jansch ja ihre Karrieren begonnen haben. Von keinem dieser Klubs weiß ich den Namen – und wen hier in London soll ich danach fragen?

Matthew und ich holen unser Gepäck aus der Aufbewahrung. Wir haben seit fast 48 Stunden nicht mehr geschlafen. Nachts sind die Tore des Hyde Parks geschlossen. Kurz vor Mitternacht liegen vor der Umzäunung längs der Hyde Park Lane Hunderte von kiffenden oder schlafenden Hippies. Nicht, dass es mich stören würde, aber sie alle sind, schätze ich mal, so wie Matthew, im Schnitt zehn Jahre jünger als ich. Heute Nacht regnet es in London nicht. Wir klettern über den Zaun, kriechen in das dahinterliegende Gebüsch (Matthew unter seine Decke, ich in meinen Schlafsack) und schlafen sofort ein. Ich werde durch das Hecheln und Knurren eines großen, direkt über mir stehenden Hundes mit Maulkorb geweckt, dessen Geifer mir ins Ohr tropft. Ein Polizeihund, von einem Bobby an der Leine gehalten. Der befiehlt dem Tier, sich zu setzen, blendet uns mit seiner Taschenlampe und lässt sich unsere Pässe geben. Er blättert in meinem und sagt:

»Germany?«

»Yes.«

»Do you sleep in the parks in Germany?«

»Yes, I do.«

»Then go back to Germany and sleep in the parks!«

Es soll wohl nicht sein, dass Matthew und ich in London ausreichend Schlaf bekommen. Wir streunen bis Tagesanbruch durch die Straßen um den Grosvenor Square herum. Da wir nicht gleich wieder von einer Polizeistreife aufgescheucht werden wollen, trauen wir uns gar nicht erst, uns auf die Treppenstufen der nahe gelegenen Kirche zu setzen. Wir warten, bis der Hyde Park wieder aufgeschlossen wird, setzen uns dort auf eine Bank und dösen in den Vormittag hinein.

Ich habe genug von London. Morgen verlasse ich England. Ich muss ständig an Tom Paxtons »Leaving London« denken:

With a dark and rolling sea
Between my true love and me
I keep walking through this cold hard town
While I wait for better days
I could use a place to stay
Or a floor where I could lay my blanket down
If I could beg, steal, or borrow
A ticket on some ship or plane
I'd be leaving London tomorrow
to fly to my own love again
Up at dawn to change my shirt
And to wash away the dirt
Then it's over to …

Ich habe keine Lust, meine letzte Nacht in London in einem Park zu verbringen und mich von Polizeihunden besabbern zu lassen. Dazu bin ich zu alt. Ich werde für Matthew und mich ein Bed & Breakfest suchen. Matthew ist entsetzt. Er findet – abgesehen davon, dass er für so was kein Geld hat –, das passt nicht zu uns. Ich überrede ihn und übernehme die Kosten für die Übernachtung. Wir haben Glück, so ungewaschen und abgerissen wie wir aussehen, dass die Landlady uns überhaupt ein Zimmer gibt. Am nächsten Morgen begleitet mich Matthew zur Charing Cross Station. Er will noch in London bleiben. Ich steige in den Zug zum Fährhafen in Dover und schiebe auf dem Gang das Fenster runter. Matthew steht unten auf dem Bahnsteig. Er weint und schiebt mir als Abschiedsgeschenk – er lässt sich von mir nicht davon abbringen – »his dirty old blanket«, seine olle zerschlissene Decke durchs offene Zugfenster. Er bückt sich nach einem Fetzen Zeitungspapier, legt ihn aufs Knie, schreibt seine Adresse an den Rand und reicht ihn mir rauf. Matthews an sich schon krakelige Schrift ist dazu noch vom Salz seiner dicken Tränen völlig verätzt und unlesbar. Für eine Korrektur bleibt keine Zeit mehr, der Zug fährt an – ich werde Matthew Reilly nicht wiedersehen.

»To fly to my own love again« – seit wie vielen Wochen habe ich Susanne nicht gesehen? Es wird Zeit, dass ich nach Hause komme. Es ist fast schon wieder Herbst, und ich muss mich auch auf die Tournee vorbereiten, die Karsten Jahnke schon im Frühjahr für mich gebucht hat. Gleich nach der Tour werde ich dann von Berlin nach Hamburg ziehen. Vielleicht kommt Susanne mit. Dort ein Theaterengagement zu bekommen, dürfte für sie kein Problem sein. Ich meine zu wissen, dass Boy Gobert, derzeitig Intendant des Thalia Theaters, sie als Schauspielerin sehr schätzt und sie gern in seinem Ensemble hätte. Aber das bleibt nur so ein Gedanke. Susanne hat längst ganz andere Pläne.

Von Calais aus durch die Niederlande mit dem Ziel Berlin, komme ich nach Bielefeld und bleibe dort ein paar Tage, wohne bei meiner Mutter. Es ist für lange Zeit das letzte Mal, dass ich mein Elternhaus betrete. Meine Mutter geht demnächst in Rente und wird in Heessen bei Hamm in das Haus ihrer verstorbenen Schwester Amanda ziehen – eine typische Doppelhaushälfte in einer Zechensiedlung mit Bergschäden, einen halben Meter tief abgesackt –, das der Erbe, mein Cousin Dieter, ihr zu einem günstigen Mietpreis überlassen wird. In letzter Zeit komme ich nur noch selten in meine Heimatstadt. Wenn meine Mutter fortzieht, in das circa achtzig Kilometer entfernte Heessen, habe ich noch weniger Grund, mich hier aufzuhalten; zumal auch meine Schwester Ulla, inzwischen wiederverheiratet, die Gegend für immer zu verlassen plant und demnächst mit ihrem Mann in den Bayerischen Wald zieht. Wie nicht anders zu erwarten, hat sich nach meinem Weggang auch mein Verhältnis zu den Freunden von damals (wie ihres zu mir) verändert. Alte Verbindungen haben sich gelockert oder gar ganz gelöst. Umso mehr bedeutet es mir, hier in diesen Tagen die Bekanntschaft eines in etwa Gleichaltrigen zu machen, aus der sich rasch eine enge Freundschaft entwickelt, sodass ich mir vornehme, doch wieder öfter nach Bielefeld zu kommen. Dieter Meier, Sohn eines Maurers, ist Anwalt und Partner einer angesehenen Sozietät in der Stadt. Neben der Arbeit schreibt er in seiner Freizeit bis spät in die Nacht an einem juristischen Sachbuch (beziehungsweise seiner Doktorarbeit) über »rechtsfreie Räume« (was immer das ist); spielt ein bisschen Gitarre, und singt dazu. Mit ihm kenne ich neben Franz Josef Degenhardt und Mani Matter in Bern jetzt schon drei singende Juristen. Ähnlich frankophil wie ich, kennt und kann Dieter ein paar französische Lieder. Von ihm lerne ich ein von Juliette Gréco gesungenes Chanson, das von einem

Akkordeon spielenden Straßenmusiker handelt, und das Lied, das Jeanne Moreau in »Jules et Jim« singt.

So wie ich feiert Dieter gern. Er kennt eine Menge Leute in Bielefeld und Umgebung, und fast jeden Abend steigt bei irgendwem eine Fete. Anders als ich bekommt Dieter, der jeden Morgen pünktlich seinen Dienst in der Kanzlei antritt, zu wenig Schlaf und – als starker Raucher und ständig Spray inhalierender Asthmatiker – zu wenig Luft. Wie er so sein tagtäglich strammes Arbeitspensum schafft, ist mir ein Rätsel. Auch mich wird er in naher Zukunft engagiert und höchst kompetent anwaltlich betreuen. Einmal suche ich ihn in seinem Büro auf, ein düsteres, von einem winzigen Fenster und einer Schreibtischlampe trübe erhelltes Kabuff mit circa drei mal drei Metern Grundfläche. Dieter sitzt in der Mitte des Raums hinter dem mit Aktenstapeln bedeckten Schreibtisch. Der Aschenbecher neben dem Cortison-Spray-Behälter quillt von halb aufgerauchten Kippen über. Auf dem Fußboden und in den bis zur Zimmerdecke reichenden Wandregalen stapeln und quetschen sich ebenfalls Akten neben dicken zerlesenen Wälzern, wahrscheinlich juristische Handbücher; was in dem dichten Tabakqualm, das Fenster bleibt immer geschlossen, nicht leicht zu erkennen ist. Die in dem Raum herrschende erstickende Enge scheint Dieter nichts auszumachen. Hier kann er den ganzen Tag über rechtlich komplizierten Fällen brüten, die ihm die Kanzleileitung gern zuschiebt. Sein privates, ehrgeiziges Sachbuchprojekt allerdings wird er nie beenden. Dieter, um es gleich zu sagen, stirbt, noch ehe er sein vierzigstes Lebensjahr erreicht hat. Bis dahin bleiben Dieter und ich eng befreundet. Er ist unter den mir nahestehenden Menschen, die nicht mehr da sind, einer derjenigen, die ich heute noch am meisten vermisse.

Ich fahre zurück nach Berlin; freue mich, Susanne wiederzusehen. Ich bin auch froh darüber, noch einmal diese letzte ungebundene Tour durch halb Europa unternommen – und glücklich beendet – zu haben; bin bereit, mich jetzt wieder strenger organisieren und in die Pflicht nehmen zu lassen. In wenigen Tagen beginnt meine Herbsttournee. Ich schaue in der Christstraße bei Hendrickje rein. Ich betrachte den alten Laden schon gar nicht mehr als meine Wohnung und packe dort nur ein paar Reiseklamotten zusammen, die ich brauchen werde, wenn ich jetzt auf Tournee gehe.

Unter Verdacht

Im Oktober 1971 stehe ich nach einem Konzert in Essen hinter der Halle, vor dem geöffneten Kofferraum von Jürgen Pohlmanns Auto, um meine Gitarre einzuladen. Plötzlich reißt mir jemand von hinten meine Jacke über beide Arme, sodass ich mich nicht rühren kann. Von vorne kommt ein Mann im dunklen Anzug und drückt mir die Mündung einer Handfeuerwaffe in den Bauch. Ein Dritter tastet mich nach Waffen ab, findet keine und verzichtet darauf, mir Handschellen anzulegen. Gleichzeitig treten mehrere uniformierte Polizisten mit Maschinenpistolen im Anschlag, von mindestens einem Dutzend Fotoreportern begleitet, hinter den umliegenden Büschen hervor. Blitzlichtgewitter. Ich bin verhaftet. Dass synchron mit meiner Festnahme in Essen meine Berliner Wohnung aufgebrochen, durchsucht, Hendrickje aus dem Bett gezerrt und abgeführt wird, erfahre ich erst am anderen Tag.

Erst einmal sperrt man mich eine Stunde lang in eine Zelle. Ein Beamter schließt auf, winkt mich raus: »Kommen Sie, kommen Sie, Klavier spielen« – soll heißen, mir werden Fingerabdrücke abgenommen. Erkennungsdienstlich behandelt, werde ich zum Verhör geführt. Das dauert Stunden. Die damit total überforderten Essener Ermittler sind die ganze Zeit mit einer RAF-Sonderkommission der Hamburger Kripo, von der sie die Fragen an mich diktiert bekommen, telefonisch verbunden. Dem Essener Beamten am Telefon steht der Schweiß auf der Stirn. Ich kann den Hamburger am anderen Ende der Leitung, der seinen Essener Kollegen laut zusammenscheißt, brüllen hören. Ich sage alles, was ich weiß. Und das ist so wenig, dass endlich gegen Morgengrauen Hamburg Essen den Befehl erteilt, mich laufen zu lassen. Daraufhin geben die Polizeipressesprecher die Einleitung eines Ermittlungsverfahrens »wegen Unterstützung einer kriminellen Vereinigung« gegen mich bekannt. Lancieren parallel dazu – sei es aus Versehen, sei es, um mir bewusst zu schaden – die Falschmeldung, ich hätte mich geweigert, den Namen der Person preiszugeben, der ich meine Wohnung überlassen habe. So steht es am nächsten Tag in allen Zeitungen, so berichtet es, mein Verhaftungsfoto eingeblendet, Karl-Heinz Köpcke in der Tagesschau. Ich stehe damit unter dem Generalverdacht, der RAF aktiv anzugehören. Hella Utesch, die junge Journalistin, der ich vor noch gar nicht langer Zeit im Karlsruher Club Ubu meine Wohnungsschlüssel überlassen habe, war, wie ich bald erfahre, jemand anderes: die RAF-Terroristin Gudrun Ensslin. Der Medienboykott in Hörfunk und Fernsehen setzt unmittelbar ein; nicht gleich existenzbedrohend, aber spürbar für mich. Gelten meine neueren Lieder wegen ihrer Überlänge und ihres Inhalts schon von vornherein als unsendbar, werden jetzt meine älteren, noch einigermaßen »sittenkompatiblen« auch nicht mehr gespielt.

Karsten Jahnke organisiert in den Räumen seiner Agentur im Hamburger Zippelhaus nahe der Speicherstadt eine Pressekonferenz, in der ich die besagte Falschmeldung der Polizei richtigstelle – was allerdings (wie so häufig bei dem Versuch einer Gegendarstellung) ohne den gewünschten Effekt bleibt. Ich setze meine BRD-Tournee ohne Unterbrechung fort. Nur die im Anschluss daran geplante Tour in Österreich muss verschoben werden, sie wollen mich als Terroristen dort nicht einreisen lassen. Die Großfahndung nach Baader, Meinhof und Ensslin läuft auf Hochtouren und bestimmt jetzt die Schlagzeilen. Schon Tage danach bin ich für die Presse und damit für die Öffentlichkeit kein Thema mehr – für die Polizei aber schon. Ich stehe unter Beobachtung. Und zwar demonstrativ – ich soll es merken. Nach jedem Konzert gehe ich nachts noch irgendwo was trinken. Immer noch aufgedreht von der Anstrengung, ist es mir nicht möglich, direkt von der Bühne ins Hotel zu gehen und mich in meinem Zimmer zu verkriechen. Inzwischen hat sich, von Berlin ausgehend, bundesweit eine alternative Kneipenszene mit Trödelinterieur entwickelt. Die Studenten und Oberschüler, die hier verkehren, tragen lange Haare, Bärte, Bundeswehrparkas und Palästinensertücher. In Aachen stehe ich eines Nachts in der Kneipe am Tresen, trinke mein Bier und wechsle ein paar Worte mit dem Barkeeper. Die Tür geht auf und zwei Typen etwa meines Alters, die gar nicht hierher passen, kommen rein. Zivilfahnder. Der eine kaut Kaugummi und trägt einen Hut, einen Porkpie, so einen wie Gene Hackman in »French Connection«. Dabei ist Hut tragen out.

Kein Mensch läuft derzeit mit Hut rum. Nicht mal ich; und Udo Lindenberg wird seinen erst in zehn Jahren aufsetzen. Der zweite Fahnder hat tatsächlich einen Trenchcoat à la Humphrey Bogart an. Kragen hochgeschlagen. Die beiden setzen sich an einen der Tische, gucken in die Luft und trinken Wasser mit Kohlensäure. Als ich die Kneipe gegen ein Uhr verlasse, folgen sie mir mit immer genau zwanzig Schritten Abstand bis zu meinem Hotel. Nach diesem Muster stehe ich von nun an fünf Jahre lang, bis das (erste) Ermittlungsverfahren gegen mich eingestellt wird, unter Dauerobservation. Und nicht nur ich. Die Fahnder sitzen in meinen Konzerten, fotografieren das Publikum. Alle Personen, zu denen ich engeren Kontakt habe, werden überwacht. Susanne, die mich vorübergehend bei sich aufnimmt, findet in der Sprechmuschel ihres Telefons eine Wanze. Ich bin aus beiden Wohnungen, der Hamburger und der Berliner, nicht ohne ein paar Tausend Mark Schadensersatz zu blechen, rausgeflogen. Die RAF-Leute in Hamburg haben für ihre Waffen Schalldämpfer im Eigenbau konstruiert, ausprobiert, und dabei die Kloschüssel, die Badewanne und sämtliche Fußleisten zerschossen. In Berlin dagegen haben die Spuren sichernden Bullen gewütet; die Wohnungstür mit dem Rammbock aufgebrochen, Betten zerfetzt, Möbel zertrümmert, die Flokatiteppiche, die Wände mit grauem, fettigem, Fingerabdruckpulver versaut. Nachdem ich auch hier für den Schaden aufkomme, zieht als mein Nachmieter Horst Koch ein.

Auch meine Mutter, erst seit Kurzem von Bielefeld nach Hamm umgezogen, wird von Kripobeamten vernommen. Auf die Frage, ob sie mich schon mal in Begleitung zwielichtig erscheinender Personen gesehen habe, antwortet sie: »Mein Sohn ist nicht homosexuell.«

Manchmal sehe ich wochenlang keinen Beschatter. Dann wieder bemerke ich über Tage hinweg jedes Mal dieselben zwei Typen, wenn ich unterwegs bin, in der Autobahnraststätte am Nebentisch ihren Kaffee oder nachts in der Kneipe ihr Wasser schlürfen. Betont auffällig. Aber immer mit zugeknöpften Jacketts, um so ihre Waffen in den Gürtelholstern zu verbergen – nehme ich an.

Eigentlich bin ich gut im Verdrängen. Aber dann zeigt der unverhältnismäßige, eher einem Serienkiller gebührende Aufwand, die offensichtlich gezielte Zermürbungstaktik der Ermittler über all die Monate und Jahre hinweg schließlich Wirkung. Diesen unauflösbaren Widerspruch – einerseits wachsender Zuspruch seitens der Öffentlichkeit und mich andererseits pausenlos heimlich belauert zu wissen, verdächtig zu sein – halte ich nicht gut aus. Ohnehin schon ziemlich dünn, magere ich weiter ab. Ich wiege jetzt bei 1,88 Meter Körperlänge 68 Kilo, esse kaum noch was. Ich ziehe meine unerklärlich enormen Reserven, ich gebe zwischen 150 bis 200 Konzerte im Jahr, einzig aus Schnaps und Tabak. Um mich ausreichend mit Energie zu versorgen, muss ich entsprechend mehr saufen und rauchen – ein Teufelskreis.

Dabei kann ich mich bei all dem nicht einmal als Opfer sehen. Das verhindert schon ein ständig nagendes Gefühl der Schuld und der Scham – und dass mir das irgendwie recht geschieht. Hätte ich bei der Übergabe meiner Hamburger Wohnung nicht wissen müssen, zumindest ahnen können, auf was und auf wen ich mich da einlasse; anstatt mir durch meine zeitgeistverkleisterte Sensorik die klare Sicht auf die Wirklichkeit verstellen zu lassen? Was ich jetzt am liebsten tun würde – das, was ich nicht ändern kann und mir lästig ist, einfach zu ignorieren –, ist mir unmöglich. Die Steckbriefe und Fahndungsfotos einer Menge gesuchter RAF-Terroristen, deren Namen ich mir nicht alle merken kann, und mir auch gar nicht merken will, hängen jetzt in jedem Supermarkt, in allen Postämtern, kleben an Litfaßsäulen. Hier in Hamburg haben sie ihren ersten Mord begangen. Das Opfer ist der Polizeibeamte Norbert Schmid. Sein Name bleibt für immer in mein Gedächtnis eingebrannt. Den Gedanken, dass er noch leben könnte, hätte ich Ensslin meine Wohnung nicht überlassen, werde ich nie mehr los.

Der RIAS Berlin veranstaltet in Bad Godesberg einen Konzertabend mit Berliner Künstlern für – wie ich mich zu erinnern meine – Bonner Politiker. Auf dem Programm stehen Insterburg & Co, Reinhard Mey, Schobert & Black, Ulrich Roski, Elke und Alexander – und ich. Vormittags ist Probe. Ich werde gleich am Eingang zur Hinterbühne von zwei RIAS-Mitarbeitern abgefangen, die mir den Zutritt verwehren. Ich protestiere laut. Ingo Insterburg kommt aus seiner Garderobe: »Was ist denn hier los, Hannes, warum regst du dich so auf?«

»Ich habe hier Auftrittsverbot, weil ich Terrorist bin.«

»Das woll'n wir doch mal sehen«, sagt Ingo, »wenn Hannes hier nicht auftreten darf, treten wir auch nicht auf.«

Ingo sagt den Kollegen auf der Probebühne Bescheid, die legen ihre Instrumente hin, und zehn Minuten später marschieren sie im Gänsemarsch – ich schließe mich ihnen an – in das gegenüberliegende Café. Vivi Schulz, Schoberts damalige Ehefrau, schlägt vor, gleich einen Anwalt einzuschalten. Sie ruft ihren Vater an, ein Rechtsanwalt in Berlin. Der empfiehlt, sich an einen Kölner Kollegen zu wenden; der ist eine Stunde später schon da. Noch rechtzeitig vor Beginn der Show fliegt aus Berlin der stellvertretende Intendant des Senders ein und unterzeichnet ein von dem Rechtsanwalt verfasstes Papier, das den RIAS nicht nur verpflichtet, mich auftreten zu lassen, sondern die drei Lieder, die ich hier singen werde, auch zu senden. Es könnte gut sein, dass die Kolleginnen und Kollegen, die sich mir an diesem Tag so geschlossen solidarisch zur Seite stellen, mich davor bewahrt haben, in den Medien auf Dauer geächtet und totgeschwiegen zu werden, um dann irgendwann, irgendwo, von der Welt vergessen zu enden.

Der Senderboykott gegen mich setzt sich, wenn auch drastisch gemindert und heimlich, noch über die nächsten Jahre hinweg fort. Doch nein: Ein ausgesprochenes Sendeverbot für Wader-Platten existiert nicht. Von einigen wenigen Rundfunkredakteuren, die mit mir sympathisieren – und die gibt es durchaus – weiß ich, dass in den Tonträgerarchiven der Sendeanstalten Schallplatten und Bandmaterial in Giftschränken lagern, die mit dem Hinweis gekennzeichnet sind: »Nur für Spezialsendungen geeignet«.

Die Lust, noch mal in Hamburg eine Wohnung zu suchen, ist mir fürs Erste vergangen. Dabei mag ich Hamburg sehr. Ich bin dort, so oft ich kann. Doch die meiste Zeit bin ich auf Tournee. Das ist höchst anstrengend, lenkt mich aber ab von den Widrigkeiten, denen ich mich vor allem durch die zähen Ermittlungsmaßnahmen der Justiz gegen mich ausgesetzt sehe. Im Laufe der nächsten Jahre muss ich bei mindestens einem Dutzend Prozessterminen gegen die RAF in Berlin, Hamburg, Stuttgart und München als Zeuge vor Gericht erscheinen. Erst nach den Selbstmorden der RAF-Gründer 1977 in Stammheim werde ich nicht mehr vorgeladen. Im Zeugenstand beantworte ich die Fragen des jeweiligen Staatsanwalts mit dem immer gleichen Satz, den mich mein Freund und Anwalt Dieter Meier hat auswendig lernen lassen: »Ich mache von meinem Aussageverweigerungsrecht Gebrauch, da gegen mich ein Ermittlungsverfahren wegen Unterstützung einer kriminellen Vereinigung anhängig ist.«

Die Staatsanwälte und Richter sagen dann auch immer dasselbe: »Danke, der Zeuge Wader ist hiermit entlassen«. Diese letztlich sinnlosen Auftritte vor Gericht sind zudem auch noch teuer – für mich. Ich nehme das mir zustehende Zeugengeld, das als Aufwandsentschädigungspauschale für Verdienstausfall und Anreisekosten gedacht ist, nicht in Anspruch. Ich bringe es nicht fertig, mich mit meinen Quittungen an den Gerichtskassen anzustellen. Ich will so schnell wie möglich raus aus diesen Gebäuden mit ihren nach Bestrafung stinkenden Korridoren.

In Hamburg sage ich im Margrit-Schiller-Prozess aus, dass ich nicht aussagen werde. Schiller auf der Anklagebank winkt und ruft mir ein vertrauliches »Hallo Hannes« zu. Verdammt, dabei kenne ich sie doch gar nicht. Das Gleiche in München beim Rolf-Pohle-Prozess. Pohle, den ich noch nie gesehen habe, empfängt mich mit einem »Servus Hannes«. In Berlin auf dem Moabiter Gerichtsflur begrüßen mich in ihren Talaren die beiden Horst-Mahler-Verteidiger Ströbele und Schily: Ströbele zugewandt herzlich, Schily distanziert freundlich. Ich lasse im Zeugenstand meinen Spruch ab und kann gehen. Auch Mahler winkt mir – er sitzt in einem schusssicheren Glaskasten – zum Abschied komplizenhaft zu. Auch ihn habe ich im Republikanischen Club in Berlin nur einmal von Weitem gesehen.

Der von den Ermittlern für seine Aussagen vor Gericht mit erfundenen Fakten präparierte Kronzeuge Karl-Heinz Ruhland wird an dem Tag auch gehört; verheddert sich hoffnungslos in seinem haarsträubenden Lügengewebe und wird als Zeuge von Mahler und seinen Anwälten total demontiert. Seine speziell gegen mich gerichtete, ihm von der Polizei suggerierte Falschaussage, ich sei ihm als Ulrike Meinhofs persönlicher Waffenlieferant bekannt, läuft aufgrund seiner Unglaubwürdigkeit zunächst mal ins Leere.

Ein Auszug aus dem Spiegel vom 6.11.1972:

Auch als Vermittler eines BM-Waffengeschäfts hat Ruhland mindestens eine Person falsch beschuldigt. Gemeinsam mit Ulrike Meinhof, so gab er einst zu Protokoll, habe er ihn in Hamburg gesehen, konnte ihn aber nicht näher beschreiben. Dann zeigten ihm die Vernehmer Photos und Ruhland nickte: »Der war's« – Mario Krömeke – »den Namen habe ich von der Polizei erfahren.« Ein Jahr später freilich soll es ein anderer gewesen sein – der Liedersänger Hannes Wader, und nun konnte er sich plötzlich auch an Einzelheiten von früher erinnern: »Schaftstiefel, langer Mantel, Gitarre im Futteral, umgebunden auf dem Bauch« – und Ulrike sagte: »So tritt der auf und singt.« Mahler: »Hast du falsch beschuldigt?« Ruhland: »Da kann ich keine Antwort zu geben.«

Für die Justiz damit als Kronzeuge unbrauchbar geworden, kommt er daraufhin ins Zeugenschutzprogramm.

Eigentlich ist mir Ruhland egal. Aber ist die falsche Beschuldigung, ich sei als Waffenhändler der RAF unterwegs, nun endgültig vom Tisch? Denkste … Mit exakt dieser Begründung – ich sei des illegalen Waffenhandels und somit der Beihilfe zum Mord dringend verdächtig – wird gleich, als nach fünf Jahren mein erstes Ermittlungsverfahren eingestellt werden muss, ein zweites gegen mich angestrengt, das noch einmal fünf Jahre dauern soll. Mit Gerhard Müller hat sich ein neuer Kronzeuge gefunden, den die Ermittler die alten Bezichtigungen wieder aufwärmen lassen. Die Fahnder vermuten nach wie vor (wahrscheinlich heute nach mehr als fünfzig Jahren noch), dass ich irgendwie mit der RAF unter einer Decke stecke. Glauben sie wirklich, dass ich mit Maschinenpistolen deale? Eher nicht. Sie brauchen einen Vorwand, mich unter Kontrolle zu behalten, um mir immer wieder mal zu signalisieren: Wir wollen und wir werden dich irgendwann zur Strecke bringen. Was für ein Aufwand an Planung, Personal und Logistikkosten, um mich – in Bezug auf die RAF eine absolute Randfigur, wie sie bedeutungsloser nicht sein kann – über zehn Jahre hinweg in einem Zustand unterschwelliger Dauerpanik zu halten. Vielleicht sollte ich das rein sachlich sehen und achselzuckend bemerken: »Tja, so ist das nun mal, wenn man ins Räder- und Mahlwerk der Staatsmacht und der Justiz gerät (nichts als ein Automatismus, weder gut noch böse, der langsam und stetig arbeitet, so wie es auch Gottes Mühlen nachgesagt wird). Aber mir fällt es schwer, das nicht persönlich zu nehmen. Ich lese aus den Maßnahmen der Strafverfolgungsbehörden und Richter, der Verfassungsschützer und Geheimdienste eine strukturelle Bösartigkeit des

Gesamtapparates heraus – angetrieben von Rachsucht, statt auf Prävention auf Vergeltung zielend. Kein Wunder, sind die obersten Schützer der »freiheitlich demokratischen Grundordnung« nach neueren Recherchen zu 97 Prozent alte Nazis. Richter, die noch bis fünf Minuten vor Kriegsende im Akkord Tausende von Todesurteilen gefällt haben und die seitdem Betrieb und Personal der Judikative nach ihren Prinzipien organisieren. Warum sollte das bei der Exekutive, zum Beispiel dem BKA, anders sein?

Jahre später, nach meinem Eintritt in die DKP, erzählt mir Herbert, ein älterer Genosse, von seiner Verhaftung und anschließenden Folterung in den Vierzigern speziell durch einen Gestapobeamten in Kiel, der ihn dann für mehrere Jahre ins KZ Neuengamme stecken lässt. Herbert erlebt die Befreiung des Lagers durch die Briten. Knapp zehn Jahre danach bläst Adenauer im Zuge des KPD-Verbots erneut zur Kommunistenjagd. Herbert wird von demselben Beamten, der ihn ins KZ gebracht hat, 1954 festgenommen, verhört (aber gefoltert diesmal »nur« mit Schlafentzug) und wieder ins Gefängnis geworfen. Dieser ehemalige Gestapomann, nach 1945 einfach von Kiel nach Neumünster versetzt, übt dort nun die Funktion eines Kripohauptkommissars aus. Nach diesem Muster – die Städte tauschen Beamte untereinander aus, um deren Nazibelastung zu verschleiern – wird damals in der ganzen Bundesrepublik verfahren.

Die ans Bizarre grenzende Einäugigkeit, mit der die Staatsgewalt bis heute ihre Feinde ausschließlich links verortet (und das schon immer und in nur besonderer Ausprägung während des Faschismus), habe ich selbst zu oft auf Demos gegen Rechts, auf Aktionen der Friedensbewegung oder auf Ostermärschen erlebt. Die Verstrickungen der Staats- und Verfassungsschützer in jüngerer Vergangenheit in die NSU-Morde bestätigen Brechts Feststellung: »Der Schoß ist fruchtbar noch, aus dem das kroch.«

Unwillkürlich – wenn auch nur in mittelbarem Zusammenhang mit dem oben Gesagten – fällt mir mein Lied beziehungsweise Gedicht »Die Kinder vom Bullenhuser Damm« ein, in dem ich mir selbst zu verdeutlichen versucht habe, wie sich entsetzliches, vergangen und überwunden geglaubtes Denken und Fühlen perpetuiert.

In dem Text nehme ich Bezug auf die Ermordung jüdischer Kinder im Konzentrationslager Neuengamme bei Hamburg; in der zweiten Strophe heißt es:

… Nur scheinbar besiegt, doch nie ganz entmachtet
leben zu viele dieser Bestien noch
von zu vielen Menschen geehrt und geachtet
die selbst harmlos erscheinen, und die sich doch
vor den Opfern mehr ekeln als vor den Mördern.
Und die Mörder blieben von diesem Staat
meist unbehelligt, sie züchten und fördern
längst eine neue, furchtbare Saat.
Mit ihren blutigen Tatzen befingern
sie zärtlich ihre Enkel, prüfen, ob sie gedeih'n
auf dem sumpfigen Boden, und durch Jäten verringern
sie die Keime der Menschlichkeit in deren Reih'n.

Es gilt, die Dämpfe abzulenken,
die aufsteigen aus diesem giftigen Schlamm
sie für immer zu binden, auch im Gedenken
der Kinder vom Bullenhuser Damm.

Von den oben bezeichneten »Bestien« lebt wohl bald keine mehr. Ist ihre Saat aufgegangen? Könnte man meinen. Vielleicht sogar in Dimensionen, die inzwischen den Rechtsstaat, in dem immer noch zu leben ich glauben möchte, gefährden. Vor dem Hintergrund der sich in letzter Zeit häufenden rechtsextrem motivierten Gewalttaten, der Morde, der Todeslisten mit Tausenden von Namen der den neuen Nazis missliebigen Personen, erscheinen die mir lästigen Widrigkeiten, Schikanen und Nadelstiche seitens der damaligen Staatsgewalt gegen mich aus heutiger Sicht fast harmlos. Dass sie mir während jener Zeit dennoch so zusetzen, liegt wohl daran, dass ich allein bin – zwar Freunde habe, aber keine starke Gruppe Gleichgesinnter, in der ich mich aufgehoben fühlen und mit der ich mich darüber austauschen, vielleicht sogar amüsieren könnte. Das ist der Preis, den ich dafür zahle, dass ich mich – romantisch wie ich bin – als Einzelkämpfer, »einsamer Wolf«, oder (wie es Hanns Dieter Hüsch einmal ausdrückte) »Wilderer im Dschungel unserer Seelen«, selbst sehe und gesehen werden möchte.

Die bürgerliche Demokratie, in der wir schon erstaunlich lange leben und die vielen als die beste erscheint, die wir Deutschen je hatten, ist nicht die ideale von mir erträumte Staatsform. Aber dass ich es hier in der Bundesrepublik aushalten kann, verdanke ich, wie ich meine, nicht den Kräften, die sie repräsentieren, sondern Menschen – echten Demokraten – vom Schlage eines Fritz Bauer. Bauer, der den Nationalsozialismus als Jude im Exil überstand, wurde 1956 zum Generalstaatsanwalt in Hessen ernannt. In dieser Position setzt er sich für die Verfolgung von NS-Verbrechern ein, bringt die Auschwitzprozesse in Gang und ist an der Ergreifung Adolf Eichmanns beteiligt. Ja, Menschen, die sich wie Bauer unermüdlich und furchtlos für die Demokratie einsetzen – auch wenn sie das zu Außenseitern macht –, gibt es. Und doch werde ich das Gefühl nicht los, dass nicht nur, wie Bauer sagt: »[...] die Zivilisation nur eine sehr dünne Decke ist, die sehr schnell abblättert«, sondern auch unsere repräsentative Demokratie ein Konstrukt ist, dass sich jederzeit in ein offen autoritäres Regime verwandeln kann.

Noch einmal zurück zu Gerhard Müller. Jenem Müller, den das BKA, erfolgreicher als seinen Vorgänger Ruhland, als Kronzeugen gegen die RAF aufbaut. Müller ist der Mörder des Hamburger Polizisten Norbert Schmid. Seine Kooperationsbereitschaft mit der Polizei, die ihn unter anderem die von mir vergessen geglaubte Aussage Ruhlands, ich sei Waffenlieferant der RAF, wieder aufwärmen lässt, wird belohnt. Die Mordanklage gegen ihn wird fallen gelassen. Wie Ruhland landet Müller im Zeugenschutzprogramm mit neuer Identität und festem Monatsgehalt.

In seiner Aussage gegen mich gibt Müller den Ort, den Tag und die genaue Uhrzeit an, zu der ich Ulrike Meinhof in meinem Gitarrenkoffer das Probeexemplar einer Kalaschnikow mit der Zusage präsentiere, ihr davon unverzüglich zehn Exemplare zu liefern; einschließlich mehrerer Kisten Munition. Ort dieses Treffens: eine finstere Ecke am Bahnhof Altona. Abends gegen halb zehn, ausgerechnet an dem Tag, an dem ich (für längere Zeit) zum letzten Mal gemeinsam mit Reinhard Mey in Hamburg auf der Bühne stehe. Unser Konzert im Audimax veranstaltet Karsten Jahnke unter dem Motto: »Reinhard Mey trifft Hannes Wader«. In der Show verlässt keiner von uns – auch nicht während des Soloparts des jeweils anderen – das Podium. Die Auftrittspause verbringen wir gemeinsam in unserer Garderobe. Im Anschluss an das Konzert sitzen wir noch bis tief in die Nacht in der Hotelbar. Nicht mal mit einem Hubschrauber käme ich schnell genug mit der Kalaschnikow im Gitarrenkoffer vom Audimax nach Altona und von dort wieder zurück auf die Bühne. Die Justiz, die Ermittler interessiert das nicht. Müllers Falschaussage reicht ihnen als Begründung aus, um nach Beendigung des ersten Ermittlungsverfahrens Mitte der Siebziger übergangslos das zweite gegen mich zu eröffnen. Alles geht wieder von vorn los, beziehungsweise alles bleibt beim Alten: Dauerüberwachung sowieso. Stichprobenartige Verhöre bei der Kripo Hamburg. Erneute Abnahme meiner Fingerabdrücke. Wenigstens muss ich nicht mehr vor Gericht erscheinen. Baader, Meinhof, Ensslin und Raspe sind tot. Die RAF-Nachfolgegeneration ist jetzt dran und begeht Mord auf Mord. Anfang der Achtziger endlich erwirkt Dieter Meier die zumindest offizielle – aber keineswegs endgültige – Einstellung meines zweiten Verfahrens. Danach werde ich weiterhin über längere Zeit beschattet. Eine schier endlose Geschichte.

Nach Norden

So lange und so oft wie in diesen Monaten war ich noch nie unterwegs und werde es danach in dem Maße nie wieder sein; was den Vorteil hat, dass meine Beschatter Mühe haben, mir auf den Fersen zu bleiben. Jedenfalls erfüllt sich jetzt meine Ahnung, dass ich mit der »7-Lieder«-Platte einen Volltreffer landen würde. Weitgehend ohne Airplay und Fernsehen verkauft sich die Scheibe hunderttausendfach.

Auf meinen langen Tourneen, die mich kreuz und quer durch die Republik und ins deutschsprachige Ausland führen, habe ich längst (das muss auch so sein, sonst kann man den Job nicht machen) Geschmack am Hotelleben gefunden. Auch privat in meiner tourneefreien Zeit bin ich immer in Bewegung, denn ich bin zurzeit ohne festen Wohnsitz. In Berlin nimmt Susanne mich bei sich auf. In Hamburg komme ich, wie immer nach den Nächten im Pö, bei Freunden unter. Den Plan, in Hamburg noch mal eine Wohnung zu mieten, habe ich erst einmal aufgegeben.

Aber immer öfter verspüre ich das Verlangen nach einem zu mir passenden Zuhause. Von Knut Kiesewetter erfahre ich, dass in der entfernteren Nachbarschaft seines Fresenhoffs in Nordfriesland eine Windmühle zum Verkauf steht. Interessant. Ich könnte mir vorstellen, in einer Windmühle zu wohnen. Ich kenne ja längst jemanden, der das tut – mein Freund Jürgen Pankarz, der Maler Moses. Ich halte mich gern bei ihm in seiner Wackertappmühle auf, einem bei Kempen am Niederrhein aus Backstein gemauerten Turm.

Es ist Spätherbst, fast schon Winter. Moses ist bereit, mich (das heißt uns – Susanne kommt mit) in seinem Alfa Romeo die rund 600 Kilometer nach Nordfriesland zu fahren, um dort die nördlich von Husum in Struckum gelegene Windmühle zu besichtigen. Frühmorgens, es ist noch dunkel, fahren wir los und kommen um die Mittagszeit an. So weit oben im Norden war ich bisher nur im Sommer, um Knut Kiesewetter zu besuchen. In der warmen Jahreszeit hat diese »baumlose Ebene«, wie es Theodor Storm ausdrückt, die extrem flache nordfriesische Landschaft, der gewaltige Himmel, der sich über ihrer grünen Leere wölbt und dehnt, durchaus ihren Reiz. Jetzt im Winter wirkt diese graue Ödnis, ihre Eintönigkeit nur beklemmend und abweisend. Dann diese Sturmböen, die von See her (der Außendeich zum Wattenmeer liegt nur knapp sieben Kilometer von hier entfernt) immer wieder Moses' Alfa von der B5 zu fegen drohen. Die paar krummen, stark nach Lee krängenden Bäume am Straßenrand bieten mit ihren geschundenen windrasierten Wipfeln einen traurigen Anblick. Später lerne ich, dass es auch hier (bis zu einer Stunde im Jahr) zu völliger Windstille kommen kann. Dann regnet es auch noch. Alle drei haben wir eigentlich keine rechte Lust, aus dem Wagen zu steigen. Aber jetzt sind wir nun mal da.

Die achteckige, reetgedeckte Mühle, ein sogenannter Erdholländer, 1806 erbaut und bis 1963 in Betrieb, steht frei am Westrand des Dorfes und ist dem ständig blasenden Seewind ausgesetzt. Das Dach des großen, mit der Mühle verbundenen Kornspeichers ist eingebrochen. Die Mühle heißt »Fortuna«. Alle Windmühlen (Wassermühlen gibt es hier im Norden nicht, wie man sich denken kann) tragen Namen und heißen entweder »Fortuna« oder »Emanuel«. Die Mühle selbst scheint noch intakt zu sein. Sogar der Steert und die dauerblockierte Windrose an der Rückseite des Mühlenkopfes, die selbsttätig die Flügel in den Wind drehen kann. Die Stellung der ebenfalls blockierten Flügel, Rutenspitzen genannt, zeigt (seit nunmehr zwanzig Jahren) Arbeitspause an. Wir gehen rein, klettern unten vom Mehlboden die drei Stockwerke hoch bis in den Mühlenkopf. Das gesamte Mahlwerk mit seiner komplizierten Mechanik, mit Mühlsteinen, Königswelle, Stirn- und Kammrad, ist vollständig erhalten. Dieser uralte und noch jederzeit einsatzbereit erscheinende Mechanismus aus vorindustrieller Zeit sollte mich eigentlich beeindrucken, aber dazu ist es zu kalt. Susanne und Moses geht es wie mir. Der Sturm pfeift und jault durch die Wände, rüttelt an den Flügeln, dass die ganz aus Holz konstruierte Mühle wackelt. Es ist mehr als ungemütlich hier drin. Hier zu wohnen – unvorstellbar. Wir machen, dass wir rauskommen.

Der Sturm flaut etwas ab. Es regnet auch nicht mehr. Da, wo wir das Meer vermuten, über dem wie mit der Schnur gezogenen Horizont, klart der Himmel etwas auf. Wir fahren durch das von Sielzügen durchfurchte Marschland zur Arlau-Schleuse am Außendeich. Die Arlau ist ein kleiner Fluss, der hier ins Wattenmeer mündet. Susanne und Moses bleiben im Auto sitzen, ich steige auf die Deichkrone, schaue mich um, und mir wird schwindlig. Um mich herum graues Nichts. Das Watt bei auflaufendem Wasser. Der unendlich weit entfernte Horizont zwischen Meer und Himmel, an dem sich jetzt Nebel bildet, ist konturlos verwischt. Das Auge kann sich auf nichts stützen, findet keinen Halt. Auch landeinwärts suche ich vergebens nach einem Fixpunkt, das Dach einer Reetkate etwa oder ein Mensch in der Ferne, an den mein Blick sich klammern könnte. »Hier bei uns«, sagen die Friesen, »kann man drei Tage im Voraus sehen, wer zu Besuch kommt.«

Ich steige wieder zu Susanne und Moses ins Auto. Susanne sagt: »Ich habe dich lange nicht mehr so aufgedreht erlebt wie eben auf dem Deich. Die Luftsprünge, die du da oben vollführt hast, haben ausgesehen wie ein Freudentanz«. Das wundert mich. Gewiss, das Schwindelgefühl war so unangenehm nicht, ich bin mir aber nicht sicher, ob ich die Luftsprünge nicht nur gemacht habe, um in dem eiskalten auflandigen Wind nicht zu erfrieren.

Aber so ganz und gar enttäuscht und abgestoßen vom rauen Norden bin ich wohl doch nicht. Wäre ich sonst zurückgekommen, um hier länger zu bleiben als an jedem anderen Ort, an dem ich je gelebt habe?

Herbst

Wie ist das Land so grau, die Tage düster und das Gras
Hat aufgehört zu wachsen, die Novemberstürme weh'n
Fremder, besser wär's, Du säßest jetzt bei einem Glas
Glühwein, oder Grog im Warmen, statt ans Meer zu geh 'n
Jetzt fürchtest Du Dich vor dem Sturm, der schwarzen Wolkenwand
Die Dir entgegenrast, brüllt, geifert, Hagelsplitter spuckt
Was suchst Du auch in einer solchen Jahreszeit am Strand?
Bring Dich in Sicherheit, eh' der Himmel Dich verschluckt

Der Sturm, die Kälte und die Dunkelheit
Haben schon so manchen Gast für alle Zeit
Von hier vertrieben
Auch ich stand mehr als
Nur einmal
Vor der Wahl
Einfach fortzugeh'n – oder zu widersteh'n –
Ich bin geblieben

Gibst wohl so schnell nicht auf, bist ja immer noch nicht fort
Drehst Dich landeinwärts und Du spürst die wachsende Gewalt
Der Boe'n im Rücken, aber Deine Augen finden dort
Nirgends einen festen Punkt, keinen Anker; keinen Halt
Denn der Sturm will freie Bahn, duldet nichts als leeren Raum
Rennt gegen alles an, was sich ihm entgegenstellt
Kein Strauch, der hier zu wachsen wagt, geschweige denn ein Baum
Wundre Dich nicht, Fremder, wenn ein Schwindel Dich befällt

Schau doch nach oben, Fremder,
Hast Du dir nicht schon als Kind
Gewünscht, so hoch und weit zu fliegen, wie der Himmel reicht?
Gib Deine Seele frei und überlass sie ganz dem Wind
Furchtlos freien Seelen wachsen Flügel und vielleicht
Erscheint Dir dieser Teil der Welt nicht mehr so kalt und trist
Und etwas wie ein Rausch erfasst Dich, wie eine Art Glück
Kannst nun in Frieden geh'n.
Wer weiß, wenn es erst Sommer ist
Führt Dich ja Dein Weg doch noch einmal hierher zurück

Aufs Land

Unterdessen bin ich unermüdlich und mit weiterhin wachsendem Erfolg auf Tournee. Alle Säle ausverkauft, überfüllt. Auch das Audimax Tübingen. Draußen stehen noch Hunderte von Leuten, die alle rein wollen. Kurzerhand setzen wir für die Wartenden direkt nach dem Ende meines ersten Auftritts ein Anschlusskonzert an. Aber auch hier ist der Andrang so groß, dass wieder nicht alle reinpassen. Tumulte am Saaleingang. Doch auch für das Problem findet sich eine Lösung – mit indirekter Hilfe der RAF-Terroristen, die in ihrer sogenannten Mai-Offensive auf westdeutschem Boden ganze sechs Sprengstoffanschläge verübt haben. Bombendrohungen bei Veranstaltungen an Unis sind jetzt der neue Studentenulk. So auch bei meinem Doppelkonzert in Tübingen. Ein Student, sauer, dass er nicht reingelassen wird, alarmiert die Polizei. Der Saal wird geräumt, die Verstärkeranlage, Boxen, Mikrofone werden draußen zwischen den Eingangssäulen aufgebaut. Das Konzert findet open-air auf dem Campus statt. Bombendrohung auch ein paar Tage danach in Freiburg. Auch hier wird der Saal erst evakuiert, dann Entwarnung gegeben, und ich kann mein Konzert mit zwei Stunden Verspätung beginnen.

In Bochum gibt es zwar keinen Bombenalarm, aber es kommt zu Handgreiflichkeiten mit dem Hallenpersonal, als wieder Schlangen von jungen Leuten an der Abendkasse stehen, die nicht mehr reinkommen. Unter ihnen Herbert Grönemeyer, damals noch Schüler (so erzählt er es mir später bei einem gelegentlichen Treffen). Zusammen mit einem halben Dutzend Jungs, die das Lokusfenster einschlagen und durchkriechen, kann er so doch noch das Konzert erleben.

Jürgen Pohlmann ist inzwischen mein Tourleiter, Fahrer, Roadie, Beleuchter und Toningenieur in einer Person. Engagiert von Karsten Jahnke in Hamburg, der meine Tourneen organisiert, intrigiert Jürgen von Anfang an in der Absicht (die ich wieder mal nicht gleich erkenne), Karsten auszubooten und alleiniger Wader-Konzertagent zu werden. Er hat inzwischen die persönlichen Kontakte zu allen örtlichen Veranstaltern. Außerdem ist Wader ein Selbstläufer. Karsten Jahnke in Hamburg ist weit weg. Jürgen dagegen unterwegs immer an meiner Seite. Seine ständigen, geschickt platzierten, Sticheleien, wie: »Das hätte Karsten aber wissen müssen, dass er für die Tour größere Hallen buchen muss, und die Hotels sind auch alle scheiße«, treffen bei mir – ich muss, es leider sagen – auf offene Ohren, sodass es mir wie meine eigene Idee vorkommt, als ich schließlich sage: »Jürgen, ab jetzt machst du das!« Ich beteilige ihn mit einem großzügigen Prozentsatz. Ich weiß nicht, ob Jürgen Pohlmann seinen Job (den als Bademeister gibt er auf) wirklich gut macht. Er ist mein erster Tourleiter, und ich habe gar keinen Vergleich. Zudem kommt er wie ich »aus kleinen Verhältnissen«, das reicht mir als Referenz. Und wie gesagt, er ist immer da, und das ist mir gerade in dieser Zeit wohl besonders wichtig. Ich nehme auch nicht wahr, dass Jürgen Personen aus meinem Umfeld, die seine Nähe zu mir, seinen Einfluss auf mich einschränken könnten, eifersüchtig wegbeißt. Knut Kiesewetter veranlasst jedoch genau das zu der boshaften Bemerkung: »Dieser Pohlmann nervt, aber was soll's, Hannes braucht nun mal 'nen Kammerdiener.«

Da ist was Wahres dran. In Teamarbeit nicht besonders gut, mag ich es aber, wenn Leute was für mich tun. Umgekehrt setze ich mich dadurch oft fast wehrlos (bis es mir dann langt, wenn sie's übertreiben und ich es merke) ihrem Einfluss aus. Sich selbst, den Menschen seiner Umgebung im Spektrum von Nähe und Distanz den »ihnen gebührenden Platz« zuweisen zu können, ist Herrschaftswissen und muss von der Pike auf gelernt, am besten schon mit der Muttermilch eingesogen werden. Karsten Jahnke hat meine »Treulosigkeit« damals sehr getroffen. Ich hätte bei ihm bleiben sollen. Karsten erwirbt sich im Laufe der Jahrzehnte den Ruf, seine Konzertdirektion nicht nur erfolgreich und »hanseatisch« integer zu leiten, sondern auch die Künstler, für die er arbeitet, und das, was sie tun, zu lieben.

Der Sommer kommt. Ich besuche Knut Kiesewetter auf seinem Fresenhof, unter anderem, um mit ihm über die nächste, die vierte Wader-LP-Produktion zu sprechen. Beide gehen wir davon aus, dass Knut auch wieder diese Platte produzieren wird. Dazu wird es nicht kommen. Vielleicht, weil wir uns inzwischen gegenseitig ein wenig ermüdet haben.

Außerdem verfolgt Knut momentan professionell eigene Pläne, auf die er sich konzentrieren will. Unsere Zusammenarbeit endet mit diesem Besuch bei ihm – zunächst in aller Freundschaft. Dass ich daraufhin an seiner statt kurzerhand Jürgen Pohlmann zu meinem Produzenten ernenne, trägt er mir (neben anderen Verfehlungen ihm gegenüber) noch lange nach. Wie so viele meiner damaligen Entscheidungen ist mir die, Jürgen diese Aufgabe, sprich die künstlerische Leitung im Studio zu übertragen, selbst ein Rätsel. Vielleicht denke ich, seinen Job als Tourmanager macht er doch gut, dann kann er das auch. Kann er aber nicht, wie sich bald rausstellt. Ich weiß also wieder mal nicht, was ich da tue. Unfähig, vielleicht auch nicht willens, die antike Forderung »Erkenne dich selbst« zu erfüllen, handle ich eben nach meinem eigenen Prinzip: »Bleibe dir selbst ein Geheimnis«. Ich versuche gar nicht erst, aus mir schlau zu werden.

An diesem Junitag in Knuts Haus scheint die Sonne. Ich leihe mir sein Fahrrad und unternehme eine kleine Tour. Knuts Fresenhof liegt auf der Geest, an der Grenze zur Marsch. Das Radfahren macht mir eine unerwartet große Freude. Seit 15 Jahren habe ich auf keinem Fahrradsattel mehr gesessen. Es weht mir von Westen her ein sanfter, kaum spürbarer Seewind entgegen. Ich fahre über Feldwege und asphaltierte, aber schmale, kaum befahrene Straßen. Die Welt um mich herum grün. Über mir der grenzenlose blaue Sommerhimmel. In weiter Ferne sehe ich über den Reetdächern der geduckt daliegenden Höfe die Windmühle aufragen, die ich schon nach einigen Minuten erreicht habe. Anders als noch im Winter, bin ich an diesem schönen Tag von ihrem Anblick verzaubert. Ich steige auf den Mühlenberg (so nennt sich der um die Mühle herum mannshoch aufgeschüttete Erdwall) und umrunde sie. Über dem eingebrochenen Speicherdach rankt sich eine rot blühende wilde Kletterrose empor. Neben der Mühle steht das ebenfalls reetgedeckte Müllerhaus. Davor, in Luv, drei alte Ulmen in dem noch frischen Grün ihrer Kronen.

Die Mühle ist noch zu haben, und ich – die blühende Rosenranke auf dem Speicherdach gibt den Ausschlag – nehme sie. 30 000 Mark soll sie kosten und mit den zusätzlichen 5000 Quadratmetern Weideland, einer Koppel, wie man hier sagt, 35 000 Mark. Wenn schon, denn schon – die nehme ich auch. Dazu muss ich (was ich lange nicht mehr gemacht habe) auf mein

Konto schauen, ob ich überhaupt so viel Geld habe. Um den Kaufpreis zu entrichten, reicht es gerade. Noch im selben Monat, an meinem dreißigsten Geburtstag, unterzeichne ich den Kaufvertrag. Aber was wird der Um- und Ausbau kosten? 50 000 Mark? Oder gar 100 000? Das ist mir zunächst mal egal. Das wird schon irgendwie. Und ja, es wird – irgendwie. Nur, dass die Kosten sich am Ende statt auf 50 000, auf circa 300- bis 400 000 Mark belaufen werden: dem Preis eines neuen, großzügig ausgestatteten Einfamilienhauses. Kein Problem. Schon in den folgenden Monaten sprudelt das Geld nur so aus verschiedenen Quellen auf mein Konto. Die Tourneegagen und dann die zum Jahresende fälligen Gema- und Plattenabrechnungen fallen so hoch aus, dass mir eine Bank umstandslos einen durch den Wert der Immobilie zusätzlich gesicherten, hohen Kredit gewährt. Der Makler, der mir das Objekt »Mühle« vermittelt hat, empfiehlt mir für die Leitung der Umbauarbeiten Kurt Kabelitz, einen Husumer Architekten. »Kuddel« Kabelitz und ich sind uns auf Anhieb sympathisch. Kurt hat das Gebaren und wohl auch die Eigenschaften, die jemand haben muss, damit ich ihm vertraue und mit ihm befreundet sein will. Er ist um die 15 bis 20 Jahre älter als ich und hat eine große Klappe. Mit seinen Handwerkern schnackt er platt. Er geht breitspurig, Hände meist in den Hosentaschen, schaukelnd wie ein Seemann. Keine Frage, dass ich ihm die Umbauarbeiten an meiner Mühle (natürlich ohne Kostenbegrenzung nach oben) vollumfänglich übertrage.

Die Arbeiten erstrecken sich über die Wintermonate bis in den April und Mai des folgenden Jahres. Zuerst mal werden die beiden ungeheuer schweren Mühlsteine ausgebaut und außen an den Mühlenberg gelehnt, wo sie für die nächsten Jahre auch verbleiben. Das restliche Mahlwerk, reine Holzkonstruktionen, bleibt unangetastet. Die jahrzehntealte Reetdeckung ist aufgrund ihrer steilen, fast senkrechten Neigung in noch gutem Zustand. Ich erfahre, dass Reetdächer decken in der Vergangenheit mal Aufgabe der regional ansässigen (im Sommer meist beschäftigungslosen) Schlachter war. Der Speicher soll einen neuen Dachstuhl und, wie die Mühle, neue Türen, Fenster und einen neuen Fußboden bekommen. Ich kann nur selten da sein, kann den Fortgang der Umbautätigkeit nur in Abständen verfolgen. Aber es geht voran. Wenn ich es schaffe, für ein oder zwei Tage in den Norden zu kommen, bleibe ich über Nacht in Bluncks

Hotel in Husum, direkt gegenüber der Werft, im mitten in der Stadt gelegenen Binnenhafen. Als ich zum ersten Mal dort übernachte, liegt auf dem Trockendock ein Fährschiff der schwedischen Stena Line zur Reparatur, gegen das die alten, meist dreistöckigen Häuser, die das Hafenbecken säumen, winzig wirken. Theodor Storm, von den Nordfriesen kumpelhaft »Tedje« (Tedsche) »Wind« genannt und seit Jugendtagen einer meiner Lieblingsdichter, ist hier in seiner grauen Stadt am Meer, so empfinde ich es, noch überall gegenwärtig. In den engen, zwischen ehemaligen Fischerhäusern hindurchführenden Gassen glaubt man, dem Dichter jeden Moment begegnen zu können. Allerdings nicht dichtend. Storm, wie er vor hundert Jahren übers Kopfsteinpflaster stolpert, Notizblock in der Hand, sinnend und auf der Suche nach Reimen innehält, auf einem Bleistift kaut? Nicht so recht vorstellbar. Schließlich ist er hauptberuflich preußischer Amtsrichter und hat ein »Poetenstübchen« bei sich in der Wasserreihe 31 (inzwischen ein Museum), das ich natürlich so bald wie möglich besuche.

Bluncks Hotel verströmt einen gewissen heruntergekommenen Charme von »Ehemaligkeit«, den ich sehr schätze. Zwar zu Storms Zeiten noch nicht in Betrieb, scheint das gesamte Interieur, der Kachelofen, die Wandpaneele, das Mobiliar, die Theke, die Bettgestelle in den Zimmern, samt der klumpigen Federbettdecken, noch aus den Zwanzigerjahren zu stammen – und es riecht hier auch ehemalig. Um diese Jahreszeit ist es nach vier Uhr nachmittags schon stockdunkel draußen. Und erst gegen Abend angekommen, werde ich dann morgen, wenn es wieder hell ist, mit Kuddel Kabelitz in seinem Cabrio zur Mühle rausfahren.

Ich bin heute nicht der einzige Übernachtungsgast in Bluncks Hotel. In der Gaststube sitzen an einem der Tische zwei Männer und trinken Bier. Die Theke ist gleichzeitig Rezeption. Die junge Frau, die mir den Zimmerschlüssel gibt, ist zwar friesisch blond, spricht aber mit einem mich enttäuschenden rheinischen Zungenschlag. Einer der beiden Biertrinker deutet auf meine Gitarre, die in ihrem Koffer am Tresen lehnt, spricht mich mit starkem irischem Akzent auf englisch an; der, wie ich finde, besser hierher passt. Er fordert mich auf, mich mit an den Tisch zu setzen, Musiker seien ihm und seinem Kumpan immer willkommen. Ich nehme die Einladung dankend an. Wir drei sind die einzigen Gäste hier im

Schankraum. Der Ire ist technischer Offizier auf der Stena-Line-Fähre, die draußen im Dock liegt. Sein Kollege neben ihm ist Schwede und Erster Nautischer Offizier des Schiffes. Beide sind von ihrer Reederei in Göteborg mit der Inspektion von Reparaturarbeiten beauftragt. Der Ire, er heißt Paddy, gibt einen aus. Der Schwede, er heißt Bertil, gibt einen aus. Ich gebe einen aus und hole die Gitarre aus dem Koffer. Ich kann ein paar irische Lieder, die Paddy alle kennt und mitsingt, schade, dass ich keine Lieder mit schwedischen Texten kann. Aber ich habe ja Bellman-Lieder, die ich in der Zuckmayerschen Übersetzung auf deutsch singe. Wie alle Schweden liebt Bertil Carl Michael Bellman und seine Lieder. Hier in der Fremde, in einer fremden Sprache die vertrauten Klänge zu hören, treibt ihm Tränen der Rührung in die Augen.

Plötzlich, es mag jetzt so gegen zehn Uhr abends sein, öffnet sich die Tür, und ein älterer, weißhaariger Mann mit einem kleinen Koffer in der Hand betritt den Gastraum, sagt: »Moin, moin«, stellt sich an die Theke und lässt sich von der rheinischen »Deern« einen Zimmerschlüssel geben. Auch ihn lädt Paddy an unseren Tisch und gibt für uns alle vier einen aus. Der alte Mann ist unter den hier Anwesenden der einzige echte Nordfriese; ein inzwischen auf Amrum im Ruhestand lebender Kapitän eines Frachtschiffes auf Festlandbesuch. Jetzt gibt der Käpt'n eine Runde Teepunsch mit »geelem Köm« (einem Kümmelschnaps) aus und stellt sich uns vor:

»Mit Vörnamen heet ick Christian, mine Frünnen seggen Krischan to mi. Prost, unn wer nix hätt, de hoos't«. (»Und wer nichts hat, der hustet«). Uns, Bertil, Paddy und mir, ist dieses Getränk unbekannt, es muss eine nordfriesische Spezialität sein. Wie wir ist auch der Käpt'n längst nicht mehr ganz nüchtern. Von dem, was er erzählt – und er spricht sehr gern –, können wir anderen kaum etwas verstehen. Der Käpt'n »redet in Zungen«. Das heißt, er spricht ein wildes Gemisch aus Englisch, Plattdeutsch, Hochdeutsch und sogar Schwedisch, was auf uns Zuhörer etwas ermüdend wirkt. Paddy sackt auf seinem Stuhl zusammen, die Kinnlade sinkt ihm auf die Brust, und die Augen fallen ihm zu. Der Käpt'n dreht jetzt erst richtig auf; beendet fast jeden zweiten Satz mit einem donnernden »Jesus Christ!« und haut mit der Faust auf den Tisch. Bei jedem »Jesus Christ!« schreckt Paddy hoch, springt auf, schreit »Superstar!« und lässt sich wieder auf seinen Stuhl fallen. Andrew Lloyd Webbers »Jesus Christ Superstar« ist jetzt schon seit Monaten die Musical-Weltsensation, wirklich jeder kennt es – zumindest den Titel.

Krischan, der Käpt'n bestellt noch eine Runde Köm, diesmal ohne heißen Tee, deutet mit dem Kinn auf meine Gitarre und sagt zu mir: »Denn lat uns mol'n Stück singen.« Das klingt nicht wie ein Vorschlag, eher wie ein Befehl. Krischan fängt einfach an, während ich noch nach der Tonart suche, um ihn auf der Gitarre begleiten zu können. Er singt alle Strophen vom »Hamborger Veermaster«, und das hört sich richtig gut an:

Ik heff mol en Hamborger Veermaster sehn,
To my hooday, to my hooday.
De Masten so scheev as den Schipper sien Been,
To my hooday, hooday ho.

Blow, boys, blow for Carlifonio,
There is plenty of gold, so I've been told,
On the banks of Sacramento…

Es wird eine lange Nacht, in der noch viele Lieder gesungen, viele Runden bestellt werden. Am nächsten Morgen gehe ich zu Kuddels Architekturbüro. Nur habe ich mal wieder versäumt, mein Kommen rechtzeitig anzukündigen. Kuddel, der mich sonst immer zur Mühle mitnimmt, ist auf einer anderen Baustelle. Ich gehe in die Stadt und kaufe mir ein Mofa. Die 15 Kilometer Fahrt auf der zum Teil vereisten B5 bis nach Struckum, bei Schneeregen und heftigem Gegenwind und der Kälte – ich habe vergessen, mir eine Mütze und Handschuhe zu besorgen – sind kein Vergnügen. Die Maurer sind gerade dabei, neue Fensteröffnungen in die Mauern des Kornspeichers zu brechen. Sie sehen mich, langhaarig, bärtig, halb erfroren, das Mofa abstellen, mustern mich von oben bis unten und wollen mich nicht reinlassen; grinsen nur, als ich sage: »Aber ich bin hier doch der Bauherr!« Zum Glück steigt in dem Moment Kuddel Kabelitz aus seinem Cabrio und bestätigt meine Identität.

So gut wie sesshaft

Susanne geht nach Basel. Sie hat das Angebot Hans Hollmanns angenommen, ihm, der im nächsten Jahr die Intendanz des Basler Stadttheaters übernehmen soll, als Protagonistin seiner Inszenierungen dorthin zu folgen. Ich selbst werde schon bald in meine nordfriesische Windmühle ziehen – Blumenhofweg Ecke Mühlenweg. Das bedeutet, Susanne und ich werden von nun an, und wer weiß, wie lange, genau tausend Kilometer voneinander entfernt leben, wollen aber zusammenbleiben. Wie das gehen soll, wissen wir nicht. Susanne im tiefsten Süden, ich im äußersten Norden – wir müssen es ausprobieren.

Bis dahin bleibt mir – uns – noch ein Rest Berliner Zeit, die ich genieße. In der »Szene« – und auch ganz allgemein – begegnet man mir jetzt mit spürbar mehr Respekt als früher. Zum Beispiel ruft mich der mir bis dahin unbekannte Hugo Affolter an, er ist Schweizer und derzeit Spielleiter und Dramaturg an der Tribüne in der Otto-Suhr-Allee. Er hat eine ganz neue Idee: Dichterlesung mit Liedern. Ich nehme sein Angebot an, an einem Abend zusammen mit Peter Bichsel in der Tribüne aufzutreten: Bichsel liest, ich singe. Wir sind uns schon einmal auf einer meiner Tourneen durch die Schweiz begegnet. Wir mögen uns. Peter Bichsel ist, obwohl seit Erscheinen seines Buches »Eigentlich möchte Frau Blum den Milchmann kennenlernen« eine Berühmtheit, immer noch Lehrer. Peter ist aufgeregt. Viel aufgeregter als ich. Für ihn geht es heute um was. Im Publikum sitzt die Literaturpolizei: mit Günter Grass vorneweg mehrere Mitglieder der Gruppe 47. Dabei braucht Peter sich keine Sorgen zu machen, wird er doch von den Kollegen hochgeschätzt – und nach der Lesung in der Garderobe von allen umringt und beglückwünscht. Mich beachtet keiner. Ich gehe in den Raum nebenan eine rauchen. Peter kommt, die Aktentasche mit dem Buch drin, aus dem er gelesen hat, in der Hand zu mir in die Nachbargarderobe, um »Uf Wiederluege« zu sagen. Er will mit der Gruppe 47 noch einen trinken gehen. Mir rutscht die Frage raus: »Sag mal

Peter, hat Grass irgendwas gesagt, äh, ich meine, zu mir, zu den Liedern?« Peter errötet, nestelt verlegen an seiner Aktentasche, öffnet sie, schließt sie wieder, hüstelt und murmelt: »Nun ja, was hat er gesagt? Irgendetwas von jungen Leuten, die heutzutage … ach, ich weiß auch nicht.«

Im selben Moment tut es mir, tue ich mir, tut Peter mir leid. Wie konnte ich mich mit so einer Frage bloß selbst so tief erniedrigen? Haben Grass und Co mir eben nicht deutlich genug gezeigt, was sie von mir und meinen Liedern halten?

Um gerecht zu sein, ich meinerseits werde von den 47ern, außer »Die Blechtrommel« und »Ansichten eines Clowns«, kaum je etwas lesen. Jedenfalls werde ich nie wieder jemanden zur Benotung meiner Leistungen auffordern.

Im Laufe der Jahre werden sich auch an mich immer mal wieder junge Liedermacherinnen und Liedermacher wenden, mir Aufnahmen ihrer Werke schicken, verbunden mit der Bitte, sie möglichst schonungslos ehrlich zu kritisieren. Ich versteh's nicht. Be- und Verurteilungen von anderen ist man sowieso ständig ausgesetzt. Wozu auch noch darum bitten? Dennoch, ich will ja nicht unhöflich sein, beantworte ich diese Ersuche manchmal. Aber nur widerwillig und immer schonend unehrlich, das heißt ausschließlich lobend. Ich gebe es ungern zu, aber die Förderung junger Talente ist nicht so mein Ding. Keinesfalls aber würde ich hoffnungsvolle Karrieren verhindern wollen. Als selbst nur (wenngleich erfolgreich) dilettierender Autodidakt fühle ich mich jedoch nicht berechtigt, anderen Ratschläge zu erteilen.

Zum Frühlingsanfang ist in Struckum Richtfest. Die Zimmerleute klettern auf den nun fertigen Dachstuhl, nageln die Richtkrone an die Pfette. Einer bringt oben auf Plattdeutsch den Richtspruch aus, trinkt dazu geelen Köm und schmettert (Scherben bringen Glück) das leere Glas auf das eisenbewehrte Streifenfundament. Die Mühle Fortuna ist, wie man sich denken kann, das Wahrzeichen des Dorfes. Viele meiner neuen Nachbarn sind gekommen, die auch den Richtkranz spendiert haben und die ich bei dieser Gelegenheit kennenlerne.

Wir, Kuddel Kabelitz und ich, haben mit so vielen Gästen nicht gerechnet. Es gibt nicht genug zu trinken. Horst Feddersen, der im Ort an der B5 eine Tankstelle betreibt, verkauft dort auch Köm und Bier. Er sorgt für genügend Nachschub. Alle sind zufrieden. Ich auch. Man kann sagen, ich habe hier einen guten Start. Das Gefühl, nicht unwillkommen zu sein, ist angenehm. Das genügt mir auch. Vielleicht kann ich mich hier einleben, ohne gleich mit der Dorfgemeinschaft zu »verschmelzen«. Mich so oft und wo ich will apart – im Sinne von ungewöhnlich – geben zu können, ist zu dieser Zeit meine Definition von Freiheit. Getratscht, gehetzt, verleumdet wird hier wie überall. Auch hier gibt es die Ohrenbläser. Aber irgendwie gelingt es mir, sie mir vom Leibe zu halten. Denn gerade, weil es mir nicht gleichgültig ist, was andere von mir denken, will ich es gar nicht erst wissen. Ich halte mich an die Volksweisheit »Do wat Du wullt, de Lüüd snackt doch!« Das funktioniert über die 26 Jahre, in denen ich die Mühle bewohnen werde, erstaunlich gut, sodass ich dieses Prinzip der Ignoranz nach und nach auch auf andere Lebensbereiche erfolgreich anwende: Ich beginne, zunächst nur noch selten und schließlich gar keine Kritiken mehr (über mich) zu lesen. Leicht kränkbar, wie ich bin, empfinde ich dumme Lobhudeleien als desinteressiert Hingeschmiertes und bösartige Verrisse alle als gleichermaßen verletzend. Auch die unzähligen Presseinterviews, die ich im Laufe der Zeit gebe, weigere ich mich, vor dem Druck gegenzulesen. Schon aus Angst, mich wieder mal um Kopf und Kragen geredet zu haben, will ich mit dem einmal von mir Gesagten nichts mehr zu tun haben. Dass auf diese Weise immer mal wieder Schräges und Peinliches von mir über mich in der Zeitung erscheint, weiß ich nur vom Hörensagen – ich lese es ja nicht.

Anders als das Richtfest, vollzieht sich jetzt im Mai mein Einzug in die Windmühle eher beiläufig, ohne Möbelwagen und daher von den Nachbarn fast unbemerkt. Einen Teil der Sachen aus meiner Berliner Wohnung in der Christstraße habe ich Susanne übergeben, den Rest meinem Nachmieter Horst Koch dagelassen. Mein einziges Möbel, eine Hängematte, zusammen mit einer Wolldecke, bei Karstadt in Husum gekauft (meinen Schlafsack habe ich auf der Fahrt hierher im Zug vergessen), klemme ich auf den Gepäckträger meines Mofas, fahre damit – das kann ich ja jetzt so sagen – nach Hause und hänge das Teil mithilfe einer Wäscheleine und zweier starker Ringschrauben an zwei der mächtigen Mühlenbalken auf. Ich gehe durch die leeren Räume, lasse sie auf mich wirken. Viel zu viel

Platz für einen einzigen Bewohner – genau so, wie ich es mir gewünscht habe. Hungrig und durstig fahre ich noch einmal mit dem Mofa die vier Kilometer nach Bredstedt und kaufe mir Brötchen, Butter, Zwiebelmett und ein paar Flaschen Bier. Als Besteck dient mir mein Schweizer Armeemesser, das ich immer bei mir trage. Mein einsames Abendbrot auf dem Fußboden des acht mal zehn Meter großen Speicherraums, der mein Wohnzimmer sein wird und nach frischer Wandfarbe riecht, schmeckt mir ausgezeichnet. Aber, oh Schreck, ich habe nicht an morgen Früh gedacht und keine Kanne, keinen Kaffee, keine Tasse im Haus. Na, dann eben nicht. Ich richte meinen Blick auf den großen offenen Kamin hinten an der Schmalseite des Raumes. Auf den habe ich mich schon gefreut. Draußen finde ich unter einer Plane ein paar kleinere Stücke trockenes Bauholz, die ich im Kamin aufschichte und anzünde. Der Kamin zieht, das Feuer brennt ohne viel Rauchentwicklung. Ich möchte, dass eine ähnliche Atmosphäre der Gastlichkeit wie bei meinen Freunden Fuchs und Rosemarie auch in meinem Hause zu spüren ist. Der Kamin ist schon mal ein Anfang. Eine Refektoriumstafel, wie sie bei den beiden in Karlsruhe steht, an der mehr als ein Dutzend Gäste Platz finden, ist hier im protestantischen Norden kaum aufzutreiben, also habe ich schon vor Wochen die Zimmerei und Tischlerei Clausen in Husum beauftragt, einen neuen Tisch anzufertigen: Vier Meter fünfzig lang, massiv Eiche, eine vierzig Millimeter starke Tischplatte, dazu zwei Bänke. Zwar kenne ich außer Knut und Kuddel noch niemand in der Gegend, der daran sitzen könnte, aber das wird sich schon finden.

Hier im Norden bleibt es, wenn der Sommer kommt, abends länger hell als weiter südlich. Jetzt ist es dunkel, das Kaminfeuer runtergebrannt, und ich bin müde. Noch hängt an den Decken, an den Wänden keine einzige Lampe. Um im ersten Stock der Mühle meine Hängematte zu finden, brenne ich mehrere Streichhölzer ab.

Ich ziehe mich gar nicht erst aus, schlafe gleich ein, wache aber wenige Stunden später wieder auf. Es herrscht eine Hundekälte. Ich friere unter der Wolldecke. Ich muss aus der Hängematte steigen, mich bewegen. Dass die Maiennächte hier so kalt sein können, habe ich nicht gewusst. Holz, um den Kamin zu befeuern, ist auch keines mehr da. Ich packe die Gitarre aus, spiele und singe bis zum Morgengrauen – was soll ich sonst machen? Wie spät es ist, weiß ich nicht. Ich habe nichts gegen Uhren, trage aber grundsätzlich keine. Die einzige Armbanduhr, die ich je hatte, trug ich vierzehn Tage lang. Das Druckgefühl des Armbandes an meinem Handgelenk empfand ich als unerträglich – ich habe sie dann verschenkt. Ich würde jetzt gerne duschen oder baden, habe aber vergessen, den Warmwasserboiler anzustellen, und weder Seife noch Handtuch im Haus. Wie schwer es mir doch fällt, mich wieder ans Wohnen zu gewöhnen.

Noch bevor morgens um halb neun die Läden in Bredstedt geöffnet haben, bin ich mit meinem Mofa schon dorthin unterwegs. Als Erstes bestelle ich bei einem Möbelhaus eine Schlafcouch, Daunendecke, Kissen, Laken und lasse mir alles noch am selben Tag liefern. Vom Einkaufen zurück, der Boiler ist jetzt aufgeheizt, lasse ich mir erst mal ein Bad einlaufen. Außer Handtüchern, Seife, Shampoo, Klopapier habe ich mir einen Elektrokocher und ein Campingset Blechgeschirr besorgt; dazu Kaffee, Milch, Zucker, Brot, Butter, gerade so viel, wie ich mit meinem Mofa transportieren kann. Ich breite alles auf dem Fußboden aus. Einen Klapptisch mit Campingstuhl hole ich mir morgen. Mein erstes Bad in meiner eigenen Badewanne ist mir ein Genuss.

Am nächsten Nachmittag klopfe ich, um mich als neuer Nachbar vorzustellen, an die Tür des alten, ebenfalls reetgedeckten Müllerhauses nebenan. Hier wohnt, schon hoch in ihren Achtzigern, die Witwe des Müllers – Dete Sibbers. Sie lädt mich zu einer Tasse Tee in ihre gemütliche »Wohnstuuv« ein, die ähnlich wie Bluncks Hotel den Charme der Zwanzigerjahre verströmt. Gehäkelte Deckchen auf dem Teetisch. In einer Ecke steht sogar ein Spinnrad, komplett mit Schafwolle am Rocken und gesponnenem Garn auf der Spindel. Dete Sibbers bemerkt meinen erstaunten Blick und erklärt mir auf Platt, dass sie bis vor ein paar Monaten noch Wolle gesponnen habe: »Aver nu is dat vörbi … mine Hannen wöört nich mehr mitmooken«. (»Aber nun ist das vorbei, meine Hände wollen nicht mehr mitmachen.«) Das glaube ich ihr aufs Wort. Dete Sibbers hat stark gichtknotige Fingergelenke, Hände, die gerade noch eine Teetasse halten können. Das 200 Jahre alte klamme, nicht unterkellerte Haus zieht Wasser aus dem Erdreich. In eine Wolldecke – sie sagt Plaid – gewickelt, sitzt Dete Sibbers in ihrem Sessel und erzählt mir von sich und dem Leben hier im Dorf. Sie spricht das schönste und gepflegteste

Plattdeutsch. Man merkt: Sie ist die Tochter eines studierten Vaters, eines Tierarztes, der noch vor der Jahrhundertwende hier in der Umgebung praktiziert hat. Obwohl wir gerade erst dabei sind, uns kennenzulernen, sagt sie: »Na denn, Hannes, kanns aver liekers Tante Dete to mi seggen. Jede een hier in Dörpen doot dat.« (»Kannst aber trotzdem Tante Dete zu mir sagen, alle hier im Dorf tun das.«) Tante Dete zuzuhören, tut mir wohl. Sie spricht in einem ruhig fließenden Zeitmaß. Keineswegs einschläfernd, sondern suggestiv und gleichzeitig erfrischend lebendig. Es ist wie Musik, die einem Takt folgt, den das Surren der Spinnräder, das Klicken der Stricknadeln in den bäuerlichen Spinnstuben über Jahrhunderte hinweg vorgegeben haben und der mich an das heitere Murmeln und Plätschern eines Baches erinnert – das für mich, neben dem Wind in den Bäumen und dem Klagelied der Nachtigall, die schönste von der Natur selbst hervorgebrachte Musik ist.

Meine Pferde

Nach dem Muster der Waldeck-Festivals hierzulande – und international natürlich nach dem Vorbild des legendären Woodstock – finden jetzt überall Open-Air-Konzerte statt. An einigen nehme ich teil, halte mir den Sommer aber weitgehend auftrittsfrei und bin die meiste Zeit in der Mühle, meinem neuen, inzwischen möblierten Zuhause. Seit Kurzem hängen sogar Gardinen an den Fenstern. Ein wenig vermisse ich hier auf dem Lande das urbane Nachtleben, an das ich gewöhnt bin und fahre manchmal mit der von Westerland/Sylt kommenden Bahn nach Hamburg. Die andere Zugstrecke, auf der ich öfter unterwegs bin, ist die nach Basel, wo Susanne inzwischen lebt. Immer, wenn ich nach einer so langen privaten Reise wieder nach Hause zurück in die Mühle komme (meine Tourneen, auf denen ich von Jürgen Pohlmann gefahren werde, hier ausgenommen), frage ich mich, ob es nicht langsam an der Zeit ist, den Führerschein zu machen und mir ein Auto zuzulegen. Mir erscheint es jedoch unrichtig, Autofahren zu lernen, ehe ich reiten kann. So wird das Reiten, eine Zeit lang zumindest, meine Leidenschaft, und ich hänge mich da voll rein. Ich möchte mir sogar ein Pferd anschaffen. Voraussetzungen dafür – die nicht ganz ein Hektar große, zur Mühle gehörende Koppel – sind gegeben. Zurzeit laufen auf der Weide noch die Jungbullen meines Nachbarn Otto-Dietrich (kurz O-D) Steensen. Kein Problem, mit O-D kann man reden. Ich habe sogar jemanden, der sich, sollte ich mal abwesend sein, um das Tier kümmern will. Mein Nachbar Hermann Sievertsen, schon hoch in seinen Siebzigern, ist ehemaliger Landarbeiter und lebt mit seiner Frau und der Familie seines Sohnes Jens-Peter in einem Häuschen keine hundert Meter von der Mühle entfernt. In seiner Wohnstube hängt an der Wand ein Porträt von Wilhelm II., mit hoch aufgezwirbelten »Es-ist-erreicht«-Schnurrbart. Hermann ist Monarchist und hofft darauf, dass Kaiserenkel Louis-Ferdinand möglichst bald den deutschen Thron besteigen möge. Hermann ist auch ein Künstler. Wie mein Onkel Edi bläst er (wenn auch nicht ganz so gut) Trompete. Er spielt sogar dieselben Lieder, am liebsten »Im schönsten Wiesengrunde«. Mit seinem heiter-verschmitzten Naturell ist er der gutmütigste Mensch, dem ich je begegnet bin. Er unternimmt gern kurze Spaziergänge in die Marsch und besucht mich dabei gelegentlich. Eines Nachmittags klingelt es an der Mühlentür. Hermann steht draußen und führt ein wenige Wochen altes, von ihm dressiertes Ferkel mit Hundehalsband an der Leine. Auf sein Kommando: »Sett di daal!« (»Sitz!«), setzt es sich. (Schweine sollen, habe ich irgendwo gelesen, fünfmal so intelligent sein wie Hunde).

Von Jens Vollersen, meinem Reitlehrer, kaufe ich das Pferd (der Kaufpreis ist mir entfallen), das ich meistens beim Unterricht in der Halle reite; eine große Holsteiner Schimmelstute, die Fabiola heißt wie die belgische Königin. Fabiola ist nicht mehr ganz jung, aber stark und hat ein ruhiges Temperament. Den Sommer über unternehmen wir beide öfters ausgedehnte Geländeritte auf dem Geestrücken, durch die Marsch, die Köge und auf dem Sommerdeich. Nach Storms Schimmelreiter, dem Deichgrafen Hauke Haien, ist nördlich von Bredstedt ein Koog benannt. Ich weiß zwar, dass die Storm-Novelle in einem alten Koog weiter südlich in der Nähe Husums spielt, wo auch der historische Schimmelreiterkrug steht, aber das ist mir egal. Der Schimmelreiter bin jetzt ich, und ich muss zum Hauke-Haien-Koog. Ein Tagesritt hin und zurück von mindestens dreißig Kilometern, den ich zum großen Teil auf der Außendeichkrone zurücklegen will. Dass ich hier von den Gezeiten abhängig bin, darum mache ich mir jetzt keine Gedanken. Die Ebbe setzt ein, sodass ich bei ablaufendem Wasser eine gute Strecke durchs trockenfallende Wattenmeer reiten kann. Das zieht sich. Über die ganze Länge des Deiches halten Schafe den Grasbewuchs kurz, weiden ihn bis auf die Grasnarbe ab, die, auf diese Weise verdichtet, den Deich bei Sturmflut besser schützen soll. Um die Herden zusammenzuhalten, die verschiedenen Bauern gehören, ist nach fast jedem Kilometer quer über den Deich ein Zaun gespannt. Ich muss jedes Mal absitzen, das Hecktor öffnen und es wieder schließen, wenn ich das Pferd am Zügel hindurchgeführt habe. Aber ich habe es nicht eilig. Außerdem braucht das Tier hin und wieder eine Pause – den Rücken entlasten, saufen, etwas fressen. Wir erreichen Bongsiel am Rande des Hauke-Haien-Koogs, sind also am Ziel und machen erst mal Rast. Hier in der Einsamkeit der Marsch steht seit der Jahrhundertwende die Gaststätte Dat swarte Peerd. Auf der Weide hinter dem Haus sattele ich ab, lasse mein Pferd grasen. Während ich bei Bier und Krabbenbrot sitze, werde ich müde. Tschüs, Hauke-Haien-Koog. Wenn ich jetzt gleich, noch bei Niedrigwasser, durch das Deichvorland an den Lahnungen vorbei durchs Watt nach Hause reite, ehe die Tide kentert, kann ich so unterwegs das zeitraubende Öffnen und Schließen der Hecktore auf der Deichkrone vermeiden. Noch ist nicht Sonnenuntergang, aber ich reite in ihn hinein. Die Sonne im Westen färbt das Meer und den ganzen Himmel über der Kimm leuchtend rot. Gute Idee, durchs Watt zu reiten. Aber die Flut kommt eher und vor allem schneller, als ich mir gewünscht habe. Das auflaufende Wasser umspült die Fesselgelenke der Stute. Willig durchschwimmt sie mit mir im Sattel einen der tiefen Priele, die als solche, weil bereits geflutet, nicht mehr zu erkennen sind. Bis über die Hüften durchnässt, entschließe ich mich, auf dem Deich weiterzureiten. Der feuchte Ledersattel quillt auf. Ich muss den Gurt lockern. Gern würde ich auch noch das Salzwasser aus meinen Alabama-Boots gießen, die sich aber, ebenfalls von der Nässe gequollen, nicht einen Millimeter von den Füßen lösen lassen, auch nicht, als Fabiola und ich nach der Abenddämmerung bei der Mühle ankommen. Gegen zwei Uhr nachts gehe ich mit den Boots an den Füßen schlafen. Auch meine Jeans, die inzwischen trocken sind, sich aber nicht über die Stiefelschäfte ziehen lassen, behalte ich an.

Ein paar Wochen vergehen. Fabiolas Alter macht sich bemerkbar. Sie mag nicht mehr galoppieren. Eines Nachmittags besucht mich Jens Vollersen: »Hannes«, sagt er, »du solltest nicht auf das dumme Gerede der Leute hier hören.«

»Was für ein Gerede? Ich weiß von keinem Gerede.«

Es stellt sich heraus, dass der alte Magnussen im Dorf das Gerücht verbreitet, Jens habe mir mit Fabiola einen überalterten Gaul angedreht und erzählt jedem: »Ick kenne dat Peerd noch ut ole Tiden, dat is hier in Dörpen dörtig Johr lang vör de Melkwagen lopen.«*

* »Ich kenne das Pferd noch von früher, das ist hier im Dorf dreißig Jahre lang vor dem Milchwagen gelaufen.«

Jens sagt: »Ich mache dir einen Vorschlag. Zugegeben, Fabiola ist nicht mehr ganz so jung, ich nehme sie zurück, ich kann sie immer noch gut im Reitunterricht einsetzen. Dafür biete ich dir Korana an.«

Ich kenne Korana – eine hübsche mischblütige, zehn Jahre alte Fuchsstute mit arabischem Einschlag, wie ihr Name schon vermuten lässt. Also tausche ich gegen einen kräftigen Aufpreis Korana für Fabiola ein. In der Tat zeigt Korana entschieden mehr Temperament und Bewegungsdrang als Fabiola. Sie springt sogar gern. Auf einem unserer Ausritte auf dem Sommerdeich setzt sie mit mir im Sattel über die Heuballen, die Bürgermeister Hein Christiansen – gerade bei der Heuernte – extra für uns als Hindernisparcours aufschichtet. Bei meinen Ausritten mit Korana in die Geest und in die Marsch bis zum Wattenmeer erlebe ich die Landschaft mit ihren Knicks als Vogelparadies. Im Watt bei Ebbe sehe ich unzählige Ringelgänse, Watvögel wie Strandläufer und Austernfischer, von den Möwen ganz zu schweigen. Hoch über den Wiesen, auf denen Schwärme von Kiebitzen und viele weniger auffällige Vögel brüten, singen die Feldlerchen. Störche schreiten an den Ackerrainen entlang. Korana steigt erschreckt und wirft mich beinahe ab, als auf dem Feldweg vor uns plötzlich laut krächzend und mit klatschendem Flügelschlag eine Kette Rebhühner auffliegt.

Eine inzwischen fast versunkene Welt. Viele der hier von mir genannten Vogelarten sind selten geworden und heute vom Aussterben bedroht.

Fragen stellen sich

Mein erster Sommer in der Mühle geht zu Ende. Ich habe schon Bekanntschaft mit ein paar Leuten in der näheren und auch weiteren Umgebung gemacht, von denen einige meine Freunde werden. Kuddel Kabelitz, ein begeisterter Hobbyflieger, fordert mich auf, mit ihm in seiner Cessna nach Frankreich zu fliegen; mit mehreren Zwischenstopps nach Montpellier, wo seine Tochter Beatrice sich derzeit auf ein Sprachstudium vorbereitet. Auf dem Hinflug ist durch das Fenster links von uns stundenlang ununterbrochen der weiß verschneite Gipfel des Montblanc zu sehen. Ich, auf dem Rücksitz, skizziere in meiner Kladde Ideen zu einer langen Ballade, die »Der Rattenfänger« heißen (und der Titelsong der gleichnamigen LP werden) soll, wenn sie fertig ist. Wir landen in Montpellier. Hier herrscht eine wunderbare Hitze, wie man sie nur in Südfrankreich erleben kann. Wir treffen Beatrice, bleiben über Nacht und fliegen am nächsten Tag wieder zurück. Ich – wieder auf dem Rücksitz und die meiste Zeit den Montblanc im Blick – schreibe die Ballade zu Ende. Als wir nach circa vier Stunden in Karlsruhe zwischenlanden, um dort meinen Freund Fuchs zu treffen, ist der Text mit allen elfeinhalb Strophen komplett gereimt und – in einer für meine Verhältnisse sensationell kurzen Zeit – vollendet. Da liegt der Gedanke nahe, dass ich mich zum Schnelldichten öfter mal in einer Cessna auf die »Dienstgipfelhöhe« von 13 500 Fuß begeben sollte. Daraus wird nichts. Schon weil ich nicht so gerne fliege.

Susanne kommt während der Theaterferien aus Basel, um mich in der Mühle zu besuchen, die sie bisher nur von Fotos kennt. Ich zucke schuldbewusst zusammen, als sie sagt: »Alles sehr schön, jede Menge Platz … aber wo bleibe ich? Ich sehe hier nirgendwo ein Zimmer, einen Raum, in dem ich mal für mich sein kann!« Sie hat recht. Zu meiner Entschuldigung ließe sich anführen, dass die Mühle ja kein Wohnhaus, sondern eine verdammte Maschine mit sechseckigen offenen Räumen ist, die sich nicht beliebig in Zimmer und Korridore unterteilen lassen. Die bisher einzige Innentür im ganzen Haus ist die zum Badezimmer. Ich werde mir zu diesem Problem später etwas einfallen lassen. Irgendwie werden Susanne und ich jetzt erst mal einen Kompromiss finden und ein paar schöne Wochen miteinander verbringen, ehe sie nach Basel zurückkehren muss.

Auch meine Schwester Ulla wohnt vorübergehend bei mir in der Mühle. Nach ihrer Scheidung von meinem Schwager Martin hat sie wieder geheiratet. Sie hat eine Ferienwohnung bei meinen Nachbarn, den Steensens, gemietet, um dort zusammen mit ihrem neuen Ehemann – ich nenne ihn hier mal Heinz, auch wenn er anders heißt – ihren Urlaub zu verbringen. Am Abend ihrer Ankunft lade ich sie zu einem Willkommenstrunk zu mir ein. Zufällig schneien auch Kuddel Kabelitz und seine Frau Edith herein. Es wird sicher ein gemütlicher Abend. Heinz und ich kennen uns noch nicht. Von Ulla weiß ich, dass er Journalist ist und für eine Funk- und Fernsehzeitschrift schreibt und dass er unter einem – sagen wir – spätkindlichen Trauma leidet. Als Halbwüchsiger erlebt er bei Kriegsende mit, wie sein kriegsversehrter Nazi-Vater als Volkssturmgruppenführer bei der Verteidigung des Heimatbodens von amerikanischen Panzern überrollt wird. Was Ulla nicht erwähnt hat: Mein neuer Schwager ist Trinker. Aber das finden wir anderen in der Runde schnell selbst raus. Ulla, auch zum ersten Mal bei mir zu Besuch, zeigt sich beeindruckt von der Mühle und lässt sich von Kuddel als meinem Architekten über die Schwierigkeiten, die sich beim Umbau ergeben haben, informieren, wirft aber immer wieder nervös besorgte Blicke auf ihren Mann. Heinz füllt sich währenddessen zügig und schweigend mit Bier und geelem Köm ab, bis er plötzlich, die Flasche Bier in seiner Rechten, weil er das Glas in seiner Linken nicht mehr trifft, über den Tisch gießt. »So eine Scheiße«, sagt er und schmeißt die Flasche auf den Boden, wo sie zerbricht. Ulla springt auf, um Handfeger und Kehrblech zu holen: »Du willst Architekt sein?«, sagt Heinz zu Kuddel, »du erzählst doch nichts als Scheiße … Mühle, Mühle, wenn ich das schon höre … Ein Schrotthaufen ist das hier!«

Wir anderen schweigen betreten, wollen Heinz, mit Rücksicht auf Ulla, nicht noch reizen. Vergebens. Heinz trinkt weiter.

Wie mein »Noch«-Schwager Heinz in dieser Nacht zu Steensens in die Ferienwohnung gelangt, weiß ich nicht mehr. Als ich am nächsten Tag (meine Schwester hat hier bei mir übernachtet) aus dem Fenster schaue, sehe ich ihn rauchend auf Steensens Balkon sitzen und zur Mühle herüberstarren. Ich sage zu meiner Schwester: »So, wir fahren jetzt ein paar Tage nach Sylt.«

Von hier aus nach Niebüll, von dort aus weiter mit dem Autozug nach Westerland – kein Problem. Noch am selben Tag mache ich mit meiner Schwester einen Abendspaziergang am Strand von Kampen. Die Flut kommt. Ulla zieht ihren Ehering vom Finger und wirft ihn in die See.

Meine vierte LP »Der Rattenfänger« erscheint. Der Verkaufserfolg der Scheibe wird bei den Mitarbeitern meiner Plattenfirma Phonogram, sie können mit meinen Liedern nach wie vor nichts anfangen, wieder mal verständnisloses Kopfschütteln auslösen. Anders Günter Pauler, mein vom Sound akustischer Gitarren begeisterter Tontechniker. Schon im Jahr zuvor habe ich in Hannover seine Bekanntschaft gemacht. Günter nimmt mit seinem noch »ambulanten« Equipment den »Rattenfänger« bei mir in der Mühle auf. Noch hat er sein später nicht nur unter Folkies hochgeschätztes Label Stockfisch Records und sein Studio in Northeim nicht gegründet. Zum ersten Mal begleiten mich dabei auf dem Cello Jörg Suckow aus Freiburg und auf der Gitarre Klaus Weiland, der danach noch auf mehreren meiner Platten zu hören sein wird.

Doch zunächst mal betätige ich mich als Sammler plattdeutscher Lieder. Sammeln liegt mir nicht, das sagte ich schon. Aber ich verfolge damit einen Plan. Ich werde eine LP mit einer Auswahl plattdeutscher Volkslieder aufnehmen. Die Lieder sind alt. Aber schon der Gedanke, sie zu diesem Zeitpunkt auf Platte zu bringen, ist völlig neuartig und kühn. Das hat vor mir noch keiner gewagt, und es gibt eigentlich nur Gründe dafür, es auch besser zu unterlassen. Erstens haftet in der Wahrnehmung einer Mehrheit der Nachkriegsgeneration an deutschen Volksliedern nach wie vor der Geruch faschistischen Missbrauchs. Zweitens bin ich gar kein Plattdeutscher. Drittens enttäusche ich mit so einer Platte mein »Klientel« vielleicht so schwer, dass ich meine Liedermacherkarriere gefährde, weil die Platte ein derartiger Flop wird, dass mich meine Plattenfirma fristlos feuert. Wie das nun mal so bei mir ist, fühle ich mich angesichts dieser Risiken nur noch mehr angestachelt, mein Vorhaben durchzuziehen. Das nordfriesische Platt (dem westfälischen durchaus verwandt, aber ganz anders gesprochen) lerne ich bereits. Eines meiner Grundbedürfnisse: die Erwartungen anderer an mich (auch die meines Publikums) möglichst nicht zu erfüllen, spornt mich zusätzlich an. Meine Plattenfirma steht meiner Idee natürlich (wie allem Unerhörten und Neuen) skeptisch gegenüber, lässt mich aber gewähren; die Verkaufszahlen meiner Platten sprechen für sich und für mich. Und noch etwas stachelt meinen Ehrgeiz an. Neidvoll lausche ich den Folkmusikern aus Irland, Schottland, England, den USA, wie sie aus der reichen – und im Unterschied zu unserer deutschen – ungebrochenen Volksliedtradition ihrer jeweiligen Heimat schöpfen und darin schwelgen. Aber unsere alten Lieder waren doch schon vor dem Faschismus da; was können sie dafür, dass die Nazis allein schon das Wort »Volkslied« bei meiner Generation so nachhaltig in Verschiss gebracht haben? Ich jedenfalls setze mich jetzt jeden Tag hin, singe und übe plattdeutsche Lieder. Vielleicht kann ich ja (wenn ich den Traditionsbruch schon nicht kitten kann) was dazu beitragen, den Begriff Volkslied sozusagen zu »entgiften«. Manchmal gehe ich zu Tante Dete Sibbers zum Tee ins Müllerhaus rüber und lasse von ihr meine Aussprache korrigieren. Die Lieder kann ich jetzt; was mir noch fehlt, ist ein musikalisches Konzept für ihre Instrumentierung bei den Plattenaufnahmen. Mir wird schon was einfallen.

Ich bin viel geritten. Oft genug, wie ich meine, um jetzt endlich mal meinen Führerschein zu machen. Zwei Mal falle ich durch die Prüfung, bestehe beim dritten Mal und mache dabei den Schein fürs Motorrad gleich mit. Ich verschenke mein Mofa an einen Jungen aus dem Dorf und kaufe mir einen roten Volvo. Der Volvo gilt derzeit mit seiner panzerartigen Blechdicke als der schwerste und stabilste Pkw auf dem Weltmarkt. Für mich genau das Richtige.

Plötzlich beweglich zu sein, ist sehr angenehm. Nur wird aus mir kein begeisterter Autofahrer mehr werden – auch kein guter. Der Wagen ist neu, er muss noch eingefahren werden. Ich setze mich abends rein, fahre die Nacht durch die tausend Kilometer zu Susanne runter nach Basel und in der Nacht darauf wieder zurück. Ich werde diese Tour danach noch öfter machen. Auf halber Strecke (Hin- wie Rückfahrt) an der Raststätte Kassel Ost heißt es: tanken, Eisbein mit Sauerkraut, Tasse Kaffee und weiter.

Als ich wieder mal mit meinem roten Volvo nach Husum zum Einkaufen fahre, parke ich am Hafen, steige aus und höre Musik. Das gibt's doch nicht – Straßenmusiker in Husum auf dem Hafenvorplatz. Sie sind zu viert. Junge Amerikaner. Studenten auf Europatrip. Sie singen und spielen gerade »Silver Threads and Golden Needles«, als ich zu ihnen rübergehe und einen Zehnmarkschein in den Gitarrenkasten zu ihren Füßen werfe. Noch ehe das Lied endet, weiß ich: Die Frage nach der musikalischen Gestaltung und Instrumentierung meiner plattdeutschen LP hat sich hier soeben beantwortet.

Die Vier klettern in ihren alten VW Bulli, und folgen mir die 15 Kilometer zur Mühle. Sie verteilen ihre Schlafsäcke auf die drei Etagen, in denen sie in den folgenden Wochen kampieren werden. Ich rufe Jürgen Pohlmann in Hamburg an, der noch am selben Abend mit einem Kofferraum voller Lebensmittel und mehreren Kästen Bier in der Mühle eintrudelt. Inzwischen haben die Amis ihre Instrumente ausgepackt und tasten sich langsam an die ihnen noch unbekannten Lieder, die ich ihnen vorsinge, heran. Es herrscht dabei von Anfang an eine intensive, aber gleichzeitig entspannte Arbeitsatmosphäre. John Everatt spielt Gitarre, 5-String-Banjo, Mundharmonika und Fidel. Seine Frau Susie singt. Bob Douglas spielt Gitarre und Spoons (also Percussion mit Esslöffeln). John Berquist spielt Autoharp. Jörg Suckow und Klaus Weiland stoßen in den nächsten Tagen aus Freiburg noch zu uns dazu. Und natürlich Günter Pauler mit seinem mobilen Aufnahmeequipment. Der große Wohnraum im ehemaligen Kornspeicher ist, wie schon bei den »Rattenfänger«-Aufnahmen, unser Studio. Günter Pauler nimmt uns live auf. Das heißt, das jeweilige Lied immer am Stück, ohne Schnitte, ohne Overdubs. Dazu muss er, um (halbwegs) eine akustische Raumtrennung zwischen den Instrumenten und Mikrofonen zu erreichen, die Wohnzimmercouch und die Matratzen aus meinen Betten hochkant stellen. Das funktioniert, und es wird nicht die letzte Aufnahmesession sein, die Günter nach demselben Muster hier in der Mühle veranstalten wird. Diese jetzt nähert sich viel zu schnell ihrem Ende. Waren es Wochen oder nur Tage? Ich habe sie nicht gezählt, aber wir alle haben sie genossen. Leider hat niemand von uns daran gedacht, während der Aufnahmen Fotos von uns zu schießen. Bob, Susie, John »E« und John »B« (wie Klaus Weiland sie nennt) reisen ab, wollen nach London und von dort aus zurück in die USA. Es existiert kein Bild aus ihrer Zeit in Struckum, und sie verschwinden wie Phantome aus meinem Leben – wenn auch nicht aus meiner Erinnerung. Ich sehe sie nie wieder. Aber John »E« macht mir ein Abschiedsgeschenk. Er schreibt ein Lied über die Mühle und mich. Die Musikkassette mit dem Song drauf habe ich verloren – umzugsbedingt, wie auch sonst – und erinnere mich nur noch bruchstückhaft an den Text:

»Driving north to Struckum, the trunk road number five / Hannes's Windmill – tall and strong with a twinkle in her eyes…« Es ist mir zwar gelungen, die immateriellen alten Lieder zu sammeln, zu wertschätzen und zu bewahren. Bei materiellen Dingen schaffe ich das weniger. Schade.

Entgegen den Erwartungen meiner Plattenbosse wird die »Plattdeutsche-Lieder«-LP nach ihrem Erscheinen im Herbst ein Renner und ein Longseller mit Umsatzzahlen, die meine Position als Künstler innerhalb der Firma noch einmal stärken. Das ist auch nötig. Ich habe dort keine Freunde und bin nicht nur der Firmenleitung, sondern auch deren Untergebenen unheimlich – was auf Gegenseitigkeit beruht. Mir kommt zu Ohren (ich lese es ja nicht), dass die Presse giftet: »Nun ist es so weit – Wader fällt nichts mehr ein. Jetzt mutet er uns alte, verstaubte plattdeutsche Lieder zu, die er aus der Mottenkiste gekramt hat.«

Damit musste ich rechnen. Auch damit, dass sich ein Teil meines Publikums enttäuscht von mir abwendet. Aber die Mehrheit meiner immer noch wachsenden Anhängerschaft bleibt mir gewogen. Sogar im mundartlich oberdeutsch geprägten Süden findet die Platte Verbreitung. Auf meiner Herbsttournee wenige Monate später, die mich auch in die Schweiz führt, bitten mich junge Basler und Berner ausdrücklich – und einigermaßen verblüfft entspreche ich ihrem Wunsch – für sie im Konzert »Dat du min leevste büst« zu singen.

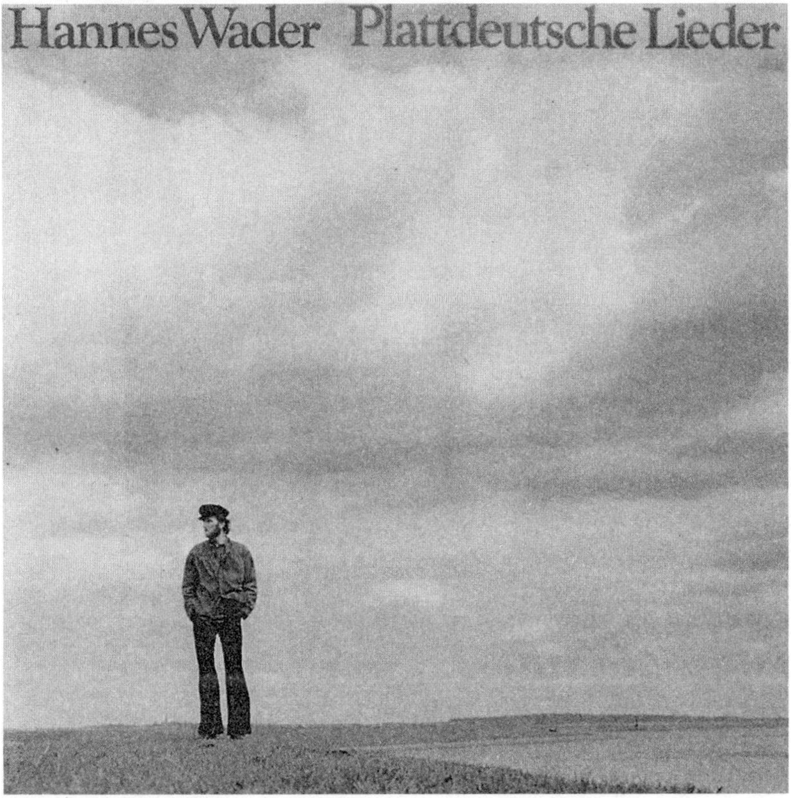

»Plattdeutsche Lieder«, 1974

Hochzeit

Im September 1974 heiraten Susanne und ich. Am Polterabend lädt das halbe Dorf, wie es von alters her der Brauch ist, seinen gesamten Keramikmüll, Waschbecken, Kloschüsseln und altes Geschirr vor der Mühlentür ab. Auf der Wiese hinter der Mühle habe ich ein Hundert-Liter-Bierfass aufstellen lassen, dass gegen ein Uhr morgens bis auf den letzten Tropfen geleert sein wird. Susanne ist, wie alle anderen, schon schlafen gegangen. Nur wir beide, mein Freund Fuchs aus Karlsruhe und ich, sind noch wach und volltrunken. Ich setze mich ans Steuer meines Volvos – Fuchs mit einer halb vollen Kömbuddel in der Hand neben mir – und fahre Richtung Wattenmeer. Wir wollen uns bei Mondschein auf dem Außendeich noch einen zur Brust nehmen. Dass der Mond heute Nacht gar nicht scheint, ist uns egal. Ich fahre schnell. Auf der Koogchaussee in der Biegung zur Gaststätte Deichshörn kriege ich die Kurve nicht, rausche links in den Sielzug. Den Schlag an meiner Stirn spüre ich noch und bin schon bewusstlos, als der Wagen kippt, auf dem Dach durch den schlammigen Grund des Grabens pflügt und endlich liegen bleibt. Ich komme zu mir. Sehe neben mir Fuchs – blutüberströmt.

Fuchs hat was abgekriegt. Die Zähne seines Unterkiefers links haben beim Aufprall gegen das Handschuhfach seine Unterlippe durchschlagen. Wir kriechen durch das Seitenfenster aus dem Auto. Es ist finster. Man sieht die Hand vor Augen nicht. Kein Mond, kein Stern, keine Straßenlaterne. Links und rechts der schmalen Chaussee die tiefen morastigen Gräben. Wir brauchen lange, setzen immer vorsichtig einen Fuß vor den andern, bis wir die Mühle erreichen. Fuchs und ich gehen ins Badezimmer, betrachten uns im Spiegel. Wir bluten kaum noch, sehen aber aus wie frisch geschlachtet. Fuchs tupft sich das trockene Blut mit einem feuchten Handtuch aus dem Gesicht, schlingt es sich um den Hals, geht ohne ein Wort zu sagen nach draußen, setzt sich in seinen Alpha und fährt die 800 Kilometer zurück nach Karlsruhe.

Es ist jetzt zwei Uhr durch. Ich versuche, leise zu sein, um Susanne nicht zu wecken, als ich Kuddel Kabelitz anrufe. Der wiederum ruft den Abrissunternehmer Pioch an, der ihm noch einen Gefallen schuldet. Der soll mit seinem Kranwagen noch vor Morgengrauen das Wrack meines roten Volvos aus dem Sielzug hieven, hinter der Mühle abstellen und mit einer Plane abdecken. Das zumindest läuft nach Plan. Kuddel kommt, ist erschrocken über mein Aussehen. Die Kopfwunde schmerzt, mir brummt der Schädel, mir ist schwindelig. Kuddel bringt mich nach Husum in die Privatklinik Dr. Winkler. Dort werde ich, die Wunde soll genäht werden, auf ein Bett geschnallt, sediert und auf den Korridor gerollt. Im Wegdämmern höre ich durch die geöffnete Tür, wie sich zwei Krankenpfleger im Raum nebenan unterhalten: »Du Heinz, dieser besoffene Wichser da draußen, das ist doch dieser komische Protestsänger. Der soll ja hier irgendwo in 'ner Windmühle wohnen. Das musst du dir mal vorstellen, sieht aus wie'n abgestochenes Schwein und will morgen heiraten, der hat se doch nicht alle.«

Es ist heller Tag, als ich (inzwischen wieder zuhause) aufwache und im Badezimmerspiegel sehe, dass ich eine dicke Mullbinde um den Kopf gewickelt trage. Leuchtend weiß wie der Turban eines Scheichs. Wie ich das alles meiner Braut Susanne erkläre, und was sie dazu sagt, habe ich vergessen – was vielleicht an der Kopfverletzung liegt. Ich fühle mich immer noch benommen. Ich weiß nur, so kann ich heute nicht heiraten und wickle den Verband ab. Das Pflaster, das darunter zum Vorschein kommt, erscheint mir auch riesig, aber ich traue mich nicht, es abzunehmen. Susanne ist längst fertig angekleidet, zur Trauung bereit und im Unterschied zu mir todschick. Ab nach Breklum, unser Nachbardorf, zum Standesamt. Susanne und ich treten vor die Tür und trauen unseren Augen nicht. Vor der Mühle wartet eine offene Kutsche mit zwei Schimmeln davor. Die nächsten Nachbarn, allen vorweg Bauer Johannsen, haben keine Mühen gescheut, eine Hochzeitskutsche samt Gespann für uns zu organisieren. Als Brautpaar zwei Kilometer hin, als Eheleute (mit hupendem Autokorso hinter uns) wieder zurück. Vor der Mühle wieder eine Traube von Menschen. Bauer Uwe Jensen klemmt mir als Glücksbringer ein zappelndes Ferkel unter den Arm. Über der Mühle kreist im Tiefflug Kuddel Kabelitz in seiner Cessna, winkt, wirft einen kleinen, aber schönen Brautstrauß aus Feldblumen zu uns runter und dreht, mit den Tragflächen wackelnd, wieder ab.

Wir feiern, mit etwa fünfzig Gästen bescheiden, in der Gaststätte Bohnenland, einem einsam in der Hattstedtermarsch gelegenen Gehöft mit einer seit fünf Generationen (und vielleicht sogar von Theodor Storm als Amtsrichter persönlich beglaubigten) an den jetzigen Bauern weitervererbten Ausschankgenehmigung. Ausgesprochen rustikal folkloristisch. Ich will das jetzt so haben, und Susanne ist damit einverstanden. Die Hochzeitsmusik macht Häns'che Weiss mit seiner »Zigeunertruppe«, die sich nebenan im Schafstall erst einmal warmspielen. Die Schafe grasen alle auf dem Deich, dafür nistet eine Schwalbenkolonie unter der niedrigen Balkendecke. Die Vögel haben noch nie Sinti-Jazz gehört. Sie flattern aufgeregt zur offenen Stalltür raus, wieder rein und scheißen auf Ziroli Wintersteins Gitarre und Hojok Mersteins Kontrabass. Ihr Manager Siegfried Maeker, der bald eine Zeit lang auch mein Agent sein wird, ist auch gekommen. Hein und Oss Kröher sind von Pirmasens hergefahren und bringen Susanne und mir ein Ständchen; ebenso Franz Hohler, der aus Uetikon am Zürichsee angereist ist und der uns, sich auf dem Cello begleitend, sein neuestes Lied vorspielt.

Eine schöne Hochzeitsfeier. Wieder trete ich vor den Spiegel und löse das dämliche Riesenpflaster von meiner Stirn. Zum Vorschein kommt ein winziger, kaum zwei Zentimeter langer, mit zwei Stichen genähter Schnitt – den hätte ich auch mit Susannes Abdeckstift überschminken und unsichtbar machen können. Susanne, ab heute für die kommenden sechs Jahre meine Ehefrau, kann nur ein paar Tage bleiben, es warten in Basel neue Theaterproben auf sie.

Der rote Volvo-Schrotthaufen hinter der Mühle wird abtransportiert. Theo Jessen, Marathonläufer und erst seit Kurzem unser Dorfsheriff, kommt und nimmt ein Unfallprotokoll auf. Er behandelt mich fair, bleibt sachlich, ohne mir allzu bohrende Fragen (bezüglich Alkohols am Steuer) zu stellen.

Ich telefoniere mit Fuchs. Er ist, von seiner Polterabendverletzung abgesehen, heil zu Hause angekommen. Seine Lippenwunde ist genäht, und er hat mir verziehen.

Der »Volkssänger«

Eines späten Nachmittags klingelt es. Fiede Kai steht vor der Tür. Fiede hat kürzlich seinen Beruf (er ist gelernter Maurer) an den Nagel gehängt und in Bredstedt eine Kneipe aufgemacht: Fiedes Krog. Fiede kann singen und Akkordeon spielen und ist schon des Öfteren bei Dorffesten aufgetreten. Er ist mit Knut Kiesewetter befreundet, der, wie ich gehört habe, plant, mit Fiede als »der singende Kröger« auch eine plattdeutsche LP zu produzieren. Fiede hat sich Mut angetrunken, um mich mit ein paar mir unbequemen Wahrheiten zu konfrontieren. Fiede geht an mir vorbei in die Küche und reißt die Kühlschranktür auf: »Wat is dat denn, Hannes? Du hest ja nich mol eene bummelige Beerbuddel in dien' dösigen Köhlschapp stahn … ick heww all dröge Darms*.«

Ich hole einen Kasten Bier aus dem Mühlenkeller. Fiede greift sich eine Flasche und trinkt. Ex.

»So, nu hör mi mol tau, Hannes, wat ick di all lang seggen wull. Diene plattdüütsche Platte, wetste wat dat för mi is? Dat – is – Müll, nix as Müll! Du kanns ja ni mol richti' plattdütsch schnacken. Un wetste wat? Koomende Wuch go ick mit Knut in't Studio plattdütsche Leeder opnehmen. Denn will ick di awer mol wiesen, wa dat geiht.«

Fiede öffnet eine weitere Flasche und sagt: »So, nu hew' ick seggt, wat't to seggen givt. Wat meenst du Hannes … schöt wi uns wedder verdrägen?** Denn laat uns mol dar up anstöten. Awer een't will ick di seggen, Müll – blivt – Müll, dar gah ick nich vun af … Prost!«

Das gnadenlose Verdikt Fiedes kann mich nicht davon abbringen, weiterhin intensiv nach alten Liedern (auch über die Grenzen des plattdeutschen Sprachraums hinweg) zu graben. Es ist meine neue Leidenschaft, der ich mich (solange sie andauert – auch dieser Zustand endet ja irgendwann)

---

* trockene Därme

** So, nun hab ich gesagt, was es zu sagen gibt. Was meinst du, Hannes … Sollen wir uns wieder vertragen?

wieder mal ganz und gar überlasse. Der Gedanke, jetzt an eigenen Liedern zu arbeiten, kommt mir gar nicht. So, wie ich die alten Volkslieder ausgrabe, sie sammle, sie auf ihre Singbarkeit in Bezug zur Gegenwart »abklopfe«, darf man sich darunter kein methodisches Forschen vorstellen. Lieder müssen mir erst einmal als Sänger gefallen. Gleichzeitig habe ich Forderungen des momentan herrschenden Zeitgeistes zu erfüllen. Und der – ich bitte, mir die folgenden Wortungetüme zu verzeihen (wobei der jeweilige Zeitgeist selbst ja auch immer ein Ungetüm ist) »erheischt textinhaltlich eine politische und historische Relevanz sowie eine auf die gesellschaftliche Gegenwart beziehbare Mindestinterpretierbarkeit.« Erfüllt ein Lied diese Voraussetzung – umso besser; tut es das nicht, schiebe ich ihm (merkt doch sowieso keiner) eine Bedeutung unter, die ich mir aus den Fingern sauge. Wie zum Beispiel den letzten Satz des Begleittextes zu »Der Kuckuck« von der LP »Hannes Wader Volkssänger«: »So galt er (der Kuckuck) nicht nur als Frühlingsvogel und Zukunftskünder, sondern auch als Teufel. Im vorliegenden Lied symbolisiert er als »armer Teufel« die Überlebensfähigkeit der Rechtlosen gegenüber den Nachstellungen der Herrschenden.«

Vielleicht wäre es mir heute eher möglich, ein altes Kinderlied einfach zu singen, ohne das Gefühl zu haben, mich dafür ideologisch rechtfertigen zu müssen:

Auf einem Baum ein Kuckuck
Simsalabim – bam – basala – dusala – dim
Auf einem Baum ein Kuckuck saß.
Es regnete und er ward
Simsalabim – bam – basala – dusala – dim
Es regnete und er ward naß.

Da kam ein junger Jäger
Simsalabim – bam – basala – dusala – dim
Da kam ein junger Jägersmann.
Der schoß den armen Kuckuck
Simsalabim – bam – basala – dusala – dim
Der schoss den armen Kuckuck tot.

Doch als ein Jahr vergangen
Simsalabim – bam – basala – dusala – dim
Doch als ein Jahr vergangen war.
Da war der Kuckuck wieder
Simsalabim – bam – basala – dusala – dim
Da war der Kuckuck wieder da!

Knapp fünfzig Kilometer nördlich der Mühle findet in Dänemark gleich hinter der Grenze das erste Tønder Festival in einem anfangs noch bescheiden familiären Rahmen statt, um sich in den folgenden vierzig Jahren zu einem der größten Folkmusik-Festivals der Welt zu entwickeln. Ich bin von Beginn an und bis in die Achtzigerjahre, wenn nicht als aktiver Teilnehmer, dann als Besucher, in jedem Jahr dabei. Aus meinen direkten Begegnungen mit den irischen, schottischen, englischen, amerikanischen und skandinavischen Folksingern und Singer-Songwritern entwickeln sich langjährige und teils enge Freundschaften. Von ihrer Musik lasse ich mich stark beeinflussen, auch wenn ich sie nicht nachahme – Vorbild für Newcomer und sogar (eher ungewollt und versehentlich) Trendsetter bin ich inzwischen selbst. Es gibt längst (als Liedermacherin fällt mir da nur Ina Deter ein) einige junge deutsche Nachwuchskollegen, die mit ihren (meist nach dem Degenhardt-Wader-Mey-Muster gestrickten) Songs aber nur kurzfristige und kleine Erfolge genießen können. Der von Karratsch, Reinhard und mir (nehmen wir Ulrich Roski noch dazu) schon auf die Spitze getriebene Minimalismus: eine kleine PA-Anlage, zwei Mikrofone, ein Bühnenspot, eine Gitarre, eine Stimme und sonst nix – lässt sich nicht mehr steigern, besser gesagt: verringern. Wir haben unwillentlich, und gottlob nur vorübergehend, eine Diktatur der Auftrittsästhetik errichtet. Allein die Schlagerbranche bleibt davon unberührt. Aber selbst Konstantin Wecker, wie er es mir später erzählt, kauft sich erst mal eine Gitarre und lernt ein paar Griffe, weil er sich damals – die Macht des Zeitgeistes lässt grüßen – nicht traut, seine ersten eigenen Lieder mit Klavierbegleitung vorzutragen.

Ich selbst habe nicht vor, mich musikalisch von meinem Prinzip zurückgenommener Bühnenperformance jemals zu lösen – schon weil ich gar nicht anders kann. Aber wohin soll das führen, wenn das jetzt alle so machen? Damit verglichen, bietet die derzeit populäre, von vornherein auf Opulenz setzende Krautrockszene (allen voran Udo Lindenberg mit seiner Paniktruppe) ein fast unbegrenztes musikalisches Entwicklungspotential. Obwohl, aus meiner Zeit in den Berliner Folkklubs sind mir, wenn auch nur ganz schwach, ein paar Talente in Erinnerung in der Beschränkung auf Stimme, Gitarre, Text mit einem doch ganz eigenen Ton. Sie tauchen nur kurz auf und verschwinden wieder spurlos. Ihre Gesichter sind verwischt. Ihre Namen verweht. Es gehört wohl doch auch eine Menge Glück dazu, als Künstler immer wieder das Publikumsinteresse zu wecken und zu erhalten.

Trotz meines Hanges zur Reduktion verspüre auch ich immer mal wieder Lust, zusammen mit anderen zu musizieren (es muss ja nicht gleich Rock'n'Roll sein). Die »Plattdeutsche-Lieder«-LP aufzunehmen, hat schon Spaß gemacht. Die Musik meiner neu gewonnenen Freunde aus der internationalen Folkszene immer im Ohr, brenne ich jetzt darauf, eine Platte mit Volksliedern – alternativ und im größtmöglichen Gegensatz zu der im Volk ungeheuer beliebten »volkstümlichen Musik« – aufzunehmen. Zufällig bekomme ich eine DDR-Ausgabe von »Der grosse Steinitz. Deutsche Volkslieder demokratischen Charakters aus sechs Jahrhunderten« in die Hand. Die alten Lieder in einen konkreten historisch-politischen Kontext gestellt zu sehen, beflügelt mich zusätzlich bei meinem Vorhaben.

Seit den Waldeck-Zeiten spiele ich in jedem Jahr eine Woche lang en suite im Mainzer Unterhaus. Eine bessere Gelegenheit, um viele Kollegen an einem Ort zu treffen und um meine Volkslieder-LP in die Tat umzusetzen, gibt es nicht. Jürgen Pohlmann gelingt es, alle Musiker, mit denen ich arbeiten will, zusammenzutrommeln: Jörg Suckow, Wolfgang Klumb (Singspiel); Ray Austin (Chor); Finbar Furey (Flöte, Banjo, Dudelsack); Klaus Weiland (2. Gitarre); Eddie Furey (Gesang) und Günter Pauler (Sound). Klaus Weiland ist ein begnadeter Gitarrist, der überdies voller überschäumender Ideen und verrückter Theorien steckt. Finbar Furey nennt ihn nur Spaceman. Klaus ist in England aufgewachsen und spricht ein zu seinem abgerissenen Hippieäußeren in groteskem Gegensatz stehendes exquisites Oxford Englisch. Er erzählt, wie er einmal in London auf der Straße einen Angehörigen der Upperclass nach der Uhrzeit gefragt hat, und der anstatt ihm zu antworten, vor ihm zurückgewichen sei und entsetzt ausgerufen habe: »Oh, god! Who are you? You could be me!«

Tagsüber steht uns die Bühne samt Saal als Proberaum zur Verfügung. Abends beim Konzert kann ich dem Publikum gemeinsam mit meinen Musikerfreunden die eingeübten Stücke vortragen und Günter Pauler schneidet mit. Wieder sind alle von Anfang bis Ende voll dabei – besonders Finbar. Kaum hört er mich »Dat Du Min Leevsten Büst« (nicht auf der Volkssänger-Platte) singen, setzt er sich backstage irgendwo hin und kommt eine Stunde später mit einer englischen Übersetzung des Liedes wieder zurück auf die Probebühne. Genauso begeistert ihn »Der Winter ist vergangen«. Unter dem Titel »Life is Just that Way« nimmt er den Song, von seinem Bruder Eddie gesungen, in beider Konzertprogramm auf.

Bewusst trotzig nehme ich es von vornherein in Kauf, dass der Titel der Platte »Hannes Wader Volkssänger« mir vielleicht als Anmaßung verübelt werden könnte. Wenn der Begriff so definiert ist, dass sich jemand erst dann Volkssänger nennen darf, wenn er mit seinem Namen und seinen Liedern tief in den Ohren, Herzen und Köpfen der Massen verankert ist und von jedermann geliebt wird, dann bin ich gar keiner. Dann wären Rex Gildo, Freddy Quinn, Heino und wie sie alle heißen eher als ich berechtigt, Anspruch auf einen solchen Titel zu erheben.

Die »Volkssänger«-LP erscheint und wird, wie vor ihr die »Plattdeutschen Lieder«, ein Erfolg, der sicher mit dazu beiträgt, dass die Aufmerksamkeit eines bereits großen, an Folk interessierten Publikums sich jetzt verstärkt auch auf bisher nur regional bekannte Musiker richtet. Die Power, der Druck, die mitreißende Frische, mit der zum Beispiel die Gruppe Zupfgeigenhansel die alten deutschen Lieder auf Platte und auf die Bühne bringt, macht das Ensemble schon bald zu den anerkannten Stars der Folkszene.

Trotz der Abgelegenheit meines Domizils kann ich mich über einen Mangel an Besuchern nicht beklagen. Die Mühle wird zunehmend, so, wie ich es mir im Stillen erhofft habe, zu einer Station der »nordatlantischen Folksinger«, die auf ihrem Weg nach Skandinavien, wo ihre Musik derzeit sogar noch stärker gefragt ist als hierzulande, für ein oder zwei Tage Quartier bei mir machen. Hier nur ein paar Namen aus der langen

Gästeliste. Aus Schottland: Hamish Imlach, Rod Sinclair, Iain MacKintosh, Dick Gaughan – und Alex Campbell, dessen Lied »Been on the Road so Long« ich von nun an am Schluss jedes meiner Konzerte (als »Schon so lang« ins Deutsche übersetzt) singen werde. Dann aus England Allan Taylor, aus Irland Davey Arthur und die Furey-Brüder Eddie und Finbar, aus den USA Ramblin' Jack Elliott und Derroll Adams. Alex, Derroll, Ramblin' Jack und noch einigen anderen der oben genannten steckt ein goldener Ring im Ohr, das Zeichen der »fahrenden Sänger«. Derroll und die anderen meinen, ich sollte auch einen tragen, und ich lasse mir von einem Hamburger Juwelier einen Ring schmieden. Bei seinem nächsten Besuch sticht mir Derroll mit einer über der Kerzenflamme und in Bourbon Whiskey desinfizierten Rouladennadel feierlich ein Loch ins linke Ohrläppchen.

Auch in der näheren Umgebung kenne ich jetzt schon einige Leute; unter ihnen meine direkten Nachbarn, die Steensens und die Dethlefsens, mit denen ich freundschaftlichen Kontakt … »pflege«, hätte ich jetzt beinahe geschrieben. Kontakt »habe« ist besser – pflegen ist ja nicht so mein Ding.

Als Gewinn betrachte ich auch meine Freundschaft mit Hein Hoop. Als Bildhauer, Maler, Grafiker, Aktionskünstler und Dichter gleichermaßen begabt, lebt er am Rande der Halbinsel Eiderstedt direkt hinterm Deich.

Hein schreibt hervorragende Liedtexte auf Plattdeutsch, von denen ich einige vertone und später auf meiner »Shanty«-LP veröffentliche. Er spricht außerdem fließend Dänisch und Schwedisch. Mir kommt die Idee, »demnächst« mal eine Platte mit Liedern von Carl Michael Bellman aufzunehmen. Ich habe sämtliche Bellman-Episteln zu Hause, aber die meisten in schwedischer Sprache. Ich mache Hein, der von ihm noch nie etwas gehört hat, mit den Werken Bellmans bekannt und bitte ihn, die Texte für mich singbar ins Deutsche zu übertragen. Hein ist begeistert und macht sich sofort an die Arbeit. Gemäß meiner Deutung des Begriffes »demnächst«, komme ich leider erst einige Jahre nach Heins Tod dazu, die Platte mit seinen gelungenen Bellman-Übersetzungen aufzunehmen.

So geht der Herbst in den Winter über. Ich mache eine lange (gleichzeitig die letzte noch von Jürgen Pohlmann organisierte) Tour durch die Republik. Danach werde ich mich von Jürgen trennen. Ich merke zuneh-

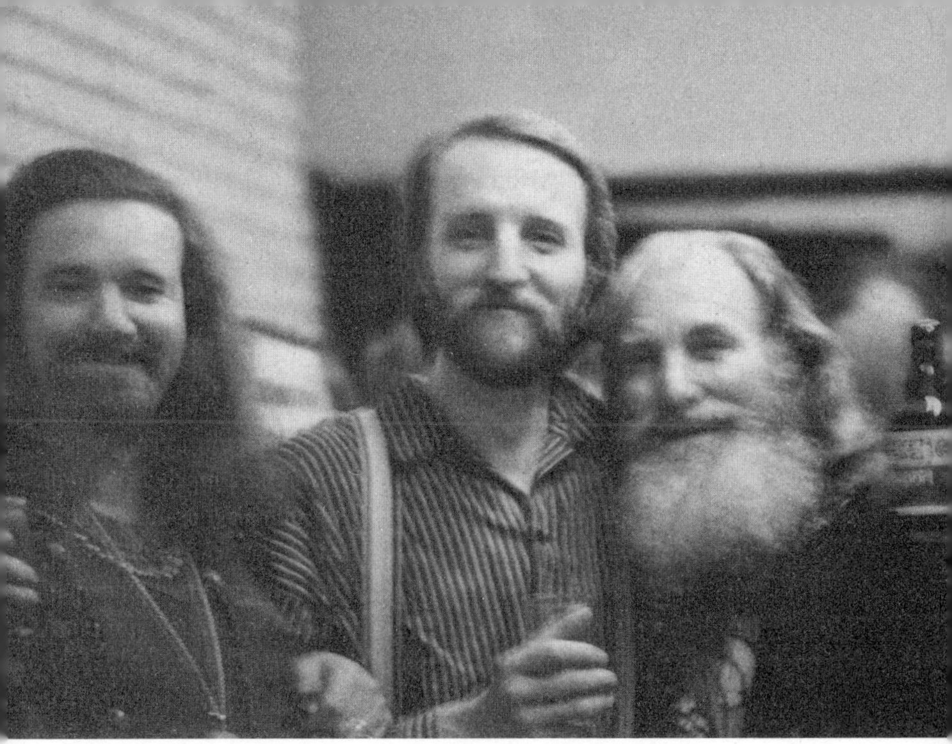

Mit Alex Campbell und Ted Fury, Vater von Eddy und Finbar, Struckum 1974

mend, dass er mir bei vielen Fragen und Überlegungen, die mich derzeit umtreiben und aufwühlen, gedanklich nicht zu folgen bereit oder imstande ist. Ihm in meiner Bequemlichkeit die Verwaltung alles Geschäftlichen und auch Privaten total und von mir unkontrolliert so lange überlassen zu haben, erkenne ich jetzt als Fehler. Ebenso falsch, da er künstlerisch zum Gelingen der Produktionen wenig beitragen kann, war es, ihn als Produzenten einzusetzen. Darüber, wer von nun an meine Konzerte organisieren soll, habe ich noch nicht nachgedacht. Sollte ich aber. Wenn ich im kommenden Jahr wieder auf Tournee gehen will, müssten die Hallen eigentlich längst gebucht sein. Aber dann fällt mir ein Name ein: Siegfried Maeker. Siegfried betreibt in Heidelberg ein Tourneebüro. Ich kenne ich noch aus Waldeck-Zeiten. Mit besonderer Leidenschaft hat er die Schnuckenack-Reinhardt-Band gemanagt und betreut derzeit das Häns'che Weiss Quintett. Ein Anruf genügt. Siegfried oder »Mäkkes«, wie ihn seine Freunde nennen, übernimmt für die nächsten drei Jahre den Job.

Meine erste von Mäkkes organisierte Tour startet Ende Mai in der Lüneburger Heide, führt mich nach Süden über das große Walsertal nach Österreich und endet in Basel. Mäkkes stellt mir mit Wilfried einen zuverlässigen Mann als Tourleiter, Toningenieur, Beleuchter und Fahrer zur Seite. Wir fahren los. Tourneestart heute Abend in Buchholz in der Nordheide. Wir sind in einem VW-Bus unterwegs. In Höhe der Autobahnausfahrt Itzehoe sage ich zu Wilfried: »Mach langsam, bieg hier ab und bring mich zum Bahnhof. Ich nehme den Zug zurück nach Hause. Fahr du schon mal nach Celle, ich komme mit dem Motorrad nach. Wir sehn' uns heute Abend.«

Erst vor wenigen Tagen habe ich mir eine 750er Honda gekauft, samt Helm, Handschuhen, Lederkluft und Cowboyboots, die ich auch auf der Bühne trage. Ich reiße die gut vier Wochen Tournee per Motorrad ab. Egal, ob es regnet, ob die Sonne mich brät, der Schweiß strömt, der nirgendwohin abfließen kann, sich unter meiner Lederkluft staut und mir in den Augen brennt. Genau die Art von Widrigkeiten, die mich so maßlos wütend machen und augenblicklich alle meine Sturheits- und Trotzreserven mobilisieren. Dabei macht mir das Motorradfahren an sich nicht mal richtig Spaß. Was mir hingegen gefällt ist, dass mich alle mir entgegenkommenden Biker mit Handzeichen grüßen, ich grüße auch. Schon am ersten Tourneetag auf dem Weg in die Heide nach Celle entgehe ich (die Momente, in denen ich die Gefahr gar nicht erkenne, nicht mitgerechnet) mindestens dreimal knapp dem Tode.

Leider hat Susanne die Schweiz und damit Basel – wo meine Tournee jetzt endet – inzwischen verlassen und an einem deutschen Theater ein Engagement angenommen. In welcher Stadt, weiß ich nicht mehr. Es sind zu viele Bühnen, auf denen Susanne in der Folgezeit stehen wird. Darunter das Theater Frankfurt, die Wiener Burg, das Staatsschauspiel München, die Lach- und Schießgesellschaft, wieder Berlin, dann Bonn, Düsseldorf und andere.

Ich habe keine Lust, die tausend Kilometer nach Hause per Motorrad zurückzulegen, gebe die Maschine als Gepäckstück bei der Bahn auf und fliege ihr stattdessen nach Hamburg voraus. Als ich die Honda zwei Tage später vom Bahnhof Altona abhole, scheint die Sonne. Das richtige Wetter für einen kleinen Ausflug. Ich werde meinen Freund und Pö-Chef Peter Marxen besuchen. Ich weiß, dass er in Farve, einem ostholsteinischen Dorf, eine alte Reetkate gekauft hat und sich gerade dort aufhält. Ich komme nie dort an. Auf der B 202 verlangsamt vor mir ein VW-Käfer sein Tempo. Ich setze zum Überholen an, schalte, beschleunige. In dem Moment zieht der VW – jetzt rechts neben mir –, ohne zu blinken, nach links und erwischt dabei voll mein Hinterrad. Die Maschine kippt, kracht auf die Straße. Seitlich unter ihr eingeklemmt, schlittere ich, den rechten Fuß zwischen Gangschaltung und Fußraste verhakt, an die zwanzig Meter nach vorn. Der Gasgriff schrammt direkt vor meinem Gesicht funkensprühend über den Asphalt. Gut, dass ich meinen Helm mit geschlossenem Visier aufhabe. Meine Boots, meine Lederkluft nützen mir nichts. Als die Rutschpartie endet, sind mein rechter Oberschenkel, mein rechter Arm bis auf die Knochen aufgescheuert. Mein rechtes Sprunggelenk ist gebrochen, die Maschine weitgehend heil geblieben. Ich liege danach drei Wochen im zehn Kilometer entfernten Oldenburger Krankenhaus, wo mir ein Stahlnagel durch den Knöchel ins Schienbein getrieben und nach sechs Wochen wieder entfernt wird. Danach fällt es mir leicht, Susanne zu versprechen, nie wieder Motorrad zu fahren.

Nach Alaska

Gut zehn Jahre bin ich jetzt schon mit Fuchs befreundet, wohne bei ihm und seiner Frau Rosemarie, wenn ich in der Nähe von Karlsruhe zu tun habe. Manchmal bleibe ich mehrere Tage. Die gastfreie Atmosphäre im Haus erlaubt mir sogar, hier an neuen Liedern zu arbeiten, wenn beide tagsüber ihrem Beruf nachgehen. Nach wie vor haben wir gute Gespräche nachts am Kamin. Wir beide, Fuchs und ich, trinken dabei viel: Badischen Wein und Obstschnäpse. Ich meine bemerkt zu haben, dass Fuchs in letzter Zeit immer früher damit anfängt und schneller betrunken ist als ich, was dann oft in Monologen, von ihm in zänkischem Ton gehalten, mündet. Aber meist überwiegen in unseren Begegnungen die anregenden und befruchtenden Momente.

Fuchs schlägt mir vor, in seinen Sommerferien sechs Wochen lang zusammen mit ihm eine Reise durch die Wildnis Kanadas und Alaskas zu unternehmen. Wir waren ja schon öfter gemeinsam unterwegs und haben dabei so einiges erlebt. Ich stimme sofort zu. Im Widerspruch zu seinem Status als Staatsbeamter mit sicherem Gehalt und Pensionsanspruch, ist Fuchs mit seiner bündisch geprägten Vergangenheit ein von unstillbarer Abenteuerlust und Fernweh Getriebener, der aber, innerlich zerrissen, das eigentliche Abenteuer, seinen Traum, als freier Maler zu reüssieren (oder zu scheitern) nicht zu leben wagt.

In 14 Tagen soll es losgehen. Fuchs organisiert alles. Sein Plan: mit dem Auto durch Britisch-Kolumbien den Alaska Highway rauf, dann weiter in Richtung Skagway zum Chilkoot Pass. Den wollen wir zu Fuß übersteigen und die circa sechzig Kilometer bis zu dem in Alaska liegenden Lake Bennett laufen. Ich kenne den Chilkoot-Gold-Rush-Trail aus der Beschreibung eines meiner Lieblingsautoren meiner frühen Jugend, aus den Geschichten »Alaska-Kid« und »Lockruf des Goldes« von Jack London. Ich folge Fuchs' Rat (er ist ja ein erfahrener Pfadfinder), mir ein Paar Trekkingstiefel zu kaufen und sie bis zu unserer Abreise Tag und Nacht anzubehalten und einzulaufen, um mir in Übersee keine Blasen an den Hacken zu holen. Ich nehme Fuchs' Vorschlag wörtlich, trage die Stiefel beim Rasenmähen, unternehme lange Wanderungen durch die Marsch. Auf Susannes Wunsch habe ich uns einen Hund, einen kleinen Münsterländer, angeschafft, der mich jetzt immer auf meinen Gängen begleitet.

Der Flug von Frankfurt nach Calgary, Alberta in der brechend vollen Maschine dauert ungefähr zehn Stunden. Danach stehen Fuchs und ich an der Gepäckausgabe neben dem Band und warten auf unsere Kraxen, die wir nur mit dem Allernötigsten, was man in sechs Wochen »outdoors« so braucht, bepackt haben. Zelt, Schlafsäcke, Campinggeschirr und Kleinkram für den alltäglichen Gebrauch werden wir uns hier besorgen. Außer uns beiden sind längst alle Passagiere mit ihren Koffern durch den Ausgang verschwunden. Das leere Gepäckband läuft noch zwei- oder dreimal durch und bleibt dann stehen. Unsere Kraxen sind nicht mitgekommen und bleiben für immer verschollen. Fuchs flucht. Seine in tausend Märschen bewährten und eingelaufenen Trekkingstiefel wird er nie wiedersehen. Ich habe meine an. Ehe wir den Shuttlebus zur Innenstadt besteigen, holt Fuchs sich aus dem Spirituosenladen in der Eingangshalle noch eine von einer braunen Papiertüte ummantelte Flasche Bourbon und öffnet sie mit seinem roten Schweizer Messer, das er immer am Leibe trägt. Wie schon der Flieger, ist auch der Bus rappelvoll. Wir müssen stehen. Fuchs nimmt einen kräftigen Schluck Whiskey aus der braunen Tüte. Der Bus stoppt so abrupt, dass die auf dem Mittelgang Stehenden fast vornüberfallen. Über Lautsprecher fordert der Busfahrer Fuchs auf, unverzüglich auszusteigen und die braune Tüte samt Inhalt in einen Mülleimer am Straßenrand zu schmeißen. Fuchs gehorcht und darf wieder einsteigen.

Wir wollen, um uns komplett neu auszurüsten, ein paar Tage in Calgary bleiben. Als Erstes mietet Fuchs für uns einen Ford Pinto Kombi, in dem wir auch übernachten müssen. Alle Hotels sind ausgebucht. In der Stadt ist die Hölle los. Jetzt wissen wir, warum der Flieger und der Shuttlebus so voll waren: Wir sind mitten in der Calgary Stampede – der größten Rodeoshow weltweit – gelandet. Fuchs und ich fühlen uns augenblicklich daran erinnert, wie wir auf unserem ersten gemeinsamen Trip in den Süden der alten Welt unverhofft in den Palio di Siena gestolpert sind. Wir bekommen noch Karten für die Show. Ähnlich wie Siena (hier nur alles neuweltlich ins Ungeheure dimensioniert) begleiten die Massen das Geschehen in der Arena mit (ansteckender) Hysterie. Auch hier geht es brutal zur Sache. Planwagenrennen, Bullenreiten, immer wieder kommt es zu schweren, manchmal tödlichen, Stürzen.

Die Menge schreit auf, starrt in den Himmel. Wie aus dem Nichts senkt sich aus großer Höhe in weiten Bögen ein Gleitschirmflieger herab und landet sanft in der Mitte der Arena. Fuchs und ich sehen so was (wie viele andere hier auch) zum ersten Mal. Es ist ja die »gute alte« Zeit der Siebziger, in der noch alle in Amerika gestarteten Trends erst fünf oder zehn Jahre später in Europa ankommen.

Am Morgen nach der Rodeoshow lerne ich (der niemals frühstückt) in einem Dairy-Queen-Fastfoodrestaurant den Canadian Pancake mit Ahornsirup lieben, während Fuchs sich auf der Toilette rasiert.

In der Nähe des Dairy Queen entdecke ich einen Tack Shop »Everything Horse« – alles fürs Pferd. Ich sehe hier Dutzende von Westernsättel. Einer schöner als der andere. Ich muss unbedingt einen davon haben; ich kaufe ihn und das Lasso, das über dem Sattelknauf hängt, gleich dazu. Ob sie mir die Sachen nach Hamburg schicken können? Kein Problem. Dazu lasse ich mir (es gibt gerade keine in meiner Größe) Maß nehmen für ein Paar Chaps, die ich auch gleich bezahle. Fuchs und ich, jeder mit einem neuen Cowboyhut, verlassen den Laden und gehen weiter auf Einkaufstour.

Unseren Abend wollen wir dann bei ein paar Bier in einer Bar verbringen. Aus einem fensterlosen bunkerartigen Flachbau dringt Livemusik nach draußen, wenn sich eine der beiden Eingangstüren öffnet. Über der einen steht wie bei einem Klo »Ladies«, über der anderen »Gentlemen«. Wir gehen rein. Der Laden ist brechend voll. An einem Tisch in der Ecke, an dem zwei Indianer sitzen, sind noch zwei Stühle frei. Wir setzen uns, legen unsere Hüte neben die der beiden drahtig aussehenden Männer auf den Tisch. Die Band auf dem Podium ist von einem Maschendrahtzaun, der vom Boden bis zur Decke reicht, gegen fliegende Biergläser aus dem Publikum geschützt. Sie spielen richtig gut, und ich liebe Countrymusik. Der Kellner kommt. Ein riesiges rundes Tablett mit vollen Biergläsern über dem Kopf balancierend, stellt er auf ein Handzeichen eines der Indianer sechs Gläser vor Fuchs und mich auf den Tisch. Die Gläser sind klein, randvoll, ohne Schaum, ohne Blume. Darauf legt man hier in Kanada wohl keinen Wert. Wir trinken und geben unsererseits den Indianern einen aus. Einer der beiden deutet auf unsere Hüte. Sie sehen ihm zu neu aus. Er taucht den Daumen in sein Glas. Sorgfältig drückt er handliche Kniffe und Falten, sie immer wieder mit Bier benetzend, damit sie ihre Form behalten, erst in meinen, dann in Fuchs' Hut.

Irgendwann in den folgenden Wochen werde ich meinen Hut verlieren, vergessen. Für mich ist die Zeit des Hütetragens ohnehin für immer vorbei. Für Fuchs dagegen beginnt sie jetzt erst richtig. Fuchs wird von nun an, wo er geht und steht (außer im Unterricht) bis zu seinem Tod den von dem Indianer in der Bar geknifften Cowboyhut tragen.

Wir fahren nach Norden durch die Schluchten, über die Pässe der Rocky Mountains, kommen nach Banff. Eine kleine Stadt, die wie ein alpiner Skiort anmutet und mich an Garmisch-Partenkirchen erinnert. Überall chaletartige Blockhäuser. Weiter geht es. Bis zum Abend kommt uns auf der Strecke nicht ein einziges Auto entgegen. Die Straße windet sich durch völlig menschenleere Gegenden, durch Urwälder, vorbei an unzähligen Seen, kristallklar und namenlos. Auf einem Pass mit weitem Ausblick halten wir an. Mitten im See tausend Meter unter uns schwimmt ein Elchbulle, ein »moose« mit gewaltiger Schaufel, ans diesseitige Ufer. Ich habe mir in Calgary einen billigen Fotoapparat ohne Zoom und verstellbarem Fokus, dazu jede Menge Filme gekauft und knipse. Ich will die monumentale, atemberaubende Natur festhalten, muss aber feststellen, dass meine Fotos weit davon entfernt sind, die grandiosen Panoramen adäquat abzubilden.

Wir sehen uns nach einem Platz um, auf dem wir für die Nacht unser Zelt aufschlagen können. Es ist nicht möglich, auch nur fünf Meter weit links oder rechts der Straße durch den dichten Verhau aus Dornengestrüpp und umgestürzten Bäumen in den Wald einzudringen. Wir bleiben über Nacht in einer der wenigen und winzigen Parkbuchten und schlafen im Auto neben einem reißenden Gebirgsbach ohne Namen (der sich im Zweifelsfall Cripple Creek nennt, so heißen hier alle unbekannten Bäche).

Für den nächsten Tag haben wir ein Ziel. Wir wollen zum Bowron Lake, um dort Oske, einen alten Bekannten von Fuchs noch aus der bündischen Zeit der beiden, zu treffen. Nach vielen Stunden Fahrt durch nichts als Wildnis kommen wir gegen Abend dort an. Heute Nacht werden wir in Becker's Lodge mal wieder in einem richtigen Bett schlafen. Außer uns nächtigt hier in den zur Lodge gehörenden Holzhütten eine deutsche, von Oske geleitete Reisegruppe. Oske ist mindestens so wie Fuchs; ein von Abenteuerlust und Fernweh Getriebener, der seinen Traum als professioneller Tourguide aber konsequent lebt.

Es wird eine lange Nacht bei Bier, kanadischem Whiskey und mit Liedern und Gitarrenmusik. So ein deutscher Abend auf einem fremden Erdteil »hat irgendwie was«. Fuchs sagt es zwar nicht, aber er ist von Oskes selbstverständlicher Autorität inner- und außerhalb seiner Reisegruppe beeindruckt. Seine eigene Autorität wie bisher nur als Lehrer pubertierender Gymnasiasten in Anwendung zu bringen, reicht ihm und seinem Drang zu dominieren nicht mehr. Nach dieser Nacht muss er den Entschluss gefasst haben, von nun an, wenn auch nur in seinen jeweils sechs Wochen Schulferien, jeden Sommer selbst als Kanu-Tourguide zu bestimmen, wo es langgeht. Also paddelt er fortan während der Sommerferien mit deutschen Trekkingtouristen den Yukon rauf und dann wieder flussabwärts und kann so immer »den Hut aufbehalten«.

Der Bowron Lake ist in Wahrheit eine fast exakt ein Geviert bildende Kette von elf Einzelseen von über hundert Kilometern Länge. Mit diesem, nur aus ein paar dürren Worten bestehenden Satz werde ich dem »Naturwunder« Bowron Lake Provincial Park zwar in keiner Weise gerecht, aber ich möchte mich hier auch nicht in ausufernden Naturschilderungen verlieren.

Fuchs und ich mieten von Becker's ein Kanu. Wir wollen den See paddelnd umrunden. Es heißt, dass die indigenen Kanadier das Kanu und damit auch das Paddeln erfunden haben. Das glaube ich aufs Wort. Kanada ist ein Kanuparadies. Fuchs sitzt vorn, ich hinten im Boot. In Calgary habe ich eine Nylonschnur und Angelhaken gekauft. Eine Rute kann ich mir bei Bedarf von einem Haselnussstrauch schneiden. Ich habe noch nie im Leben geangelt. Ich wickele ein paar Meter Schnur ab, befestige irgendeinen der Haken an dem einen Ende, das andere binde ich ans Heck und werfe den Haken ohne Köder hinter mir ins Wasser. Kaum anzunehmen, dass da ein Fisch anbeißt. Aber egal. Der hinten sitzende Paddler (das bin ich) steuert das Boot. Das kann Fuchs nicht zulassen. Wir legen noch mal an und wechseln die Plätze. Gegen Abend, als wir auf das Ufer zusteuern, um dort für die Nacht unser kleines Zelt aufzustellen, geht vom Heck aus ein heftiger Ruck durch das Kanu. Ein Fisch hat angebissen. Während ich noch so denke, »aber, das habe ich doch gar nicht gewollt«, steigt Fuchs ins Wasser und erschlägt den Fisch mit dem Beil. Der an Rücken und Flanken dunkel gepunktete Fisch ist an die siebzig bis achtzig Zentimeter lang. Wahrscheinlich eine Forelle, die wir abends gemeinsam essen. Nachts, wir liegen im Zelt und schlafen, werden wir plötzlich geweckt von einem lauten Schnüffeln draußen an der Zeltbahn. Wir hören unser Alugeschirr am erkalteten Campfeuer klappern, über dem der noch üppige Rest unseres Fisches auf einen Stock gespießt hängt. Da ist ein Bär. Nach dem Knacken von Knorpeln und Gräten Schmatzgeräusche – dann Stille. Wir wagen kaum zu Atmen. Nach ein paar Minuten öffnet Fuchs vorsichtig den Reißverschluss des Zelteingangs: Kein Fisch, kein Bär mehr da. War es ein Braunbär? Ein Schwarzbär? Oder sogar ein Grizzly? Später hören wir unterwegs Geschichten – absolut glaubwürdig – über Bären, die mit über der Brust verschränkten Tatzen hinter Wegbiegungen lauern, die einsamen Wanderern mit einem Prankenhieb den Rucksack samt Schulter vom Rücken fetzen. In den folgenden fünf Nächten im Zelt, bis wir wieder bei Beckers's Lodge landen, stopfen wir alles, was auch nur nach Essen riecht, in einen Sack, den wir zufällig dabeihaben und hängen ihn hoch an ein straff zwischen zwei Bäumen gespanntes Seil.

500 Kilometer weiter nordöstlich des Bowron Lake beginnt der Alaska Highway. In Dawson Creek deckt sich Fuchs mit ein paar Litern Whiskey ein, den er in eine Alufeldflasche umfüllt, die er zärtlich »Kantina« nennt. Wer weiß, ob wir auf der vor uns liegenden 1400 Kilometer langen Strecke nach Whitehorse auf von Menschen bewohnte Orte stoßen?

Der Highway vor uns (erst Jahrzehnte nach unserer Reise asphaltiert) ist in seiner gesamten Länge von über 1500 Meilen von Anfang bis Ende nur eine Schotterpiste. Obwohl sie Frostschäden aufweist, besonders in ihren Hochlagen, kommen wir gut voran. Nach stundenlanger Fahrt sehen wir hinter einer Biegung vor uns mitten auf der Piste zwei angehobbelte

Ponys stehen. Wir müssen anhalten. Seitlich aus dem Gebüsch kommen vier Indianer, zwei davon mit Benzinkanistern in den Händen, auf uns zu. Der eine sagt, dass unser Tank sicher fast leer sei, er könne uns aber helfen und ihn für ein paar Dollar wieder füllen. Wir haben selbst zwei noch volle Zehnliterkanister im Auto, halten es aber für klüger, das Angebot anzunehmen. Der Indianer bedankt sich, die anderen ziehen die Ponys von der Straße. Wir können weiterfahren. Fuchs ist sauer. Nicht wegen der paar Dollar für das Benzin. Er hat sich machtlos gefühlt, quasi als Opfer räuberischer Erpressung. Ich sehe das nicht ganz so krass wie er, kann ihn aber verstehen. Fuchs flucht leise vor sich hin. Eine Hand am Steuer, klemmt er mit der anderen seine Kantina zwischen die Knie, schraubt den Deckel auf, nimmt ein paar kräftige Schlucke Whiskey. Dann, völlig unvermittelt, fängt er an, mich zu beschimpfen – greift mich an, sagt, ich hätte ihn enttäuscht, blamiert. Ich beziehe seinen Angriff auf die Episode mit den Indianern. »Scheiß auf die Indianer«, sagt Fuchs, »ich meine den Abend neulich in Becker's Lodge mit Oske und den anderen, wie beschissen du da gesungen hast.«

Ich bin völlig vor den Kopf gestoßen. Fuchs legt noch einen Zahn zu, indem er mir darlegt, er selbst habe sich mal vor Jahren mit dem Gedanken getragen, eine Karriere als Liedermacher zu starten, aber dann aus reiner Freundschaft zu mir, also zugunsten eines Versagers, wie er jetzt leider feststellen müsse, darauf verzichtet. Was Fuchs da sagt, erscheint mir so absurd, dass mir nichts dazu einfällt. Hoffentlich ist das nur ein Ausrutscher, ausgelöst durch ein bisschen zu viel Whiskey. Ich glaube, dass ich im Moment – ganz gleich, was ich sage – nicht zu ihm durchdringen würde. Also schweige ich. Für den Rest der Fahrt (wir müssen noch zweimal im Auto übernachten, ehe wir in Whitehorse ankommen) gibt sich Fuchs friedlich, aufgeräumt, fast charmant. In Whitehorse versorgen wir uns für den steilen Aufstieg, für den 53 Kilometer langen Trail über den Pass nach Alaska, mit einem Haufen Energieriegeln, die Alpine oder so ähnlich heißen und von denen wir in den nächsten vier bis fünf Tagen ausschließlich leben werden. Campfeuer sind verboten. Wir können uns also nicht mal eine Tütensuppe kochen. Der Trail, so sagt man uns, wird immer mal von Rangern kontrolliert – besser, wir halten uns an die Regeln.

Wir haben Hochsommer und müssen nicht wie vor achtzig Jahren die Goldsucher, die »Kette von Verdammten«, wie Jack London sie nennt, im Winter bei bis zu vierzig Minusgraden mit schwerstem Gepäck auf dem Rücken den Pass überklettern.

Dennoch fällt mir der Aufstieg mehr als nur schwer. Ich habe als Sport hassender und untergewichtiger Kettenraucher keine Kondition. Fuchs dagegen schon. Obwohl er ebenfalls Filterlose Kette raucht und Whiskey säuft, ist er als Sportlehrer gut trainiert. Was ihm zu schaffen macht, sind die suppenden Blasen an seinen Hacken, die er sich in seinen neuen Trekkingstiefeln gelaufen hat und die er alle drei bis vier Stunden mit frischen Mullbinden umwickeln muss. Ich wiederum bekomme schon nach zwei Tagen Probleme mit meinen Knien, die bei jedem Schritt ein krachendes Geräusch von sich geben, so, als wenn Kniescheibe, Meniskus, Knorpel und Knochen sich trocken, ohne Gelenkschmiere aneinanderrieben. Dazu die gefühlt immer schwerer werdende Kraxe auf dem Buckel. Ich habe Schmerzen. Besonders wenn es, was streckenweise auch mal vorkommt, bergab geht. Wir müssen öfter als gedacht Rast machen. Auf einem Felsvorsprung. Neben uns rauscht ein Bach in eine Schlucht, auf deren Grund noch vom Goldrausch übrig gebliebene eiserne Bulleröfen, Schaufeln, Pfannen, Stahltrossen und Dampfmaschinenteile vor sich hin rosten. Fuchs nimmt einen Schluck aus seiner Kantina, legt sich auf seinen ausgerollten Schlafsack, die Kraxe als Kopfkissen, Hut auf dem Gesicht, die Daumen in die Gürtelschlaufen seiner Jeans gehakt, und schläft beneidenswert schnell ein. Ich denke darüber nach, auf welche Gegenstände in meinem Gepäck ich am ehesten verzichten könnte, um die Traglast zu verringern. Ich krame unsere gemeinsame Zahnpasta aus meiner Kraxe. Die Tube ist noch voll, ich drücke sie halb aus. Damit wiegt sie schon mal fünfzig bis sechzig Gramm weniger. Unser gemeinsames Stück Kernseife schneide ich durch und schmeiße die etwas größere Hälfte in die Schlucht. Die kleinere Hälfte wird, solange wir hier auf dem Trail sind, locker für uns beide reichen. Ich nehme das Beil und lege meine Zahnbürste auf einen Baumstumpf. Ich werde mindestens drei bis vier Gramm weniger zu schleppen haben, wenn ich den Bürstenstiel halbiere. Ich schlage zu. Die abgetrennte Hälfte fliegt durch die Luft und landet auf Fuchs' Hut. Der schreckt hoch, ist sofort hellwach, sieht das halbe Stück Kernseife am

Boden liegen und weiß schon in dem Moment, wo die fehlende Hälfte geblieben sein muss: »Was hast du mit meiner Seife gemacht?«

»Was soll das denn heißen, deine Seife? Das Teil hier reicht doch dicke für uns beide.«

»Du hast mein Stück Seife da runtergeschmissen, das will ich wiederhaben!«

»Mensch Fuchs … du kannst dieses Stück kriegen, ganz für dich. Ich komme für die paar Tage auch ohne aus!«

Fuchs springt auf, reißt mir das Beil aus der Hand: »Du gehst da jetzt sofort runter und holst meine Seife rauf, oder ich schlage dir die Axt aufs Hirn!«

Mit Entsetzen erkenne ich, das Fuchs es ernst meint – und wie er sich vor meinen Augen von Dr. Jekyll in Mister Hyde verwandelt. Ohne das Beil aus der Hand zu legen, wirft mir Fuchs ein Ende des Kletterseils zu, das andere legt er um den Baumstumpf am Rand der Schlucht: »Los, runter!«

Ich binde mir das Tauende um die Hüften und steige in die Schlucht. Am Rand oben steht Fuchs und gibt Seil, hält es in lockerer Spannung. Seine Miene drückt jetzt konzentrierte Fürsorglichkeit aus. Er hat sich schon wieder in Dr. Jekyll zurückverwandelt. Ich habe mir angemaßt, mit der Seifenteilung in seine Hoheitsbelange einzugreifen.

Fast fühle ich mich schuldig – aber nur fast. Das, was hier gerade geschieht, wird mein bisher enges Freundschaftsverhältnis zu Fuchs verändern. Das ist schon mal klar. Ich habe ihm als dem Älteren immer gern die Führung überlassen. Das genügt ihm jetzt nicht mehr. Was Fuchs hier von mir fordert, ist Unterwerfung.

Die folgenden Tage bis zum Ende des Trails sind für mich eine einzige Strapaze; hinter der die (wahrscheinlich) atemberaubenden Landschaftseindrücke und (sicher) interessanten Begegnungen mit anderen Wanderern verblassen. Sicher ist auch, dass ich mir so was nie wieder antun werde. Ich habe die Schnauze voll.

Den kilometerlangen Hang, eine kaum begehbare Geröllwüste zum Lake Bennett, taste ich mich (meine Knie schmerzen unerträglich) rückwärts runter. Fuchs mit seinen blutigen Hacken geht es auch nicht viel besser. Trotzdem rät – oder besser: befiehlt – er mir, mich auf einen der hier zu Millionen rumliegenden Findlinge zu setzen und auszuruhen. Er nimmt einen Schluck Whiskey aus seiner Kantina, greift sich meine Kraxe und schleppt sie (zusätzlich zu seiner eigenen) auf dem Buckel ins Tal.

Weit unten am Ufer des Sees wartet ein Eisenbahnzug mit einer alten Dampflok davor, um uns nach Whitehorse zurückzubringen.

Allein, ohne Fuchs, fliege ich von Whitehorse nach Vancouver. Er hat meinen Entschluss, ihn nicht weiter auf seinem Trip durchs Yukon Territory zu begleiten, mit einem bedauernden Achselzucken akzeptiert. Der Flug wird über zwei Stunden dauern, ich habe Zeit nachzudenken. Mein Verhältnis zu Fuchs, den ich immer als meinen besten Freund angesehen habe, ist gestört und wird es wohl auch bleiben. Aber ganz und gar mit ihm zu brechen, bringe ich in Hinblick auf das in der Vergangenheit gemeinsam Erlebte nicht fertig. Ob aber gute Erinnerungen allein ausreichen, um eine beschädigte Freundschaft am Leben zu erhalten?

Nach Portland, Oregon

Von Vancouver aus, ich miete dort ein Auto, sind es etwa fünfzig Meilen durch Britisch-Kolumbien bis zur Grenze des US-Bundesstaats Washington. Noch auf kanadischer Seite kaufe ich mir an einem Obststand ein Kilo Kirschen und rolle langsam auf die USA zu. Schon seit Jahren esse ich weder Obst noch Gemüse – nur Fleisch. Aber bei Kirschen mache ich eine Ausnahme, Kirschen liebe ich.

Die kanadischen Zöllner lassen mich über die Grenze. Ihr US-amerikanischer Kollege sieht in meinen deutschen Pass, gibt ihn mir zurück und sagt (auf Englisch natürlich): »Ich war fünf Jahre lang als Soldat in Kaiserslautern stationiert, do you know K-town in Germany? Was machen Udo Jürgens und Freddy Quinn, singen die noch?«

Die Fragen kann ich mit ja beantworten. Als ich losfahren will, sagt er: »Stopp! Keine kanadischen Kirschen in die USA, go back to Canada and eat them there!« Ich setze die zehn Meter nach Kanada zurück. Der Beamte sieht mich die Tüte mit den ausgespuckten Kirschkernen in einen kanadischen Mülleimer werfen und winkt mich freundlich wieder in die USA durch. Ich glaube fast, ich verdanke es Udo Jürgens und Freddy Quinn, dass mir ihr Fan jetzt nicht noch den Magen (in dem ich kanadische Kirschen in die Staaten trage) auspumpen lässt.

Nach Süden unterwegs lasse ich mir Zeit, bleibe, wo es mir gefällt für ein, zwei Tage; lerne die amerikanischen Motels schätzen. Gibt es Motels auch in der Bundesrepublik? Ich weiß es nicht, mir sind bisher noch keine aufgefallen. Unterwegs nehme ich immer wieder mal Tramper mit. Nicht, weil ich mich einsam fühle und Gesellschaft brauche, sondern als Reminiszenz an meine eigenen, nun schon lange zurückliegenden Touren per Autostopp.

Seattle lasse ich rechts liegen, fahre weiter die Pazifikküste Washingtons und Oregons entlang. Herrliche Sandstrände über Hunderte von

Kilometern und total menschenleer. Den Grund dafür erfahre ich am eigenen Leibe, als ich Anlauf nehme und nackt (hier sieht mich ja keiner) ins Meer springe. Welch ein Schock. Das Wasser ist kalt – hat höchstens so um die zehn Grad plus.

Am späten Abend dieses Tages nach meinem Bad im Pazifik komme ich nach Portland, Oregon und nehme in einer heruntergekommenen Absteige ein Zimmer mit einer Duschkabine drin und Klo auf dem Korridor. Ich bin müde, habe keine Lust, nach was Besserem zu suchen. Die giftig grüne Auslegeware auf dem Hotelflur ist abgetreten und schmuddelig. Auf dem Boden vor meiner Zimmertür ein großer, von einer eingetrockneten Flüssigkeit stammender dunkel umrandeter Fleck. Ich vermute, hier hat sich jemand vor noch nicht langer Zeit unter laufender Dusche die Pulsadern geöffnet. Vielleicht ist er auch erschossen worden. Ich sehe es deutlich vor mir, wie das mit heißem Wasser vermischte Blut unter der Tür durch auf den Korridor quillt, um dort erst nach Wochen zu trocknen. Wie komme ich bloß auf solche Gedanken? Das ist kein guter Ort hier. Die Luft im Zimmer ist stickig. Ich muss noch mal raus. Ein paar Schritte laufen.

Kurz vor Mitternacht. Außer mir kein Mensch mehr auf der Straße. Dann kommen mir doch noch zwei Personen entgegen, sehen mich, stutzen, bleiben kurz stehen und huschen dann schnell auf die andere Straßenseite. Sie scheinen aus der Bar drüben an der Ecke gekommen zu sein. Ich muss jetzt was trinken. Ich gehe da rein, setze mich auf einen freien Hocker neben der Theke. Bei der schummrigen Beleuchtung hier drin merke ich erst jetzt, dass auf der kleinen Tanzfläche neben der Jukebox nur Männer miteinander tanzen. Es sitzen an der Bar und an den Tischen überhaupt nur Männer, die mich kurz taxieren, mich als Hetero einordnen, der sich verlaufen hat, was ja auch zutrifft, und sich dann nicht weiter um mich kümmern. Ich trinke Bier und Gin. Dabei mag ich gar keinen Gin. Von Wacholderschnaps hatte ich als Fünfzehnjähriger fast eine Alkoholvergiftung. Die anderen Schnäpse, die es hier gibt: Whiskey, Tequila, Rum, Wodka mag ich auch nicht. Klar, Grappa haben sie nicht, dann trinke ich eben doch Gin. Der bekommt mir nicht, mir wird schlecht – also kippe ich extra noch ein paar davon runter, ehe ich zurück ins Hotel gehe.

Im Zimmer riecht es muffig. Mir ist schwindlig von zu viel Gin. Ich öffne das winzige Fenster, dessen Scheibe mit einem Plakat beklebt ist, das eine Schneelandschaft zeigt und für Skiurlaube in Aspen, Colorado wirbt – und schließe es gleich wieder. Wenn ich den Arm durch die Fensteröffnung strecke, kann ich die Brandmauer des direkt dahinter liegenden Hauses berühren. Keine frische Luft. Ich versuche trotz Übelkeitsanfällen zu schlafen. Den Rest der Nacht verbringe ich aus Sauerstoffmangel halluzinierend und, mal halb schlafend, mal halb wach, immer wieder von Albträumen und dunklen Visionen heimgesucht.

Schon früh am Morgen checke ich aus. Ich will hier so schnell wie möglich weg – raus aus der Stadt. Aufs Frühstück verzichte ich, trinke nicht mal Kaffee. Mir ist immer noch schlecht. Mein Auto habe ich gestern Abend vor dem Hotel am Straßenrand abgestellt, aber da ist es nicht mehr, es ist weg. Der Portier des Hotels teilt mir dann mit (deutlich hörbar hämisch und schadenfroh, wie es mir scheint), mein Wagen sei, weil im Parkverbot, erst vor wenigen Minuten abgeschleppt worden. Also nicht geklaut, ich bin erleichtert.

Sobald ich erst wieder zu Hause bin (in etwa zwei bis drei Wochen), werde ich mich gleich hinsetzen und versuchen, die düsteren Traumbilder dieser Nacht in Portland, Oregon, die mir noch lange nachhängen, in dem Lied »Hotel zur langen Dämmerung« aufzuarbeiten.

Dieses Lied singe ich dann auch bei einem Konzert im Audimax der Uni Tübingen. An diesem Abend sitzen Walter Jens und seine Frau Inge im Publikum. Im Anschluss an das Konzert verabrede ich mich mit den beiden noch auf ein Glas Wein im Club Voltaire. Walter Jens ist in der akademischen Welt und im bundesdeutschen Literaturbetrieb eine große Nummer – Rhetorikprofessor, Präsident des PEN-Zentrums Deutschland, Bestsellerautor und was weiß ich noch alles. Dass er mich an diesem Abend ins PEN-Zentrum aufnehmen will, ist nicht anzunehmen. Auf jeden Fall ehrt mich sein und seiner Frau Interesse an mir. Mein Konzert hat ihnen gefallen: »Aber«, sagt Walter Jens, »mit diesem einen Lied hab ich Schwierigkeiten. Das da mit dem … äh, Hotel und der … äh, Dämmerung. Was meinen Sie eigentlich damit? Dieses Durcheinander von Bildern, also wissen Sie, das habe ich nicht verstanden. Ist es nicht so, Inge?«

Inge Jens nickt bestätigend und schweigt. Ich schweige auch – tief getroffen und vernichtet. Wenn solche Denk- und Sprachkaliber und anerkannte Literaturkoryphäen wie das Ehepaar Jens einen Text – meinen Text – nicht verstehen, dann kann der nur totaler Schrott sein. Ich empfinde darüber eine so tiefe Scham, dass ich das Lied in den kommenden 15 Jahren nicht nur aus dem Programm schmeiße, sondern es am liebsten für immer aus meinem Gedächtnis löschen würde. Und doch sagen mir im Laufe dieser 15 Jahre immer wieder Leute, dass sie dieses Lied lieben. Auch mein Freund Karratsch, auf dessen Urteil ich großen Wert lege, äußert sich lobend dazu, sodass ich mir den Text jetzt wieder vornehmen, lesen, ihn günstiger bewerten, zu ihm stehen, ihn singen, und mich dafür, dass ich mich für ihn geschämt habe, noch einmal schämen kann. Den Text an dieser Stelle gedruckt erscheinen zu lassen, ist von mir auch als ein Akt der Wiedergutmachung gedacht:

Hotel zur langen Dämmerung

An tausend Meilen hast du heut schon hinter dich gebracht.
Es ist spät, du suchst und findest eine Bleibe für die Nacht.
Von all dem, was du schon geseh'n und nicht begriffen hast,
bist du todmüde, sehnst dich nur nach einer langen Rast.
Dies Hotel, die trübe Funzel in dem engen Korridor
kommen dir, als du dich umsiehst, schon nicht ganz geheuer vor.
Und dann weißt du es genau, als du die Zimmertür aufschließt,
dass du vor langer Zeit schon einmal hier gewesen bist.
Schlaf nicht ein im Hotel zur langen Dämmerung, bleib wach.
Denn der Atem toter Seelen staut sich unter diesem Dach
und frisst sich, wenn du schläfst, so tief in Hirn und Lungen fest,
dass du dieses Haus nur sterbend oder tot wieder verlässt.

Und du sitzt und wachst und wartest, doch die Zeit will nicht vergeh'n.
Und dir ist, als könntest du auf einmal durch die Wände sehn.
Siehst ein Zimmer, so wie deins, und ein Junge kommt herein.
Du erschrickst und meinst, du selber könntest dieser Junge sein:

große Füße, große Augen, von zu Hause durchgebrannt,
Haar und Hosen viel zu kurz, wie es noch Brauch ist auf dem Land,
alles liebend ohne Furcht, was neu und fremd ist um ihn her.
Und du fragst dich, ob du je so jung gewesen bist wie der.
Schlaf nicht ein im Hotel zur …

In dem Raum gleich nebenan siehst du dich als alten Mann,
einsam und verbittert, krank und ohne einen Zahn.
Und er wackelt mit dem Schädel, hält die Bibel auf den Knien,
seine dürren Spinnenfinger blättern aufgeregt darin.
Ganze Sätze streicht er aus mit seinem Rotstift in der Hand
und schreibt dafür böse flüsternd wilde Flüche an den Rand.
Und schon bluten seine Finger, zucken weiter wie im Krampf,
du gibst ihm noch eine Stunde, und dann endet dieser Kampf.
Ja, schlaf nicht ein …

Auch der Junge schläft noch nicht, nimmt sein Instrument und spielt.
Dazu schreibt er etwas auf, bringt in Reime, was er fühlt.
Falsche Töne, schlechte Verse – es ist gleich, wie gut er's macht,
denn nur schreibend, spielend, singend übersteht er diese Nacht.
Das macht durstig, und er dreht an dem Wasserhahn, der spritzt
etwas aus, was nach dem riecht, das ein Sterbender ausschwitzt.
Und du wünschst dir, dass er statt zu trinken in das Becken schifft.
Und er tut's und bleibt für diesmal noch verschont von diesem Gift.
Doch schlaf nicht ein …

Deine Uhr zeigt erst auf drei, sie blieb schon vor Stunden steh'n.
Sie schläft den langen Schlaf und wird nie mehr wieder geh'n.
Es wird Morgen. Junge, nimm jetzt deine Sachen, du musst fort.
Da ist ein Park mit einem Brunnen, trink und wasch dich dort.
Du wirst doch noch andre finden, die sind auch so jung wie du.
Die erklären dir die Welt, höre ihnen ruhig zu.
Dann wirst du weiterzieh'n, viel seh'n, doch das Wenigste versteh'n,
und nach Jahren vielleicht noch mal über diese Schwelle geh'n.
Dann schlaf nicht ein im Hotel zur langen Dämmerung, bleib wach …

San Francisco – und dann ab nach Hause

Noch immer wähne ich mich auf der Küstenstraße in Oregon und folge einer Abzweigung nach Osten, an der ich ein Straßenschild mit der Aufschrift »Hamburg« bemerkt habe. Da will ich hin. Die Strecke führt mitten durch die wunderschönen, gottverlassenen Pacific Coast Ranges nach Hamburg im Nirgendwo. Ein Jahrzehnt später singe ich ein Lied über dieses kleine Abenteuer auf meinem Album »Nach Hamburg«. Ich gebe dem Song den Titel »Hamburg-Oregon«. Daraufhin erhalte ich ein Foto von besagtem Straßenschild. Aufgenommen von deutschen Touristen, die mich darüber aufklären, dass dieses Kaff Hamburg, anders als von mir irrtümlich behauptet, nicht in Oregon liegt, sondern schon in Kalifornien.

Hamburg-Oregon (bzw. Kalifornien)

Ich fuhr von Vancouver, Kanada
an Seattle vorbei in die USA
und erst in Oregon hielt ich an
nahm ein Bad im Stillen Ozean.
Nirgends ein Mensch, ein schneeweißer Strand
hab mir die Füße im Sand verbrannt
die Mittagssonne, gnadenlos heiß
kristallklares Wasser, aber kalt wie Eis.

Manchmal wird es Zeit
dann muss ich raus
dann will ich eine kleine Weile
weit, weit weg sein von zu Haus.

Weiter nach Süden, links grünes Land
und rechts der weiße, endlose Strand.
Plötzlich ein Schild, da stand es auch schon:
Dreißig Meilen bis Hamburg in Oregon.
Dann kam ich nach Hamburg und ich sah
'ne Baracke, ein Auto, mehr war nicht da
ich drehte mich um, hinter mir stand ein Mann
der legte seine Schrotflinte auf mich an.

Der Mann kam näher, er roch nach Bier
aus dem Maul, fragte »what are you doin' here?«
Ich sagte »Hamburg sehen, hier gefällt es mir«
»... O. k., that's Hamburg, get out of here ...«

In den National Forests, die der Sacramento River durchfließt, stoße ich immer mal wieder auf brutal gerodete Waldflächen wie Mondlandschaften, von Goldsuchern mit Baggern frisch aufgewühlte Böden. Immer noch wird hier Gold gefunden. Wie schon in Alaska, finde ich mich auch hier auf einem alten Goldgräberpfad wieder.

Der Refrain des »Hamborger Veermaster« fällt mir ein: »Blow, boys, blow, for Californio / There's plenty of gold, so I've been told / On the banks of Sacramento«. Vor meinem inneren Auge sehe ich reihenweise Großsegler wie den Veermaster im Hafen von San Francisco ankern und verrotten, verlassen von ihren Mannschaften, die von einem kollektiven Rausch erfasst, in den Wäldern und Bergen und an den Ufern des Sacramento mit Spitzhacke und Waschpfanne nach Gold schürfen – aber keines finden und in ihrer Mehrzahl elend verrecken.

Eine Goldgräberkneipe mitten im grünen Nichts. The Golden Nugget, so heißt der Laden wirklich, vermietet Zimmer. Ich werde wohl über Nacht hierbleiben. In der Bar scheint mächtig was los zu sein. Auf dem riesigen Parkplatz nebendran kaum Pkws, fast nur Kettenbagger. Die meisten Goldsucher hier fahren abends gern mit ihrem eigenen Bagger zum Saufen. Auf der Theke der Bar steht eine Goldwaage. Viele der Gäste hier zahlen ihre Zeche mit Goldkörnern, die sie in einem Lederbeutel bei sich tragen.

Auch wenn ich noch vielen interessanten Menschen begegne und noch so einiges in der Sierra Nevada, im Redwood-Nationalpark, in der Bay Area erlebe, zieht es mich doch schon bald weiter in Richtung Stadt, in Richtung Flughafen.

Über die Golden Gate Bridge fahre ich nach San Francisco und nehme im Hafenviertel Fisherman's Wharf ein Hotelzimmer, in das ich mich drei Tage und drei Nächte lang einschließe; weil mich schon in dem Moment, als ich den Raum betrete, eine so jähe, mit Angst und Heimweh vermischte Depression niederdrückt, dass ich mich nicht mehr vor die Tür traue. Warum, weiß ich nicht. Am Hotel liegt es nicht, es ist ganz okay. Wenn ich aus dem Fenster gucke, mit Blick auf die Bucht, kann ich die Gefängnisinsel Alcatraz sehen. Ich trinke die Minibar leer und das bisschen, was ich esse, bringt mir der Zimmerservice. Susanne fehlt mir. Ich versuche erfolglos, vom Zimmer aus mit ihr in der Mühle zu telefonieren. Die Verbindung kommt nicht zustande. Ich liege auf dem Bett, sehe Tag und Nacht fern. An meinen Rückflug am vierten Tag von San Francisco nach Hamburg erinnere ich mich nicht.

Es geht mir schlecht, und ich glaube auch zu wissen, warum. Nicht nur, dass mein Verhältnis zu meinem Freund Fuchs nie mehr so sein wird, wie es mal war; ich spüre darüber hinaus, dass wieder mal eine Leidenschaft – diesmal die Lust, reisend die Welt zu entdecken – für immer in mir erloschen ist. Und was gibt es denn in ihr noch zu entdecken? Längst ist jeder Quadratzentimeter des Globus kartiert und vermessen. Und dabei ist »heute hier, morgen dort« zu sein doch mein Leben, und ich kann mir eine Zukunft, in der ich nicht mehr »from town to town« auf Tournee gehe, nicht vorstellen.

Auch die Freude, wieder nach Hause zu kommen in meine Mühle und dort Susanne wiederzusehen, ist getrübt. Erst vor ein paar Tagen stürmt spät nachts, so berichtet es mir Susanne, ein Überfallkommando der Kripo Kiel die Mühle. Wie ist es dazu gekommen? Am frühen Abend klingelt es an der Eingangstür. Susanne öffnet. Eine junge Frau steht draußen, 17 Jahre alt. Eine Schülerin aus Köln, die gerade Ferien hat und allein eine Radtour durch unseren Norden macht. Sie bittet höflich um frisches Wasser, um ihre leere Feldflasche damit zu füllen. Sie habe vorhin, als sie die Mühle interessiert und bewundernd betrachtete, mit einem älteren Herrn gesprochen, der sie ermutigt habe, doch einfach mal zu klingeln. Susanne findet die junge Frau sympathisch, bittet sie herein und bietet ihr ein gemeinsames Abendessen und einen Übernachtungsplatz an.

Besagter älterer Herr, der alte Magnussen, ein invalider, wegen seiner Blockwartmentalität wenig geschätzter, aber alteingesessener Dorfbewohner, hat inzwischen Hein Christiansen, unseren Bürgermeister, davon überzeugt, es bei der fremden jungen Frau mit einer gefährlichen, raffiniert als Radfahrerin getarnten RAF-Terroristin zu tun zu haben. Hein Christiansen alarmiert Kiel. Stunden später dringen Kripobeamte mit entsicherten Waffen durch die unverschlossene Tür (sie brauchen sie also nicht aufzubrechen) in die Mühle ein, zerren die schlafenden Frauen aus ihren Betten und verhören die junge Kölnerin. Die kann sich ausweisen. Aber der Ausweis könnte gefälscht sein. Sie darf ihre Eltern in Köln anrufen, die den Beamten gegenüber ihre Identität bestätigen sollen. Die Eltern schlafen und gehen erst am frühen Morgen nach dem Aufwachen an den Apparat. Die Polizisten ziehen ab, nicht ohne vorher noch, auf der vergeblichen Suche nach versteckten Waffen, alle Räume durchwühlt zu haben.

Der alte Magnussen ist nicht zufrieden. Er läuft, laut auf die Polizei schimpfend, durchs Dorf: »Düsse dösigen Udels ut Kiel, de hebb'n sik vun ehr för Naar haulen laten. De Fru up ehr'n Rad is liekers een' vun de daar de Verbrekerwievers ween. Ick hew se sach wedderkennt.«*

Als ich wieder zu Hause ankomme, ist Susanne – die Theatersaison hat begonnen – bereits nach München zur »Lach- und Schieß« zurückgekehrt. In der Woche darauf kommt ein Paket aus Calgary. Wie von mir bestellt: der Westernsattel, das Lasso und die Chaps. Hatte ich ganz vergessen. Ich sattle Korana, meine Fuchsstute, die ich während meiner Abwesenheit im Husumer Reitstall untergebracht habe, und reite in der Husumer Bucht bei Ebbe ins Watt. Der traumschöne nagelneue Sattel knarrt laut bei jeder Bewegung des Pferdes. Die ebenfalls knarrenden Leder-Chaps umgeschnallt, das aufgerollte Lasso über den Sattelknauf gehängt, im Galopp

---

* »Diese dämlichen Polizisten aus Kiel haben sich von der zum Narren halten lassen. Die Frau auf ihrem Rad ist ganz sicher eins von diesen Verbrecherweibern gewesen. Ich habe sie genau wiedererkannt.«

durchs Wattenmeer. Das sollte mir eigentlich Freude bereiten – tut es aber nicht. Ich weiß auf einmal nicht mehr, was ich hier soll als »Lonesome Rider« im Uferschlick. Ich zügle das Pferd und reite im Schritt zur Reithalle zurück und striegle Korana nach dem Absatteln ein letztes Mal. »Ein letztes Mal« soll heißen – ich werde von nun an nie wieder reiten. Nicht nur, dass auf der erst kurze Zeit zurückliegenden Fahrt durch einen mir fremden Kontinent meine Freundschaft zu Fuchs fast zerbrochen ist; es scheint, als hätte mein Bad im eisigen Wasser des Pazifik auch die Reiseleidenschaft und meine Vorliebe fürs Reiten auf null Grad heruntergekühlt. Wer weiß, was noch alles von mir jenseits der Meere geblieben ist? Aber um mir darüber Gedanken zu machen, passiert hier zu viel. Ich bin abgelenkt. Und dass sich ständig alles verändert, ist für mich ja nichts Neues:

… So vergeht Jahr um Jahr
und es ist mir längst klar,
dass nichts bleibt, dass nichts bleibt, wie es war.

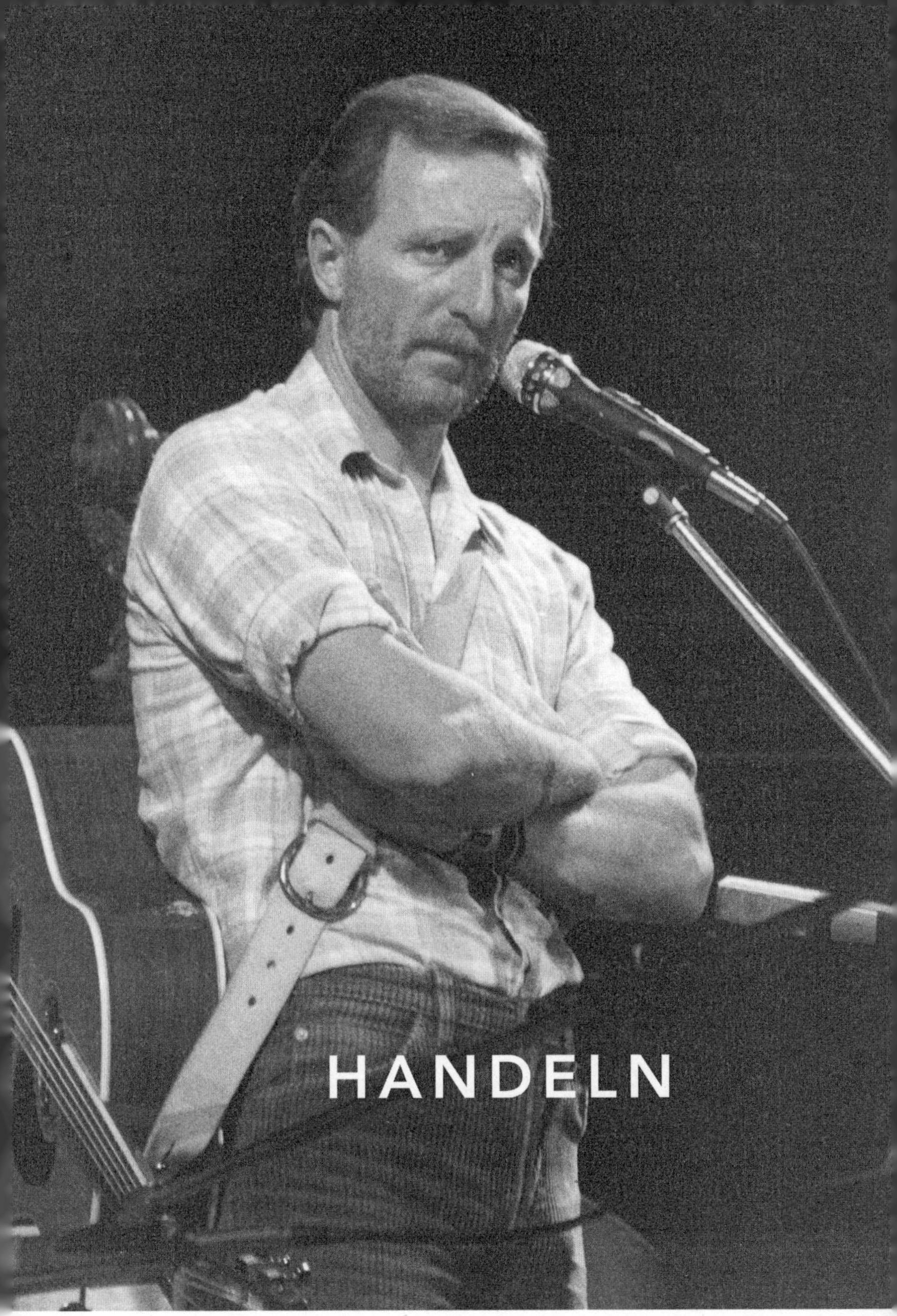

HANDELN

Parteinahme

Die Baader-Meinhof-Gang sitzt in Stammheim ein. Die zweite RAF-Generation tötet währenddessen, es ist das Jahr 1975, bei einer Geiselnahme in der bundesdeutschen Botschaft in Stockholm zwei Menschen; plant und begeht weitere Morde. Es herrscht Terrorangst in Deutschland. Mir wird derweil staatlicherseits per Zustellungsurkunde mitgeteilt, das seit fünf Jahren gegen mich anhängige Ermittlungsverfahren sei mit sofortiger Wirkung eingestellt – Erleichterung. Wenige Wochen danach informiert mich dieselbe Behörde darüber, dass, ebenfalls mit sofortiger Wirkung, ein neues Verfahren gegen mich eingeleitet sei. Wie bereits erwähnt, basiert es auf der Aussage des Polizistenmörders Gerhard Müller, der mich des illegalen Waffenhandels bezichtigt. Jetzt geht alles wieder von vorn los. Ein paar Tage später kommen zwei Kripobeamte aus Kiel. Sie beordern mich in das Büro unseres Dorfpolizisten, Theo Jessen, um mich dort zu verhören. Ein älterer Kommissar und sein junger Assistent. Letzterer ein Kaugummi kauender Schnösel, der seine Jacke demonstrativ lässig über die Stuhllehne hängt, damit ich sein Schulterholster mit der Waffe unter seiner linken Achselhöhle bewundern kann. Ich erinnere mich an kein einziges Wort mehr, das während der zwei Stunden dauernden Befragung fällt. Der Kommissar raucht Kette. Ich rauche Kette. Der »Assi« schweigt und kaut Kaugummi. Theo Jessen, Nichtraucher und gerade direkt vom Marathontraining zurückgekommen, ist fassungslos, als er sein vollgequalmtes Dienstzimmer betritt, seine Kaffeetassen sieht, randvoll mit ausgedrückten Kippen. Er reißt erst mal die Fenster weit auf.

Ich merke es nicht gleich, erfahre aber später, dass ich und alle meine Gäste, die ich in der Mühle empfange, von diesem Tag an wieder observiert werden. Und zwar vom Bundesgrenzschutz, der (wie praktisch) am Rande des nahe gelegenen Bredstedt ein Ausbildungszentrum betreibt. Einer der BGS-Rekruten, die abends in Fiedes Krog ihr Bier schlucken, erzählt mir an der Theke hinter vorgehaltener Hand, dass er und ein Kumpel regelmäßig im Zivilfahrzeug die Mühle umrunden, Fotos machen und die Kennzeichen aller hier parkenden Autos notieren.

Nicht, dass ich mir bei meinem Einzug in die Mühle ein von nun an glückliches Landleben gänzlich ohne Sorgen erwartet hätte. Aber jetzt bin ich erneut der staatlichen Überwachung ausgeliefert, habe das Gefühl, in der Luft zu hängen, ja festzuhängen. Das zweite Verfahren löst eine Krise in mir aus.

Knapp zwei Jahre lang lebe ich, nun sesshaft geworden, auf eigenem Grund. Aber das Gefühl, endlich angekommen zu sein, will sich nicht einstellen. Als wäre ich nur vorübergehend bei mir selbst zu Gast. Ich bin unruhig, ein Getriebener. Aber getrieben wovon? Wenn ich das bloß wüsste. Ich verbringe hier viel mehr Zeit als früher mit mir allein und damit, häufiger über mich selbst nachzudenken. Das ist nicht immer angenehm. Mein Freund Dieter Meier aus Bielefeld besucht mich in der Mühle, bleibt ein paar Tage und stellt dabei fest – ich habe seine Worte noch im Ohr: »Ich habe noch nie jemanden getroffen, dem Eigentum und materieller Besitz so wenig bedeuten wie dir.« Einerseits fasse ich das als Kompliment auf, andererseits stellt sich mir damit die Frage: Was gehört denn dann eigentlich (zu) mir – und zu was, zu wem und wohin gehöre ich? Etwas hat sich in meiner Selbstwahrnehmung und meinem Blick auf die mich umgebende Wirklichkeit verändert. Den »einsamen Wolf« zu geben, habe ich eine Weile lang genossen, aber jetzt fühle ich mich dem raschen Wechsel der Ereignisse in der Welt und meinen persönlichen Lebensverhältnissen oft nur noch ausgeliefert und entfremdet. Ich bin jetzt bekannt – so, wie ich es mir gewünscht habe; vielleicht sogar berühmt – was mir eher Unbehagen bereitet. Ich meine, dass mir die Menschen, denen ich begegne, nicht mehr so unbefangen gegenübertreten wie früher: Menschen, die ich nicht kenne, die aber glauben, alles über mich zu wissen, weil sie mich vielleicht schon mal (wenn auch selten) im Fernsehen gesehen haben. Die einen geben sich devot, schreiben mir einen – von ihnen selbst überhöhten – Sozialstatus zu, vor dem sie dann einknicken. Andere ignorieren mich mit krampfhafter Offensichtlichkeit. Wieder anderen ist aus meinem Verhalten klar ersichtlich, wie sehr mir mein bisschen Ruhm zu Kopf gestiegen ist, und greifen mich versteckt oder auch offen besoffen an, um mich in meiner Arroganz und Abgehobenheit zu deckeln. Keiner verhält sich mehr normal. Ich selbst wohl auch nicht.

Vor dem Hintergrund der gesellschaftlichen Veränderungen quält mich mein Defizit an politischem Durchblick mehr als zuvor. Ich bin unsicher in meiner von mir selbst so empfundenen »schwammig linken« Gesinnung. Ich frage mich, ob meine Lieder im Sinne einer »soziokulturellen Fortschrittlichkeit« (was immer das auch sein mag) von Belang sind. Ich möchte mich nicht mehr isolieren, abheben, sondern mich einbringen, Teil einer Bewegung sein. Aber wie und mit wem? Mit den radikalen K-Gruppen, der KPD/ML, dem KBW, dem KB und wie sie alle heißen will ich nichts zu tun haben.

Spirituell desinteressiert, lasse ich mich, anders als mein Freund der Gitarrist Klaus Weiland, auch von dem derzeit virulenten Indiensog nicht erfassen. Klaus geht ein Jahr lang nach Indien, lernt dort seine spätere Frau Ingrid kennen und zieht mit ihr in die USA. Von nun an leben die beiden an den Ufern des Mississippi auf einem selbst gebauten Floß. So zu wohnen, ist ein alter Traum von Klaus. Von Baton Rouge aus lässt er sich über New Orleans auf dem Raft stromabwärts treiben. Unterwegs legt er auch mal an, um in den ufernahen Ortschaften ein paar Dollar mit Straßenmusik zu machen. Allerdings begleitet er sich, wenn er singt, jetzt nur noch mit der Mandoline. Eine Gitarre mitzuschleppen, ist ihm zu mühsam. Erst nach der Geburt seiner Tochter Chela wird er sesshaft, zieht mit seiner kleinen Familie nach Key West. Zusammen mit Ingrid fertigt und verkauft er dort handgenähte Ledermokassins. Währenddessen läuft hier zu Beginn der Achtziger jeden Abend ein Instrumentalstück von Klaus mit dem Titel: »Das Loch in der Banane« als Pausenmusik im NDR-Fernsehen.

Die hier in Hamburg immer zahlreicher werdenden »Orange People« und Hare Krishnas nehme ich auch nur als Farbtupfer im Straßenbild wahr. Manchmal begegne ich jetzt meinem alten Freund Tony Sheridan als orange gewandeten, Mala tragenden Sanyasin.

Im Unterschied zu all den K-Gruppen, diesen sektenartigen Gebilden, ist die Deutsche Kommunistische Partei immerhin eine echte, in Politik und Realität verhaftete Organisation, wenn auch ein bisschen sehr eng an die DDR angelehnt. Und Letztere wird hier im Westen als Vasallenstaat, der zwar poststalinistischen, aber immer noch dämonischen Sowjetunion gesehen. Ich weiß, dass mein nach wie vor von mir bewunderter Freund Karratsch als ehemaliger Sozialdemokrat jetzt der DKP nahesteht. Schon 1968 singt er: »Zwischentöne sind bloß Krampf im Klassenkampf«, ruft öffentlich zur Wahl der DKP auf und wird prompt aus der SPD geschmissen. Seine politische Meinung ist mir wichtig, ich würde ihn gern mal wieder besuchen und mit ihm reden.

Im Zuge meines jetzt nach und nach und verspätet erwachenden Interesses an Politik fällt mir auf, dass keine linksgerichtete Gruppierung ohne Karl Marx auszukommen scheint. Vielleicht könnte ich mal was von ihm und über ihn lesen. Kann ja nicht schaden.

Auf meinen Tourneen lasse ich mich jetzt häufiger als früher nach den Konzerten auf Gespräche mit linken Studenten ein. An den Unis ist nach der Auflösung des SDS in der Folge des Dutschke-Attentats der Marxistische Studentenbund Spartakus besonders präsent. Bei einer solchen Gelegenheit drückt mir ein Student das »Manifest der kommunistischen Partei« von Marx und Engels in die Hand. Ein dünnes Büchlein mit ermutigend geringer Seitenzahl und hoffentlich nicht zu abstrakt wissenschaftlich und theoretisch umständlich. Ich lese zwar viel, aber keine Sachbücher. Kein Grund zur Sorge. Schon die ersten Sätze des Manifests veranlassen mich, es in einem Rutsch durchzulesen:

»Ein Gespenst geht um in Europa – das Gespenst des Kommunismus. Alle Mächte des alten Europa haben sich zu einer heiligen Hetzjagd gegen dies Gespenst verbündet«. Auf der nächsten Seite geht es weiter mit dem Satz: »Die Geschichte aller bisherigen Gesellschaft ist die Geschichte von Klassenkämpfen«

Die Lektüre packt mich, reißt mich mit. Als ich den Schlusssatz »Proletarier aller Länder, vereinigt euch!« lese, meine ich, etwas Wichtiges verstanden zu haben. Zudem bin ich von der bis heute ungebrochenen Gültigkeit des meisten, was in dieser zu dem Zeitpunkt fast 130 Jahre alten Schrift steht, ganz und gar überzeugt. Wie ist es nur möglich, dass Menschen – hier

Marx und Engels – das, »was die Welt im Innersten zusammenhält«, gedanklich mit solcher Klarheit durchdringen? Ich höre, dass die beiden eine eigene Methode der Welterklärung – des Denkens in Widersprüchen – entwickelt haben: den dialektischen Materialismus. Ich muss unbedingt mehr darüber wissen. Mir die entsprechende Literatur zu beschaffen, ist nicht das Problem. Aber mit wem soll ich all die Fragen erörtern, die sich mir jetzt vermehrt stellen? Ich habe das Gefühl, hier auf dem platten Lande allein in meiner Mühle im eigenen Saft zu schmoren. Hier gibt es niemanden, mit dem ich mich über solche Themen austauschen könnte. Was bleibt mir übrig, als mich da (wieder mal) allein durchzuwurschteln. Ich besorge mir Bücher von Marx, Engels und auch von Lenin, dazu erklärende Sekundärliteratur, Einführungen in den historischen und dialektischen Materialismus und bin umso faszinierter, je mehr ich darüber erfahre. Mit einem Mal wähne ich mich im Besitz von etwas, von dem ich bisher nicht wusste, wie sehr es mir gefehlt hat: Ich habe jetzt eine Weltanschauung. Ich fühle mich zum ersten Mal ohne schlechtes Gewissen – weil immateriell – bereichert.

Nun, das Bedürfnis nach einer gefestigteren Grundhaltung und Weltsicht verspüre ich schon länger und habe ihm schon vor Jahren in »Der Tankerkönig« (wenn auch noch halb unbewusst) Ausdruck gegeben. In einer der Strophen erhoffe ich mir von kompetenter Seite aus dem Jenseits Lebenshilfe:

… Mir wurde ganz mulmig zumute, und ich
verrammelte die Bunkertür hinter mir und traute mich
wochenlang nicht mehr raus.

Nach 'ner Weile fühlte ich mich so elend und einsam, dass ich
schon anfing, mit mir selbst zu reden. Ich brauchte unbedingt
einen Menschen, mit dem ich sprechen konnte, aber einer, der das
mit dem Tankerkönig auch verstehen würde, und ich kannte
keinen. Aber dann hatte ich die Idee. Wenn schon kein Lebender
da war, warum sollte ich dann nicht mit einem Toten reden? Also
schlich ich mich gegen Mitternacht aus dem Wald in den nächsten
Ort, ich kannte da ein Haus, in dem regelmäßig spiritistische
Sitzungen stattfanden.

Und ich hatte auch Glück: Die Séance war schon in vollem Gange.
Ich stieß die Tür mit dem Fuß auf, die MP in der Hand, und rief:
»Nur keine Panik, meine Herrschaften, und Hände auf den Tisch!«
Aber kaum hatten sie die Hände auf der Platte, fing der Tisch an
zu wackeln, hob sich wie von selbst und schwebte dann einen
Meter überm Fußboden. Ich sagte: »Kinder, macht doch keinen
Quatsch, Hände hoch über'n Kopf!« Sofort flogen die Hände in die
Luft, und der Tisch krachte wieder auf den Boden. Ich sagte:
»So, wer von euch ist hier der Oberdruide? Macht mir mal 'ne
Verbindung mit Che Guevara, ich will jetzt endlich mal mit
einem vernünftigen Menschen reden.«

Erst wussten die gar nicht so richtig, wen ich da meinte,
gaben sich dann aber sehr viel Mühe, und endlich knackte es in der
Leitung,
und ich hörte Che Guevaras Stimme: »Was wollt ihr von mir?« Ich
sagte, wer ich war und was ich angerichtet hatte, und dass ich
einen Rat brauchte. Und die Stimme fragte mich etwas ärgerlich,
was das denn sollte, und ob ich denn noch nie was von
organisiertem Klassenkampf gehört hätte. Ich sagte, nee, hätt' ich
nicht. Die Stimme schwieg einen Augenblick und sprach dann
wesentlich freundlicher und tröstender weiter, da wäre mir nur
sehr schwer zu helfen, ich wäre krank und ich sollte am
besten mal zum Psychoanalytiker gehen …

Marx zugeschriebene Zitate, die ich schon mal gehört habe, wie sie jeder schon irgendwo gehört hat, wie »Bei Hegel stand die Dialektik auf dem Kopf; ich habe sie wieder auf die Füße gestellt«, ergeben für mich auf einmal einen Sinn. Ich lese alles mit historisch-materialistischem Ansatz Geschriebene über Geschichte, was ich kriegen kann. Also fast nur noch Sachbücher. Sogar die neuen Horrorromane von meinem Lieblingsautor Stephen King, »The Shining« ist erst vor Kurzem erschienen, schlage ich derzeit nicht auf. Wieder mal steigere ich mich in etwas bis zur Besessenheit hinein. Ich kann nicht anders. Mir ist es damals nicht möglich, Begeisterung, die Himmelstochter, von ihrer Zwillingsschwester, der Obsession, zu unterscheiden.

Über die für mich vollkommen neuen Entdeckungen, die ich jetzt täglich mache, muss ich unbedingt mit anderen reden, am liebsten tage- und nächtelang darüber debattieren; bloß, dass sich in der Umgebung meines Mühlendomizils kein Schwein für Klassenkampf und dialektischen Materialismus interessiert. Aber ehe ich an dem Wust nicht diskutierter Fragen und nicht verkündeter Wahrheiten ersticke, handle ich lieber nach dem Motto: Wozu bin ich denn prominent, wenn ich nicht jedem, der es sich gefallen lässt, eine Diskussion über meine Probleme aufzwingen kann? Ich bin – gelinde gesagt – anstrengend. Nicht alle lassen sich das von mir bieten. Bei geselligen Anlässen im Dorf, Geburtstagsfeiern oder Ähnlichem, zu denen ich eingeladen bin, nerve ich regelmäßig die allesamt konservativ eingestellten Nachbarn, wenn ich zum Beispiel die Stoltenberg-Regierung in Kiel angreife und damit gegen ein hier gültiges Sittengesetz verstoße, das da lautet: »Sup di full un fret di dick … un holl dien Mul vun Politik!«

Besonders geschickt darin, mich auflaufen zu lassen, ist mein Freund und Nachbar Otto-Dietrich. Ich sage etwas … und alle schweigen betreten. O. D. macht dazu eine trockene Bemerkung … alle lachen und feiern entspannt weiter. Otto-Dietrichs Witz ist allgemein hochgeschätzt, aber auch gefürchtet. Dabei ist er selbst der geborene Politiker und wird nur wenige Jahre später als Bauernpräsident zwischen Kiel, Berlin und Brüssel interagieren und die schleswig-holsteinische Agrarpolitik führend vertreten.

Bald schon bin ich wieder öfter in Hamburg. Hier Gleichgesinnten zu begegnen, ist leicht. Ich komme mit in der DKP aktiven Kommunisten ins Gespräch, die mich davon überzeugen wollen, dass einzig in den Ländern des real existierenden Sozialismus unter der Führung der Sowjetunion die Lehren von Marx und Engels ideologisch angemessen umgesetzt werden. Das muss ich zugeben, obwohl mir das zunächst nicht gefällt. In meiner Berliner Zeit war ich öfter mal »drüben« und fand den »real Existierenden« schon rein äußerlich immer schäbig und runtergekommen. Die Genossen erklären mir geduldig, Westdeutschland sei gleich nach dem Krieg von den Alliierten gehätschelt, mit Reichtümern vollgepumpt, als Bollwerk gegen die Bedrohung durch den Sozialismus aufgebaut worden, während die SBZ (die Sowjetische Besatzungszone) durch die immensen Reparationsleistungen an die Sowjets wirtschaftlich zusätzlich ausgeblutet sei. Über 3000 Betriebe aller Art seien abgebaut und in die Sowjetunion verbracht worden; sodass die Demontagen mehr als dreißig Prozent der 1944 in der späteren DDR vorhandenen industriellen Kapazitäten vernichtet und damit viel einschneidender als die unmittelbaren Kriegszerstörungen gewirkt hätten. Dass trotz dieser katastrophalen Startbedingungen die DDR-Industrie heute qualitativ, dank planwirtschaftlicher Methoden, aus eigener Kraft auf »Weltniveau« (ich höre das Wort jetzt zum ersten Mal) produziere, zeige überdies klar die Überlegenheit der sozialistischen Produktionsweise gegenüber der kapitalistischen. Ich fühle mich ein bisschen beschämt, meine westlich korrumpierten ästhetischen Maßstäbe so gedankenlos an Ostdeutschlands »Grau in Grau« angelegt zu haben. Auch meine Erinnerung an Dissidentenliteratur, die sich kritisch mit dem Sowjetsystem auseinandersetzt und die ich gelesen habe, wie Schriften von Lew Kopelew und Wolfgang Leonhards »Die Revolution entlässt ihre Kinder«, beginnt zu verblassen.

Ich will auch nicht mehr alles glauben, was sich an antikommunistischer Propaganda aus den Westmedien täglich wie aus Kübeln über mich ergießt. Dazu schlägt der noch von Willi Brandt mit angeleierte Radikalenerlass derzeit mit Tausenden von Berufsverboten für linke (vor allem der DKP angehörende) Lokführer, Lehrer und Briefträger voll durch.

Anlässlich einer (nehme ich an) Wahlkampfveranstaltung kommt Willy Brandt auch nach Bielefeld und unternimmt gemeinsam mit SPD-Genossen eine Wanderung durch den Teutoburger Wald. Die Gruppe nimmt dabei, deswegen erinnere ich mich noch gut daran, einen Weg in Richtung Senne, den ich früher selbst schon hundertmal gegangen bin. Plötzlich tritt aus dem Gebüsch – ein Transparent mit der Aufschrift »Weg mit den Berufsverboten« entrollend – eine Gruppe DKPler, um mit Willy Brandt zu diskutieren. Brandts Reaktion: »Ach, lasst mich doch (so wörtlich) mit diesem Krimskrams zufrieden.«

Obwohl mit der Sozialdemokratie familiär eng vertraut, sehe ich sie nicht als eine politische Heimat für mich. Ich begegne linken Jusos, die dem Stamokap-Flügel, der dem staatsmonopolistischen Kapitalismus den Kampf angesagt hat, angehören und die mit der SPD-Führung im Clinch liegen. Mit ihnen komme ich gut klar. Ebenso wie mit den Falken, dem Jugendverband der Partei. Der damals gerade zwanzigjährige Sigmar Gabriel, Jugendgruppenleiter der Falken in Niedersachsen, organisiert regelmäßig Wader-Konzerte in Braunschweig und in seiner Heimatstadt Goslar. Dennoch zieht es mich in meinem Drang, mich parteipolitisch zu binden, mehr in Richtung DKP, obwohl die bei vielen Linken in dem Ruf steht, eine Vereinigung von Spießern und ideologischen Betonköpfen, zu sein. Die mag es wohl geben. Die meisten Genossinnen und Genossen, mit denen ich es zu tun bekomme, finde ich jedoch zugänglich und offen auch für kontroverse Diskussionen. Sie betonen bei aller Solidarität mit der DDR und der Sowjetunion die Unabhängigkeit ihrer Parteipolitik (nicht ganz die Wahrheit, wie man nach der Wende erfährt: die DKP wird von der DDR finanziert). Die DKP, obwohl sie sich als »Partei der Arbeiterklasse« versteht, übt in den Siebzigerjahren auch auf Intellektuelle eine erstaunliche Anziehung aus, zu der die Entspannungspolitik der SPD-Regierung, die auf »Wandel durch Annäherung« setzt, das Ihre beitragen mag. Zumal im Programm der DKP die klassisch marxistisch-leninistische Forderung nach einem gewaltsamen Umsturz der politischen Verhältnisse, mit dem Ziel der Errichtung einer Diktatur des Proletariats, nicht mehr angestrebt zu sein scheint. Ein friedlicher Weg zum Sozialismus ist jetzt denkbar.

Ich trete in die Partei ein. Ich bin bereit, mich mit ihr gegen den Kapitalismus zu stellen und mitzuhelfen, »alle Verhältnisse umzuwerfen, in denen der Mensch ein erniedrigtes, ein geknechtetes, ein verlassenes, ein verächtliches Wesen ist.«

Meine Entscheidung, der DKP beizutreten, ist nicht unbeeinflusst von meinen Begegnungen mit Günter Amendt, ein in meinen Augen lupenreiner Intellektueller, der bereits Parteimitglied ist und dessen Kultbuch »Sexfront« ich natürlich gelesen habe. Günter und ich sehen uns zum ersten Mal an Udo Lindenbergs dreißigstem Geburtstag. Udo hat einen Ausflugsdampfer gechartert und uns, Freunde und Kollegen aus der Hamburger Szene, eingeladen, mit ihm von den Landungsbrücken aus einen Nachmittag lang über die Elbe zu schippern. Ich bin tief beeindruckt von Günter. Trotz seines überlegenen Intellekts und seines enormen Wissens doziert er niemals – wir führen Gespräche auf Augenhöhe.

Wie ich verehrt er Bob Dylan (Günter sagt grundsätzlich immer »Bob Düllen«), den er später persönlich kennenlernen, auf seinen Tourneen begleiten und ein höchst beachtetes Buch über ihn schreiben wird. Zurzeit kämpft er (als anerkannter Experte auch auf diesem Gebiet) für die Legalisierung von Cannabis und auch »härterer« Drogen. Günter wohnt in Eppendorf in der Geschwister-Scholl-Straße, schräg gegenüber vom »Borchers« (auch eine Szenekneipe). Dort treffen wir uns manchmal, um zu reden. Wenn es spät wird, kann ich bei ihm übernachten. Unter anderem ist Günter freier Autor bei der »konkret«. So, wie man es von dem Chefredakteur des Blattes Hermann L. Gremliza und dem Kollegen Horst Tomayer weiß, ist auch Günter leidenschaftlicher, Autos hassender Radfahrer. Es empört ihn, wenn die fetten Limousinen sich auf Rad- und Gehwegen breitmachen – obwohl die heutzutage üblichen grauenhaften vier mal vier (quatre à quatre) Faschistenkisten, SUVs, Rover, Jeeps und wie sie alle heißen, noch nicht so verbreitet sind.

Günter erzählt mir, dass er jedes Mal, wenn er spät nachts durch Eppendorf radelt, mit dem Hausschlüssel in der Faust im Vorbeifahren den Lack der auf dem Bürgersteig parkenden Wagen (vorzugsweise Mercedes-Cabrios) zerkratzt.

Kurz nach meinem Eintritt in die DKP wird Wolf Biermann die Rückkehr aus dem Westen in die DDR verweigert. Viele meiner neuen Genossen (nicht alle) rechtfertigen den Beschluss ihrer Schwesterpartei, der SED, mit müden Argumenten. Ich finde, dass die DDR mit Biermanns Ausbürgerung ein Unrecht an ihm begeht. Ein wirklich souveräner sozialistischer Staat hat Kritik und auch Provokationen seiner Künstler (Biermann selbst sieht sich zu der Zeit noch als Kommunist) auszuhalten und zu dulden.

Ich werde der Partei über ein Jahrzehnt lang angehören und oft mit Ereignissen konfrontiert sein, die nicht im Einklang mit meinem Idealbild vom Sozialismus stehen; sage mir dann aber: Eine Entwicklung in Richtung einer besseren Welt ohne Widersprüche kann es nicht geben; und schließlich bin ich angetreten, um dabei mitzuwirken, Letztere aufzulösen. Dass sich statt der Widersprüche schon bald der real existierende Sozialismus auflösen wird, kann ich noch nicht ahnen.

Mein Engagement, meine jetzt manchmal vehemente Beteiligung an den verschiedensten Aktionen der Partei, oft im Bündnis mit Verbänden wie zum Beispiel den Gewerkschaften, nimmt mich stark in Anspruch. Ich trete öfter bei Streiks vor Werktoren auf, verteile (schon seltener) mit anderen Genossen in Kiel und Hamburg Flugzettel, verkaufe die UZ (das DKP-Parteiblatt »Unsere Zeit«) auf der Straße. Ich setze mich jetzt auch wieder hin und arbeite an neuen Liedern. Am Vorabend einer Veranstaltung gegen Berufsverbote an der Universität Hamburg, bei der außer mir noch Redner auftreten, schreibe ich zu der Melodie von »Trotz alledem« schnell noch ein paar Verse zum Thema. Sie auswendig zu lernen, bleibt mir keine Zeit. Auf der Bühne lese ich den Text dann von einem Blatt Papier ab, das mir ein Genosse vors Gesicht hält:

Trotz alledem II
(neue Fassung Hannes Wader)

Wir hofften in den Sechzigern
trotz Pop und Spuk und alledem,
es würde nun den Bonner Herrn
scharf eingeheizt trotz alledem.

Doch nun ist es kalt trotz alledem,
trotz SPD und alledem;
ein schnöder, scharfer Winterwind
durchfröstelt uns trotz alledem.

Auch Richter und Magnifizenz
samt Polizei und alledem,
sie pfeifen auf die Existenz
von Freiheit, Recht und alledem.

Trotz alledem und alledem,
trotz Grundgesetz und alledem,
drückt man uns mit Berufsverbot
die Gurgel zu, trotz alledem.

Doch hat der Staat sich nur blamiert
vor aller Welt trotz alledem,
und wenn die Presse Lügen schmiert,
das Fernseh'n schweigt trotz alledem.

Trotz Misstrau'n, Angst und alledem,
es kommt dazu trotz alledem,
dass sich die Furcht in Widerstand
verwandeln wird trotz alledem!

Das Publikum im Saal ist angetan von meinem für meine Verhältnisse spontanen und improvisierten Vortrag. Zudem scheint der Text die momentane Stimmung der Anwesenden ganz gut auszudrücken. Eine Zugabe wird verlangt. Ich muss noch mal raus. Der Genosse hinter der Bühne sagt: »Hannes, sing jetzt aber besser nicht die Internationale, da unten sitzen außer unseren Leuten auch viele Bürgerliche, Gewerkschafter, Sozialdemokraten, mit denen wir Bündnisse anstreben, die wollen wir doch nicht verschrecken«.

Ich hatte gar nicht vor, die Internationale zu singen, sage aber:

»Wie bitte? Du willst mich hier zensieren? Hör mal, sind wir jetzt Kommunisten oder 'ne Partei von Schleimscheißern?«

Ich gehe raus und singe die Internationale. Nach den ersten Takten erheben sich ein paar Leute (aber nicht sehr viele) und verlassen den Saal. Die meisten bleiben. Ihnen gefällt's. Seit vielen Jahrzehnten hat man hier in Westdeutschland solche Töne schon nicht mehr gehört.

So ziemlich alle zwei Jahre veranstaltet die DKP ihr großes UZ-Pressefest, auf dem viele Künstler auftreten. Die UZ ist das offizielle Organ der Partei.

Gemessen an der Bedeutung und Größe – besser gesagt »Kleinheit« – der Partei, ist das Fest riesig. Es wird jedes Mal drei Tage lang von mehreren Hunderttausend Leuten besucht. Im Juli 1977 findet es in Recklinghausen statt, und ich bin zum ersten Mal dabei und gebe ein Open-Air-Konzert. Es soll kein gewöhnlicher Auftritt werden. Erstens: Ich habe vor, das Konzert in voller Länge mitschneiden zu lassen und werde – ich staune im Nachhinein über mich selbst, weil dann obendrein auch noch alles klappt – alles dazu Nötige allein organisieren. Zweitens: Für den Mitschnitt habe ich als Toningenieur (wir sind uns schon des Öfteren begegnet und mögen uns) die Krautrocklegende Conny Plank engagiert. Drittens: Ich werde kein einziges meiner eigenen Lieder vortragen, sondern ausschließlich traditionelle Arbeiterkampflieder singen, die ich auf einer Live-LP zu veröffentlichen gedenke. Im Grunde ein halsbrecherischer Plan. Dass dabei alles Mögliche schiefgehen kann, mache ich mir damals gar nicht so klar (ist mir auch wieder mal völlig egal). Ob die Aufnahmen gelingen, ob die Lieder außerhalb einer vornehmlich aus SDAJlern (Sozialistische Deutsche Arbeiterjugend) und Falken bestehenden Minderheit ein Publikum finden, ob sich meine Fans massenweise davon abgestoßen fühlen werden, ist völlig offen. Ich habe da ein ganz gutes Gefühl – das mich natürlich auch täuschen kann. Ich spiele die Lieder für mich allein bei mir in meiner Küche ein paarmal durch; lerne die Texte auswendig. Das Programm wenigstens einmal – und sei es nur halb öffentlich – zu proben, kommt mir erst gar nicht in den Sinn. Bevor ich die Bühne betrete, klebe ich mir wie immer meine Playlist, ein Stück Papier mit der Liedtitelfolge auf die Zarge meiner Gitarre. Das muss reichen.

Die Phonogram, meine Plattenfirma, die meinen Plan mit Entsetzen zur Kenntnis nimmt, aber akzeptiert, schickt Dr. Lichthorn, den Leiter der Abteilung »Klassische- und E-Musik«, als Beobachter (wozu, weiß ich nicht) mit aufs Festivalgelände. »Doc« Lichthorn macht einen etwas verlorenen Eindruck, wie er da so in Gummistiefeln (es regnet sehr viel) unter lauter Kommunisten, ihren Sympathisanten und den Verfassungsschutzagenten, zwischen all den Buden und Ständen durch den Matsch watet. Aber er hält die drei Tage tapfer durch.

»Hannes Wader singt Arbeiterlieder« wird veröffentlicht und haut richtig rein. Mein Parteieintritt, den ich schon vor einer Weile und eher unspektakulär vollzogen habe, wird jetzt plötzlich wie mit einem Paukenschlag öffentlich. Die Presse verreißt die LP mehrheitlich. Viele meiner Fans (aber weniger, als von mir erwartet), die mich als Einzelkämpfer sehen wollen, sind enttäuscht. Einige schicken mir Päckchen mit zerbrochenen Wader-Platten drin mit der Empfehlung, sie mir in den Arsch zu schieben. Klar, dass die meisten der neun öffentlich-rechtlichen Sender nicht nur kein Arbeiterlied spielen werden, auch meine älteren Platten landen wieder in den Giftschränken der Archive.

Ich spüre den erneuten Medienboykott kaum. Auf den Verkauf meiner Platten hat er keinerlei negativen Einfluss. Im Gegenteil. Ich glaube feststellen zu können, dass mein Publikum – nicht nur der harte Kern der Wader-Fans – mich weder im Fernsehen noch im Radio sehen oder hören will. Vielen, denen das Fernsehen als das Medium der ans Establishment angepassten Künstler gilt, wollen, dass sich jemand stellvertretend für sie rebellisch verhält. Längst zu bekannt, um noch Geheimtipp zu sein, werde ich jetzt für längere Zeit als eine Art Drehpunktfigur auf der unsichtbaren Trennlinie zwischen Subkultur und Mainstream balancieren – so kommt es mir jedenfalls vor.

Nach wie vor bleibt die »Arbeiterlieder«-Platte stark nachgefragt. Es kommt sogar zu Engpässen bei der Belieferung der Plattenläden. Gerüchten zufolge glaubt die Betriebsleitung der irgendwo im Rheinland liegenden Verteilerzentrale, in der die frisch aus dem Presswerk kommenden Platten zunächst mal gelagert werden, es ethisch-moralisch nicht verantworten zu können, Lieder unter die Leute zu bringen, die zum politischen Umsturz aufrufen, und hat einen totalen Auslieferungsstopp verhängt. Aber nur für kurze Zeit. Die Philips-Konzernspitze in Amsterdam, der auch meine Plattenfirma untersteht, schaltet sich ein und verfügt energisch eine sofortige Aufhebung des »Wader-Plattenembargos«.

Das letzte Lied auf dem »Arbeiterlieder«-Live-Album, »Die Internationale«, leite ich mit den Worten »Danach kann nichts mehr kommen« ein. Was ich nicht weiß: Die Aufführungs- und Verlagsrechte dieses Liedes, das den Untergang der Ausbeuter- und Kapitalistenklasse global fordert und prophezeit, liegen ausgerechnet (und dazu noch weltweit) bei dem Musikverleger und Udo-Jürgens-Entdecker Hans R. Beierlein, der sich selbst offen als »überzeugten Kapitalisten« bezeichnet. Aber es geht noch ironischer. Beierlein verfügt neben den Rechten an der »Internationalen« auch noch über die Weltrechte des Liedes der französischen Sozialisten »Le chiffon rouge«, wie ich aus einem von ihm an mich gerichteten Brief erfahre, in dem er mir vorschlägt, den Song ins Deutsche zu übertragen und in mein Repertoire aufzunehmen. Ich mache mich sofort an die Übersetzung und lehne mich im Refrain an die Verszeilen aus dem Gedicht »Einladung« des türkischen Dichters Nâzım Hikmet an:

»Leben! Wie ein Baum, einzeln und frei
und brüderlich wie ein Wald,
diese Sehnsucht ist unser!«

Leben einzeln und frei

Sag, bist du bereit, dich mit aller Kraft zu wehren, viele Kämpfe zu besteh'n?
Du hast Mut genug, willst du unsern langen, schweren
Weg gemeinsam mit uns geh'n?
Oder willst du deine Kraft verschwenden
im Alleingang gegen eine ganze Welt,
um zum Schluss in traurigen Legenden
dazusteh'n als gescheiterter Held?

Leben einzeln und frei wie ein Baum und dabei
brüderlich wie ein Wald – diese Sehnsucht ist alt.
Sie gibt uns Halt in unserem Kampf
gegen die Dummheit, den Hass, die Gewalt.
Ihr Gefährten im Zorn, ihr Gefährten im Streit,
mit uns kämpft die Vernunft und die Zeit …

Ab in die Achtziger – und so viel auf einmal

Mit dem Wechsel der späten Siebzigerjahre in die folgende Dekade und bis zu deren Ende geschieht wieder (zu) vieles gleichzeitig; überlappen sich in meiner Erinnerung politische, professionelle und private Geschehnisse – wieder in einem für mein Temperament viel zu schnellen Tempo. Waren die Siebziger schon recht bunt, erscheinen mir nun im Rückblick die Achtziger als das ereignisreichste Jahrzehnt in meinem Leben.

Unter dem Motto »Für antiimperialistische Solidarität, Frieden und Freundschaft« finden 1978 in Havanna die XI. Weltfestspiele der Jugend und Studenten statt, zu denen 18 500 Jugendliche aus 145 Ländern anreisen. Ich bin zwar kein Jugendlicher mehr, aber mit dabei – delegiert von der Partei quasi als »Kulturbeitrag«. Auf dem Flug nach Havanna muss unsere Maschine (eine Boeing 707, denke ich mal) in New York auf dem John F. Kennedy International Airport zum Auftanken zwischenlanden. Die Kabinentüren werden draußen von Polizisten mit Maschinenpistolen bewacht. Wir dürfen nicht aussteigen. Die Amis vermuten wohl – und das zu Recht –, es könnten sich auch Kommunisten an Bord befinden.

Das erinnert mich an eine Begegnung mit zwei Amerikanern, die sich kurz zuvor im Logo in Hamburg abgespielt hat. Das Logo ist eine Livemusikkneipe an der Grindelallee. Es ist ziemlich voll an dem Abend, und ich sitze mit zwei Männern an einem Tisch. In ihrem Äußeren lassen sie schon den Young-Urban-Professional-Style der kommenden Achtziger erahnen und passen hier nicht ganz ins Bild. Sie sind höflich, stellen sich vor, und wir kommen ins Gespräch. Starsky und Hutch (ihre Klarnamen habe ich mir nicht gemerkt) sind beide Banker aus Michigan. Das kann ich ihren Visitenkarten entnehmen, die sie mir mit der Aufforderung, sie unbedingt bald zu besuchen, überreichen. Ich bedanke mich und sage: »Mit dem Besuch bei euch könnte es ein Problem geben, ich bin Kommunist und Kommunisten haben in den USA striktes Einreiseverbot.«

Auf das, was jetzt kommt, bin ich gefasst, springe gleichzeitig mit den beiden Yuppies auf und schiebe – Hutch will mir an die Gurgel – den Tisch zwischen ihn und mich. Starsky schreit (auf Englisch natürlich): »Du dreckiges Kommunistenschwein, gib uns sofort die Karten wieder!«

Ich bin schon an der Tür und brülle zurück: »Die Karten behalte ich. Ich besuche euch in Michigan. Ich komme mit der Roten Armee!«

Draußen schmeiße ich die Karten schnell weg; so was Ekliges wie die, habe ich schon lange nicht mehr in der Hand gehabt.

Nach gut einer Stunde auf dem Kennedy Airport fliegen wir weiter direkt nach Havanna. Immerhin kann ich jetzt sagen, ich war schon mal in New York.

In Havanna marschieren wir in einem endlosen Zug von Jugendlichen aus den verschiedensten Ländern die La Rampa entlang. Tausende Habaneros säumen die Straße, applaudieren und rufen: »Joven del mundo, Cuba es tu casa!«

Auf der Plaza de la Revolución sind eine Million Menschen versammelt. Fidel Castro in Uniform hält eine Rede. Ich stehe direkt vor der Tribüne. Schade, dass ich kein Spanisch kann. Neben Fidel steht eine junge Nordvietnamesin. Fidel schnallt demonstrativ seinen Pistolengurt ab, hebt ihn hoch, knallt ihn mitsamt der Waffe auf den Boden – und umarmt das sehr kleine Mädchen, das sich dabei recken muss. Fidel, der fast zwei Meter groß ist, muss sich tief bücken. Die Menge tobt. In diesem Moment jedenfalls liebt sie ihn – ich auch.

Zurück in Deutschland, kündigen sich Veränderungen an: Nach der Produktion einer letzten LP mit vorwiegend plattdeutschen Liedern, »Hannes Wader singt Shanties«, bei meiner bisherigen Plattenfirma, der Phonogram Hamburg, läuft mein Vertrag aus, den ich nicht wieder erneuere. Wie das plattdeutsche Album von 1974 nehmen wir die Shanties in der Mühle auf. Schöne Tage zusammen mit der Gruppe Liederjan in ihrer damaligen Formation.

Damit verlasse ich nach zehn Jahren die Phonogram. Es erscheint mir nur konsequent und logisch, zu einer Company überzuwechseln, die der DKP nahesteht: zum Verlag pläne mit Sitz in Dortmund. »Wieder unterwegs«, mein Debütalbum bei pläne, erscheint 1979 und wird wie schon einige meiner vorherigen Platten von Günter Pauler aufgenommen.

Unabhängig davon, plant der Folk-Produzent Carsten Linde zusammen mit Günter Pauler als Toningenieur eine Doppel-LP, international besetzt, aufzunehmen. Mein Angebot, das bei mir in der Mühle stattfinden zu lassen, wird gern angenommen. Wieder folgen schöne Tage, diesmal mit meinen »Folk-Friends« Derroll Adams, Alex Campbell, Guy & Candy Carawan, Finbar Furey, Werner Lämmerhirt und anderen. »Folk-Friends« – so wird dann auch das (Doppel)Album heißen.

Nach Hamburg zieht es mich jetzt eher noch häufiger als sonst, und ich miete wieder eine Wohnung, diesmal in Hamburg-Eimsbüttel. Damit bin ich nicht mehr auf Nachtquartiere bei Freunden und Bekannten angewiesen. Währenddessen verlässt in Struckum meine Nachbarin Tante Dete Sibbers aus Altersgründen das Müllerhaus nebenan und zieht zu Verwandten in der Nähe. Ich kaufe das Haus nebst Stallgebäude und 5000 Quadratmetern Wiese. Mir schwebt dabei vor, aus allem – einschließlich

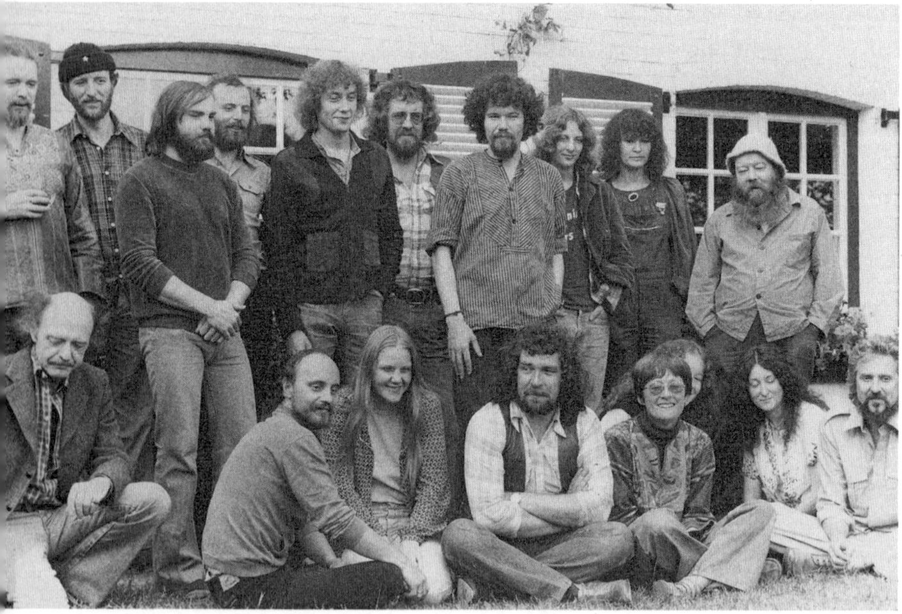

Die »Folk-Friends«, 1979

der Mühle – eine bauliche Einheit, ein Ensemble zu gestalten, einen Treffpunkt für Musiker und Kulturschaffende aller Art, mit Wohnungen, Sauna, Seminarraum, vielleicht sogar einem Tonstudio. Die Gebäude befinden sich in einem ruinösen Zustand. Doch allein ihr Kaufpreis beträgt jetzt fast zehnmal so viel, wie ich seinerzeit für die Mühle bezahlt habe. Aber Bankkredite zu bekommen, ist zu der Zeit kein Problem. Und wie damals beauftrage ich Kuddel Kabelitz mit Planung und Ausführung der Um- und Ausbauarbeiten; mit der Maßgabe (an die er sich penibel halten wird), es an nichts fehlen zu lassen und keine Kosten zu scheuen. Ich will Schulden machen. Ich werde auch von meinem Steuerberater dazu ermuntert: »Sie müssen Steuern sparen, Herr Wader, machen Sie Schulden.« Mir ist es ganz recht, wenn mein ganzer Besitz der Bank gehört, und der ist es auch recht – sie gewährt mir Kredite ohne Ende. Ich bin jetzt Kommunist, und ich möchte weder von mir selbst noch von anderen für reich gehalten werden.

Hinter den Mühlengebäuden liegen 10 000 Quadratmeter Weideland. Ich habe keine Pferde mehr, was mache ich jetzt damit? Manchmal fehlt mir der Teutoburger Wald, in dem ich aufgewachsen bin. Ich lasse mir ein paar Hundert junge Bäume kommen und pflanze zusammen mit dem Mann meiner Putzfrau, in die »baumlose Ebene« einen Wald aus Buchen, Eichen, Birken, Eschen, Pappeln, Weiden und Walnussbäumen. Dazwischen ein paar Tannen, Kiefern und Fichten, aus denen hier nichts werden kann. Koniferen haben es schwer in dieser Gegend. Nur sieben Kilometer vom Wattenmeer entfernt, dem ständig wehenden Seewind, den häufigen Orkanen, der stark salz- und ozonhaltigen Luft ausgesetzt, fristen sie ein kümmerliches Dasein, und ehe sie von selbst eingehen, entferne ich sie wieder.

Was meine Ehe mit Susanne betrifft – unsere Beziehung bröckelt, hält der nun schon so lange andauernden räumlichen Trennung nicht stand. Hat keine Zukunft. In absehbarer Zeit keine Aussicht auf ein Zusammenleben unter einem Dach. Nach 14 Jahren, davon sieben miteinander verheiratet, trennen wir uns, lassen uns scheiden; wollen aber weiterhin in freundschaftlichem Kontakt miteinander bleiben. Die jetzt endgültige Trennung von Susanne nimmt mich mehr mit, als ich gedacht hätte. Ich bereue so manches, was ich in den Jahren unserer Ehe getan – und noch mehr das, was ich unterlassen habe.

Ich hole meine Mutter nach Struckum. Sie zieht in ein Altenwohnheim, das die Gemeinde in der Nähe der Mühle neu gebaut hat, und in dem sie bis zu ihrem Tode leben wird. Obwohl zwei meiner Nachbarinnen, Hanna (Lebeck) und Lotti (Jensen), einmal wöchentlich bei mir putzen, kommt sie jeden Tag für ein bis zwei Stunden zu mir in die Mühle und macht sich nützlich; räumt auf, wischt Staub, wäscht ab. Sie weiß nichts von meinen Schulden, aber mein Lebensstil (soweit man da von Stil sprechen kann), ist ihr unheimlich. Sie scheint zu ahnen, dass der ganze »Kabachel«, wie sie als Westfälin sagt, hier nur auf tönernen Füßen steht. Meine Mutter, die in ihrem bisherigen Leben immer nur den Mangel an allem gekannt hat, deutet meine Gleichgültigkeit gegenüber materiellem Eigentum und den

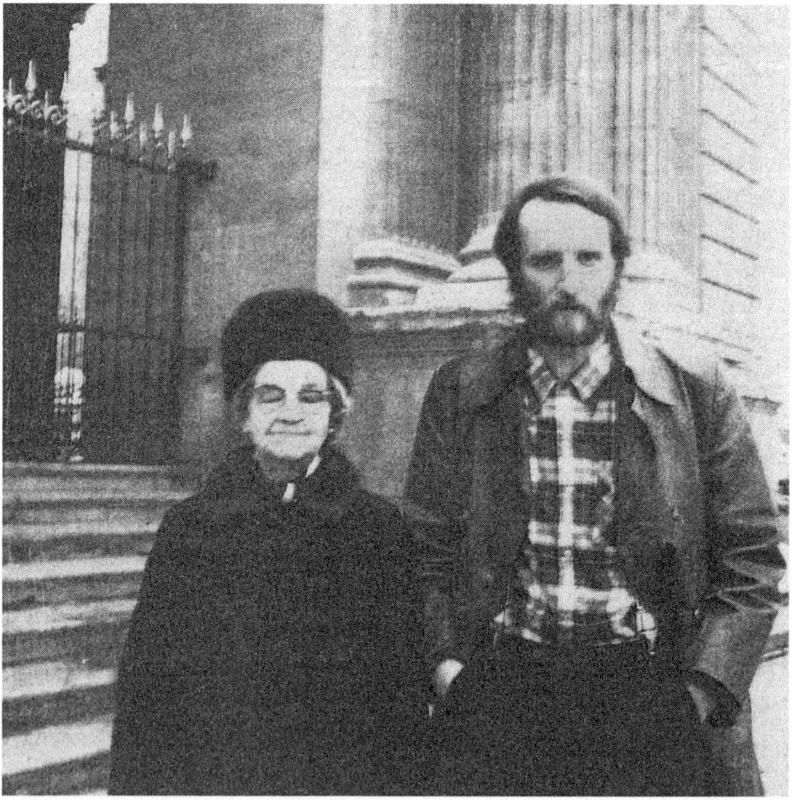

Anfang der Achtziger mit meiner Mutter in Paris

Dingen, die mich umgeben, als Verschwendungssucht, wenn sie fragt: »Hattest du gestern Gäste?«

»Gestern? Wieso, ich hab doch immer Gäste?«

»Tja, ich meine ja nur, die Kaffeekanne ist ja noch drei viertel voll, ist doch schade um den guten Kaffee ... und dann der Wein. Die vielen Gläser da auf dem Tisch, alle nicht ausgetrunken.«

Ich kaufe meiner Mutter (zu der Zeit ist Pelztragen nur eine Geld- und noch keine Gewissensfrage) eine Nerzjacke. Ich fliege mit ihr nach Paris. Sie geht mit mir in den Louvre, über die Champs-Élysées und in meine Lieblingsbrasserie Au Pied de Cochon. Essen kann sie aufgrund ihrer sich jetzt im Alter noch verstärkenden Speiseröhrenkrümmung kaum etwas. Nur dieses eine Mal hier in Paris sehe ich sie, allein mir zu Liebe, wie ich glaube, ihre Nerzjacke tragen – und dann nie wieder.

Als sie 1986 in ihrem 81. Lebensjahr stirbt, finde ich bei der Sichtung ihres bescheidenen Nachlasses die Reste des völlig mottenzerfressenen Pelzes in ihrem Kleiderschrank. In dem Schuhkarton, in dem sie immer die ihr wichtigen Papiere aufbewahrt, entdecke ich einen mit Einmachgummi umwickelten Stapel von Abschnitten der roten Postanweisungen, auf denen die Geldbeträge vermerkt sind, die sie mir vor mehr als zwanzig Jahren (von ihrem Putzfrauenlohn abgezwackt) jeden Monat nach Berlin geschickt hat. Alles kleinere Summen, aber davon eine Menge. Beim Durchblättern der Abschnitte werden mir dann doch die Knie etwas weich.

Eltern

... Es heißt, Arbeit schändet nicht; sie tut es doch.
So stand meine Mutter, ich sehe sie noch
in der Hochsommerhitze gebückt auf dem Feld
von Sorgen und schwerer Arbeit entstellt.
Ich hätte sie später gern reich beschenkt
so wie ein Pirat, der von See zurückgekommen
seine Mutter mit Gold und Brillanten behängt
nur hat sie von mir nie etwas angenommen
Sie konnte nur geben, ihr Leben lang.

Nicht nur all die Lieder, die sie für mich sang
auch die, die ich selber schrieb, denke ich mir
und noch schreiben werde – verdanke ich ihr.

Seit über zehn Jahren stehe ich immer allein auf der Bühne und bin nach Hunderten von Solokonzerten ermüdet, verspüre immer stärker den Wunsch, nicht nur im Studio bei Plattenaufnahmen mit anderen zusammen zu musizieren, sondern von nun an mit Band auf Tournee zu gehen. Bei einem Konzert von Klaus Hoffmann und seiner Band sehe und höre ich Lydie Auvray. Ich liebe den Sound ihres Knopfakkordeons. Es trifft sich gut, dass sie ohnehin im Begriff ist, bei Klaus auszusteigen. Sie ist nicht nur bereit, mit mir zusammenzuarbeiten, sie bringt mich überdies mit Reinhard Bärenz und Hans Hartmann in Kontakt. Reinhard ist gerade 19 Jahre alt geworden und spielt virtuos Folkgitarre, E-Gitarre und Geige. Hans lebt in Berlin, ist gebürtiger Schweizer und spielt Kontrabass (und Chapman Stick) in verschiedenen Jazz- und Rockformationen.

Von nun an wird 36 Jahre lang, (fast) ohne Unterbrechung bis zu meinem Abschied von der Bühne 2017, Ben Ahrens bei allen meinen Konzerten die Tontechnik übernehmen und später mein Co-Produzent bei den meisten noch folgenden Schallplattenaufnahmen sein. Kurze Zeit später stößt Peter Ledebur zur Truppe, der es als mein Tourneeleiter auch immerhin über 34 Jahre lang mit mir aushalten wird. In den nun folgenden drei Jahren trete ich nur noch selten allein auf. Unsere Bandauftritte führen uns über den deutschsprachigen Raum hinaus auch nach Amsterdam, Straßburg, Paris, Helsinki und Moskau, mich solo sogar nach Kopenhagen, Roskilde und nach Managua in Nicaragua.

Alle meine Konzerte lasse ich jetzt von Klaus Winkes organisieren. Für die nächsten drei LPs setze ich im Studio Ulrich Maske als Produzenten ein. Dass beide – Klaus Winkes und Ulrich Maske – Kommunisten sind, ist mir nur recht.

Mir gefällt es, mit Band aufzutreten, ich verlasse mich auf sie, fühle mich von ihr getragen; manchmal vielleicht etwas zu sehr auf Kosten meiner eigenen Bühnenpräsenz – und ich werde arm dabei. Meine Musiker verdienen zum Teil mehr als ich, obwohl ich keineswegs überhöhte Gagen zahle. Die Unkosten sind einfach zu hoch. Wir sind im Schnitt

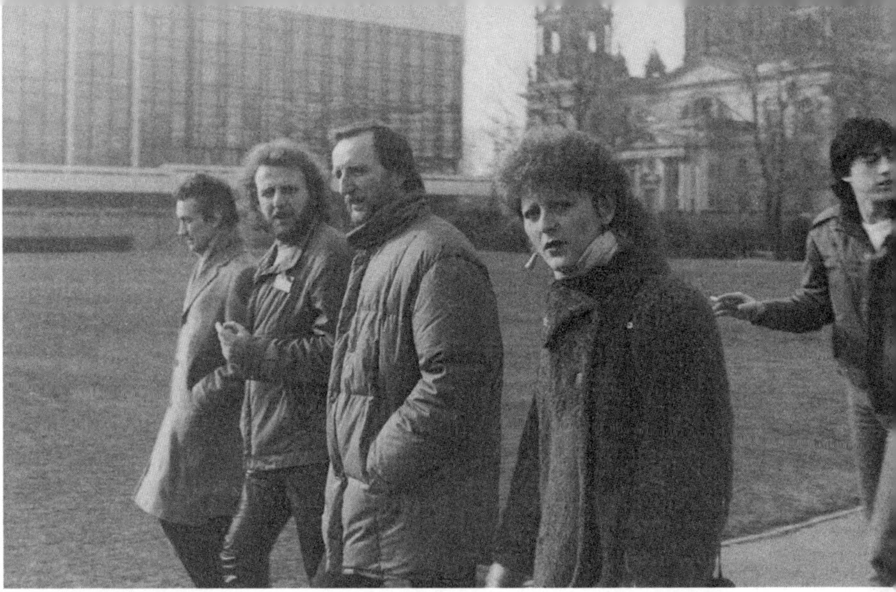

Mit der Band in Ostberlin, von links nach rechts: Hans Hartmann, unbekannt, ich, Lydie Auvray, Reinhard Bärenz, um 1982

immer mit zehn bis zwölf Leuten unterwegs. Busfahrer, Tontechniker, Beleuchter, Roadies und so weiter. Und ich nehme eher niedrige (wie es Klaus Winkes ausdrückt) »politische Eintrittspreise«, die sich Schüler, Studenten und Geringverdienende leisten können sollen.

Meine Schulden bei der Bank, und inzwischen auch beim Finanzamt, müssen derweil (ich weigere mich weiterhin, meine Kontoauszüge zu lesen) die Millionengrenze längst überschritten haben. Alle paar Monate kommt der Gerichtsvollzieher vorbei. Auf die paar antiken Eichenmöbel, mit denen ich mal versucht habe, die Mühle stilvoll einzurichten, hat er längst seinen Kuckuck geklebt. Jetzt gibt es für ihn bei mir nichts mehr zu pfänden. Stattdessen trinken wir zusammen Kaffee.

In meinem Leben gibt es bald eine neue Beziehung. Ilona ist ungefähr meines Alters und die Frau, mit und an der ich nun alles wiedergutmachen möchte, was ich in meiner Beziehung zu Susanne versaut habe; was dann aber, um es gleich mal vorwegzunehmen, gründlich danebengeht. Aber ich meine es ernst damit. Ilona hat viel an mir auszusetzen, übt Druck auf mich aus. Aber genau das brauche ich jetzt: jemand, der mir streng – aber in aller Liebe, wie ich mir einbilde – den Spiegel vorhält. Ich muss mich ändern, das sehe ich ein. Zudem strebe ich jetzt als Kommunist Integrität nicht nur im öffentlich Politischen, sondern auch im privat Menschlichen an. Zunächst mal bin ich ihr (und das fällt mir nicht mal schwer) absolut treu. Doch Ilona traut dem Frieden nicht, sie macht (wir sind jetzt ein paar Monate zusammen) eine Fortsetzung unserer Beziehung davon abhängig, dass ich mich unverzüglich bei einem Psychotherapeuten in Behandlung begebe. Sie liebt mich zwar (sagt sie), hält mich aber aufgrund meines oft bizarren Verhaltens und meiner kruden, verworrenen Ansichten für psychisch schwer gestört. Ich weiß ja, dass ich schwierig bin, und kann daher nicht ausschließen, dass sie recht hat.

Jetzt, in den frühen Achtzigern eine Therapie zu machen, kommt gerade erst (in den bildungsprivilegierten Schichten) in Mode. Allgemein gilt aber immer noch: Wer zum Psychologen rennt, ist bekloppt. Auf keinen Fall dürfe ich zu einem »bürgerlichen« Psychotherapeuten gehen, raten mir meine Hamburger Genossen. Sie sehen schon die »Bild«-Schlagzeile: »Jetzt kommt es endlich raus: Bänkelsänger Hannes W. hat nicht alle Tassen im Schrank!« Mein Therapeut muss also Kommunist sein. Die Genossen empfehlen mir Dr. Eli.

In die erste Therapiestunde bei Dr. Eli, mehr so zum gegenseitigen Kennenlernen gedacht, begleitet mich Ilona. Zur zweiten Stunde gehe ich allein. Eli stellt mir behutsam Fragen, auch zu meiner Beziehung zu Ilona, und was ich mir von einer Therapie bei ihm erhoffe. Ich antworte ihm unter anderem, dass ich endlich von meinem Egotrip runter will. Endlich auch mal für andere da sein – für Ilona (was im Grunde das ist, was nicht ich, sondern Ilona sich von meiner Therapie erhofft). Aber wie schon gesagt, daraus wird nichts, denn schon bald darauf kommt es zum Bruch zwischen Ilona und mir. Meine Therapie bei Eli setze ich fort. Zudem verfüge ich ja selbst über eine schon bewährte autotherapeutische Methode, seelischen Belastungen zu begegnen; ich sublimiere die Scheißbeziehung und schreibe »Nun muss ich geh'n«, eines meiner schönsten Liebeslieder:

Nun muss ich geh'n,
doch lange und schwer,
ein Jahr und mehr

hab ich mich um unsere Liebe gesorgt.
Nun ist sie verdorrt,
früh verdorrt wie ein Baum,
in saure Erde gesetzt
und der nicht mehr wächst,
um Früchte zu tragen
und Schatten zu spenden,
bis er dann zuletzt
nach langem Leben
verlässlich und still,
in Würde gealtert, nicht mehr grün werden will.

Nun muss ich geh'n,
doch lange und schwer,
ein Jahr und mehr
hab ich an meiner Entscheidung getragen.
Nun ist mein Entschluss
endlich gefallen,
und wie ein Findling,
so wuchtig und stumm,
liegt er nun da.
Und diesmal stürze ich ihn nicht mehr um.
Doch hat er, wo er liegt,
nicht ein Hälmchen geknickt,
nur ein paar unerfüllbare Wünsche erstickt.

Nun muss ich geh'n,
doch lange und schwer,
ein Jahr und mehr
hab ich an meiner Trauer getragen.
Nun ist mir leicht.
Doch meine Tränen, sie schwemmten,
wo immer ich stand,
den Erdboden fort.
Niemand hörte mich schrei'n,
als ich keinen Grund

unter den Füßen mehr fand.
Jetzt trägt mich mein Entschluss,
der, wie du weißt,
ein Findling ist, den auch kein Sturm mit sich reißt.

Eli und ich sehen uns jetzt auch manchmal privat, gehen abends einen zusammen trinken. Ein klarer Verstoß gegen das »Abstinenzgebot«, das dem Therapeuten jeden außerberuflichen Kontakt mit seinen Patienten streng untersagt. Ihm ist das wohl egal – mir sowieso. Eli beobachtet mich bei unseren Treffen in der Kneipe und sieht dringenden Bedarf, mit mir an meinen Suchtproblemen, die ich mit Zigaretten und Alkohol habe, zu arbeiten. Über die DKP-Parteileitung in Düsseldorf organisiert er für mich eine mehrwöchige Entziehungskur in der DDR, in einer Reha-Klinik für Herzkranke, direkt an der Ostsee in Graal-Müritz. Eine Weile lang hält sich hier die Legende (von der Klinikleitung gestreut, um meine Identität zu verschleiern), ich sei ein westdeutscher Frachterkapitän, der im Rostocker Hafen einen Herzinfarkt erlitten habe; bis ich dann doch von meinen Mitpatienten erkannt werde. Am Tag vor meiner Abreise gebe ich noch ein kleines Abschiedskonzert für sie.

Ich bin ein disziplinierter Patient, fasse keine Zigarette mehr an. Hier herrschen strenge Regeln. Patienten, die beim Rauchen erwischt werden, fliegen sofort raus. Ausgerechnet der Mitpatient, der von der Klinikleitung mit meiner Beobachtung beauftragt ist, wie er mir selbst erzählt, schleppt mich manchmal mit in die Kneipe am Strand und gibt mir dort einen Schnaps aus. Die DDR als Überwachungsstaat zeigt sich mir so von einer eher moderaten Seite.

Von einem gelegentlichen Glas Korn abgesehen, bleibe ich strikt abstinent; gehe früh schlafen, stehe früh auf und frühstücke sogar, esse überhaupt mehr. Das setzt in mir neue Kräfte und einen für meine Verhältnisse enormen Bewegungsdrang frei. Ich jogge stundenlang durch die Kiefernwälder am Ostseeufer; fühle mich gut – ärgere mich nur, dass ich auch nach fast sechs Wochen Kur immer noch siebzig Kilo wiege. Ich will zunehmen.

Wieder in Hamburg, gehe ich (immer noch Nichtraucher) jetzt zweimal die Woche ins Fitnessstudio. Ich esse viel, trinke auch wieder Alkohol und nehme jetzt endlich – und das im Verlauf weniger Monate – 25 Kilo zu. Das mag sich nach viel anhören, dabei erscheine ich jetzt lediglich nicht mehr ganz so dünn wie davor. Ein Jahr halte ich als Nichtraucher durch, um dann wieder bei »quatre-vingt« Gitanes par jour – noir sans filtre« zu landen. Auch wenn ich immer wieder rückfällig werde, kämpfe ich von nun an erbittert gegen die Sucht an, bis ich sie dann fast 15 Jahre später (endgültig, wie ich hoffe) besiegen kann.

Während ich mich jetzt voll fit fühle, ereilt meinen lieben Freund Dieter Meier, der so viel für mich getan hat, der Tod. In seinem Sommerurlaub fährt Dieter mit Freunden nach Madagaskar. Eines Spätnachmittags am Strand sagt Dieter: »Ich schwimme noch mal ein bisschen raus.«

Bei Sonnenuntergang ist er immer noch nicht zurück. Dieter ertrinkt im Indischen Ozean.

In »Les Copains d'abord« (einem meiner Lieblingslieder von Brassens) heißt es in der sechsten Strophe (roh von mir übersetzt):

… Beim Treffen der Freunde an Bord
waren immer alle da,
Und wenn mal einer von ihnen gefehlt hat,
hieß das – er war tot.
Ja, aber niemals
wird sich das Loch, das er im Wasser hinterließ, schließen,
und verdammt, noch nach hundert Jahren
fehlt er uns …

Wieder geht ein Jahr zu Ende. Ich denke, ich sollte mal eine Silvesterparty schmeißen – habe ich hier in der Mühle noch nie gemacht. Organisation ist ja nicht so meine Stärke. Ich kann nur dafür sorgen, dass genügend zu Trinken im Hause ist. Um Knaller, Raketen und so weiter können sich die Gäste selbst kümmern. Ich rufe ein paar Leute an, lade sie ein. Manche fragen, ob sie noch Freunde mitbringen dürfen – klar dürfen sie. An Silvester begrüße ich als meine Gäste unter anderem auch Cordula und ihren damaligen Freund. Cordula und ich können zu dem Zeitpunkt nicht ahnen, dass wir später mal einander heiraten werden.

Aber bis dahin – eine gegenseitige Sympathie ja, aber kein coup de foudre zwischen uns.

Künstler für den Frieden

1980 erscheint mein Album »Es ist an der Zeit«. Das Titellied ist meine Adaption eines Songs des Australo-Schotten Eric Bogle: »No Man's Land«. In meiner (sehr freien) Übersetzung ins Deutsche wird »Es ist an der Zeit« bald eine der Hymnen der Friedensbewegung der frühen Achtzigerjahre. Selbst im anderen Teil Deutschlands wird und bleibt das Lied populär. Noch bei meinen Nach-Wende-Konzerten in der ehemaligen DDR lassen mich die Leute nicht eher von der Bühne, bis ich es gesungen habe. Kein Problem – ich singe es immer noch gerne.

Es ist an der Zeit

Weit in der Champagne im Mittsommergrün,
dort, wo zwischen Grabkreuzen Mohnblumen blüh'n,
da flüstern die Gräser und wiegen sich leicht
im Wind, der sanft über das Gräberfeld streicht.
Auf deinem Kreuz finde ich, toter Soldat,
deinen Namen nicht, nur Ziffern, und jemand hat
die Zahl neunzehnhundertundsechzehn gemalt,
und du warst nicht einmal neunzehn Jahre alt.

Ja, auch dich haben sie schon genauso belogen,
so wie sie es mit uns heute immer noch tun.
Und du hast ihnen alles gegeben –
deine Kraft, deine Jugend, dein Leben.

Hast du, toter Soldat, mal ein Mädchen geliebt?
Sicher nicht, denn nur dort, wo es Frieden gibt,
können Zärtlichkeit und Vertrauen gedeih'n.
Warst Soldat, um zu sterben, nicht um jung zu sein.

vielleicht dachtest du dir, ich falle schon bald,
nehme mir mein Vergnügen, wie es kommt, mit Gewalt.
Dazu warst du entschlossen, hast dich aber dann
vor dir selber geschämt und es doch nie getan.

Soldat, gingst du gläubig und gern in den Tod?
Oder hast du, verzweifelt, verbittert, verroht,
deinen wirklichen Feind nicht erkannt bis zum Schluss?
Ich hoffe, es traf dich ein sauberer Schuss.
Oder hat ein Geschoss dir die Glieder zerfetzt?
Hast du nach deiner Mutter geschrien bis zuletzt,
bist du auf deinen Beinstümpfen weitergerannt,
und dein Grab, birgt es mehr als ein Bein, eine Hand?

Es blieb nur das Kreuz als die einzige Spur
von deinem Leben, doch hör meinen Schwur,
für den Frieden zu kämpfen und wachsam zu sein.
Fällt die Menschheit noch einmal auf Lügen herein,
dann kann es gescheh'n, daß bald niemand mehr lebt,
niemand, der die Milliarden von Toten begräbt.
Doch längst finden sich mehr und mehr Menschen
bereit,
diesen Krieg zu verhindern, es ist an der Zeit.

Ja, auch dich haben sie schon genauso belogen …

Der Kalte Krieg ist kälter als je zuvor. Unter US-Präsident Ronald Reagan nimmt das atomare Wettrüsten zwischen den USA und der Sowjetunion nie gekannte Ausmaße an (und wird erst mit dem Zusammenbruch Letzterer enden). Gleichzeitig drängt in der BRD Helmut Schmidt als derzeitiger Bundeskanzler auf den NATO-Doppelbeschluss und damit auf die Stationierung atomarer Mittelstreckenraketen auf westdeutschem Boden. Dagegen formiert sich jetzt ein rasch wachsender Widerstand aus den verschiedensten Teilen der Bevölkerung. Eine neue Partei wird 1980 gegründet – Die Grünen. Von Anfang an erfolgreich, werden ihre Aktionen, ihr Programm von vielen als frisch und spontan empfunden.

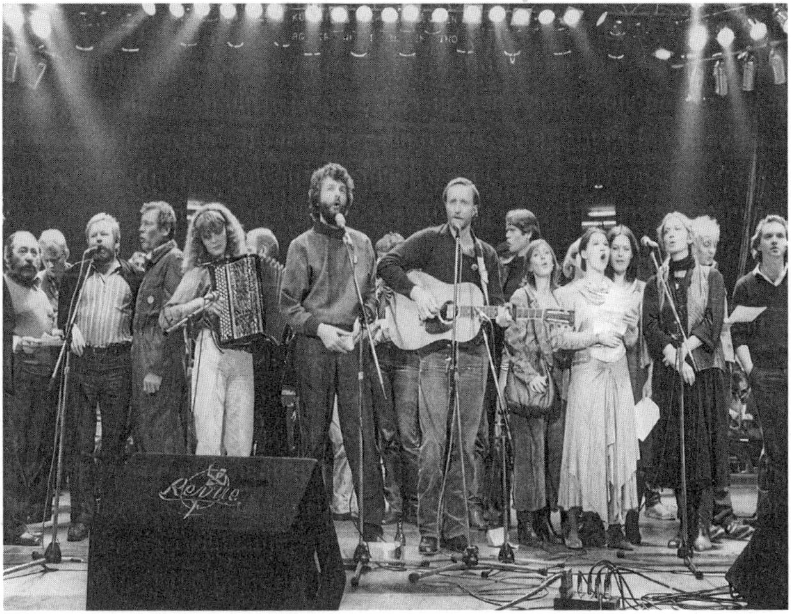

September 1982, Bochumer Ruhrstadion. Von links nach rechts:
Heinz Schubert (Ekel Alfred), F. J. Degenhardt, Dietmar Schönherr, Lydie Auvray, André Heller, ich, Eva Mattes, Angela Winkler, Erika Pluhar, Dieter Süverkrüp, Klaus Hoffmann.

Eine mächtige, sich auch international enorm ausbreitende Friedensbewegung entsteht. Eine echte Massenbewegung, an der sich auch die DKP als nur eine von unzähligen Gruppierungen beteiligt. Ich selbst sehe mich als Teil des sich schnell organisierenden Zusammenschlusses der »Künstler für den Frieden«. In dieser Zeit trete ich auf so vielen Großkundgebungen und Massendemonstrationen auf, die sich in meinem Gedächtnis derart mischen und überlagern, dass ich mich, wenn ich hier davon berichten möchte, auf Internet- und Zeitungsartikel stützen muss (die sich letztlich, was Daten und Fakten betrifft, als auch nicht viel zuverlässiger erweisen als meine Erinnerung). Zur Friedensdemo am 10. Oktober 1981 im Bonner Hofgarten, an der etwa 300 000 Menschen teilnehmen:

Bei der Abschlusskundgebung sprachen u. a.: Heinrich Albertz, Alfred Mechtersheimer, […] Coretta Scott King (USA), Georg Benz, Erhard Eppler, William Borm, […] Robert Jungk, Helmut Ridder, Petra Kelly, Gert Bastian, Uta Ranke-Heinemann und Heinrich Böll. Böll hielt die Hauptrede. Martin Niemöller musste aus gesundheitlichen Gründen absagen; seine Rede wurde vorgelesen.

Und über die Friedensdemo am 22. Oktober 1983, bei der 500 000 Menschen teilnehmen, wird geschrieben:

Fünf Stunden Reden, aber auch Musik. Arlo Guthrie sang »We Shall Overcome«, Hannes Wader verärgerte zunächst mit langem Bühnenumbau die Menge, sang dann auch, BAP brachte Kölsch-Rock unters Volk, die Dortmunder Folk-Rock-Truppe Cochise sang »Was kann schöner sein auf Erden«, Geier Sturzflug »Besuchen Sie Europa, solange es noch steht«. Gegen Abend reisten die Massen dann geordnet wieder ab.

Daran, im Bonner Hofgarten die Menge verärgert zu haben, kann ich mich nicht erinnern. Wohl aber, dass Harry Belafonte mich dort backstage in seine Wohnwagengarderobe bittet, um mich Coretta King, der Witwe Martin Luther Kings, eine der Rednerinnen bei der ersten Friedensdemo, vorzustellen.

Neben den in den Zitaten genannten Künstlern traten noch viele weitere auf. Größen aus Deutschland wie Joseph Beuys, Udo Lindenberg oder Konstantin Wecker, aber auch internationale Berühmtheiten.

Dass eine so große Zahl ausgeprägt individualistisch konturierter Persönlichkeiten solidarisch und einig ein gemeinsames Ziel verfolgt, hat es vorher noch nie gegeben und wird einzigartig bleiben. Der Umgangston untereinander freundlich, herzlich, ohne jedes Konkurrenzgebaren. Die Atmosphäre unserer Treffen vibriert förmlich vor Kraft. Es gibt Anlass zu glauben, dass wir mit unseren Aktionen entscheidend mithelfen können, die Stationierung der Atomraketen zu verhindern.

In Hamburg organisiert Harry Belafonte mit seiner damaligen Frau Julie ein mehrtägiges Treffen mit internationalen Künstlern, an dem auch ich teilnehme. Wir diskutieren die verschiedensten Möglichkeiten, die sich uns als Kulturschaffende in unseren jeweiligen Herkunftsländern, und auch gemeinsam, bieten, in den Kampf für Frieden und Abrüstung aktiv einzugreifen.

Während dieser Zeit noch mehrfach mit Harry Belafonte gemeinsam auf der Bühne zu stehen, ist mir jedes Mal eine Ehre. Ich bewundere ihn als Künstler ebenso sehr wie für seinen Mut und die Leidenschaft, mit der er schon ein Leben lang für eine bessere Welt ohne Rassismus, ohne Diskriminierung und ohne Kriege kämpft.

Die Friedensbewegung als die größte Protestbewegung in der Geschichte der Bundesrepublik bringt Künstler aller Genres zusammen, die sich sonst nie treffen würden. Wir sitzen nach dem Auftritt bis in die frühen Morgenstunden in der Hotelhalle und diskutieren, trinken was und machen Musik. Konstantin Wecker (wir begegnen uns in letzter Zeit recht häufig) schlägt vor, in Zukunft musikalisch mehr zusammen zu machen. In der Hotelbar steht ein Flügel, und wir proben – es ist morgens um vier Uhr – gleich mal ein paar Lieder, die wir demnächst gemeinsam auf der Bühne vortragen wollen. Im Rahmen des Konzerts »Popstars gegen

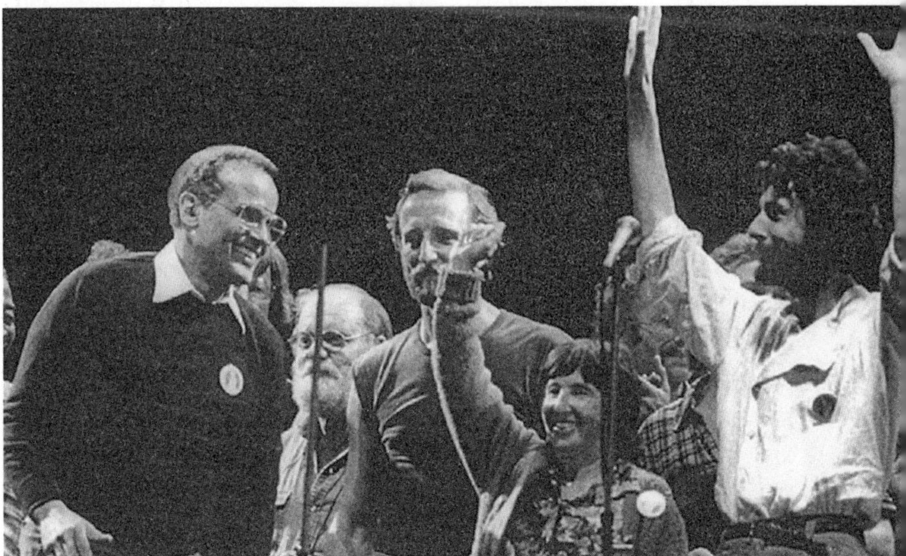

Bochum Ruhrstadion: Harry Belafonte, H. D. Hüsch, ich, Esther Bejarano, André Heller, 1982

Pershing«, auch von den »Künstlern für den Frieden« organisiert, treten wir 1982 im Bochumer Ruhrstadion vor über 200 000 Menschen auf und singen zusammen »Schon so lang«.

Auch über das Ende der bewegten Protestzeit berichten die Medien:

All dies, die gesamte Entwicklung der Jahre 1979 bis 1983, sollte nun am 22. Oktober in Bonn ihre Krönung finden, sollte zeigen, welche Macht die Friedensbewegung mittlerweile darstellte, um in letzter Minute das Weiterdrehen der Rüstungsschraube zu verhindern, dem Raketenpoker Einhalt zu gebieten.
Und der Protest war nicht auf die Hauptstadt allein beschränkt, Hunderttausende gingen in Hamburg und West-Berlin auf die Straße, zwischen Stuttgart und Neu-Ulm präsentierte sich eine 109 Kilometer lange Menschenkette, sie reichte vom Hauptquartier der US-Streitkräfte in Europa bis zur Wiley-Kaserne, in der Pershing-II-Raketen stationiert werden sollten. Insgesamt waren an diesem Oktobersamstag etwa 1,5 Millionen Rüstungsgegner unterwegs. Kein Wunder, dass sie sich stark fühlten. […]
Sie sollten sich irren. Die Regierung dachte nicht im Mindesten an Umkehr oder an Aufschub. Kanzler Kohl beharrt auf der uneingeschränkten Bündnistreue zu den Vereinigten Staaten als »Kernpunkt deutscher Staatsraison«, und am 22. November, genau einen Monat nach der Demonstration, beschloss der Bundestag mit 286 zu 225 Stimmen die Aufstellung von Pershing II und Cruise Missiles auf deutschem Boden. Die Friedensbewegung brach augenblicklich zusammen.

Von einem jähen Zusammenbruch der Bewegung zu sprechen, scheint mir übertrieben. Sie existiert weiter. Noch monatelang blockieren viele Mitglieder der Friedensbewegung, darunter viele Prominente, das US-amerikanische Raketenlager Mutlangen in Württemberg, um die Stationierung der Atomraketen doch noch zu verhindern.

Ich selbst habe ständig zu tun, bin aufgefordert, die verschiedensten Protestbewegungen zu unterstützen. Parallel zur Friedensbewegung, wenn auch nicht identisch mit ihr, hat sich eine aktive Anti-Atomkraft-Bewegung etabliert, die sich sowohl gegen jede militärische als auch zivile

Nutzung der Kernenergie wendet. Viele SPD-Mitglieder (ihre Partei ist inzwischen in der Opposition) machen da mit. An einigen ihrer Aktionen und Demos nehme ich teil – unter Vorbehalt. Ich verkünde lauthals: »Sozialistische Kernkraftwerke dienen den Menschen, kapitalistische werden für den Profit gebaut!«

Und ich bleibe von dem, was ich da sage, so lange überzeugt, bis am 26. April 1986 das Atomkraftwerk Tschernobyl in die Luft fliegt.

Dieses Datum markiert nicht das Aufkeimen meiner Zweifel am »real existierenden Sozialismus«, die haben sich bis dahin längst eingeschlichen (die Zweifel daran, dass die Sowjetunion mit ihrem Einmarsch in Afghanistan wirklich die Friedensmacht ist, für die ich sie immer noch gern halten würde), es ist nur der Beginn des Eingeständnisses, dass ich überhaupt Zweifel habe.

Zwei Mal nach Moskau

Und doch, trotz erster Zweifel, bin ich zunächst weiterhin stark politisiert, gehöre ich noch der DKP an und habe Auftritte – getragen von meiner Überzeugung für die sozialistische Revolution – in der DDR und der Sowjetunion. In Ostberlin, zu der Zeit die Hauptstadt der DDR, organisiert die politische Liedergruppe Oktoberklub alljährlich im Februar das »Festival des politischen Liedes«. Viele Künstler aus allen Teilen der Welt kommen und treten hier auf. Heute Abend soll ich im Palast der Republik

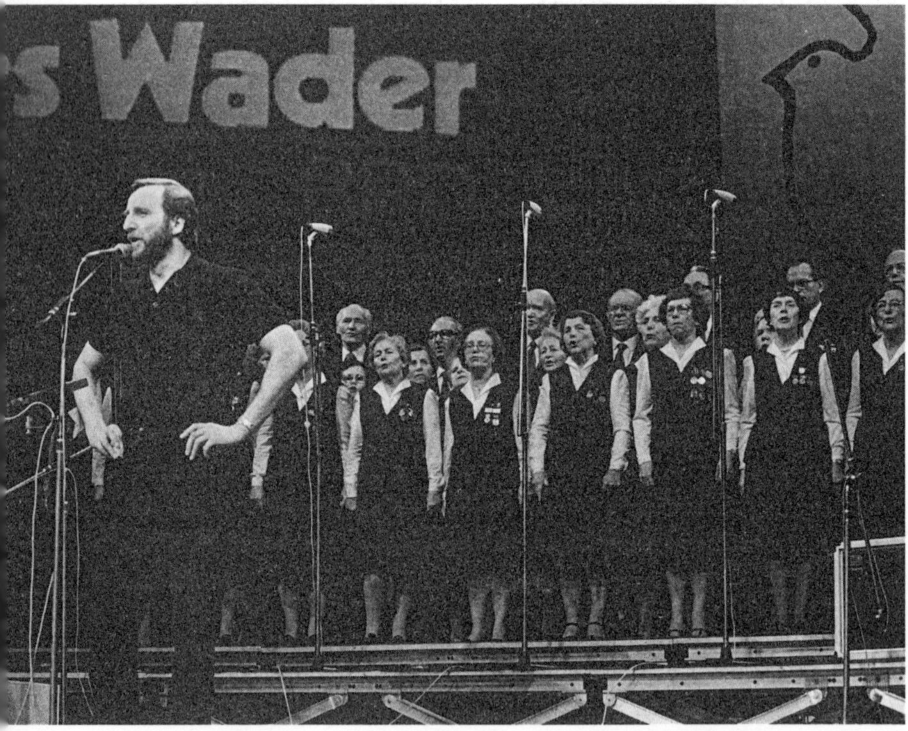

Auftritt mit dem Veteranenchor der SED im Palast der Republik, Ostberlin 1982

singen. Bei den Proben am Nachmittag treffe ich auf der Bühne den Veteranenchor der SED. Jemand macht mir den Vorschlag, gemeinsam mit dem Chor ein Stück einzustudieren. Wir einigen uns auf das Lied: »Wir schützen die Sowjetunion«:

Wir hassen euch, ihr Drohnen
auf Gut, Fabriken und Bank.
Ihr Räuber der Nationen,
wir sind euer Untergang!
Und richten sie die Gewehre
gegen die Sowjetunion,
dann rüsten rote Heere
zum Kampf, zur Revolution …

Nachts trinke und singe ich dann mit Kollegen, mit Freunden vom Oktoberklub noch lange in der Diskothek im »Haus der jungen Talente«.

Ich schlafe im Interhotel Stadt Berlin im 31. Stock. Am nächsten Morgen, es ist nicht mal neun Uhr, schrecke ich durch das plötzliche Rattern einer Schlagbohrmaschine aus dem Tiefschlaf hoch. Ich reiße die Augen auf. Trockener Mörtelstaub rieselt mir auf die Pupillen. Ich muss weinen. Knapp einen Meter über meinem Kopf bohrt ein Maurer, das rechte Knie auf meine Bettkante gestützt, ein Loch in die Wand. Nur zögernd lässt sich der Mann auf meinen Vorschlag ein, so lange das Zimmer zu verlassen, bis ich geduscht, meine Sachen gepackt habe und gegangen bin.

Nach dem zu urteilen, was sich Bauarbeiter hier so alles erlauben können, scheint die DDR ja wirklich das »Paradies der Werktätigen« zu sein.

Mittags bin ich mit Egon Krenz verabredet. Er hat mich zu einem Essen zu zweit im Haus des Zentralrats der FDJ, Unter den Linden (heute Sitz des Hauptstadtstudios des ZDF) eingeladen. Egon mag mich und meine Lieder (sogar sehr, wie er sagt). Wir plaudern entspannt beim Essen. Ich erzähle ihm – immer noch etwas irritiert durch das vorhin Erlebte – von dem Maurer im Hotel Stadt Berlin. Egon geht nicht darauf ein, schweigt, und ich wechsle das Thema: »Was ich noch sagen wollte, Egon … meine Kollegen in Hamburg, Otto Waalkes und Udo Lindenberg, würden gerne mal hier in der DDR auftreten; sie haben mich gefragt, ob ich dich nicht mal darauf ansprechen könnte, was ich hiermit tue.«

Egon schüttelt den Kopf und sagt: »Eher nicht«.

Mir dagegen bleibt Egon dauerhaft gewogen – auch noch nach der Wende. (Übrigens soll der Begriff »Wende« 1989, allerdings zuerst nur auf die damalige Noch-SED-Politik bezogen, von Egon Krenz geprägt worden sein.)

Aus der Justizvollzugsanstalt Plötzensee, in der er zu vier Jahren Haft verurteilt einsitzt, schickt Egon mir 2002 eine Glückwunschkarte zu meinem sechzigsten Geburtstag.

Die Richter des Berliner Landgerichts, die Egon Krenz für die Mauertoten verantwortlich machen und ihn wegen Totschlags belangen, bestätigten ihm immerhin, dass er zu den SED-Politikern gehörte, die im Herbst '89 darauf hinwirkten, dass es bei den Leipziger Montagsdemonstrationen und bei der Maueröffnung nicht zu einem Blutbad und zu einem Bürgerkrieg kam: »Der Angeklagte hat maßgeblich zur Deeskalation der damaligen Situation beigetragen«, schreiben sie in ihrem Urteil.

Wir bleiben in Kontakt, indem ich Egon meinerseits jedes Mal, wenn ich in Mecklenburg in der Nähe seines jetzigen Wohnortes auftrete, zu meinen Konzerten einlade.

Im Anschluss an unser Essen erwartet Egon gleich einen Gast zu einer Besprechung. Auch für mich wird es Zeit, wieder rüber in den Westen zu kommen. Von Unter den Linden gehe ich (Taxis sind hier in der DDR eher selten), die Reisetasche über die Schulter gehängt, den Gitarrenkoffer in der Hand, circa zehn Minuten zu Fuß bis zum Grenzübergang Friedrichstraße.

Die DDR-Grenzer und Vopos sind normalerweise unfreundlich und schroff. Aber heute sind sie noch ruppiger als sonst. Einer schubst mich gegen die Wand und blafft mich an: »Los, an die Seite! Ham'se nich' gehört? Gehen Sie zur Seite!« Zehn Uniformierte stellen sich, den Rücken mir zugedreht, vor mir auf, klemmen mich ein, bilden ein Spalier (aber nicht für mich); sie erwarten jemanden Wichtigen von »drüben«, halten ihm den Weg frei. Nach fünf oder sechs Minuten huscht Heidemarie Wieczorek-Zeul durch das Vopo-Spalier über den Durchgang und verschwindet schnell in der DDR. Unterwegs zu einer »Besprechung« nehme ich an – vielleicht mit Egon Krenz, wer weiß.

Als Delegation der DKP fahren wir zu viert in die Sowjetunion. Gerd Deumlich, Hannes Stütz, beide Kulturbeauftragte der Partei, der Schriftsteller Günter Herburger und ich. Am Flughafen Moskau-Scheremetjewo nimmt uns ein sympathischer russischer Genosse in Empfang. Vitali wird uns von nun an als Dolmetscher überallhin begleiten und uns ein veritables realsozialistisches Touristenprogramm servieren. Als Erstes besichtigen wir in der Moskauer Umgebung eine Kolchose; am nächsten Tag das Arbeits- und Schlafzimmer Lenins im Kreml, danach ihn selbst in seinem Mausoleum. Wir müssen uns nicht in die kilometerlange Besucherschlange einreihen, sondern werden (als privilegierte ausländische Gäste) durch eine Tapetentür direkt am offenen Sarg Lenins (der ziemlich mitgenommen aussieht) vorbeigeführt.

Wir sind zu einem Besuch beim Schriftstellerverband eingeladen. Neben einigen anderen Autoren ist auch der von mir verehrte Tschingis Aitmatow, der mich mit seiner wunderbaren Geschichte »Djamila« zu meinem Lied »Am Fluss« inspiriert hat, persönlich anwesend.

Mir kommt es so vor, als wenn uns gegenüber am Tisch die Autoren auf ihren Stühlen nicht sitzen, sondern etwas erhöht thronen; was mich zu der (vermutlich vorlaut klingenden) Bemerkung provoziert: »Ich sehe hier nur Männer. Was soll ich zu Hause meinen Genossinnen sagen, wenn sie mich nach sowjetischen Dichterinnen fragen?«

Einer der Angesprochenen antwortet lächelnd: »Nun ja, bei uns in der UdSSR sind Frauen häufiger auf musikalischem als auf literarischem Gebiet kreativ.«

Zwar ist es wenig wahrscheinlich, dass mich die Genossinnen zu Hause dazu befragen werden, aber es erscheint mir auffällig, dass es in beiden Teilen Deutschlands so viel mehr und zum Teil hochgeschätzte Autorinnen gibt als hier.

Am nächsten Tag steht ein Besuch bei Tichon Chrennikow, Generalsekretär des sowjetischen Komponistenverbandes, auf dem Programm. War gestern bei den Literaten vornehmlich Günter Herburger als Schriftsteller angesprochen, bin ich es als Musiker heute bei den Komponisten. Und tatsächlich: in Chrennikows Begleitung eine Komponistin, die während des ganzen Treffens allerdings kein Wort sagt.

Tichon Chrennikow lädt mich ein, bei dem in wenigen Monaten in Moskau stattfindenden 2. Internationalen Musikfestival aufzutreten. Ich sage zu. Am Abend dann besuchen wir im Bolschoi-Theater geschlossen eine Vorstellung der von Chrennikow komponierten komischen Oper »Frol Skobejew«, die hier schon seit Jahrzehnten auf dem Spielplan steht.

Von Vitali begleitet, geht es am folgenden Tag per Bahn von Moskau nach Kiew. Auf der über 13 Stunden dauernden Reise fließt der Wodka in Strömen. Von Vitali lernen wir: »Wodka trinken ohne Trinkspruch, ist reine Sauferei.« Vitali hat davon jede Menge im Repertoire. Zum Beispiel den: »Ich wünsche euch einen Sarg aus hundertjährigen Eichen, die heute gepflanzt werden. Sa náschu drúschbu (auf unsere Freundschaft).« Der Spruch gefällt mir, und ich merke ihn mir.

Außer an den »Bogen der Völkerfreundschaft« in Kiew erinnere ich mich an unseren Besuch des dortigen Revolutionsmuseums. Besonders ein Paar handgearbeitete Schuhe aus Jakuten-Rindsleder von gigantischem Ausmaß, mindestens Größe 70, ausgestellt in einer Glasvitrine, beeindrucken mich. Ein sibirischer Schuster hat sie 1918 für Wladimir Iljitsch Lenin »den neuen Zaren«, den er sich nur als Riesen vorstellen konnte, angefertigt und persönlich im Kreml abgeliefert.

Fühle ich mich auf dieser ersten Reise in die mir fremde Welt der Sowjetunion als Teil einer Delegation noch wie ein Tourist und sozusagen im Schutz einer Gruppe, mit einem reibungslos durchorganisierten Tagesprogramm, erlebe ich meinen zweiten (und letzten) Besuch in Moskau, anlässlich des 2. Internationalen Musikfestivals, als einen einzigen Albtraum, der schon am Flughafen Scheremetjewo seinen Anfang nimmt. Ich bin allein. Meine Band: Lydie, Hans, Reini und als Tontechniker Ben Ahrens sollen in zwei Tagen nachkommen. Man – das heißt Moskau via DKP-Vorstand – hat mich darüber informiert, dass hier Dolmetscherinnen, Hostessen sozusagen, zur Verfügung stünden und ständig Shuttlebusse zwischen Flughafen und dem Hotel Rossija am Roten Platz unterwegs seien, um dort die Festivalteilnehmer abzuliefern. Es wird schon Abend, als ich den fast menschenleeren Terminalbereich betrete. Keine Dolmetscherin zu sehen. Und an welchem Ausgang warten die

Shuttlebusse? Ich frage an einem der Schalter nach. Erst auf Deutsch, ich kann ja kein Russisch, dann auf Englisch. Die Check-in-Agentin schüttelt den Kopf und sagt was in ihrer Sprache. Ich muss dringend pinkeln und sage zuerst »Toilette«, dann versuche ich es mit »Toilet« und »Pissoir«. Vergeblich. Die Frau zuckt nur mit den Achseln und schweigt. Ich stelle mich in der Halle neben zwei Türen, hinter denen ich Toiletten und Waschräume vermute und auf denen etwas, für mich natürlich unentzifferbar, in kyrillischer Schrift geschrieben steht. Ich muss fünf, sechs, zehn Minuten warten, mache mir fast in die Hose, bis endlich eine Frau hinter einer der Türen verschwindet. Da gehe ich schnell durch die andere.

Eine Tupolev aus Alma-Ata (heute Almaty) landet. Eine Gruppe Pelzmützen tragender Männer – es ist Mitte Mai – kommt von der Gepäckausgabe und strebt dem Ausgang zu. Kasachische Komponisten, nehme ich an. Ich hänge mich an sie dran. Draußen steht der Shuttlebus. Die Kasachen weisen sich dem Fahrer gegenüber mit irgendeinem Stück Papier aus und steigen ein. Mir verweigert er den Einstieg. Ich sehe nicht kasachisch aus, noch habe ich wie sie einen gültigen Passierschein. Aber ich habe eine Idee. Ich kenne nämlich die kyrillische Schreibweise für meinen Nachnamen. Ganz einfach: Wader wird BADEP geschrieben. Ich male die Buchstaben mit dem Kugelschreiber auf meine Handfläche und zeige sie dem Fahrer. Der wiederum zeigt mir einen Eintrag in seiner Namensliste. Da steht ganz deutlich mein Name: BADEP – aber mit Kugelschreiber dick durchgestrichen. Für den Fahrer scheint das zu bedeuten, dass ich nicht hier bin, für ihn gibt es mich gar nicht. Der Bus fährt ohne mich ab.

Jetzt fängt auch noch mein Magen an zu knurren. Es gibt hier Restaurants, aber nicht nur, dass ich die Speisekarten nicht lesen kann, ich besitze auch keinen einzigen Rubel. Die Wechselstuben scheinen schon geschlossen zu haben.

Hier gehen die Uhren eben anders und nicht nur die: Alles geht hier anders. Und das soll es ja auch, sage ich mir, ich will nicht kleinlich sein. Hauptsache die Richtung stimmt hier im Mutterland des sich entwickelnden Sozialismus, seit nunmehr siebzig Jahren auf dem Wege zur klassenlosen Gesellschaft. Na und? Die Welt der Bourgeoisie hat mehr als 500 Jahre gebraucht, um schließlich mit ihrem Scheißkapitalismus die Menschheit zu unterjochen.

Die letzte Aeroflot-Maschine an diesem Tag kommt aus Helsinki mit nur wenigen Passagieren an Bord. Zwei davon kenne ich. Es sind finnische Singer-Songwriter, denen ich im Jahr zuvor auf dem Laulufestivaalit, einem Songfestival in Helsinki, begegnet bin. Die beiden können russisch und reden mit dem Fahrer. Diesmal darf ich mit an Bord.

Das Rossija ist mit 3170 auf 21 Stockwerke verteilten Betten das zu der Zeit größte Hotel Europas. Ich bitte meine beiden finnischen Kollegen (wer weiß, was mich dort gleich erwartet), mir beim Einchecken behilflich zu sein. Die Rezeptionistin lässt uns erst mal warten, arbeitet an einem der »Tschoty«, einem der Rechenschieber, die hier überall auf der Theke verteilt sind. Sie blättert in der Buchungsliste und zeigt uns außer meinem BADEP – wieder durchgestrichen – vier weitere kyrillisch geschriebene Nachnamen. Es sind die von Lydie, Hans, Reini und Ben: auch alle durchgestrichen. Was geht hier eigentlich ab? Ich bin immer noch bereit, das, was da jetzt so vor sich geht, für ein Missverständnis zu halten, zumal mir die Rezeptionistin dann doch, wenn auch widerwillig, einen Zimmerschlüssel überlässt.

Nach einer kurzen Nacht, ich habe schlecht geschlafen, setze ich mich am nächsten Vormittag im Frühstückssaal allein an einen der Tische. Ich kenne hier ja niemanden. Das heißt doch: Ein paar Tische weiter, ebenfalls allein, frühstückt der wohl prominenteste Festivalteilnehmer – der griechische Komponist Mikis Theodorakis. Ich bin ihm schon mal persönlich begegnet, habe ein paar Worte mit ihm gewechselt; traue mich jetzt aber nicht rüberzugehen, um ihn zu begrüßen. Sich in einer fremden Stadt, einem fremden Land zu befinden und das Gefühl zu haben, nicht willkommen – ja, nicht einmal vorhanden – zu sein, ist tief verstörend. Ich schlurfe die Warwarka-Straße rauf und runter, wage es nicht, zum Roten Platz hinüberzugehen, aus Furcht, mich hoffnungslos zu verlaufen; lungere am Eingang des Rossija rum, vor dem gerade wieder ein voll besetzter Shuttlebus hält. Eine junge Russin steigt aus, gefolgt von einer kleinen Gruppe Reisender, die sich mit sächsischem Zungenschlag von ihr verabschiedet. Endlich eine Dolmetscherin, die Deutsch kann – das ist meine Chance. Ich schildere ihr meine Lage. Ella, so heißt die junge Frau, meint, das könne schon mal vorkommen und dass die

Situation sich rasch klären ließe. Sie ruft gleich die ihr vorgesetzte Zentrale der Festivalorganisation an, die ihrerseits wieder dem über allem schwebenden Komponistenverband und der Bolschoi-Administration untersteht.

Ellas Telefonat klärt gar nichts. Verwirrt und wie vor den Kopf geschlagen, lasse ich mir von ihr wiederholen, was man ihr am Telefon über mich gesagt hat: Ich sei ein gefährlicher, vom westdeutschen Geheimdienst BND eingeschleuster Agent Provocateur und beauftragt, bei meinem Auftritt hier in Moskau (im Verbund mit der kapitalistischen Auslandspresse) von der Bühne herab mit antisozialistischen Parolen und faschistischen Liedern einen Eklat zu entfesseln. Der ursprüngliche Plan der Festivalleitung, mich zu isolieren und »auflaufen« zu lassen, müsse nun, da ich den Kontakt zu ihr – Ella – aufgenommen habe, dahingehend geändert werden, dass sie einfach weiterhin an mir dranbleiben soll, um verdächtige Aktivitäten meinerseits umgehend melden zu können.

Damit, dass mir Ella das alles berichtet, stellt sie sich, im Rahmen dessen, was sie für mich tun kann, ohne ihrerseits Repressionen befürchten zu müssen, schon auf meine Seite.

Ich bitte Ella, noch einmal bei der Zentrale nachzufragen, was denn jetzt mit meiner Band ist, die morgen Nachmittag in Scheremetjewo landen soll. Ella erhält Order, mir mitzuteilen: Lydie, Hans, Reini und Ben kommen nicht, haben den Flug abgesagt, gecancelt. Aber das glaube ich nicht. Ella auch nicht. Ich werde morgen auf jeden Fall am Flughafen sein und meine Band, falls sie doch gelandet sein sollte, persönlich abholen.

So geschieht es. Die Band ist mit Gepäck und Instrumenten vollzählig gelandet, wartet schon auf mich. Ich bin erleichtert, fühle mich mit und in der Gruppe wieder stark, jetzt kann es losgehen. Ich rechne an der Hotelrezeption wegen unserer durchgestrichenen Namen auf der Buchungsliste mit einigen Schwierigkeiten und bin verblüfft, als meinen Musikern ohne langes Zögern Zimmerschlüssel ausgehändigt werden.

In der Nacht schlafe ich wieder schlecht. Werden sie (wer »sie« auch immer sind) uns morgen auftreten lassen? Ich denke, ja. Ein Auftrittsverbot für mich würde mindestens einen ebensolchen Eklat auslösen wie von der Bühne heruntergeschwungene antikommunistische Hetzreden.

Ich und Antikommunist? Diese Unterstellung ist so absurd und ausgedacht, dass sie nur jemandem als Vorwand dienen kann, um mir zu schaden. Ich habe den Eindruck, für ein Vergehen bestraft zu werden, von dem ich nicht einmal weiß, dass ich es begangen habe.

Dieser Jemand muss auf jeden Fall ein der Sowjetnomenklatura angehörender einflussreicher Kader sein, das ist mal klar. Aber wer?

Als einzige Person, die zu einem solchen Personenkreis zählt, fällt mir nur der Erste Sekretär des Komponistenverbandes ein: Tichon Chrennikow. Aber er hat mich doch selbst zu dem Festival eingeladen, er war mir doch wohlgesonnen. Ich erinnere mich nicht, ihn irgendwie brüskiert zu haben – oder vielleicht doch?

Am nächsten Morgen, ich bin mit meiner Band zum Frühstück verabredet, geht es Reini hundeelend, er ist stark erkältet, obendrein hatte er nachts ungewollt Gäste im Hotelzimmer: Reini ist gerade eingeschlafen, da wird er von zwei nackten Frauen geweckt, die sich zu ihm ins Bett legen und ihm an die Wäsche wollen. Reini flüchtet aus dem Zimmer zur Concierge auf dem Hotelkorridor, versucht, sich ihr durch Gesten verständlich zu machen. Die wiederum kann ihm gestisch vermitteln, dass die beiden sozialistischen Prostituierten sich nur in der Tür geirrt hätten. Sie selbst habe die Frauen an den Hotelgast im Zimmer nebenan vermittelt.

Man lässt uns – da habe ich richtig geraten – auftreten. Aber nicht etwa, wie zu vermuten wäre, möglichst unauffällig auf irgendeiner Kleintheaterbühne, wo man mich, »den gefährlichen Agent Provocateur« besser in Schach halten könnte, sondern im Lenin-Sportpalast, einer Halle mit 14 000 Plätzen. Mir ist unwohl zumute. Nicht aus Furcht vor einem so großen Publikum – es würde mir auch nichts ausmachen, vor 100 000 Leuten zu singen. Aber ich spüre: Irgendwas ist faul an der Sache.

Wir sind nach Dean Reed dran. Dean Reed aus Denver, Colorado sieht blendend aus, wirkt sympathisch, lebt als überzeugter Kommunist in der DDR. Ich bin ihm bisher noch nicht begegnet und möchte mir sein Konzert unbedingt angucken. Ich setze mich ganz hinten im Saal auf den einzigen noch freien Platz.

Dean Reed springt, unter infernalischem Applaus der Menge, in seinem weißen Anzug von der Seite auf die riesige Bühne, unterhalb derer sich, wie in einem Orchestergraben, eine mindestens 120 Mann (beziehungsweise Frau) starke Big Band verteilt. Sie begleitet Dean Reed, als er »We Shall Overcome« anstimmt. Nicht nur die gewaltige Lautstärke, auch die dabei synkopische (sowjetisch) verjazzte, rhythmisch überakzentuierte Spielweise des Liedes – mir bisher nur in hymnisch getragener Form vertraut – klingt in meinen Ohren befremdlich.

Dean Reed beendet seine Show. Die Halle erbebt unter orkanartigen, nicht aufhörenden Ovationen. Dean Reed wird hier in Moskau wie ein Gott verehrt. Die 14000 Zuschauer sind in ihrer Mehrheit Frauen. Das Saallicht geht an. 10000 Moskauerinnen jedes Alters, jede mit einer Blume in der Hand, erheben sich und bilden auf den Gängen zwischen den Sitzreihen lange disziplinierte Schlangen. Und alle, ausnahmslos alle, tragen hochtoupierte Turmfrisuren; wie ich sie zum letzten Mal in Westberlin vor zwanzig Jahren – Mitte der Sechziger – gesehen habe. Gespenstisch. Dean Reed steht die ganze Zeit oben am Bühnenrand, von den an ihm vorbeidefilierenden Frauen mit Blumen beworfen, die sich auf der Bühne nach einer Stunde, so lange dauert das Defilee, zu einem Haufen auftürmen.

Dann erst kommen wir. Ich singe, wir spielen – vor leeren Rängen. Von den 14000 Zuschauern sind jetzt nach der Pause vielleicht noch 140 geblieben. Unser Auftritt nach Dean Reed ist von vornherein als Demütigung für mich geplant gewesen. Die funktioniert perfekt. Vorausschauend klug inszeniert von einem Meister der Intrige. Wer das ist, werde ich zwar bald herausbekommen, aber niemals, warum ein so mächtiger Mann einer für den sowjetischen Kulturbetrieb völlig belanglosen Randfigur wie mir die hohe Ehre seiner Niedertracht erweist.

Zahnschmerzen

Wieder zu Hause, versuche ich, die mich bedrückenden Erinnerungen an das Moskauer Musikfestival abzuschütteln. Ich bin gut in so was, und es gelingt mir auch halbwegs. Ein paar Hamburger Genossen, denen ich davon erzählen will, schütteln nur ungläubig den Kopf, glauben, ich übertreibe – also lasse ich es. Vielleicht haben sie ja recht, und ich sehe das alles als kapitalistisch degeneriertes Sensibelchen wieder mal ganz falsch. Ich fühle mich verunsichert. Aber Hauptsache, ich muss nicht noch mal nach Moskau – nie wieder.

In Mainz trete ich, diesmal ohne Band, drei Abende lang im Unterhaus auf und wohne während der Zeit bei den Degenhardts, bei Martin, Trude und Annette. Ihnen berichte ich dann doch noch mal von meiner Moskaureise. Es ist weit nach Mitternacht. Wie ich sind die Degenhardts Nachteulen. Wir trinken Pfälzer Riesling, ich erzähle. Mitten im Satz lässt mich ein jäher Schmerz in einem meiner hinteren Backenzähne laut aufjaulen. Und bald schon wird der Schmerz immer unerträglicher. Martin ruft einen mit ihm befreundeten Zahnarzt an, der bereit ist, mir zu helfen, und wir fahren mit dem Taxi zu dessen Praxis. Der Doktor sagt: »Der Zahn muss raus«, setzt mir zwei Betäubungsspritzen und fängt an, mir mit der Zange den Zahn aus dem Kiefer zu hebeln. Ich schreie wie am Spieß. Die Schmerzmittel wirken nicht. Der Arzt spritzt mir noch einmal – ohne nennenswerten Effekt – eine so hohe Dosis, wie er meint, es gerade noch verantworten zu können. Die furchtbaren Schmerzen halten noch stundenlang an.

Diesen grässlichen Zustand des Dauerzahnschmerzes habe ich 15 Jahre vorher in dem Talking Blues »Langeweile« schon antizipiert:

… Ich döste noch vor mich hin,
hatte die Idee und dann
wusste ich, wie ich sämtliche Kriege

auf der Stelle beenden kann;
und ich hätte auch alles getan,
doch zu meiner Schande muss ich gesteh'n,
dass ich alles vergaß, weil ich Zahnschmerzen bekam,
und da helfen mir keine Ideen.
Ich rannte mit dem Kopf gegen einen Baum,
halb wahnsinnig vor Schmerz,
ich besoff mich und betäubte den Zahn,
mein Hirn, meine Seele, mein Herz,
schlich wieder weiter durch die Straßen,
die Füße wurden mir schwer.
Es war dunkel geworden, der Tag zu Ende,
und ich wusste von gar nichts mehr …

Dass mir in dieser Nacht mit dem Backenzahn sinnbildlich auch der Zahn »Realsozialismus sowjetischer Prägung« gezogen wird, kann ich nicht gleich erkennen, will es auch nicht wahrhaben.

Beim UZ-Pressefest in Duisburg, wenige Tage später, bin ich wieder dabei. Diesmal ist auch eine sowjetische Kulturdelegation aus Moskau zu Gast. Darunter mein alter Freund Vitali, unser Dolmetscher auf meiner ersten Moskaureise. Er begrüßt mich stürmisch, umarmt mich und sagt: »Hannes, ich habe von den Schweinereien, die sie in Moskau mit dir angestellt haben, gehört; leider zu spät. Das tut mir leid. Diese ganze reaktionäre und miteinander verzahnte Bande, dieses Bolschoi-System, dazu noch der Schriftsteller- und der Komponistenverband mit Chrennikow an der Spitze, die bilden quasi einen Staat im Staate, fast unangreifbar. Ich würde am liebsten mit 'ner Kalaschnikow da rein und alle umnieten.«

Na ja, umnieten muss nicht gleich sein. Aber Vitalis Worte tun mir gut. Ich habe mir wohl doch nicht alles nur eingebildet.

Seit über zwei Jahrhunderten gilt das legendäre Bolschoi-Theater in der ganzen Welt als Symbol und zugleich als die Verkörperung russischer Hochkultur. Schon von den Zaren und später von Stalin gleichermaßen gehätschelt, scheint diese Institution inzwischen so mächtig zu sein, dass sie die Beschlüsse der KPdSU als der Staatsmacht jederzeit umgehen und unterlaufen kann.

Bei Vitalis Erwähnung Tichon Chrennikows horche ich auf. Kein Zweifel: Hinter den Schikanen und Perfidien, denen ich in Moskau ausgesetzt war und die noch eine ganze Weile in mir nachwirken werden, steckt also der Erste Sekretär des Komponistenverbandes. Dieses Wissen erleichtert es mir, die Person und den Namen Chrennikow schneller vergessen zu können. Erst jetzt, 35 Jahre später, fällt er mir bei der Niederschrift dieser Zeilen wieder ein.

Wie der Zufall es will, stoße ich auch in einem Roman, den ich gerade lese, unvermutet auf den Namen Tichon Chrennikow. In seinem Buch »Der Lärm der Zeit« schreibt der englische Autor Julian Barnes über das Leben des Komponisten Dimitri Schostakowitsch und weist Tichon Chrennikow darin eine Schlüsselrolle zu: die eines ebenso machtbesoffenen wie nach oben kriecherisch durchtriebenen Apparatschiks, von fast dämonischer Widerwärtigkeit und gleichzeitig kleinlichster Gehässigkeit.

Auch wenn Barnes die historische Realität fiktionalisiert hat, habe ich doch keinen Grund, an seiner Bewertung von Chrennikows Charakter auch nur eine Sekunde zu zweifeln.

Am Schluss des Buches nennt Barnes einige Daten aus der Biografie Chrennikows: 1948 von Stalin als Erster Sekretär der neu gegründeten »Union of Soviet Composers« eingesetzt, bekleidet er dieses Amt über vier Jahrzehnte. Längst schon mit unzähligen Preisen dekoriert (mit dem Stalinpreis, dem Leninpreis, mit dem Ehrentitel »Held der Arbeit« und so weiter) wird er 2003 noch einmal von Putin für sein Lebenswerk als Komponist geehrt und stirbt 2007 – damit hat er sechs sowjetische Staatschefs überlebt – vierundneunzigjährig.

Apropos Apparatschik und Russland: Derzeit sterben nacheinander Sowjetführer, mit Verlaub, wie die Fliegen. Leonid Breschnew ist bereits 1982 gestorben. Der bereits schwer kranke Juri Andropow wird nach ihm Präsident und verstirbt Siebzigjährig nach nur 15 Monaten Regierungszeit 1984 in Moskau. Sein Nachfolger, Konstantin Tschernenko 72 Jahre alt, ebenfalls schon halb tot und schwer lungenkrank, hält bis zu seinem Ableben nur 13 Monate im Amt durch.

Dass die Hinfälligkeit, die Morbidität ihrer Führungsriege nur den bereits fortgeschrittenen Verwesungsprozess der Sowjetunion selbst widerspiegelt, ahne ich wohl schon, gestatte mir aber nicht, es auch zu denken. Noch ist meine sozialistische Weltanschauung eng mit der Existenz des Sowjetsystems verknüpft. Bräche es jetzt zusammen, fiele ich selbst auch auseinander.

Politisch, professionell, privat – aufwärts, abwärts

Wie die Zeit vergeht. Inzwischen hat Carsten Linde ein weiteres Treffen der »Folk Friends« organisiert. Der Kreis wurde erweitert – unter anderem um die Folklegende Ramblin' Jack Elliott –, gemeinsam nehmen wir ein zweites Album auf. Danach gibt es keine weiteren Aufnahmesessions mehr in meiner Mühle. Dennoch geht mein Traum, sie möge ein Ort des Zusammentreffens für Künstler sein, in Erfüllung: Bei einer meiner Reisen lerne ich eine Kunsthistorikerin kennen, die an der Berliner Hochschule der Künste tätig ist. Wir kommen ins Gespräch, es stellt sich heraus, dass man an der HdK gerade nach Seminar- und Tagungsräumen außerhalb Berlins sucht. So vermiete ich das Nebengebäude der Mühle künftig an die Hochschule, muss mich nicht mehr um dessen Verwaltung kümmern, und die Studierenden aller Kunstrichtungen bringen »jede Menge Leben in die Bude«. Eine, wie ich finde, ziemlich perfekte Lösung.

Seitdem ich die Wohnung in der Eimsbütteler Alardusstraße habe, pendle ich wieder häufiger zwischen Nordfriesland und Hamburg und bin abends wieder öfter im Onkel Pö.

Eines Nachts kommt Detlef Petersen rein zusammen mit Klaus Voormann, mit dem er mich bekannt macht. Detlef und ich, wir kennen uns bisher nur flüchtig. An diesem Abend reden wir stundenlang über alles Mögliche – selbstverständlich auch über Musik. Als wir uns im Morgengrauen trennen, ist zwischen uns abgemacht, dass er mein nächstes Album produzieren wird.

Eine fünf Jahre dauernde, angenehme und fruchtbare Zusammenarbeit zwischen Detlef und mir beginnt.

Detlef ist (das heißt, er war) Keyboarder und Chef der Rockgruppe Lake, die gerade, nachdem sie vor allem in den USA enorme Erfolge gefeiert hat – hauptsächlich mit von Detlef komponierten Titeln – dabei ist, sich aufzulösen.

Es trifft sich günstig, dass Detlef, der von Pellworm stammt, gebürtiger Insel-Friese ist, in meiner Nachbarschaft bei Husum, im umgebauten Schweinestall eines Resthofes, ein Studio betreibt.

Von Detlefs Gabe als Songkomponist werde auch ich in den nächsten Jahren profitieren. Seine Schubladen quellen förmlich über von noch unaufgeführten Musiken und Melodien, die nur darauf warten, von mir betextet zu werden. Mindestens zehn dieser in Gemeinschaftsarbeit entstehenden Lieder singe ich im Laufe der nächsten Jahre, auf verschiedene Alben verteilt, in Detlefs Studio ein. Detlef ist dabei Produzent und Toningenieur in einer Person. Folgende fünf LPs nehmen wir nacheinander auf: »Glut am Horizont«, »Liebeslieder«, »Nach Hamburg«, »Hannes Wader singt Volkslieder«, »Nie mehr zurück«.

Die Arbeit mit Detlef als Produzent und den unterschiedlichsten Musikern, die mich im Studio bei den Aufnahmen begleiten, ist spannend und macht Freude. Zum Beispiel die Sessions mit Bertram Engel an den Drums, der sonst für Udo Lindenberg und Peter Maffay trommelt. Und mit Benjamin Hüllenkremer am E-Bass. Mit Nils Tuxen aus Dänemark, der immer einen VW-Bus voller Gitarren mit ins Studio bringt und der meiner Ansicht nach der beste Pedal-Steel-Gitarrist in Europa ist. Leider findet die Studioarbeit, deren Kosten die Plattenfirma trägt, immer nur wenige Wochen im Jahr statt. Meine eigene Band, mit Lydie Auvray, Hans Hartmann und Reinhard Bärenz, mit der ich bisher auf meinen Tourneen unterwegs war, kann ich inzwischen nicht mehr bezahlen. Da trifft es sich gut, dass Lydie gerade eine eigene Band, »Die Auvrettes«, gegründet hat, der jetzt auch Reini und Hans angehören.

Eine Weile lang, ehe ich wieder ganz allein auftrete, wird mich Reini noch weiter begleiten. Statt wie sonst mit zehn oder zwölf Leuten, sind wir jetzt zu viert unterwegs. Reini Bärenz, Peter Ledebur als Tourleiter, Ben Ahrens, der den Ton macht, und ich.

In dieser Gruppierung gehen wir auf Tour durch die DDR. Wir kommen auch nach Chemnitz – damals noch Karl-Marx-Stadt. Im großen Saal der Stadthalle mit seinen rund 2000 Plätzen sitzen an diesem Abend in der ersten Reihe um die hundert SED-Funktionäre.

Im Programm habe ich unter anderem auch »den Rattenfänger«. Ich komme zur neunten Strophe und singe:

… Es geschah, was heute noch immer geschieht,
wo Ruhe mehr gilt als Recht,
denn wo die Herrschenden Ruhe woll'n,
geht's den Beherrschten schlecht …

Diese paar Verszeilen lösen einen plötzlichen, von den hinteren Rängen ausgehenden Tumult im Saal aus. 2000 Menschen erheben sich von ihren Plätzen, johlen und applaudieren. Die Funktionäre in der vordersten Reihe zögern erst, stehen dann – was sollen sie sonst machen? – ebenfalls geschlossen auf und klatschen.

Ich weiß nicht so recht, wie ich das, was ich in der DDR »realsozialistisch« so alles erlebe, interpretieren soll. Ich sehe so viele Widersprüche und sage mir jedes Mal: Das wird schon noch, die Probleme lassen sich lösen, es braucht eben seine Zeit. Antagonistische Widersprüche gibt es nur im Kapitalismus: zwischen den herrschenden und den unterdrückten Klassen. Für den Marxismus-Leninismus »als die einzige wissenschaftlich fundierte Weltanschauung« bin ich, jedenfalls theoretisch, auch weiterhin Feuer und Flamme. Und dennoch nimmt mein Interesse am politisch konkreten Weltgeschehen zunehmend ab.

Am alltäglichen DKP-Parteileben in Hamburg nehme ich schon länger nicht mehr teil, trete dafür aber noch regelmäßig bei politischen Veranstaltungen auf, zum Beispiel auf Anti-AKW-Demos vor und nach dem Super-GAU in Tschernobyl.

Michail Gorbatschow, derzeit in der Sowjetunion am Ruder, hat soeben die Begriffe »Glasnost« und »Perestroika« weltweit populär gemacht. Nur noch am Rande bekomme ich mit, dass sich die DKP in Gorbatschow-Anhänger und -Gegner spaltet. Ich selbst verhalte mich dazu indifferent.

Wie immer, wenn in mir eine gestern noch brennende Leidenschaft langsam erlischt, tritt gleich eine andere Passion an ihre Stelle, der ich mich dann weitgehend überlasse. Seit Neuestem bin ich wieder (ich war es schon einmal, als ich meinen Wald gepflanzt habe) mit Hingabe Gärtner – natürlich bio. Jetzt pflanze ich Obstbäume auf den noch freien Flächen hinter der Mühle, lege Frühbeete an, in denen ich Salate und Gemüse vorziehe. Ich lasse einen Bagger kommen, der ein Loch für den Gartenteich aushebt: fünf mal zehn Meter groß und einen Meter tief, das ich mit einer Plastikplane auslege.

Für die Umgestaltung meines Gartens habe ich noch weitergehende Pläne. Ich studiere das Buch »Der Biogarten« von Marie-Luise Kreuter, werde demnächst einen Bauerngarten anlegen und möchte am liebsten sofort damit beginnen.

Dass ich gerade jetzt wieder für mehrere Wochen auf Tournee gehen muss, passt mir daher gar nicht. Ich habe nicht die geringste Lust, auf die Bühne zu gehen. Ich bin – und das schon seit einiger Zeit, aber von mir selbst nicht gleich so wahrgenommen – dabei, in eine Krise zu schlittern. Die Anzeichen dafür häufen sich. Ich kann es nicht länger ignorieren, dass meine Publikumszahlen spürbar rückläufig sind. Die Leute merken, dass ich nicht mehr für sie singen mag. Ich beschimpfe mein Publikum zwar nicht mehr von der Bühne runter, biete ihm nicht, wenn es protestiert, weil ich meine Gitarre minutenlang stimme, so wie früher Prügel an (was die Leute mir meist als eine ihnen immerhin zugewandte »vital-aggressive Lebensäußerung« haben gerade noch durchgehen lassen). Aber was ich derzeit auf der Bühne ausstrahle – die reine Lustlosigkeit – wird von einem größeren Teil des Publikums, das nach so einem Konzert den Saal verlässt, nicht mehr akzeptiert.

Zwei Tage vor Tourneebeginn bekomme ich Post vom Finanzamt per Zustellungsurkunde. Ich soll spätestens bis dann und dann 140 000 Mark Steuern nachzahlen. Ich gehe zu meiner Bank, die mir den Betrag als Darlehen bewilligt, zusätzlich zu den fast zwei Millionen, die ich ihr ohnehin noch (beziehungsweise schon) schulde, eine Summe, die sich immer schneller noch weiter erhöht, weil ich seit Jahren keinen Kapitaldienst mehr leiste – nicht mehr leisten kann.

Wir gehen auf Tour. Reini, Peter Ledebur und ich in meinem privaten Audi-Kombi. Peter fährt. Ben Ahrens steuert den VW-Bus mit der verkleinerten (für minder große Säle ausreichenden) Anlage drin.

Habe ich sonst in Stuttgart den Beethovensaal der Liederhalle mit über 2000 Plätzen bequem gefüllt, trete ich an diesem Abend im lediglich gut besuchten Laboratorium auf; einem mit großem Herz für Künstler geführten, aber räumlich doch viel kleineren Kellerklub.

Das Hotel ist diesmal billig, eigentlich nur eine im Parterre betriebene Metzgerei mit ein paar Fremdenzimmern im ersten Stock; es riecht nach dem Innereiendunst kürzlich geschlachteter Schweine, und auf den Badezimmerspiegeln liegt ein Fettfilm. Ich habe nichts gegen den Geruch toter Schweine und bleibe. Reini, Peter und Ben weigern sich einzuchecken, machen auf dem Absatz kehrt und nehmen ein anderes Hotel.

Ich muss dabei an Karratsch denken, dem Schwankungen in der Publikumsgunst ebenfalls geläufig sind und der neulich noch zu mir sagte: »Hannes, wenn die Tourneen mal nicht mehr so gut laufen, merkst du das zuerst an den Hotels.«

So ist es.

Bei aller Unlust, die ich in letzter Zeit mal mehr, mal weniger auf der Bühne verspüre, hat das Leben on the road doch seine angenehmen Seiten. Ich treffe alte Freunde: Reinhard zum Beispiel, den ich lange nicht gesehen habe, treffe ich beim Liederfestival auf dem zum Kloster Banz gehörenden Gelände nahe dem oberfränkischen Bad Staffelstein, wieder. Wir intensivieren danach unsere alte Freundschaft erneut.

Und ich mache neue Bekanntschaften – auch deswegen mag ich den Job. In Berlin habe ich anlässlich der Funkausstellung einen Termin und begegne dort Elke Heidenreich und ihrem damaligen Ehemann Bernd Schroeder – spontane gegenseitige Sympathie. Elke kenne ich bisher nur als Kabarettistin aus dem Radio und bin Fan ihrer Geschichten, die sie als Metzgersgattin Else Stratmann aus Wanne-Eickel erzählt. Eine Rolle, die Elke demnächst aufzugeben plant, um sich ausschließlich dem Schreiben zu widmen. Bernd hat erst vor Kurzem ein Buch über und mit Konstantin Wecker und ein weiteres über und mit Hanns Dieter Hüsch geschrieben und veröffentlicht. Sein Vorschlag, auch über mich ein Buch zu schreiben, erfreut und überzeugt mich. Elke und Bernd laden mich zu sich in ihr Haus in Baden-Baden ein, wo Bernd gleich mit der Arbeit beginnt, den Kassettenrekorder anwirft und mich befragt. Elke schlägt vor, zu dritt ein paar Tage nach Lugano zu fahren, wo die beiden ein Haus am See besitzen. So machen wir es – ich habe Zeit.

Wieder zurück, besucht Bernd mich in meiner Mühle, wo wir die Arbeit an unserem Buch fortsetzen. Ich erzähle, Bernd schreibt. Nach ein paar Wochen gibt er mir die ersten hundert Manuskriptseiten zu lesen: Bernd ist ein guter Autor, keine Frage, und was er da schreibt, habe ich ihm so erzählt – doch genau darüber bin ich tief erschrocken. Erschrocken über mich selbst. Was ich da so freimütig und geschwätzig ausgeplaudert habe, ist mir nur noch peinlich.

Ich kann nicht zulassen, dass all das öffentlich wird. Ein kränkender Entschluss meinerseits – ich weiß. Enttäuschend für Bernd als Autor wie als Freund. Ich lasse ihn sitzen auf den Kosten für seine Recherchen; ganz zu schweigen von der von ihm in mich investierten Zeit. Dabei würde ich ihm gern, zumindest finanziell, eine Aufwandsentschädigung anbieten, habe aber wieder mal kein Geld. Bernd reagiert in einem Brief entsprechend bitter. Er wirft mir vor, die einmalige Chance, mit seinem Buch meinen deutlich im Sinken begriffenen Stern wieder neu aufgehen zu lassen, vertan zu haben. Damit könnte er recht haben, aber ich bleibe bei meinem Entschluss.

Unser Verhältnis zueinander, auch das Elkes zu mir, kühlt ab. Zum Glück nicht für immer. Wir kommen uns später wieder näher.

Hier muss ich hinzufügen, dass es in der Folgezeit noch mehrere Anläufe kompetenter Autoren gibt, eine Wader-Biografie zu schreiben, und ich alle diese Projekte auf die oben erwähnte Weise und aus ähnlichen Gründen platzen lasse. Ich musste erst 75 Jahre alt werden, um endlich herauszufinden, dass ein Buch über mich und mein Leben – so, wie es hiermit vorliegt – nur von mir selbst geschrieben werden kann. Vielleicht bin ich weit weniger brillant als die Autoren, die sich an mir versucht haben, aber es geht mir um meinen eigenen Ton.

Fast noch mehr als dieser eigene Ton bedeutet mir die subjektive Gewichtung, die Balance von narrativ betont Hervorgehobenem und eher beiläufig Erwähntem. Und das kann nur ich selbst; das ist es, was mich und mein Leben ausmacht. Wie soll ein Biograf – und hieße er Goethe – aus dem, was ich ihm erzähle, entnehmen, was mir wichtig ist und was nicht?

Ein Wiedersehen – so zufällig wie folgenreich

Das Onkel Pö in Hamburg Eppendorf, in dem sich Weltstars der Rock- und der Jazzmusik mal gegenseitig die Klinke in die Hand gaben, hat dicht gemacht. Die gestern noch so lebendige Hamburger Musikszene existiert nicht mehr. Hier vom Ende einer Epoche zu sprechen, scheint mir nicht übertrieben.

Ich sitze bei einem Kaffee im Meisenfrei am Eppendorfer Weg, als Cordula plötzlich reinkommt. Es muss gut ein bis zwei Jahre her sein, dass wir uns zuletzt gesehen haben. Ich erkenne sie nicht auf Anhieb; sie trägt – was ihr aber verdammt gut steht – die Haare extrem kurz geschnitten. Seit einiger Zeit von ihrem damaligen Freund getrennt, lebt sie jetzt in Hamburg mit Freundinnen in einer WG in Eppendorf und macht an der Uni gerade ihr Examen in Psychologie, erzählt sie mir bei einer Tasse Tee. Sie hat nicht viel Zeit, muss gleich wieder an die Arbeit, für ihre Prüfungen pauken. Ich würde sie gern mal anrufen, mich mit ihr treffen, nehme einfach mal an, dass sie im Moment in keiner festen Beziehung ist. Sie gibt mir (wenn auch etwas zögernd, wie ich meine) ihre Telefonnummer.

Zwei- oder dreimal im Abstand von mehreren Wochen, rufe ich sie an, lade sie zum Abendessen ein. Jedes Mal vergebens. Cordula hat keine Zeit, arbeitet an ihrer Diplomarbeit. Immerhin klingt sie am Telefon nicht allzu genervt, scheint sich durch meine Anrufe nicht bedrängt zu fühlen, was mich dazu ermutigt, es nach mehreren Monaten noch mal zu versuchen. Diesmal klappt es. Wir speisen beim Italiener, auch an den beiden darauffolgenden Abenden gehen wir gemeinsam aus.

Noch sind wir nicht zusammen, aber ich habe das sichere Gefühl, dass wir es bald sein werden. Und so kommt es dann auch.

Cordula hat inzwischen ihr Examen gemacht. Das muss gefeiert werden – wir fahren für ein paar Tage nach Venedig. Mit der Bahn. Auf dem Rückweg müssen wir zur Weiterfahrt nach Hamburg in München umsteigen. Ich sage zu Cordula: »Weißt du was? Das dauert jetzt noch mal genauso lange wie die Fahrt von Venedig nach München, so sieben, acht Stunden. Ich habe keine Lust mehr, im Zug zu sitzen, wir fliegen.«

Cordula darauf ungläubig: »Und die Tickets, die lässt du jetzt einfach so verfallen?«

Ich habe ihr von meinem Schuldenberg erzählt; sie muss mich für einen Lügner halten – oder für nicht ganz dicht. Dass ich weder eine Geldbörse noch eine Brieftasche besitze, sodass mir beim Bezahlen im Restaurant manchmal die Fünfzigmarkscheine aus der Hosentasche rutschen und unter den Tisch fallen, hat sie schon beobachtet, aber noch nicht kommentiert.

In unseren angeregten Gesprächen mag Geld schon mal Gegenstand sein, aber der Schwerpunkt liegt dabei meist auf meinem derzeitigen Lieblingsthema: der marxistischen Klassentheorie.

Am besten, ich lasse Cordula hier selbst zu Wort kommen. In ihrer Rede, die sie in Berlin 2017 anlässlich meines Abschieds vom Tourneeleben hält, erinnert sie sich wie folgt:

Als ich meinen Mann Hannes näher kennenlernte – das war 1985 –, da befand er sich gerade in einer Krise: Er war hoch verschuldet, die Schulden wuchsen monatlich, und ein Buchprojekt mit einem befreundeten Autor gestaltete sich zunehmend schwierig und platzte schließlich.

Abends beim Bier in der Kneipe gab Hannes mir damals privaten Nachhilfeunterricht in historischem und dialektischem Materialismus, kurz Histomat und Diamat, beides war unerlässlich, um die wissenschaftlich begründete Weltanschauung des Marxismus-Leninismus zu begreifen. Besonders gefiel mir von Friedrich Engels der Satz: »Die Bewegung ist die Daseinsweise der Materie«.

Nach und nach wurde mir klar: Die Krise ist die Daseinsweise von Hannes Wader. Und sie tendiert bei ihm stets dazu, sich jeweils – gemäß dem dialektischen Gesetz des Umschlagens von Quantität in Qualität – zur Katastrophe zu entwickeln.

Cordula selbst ist sparsam, kann rechnen und mit Geld vernünftig umgehen – nur eine ihrer vielen Fähigkeiten und Eigenschaften, von denen ich jetzt noch nicht ahnen kann, wie sehr ich mal von ihnen profitieren werde.

Wir sind – so kann man inzwischen sagen – zusammen, auf eine angenehm lockere Art. Schon fast ein Jahr. Wir sehen uns oft, haben aber noch keine gemeinsamen Pläne. Cordula besucht mich manchmal in der Mühle. Bei einer solchen Gelegenheit stelle ich sie meiner Mutter vor, die anschließend (ich werde sie auf keinen Fall fragen, was sie von Cordula hält) von sich aus die Bemerkung fallen lässt: »Das ist aber mal eine schöne Frau.«

Ich bin geneigt, diese Äußerung als eine Art Segen zu deuten, den sie meiner neuen Beziehung erteilt.

Wir haben Anfang Juni 1986. Ich arbeite gerade mit Detlef Petersen in dessen Studio an meinem »Liebeslieder«-Album.

Erst wenige Wochen sind seit dem Tschernobyl-Super-GAU vergangen. Meine schöne alte Parole: »Sozialistische AKWs sind sicher, weil für die Menschen gebaut; kapitalistische nicht, weil sie nur dem Profit der Energiekonzerne dienen« wird mir nun für immer im Halse stecken bleiben. Jetzt ist eine Großdemo gegen das Kernkraftwerk Brokdorf angesagt, das im Oktober ans Netz gehen soll. Detlef und ich gehen hin. Wir kommen nicht sehr weit. Zehntausende Menschen sind quer durch die Marsch nach Brokdorf unterwegs, und die Polizei versucht jetzt verstärkt, die Zugangsstraßen weitgehend abzuriegeln. Überall Wasserwerfer im Einsatz. Einige Demonstranten lassen Drachen steigen, um die Polizeihubschrauber zu behindern, die mit höllischem Motorenlärm und im Tiefflug Tränengas und alles vernebelnde Rauchgranaten abwerfen. Ich bin fatal an den schrecklichen Helikopterangriff in Francis Ford Coppolas Film »Apocalypse Now« erinnert, den ich erst vor Kurzem gesehen habe. Zum Glück spielt sich das alles in einiger Entfernung ab und wir, Detlef und ich, kommen danach wieder heil nach Hause.

Im Sommer 1986 entschließen Cordula und ich uns, zu heiraten und eine Familie zu gründen.

Es wird Herbst. Von der DKP-Parteileitung in Düsseldorf kommt die Idee und der Vorschlag, eine Gruppe von Künstlern – Liedermacher unter anderem, die nicht unbedingt Parteimitglieder sein müssen – für ein paar Wochen nach Nicaragua auf Tournee zu schicken, um dort mit Konzertauftritten die sandinistische Revolution zu unterstützen.

Das Land befindet sich mitten in einem blutigen Krieg gegen die von Honduras aus operierenden sogenannten Contra-Rebellen, auf deren Seite sich die USA unter der Regierung Reagan, plus CIA, auf die denkbar schmutzigste Weise in den Konflikt einmischen.

Unsere Gruppe besteht aus der Bluesband Das dritte Ohr, Walter Mossmann, mir und Ben Ahrens als unserem Tontechniker. Außerdem ist noch (ich weiß nicht mehr, in welcher Funktion) Günter Amendt mit dabei. Uns wird gesagt, dass wir in Managua erwartet werden und dort alles Weitere bestens geregelt sei. Mag ja sein, dass irgendwas geregelt ist, aber auf keinen Fall bestens. Ich kann mich an vieles auf dieser Reise nicht mehr erinnern, will es wohl auch nicht. Ich fühle mich vom ersten Moment unserer Ankunft in Managua an unwohl und deplatziert. Ich glaube, den anderen geht es ähnlich. Man spürt – das heißt, ich spüre sofort –, dass über der Stadt, über dem ganzen Land unausgesetzt drohendes Unheil lastet, dass Krieg herrscht.

Ben Ahrens gelingt es, aus zusammengesuchten Mikrofonen und Elektronikteilen eine PA-Anlage zu basteln. In einem Keller findet er eine alte Lautsprecherbox mit einem Vogelnest im Hochtöner, die er mit einiger Mühe wieder zum Laufen bringt. Ein gepflegter Hi-Fi-Sound ist das geringste Problem der Menschen hier, sie müssen sich um ihr Leben und Überleben kümmern.

Wir sind in einem Kleinbus unterwegs, geben ein paar Konzerte in Schulräumen. Unser Publikum ist überaus freundlich zu uns. Die paar »Nicas«, wie wir sie nennen, die zu uns kommen, lauschen aufmerksam, spenden uns höflichen Applaus. Aber was, frage ich mich die ganze Zeit, sollen die Leute hier mit unseren langweiligen Liedern anfangen? Für Latino-Ohren zu rhythmusarm und einschläfernd vorgetragen, textlastig bis zum Gehtnichtmehr, und dann auch noch alles auf Deutsch. Ich fühle mich so überflüssig und nutzlos wie lange nicht. Nur gut, dass wir ohne Gage auftreten – die hätten wir auch nicht verdient.

Geradezu beispielhaft handfest und effektiv hilfreich dagegen das Engagement Dietmar Schönherrs, der in Granada, südlich von Managua, nicht nur eine integrierte Kunst- und Musikschule gegründet hat, die Casa de los Tres Mundos, sondern schon seit Jahren fünf weitere Solidaritätsprojekte mit den Einnahmen als Schauspieler aus seinen Filmengagements unterstützt. Ich bewundere ihn.

Wir haben einen letzten Auftritt circa hundert Kilometer nordwestlich von Managua, in León, machen auf der Fahrt dorthin einen kleinen Abstecher zum Stillen Ozean. Angenehme Wassertemperatur, herrliche Palmenstrände soweit das Auge reicht. Aber wie ausgestorben. Hier gibt es niemanden außer uns; dabei müsste es hier von badenden Menschen nur so wimmeln. Doch die haben andere Sorgen. Ein leeres Paradies. Das hat etwas Bedrückendes. Keiner von uns hat Lust, ein Bad im Pazifik zu nehmen.

Ein weiterer Abstecher zum Vulkan Momotombo, über dem der Somoza-Clan gefangene Sandinisten zu Hunderten lebendig aus Hubschraubern stoßen und in den immer noch ständig rauchenden Krater hat stürzen lassen.

Auf der schmalen Straße vom Momotombo Richtung León herrscht wenig Verkehr. Nur ein alter Lastwagen kommt uns entgegen. Unser Busfahrer fährt langsamer, der Laster ebenfalls. Die auf seiner offenen Ladefläche gestapelten Gegenstände sind mit einer großen Plane blickdicht abgedeckt. Die hintere Ladeklappe fehlt, und ich sehe, als der Truck im Schritttempo an uns vorbeizieht, einen nackten blutigen Fuß unter der Plane hervorragen. Das kann nur bedeuten, dass die Gegenstände unter der Plane Leichen sind. Leichen von Campesinos, überfallen und abgeschlachtet von den Contras, die immer wieder aus den honduranischen Bergen über die Grenze kommen, Massaker verüben und wieder verschwinden.

Eigentlich sollten wir, so war es geplant, noch eine Woche länger in Nicaragua bleiben, aber nach dem Konzert in León brechen wir die Reise ab und fliegen von Managua aus wieder nach Hause.

Im Flugzeug habe ich einen Fensterplatz. Wir überfliegen die Karibik in 12 000 Metern Höhe. Ich starre stundenlang auf den Atlantik. Ich döse ein und träume immer wieder das Gleiche: Tief unter mir wuseln unzählige Haie rum, erkennbar nur an ihren dreieckigen, messerscharfen, die knallblaue spiegelglatte See durchschneidenden Rückenfinnen. Die Biester warten auf mich. Und jedes Mal, wenn sich der Flugzeugboden unter mir öffnet und ich an meinen Sitz geschnallt ins Meer stürze, wache ich auf.

Zwar bin ich froh, zurück in Hamburg zu sein, meine Frau wiederzusehen, aber mir geht es nicht gut. Die für mein Gefühl missglückte Nicaraguareise steckt mir noch wochenlang in den Knochen; aber das ist es nicht allein. Schon seit einiger Zeit durchlebe ich längere Phasen der Apathie und Antriebslosigkeit im Wechsel mit fast manischer Aktivität von meist kürzerer Dauer. Dass es mir doch noch gelingt, das eine oder andere Lied zu schreiben – erstaunlich. Ich lebe jetzt mit meiner Frau zusammen und weiß, ich sollte mich entsprechend verhalten: verheiratet verhalten, aber ich kriege es nicht gut auf die Reihe. Dennoch kommt es mir nicht einen Moment in den Sinn, dass es ein Fehler gewesen sein könnte, eine Familie zu gründen. Nein, es ist richtig – auch das weiß ich.

Ich führe mein altes Leben weiter, streune durch die Kneipen der Umgebung, vermisse das Pö mit meinen alten Freunden und Kollegen. Es ist, als hätte es diese Szene nie gegeben.

Wir ziehen um. Von Eimsbüttel nach Eppendorf. Aber auch in der neuen und größeren Wohnung bleibt meine Stimmung im Keller. Doch zumindest bemühe ich mich jetzt (wenn auch meist volltrunken, wie meine Frau sich später erinnert), immer vor Mitternacht zu Hause zu sein. Fünfzig Schritte von unserer Wohnung entfernt, an der Eppendorfer Landstraße, hat eine Videothek rund um die Uhr geöffnet. Dort versorge ich mich mit VHS-Kassetten und gucke die ganze Nacht, manchmal bis in die Morgenstunden, die härtesten Thriller, Action- und Horrorstreifen, die ich kriegen kann, trinke Bier und schlafe dann bis mittags.

Auch die Geburt unseres Sohnes führt nicht dazu, dass ich meinen Lebensstil ändere.

Ich liebe Hamburg, aber nur in der Stadt zu leben, bekommt mir nicht. Die Wohnung ist groß. Trotzdem fühle ich mich in ihr beengt. Ich brauche mehr Platz. Wir verlassen Hamburg, ziehen wieder zurück aufs Land, und hoffen, dass jetzt alles besser wird.

Seit Längerem haben wir unsere Mühle mit ihren über viele Monate unbeheizten und ungelüfteten Räumen nicht mehr betreten. Auf dem Teppichboden ein riesiger Ameisenhaufen, von den feuchten Wänden blättert die Farbe. Kein Problem für Ben Ahrens, meinen Tontechniker.

Ben kann alles: Fliesen, Holzfußböden, Elektrokabel, Wasserleitungen verlegen, Wände aufmauern, verputzen, tapezieren und streichen, Fenster und Türen ein- und ausbauen und so weiter. Zusammen mit einem Freund bringt er die Bude in wenigen Tagen wieder in Schuss.

Von nun an wird unsere kleine Familie, einige Jahre später erweitert durch die Geburt unserer Tochter Louise, mehr als ein Jahrzehnt lang zusammen in der Mühle wohnen, bis wir endgültig dort ausziehen.

Einige Zeit nach dem Umzug werde ich von geradezu explosiven kreativen Schüben erfasst und geschüttelt. Ich schreibe in wenigen Wochen so viele Lieder, wie sonst in vier Jahren nicht. So was habe ich zuvor – von so einer Dauer und Intensität – noch nie erlebt und danach auch nie wieder. Vielleicht ist es die Idee eines Konzeptalbums, in dem sich alle Lieder um ein Thema drehen – in diesem Fall um Hamburg –, die mich stimuliert und anspornt; dazu die Heimkehr, diesmal mit Frau und Kind, in meine alte, mir vertraute Mühle.

Zu viele Lieder für eine LP, also wird das, was nicht mehr draufpasst – die CD als Tonträger wird sich erst im Laufe der Neunzigerjahre durchsetzen – auf Kompaktkassette veröffentlicht. Ich selbst halte das (von Detlef Petersen produzierte) Album »Nach Hamburg« für eins meiner besten. Es kommt 1989 raus und – floppt; geht im wilden Wirbel der Wende einfach unter.

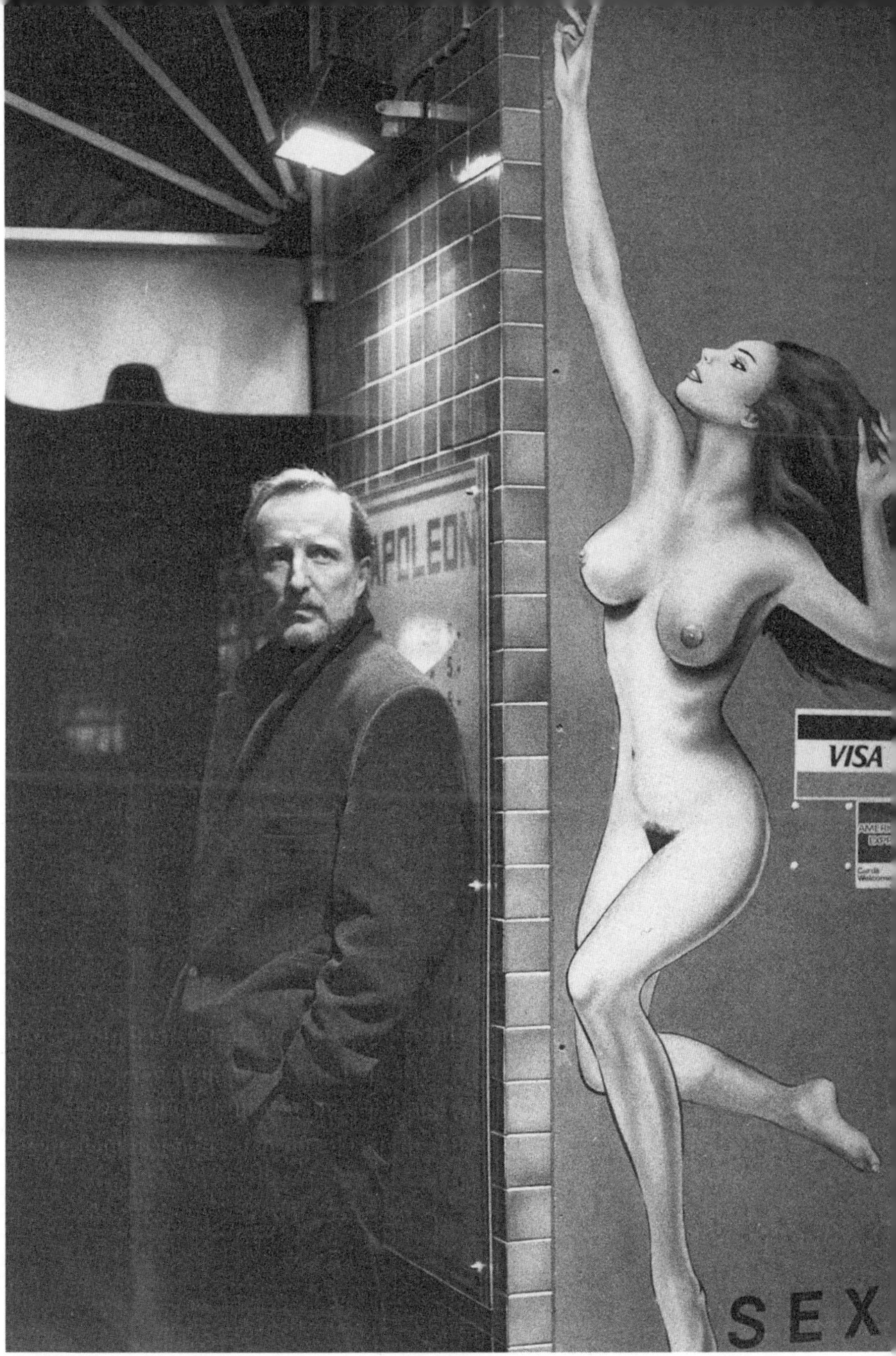

Auf St. Pauli, Aufnahme für mein Album »Nach Hamburg«, 1989

Die Krise als Daseinsweise

An die Dauerkrisen, die ich, wie meine Frau Cordula es sieht, ständig durchlebe, bin ich gewöhnt und nehme sie selbst als solche nicht immer so wahr; kann also nicht sagen, ob ich meine kreativen Ausbrüche in der Entstehungszeit des »Nach-Hamburg«-Albums einer solchen Krise selbst oder ihrer temporären Absenz verdanke.

Doch die anhaltende Erosion meiner politischen, zunehmend von Zweifeln unterspülten Überzeugungen kann ich nicht länger als ein vorübergehendes Stimmungstief abtun. Nein, meine heiß brennende Leidenschaft für den Kommunismus hat sich in den letzten Jahren immer stärker abgekühlt, ist nun endgültig erloschen.

In der DDR veranstaltet der kommunistische Jugendverband, die Freie Deutsche Jugend, im Sommer ein Open-Air-Rock-Spektakel mit internationalen Größen wie Bruce Springsteen, Joe Cocker und anderen. 1988 findet auf der Radrennbahn Berlin-Weißensee noch einmal ein großes Konzertereignis vor über 100 000 Zuschauern statt.

Es treten unter anderen auf: Bryan Adams, Heinz Rudolf Kunze, City, Bots, Hannes Wader und Klaus Lage. Es moderieren Katarina Witt und Diether Dehm. Mein Auftritt – ich singe drei Lieder – geht problemlos über die Bühne. Backstage kommt der mir sympathische Hartmut König mit zwei gefüllten Gläsern Nordhäuser Doppelkorn auf mich zu. Hartmut ist als FDJ-Sekretär Mitorganisator dieses Festivals. Er sagt: »Hannes, du kannst mir gratulieren, ich bin heute zum stellvertretenden Kulturminister der DDR ernannt worden. Prost!«

Ich gratuliere ihm, wir trinken.

Schon in den Wochen vor der offiziellen Grenzöffnung strömen Tausende DDR-Bürger über die damalige Tschechoslowakische Sozialistische Republik in den Westen. Ich bin in dieser Zeit auf Tournee. Am 9. November, ich trete an dem Tag in Bonn auf, lassen die Posten am

Grenzübergang Bornholmer Straße in Berlin um 21:20 Uhr (ich mache gerade Konzertpause) die ersten DDR-Bürger rüber. Zum Ende meines Auftritts (ich gebe eben meine letzte Zugabe) wird in Berlin der Schlagbaum endgültig geöffnet. Und damit ist die Mauer gefallen.

Der von niemandem so erwartete Untergang der DDR bewirkt fast unmittelbar – plötzlich fließen auch keine Gelder mehr von Ost nach West – Lähmungs- und Auflösungserscheinungen in der DKP; deren Mitglieder jetzt zu Zigtausenden ihre Partei verlassen. SED- und Stasi-Verbrechen (wahre und erfundene) kommen ans Licht, von der Propagandamaschinerie der Westmedien teils zusätzlich zu Gräueltaten aufgeblasen und der Welt genussvoll präsentiert. Manche meiner ehemaligen Genossen bereuen öffentlich, dass sie mal Kommunisten waren. Ich mache da nicht mit. Ich habe nichts zu bereuen. Ich bin zwar kein Kommunist mehr, finde es aber gut und richtig, mal einer gewesen zu sein, und löse meine Parteimitgliedschaft irgendwann Anfang der Neunziger unspektakulär auf. In einem meiner während dieser Zeit eher seltenen Radio- und Presseinterviews sage ich, dass in einer Zeit persönlicher Krisen mein Eintritt in die DKP – der Entschluss, mich zu organisieren – mir nicht nur Halt gegeben, sondern sich sogar lebensrettend für mich ausgewirkt hat.

Kein Kommunist mehr – aber was bin ich jetzt? Wieder ein Einzelkämpfer? Ich weiß nur, dass ich nie wieder einer Partei beitreten werde. Ich kann nur hoffen, dass sich mein momentaner Widerwille gegen Politik an sich, bald wieder verflüchtigt.

Und was kann ich – ganz gleich, mit oder ohne Partei – gegen den jetzt völlig ungebremsten, von Helmut Schmidt mal »Raubtierkapitalismus« genannten, Neoliberalismus, der globale Verheerungen anrichtet, schon tun? Und wie auch der Schweizer Jean Ziegler – scharfsinniger Globalisierungskritiker – in einem Interview bemerkt:

»Der deutsche Faschismus brauchte sechs Kriegsjahre, um 56 Millionen Menschen umzubringen – die neoliberale Wirtschaftsordnung schafft das locker in gut einem Jahr.«

Neoliberalismus: Ein Bild drängt sich mir auf, das Bild eines bösartigen Monsters, das sich unsichtbar machen kann, amorph und gestaltlos ist – reine Struktur, aber mit gewaltigen Fangarmen und Saugnäpfen, die der Menschheit die Hirne aus den Schädeln und das Mark aus den Knochen lutschen und die so entstehenden Hohlräume mit zusammengepanschter Giftbrühe auffüllen; die dann in einem biochemischen Prozess in Zeitgeist umgewandelt und ausgedünstet, mit der Atemluft gleich wieder in den Kreislauf gelangt – und keiner scheint was zu merken.

Trotz alledem III

Es scheint, als wenn das Kapital
In seiner Gier und alledem
wie eine Seuche, sich total
unaufhaltsam, trotz alledem
über unseren Planeten legt
überwältigt und beiseite fegt
was sich ihm nicht freiwillig
unterwerfen will, trotz alledem

Wenn dies System auch fault und stinkt
weiß doch kein Mensch, trotz alledem
Wann es in sich zusammensinkt
Mächtig und zäh, trotz alledem
Wird es wohl noch 'ne Weile fortbesteh'n
Doch sollte es zu lang so weitergeh'n
Könnte, was danach kommt, sogar
noch schlimmer sein, trotz alledem

Ein Sozialismus müsste her
mit neuem Schwung und alledem
Doch wenn der wie der alte wär'
würd's wieder nichts, trotz alledem
Und obwohl sich so ein Wunsch wohl kaum
erfüllen lässt, schützt uns der Traum
von einer bess'ren Welt, vor der
Resignation, trotz alledem

Was hält dieses System noch auf
In nächster Zeit, trotz alledem?
Wenn es sich schon in seinem Lauf
nicht bremsen lässt, trotz alledem
woll'n wir ihm Sand ins Getriebe streu'n
uns über die Störgeräusche freu'n
Wenn die Profitmaschinerie
Laut knirscht und knackt, trotz alledem
Gewiss, dass auf der Welt kein Übel ewig währt, trotz alledem

Auch der DKP-nahe Verlag pläne, bei dem ich (wenngleich nur noch pro forma) unter Vertrag stehe, ist kurz davor, sich aufzulösen – fängt sich dann noch einmal, kann aber derzeit keine Plattenproduktionen mehr finanzieren und entlässt mich schließlich.

Meine ebenfalls parteinahe Konzertagentur existiert noch weiter, nur machen sich im Verhältnis zwischen ihr und mir »Ermüdungserscheinungen« zunehmend bemerkbar.

Aus Kostengründen sind wir, mein Fahrer, der gleichzeitig Tontechniker ist, und ich, nur noch zu zweit unterwegs. Meine von Zuschauerschwund begleiteten Auftritte, Klubtourneen genannt (Tagesritte von über 500 bis 700 Kilometern sind nicht selten), führen mich in meist schwach besuchte Livemusik-Kneipen und in die elenden Hotels oft entlegener Orte. Ich bin ziemlich weit unten. Meine Motivation, überhaupt noch aufzutreten, liegt bei null. Den Tiefpunkt auf dieser Tour markiert ein Kneipenauftritt in dem an sich netten Städtchen Cham in der Oberpfalz.

Es ist nicht viel los heute Abend in der Musikkneipe nahe der Florian-Geyer-Brücke. Wie der Schuppen heißt, habe ich vergessen. Ich mache gerade Pause und setze mich (der Laden hat keine Künstlergarderobe, nicht mal ein Hinterzimmer oder eine Besenkammer, in die ich mich zurückziehen könnte) auf einen Barhocker neben der Theke und bestelle eine Mass Bier. Der Barmann sagt: »Hier hast du deine Mass, aber mach mal Platz da, der Barhocker ist nur für Stammgäste.«

Ich stehe auf und stelle mich mit meiner Mass an die Theke. Der Barhocker wird gleich von einem der Gäste besetzt, der mich (auf Bayerisch natürlich) anspricht: »Ey, du Nordlicht, wo kommst denn du überhaupt her, wo lebst du da oben eigentlich genau?«

Ich antworte: »In Nordfriesland, an der Westküste.«

Der Stammgast verschluckt sich vor Lachen fast an seinem Bier: »Westküste? Westküste? Wo gibt's denn do a Westküst'n? Ja mei, wo samma denn? In San Francisco oder wie?«

Der Gast beruhigt sich, wird wieder ernst und wechselt das Thema: »Also weißt, dieser Scheiß, den du da singst, sollen das etwa Lieder sein? Und dann diese Texte, ein so ein seichtes Zeug hab' ich ja noch nie gehört, so a Zeug, so a seichtes.«

Ich sage: »Ich habe noch mehr von dem seichten Zeug«, nehme meinen Masskrug, schütte ihm den ganzen Liter Bier über den Kopf und verlasse ganz schnell, ehe er mir ein abgebrochenes Stuhlbein auf die Rübe hauen kann, das Lokal, um es nie wieder zu betreten.

Um die Zahlung einer Konventionalstrafe – ich habe mein Konzert vertragswidrig abgebrochen – komme ich allerdings nicht herum.

Am Ende der Tournee verlasse ich meine Agentur, die auch ganz froh zu sein scheint, mich ohne weitere Probleme endlich los zu sein. Aber nun stehe ich plötzlich nicht nur ohne Agenten da, also ohne Publikum, sondern auch ohne Plattenfirma, ohne Partei und ohne die mit ihr verknüpfte Weltanschauung und dazu ohne Geld; dafür mit hohen Schulden und einer Familie, für die ich aufkommen muss.

Wenn das jetzt keine echte Krise ist, dann weiß ich es auch nicht; aber von der (wie die Chinesen es sehen) jeder Krise innewohnenden Chance zunächst mal weit und breit keine Spur.

Cordula reicht es irgendwann. Ich habe mir seit Längerem angewöhnt, meine Post nicht mehr zu lesen. Es sind ohnehin fast nur Rechnungen, Mahnungen, Drohungen. Cordula übernimmt es nun, meine Briefe zu öffnen und sich damit an meiner statt den Tatsachen zu stellen. Sie entwickelt für uns einen Sparplan, an den ich mich halten will, was mir dann leichterfällt, als ich befürchtet habe.

Als Erstes verkaufen wir einige antike, vom Gerichtsvollzieher in der Pfändungsmasse übersehene Eichenmöbel; dann meinen Audi-Kombi und teilen uns von nun an Cordulas Polo. Cordula verhandelt mit der Bank über eine Umschuldung (was das ist, weiß ich nicht, will es auch nicht wissen) und macht sich mit den Grundlagen der Buchhaltung vertraut; sie kontrolliert Ein- und Ausgaben und versucht, diverse Rinnsale oder auch Flüsse, auf denen meine Einnahmen bisher unbemerkt weggeschwemmt wurden, trockenzulegen. Wir erwägen, das an die HdK verpachtete Nebengebäude zu verkaufen, was unsere Schuldenlast erheblich verringern würde.

Von unserem Hamburger Steuerberater trennen wir uns zugunsten eines Kieler Büros, das kostengünstiger arbeitet, uns vom Schulden machen, um Steuern zu sparen, abrät und heute immer noch – seit nunmehr über dreißig Jahren – unsere Steuer erklärt.

Wir erweitern die Sparmaßnahmen auch auf unser Alltagsleben. Ich mache alles mit, ohne je das Gefühl zu haben, schmerzhaft auf etwas verzichten zu müssen. Im Gegenteil – es fühlt sich sogar gut an.

Manchmal ergeben sich spontane Gelegenheiten: Patrick Saurma, ein flüchtiger Bekannter, besucht uns mit seiner Frau Tatjana und Sohn Robin in unserer Mühle. Die drei sind auf der Durchreise nach Sylt, wo Tatjanas Tante ein Ferienhaus besitzt. Wir vertragen uns gut, und die beiden – für uns inzwischen Patty und Tati – fordern uns auf, mit ihnen auf die von der Mühle aus nur fünfzig Kilometer entfernte Insel zu kommen. Meine heimliche Befürchtung, das Haus könnte für unsere beiden kleinen Familien zu wenig Raum bieten, erweist sich als unbegründet, es ist geschmackvoll eingerichtet und vor allem geräumig, und wir verbringen eine angenehme Zeit miteinander.

Patty erzählt uns, dass er mit Tati und Robin erst kürzlich in der Nähe von Marburg in ein Haus im Grünen gezogen sei, in das Haus seiner jetzt in Genf lebenden Eltern. Er lädt uns dorthin ein, und ich lasse mir von Patty versichern, dass auch in diesem genügend Platz vorhanden ist, sodass wir uns nicht gegenseitig auf die Füße treten. Ich sage zu, und wir fahren hin.

Von wegen »Haus im Grünen«. Es ist gar kein Haus, es ist ein malerisch am Saum eines Auwaldes gelegenes Schloss. Patty erwartet uns schon. Zu unserer Überraschung erfahren wir, dass unsere Gastgeber dem Hochadel angehören. Hätte Patty uns das nicht vorher schon mal sagen können? Gelegentlich während eines gemeinsamen Essens zwischen Suppe und Kartoffeln? Vielleicht mit den Worten: »Übrigens, was ich noch sagen wollte, nur damit ihr's wisst, ich bin ein ›Von und Zu‹.« Klingt, zugegeben, irgendwie unpassend plump und widerspricht wohl auch einem aristokratischen Verständnis von Dezenz. Ich kenne mich da nicht aus, und das ist auch nicht nötig, wie ich schnell rausfinde. Patrick und Tatjana machen mir – der geringste Hauch nobel herablassender Distinktion mir als emporgekommenen Proletarier gegenüber würde mich sofort von hier vertreiben – den Aufenthalt im Schloss ausgesprochen angenehm.

Dreißig Jahre sind seitdem vergangen. Heute betrachte ich Patrick, inzwischen war ich unzählige Male Gast in seinem »Hause«, als einen meiner besten Freunde. Zudem verfügt er über eine Gabe, die mir fehlt: die Fähigkeit, Dinge zu planen, zu strukturieren und zu ordnen. So hat er über die Jahre als profunder Kenner des Waderschen Werkes ein Archiv erstellt, das eine Menge rarer Ton-, Bild- und Schriftdokumente enthält, die ohne Pattys Sammlertalent schlicht nicht mehr existieren würden.

Ich meinerseits kann ihn mit meiner spät entwickelten, dafür aber umso heftigeren Pétanque-Leidenschaft so sehr anstecken, dass er in seinem Park eine Boulebahn anlegen lässt. Seitdem ist bei allen meinen Besuchen im Schloss eine Partie mit ihm (tête-à-tête), oder mit seinen Söhnen Robin und Niki (eine Doublette), obligatorisch.

Unsere strikte Spardisziplin zeigt Effekt. Zumindest vergrößert sich die Schuldsumme nicht mehr. Das hat zur Folge, dass es mit mir und meinem Befinden auch wieder aufwärtsgeht. Ich nehme jetzt sogar, zum ersten Mal in meinem Leben, Gesangsunterricht, habe wieder Lust zu singen, trage mich mit dem Gedanken, ein Album mit Schubertliedern aufzunehmen. Derzeit bieten sich mir gleich mehrere Chancen professioneller Natur, die ich auch ergreife. Meine alte Plattenfirma, die Phonogram in Hamburg, nimmt mich erneut unter Vertrag. Und was noch besser ist: Ich habe einen neuen Konzertagenten, Robert Weißenberger.

Robert und ich, wir kennen uns bereits. Er hat schon den einen oder anderen Auftritt als örtlicher Veranstalter arrangiert, unter anderem in Frankfurt, dem Sitz seiner Agentur Scala Künstler. Er wird von nun an 27 Jahre lang alle meine Konzerttourneen organisieren.

Ich bekomme jetzt nach und nach wieder mehr Lust, mich auf die Bühne zu stellen, und zwar indem ich mir diese neue Freude am Singen einfach selbst verordne. Dazu, dass ich meinen Job gut machen will und es dann auch kann, trägt Roberts kompetentes Management erheblich bei. Er findet, dass ich in der Vergangenheit zu oft und zu lange auf Tour war, und reduziert die Zahl meiner Auftritte auf maximal sechzig im Jahr. Robert plant die vier jeweils zwei- bis dreiwöchigen Tourneen in einem straffen Ablauf, ohne freie Tage zwischendurch und damit so, dass die Strecken zwischen den Auftrittsorten selten mehr als 200 Kilometer betragen. Von zu niedrigen, sprich »politischen Eintrittspreisen«, hält er nichts. Er findet unter anderem, zumindest verstehe ich ihn so, dass es dem Ruf und dem Image des Künstlers schadet, wenn er sich unter Wert verkauft; frei nach der Devise: »If you pay peanuts you get monkeys«.

Robert behält recht. Nicht sofort, aber im Laufe der nächsten Jahre gewinne ich das verlorene Vertrauen meines Publikums in mich wieder zurück. Dank seiner Strategien und Taktiken, steigen die Besucherzahlen bei meinen Konzerten stetig.

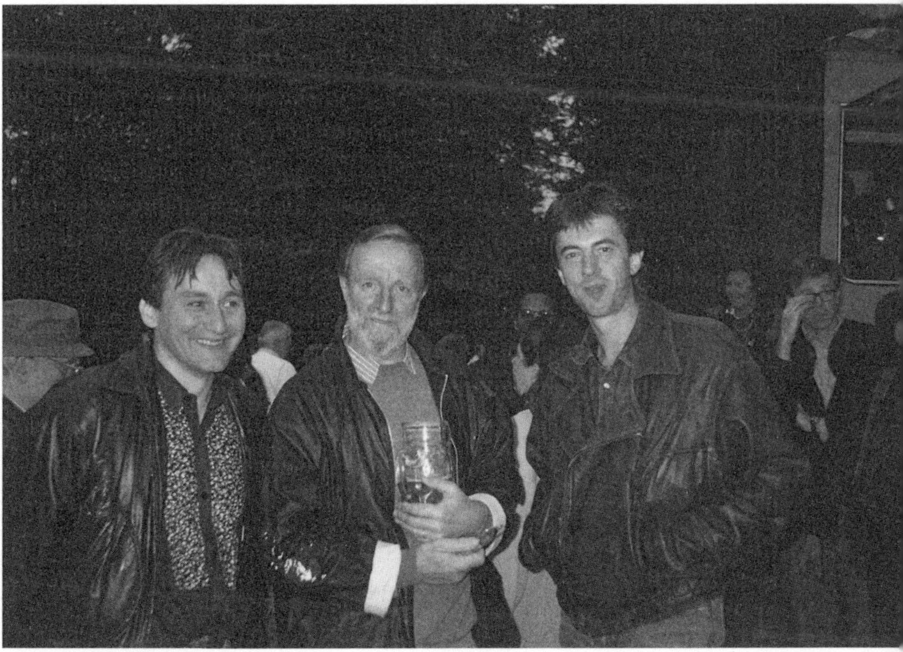

Mit Robert Weißenberger (links) und Reinhard Bärenz (rechts), 1993

Von nun an, bis zu meinem Abschied vom Tourneeleben Ende November 2017 in Berlin, werde ich bemüht sein, die Krisen, in die ich auch weiterhin unweigerlich hineinschlittere, rascher zu erkennen und zu bewältigen – in Chancen umzuwandeln –, möglichst ehe sie sich zu existenziellen Bedrohungen auswachsen. Das gelingt mir nicht immer, aber besser und öfter als früher. Dass ich jetzt eine Familie habe und mit Ende vierzig »gesetzten Alters« bin, hilft mir natürlich dabei. Ich ändere meine Einstellung zu meiner Profession, mache mir bewusst, dass ich einen privilegierten Beruf ausübe. Wie schon gesagt, singe ich wieder gerne, und so soll es für die kommenden dreißig – vielleicht werden daraus ja auch noch vierzig? – Jahre bleiben.

Robert, der außer mir noch verschiedene andere Künstler betreut, unter ihnen Lydie Auvray, Pe Werner, Klaus Lage, macht mir gegen Ende unserer Zusammenarbeit ein Kompliment. Als ich mir den rechten Daumen breche, vorübergehend nicht Gitarre spielen kann, und einen Auftritt absagen muss, bemerkt Robert dazu: »Dass du von allen deinen Konzerten in den letzten 27 Jahren, und das sind bis jetzt über 1500, nur zwei hast ausfallen lassen, ist ein Rekord, das hat sonst keiner meiner Künstler geschafft.«

Ich staune über mich selbst: bin wohl doch zuverlässiger, als ich dachte.

Es ist Herbst, und ich bin gerade wieder auf Tournee irgendwo in Süddeutschland. An der Nordseeküste beginnt nun die Zeit der Oktoberstürme und Sturmfluten. Spät in der Nacht reißt eine Orkanböe einen der tonnenschweren Mühlenflügel ab und schleudert ihn mehrere Meter weit in unseren Garten – zum Glück, ohne dabei irgendetwas zu zertrümmern. Als ich wieder nach Hause komme, erschreckt mich der Anblick der beschädigten Mühle zutiefst. Sie wirkt auf mich wie ein lebendes Wesen, dem man gewaltsam eins seiner Glieder ausgerissen hat.

Wir sind nicht versichert, aber haben Glück – dank Jürgen Detlefsen, der sich erfolgreich darum bemüht, dass die Kosten für einen neuen Flügel und die nötigen Reparaturen, die wir nicht tragen könnten, von der Denkmalbehörde übernommen werden. Jürgen ist Architekt und gebürtiger Struckumer. Wie für alle Anwohner hier ist auch für Jürgen die Mühle das Wahrzeichen des Dorfes, zumal sie immer noch das von seinem Vater in den

Fünfzigern gedeckte Reetdach trägt, der ja in der schon erwähnten nordfriesischen Tradition winters Schlachter, sommers Reetdachdecker war.

Der alte Bahnsen aus Leck kommt und sieht sich den Schaden an. Er ist über neunzig Jahre alt und Mühlenbaumeister vom alten Schrot und Korn, der selbst noch an Holländermühlen, ähnlich der meinen, mitgebaut hat. Er klettert wie ein Schimpanse durchs Mühlengebälk nach draußen auf das Mühlenkreuz und stellt fest, dass noch mindestens eine weitere »Rute« fast durchgerottet ist. Ich erfahre, dass Mühlenflügel aus kanadischen Pitchpinestämmen gefertigt werden, die erst ein paar Wochen im Brackwasser des Hamburger Hafens schwimmen müssen, bevor sie verarbeitet werden können. Es wird also noch eine Weile dauern, bis die Flügel endlich montiert sind.

Es fällt mir schwer, Geburtstage, egal, ob es meine eigenen sind oder die von mir nahestehenden Menschen, wichtig zu nehmen. Meine Frau Cordula ist da anders. Sie kann mich davon überzeugen, dass es schön wäre, es zu meinem demnächst anstehenden Fünfzigsten mal richtig krachen zu lassen. Sie will und wird dabei (darin ist sie nun mal besser als ich) den größten Teil an Vorbereitung und Organisation übernehmen.

Unterdessen haben wir das Müllerhaus zum Verkauf ausgeschrieben und einen Interessenten gefunden. Der Verkauf bedeutet eine große finanzielle Erleichterung für uns, sodass wir meinen, uns jetzt mal eine etwas opulenter ausgerichtete Feier leisten zu können.

Direkt gegenüber der Mühle lassen wir auf O-D Steensens frisch gemähter Koppel, die er uns gern zur Verfügung stellt, ein großes Festzelt mit einer Bühne und einer langen Theke aufstellen, das 400 Personen fasst. 350 Gäste sind geladen, und alle kommen. Fast 250 von ihnen sind Struckumer, Nachbarn und Freunde aus der näheren Umgebung. Die restlichen hundert sind aus allen Ecken der Bundesrepublik und aus Dänemark angereist. Unter ihnen viele alte Freunde und Kollegen, von denen die meisten im Laufe des Abends mir zu Ehren noch auftreten und singen werden. Karl Dall springt als Erster aufs Podium und führt von nun an die halbe Nacht lang durch ein mit All-Stars besetztes Programm, das sich gewaschen hat.

Eine aus den Kellnerinnen meiner umliegenden Stammkneipen zusammengesetzte Girl Group bringt mir ein Ständchen mit selbst getexteten Versen. Mein Nachbar O-D hält – wie es so seine Art ist und nur er es kann – eine Rede voll hintergründigem Witz. Mein derzeitiger Phonogram-Plattenboss Louis Spillmann überreicht mir feierlich eine goldene Schallplatte für 500 000 verkaufte Alben.

Und dann wird getanzt. Wir haben eine Band engagiert, die bis in den frühen Morgen hinein spielt.

Leider können meine Freunde Reinhard Mey und Konstantin Wecker nicht mit dabei sein – sie treten heute Abend in Kloster Banz bei »Songs an einem Sommerabend« auf und senden mir von dort ein Glückwunschtelegramm.

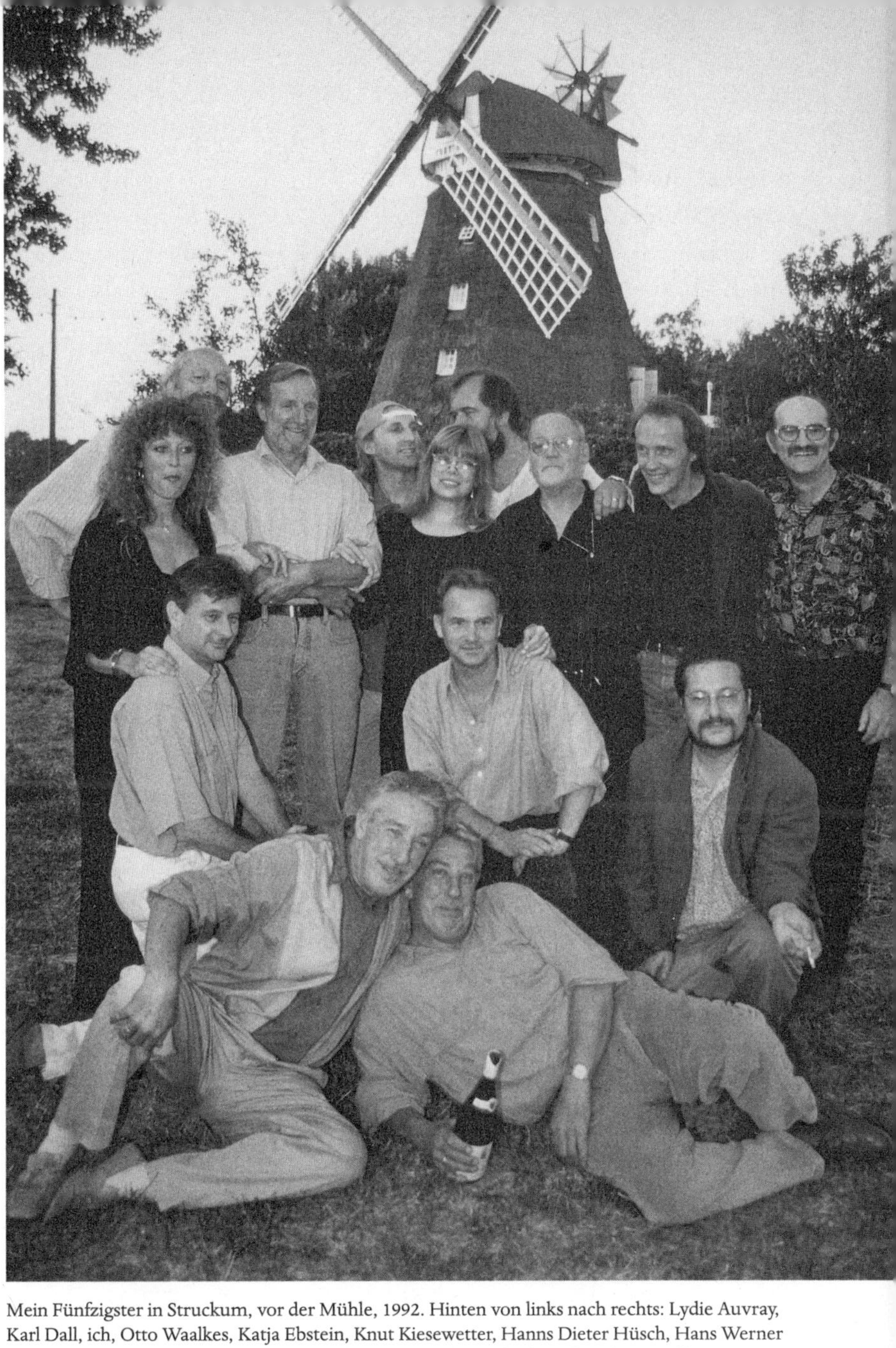

Mein Fünfzigster in Struckum, vor der Mühle, 1992. Hinten von links nach rechts: Lydie Auvray, Karl Dall, ich, Otto Waalkes, Katja Ebstein, Knut Kiesewetter, Hanns Dieter Hüsch, Hans Werner Olm, Erich Schmeckenbecher. Vorne von links nach rechts: Ulrich Roski, Klaus Hoffmann, Manfred Maurenbrecher, Hein und Oss Kröher.

Reinhard schickt mir noch dazu einen prächtigen, im Kübel wachsenden Lorbeerbaum, der jetzt nach fast drei Jahrzehnten immer noch lebt und mit dessen Blättern (ich koche sehr oft und gern) ich meine Suppen würze.

Schade, dass auch Karratsch nicht kommen kann. Dafür schenkt er mir ein Buch, »Ovids Metamorphosen« mit Radierungen von Pablo Picasso, das er mir mit den Worten widmet:

Zur Lebensmitte dem Hannes die Metamorphosen Ovids – aus einer Zeit, in der noch im Strom des Lebens alles verging, wieder wurde, und manchmal Menschen zu Bäumen, Steine zu Menschen wurden – nichts blieb, wie es war, doch das Beständige wuchs.

Von Margret und Karratsch

Ruhigere Bahnen

Die Fünfzig zu erreichen, zu überschreiten, markiert wohl im Leben eines jeden Menschen einen Wendepunkt. Bei mir ist es – obwohl ich nicht weiter darüber nachdenke – sicher auch so. Bin ich ruhiger geworden? Ich denke, ja. Ich fühle mich von meinen alten Dämonen nicht mehr so getrieben, liefere mich ihnen nicht mehr ganz so wehrlos aus wie früher. Trotzdem, mein Hang zur Ausschließlichkeit, mit der ich mich auf eine Sache einlassen kann, besser gesagt muss, ist ungebrochen. Ich spreche hier nicht von Hobbys. Ich habe keine Hobbys. »Hobby« bedeutet Freizeitbetätigung, und da ich nicht bei geregelter Arbeitszeit »abhängig beschäftigt« bin, durchdringen sich Berufsleben und Freizeit für mich ununterscheidbar.

Im Moment gebe ich hauptsächlich zwei Leidenschaften nach. Beide begleiten mich mit Unterbrechungen schon eine Weile: Das Gärtnern und das Boulespielen. Nach dem Besuch bei Freunden, die begeisterte Pétanque-Spieler sind, spiele ich jetzt selbst jeden Tag Boule auf meinem Rasen, aber das wird schnell ein wenig langweilig. Boule spielen kann man überall, heißt es, aber eine richtige Boulebahn wäre doch noch schöner; mal sehen, was sich da machen lässt. Und dann ist da noch der Garten. Jetzt, da ich mich nicht mehr parteipolitisch engagiere, komme ich mir ein wenig so vor wie Candide, den Voltaire in seiner Satire am Schluss sagen lässt: »Gut gesagt, aber unser Garten muss kultiviert werden.«

Ich erfülle mir meinen Traum, einen Bauerngarten anzulegen. Mit allem Drum und Dran: quadratisch, das Wegekreuz mit rotem Klinker verlegt, buchsumrandeten Beeten, einem Lattenzaun drum herum, der die Hasen und Kaninchen abhalten soll, einem Rosenbogen über der Pforte. In meinem (sonst eher verborgenen) Hang zur Gigantomanie plane ich den Garten zu groß. Ich pflanze und säe, ernte Salate und Gemüse in einer Menge, die ausreicht, um eine zehnköpfige Familie zu ernähren.

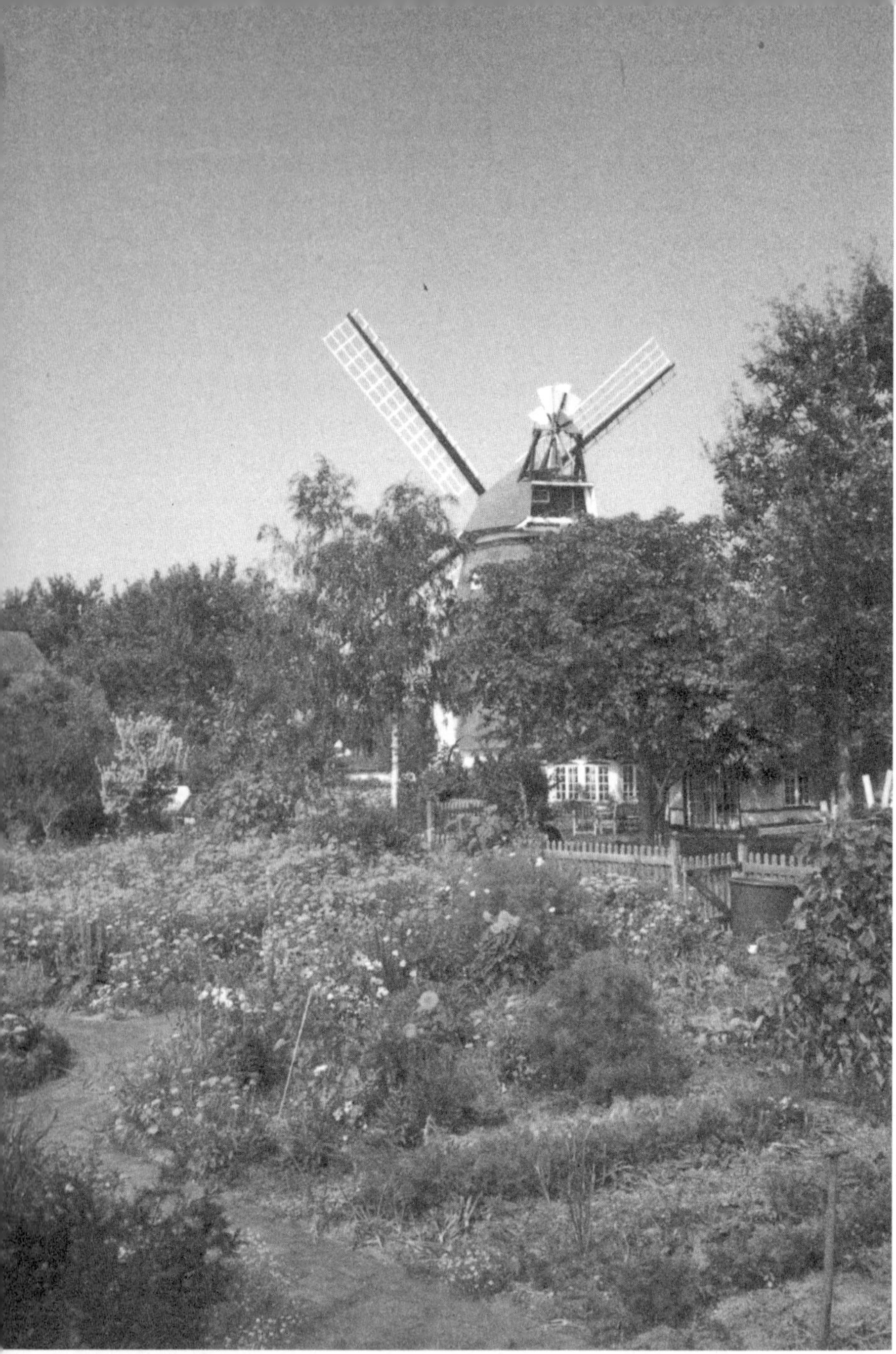

Mein Bauerngarten, circa 1993

Die Gartenarbeit wächst mir bald über den Kopf. Ich muss die Anbaufläche radikal reduzieren, zumal wir jetzt (den Stall baue ich selbst) auch noch sechs Hühner und einen Hahn halten.

Der Stall ist nicht groß, etwa zwei mal drei Meter im Geviert. Als ich gerade dabei bin, den letzten Dachbalken aufzunageln, sehe ich mich plötzlich von meinen Nachbarn Dörte und Otto-Dietrich Steensen sowie Edith und Wilhelm Detlefsen umringt. O-D Steensen trägt eine riesige Richtkrone vor sich her, klettert aufs Dach und befestigt sie am First der winzigen Hütte. Willem Detlefsen hat eine Art Picknickkorb dabei. Da ist alles drin – der geele Köm, die Thermoskanne mit heißem Wasser für den Teepunsch samt einem Dutzend Tassen. Es ist ein angenehm milder Abend, und wir feiern Richtfest bis tief in die Nacht.

Der Stall ist nun fertig, die Hühner sind da und legen fleißig Eier. Ich lasse einen Minibagger kommen, der hinten in meinem kleinen Wäldchen den Mutterboden aushebt für die von mir geplante Boulebahn. Auf eine Schottertragschicht lasse ich eine wassergebundene Decke aus gebrochenem Stein aufbringen, die ich selbst vorschriftsmäßig walze und beregne. Die mit Wasser gefüllte Handwalze ist zu leicht, stattdessen fahre ich ein paarmal mit dem Auto drüber – geht auch.

Jetzt habe ich also ein Boulodrome, aber keinen Spielpartner – und Pétanque ist ein Mannschaftssport. Kein Schwein in der Umgebung spielt Boule, außer mir. Manchmal kann ich Cordula zu einer »partie de pétanque« überreden, aber meistens muss ich mit sechs Kugeln gegen mich selber antreten.

Meinen Alltagsrhythmus an den meiner Familie anzupassen, bringe ich nie so richtig fertig. Das führt immer mal wieder zu Diskussionen mit meiner Frau. Sie erzählt mir später, dass ich einmal auf ihre Aufforderung hin, mich aktiver in die Familie und die anfallenden Arbeiten einzubringen, gesagt haben soll: »Ich schenke der Welt meine Lieder, das muss reichen.«

Also, ich weiß nicht … habe ich das wirklich so gesagt? Kann schon sein. Aber ich bin ja nicht immer so drauf. Ich erinnere mich zum Beispiel an viele Radtouren, die wir sommers als Familie unternehmen, sowohl in die

Geest, als auch durch die Hattstedtermarsch, durch den Beltringharder Koog bis an die Nordsee und wieder zurück. Wir erleben manches Schöne gemeinsam und – wir bleiben zusammen.

Inzwischen ziehe ich auch nicht mehr so oft wie früher bis tief in die Nacht um die Häuser, bleibe im Dorf, gehe nur abends in Edes Kneipe.

Aber ganz ohne eine das Eheleben belastende Obsession komme ich nicht aus. Dass ich fernsehsüchtig bin und wie ich damit umgehe, spricht sich bald bis nach Hamburg herum und wird dort in der Spiegel-Redaktion in einem Artikel als Thema aufgegriffen:

> *Drei Uhr nachts, das nordfriesische Struckum liegt im Tiefschlaf. Nur aus der alten Mühle am Ortsrand flackert noch immer das blaue TV-Flimmern. Plötzlich ein lautstarker Streit, der Fensterladen wird aufgerissen – hochkant knallt die Glotze ins Gemüsebeet.*
>
> *Am Fenster steht Hannes Wader, 53, der brachiale Entsorger, und schaut herab auf die Trümmer jenes Gerätes, das ihn zum Fernseh-Junkie gemacht hat. Die Züge seiner Frau entspannen sich allmählich.*
>
> *»Wie eine Droge« habe das Fernsehen auf ihn gewirkt, erzählt der Liedermacher. Jeden Abend um acht vor die »Tagesschau«, dann, bis morgens um sechs, die Odyssee durch das Labyrinth der Kanäle – der nächste Tag war »regelmäßig im Arsch«, der Ehekrach programmiert: »Meine Frau hat das einfach nicht mehr ausgehalten.«*
>
> *Seit dem Struckumer Fenstersturz zählt Wader zu einer Minderheit, von deren Existenz die Mediengesellschaft nur ungläubig Kenntnis nimmt: zur Randgruppe der Fernsehverweigerer, der unbekannten Wesen. […]*
>
> *In der alten Mühle in Struckum hat Hannes Wader, ganz ohne Psycho-Beistand, nach drei Jahren den Ausstieg geschafft. »Ich bin heute ein trockener Fernseher«, stellt er zufrieden fest, »[…] es hat sich gelohnt, wir halten durch.«*

Ja, wir halten durch, über alle Differenzen, die Cordula und ich miteinander auszutragen haben. Seit der Geburt unserer Tochter sind wir eine Familie zu viert. Äußerlich zumindest – verläuft unser Leben jetzt in ruhigeren Bahnen. Aber ich selbst bin innerlich nicht ruhig. Der Drang, mit meiner Familie von hier wegzuziehen, die Mühle für immer zu verlassen, wird nach und nach immer stärker. Wie lange lebe ich jetzt schon hier? Über 23 Jahre. Den Anblick der Mühle mit dem zersplitterten, inzwischen längst ersetzten, Flügel immer noch vor Augen, glaube ich fast, sie hat ebenfalls genug von mir und dass sie mich – dass sie uns – nur noch duldet und uns mitteilen will: »Ich bin kein Haus, ich will nicht bewohnt werden. Ich bin eine Maschine, eine Mühle, ich will mahlen.«

Manchmal spreche ich mit meiner Frau darüber. Auch sie kann sich vorstellen, irgendwann woanders zu leben – aber noch nicht so bald. Alle Landschaften, die ich auf meinen Tourneen durchquere, taste ich unterwegs automatisch nach einem möglichen neuen Zuhause ab, aber mein eigentlicher Wunsch (vielleicht auch Traum) zieht mich weiterhin in Richtung Frankreich, das heißt konkret – ins Elsass. Ich nehme wieder, wie schon einmal damals in Berlin, Französischunterricht.

Wieder mal nimmt bei mir ein anfangs noch harmloser Gedanke unter vielen die Gestalt einer fixen Idee an, die Cordula behutsam (Vehemenz würde bei mir nichts bringen) versucht zu dämpfen. Wir kommen zu einem Kompromiss. Wir kaufen erst mal eine (leider) nicht allzu große Blockhütte als Ferienhaus in Grandfontaine – einem Ort im Département Bas-Rhin, circa fünzig Kilometer westlich von Straßburg in den Vogesen. Gleich nach der Übergabe des Blockhauses an uns pflanze ich einen Kirschbaum vor der Hütte.

Mit einem Transporter voller Möbel fahren wir von der Mühle aus nach Grandfontaine. Wir möblieren die Hütte und machen drei Wochen Familienurlaub, plötzlich zu viert zusammen auf engstem Raum. Während dieser Wochen rutscht meine Stimmung auf einen Tiefpunkt und mir wird klar, dass ich mich mit dem Kauf (wieder mal) geirrt habe.

Wir entschließen uns, die Hütte so schnell wie möglich wieder zu verkaufen – dass ich dabei am Ende Verlust mache, ist mir egal. Damit ist mein Wunsch, mein Traum, in Frankreich zu leben, ein für alle Mal begraben –, aber wenigstens habe ich versucht, ihn mir zu erfüllen.

Ohne die Suche nach einer neuen Bleibe ganz einzustellen, werde ich eine Weile lang durch andere Ereignisse davon abgelenkt.

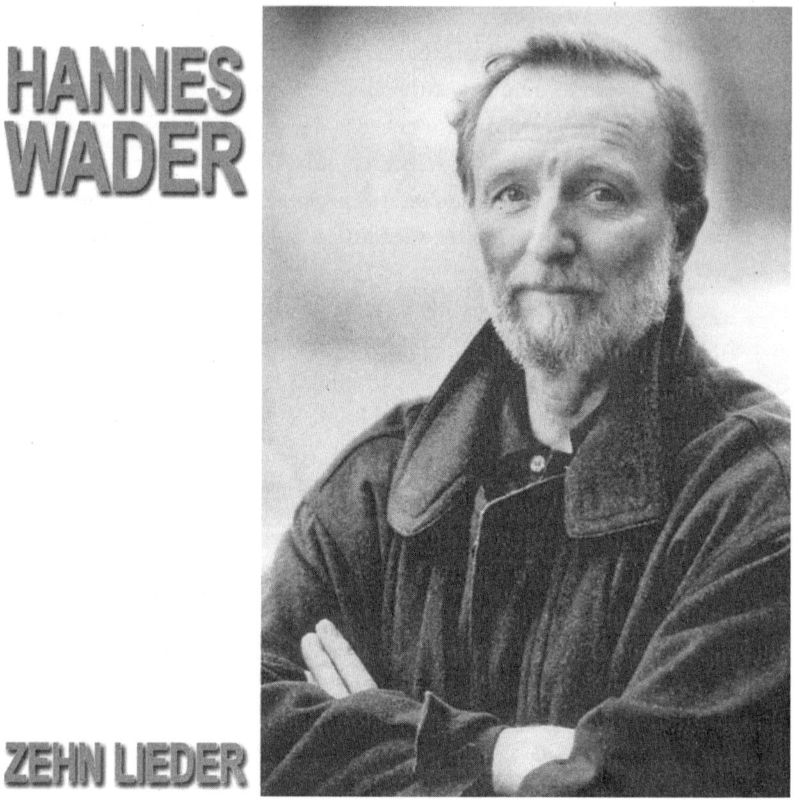

»Zehn Lieder«, 1995

Zwischenzeitlich fliege ich bei meiner Plattenfirma, der Phonogram in Köln raus. LPs, deren Verkaufszahlen unter ein festes Limit rutschen, werden umgehend eingestampft, und der Vertrag mit den Künstlern nicht mehr verlängert.

Obwohl ich gerade an einem neuen Album arbeite, und schon etliche neue Lieder geschrieben habe, bin ich über den Rauswurf nicht lange unglücklich. Der Verlag pläne meldet sich bei mir; pläne hat die Wende irgendwie überstanden – sich konsolidiert und will mich wiederhaben. Mit meinem Album »Zehn Lieder«, das Ben Ahrens (er leitet inzwischen ein eigenes Tonstudio in Hamburg) aufnimmt, steige ich wieder bei pläne ein.

Es ist nur das erste der (bis heute) insgesamt 17 Alben, die Ben als mein Tontechniker und Co-Produzent mit mir zusammen erarbeiten wird.

Obwohl pläne im Vergleich zur Phonogram nur ein kleines Label ist, verkaufen sich die »Zehn Lieder« überraschend gut. Mich selbst scheint der Firmenwechsel kreativ zu stimulieren. Eine Idee von Klaus Hoffmann, an meinem Fünfzigsten so nebenbei mir gegenüber geäußert, drängt sich jetzt, drei Jahre später, in meinen Gedanken mit Macht nach vorn: »Hannes, wir sollten mal was zusammen machen … du, ich und Reinhard, vielleicht 'ne Bellman-Platte. Was meinst du?«

Daraufhin kommen Klaus, Reinhard und ich noch im selben Jahr zusammen und nehmen das Album »Liebe, Schnaps, Tod« – Lieder von Carl Michael Bellman auf. Die Studioarbeit mit meinen Freunden macht mir Freude, und ich habe große Lust, so bald wie möglich ein weiteres Album, auch wieder nur als Interpret von Liedern, die ich liebe, aber nicht selbst geschrieben habe, aufzunehmen. Ich will endlich tun, was ich mir schon lange vorgenommen habe – Schubertlieder singen.

Schon Ende der Siebzigerjahre kommt mir zum ersten Mal dieser Gedanke, und ich spreche ihn auch gegenüber den Musikern aus, als ich in Günter Paulers Studio in Northeim zusammen mit dem Gitarrenduo Kolbe & Illenberger und dem legendären Jazzbassisten Eberhard Weber das Album »Wieder unterwegs« aufnehme. In genau dieser Besetzung (also nicht mit der klassischen Klavierbegleitung) stelle ich mir meine Schubert-Produktion vor. Den Musikern gefällt die Idee, Eberhard Weber bietet an, sollte es zu den Aufnahmen kommen, nicht nur Kontrabass, sondern auch Cello zu spielen.

Doch müssen nach diesem Gespräch noch mal achtzehn Jahre vergehen, ehe ich es schaffe, den Schubert-Plan schließlich in die Tat umzusetzen. Immer kommt etwas dazwischen, vor allem das Leben. Aber jetzt wird mich von meinem Entschluss nichts mehr abbringen.

Durch die Bellman-Aufnahmen noch hoch motiviert, übe ich jetzt jeden Tag stundenlang Schubertlieder. Die größte Schwierigkeit dabei ist für mich – hier nicht im Sinne einer korrekten Intonation gemeint –, den richtigen, also mir gemäßen Ton zu finden. Die Lieder Schuberts sind Kunstlieder, geschrieben für große geschulte und Belcanto-orientierte

Stimmen. So was kann ich nicht – will ich auch gar nicht. Trotzdem fordern Schubertlieder anderes und mehr als das mir als Sänger Geläufige, unter anderem auch mehr »Puste«.

Ich rauche seit Längerem wieder exzessiv Gitanes ohne Filter. Ich muss unbedingt damit aufhören. Ich huste viel, werde schnell heiser bei einem sich immer enger begrenzenden Stimmumfang, und ich habe Atembeschwerden. Auf einer meiner Tourneen fährt mich Peter Ledebur zu einer auf Akupunktur spezialisierten Arztpraxis. Der Doktor setzt mir die Nadeln und entfernt sie nach einer Weile wieder. Danach im Auto lehne ich mich angenehm entspannt zurück und jage mir dabei die eine Nadel, die der Doktor mir aus dem Meridian zu nehmen vergessen hat, in voller Länge (und das sind mehrere Zentimeter) in den Nacken. Ich ziehe sie raus. Es tut aber nur ein bisschen weh, ein Glück.

Ein paar Wochen halte ich es ohne Zigaretten aus, dann bin ich schnell wieder bei achtzig Stück am Tag – und verzweifelt.

Cordula, die sich inzwischen ebenfalls bei dem Arzt Nadeln hat setzen lassen und jetzt nicht mehr raucht, drückt mir ein Buch in die Hand: »Hier, lies das mal, das könnte was bringen.« Es ist das berühmte kleine Buch von Allen Carr »Endlich Nichtraucher!«.

Ich lese die 128 Seiten konzentriert und fasziniert durch und weiß schon lange vor Ende der Lektüre: Ich werde nie wieder in meinem Leben eine Zigarette rauchen; nicht mal eine anfassen, weil ich auch weiß, dass mich schon die bloße Berührung einer Kippe wieder in die Sucht treiben kann. Und in dem Moment, in dem ich den letzten Satz lese und das Buch zuklappe – es grenzt an ein Wunder –, vergesse ich schon, dass ich jemals geraucht habe. Nicht nur das; ich werde nie wieder auch nur eine Sekunde lang ein Bedürfnis danach verspüren. Auf meinem Nachttisch (ich rauche auch immer im Bett) liegt eine halb volle Schachtel Gitanes. Weil ich sie nicht mal mehr bemerke, liegt sie noch nach einer Woche da. Um sie jetzt in den Müll schmeißen zu können, muss ich sie berühren – aber danach wasche ich mir gründlich die Hände. Heute weiß ich, hätte ich es nicht geschafft, clean zu bleiben (seit nunmehr 22 Jahren), hätte ich nicht mehr lange genug gelebt, um diese Zeilen schreiben zu können.

Meinen alten Plan, das Schubert-Album mit Kolbe & Illenberger und Eberhard Weber einzuspielen, habe ich immer noch nicht aufgegeben. Aber seit damals ist viel passiert. Martin Kolbe und Ralf Illenberger sind kein Gitarrenduo mehr – haben sich getrennt. Martin ist erkrankt und steht zurzeit nicht als Musiker zur Verfügung. Ralf ist in die USA ausgewandert und lebt in einer Künstlerkolonie in der Wüstenstadt Sedona im nördlichen Arizona. Eberhard Weber lebt in Frankreich in der Nähe von Nîmes, ist mit der Jan Gabarek Group auf ständiger Europatour und spielt aus Zeitmangel kein Cello mehr, nur noch Bass. Und wenn schon. Dann nehmen wir Schubert eben mit nur einer Gitarre, Bass und ohne Cello auf. Trotz der Schwierigkeiten, an Ralf und Eberhard ranzukommen, halte ich stur an meinem Plan fest, und es gelingt mir, beide gleichzeitig für ein paar Tage ins Studio zu holen. Um mich voll auf den Gesang konzentrieren zu können, verlasse ich mich ganz auf die beiden und verzichte darauf, selbst Gitarre zu spielen.

Hauptsächlich aus den beiden Zyklen »Die Winterreise« und »Die schöne Müllerin« wähle ich 17 Lieder aus und gebe dem Album den Titel: »An dich hab ich gedacht«, eine Verszeile aus dem Lied »Gute Nacht«. Als es erscheint, wird es von meinem überraschten Publikum zwar verwundert, aber nicht unfreundlich aufgenommen. Die meisten Kritiker (für die ich eigentlich gar nicht singe) finden lobende Worte. In einer Zeitung steht sinngemäß, dass unter all den zahlreichen Aufnahmen, die jetzt im Schubertjahr 1997 anlässlich des 200. Geburtstages des Komponisten veröffentlicht wurden, ausgerechnet die von Hannes Wader eine der bemerkenswertesten sei.

Schubertjahr? Wieder so ein Zufall. Hatte ich gar nicht mitbekommen. Ich hab es ja nicht so mit Geburtstagsdaten. Egal, ich fühle mich geschmeichelt; auch als ich erfahre, dass sogar der damalige Feuilletonchef der »ZEIT«, die Wader-Schubert-Scheibe seinen Lesern als passendes Weihnachtsgeschenk empfiehlt.

Zehn Jahre gehe ich nun schon wieder solo auf Tournee, verzichte aus Kostengründen weiterhin auf eine Begleitband. Ich habe große Lust, mal wieder mit anderen Musikern nicht nur im Studio, sondern auch auf der Bühne zu spielen und aufzutreten. Die Gelegenheit dazu ergibt sich, als Klaus Weiland, er kommt gerade für ein paar Monate aus Texas, sich bei mir meldet. Klaus ist sofort bereit, mit mir auf Tour zu gehen. Ich hole Benjamin Hüllenkremer aus Hamburg dazu. Mit Benjamin als E-Bassisten habe ich nach den Aufnahmen für »Nach Hamburg« noch mehrfach im Studio zusammengearbeitet. Nach ein paar Probetagen, die ich noch bei mir in der Mühle ansetze, sind wir für mehrere Wochen zu dritt on the road. Ben Ahrens hat sein Aufnahmeequipment dabei und schneidet alle unsere Konzerte mit, die auf dem Live-Album »Auftritt Hannes Wader« veröffentlicht werden.

Die Unruhe in mir, das nagende Gefühl, dass sich in meinem Leben etwas ändern muss, und wenn es nur – bloß weg von der Mühle – der Wechsel des Wohnortes ist, meldet sich in letzter Zeit wieder verstärkt. Schließlich ergibt es sich, dass wir als neues Zuhause einen in Mittelholstein gelegenen, geräumigen, liebevoll renovierten und bezugsfertigen Resthof übernehmen können. Der Besitzer dieses Anwesens ist Ben Ahrens, mein Tontechniker, der uns den Hof in Eigenleistung komplett saniert übergibt.

Wir haben viel Platz und ergreifen auf Cordulas Vorschlag hin die Gelegenheit, uns in zwei getrennten Wohnungen (unter einem Dach) einzurichten. Eine Maßnahme, die sich auf unser Ehe- und Familienleben ungemein stabilisierend auswirkt. So werden wir auch in Zukunft immer wohnen.

Der Hof liegt (zufällig) direkt zwischen dem damals schon berühmten Dorf Wacken, in dem alljährlich das weltgrößte Heavy-Metal-Festival stattfindet, und dem 2,5 Kilometer entfernten – ebenfalls ein Superlativ als meistbefahrene Wasserstraße der Welt – ruhig vor sich hinströmenden Nord-Ostsee-Kanal.

Unsere alte Mühle hat jetzt auch einen neuen Besitzer. Und auch wenn wir nach Erhalt des Verkaufserlöses noch nicht komplett schuldenfrei sind, sind wir doch ganz nah dran. Das fühlt sich so gut an, dass ich schon weiß: Ich werde niemals wieder einen Kredit aufnehmen, nie wieder Schulden machen.

Holstenniendorf heißt der kleine Ort, an dessen Rand sich, angenehm allein gelegen, unser neues Zuhause befindet. Mein Faible fürs Arbeiten im Freien ist, zu meinem eigenen Erstaunen, noch immer ungebrochen. Kaum eingezogen, beginne ich sofort damit, auf dem mit 3000 Quadratmetern großzügig bemessenen Grundstück den obligatorischen Kirschbaum zu pflanzen und einen Nutzgarten anzulegen. Und selbstverständlich halten wir wieder Hühner.

Gleichzeitig baue ich mir eine neue Boulebahn. Endlich finde ich Spielpartner. Zweimal in der Woche fahre ich im Sommer nachmittags in die dreißig Kilometer nördlich in Dithmarschen gelegenen Stadt Heide; dort gibt es einen Pétanque-Klub.

Hier in diesem Haus werden wir zehn Jahre lang leben. Im Rückblick für uns eine im positiven Sinne nicht allzu aufregende Zeit.

Dass unser Haus so viel weiter südlich liegt als die Mühle, hat eigentlich nur Vorteile. Man ist schnell in Hamburg. Ebenso schnell ist, wenn ich auf Tournee gehe, der Elbtunnel durchquert. Alle Ziele liegen jetzt näher. Nach und nach kommen wir in Kontakt mit Menschen in der näheren Umgebung, mit denen wir uns anfreunden.

Hier treffe ich Anselm Noffke wieder. Anselm ist der Mitbegründer der Gruppe Liederjan, die mich 1974 in ihrer damaligen Besetzung bei meinen Aufnahmen für die Shanty-Platte unterstützt hat. Mit Anselm treffe ich mich jetzt alle paar Wochen, um mit ihm im zwanzig Kilometer entfernten Itzehoe den Abend im Goosmarkt (plattdeutsch für Gänsemarkt) zu verbringen, wo es im Gastraum eine Art Stammtisch gibt; wobei abwechselnd derjenige von uns beiden, der mit dem Fahren dran ist, nüchtern bleiben muss. Das fällt mir nicht leicht, aber ich halte mich dran.

Der Goosmarkt in Itzehoe ist zu der Zeit unter den Kulturkneipen, von denen es einige in Deutschland gibt, sicher etwas ganz Besonderes; was ich schon aufgrund Tausender Auftritte, die ich bisher in Hunderten deutscher Städte hatte, gut beurteilen zu können glaube.

In den frühen Achtzigern von Dani Soldicic aus Kroatien und seiner deutschen Frau Magrit eröffnet, ist der Goosmarkt eine Kneipe mit einem circa hundert Personen fassenden Saal nebendran. Anlässlich der Schließung des Goosmarktes nach 27 Jahren schreibt im Juni 2009 die »Norddeutsche Rundschau«:

Alles, was in Deutschland Rang und Namen hatte oder bis heute hat, war zu Gast: Gardi Hutter, Liederjan, Hannes Wader, Tim Fischer, Stefan Gwildis,

Rocko Schamoni, Günther Kunert, Wolf Biermann und und und … schier endlos ist die Reihe der Kulturproduzenten, die den Saal füllten …

Als Stammgäste im Goosmarkt behalten Anselm und ich unsere Gewohnheit, uns dort zu treffen, bis kurz vor seinem zu frühen Tod 2003 bei.

Die Trauerfeier für Anselm in der Schenefelder Kirche (Kreis Steinburg) ist mir noch in deutlicher Erinnerung. Sein Sarg wird flankiert von sechs seiner Brüder, als Söhne eines Propstes alle gläubige Christen. Ein siebter Bruder, der Pastor Friedemann Noffke, hält die Trauerrede. Der schlichte Sarg, eine Kiste, die auf Anselms ausdrücklichen Wunsch hin nur aus roh und ungehobelt zusammengenageltem Schalholz besteht, wird anschließend, gefolgt von seiner greisen Mutter, von seinen sechs Brüdern hinaus auf den Friedhof getragen. Eine ergreifende, unvergessliche Szene.

Ich selbst bin mir immer noch nicht schlüssig, ob ich verbrannt oder am Stück begraben sein will. Aber mal in so einem nur aus einfachen Brettern gezimmerten Kasten zu liegen, könnte mir gefallen.

Millennium

Immer mal wieder im Laufe der Neunziger kreuzen sich auf unseren Tourneen irgendwo unterwegs Konstantin Weckers und meine Wege. Und jedes Mal, wenn es sich ergibt, ist es uns eine Freude, ein Lied zusammen zu singen.

Derzeit muss Konstantin sich wieder mal mit der Justiz herumschlagen, die ihn unbedingt wegen illegalen Drogenbesitzes und Konsums im Knast sehen will. Konstantin ist im Moment auf Bewährung draußen. Es ist grade Sommer, und wir begegnen uns open-air auf dem Marktplatz des schönen Städtchens Oberkirch im Schwarzwald. Wie so oft, wenn wir das eine oder andere Lied auf der Bühne zusammen singen, kommt auch jetzt wieder der Gedanke zur Sprache, endlich mal gemeinsam auf Tour zu gehen – und zwar möglichst bald. Dieses »bald« macht Konstantin

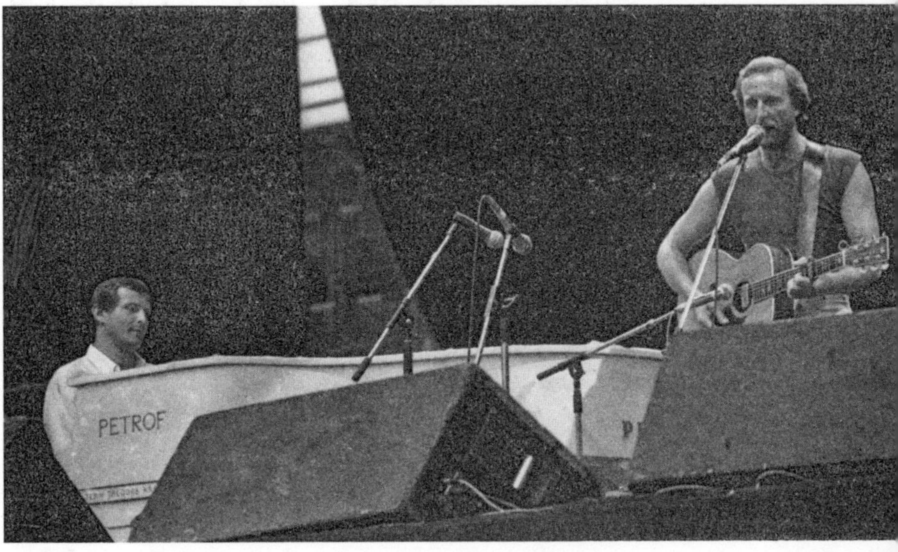

Mit Konstantin Wecker im Bochumer Ruhrstadion, 1982

davon abhängig, ob und wenn ja, wie lange er ins Gefängnis muss. Er muss gar nicht, stellt sich kurz darauf heraus. Einer gemeinsamen Tour steht nichts mehr im Wege.

Ein paar Monate Vorlauf braucht Robert Weißenberger, um für uns die Hallen und die Open-Air-Locations zu buchen und den Vorverkauf in Schwung zu bringen. Konstantin kommt aus München rauf zu mir nach Hause, und wir singen und reden, planen schon mal die Programmabläufe.

Knapp vor Beginn der Tour – es ist wieder Sommer – proben wir ein paar Tage intensiv in Ben Ahrens Hamburger Studio. Wir werden zu dritt auftreten: Konstantin, sein inzwischen langjähriger Begleiter an Piano und Keyboard, Jo Barnikel, und ich. Im Unterschied zu Konstantin, der das Zusammenwirken mit anderen Künstlern sucht, liebt und geradezu darin aufgeht, sehe ich meine Fähigkeit zu der hier geforderten Reziprozität auf der Bühne als etwas eingerostet an – ich habe wohl zu lange für mich allein »rumgekrebst«. Macht nichts, ich muss dafür dann eben etwas mehr tun als meine Kollegen.

Wir starten unsere Tournee mit insgesamt 15 Konzerten in Cuxhaven in einem großen Zelt und beenden sie in Tuttlingen – ebenfalls in einem Zelt. Die Tour, sie zieht sich mit Unterbrechungen von Juni bis Ende Juli hin, ist ein großer Erfolg.

Wir planen gleich, nur an anderen Orten, eine Wiederholung für 2001. Robert Weißenberger ist schon dabei, die neuen Spielstätten zu buchen. Ben Ahrens hat die Konzerte der ersten Tour mitgeschnitten und stellt daraus eine Live-CD zusammen, die dann bei pläne erscheint unter dem Titel »Was für eine Nacht«. Mit diesem überschreiben wir auch die zweite Wecker-Wader-Tour, die ebenso lang und erfolgreich sein wird wie die erste. Wenige Tage nach Abschluss dieser zweiten gemeinsamen Tournee arbeite ich bereits wieder in Ben Ahrens' Hamburger Blue Noise Tonstudio an meiner »Wünsche«-CD, die noch vor Weihnachten rauskommen soll.

Wir machen gerade Kaffeepause, Ben zappt sich so nebenbei durch die Programme des Fernsehers, der vor ihm an der Wand hängt. Plötzlich stoppt er und bleibt an den grauenhaften Bildern eines Flugzeuges hängen, das in ein Hochhaus fliegt – es ist der 11. September 2001. In immer neuen Wiederholungen werden die zusammenstürzenden Twin Towers gezeigt. Für uns ist heute an konzentrierte Studioarbeit (geschweige denn Singen) nicht mehr zu denken. Wir setzen sie am nächsten Tag, so gut es geht, fort.

Wieder ist Sommer. Mich erreicht die Mitteilung, dass Franz Josef Degenhardt eine bereits gebuchte Tournee aus gesundheitlichen Gründen abgesagt hat und nie wieder auftreten wird. Ihm geht es zunehmend schlechter. Die Nachricht trifft mich, obwohl unser freundschaftliches Verhältnis seit einiger Zeit abgekühlt ist. Er hat mir seinerzeit meinen Parteiaustritt aus der DKP übel genommen, während er – sein Spruch dazu: »Einer muss das Licht ausmachen« –, allen damaligen Massenaustritten zum Trotz, immer Mitglied geblieben ist.

Ich setze mich hin und schreibe ihm, obwohl mir das schwer fällt, einen Brief. Schriftlich zu korrespondieren, hasse ich fast so sehr wie Sport. Wie oft habe ich das schon erlebt: Ich schreibe was, das ich, wenn es erst mal dasteht, nicht mehr zurücknehmen kann; und wenn dann der Adressat auch noch versteckte Bosheiten und Infamien im Text zu entdecken meint, bricht die Hölle los.

In meinem Brief möchte ich Karratsch nur meinem Bedauern über die Entfremdung zwischen uns, über sein endgültiges Abtreten von der Bühne und meiner ungebrochenen Wertschätzung für seine Person und sein Werk Ausdruck geben. Sonst nichts.

Das gelingt. Wir treffen uns, sind wieder versöhnt und bleiben es auch. Einige Zeit später besucht mich Karratsch an meinem 64. Geburtstag in Begleitung seiner Frau Margret und bringt mir – er ist immer noch gut bei Stimme – sein neues Album mit; das er wie den gleichnamigen Titelsong »Dämmerung« genannt hat, in dem es unter anderem heißt:

… Die Flieger zu den Urlaubsparadiesen
betonen die Stille hier unten nur
Dem Musikerfreund, der mich heute besuchte,
dröhnen sie aber gefährlich im Ohr.
Nach vielen falschen Zerwürfnisjahren
Schenkte er mir sein Exemplar Horaz.
Wir lagen uns lange in den Armen.
Das Buch war einst im Besitz von Karl Marx …

Stimmt, genau so war es ... nur – den Horaz habe seinerzeit nicht ich ihm geschenkt, sondern er mir.

Als ich danach seinen Besuch in seinem Haus in Quickborn erwidere, fehlt in seinem Garten der an Überalterung eingegangene mächtige Wildkirschenbaum, unter dem wir in so vielen Sommern gesessen haben – und über dem so viele Flieger zur Landung im nahen Fuhlsbüttel ansetzten. Auf meinen Vorschlag hin lässt Karratsch einen schnellwüchsigen jungen Süßkirschenbaum pflanzen.

Ich schreibe und schicke ihm einen Text, in dem ich darauf Bezug nehme und den ich erst noch vertonen will. Karratsch bekommt das fertige Lied nicht mehr zu hören. Er stirbt wenige Wochen später, und ich widme es ihm postum.

Alter Freund

(Für Karratsch)

Du fälltest, alter Freund, in deinem Garten
im Herbst den alten Baum und dafür hast du jetzt
einen ganz neuen kleinen und zarten
Kirschbaum an seine Stelle gesetzt
der noch kaum eine Krone hat
Doch auch er wird einmal blühen – grad
so, wie es der alte tat
um uns einst, wenn wir dann noch leben
künftig an seiner Statt
Früchte und vor allem Schatten, Schatten zu geben

Man verpflanzt, alter Freund, doch in diesen Tagen
längst viel größere Bäume, deren Kronen schon dicht
belaubt sind, die uns beide weit überragen
Doch dieser Baum ist noch so jung – wir sind's nicht
Steh' ich vor ihm im Sonnenschein
hüllt ihn mein Schatten ein
Umgekehrt sollte es sein
dass er uns irgendwann Schatten spendet

Und dass nicht dein oder mein
Leben noch vor der Zeit, vor der Zeit, vor der Zeit endet

Warten wir, alter Freund, nur noch ein paar Jahre
dann sitzen wir im Sommer zur Reifezeit
unter diesem Baum und es machen die Stare
sich in seiner Krone hoch über uns breit
Und sie schwatzen nur, schweigen nie
die Kirschkerne spucken sie
in unsere Gläser, die
niemals leer werden, in ihnen funkelt
der Rotwein aus dem Midi
und wir trinken und singen und singen, bis es endlich dunkelt

Wir wohnen jetzt schon ein paar Jahre in unserem neuen alten Haus in Mittelholstein. Habe ich mich derweil hier eingelebt? Wohl nicht. Ich bin keiner, der sich einlebt. So wie ich damals – ohne großes Bedauern – meinen ostwestfälischen Heimatort Hoberge als Zweiundzwanzigjähriger, dann Berlin mit 32, danach siebenundfünfzigjährig Nordfriesland verlasse, werde ich mit 67 ebenso auch diesem Haus für immer den Rücken kehren.

Jetzt, während ich diese Zeilen schreibe, lebe ich – inzwischen siebenundsiebzigjährig – seit mehr als zehn Jahren mit meiner Frau Cordula in Kassel, wo ich längst wieder in zwei verschiedenen Gärten (wir sind schon wieder einmal innerhalb der Stadt umgezogen) je einen Kirschbaum gepflanzt habe.

Ob wir hierbleiben, ob wir demnächst wieder woanders hinziehen werden – ist offen. Heute hier, morgen dort eben.

Wobei: Ganz so monströs gleichgültig gegenüber dem Verlust all der von mir verlassenen »Heimaten« mag ich mich auch wieder nicht zeigen. Lange nach unserem Auszug aus der Mühle schreibe ich einen kleinen Jahreszeitenzyklus, vier Lieder, die vom Frühling, Sommer, Herbst und Winter in Nordfriesland (an das ich manchmal doch ganz gern zurückdenke) handeln. Cordula liebt diese Lieder, hört sie gern, bekommt dabei Sehnsucht nach dem Norden.

Vorfrühling

Ein letzter schwerer Wintersturm hat sich in dieser Nacht
Noch einmal ausgetobt, ich bin aus meinem Schlaf erwacht
Stand auf und ging hinaus, Schneegänse zogen
Rasch im Dämmerlicht vorüber, als der Tag anbrach
Ich hörte ihre Schreie und sie flogen
Nordwärts längs der Küste, lange sah ich ihnen nach

Nun kann es Frühling werden, wenn nur dieser Wind nicht wär'
Der jetzt oft so kalt und schneidend weht, von Osten her
Über die noch kahlen grauen Weiden
Ein Wind, der unablässig bläst, der krank und elend macht
Er schürt den Jähzorn, lässt die Menschen leiden
Unter Schwermut, Angst und bösen Träumen in der Nacht

Wie jetzt der Wind die Ackerkrume von den Feldern fegt
Kostbarer Staub, der sich in Wolken auf die Dächer legt
Dringt durch die Fenster, durch geschloss'ne Türen
Doch bald, vielleicht noch heute, muss auch dieser Wind sich dreh'n
Und dann wird, ich kann es längst schon spüren
Endlich auch ein milder warmer Hauch von Süden wehn

Wenn erst die Tage länger werden, und das Dunkel weicht
Den kurzen hellen Nächten, wird das Leben wieder leicht
Schwarzbuntes Vieh wird auf den Wiesen liegen
Wenn die Bauernrose, meine Lieblingsblume, blüht
Bienen schwärmen, Birkenpollen fliegen
Doch das ist dann schon der Sommer und ein ganz andres Lied

Diese vier Lieder, »Vorfrühling«, »Sommernacht«, »Novemberlied« und »Winternacht«, nehme ich mit acht weiteren Titeln für das Album »Wünsche« in Ben Ahrens' Studio in Hamburg auf. Dabei erinnere ich mich besonders gern an Chris Jones, der mich als zweiter Gitarrist bei den Aufnahmen begleitet. Chris ist einer der begabtesten Musiker, mit dem zu arbeiten ich je das Vergnügen hatte. Es existiert noch eine unveröffentlichte Aufnahme – mein Freund Patty Saurma hat sie in seinem Wader-Archiv –, auf der zu hören ist, wie ich mit Chris zusammen das Lied »Vorfrühling« probe. Ohne den Song je gehört zu haben, spielt Chris vom ersten Takt an nicht nur mit, sondern baut immer wieder, jeden Akkordwechsel vorausahnend, fehlerlos vom Anfang bis zum Ende, die kompliziertesten Licks ein; was auch insofern verblüffend ist, weil viele meiner Lieder mit »Taktumsteigern« gespickt sind. Will heißen, ich halbiere oft unvermittelt einen einzelnen Vierviertel- oder wechsle in einen halben oder Dreivierteltakt, der nicht dahingehört. Da ich meist solo auftrete, kann ich mir erlauben, die Taktlängen danach zu bestimmen, wie ich beim Singen atme (so wie ich beim Schreiben Kommas nicht nach den Regeln, sondern ebenfalls nach Gefühl und Atmung setze).

Normal ist, dass die Studiomusiker, die mit mir die Lieder einspielen, um »reinzukommen« jeweils ein paar Probedurchläufe brauchen. Chris macht da nicht mit, erzählt stattdessen Witze und ist dann der Einzige, der schon beim ersten Take auf Anhieb richtigliegt und sich niemals verspielt.

Unterdessen tritt das dritte Millennium gleich mit der Einführung des Euro in sein zweites Jahr ein. Schade um die Mark. Bis heute habe ich mich nicht an Euro und Cent gewöhnen können. Das Bezahlen an der Supermarktkasse ist für mich oft die Hölle. Ich meine, die Pfennige ließen sich viel besser und schneller voneinander unterscheiden als die Cents – oder?

In diesem Jahr habe ich wieder einen runden Geburtstag – meinen Sechzigsten. Diesen Tag ähnlich festlich und opulent zu begehen wie meinen Fünfzigsten, dazu muss mich meine Frau nicht erst überreden. Ich bin dafür und möchte in meiner Heimatstadt Bielefeld feiern, ich weiß auch schon genau, wo. Erst vor wenigen Jahren habe ich, und wir sind seitdem befreundet, Heiner Hüser, den Wirt des historischen Gasthauses Buschkamp im Museumshof Senne, kennengelernt. Heiner ist ein Gitarre spielender Meisterkoch und war, ehe er den Buschkamp übernahm, zehn Jahre lang Küchenchef in Paris.

Er und seine damalige Frau Heidi sind, als ich ihnen vorschlage, mein Geburtstagsfest auszurichten, sofort dazu bereit. Um die 200 Gäste sind geladen, viele alte Freundinnen und Freunde, mit denen ich in der Sonnabendnacht in meinen Geburtstag hineinfeiern werde.

Meine Idee, meinen Geburtstag mit einem Konzert einzuläuten, stößt allgemein auf Zustimmung. Robert Weißenberger hat (natürlich rechtzeitig schon im Jahr zuvor) für den Freitagabend den großen Saal der Bielefelder Stadthalle buchen lassen. Meine Freunde Reinhard Mey, Konstantin Wecker und Jo Barnikel haben signalisiert, dass sie gern dabei sein und mit mir zusammen auftreten würden.

Ein Auftritt in dieser Dreierkonstellation ist ein so seltenes Event, dass es naheliegt, das Konzert aufzuzeichnen. Der Mitschnitt gelingt und erscheint 2003 als Doppel-CD unter dem Titel »Mey Wader Wecker – Das Konzert«.

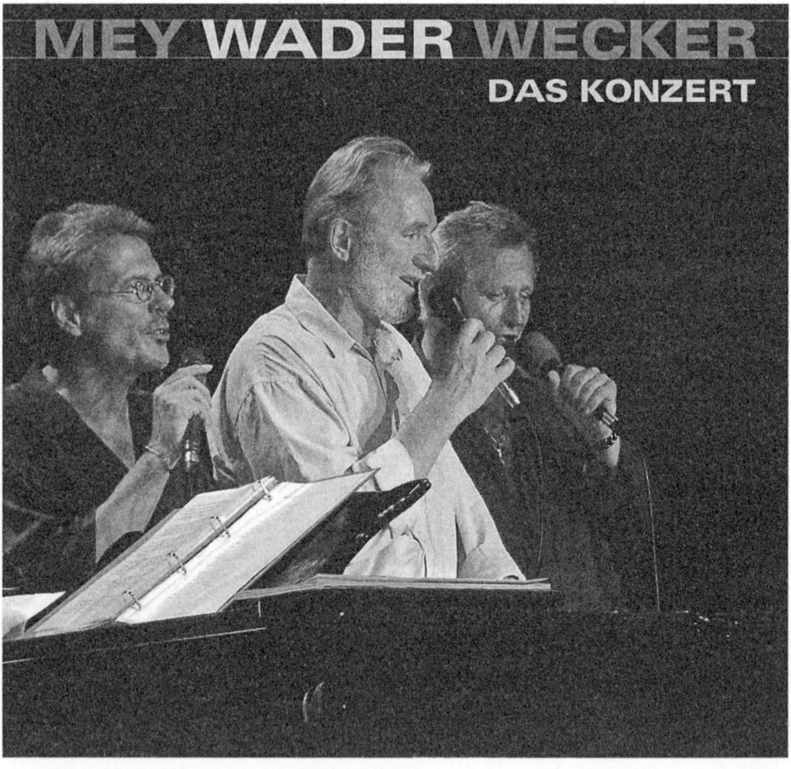

Konstantin Wecker, Reinhard Mey und ich, 2002

Eben weil es so selten geschieht, dass wir drei gemeinsam auf der Bühne stehen, planen wir, Konstantin, Reinhard und ich, gleich für das kommende Jahr 2003 eine Tour zu dritt. Damit setzen wir Robert unter Druck, der umgehend damit beginnen muss, die Hallen zu buchen.

Leider muss Reinhard aufgrund von Terminschwierigkeiten wieder aussteigen, doch die Termine stehen; also gehen Konstantin und ich noch mal zusammen auf eine wieder sehr schöne Tournee.

I Wish I'd Written that Song

So lautet der Titel eines Tribute-Albums für Colin Wilkie aus dem Jahr 1996, ihm gewidmet von seinen Freunden; und auf dem sie alle – auch ich – je einen von ihm geschriebenen Song singen. Seit ich denken kann, verspüre ich, wenn ich ein Lied höre, das mir gefällt, den Wunsch (ohne auf den Autor neidisch zu sein), es selbst geschrieben zu haben. Wenn dieser Wunsch sich stark genug behauptet, eigne ich mir den Song (wenn auch keineswegs im Sinne von Urheberrechtsverletzung oder Diebstahl) einfach an.

Ich habe sie nicht gezählt, aber auf vielen meiner Platten finden sich, neben meinen eigenen, auch Lieder aus fremder Feder; seien es Originaltexte und -melodien, unverändert von mir interpretiert, oder seien es Neuvertonungen alter Gedichte oder Übertragungen aus fremden Sprachen ins Deutsche – und umgekehrt.

Wenn es auch zuweilen geschieht, dass meine Version eines solchen Songs populärer wird als das Original und der Name seines Urhebers, ist das nicht von mir beabsichtigt. Mein Ehrgeiz liegt eher darin, diesem Original in meiner Bearbeitung, Übersetzung und Interpretation etwas qualitativ Gleichrangiges gegenüberzustellen. Wenn es dann Erfolg hat – umso besser. Hier nur ein paar Titel (es gibt noch mehr), bei denen mir das geglückt zu sein scheint.

An erster Stelle natürlich »Heute hier, morgen dort« – »Indian Summer« von Gary Bolstad; »Es ist an der Zeit« – »No Man's Land« von Eric Bogle; »Gut, wieder hier zu sein« – »It's Good To See You« von Allan Taylor; »Manche Stadt« – »One More City« von Colin Wilkie.

Ein günstiger Moment, mich an dieser Stelle bei den oben genannten – und den anderen hier nicht genannten – Freundinnen und Freunden und Singer-Songwritern für ihre wunderbaren Lieder, die mir und anderen so viel geben, zu bedanken.

Womit ich nie gerechnet hätte: Mir selbst wird zu dem Thema »Übernehmen und Covern von Liedern anderer« eine bittere Lektion erteilt. Nach einem Konzertabend in Stuttgart sitze ich noch mit Freunden im Bistro des Theaterhauses bei einem Glas Wein. Ein mir vage bekannt vorkommender Mann mittleren Alters kommt auf uns zu, legt eine in Folie eingeschweißte CD-Hülle auf den Tisch, sagt etwas zu mir, was genau, weiß ich nicht mehr, dreht sich um, ehe ich etwas erwidern kann, und geht. Auf der CD steht sein Name, der Name eines singenden Neonazis, dem ich hier, in meinem Buch, keinen Platz zugestehen werde. Er hat auf dieser CD mein »Es ist an der Zeit« gecovert. Unverändert, wie ich mir habe sagen lassen (ich selbst höre mir das nicht an), und ist somit rechtlich nicht belangbar.

Viel mehr bleibt mir also nicht übrig, als meine Haltung dazu in einem Songtext zu äußern, den ich dann auf meinem 2004 erschienenen Album »... und es wechseln die Zeiten« veröffentliche:

Stellungnahme

Als erklärter Feind alter und neuer Nazis habe ich immer damit rechnen müssen, von ihnen beschimpft und bedroht zu werden. Aber derzeit geschieht etwas, was mich, als ich davon erfuhr, getroffen hat wie ein Stiefeltritt ins Gesicht: Neonazis singen meine Lieder. Nein, das ist kein Witz. Neben Fassungslosigkeit und Zorn empfinde ich auch Scham darüber, dass sich meine Lieder offenbar, so, wie sie sind, in das Gegenteil ihrer Bedeutung verkehren lassen und im Dienste dessen missbraucht werden können, was ich auf dieser Welt außer Krieg am meisten verabscheue und fürchte: Nationalismus, Verfolgung Andersdenkender, Fremdenhass bis zur Mordgier.

Ich frage mich, ob ich es bisher in meinen Aussagen zu den Verbrechen der Rechtsradikalen in diesem Land an Deutlichkeit habe fehlen lassen. Vielleicht ist es so. Eine Tatsache ist es jedoch auch, dass es keine Wahrheit gibt, die, aus dem Zusammenhang gerissen, nicht zur Lüge verzerrt und auf den Kopf gestellt werden könnte. Aber kann ich es diesen Nazis denn nicht einfach – notfalls per Gerichtsbeschluss – untersagen lassen, sich an meinen Liedern zu vergreifen? Nein, kann ich nicht. Es gibt kein Gesetz, dass es nur der Vernunft und der Menschlichkeit erlaubt, sich auf meine Lieder zu berufen – der Dummheit und Bösartigkeit dieses Recht aber verweigert.

Neonazis singen meine Lieder. Ist das nicht auch eine Chance, mal mit denen zu reden? Sind es nicht oft ganz junge Leute ohne Zukunft; verführt, irregeleitet, von Familie und Staat im Stich gelassen, denen niemand zuhört? Mag sein. Aber mit welchen, noch so profunden Argumenten sollte ich diesen Menschen gegenübertreten, die andere Menschen zusammenschlagen und ermorden, nur weil sie fremd aussehen. Nein, ich spreche nicht mit Nazis und nicht mit den Mördern unter ihnen, von denen ich weiß, dass sie auch mich, ohne zu zögern, aus einer Laune heraus, mitsamt meinen Liedern vernichten und dann noch meine Refrains grölen würden.

Sind diese rechtsextremen Gewalttaten denn nicht nur eine Zeiterscheinung, die irgendwann von selbst verschwindet, wenn man nur auf die in Jahrzehnten gefestigte demokratische Gesinnung des deutschen Volkes vertraut? Nein, ich vertraue überhaupt keinem Volk. Es ist diesem Volk, zu dem auch ich mich zähle, in siebzig Jahren nicht gelungen, mit den alten Nazis fertigzuwerden, es wird ihm mit den neuen auch nicht gelingen. Was also soll ich tun? Wenn die Feigheit und Dummheit der Vielen nicht auszurotten ist, ist es der Mut, die Vernunft und die Menschlichkeit der Wenigen auch nicht. Daran werde ich mich halten und weiterhin meine Lieder singen.

Ist Stillschweigen klüger? Sich niemals beschweren?
Lieber Unrecht erleiden, um Streit zu vermeiden,
der für einen selbst vielleicht übel ausgeht?
Nein! Seiner Feinde muss man sich erwehren
Und sich klar entscheiden, auf welcher von beiden
Seiten – für alle Welt sichtbar – man steht.

Ja, ich werde weiterhin meine Lieder singen. Jetzt erst recht.

Weniger Krisen täten es auch

Ich bin zwischenzeitlich 65 Jahre alt, allerdings merke ich nicht viel davon, dass ich (nach Jahren gemessen) ins Rentenalter eintrete. Dazu habe ich zu viel zu tun. Vor Monaten erst ist mein Album »Mal angenommen« bei pläne erschienen. Jetzt arbeite ich gerade im Studio an den Aufnahmen für eine Platte mit zwanzig älteren, früher schon mal veröffentlichten Liedern, die ich musikalisch ganz anders aufgefasst und arrangiert, komplett neu einsingen und unter dem Titel »Neue Bekannte« herausbringen will. Meine Plattenfirma pläne macht das alles mit. Warum auch nicht, die Geschäfte laufen gut. Mir behagt mein Status als »bestes Pferd« im pläne-Stall.

Was ich wieder mal nicht ahnen kann: Dies wird meine letzte Produktion für pläne sein – nicht nur das, es wird die letzte pläne-Produktion überhaupt sein. Unaufhaltsam, wenn auch zunächst ganz, ganz langsam, wird der kleine Betrieb in den Abgrund rutschen. Dieser Auflösungsprozess zieht sich über zwei, drei Jahre hin.

Meine von pläne produzierten Alben, es müssen so um die zwanzig sein, werden nicht mehr an den Handel ausgeliefert und werden auf Jahre hinaus nicht mehr erhältlich sein. Das ist zwar bitter, berührt mich aber nicht existenziell, lebe ich doch schon länger – die Marktbedingungen haben sich verschoben – in erster Linie von meinen Tournee-Einnahmen. Immerhin sind die zehn bei meiner alten Plattenfirma Phonogram zwischen 1969 und 1978 erschienenen Scheiben noch zu haben.

Blues in F

Auf dem höchsten Zweig der Birke vorm Haus
singt die Amsel. Liebste, komm mit mir hinaus
setzen wir uns und hören ihr Lied
bei einem Glas Wein im Abendrot
Hier ist es friedlich, die Luft mild und still
auch wenn da draußen die Welt dies Idyll
nicht will – und uns bedroht

Das Haus ist bezahlt. Keine Schulden. Ein Glück
Wir legen sogar was fürs Alter zurück
Kein schlechtes Gefühl, doch nun sagt man uns:
Wer Schulden bezahlt, ist asozial
Und wer spart, der hemmt und blockiert damit nur
Den Fluss des Geldes und der Konjunktur –
Ach, die können uns mal

Hierzulande gibt's Leute, die reden schon
»das Wohl aller im Blick« ganz offen davon
Ob man uns später nicht töten soll
Denn wir schaden der Wirtschaft – sind wir erst alt
Und wir sollen es dulden, ergeben und still
Denn uns darf die Wirtschaft schaden so viel sie will –
denn sie ist ja die Staatsgewalt

So vieles läuft falsch auf der Welt und sie steht
auf dem Kopf, ist verbogen, verdreht
Theodor Wiesengrund Adorno sagt, dass es
kein richtiges Leben im falschen gibt
Und doch kommt ab und zu, so scheint es mir
mal ein guter Moment, so wie dieser hier
wo man sogar dies Leben liebt

Und dass wir beide nach so langer Zeit
noch zusammen sind – fast eine Ewigkeit
darauf trinken wir, stoß' mit mir an,
Hab' nie recht dran geglaubt, es nur immer gehofft
Kommt ja vor, dass sich jemand vom jemandem trennt
Den er schon 30 Jahre lang kennt –
hört man doch in letzter Zeit oft

Der Mond geht auf, steigt höher und gleich
spiegelt er sich mit dem Himmel im Teich
mit den Wolken, den Bäumen am Ufer und jetzt
schwimmt schon im Wasser der erste Stern
Auf so richtige Art auf den Kopf gestellt
und in Ruhe betrachtet, gefällt uns die Welt –
damit leben wir gern

Warum wir nach zehn Jahren dennoch beschließen, so bald wie möglich hier wegzuziehen (immerhin sind wir uns in dieser Absicht einig), ist uns beiden im Nachhinein schleierhaft geblieben.

Gewiss, das Haus ist ein bisschen zu groß geworden für uns. Den alten Resthof mit den hohen Räumen zu beheizen, ist teuer. Es gibt in der Region kaum Kliniken, in denen Cordula eine Anstellung als Psychologin finden könnte; und für mich wäre es bequemer, mich auf meinen Tourneen, die immer weit südlich von Hamburg beginnen, nicht jedes Mal durch das Nadelöhr des Elbtunnels quetschen zu müssen. Das mögen zwar ganz vernünftige Gründe sein, sie sind aber keineswegs zwingend genug, um ihretwegen den Norden so eilig und für immer zu verlassen. Wir wissen nicht mal, wohin wir wollen.

Wir kommen überein, dass Cordula eine ihr – wo auch immer – angebotene und attraktiv erscheinende Stelle zur Probe antritt und dann entscheidet, ob wir dort hinziehen oder nicht. So machen wir es. Louise und ich bleiben erst einmal in Holstenniendorf. Cordula fängt in einer renommierten Klinik im hessischen Hochtaunuskreis an, und es gefällt ihr dort.

Wir entscheiden uns, nach Kassel zu ziehen, das ja in der exakten Mitte Deutschlands liegt; geradezu ideal für mich, um von hier aus meine

Tourneen zu starten. Außerdem ist es mir egal, wo der Schreibtisch steht, an dem ich meine Lieder dichte.

Aber was das Dichten angeht, spielt sich da in letzter Zeit wenig ab. Ich kann nicht schreiben – Schaffenskrise nennt man das wohl. Ich kann die Tatsache, dass pläne den Bach runtergeht und ich ohne Plattenfirma dastehe, nicht so gut verdrängen, wie ich gerne möchte. Hinzu kommt der Umzug – eine sich zäh in die Länge ziehende Situation, die ich als arg belastend und stressig empfinde.

Unser Haus verkaufen wir traditionsgemäß wieder mal zu einem Preis, der weit unter dem liegt, was wir an Geld für diverse An- und Umbauten reingebuttert haben. Schade auch um meinen Kirschbaum, der grade anfängt, mehr Früchte zu tragen, als die Stare mir wegfressen können. Also werde ich als Erstes, gleich nach unserem Einzug in die neue Wohnung am Kasseler Brasselsberg, in der wir jetzt zur Miete wohnen, in dem dazugehörigen Garten einen Kirschbaum pflanzen.

Um den Kirschbaum pflanzen zu dürfen, muss ich den Vermieter um Erlaubnis bitten, der sie mir dann, wenn auch nur zögerlich, erteilt. Längerfristig gesehen, werden wir irgendwann wieder ein eigenes Haus beziehen, jetzt wollen wir erst mal hier ankommen – Fuß fassen.

Cordula und ich klingeln bei den nächsten Nachbarn, stellen uns als die »Neuen« vor, was hier wohl nicht so üblich ist, aber gut ankommt, und laden alle zu einer Einweihungsparty zu uns ein. Alle kommen, finden es gut, sich überhaupt mal zu begegnen, meinen, dass sollte von nun an öfter geschehen. Einer hat die Idee zu einem »lebendigen Adventskalender« (jeden Tag öffnet sich eine Tür); damit gemeint sind von nun an jährlich stattfindende nachbarschaftliche Treffen zwischen dem 1. und dem 23. Dezember, auf allabendlich wechselnden Veranden und Terrassen bei Glühwein, Kinderpunsch und Keksen. So kommt es dann auch. Es wird Musik gemacht und gesungen, und es ist überhaupt ganz gemütlich, vorausgesetzt, man ist warm genug angezogen.

Zu unserer Wohnung (im Parterre eines aufwendig sanierten hundert Jahre alten Krankenhauses) gehört ein Kellerraum mit gerade richtiger Luftzufuhr und Temperatur, schwachen Feuchtigkeitsgraden, gestampftem Lehmboden, um hier Weine zu lagern.

Binnen weniger Tage dunkle ich das kleine Kellerfenster ab, baue für meinen Rotwein die Regale ein und fülle sie mit gut 400 Flaschen; der Menge, die ungefähr meinem persönlichen Jahreskonsum entspricht.

Ich stelle erfreut fest, dass es in Kassel einen Pétanque-Klub gibt. Hier wird den Sommer über vor der feudalen Kulisse der Orangerie an der Karlsaue nahe der Fulda jeden Tag Boule gespielt. Also, was mich betrifft, ich halte es hier ganz gut aus.

Das Quantum meiner Tourneeauftritte, die ich in den letzten Jahren – mit Ausnahme der »Auftritt«-Tour zusammen mit Klaus Weiland und Benjamin Hüllenkremer – alle solo bestreite, hat sich bei fünfzig bis sechzig Konzerten im Jahr eingependelt. Dabei begegne ich, anders als früher, Konstantin Wecker, der mindestens dreimal so häufig auftritt wie ich, unterwegs nur selten. Aber wir treffen uns wieder. Ich gehe mit Patty Saurma, bei dem ich gerade zu Besuch bin, abends in Marburg zu einem Konzert Konstantins. Klar, dass er mich auf die Bühne holt, um ein paar Lieder mit mir zusammen zu singen.

Die letzte »Wecker-Wader«-Tour liegt nun schon sieben oder acht Jahre zurück. Wir finden beide, dass es an der Zeit ist, mal wieder etwas »Größeres« gemeinsam zu machen.

Robert Weißenberger macht sich gleich an die Arbeit, bringt für unsere Sommertournee, schon für das nächste Jahr 2010 geplant, die örtlichen Veranstalter auf Trab, die rechtzeitig die Hallen und Open-Air-Gelände mieten und die Werbung ankurbeln sollen.

Der Titel, unter dem unsere Tour laufen wird, steht schon fest und lautet: »Kein Ende in Sicht«. Konstantin und ich, Jo Barnikel ist auch wieder mit dabei, bereiten unser Programm vor. Für unser erstes Treffen stellt uns Patty Saurma für ein paar Tage seinen Salon im Schoss Plausdorf zur Verfügung, in dem für Konstantin ein frisch gestimmter Yamaha-Flügel bereitsteht.

Erstaunlich diskret, wir nehmen es bald kaum noch wahr, schwirrt jetzt ständig ein Filmteam um uns herum, das uns auch später auf der Tournee begleiten wird. Unter der Regie von Rudi Gaul entsteht dabei der Film »Wader Wecker Vater Land«, der ab 2011 in die Kinos kommen soll.

Unseren Programmablauf für die kommenden Konzerte planen Konstantin und ich diesmal wesentlich ehrgeiziger und aufwendiger als unsere erste Tournee damals im Jahr 2000. Das heißt, hauptsächlich plant der vor

Ideen nur so sprühende Konstantin, und ich kann seinem Vorschlag nur zustimmen, schon einige Monate vor der Tour im Theaterhaus in Stuttgart nach drei Probetagen dort zwei Konzerte zu geben, sie mitzuschneiden und als Live-Album rechtzeitig zu Tourneebeginn zu veröffentlichen. Klingt total vernünftig.

Ich weiß nicht mehr, was mich dann im Einzelnen bei den Proben in Stuttgart, und schon vom ersten Tag an, so mit Grauen erfüllt. Da ist sie wieder – die Krise. Sicher, da kommt so einiges für mich Ungewohntes zusammen. Allein, dass diesmal noch zwei weitere Musiker mit uns auf der Bühne stehen werden. Hervorragende Leute, der afghanische Perkussionist Hakim Ludin und mein alter Freund Nils Tuxen mit seinen dreißig Gitarren. Klar können die sich problemlos auf mich einstellen, aber ich mich nicht auf sie. Wenn ich es je konnte, habe ich es in den letzten Jahren verlernt. Hinzu kommt, dass Konstantin – und das muss sein, das sehe ich auch ein – die Show minutiös choreografiert. Mit Auftritten und Abgängen bei abgezählter Schrittlänge auf Stichwort oder Lichtsignal und festgelegten Ansagen und Kurzdialogen zwischen uns beiden.

Ich fühle mich total überfordert. Das schaffe ich nie. Ich kann mir das alles nicht merken.

Konstantin dagegen ist voll in seinem Element. So, wie er den Transport seines von zehn Männern auf die Bühne gehievten Blüthner-Flügels überwacht – er reist mit seinem eigenen, Martina, die Klavierstimmerin, immer an seiner Seite –, kommt er mir vor wie ein Feldherr und Schlachtenlenker. Gebieter über den uns begleitenden Tross von überall herumwuselnden Bühnen-, Ton- und Beleuchtungstechnikern und Roadies, der sich ständig zu vergrößern scheint.

Dazu das allgegenwärtige Filmteam. Übrigens enthält die spätere Endfassung dieses Films eine Szene, in der ich sage:

Ich habe mich schon lange nicht mehr so schlecht gefühlt wie bei den Proben. Und da habe ich mir gesagt: Das machst du nie wieder! Nicht mit Konstantin, nicht mit David Bowie, nicht mit Paul McCartney und auch nicht mit Bob Dylan. Ich mache in Zukunft wieder alles allein. […] Soviel zu der Frage, ob ich mir manchmal denke, was tust du dir da an? Ja, das denk ich manchmal. Aber dann bin ich wieder froh, dass ich mich drauf eingelassen habe. Weil, man merkt auf enorm demonstrative Art, wie genau das einen wieder weiterbringt.

An anderer Stelle im selben Film sage ich:

Mein Ideal war immer, so minimal zu sein, dass mir schon sechs Saiten auf der Gitarre zu viel waren. Ich wollte eigentlich eine Gitarre erfinden, die nur drei Saiten hat. Damit es noch minimaler ist, noch weniger opulent.
Deshalb stehe ich ja auch am liebsten wie ein Stock mit der Gitarre in der Hand hinterm Mikrofon. Wenn ich keine Gitarre in der Hand habe, weiß ich nicht, wohin mit meinen Händen. Die große Geste, das Orchester, die Grandiosität, die Explosion, das war mir nie sympathisch.

Ich versuche, mir Konstantin gegenüber nichts anmerken zu lassen. Aber wie sehr ich neben mir stehe, wie durcheinander ich bin während dieser Stuttgarter Proben, bleibt meiner persönlichen Crew Ben Ahrens und Peter Ledebur nicht verborgen. Ben und Peter, die mich seit all den Jahren genau kennen, befürchten das Schlimmste; rechnen damit, dass ich hinschmeiße. Aber dazu wird es nicht kommen, ich halte durch.

Wir überstehen die beiden Stuttgarter Konzerte (Konstantin macht ohnehin keine Fehler) ohne allzu schlimme Patzer meinerseits, was ich Peter Ledebur verdanke. Peter, ein Freund und Kenner digitaler Technik, hat backstage einen Teleprompter aufgestellt, der alle Texte unseres Programms enthält, mit je einem Monitor auf der Bühne für Konstantin und mich. Natürlich kann ich alle meine Texte auswendig. Aber allein die Möglichkeit, hin und wieder einen Blick auf den Bildschirm werfen zu können, gibt mir das Gefühl größerer Sicherheit.

An beiden Abenden scheint das Publikum begeistert. Auch die Aufnahmen gelingen. »Kein Ende in Sicht« kann als Live-Album pünktlich zu Tourneebeginn im Sommer erscheinen. Allerdings nicht mehr im Verlag pläne, der nicht mehr existiert. Stattdessen wird Konstantin die Platte auf seinem eigenen, von ihm gegründeten Label herausbringen.

In seinem Begleittext zur Platte schreibt er:

Wenn wir zusammen singen, habe ich das Gefühl, unsere Stimmen ergänzen sich zu einer Einheit, und wir schwingen auf derselben Ebene. [...] Auch wenn wir musikalisch aus ganz verschiedenen Gegenden kommen und unterschiedliche Vorlieben haben – ich hatte nie das Gefühl, dass das nicht zusammenpassen könnte. Wir wollen auf verschiedenen Wegen das Gleiche und sind – um einen Song von Hannes zu zitieren – unverbesserliche Traumtänzer.

Und mir geht es wieder besser. Im Laufe der 21 Konzertabende, die Robert Weißenberger und Manfred Berkard für uns organisiert haben, lockern sich schnell die Verkrampfungen und Blockaden, die mich bei den Proben noch so beeinträchtigt hatten. Ich entwickle sogar so was Ähnliches wie Bühnenroutine. Sie ist meine Rettung. Seitdem halte ich die Routine für eine der bedeutendsten Erfindungen der Menschheit.

Ab und zu auch Lichtblicke

2011 ergeben sich für mich relativ kurz hintereinander zwei sehr schöne professionelle Chancen: Bei einem Konzert sitzt – ich weiß davon nichts – Christian Kellersmann, Managing Director der Universal Music, im Publikum. Nach der Show spricht er mich an, meine Bühneneinlage habe im gut gefallen.

Christian Kellersmann zeigt sich informiert darüber, dass ich im Moment quasi zu haben (das heißt ohne Plattenvertrag) bin. Er bietet mir einen an. Ich bin interessiert. Nicht, dass ich ein Problem damit hätte, eine Plattenfirma zu finden; ein paar Independent-Labels haben sich schon bei mir gemeldet. Was aber dafürspricht, zur Universal Music Group zu gehen, ist, dass ich sozusagen wieder »nach Hause« käme – will sagen: Der Konzern hat inzwischen meine frühere Plattenfirma Phonogram (Philips) geschluckt und vertreibt jetzt meine alten Alben, die sich immer noch auf dem Markt halten. Was gegen die Universal spräche: Ich wäre dort neben Michael Jackson, den Beatles, den Stones und wie sie alle heißen – die Namen der jüngeren Universal-Stars kann ich mir nicht merken – nur ein kleiner Fisch.

Aber Christian Kellersmann weiß auch, dass ich im nächsten Jahr meinen Siebzigsten feiere – wäre das denn nicht ein Anlass, eine Chance für ein neues Album? Klingt verlockend. Ich werde darüber schlafen.

Eine Chance ist es auf jeden Fall, und ich fühle mich dadurch auch wieder motiviert, neue Lieder zu schreiben. Nur habe ich in nächster Zeit auch viel anderes zu tun, als da sind zwei Frühjahrstourneen (solo); gleich im Anschluss daran eine kleine siebentägige Tour im Mai gemeinsam mit meinem alten Freund Allan Taylor, auf die ich mich schon freue. Dann kommt eine weitere Tournee mit Konstantin im Sommer und schließlich noch zwei Solo-Herbsttourneen. Danach könnte ich anfangen, neue Lieder zu dichten.

Ich fahre nach Berlin zur Universal und unterzeichne den Plattenvertrag, in dem ich mich verpflichte, bis Ende 2012 eine komplette Studioproduktion mit mindestens zwölf neuen (möglichst eigenen) Liedern abzuliefern. Bei dem Gedanken wird mir etwas mulmig, aber das werde ich schon hinkriegen.

Nicht Gegenstand der Vertragsverhandlungen, aber positiver Nebeneffekt: Die Firma stellt mir eine komplette Übernahme und Veröffentlichung meines schon seit zwei Jahren vom Markt verschwundenen pläne-Backkatalogs in Aussicht.

Wieder in Kassel, bekomme ich Besuch: Edo Reents von der »Frankfurter Allgemeinen Zeitung«, von seinem Chef Frank Schirrmacher angeregt, wie er sagt, und damit beauftragt, etwas über mich zu schreiben. Der Artikel erscheint und findet bei denen, die ihn lesen, überaus positive Beachtung. Ich bekomme daraufhin einen Anruf aus Berlin. Die Programmleiterin Sachbuch eines namhaften Verlages ist am Telefon. Der Verlag ist an einer Wader-Biografie interessiert. Wir verabreden uns bei mir in Kassel und sprechen einen ganzen Nachmittag lang über das Buchprojekt. Wir stimmen in unseren Positionen dazu insoweit überein, dass jetzt in Berlin der Verlagsvertrag zur Unterzeichnung vorbereitet werden kann.

Ich denke an all meine zurückliegenden Fehlversuche, meine Memoiren zu verfassen, oder schreiben zu lassen, und sehe hier (wieder mal) eine mir von der Vorsehung servierte Chance, endlich mit meinen Erinnerungen – diesmal von mir selbst geschrieben – zu Potte zu kommen. Von Verlagsseite fände man es wünschenswert, wenn schon nicht pünktlich zu meinem Siebzigsten im Juni, das Buch spätestens Ende 2012 erscheinen zu lassen.

So an die 300 bis 350 Seiten, das müsste mit ein bisschen Disziplin, wenn ich für ein paar Monate jeden Tag ein paar Stunden am Schreibtisch sitze, zu schaffen sein. Morgens komponieren und reimen, nachmittags Prosa, oder umgekehrt. Ich bin motiviert und voller Vorfreude.

Aber erst einmal – und ist denn das zu fassen? – feiern Cordula und ich im September 2011 unsere Silberhochzeit. Cordula hält eine Rede, die mich sehr bewegt. Während ich ihre Worte höre, spüre ich – der feierliche Anlass mag dabei eine Rolle spielen – deutlicher als sonst, wie viel sie und unsere Kinder mir bedeuten. Ich habe ihre Rede aufbewahrt.

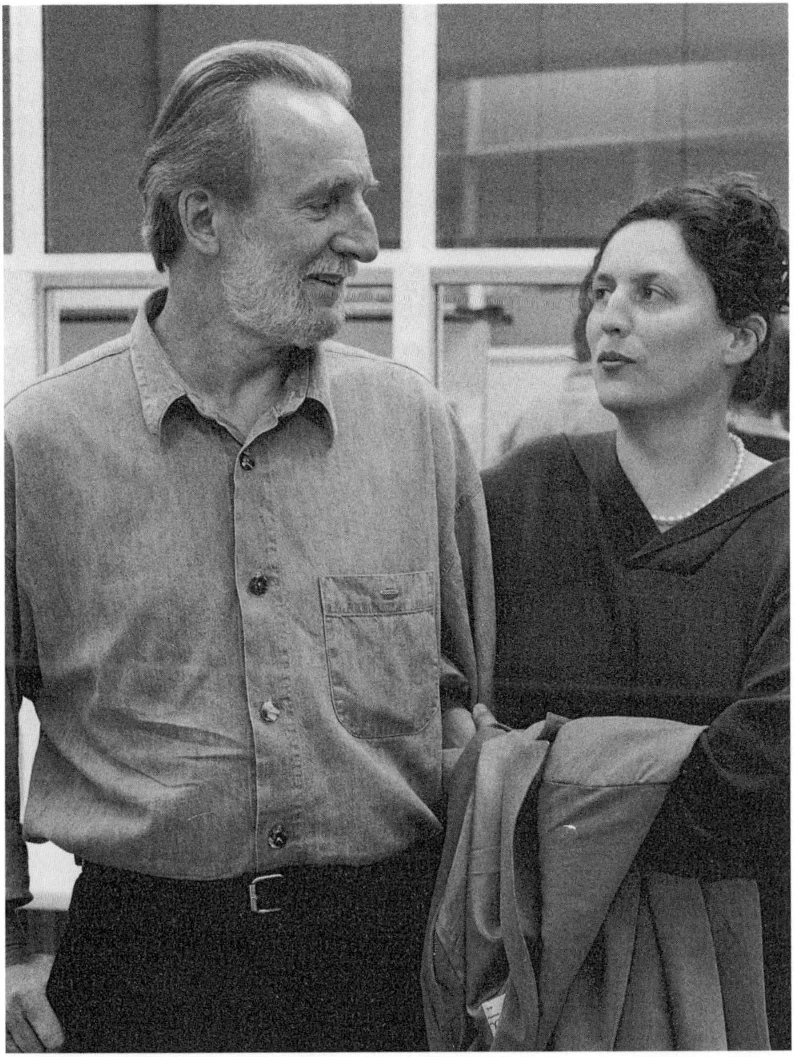

Mit Cordula backstage im Theater Itzehoe, circa 1999

Etwa Mitte November endet die zweite meiner beiden alljährlichen Herbsttourneen. Ein paar Tage werde ich brauchen, um mich vom Tourstress zu erholen. Und bald ist auch schon wieder Weihnachten. Bleiben mir bis zum nächsten Tourneebeginn Ende Februar vielleicht noch gut drei Monate.

Dann will ich mich jetzt mal hinsetzen und was schreiben. Aber so, wie ich mir das gedacht habe, läuft es nicht. Morgens Lieder dichten, nachmittags an meiner Biografie basteln – unmöglich.

Ist es die Schwerfälligkeit meines Gedankenapparates, dazu die emotionale nur auf ein Thema gerichtete Intensität, die sich dem Wechsel zu einem anderen Sujet stur verweigert? Ich weiß es nicht.

Es ist ja nicht so, dass mir nichts einfiele, nur geht alles viel zu langsam, eigentlich kaum voran. Und dann die verdammte, über allem drohend schwebende Deadline – die für das Buch schon im frühen Sommer, die für das Album im frühen Herbst. Das schaffe ich niemals.

Ich arbeite gleichzeitig an fünf verschiedenen Liedern und habe noch kein einziges zu Ende geschrieben. Nichts außer ein paar angefangenen Textzeilen. Und das, was ich heute an Autobiografischem in den Computer hacke, lösche ich morgen wieder – ich bin blockiert. Dazu rückt der Tourneebeginn immer näher, ich muss üben, mich vorbereiten, das ist jetzt erst mal wichtiger als alles andere.

Das, was ich für eine Doppelchance gehalten habe, wächst sich stattdessen zu einer einzigen Krise aus. Wie soll ich die je wieder in eine Chance zurückverwandeln? Das mit dem chinesischen Schriftzeichen, das zugleich für Krise und Chance steht, hatte ich immer so verstanden, dass aus Krisen Chancen erwachsen. Jetzt erlebe ich – es funktioniert auch andersrum.

An Krisen bin ich gewöhnt (man erinnert sich). Aber jetzt steuere ich auf einen Zusammenbruch zu. Vielleicht ist es kein Kollaps in klinischer Ausprägung, ich mache ja, wenn auch erheblich eingeschränkt, so weiter wie immer. Aber was da auf einmal mit mir passiert, habe ich vorher noch nie erlebt: Für mich sind Schlafstörungen an sich nichts Besonderes. Aber seit einigen Nächten liege ich nur noch wach, habe Panikattacken und döse erst im Morgengrauen für ein bis zwei Stunden ein. Die rezeptfreien Schlaftabletten, die ich nehme, wirken nicht mehr. Wenn ich dann aufstehe, packt mich ein Schwindel, der manchmal stundenlang anhält. Noch nie in meinem Leben hatte ich Rückenschmerzen – jetzt lerne ich sie kennen. Sobald ich was esse, bekomme ich Magenschmerzen. Ich habe Sehstörungen, fliegende Mücken, sagt der Augenarzt. Lidzucken, Sandsturm, Doppelbilder. Ich habe erhöhten Blutdruck, aber zum Glück keine Kopfschmerzen.

Halsweh hatte ich zum letzten Mal vor 25 Jahren – jetzt kommt es wieder. Schon seit Jahren höre ich schlecht, trage Hörgeräte; aber plötzlich habe ich Tinnitus und zusätzliche dreißig Prozent Hörverlust. Meine HNO-Ärztin fragt mich: »Trinken Sie genügend Wasser?« Ich verneine. Sie empfiehlt mir dringend, pro Tag mindestens zwei Liter zu trinken. Wasser trinken? Dazu habe ich zwar keine Lust – aber mal sehen, wenn's sein muss.

Ich habe überhaupt keinen Durst und muss mich dazu zwingen, Wasser zu trinken. Doch dann bessert sich fast schlagartig mein Befinden, sogar mein Gehör, stelle ich erleichtert fest; schließlich lebe ich vom Hören. Ich gehe noch zu verschiedenen anderen Ärzten, von denen ich mir irgendwas verschreiben lasse, insbesondere um wieder schlafen zu können. Als ich dann noch in Berlin beim Verlag anrufe und das Buchprojekt stoppe (ich stoße dort auf Verständnis, ich habe ja auch noch nichts unterschrieben), fällt eine große Last von mir ab, und bald bin ich wieder der Alte. Ich schwöre mir, mich nie wieder so unter Termindruck zu setzen – oder setzen zu lassen.

Jetzt kann ich erst mal siebzig werden und mich ganz auf meine Tourneen und das Liederdichten konzentrieren.

Merkwürdig, ich kann mich kaum an meinen siebzigsten Geburtstag erinnern. Das kann verschiedene Gründe haben. Zum einen, dass zu dem Zeitpunkt die oben erwähnte Krise die Gedanken an alles andere noch nachwirkend überlagert; vielleicht nehme ich hier auch nur unbewusst mein Recht auf einen fortschreitenden altersbedingten Gedächtnisverlust in Anspruch; oder ich verdränge mal wieder die Tatsachen, weil es mir nicht passt, schon so alt zu sein. Keine Ahnung.

Anders als meine früheren runden Geburtstage, feiere ich diesen in wesentlich kleinerem Rahmen. Lange her. Demnächst werde ich vielleicht achtzig, die Chancen stehen nicht schlecht. Vielleicht haue ich da noch mal auf die Pauke.

Woran ich mich erinnere: Ich gebe in dieser Zeit (für meine Verhältnisse) ungewöhnlich viele Presseinterviews. Auch für den Hörfunk sind ein paar dabei. Ich nehme an, ab ihrem siebzigsten Geburtstag erwartet man von Künstlern, dass sie ihre wilden Jahre in Leben und Werk hinter sich gelassen haben und nichts provokativ Verstörendes mehr von ihnen ausgeht, sodass man sie endlich gefahrlos (be)achten und würdigen kann.

Im Herbst 2012 kommt bei Universal mein Album »Nah dran« raus. Die CD enthält neben sechs ganz neuen eigenen Liedern einige meiner fremdsprachigen Lieblingssongs, die ich endlich, was ich schon lange tun wollte, ins Deutsche übersetzt habe: »Les feuilles mortes« (»Die welken Blätter«), Pete Seegers »Turn! Turn! Turn« (»Seit Ewigkeiten«), dazu Tom Paxtons »Last Thing on My Mind« (»Ich werd' es übertsteh'n«). Ich übernehme das von F. J. Degenhardt gesungene »Jeder Traum«. Von Konstantin Wecker »Was keiner wagt«. Ich habe Manfred Hausins Gedicht »Dass wir so lang leben dürfen« vertont und werde es, so wie ich mit »Heute hier, morgen dort« seit Langem jedes Konzert eröffne, von nun an immer als letztes Lied vor die Zugabe setzen.

Während der langen Untergangsphase von pläne habe ich keine Platte mehr rausgebracht. Vielleicht trägt das dazu bei, dass sich das neue Album erstaunlich gut verkauft. Erstaunlich auch deshalb, weil sich die Plattenbranche bitter über dramatische Umsatzrückgänge bei »physischen Tonträgern« zugunsten unkontrollierbarer Downloads beklagt. Bei all dem sehe ich mich in der günstigen Position, dass eine mit mir älter gewordene Klientel immer noch CDs kauft. Die Plattenfirma jedenfalls scheint mit meinen Umsatzzahlen erst einmal zufrieden zu sein und übernimmt nicht nur den kompletten Wader-pläne-Katalog, der nach und nach veröffentlicht wird, sondern will zudem noch die Liveaufnahme »Hannes Wader & Allan Taylor – Old Friends in Concert« rausbringen, die dann auch ein Jahr später erscheint und ebenfalls unerwartet gut läuft.

Dann setzt die Company noch einen drauf: Als Überraschung und ohne mein Wissen lässt sie 2012 ein Wader-Tribute-Album erscheinen. Unter dem Titel »Heute hier, morgen dort – Salut an Hannes Wader« singen begabte junge, zum Teil schon sehr erfolgreiche Liedermacher und Liedermacherinnen meine Songs – eine Art der Anerkennung, über die ich mich besonders freue.

Irgendwie habe ich den Eindruck, dass es für mich gerade überhaupt

»gut läuft«. Ich habe nicht mal 'ne Krise. Im Gegenteil. Meine Konzerte sind früher als in anderen Jahren ausverkauft. Dann ruft auch noch Christian Kellersmann von Universal bei mir an und sagt: »Hannes, es ist jetzt offiziell, dir wird der Echo für dein Lebenswerk verliehen!«

Ich erwidere: »Wieso das denn? Ich soll das Echo kriegen? Was ist das überhaupt? Kenn' ich nicht …«

Kein Scherz, ich kenne »den Echo« tatsächlich nicht – noch nie gehört. Aus dem einfachen Grund: Ich habe ja keinen Fernseher mehr. Seit dem »Struckumer Fenstersturz« vor achtzehn Jahren, dem damals meine Glotze zum Opfer fiel, habe ich mir nie wieder ein Gerät angeschafft; und wenn ich eins hätte, würde ich mir (schwerhörig wie ich bin) niemals Musiksendungen ansehen und Preisverleihungen schon gar nicht.

Dass ich je so einen Preis bekommen würde, damit konnte ich nicht rechnen; aber meine neue alte Plattenfirma, die mächtige Universal, macht es möglich.

Bei der Echo-Verleihung 2013 in Berlin singe ich mit Campino zusammen »Heute hier, morgen dort«. Die Toten Hosen haben den Song im Jahr zuvor gecovert. Die Begegnung mit den Hosen auf der Bühne und privat – es wird nicht die letzte sein – ist mir in angenehmster Erinnerung. Aber das Schönste für mich bei der Überreichung der Trophäe (und dazu noch überraschend, niemand hat mich vorher eingeweiht): Reinhard Mey – wir werden demnächst fünfzig Jahre miteinander befreundet sein – hält die Laudatio. Und zum krönenden Abschluss kommt dann auch noch im selben Jahr eine Wader-Compilation mit 37 Liedern unter dem Titel »Trotz alledem« auf den Markt.

Übrigens, 2013 kann ich den Echo noch mit Freude annehmen. Zu der Zeit gilt der in Deutschland wichtigste Musikpreis noch nicht als desavouiert und entwertet. Erst fünf Jahre später kommt es zum Eklat, als Rapper mit antisemitischen Texten mit dem Echo ausgezeichnet werden und Campino in spontanem Protest seinen zurückgibt. Ich behalte meinen, habe ihn aber vom Schrank genommen, wo er bis dato zusammen mit der Unterhaus-Glocke, dem Mainzer Kleinkunstpreis und dem Rudolstädter RUTH-Preis gestanden hat.

Noch ein paar Gedanken

Unsere Kinder leben jetzt beide nicht mehr bei uns. Cordula und ich sind nun allein. Wir ziehen um. Wir haben wieder ein eigenes Haus mit einem großen Garten. Der Kirschbaum ist schon gepflanzt und nicht nur der. Ich kann jetzt wieder meiner Leidenschaft fürs Gärtnern nachgehen und habe an die fünfzig Strauchrosen gesetzt.

Auch sonst bin ich fleißig, schreibe Lieder, bin motiviert durch den immer noch wachsenden Zuspruch, den ich auf meine alten Tage vonseiten des Publikums noch einmal erfahre. Gleichzeitig spüre ich jetzt das Älterwerden immer deutlicher. Ein zunächst kaum bemerkbares Nachlassen der Kräfte. Ich werde langsamer in allem, was ich tue – auch im Denken. Vergesslich bin ich sowieso schon lange. Körperliche Gebrechen habe ich keine – außer meiner Schwerhörigkeit, die allerdings eine echte Behinderung darstellt. Trotzdem bin ich dankbar. Wenn die Hörgerätetechnik nicht so weit fortgeschritten wäre, hätte ich schon vor zwanzig Jahren meinen Job an den Nagel hängen müssen.

Meine Auftritte machen mir (meistens) immer noch Freude. Aber um die durchzustehen, muss ich jetzt lange vor Tourneebeginn drei- bis viermal in der Woche im Sportstudio aufs Laufband und auch noch Gewichte stemmen (ich stelle den ertüchtigenden Effekt von Körperübungen gar nicht infrage, werde Sport aber immer hassen). Mein Bühnenprogramm übe ich – auch weil mich gesteigerte Versagensängste dazu nötigen, intensiver, öfter und länger als früher. Vielleicht ist es das, was Goethe meint, wenn er sagt: »Wenn man alt ist, muss man mehr tun, als da man jung war.«

Ich will aber gar nicht »mehr tun, als da ich jung war«. Wo soll das hinführen? – In eine elende Schinderei selbst bei guter Gesundheit.

So nach und nach, ich werde bald 75 sein, reift in mir der Entschluss, in nicht allzu ferner Zukunft mein Tourneeleben für immer zu beenden. Aber das sagt sich so leicht. Etwas aufzugeben, was man fünfzig Jahre lang (die meiste Zeit erfolgreich und gern) getan hat, also den Sack endgültig zuzumachen, fällt schwer. Doch bestärkt von meiner Frau und nach einigem inneren Hin und Her – ja, wieder mal eine Krise – steht mein Entschluss.

Wir haben Anfang 2017, und ich gebe auch in diesem wie in jedem Jahr wieder um die fünfzig Konzerte in Städten, von denen ich die meisten danach nie mehr betreten werde. Ein komisches Gefühl, so mir nichts, dir nichts – beinahe hätt' ich jetzt sang- und klanglos gesagt – einfach abzutreten. Ich komme mit Robert Weißenberger überein, im Frühjahr 2018 noch mal eine groß angekündigte, zehn Konzerte umfassende Abschiedstournee zu starten, für die er Hallen mit Sitzkapazitäten von 2000 bis 5000 Plätzen buchen wird.

Frühjahrstournee 2017. Noch ein ganzes Jahr bis zum April 2018, in dem ich in den großen Hallen meine allerletzten Konzerte geben soll. Wenn ich daran denke, was da auf mich zukommt, wird mir jetzt schon schlecht. Ich habe nachts wieder Albträume, bekomme Magenkrämpfe. Auch manchmal während meiner Konzerte. Ben Ahrens hinter seinem Mischpult, der alles sofort checkt, sagt nach einem dieser Auftritte: »Hannes, was ist mit dir los? Du wirkst unkonzentriert.«

Einmal kriege ich Nasenbluten, während ich auf der Bühne stehe und singe. Erst, als das Blut auf die Zarge meiner Gitarre platscht und ins Schallloch fließt, merke ich, was los ist, unterbreche das Konzert für einige Minuten, um die Blutung zu stillen. Als ich dabei in den Spiegel schaue, sehe ich: auch in meinem linken Auge sind Adern geplatzt und das Weiße darin total blutunterlaufen.

So geht das nicht weiter. Ich fühle mich jetzt permanent und zunehmend unter Druck; verspüre den Zwang, auf meiner letzten Tour nächstes Jahr im April etwas ganz und gar Unerhörtes, etwas noch nie Dagewesenes abliefern zu müssen. Mein Verstand sagt mir zwar: »Das ist doch so was von absurd, hirnrissig, niemand verlangt so etwas von dir. Das Publikum will das genaue Gegenteil des noch nie Dagewesenen, es will dich, den immer schon Dagewesenen, noch ein letztes Mal so erleben, wie es dich seit fünfzig Jahren kennt. Du solltest dich am besten bei jedem zweiten Lied verhaspeln, minutenlang die Gitarre stimmen – so wie früher. Die Leute werden jubeln, weil sie das an deine und vor allem an ihre eigene Jugend erinnert.«

Ich kann das alles denken und versuchen, es mir einzureden, aber ich kann es nicht fühlen. Es ist wohl so, dass ich mich seit dem Augenblick, in dem ich mich entschlossen habe aufzuhören, innerlich schon im »Abschieds-Modus« befinde. Und bei mir muss ja einfach immer alles jetzt gleich sein. Das heißt, ich möchte am liebsten sofort alle in diesem Jahr noch anstehenden Auftritte absagen. Und jetzt soll das Ganze im nächsten Jahr wieder von vorne losgehen. Mir reicht's.

Ich spreche mit meiner Frau darüber. Ihr reicht es auch, mich dauernd so depressiv verstimmt, launenhaft, zerrissen – und was weiß ich noch – zu erleben. Cordula rät mir – ich hatte es insgeheim gehofft –, die zehn Abschiedskonzerte im April 2018 abzusagen, was ich umgehend erledige. Und schon geht es mir besser.

Bei dem Gedanken an mögliche Konventionalstrafen, an die hohen Einnahmen, um die ich uns hier mit meinen »Capricen« bringe, wird mir schon ein bisschen schwindlig. Andererseits – auf Summen dieser Größenordnung einfach zu verzichten, zu sagen: »Nee, will ich nicht« – das passt zu mir; stimmt mich zufrieden und tut es heute noch.

Nach dieser Entscheidung kann ich meine Tourneen wesentlich entspannter fortsetzen. Ich verabschiede mich am Schluss jedes Konzertes von meinem Publikum – für immer, das mich dann seinerseits mit Standing Ovations entlässt. Das tut mir gut. Dennoch freue ich mich schon jetzt auf den November, wenn ich endlich mein letztes Konzert gebe. Ganz unspektakulär – in der hessischen Kleinstadt Hofgeismar.

Nach meinem letzten Auftritt in Hamburg – hier in der Fabrik habe ich in 45 Jahren 22 Konzerte gegeben – drängen mich meine Kinder, doch wenigstens noch ein großes Abschiedskonzert in Berlin zu geben, wo meine Karriere begonnen hat. Ich gebe ihnen Recht. Eigentlich möchte ich dann auch noch ein weiteres Konzert in Bielefeld geben, wo ich herkomme.

Robert Weißenberger kann für den 30. November 2017 das Tempodrom in Berlin buchen, die Stadthalle Bielefeld hat in diesem Jahr jedoch keinen Termin mehr frei. Meine langjährigen Freunde dort, vor allem Jochen Landwehrmann, Petra und Jochen Adler, Iris und Gerd Reiche sind enttäuscht und nehmen mir das Versprechen ab, in absehbarer Zeit doch noch mal ein Konzert in unserer Heimatstadt zu geben. Ob daraus noch mal etwas wird?

Unterdessen haben die drei – Petra und die beiden Jochen – in Bielefeld für einigen Wirbel gesorgt, könnte man sagen, indem sie offiziell die Umbenennung eines Weges in meinem heimatlichen Twellbachtal (mein früherer Schulweg) in Hannes-Wader-Weg beantragt haben. Eine tolle Idee, wie ich finde. Das Thema wird in der regionalen Presse in Kommentaren und Leserbriefen eine Zeitlang rege diskutiert. Leider wird der Antrag danach von der dafür zuständigen Behörde abgelehnt: Die Umbenennung besagten Weges kann und wird erst nach meinem Tod erfolgen. (Dann will ich mal schnell sterben, damit ich das noch erlebe.)

Das große Abschiedskonzert im Tempodrom Berlin findet statt. Ich bin sehr froh, dass so mein Tourneeleben doch noch einen angemessenen, um nicht zu sagen »würdigen« Abschluss findet.

Und was jetzt? Ich singe – quasi auf Altersteilzeit gesetzt – mit Gilbert Bécaud »Et maintenant, que vais-je faire? De tout ce temps que sera ma vie« – »Und nun? Was werde ich jetzt machen mit all der Zeit?« Ich will ja meinen Beruf nicht ganz und gar aufgeben, möchte in Zukunft schon noch ein paar Lieder schreiben und singen; werde zwar nicht mehr auf Tournee gehen, aber vielleicht dann und wann noch mal auftreten.

Nach über zwanzig Jahren strikter Fernsehabstinenz schaffe ich mir nun – ich kann es jetzt ja etwas entspannter angehen lassen – wieder ein Gerät an, mit extra großem Bildschirm. Meine Fernsehsucht ist zwar immer noch da, aber etwas abgeklungen. Ich schalte den Apparat immer erst abends an, trinke dabei ein erstes Glas Rotwein, gucke »Tagesschau«, mache die Glotze danach gleich wieder aus und unterhalte mich – und das ist immer noch das Beste vom Tage – mit meiner Frau.

Und was tue ich tagsüber? Mein schöner Plan – neue Lieder schreiben und singen, nur wenn mir danach ist, viel lesen, gärtnern, Boule spielen, mich wieder vermehrt in den Streit der Welt mischen – geht er auf? Nein, tut er nicht. Seit über zwei Jahren schreibe ich täglich mehrere Stunden an einem Buch – an diesem hier, meiner Autobiografie. Um das durchziehen zu können, darf ich mich nebenher kaum mit was anderem befassen. Ich lese nicht mehr. Biografien schon gar nicht. Mich jetzt außer in mein eigenes noch in die Schicksale anderer Leute einzugraben, würde mich völlig durcheinanderbringen. Nur noch ein Kapitel – dieses hier, dann bin ich fertig.

Und so ganz kann ich mich natürlich doch nicht vom Leben und von anderen abkapseln. Erst neulich habe ich mir im Fernsehen eine Doku über Jean Ziegler angeschaut. Ohne alle seine Ansichten zu teilen, war ich doch immer ein Bewunderer des Schweizer Sozialdemokraten, der, wie er selbst sagt, »im Herzen Kommunist« ist. Mich beeindruckt seine Unerschrockenheit als Menschenrechtler und als scharfsinnigster Globalisierungskritiker, den ich kenne.

Der Film zeigt, wie Ziegler – inzwischen vierundachtzigjährig – Havanna besucht. Dort wird er von einem kubanischen Journalisten interviewt, der ihn unter anderem fragt: »Gibt es ein Buch über Ihr Leben?«

»Worüber?«

»Über Ihr Leben.«

»Nein!«

»Warum nicht?«

»Weil es nach Tod riecht.«

»Bitte?«

»Jemand, der seine Memoiren verfasst, fühlt den Tod nahen. Ich bin ein lebender Kämpfer. Ich möchte über den Hunger schreiben, der das skandalöseste Massaker der Welt ist!«

Ich, vor der Mattscheibe, drücke (etwas verwirrt) auf die Stopptaste. Interessant, so habe ich das noch gar nicht gesehen: Ich fühle also den Tod nahen, rieche schon danach. Und das sagt er mir jetzt, wo ich längst mehrere Hundert Seiten geschrieben habe und mit meinen Memoiren fast durch bin?

Und ich denke beim Schreiben die ganze Zeit, ich habe mein gelebtes Leben vor Augen – dabei ist es immer nur der Tod.

Was bleibt mir da anderes übrig, als einfach weiterzumachen? Ich beende das letzte Kapitel – mal sehen, was dann passiert.

Nachtrag zum Erscheinen der Taschenbuchausgabe

Seit ich das letzte Kapitel meiner Lebensgeschichte in diesem Buch mit den Worten: »Mal sehen, was dann passiert«, beendet habe, ist schon wieder viel passiert – ist mir passiert: Neben Dramatisch-Tragischem, auf das ich hier nicht weiter eingehen werde, doch auch höchst Erfreuliches. So haben meine alten Bielefelder Freundinnen und Freunde aus Jugendtagen, deren Antrag, meinen damaligen Schulweg in »Hannes-Wader-Weg« umzubenennen, behördlicherseits abgelehnt wurde (siehe Kapitel »Noch ein paar Gedanken«), inzwischen etwas, wie ich finde, viel Schöneres erreicht, nämlich die offizielle Genehmigung, am besagten Weg einen großen granitenen Findling mit der Aufschrift »Hannes Wader Aue« aufzustellen. Ich fühle mich sehr geehrt und möchte ihnen hier noch einmal herzlich dafür danken.

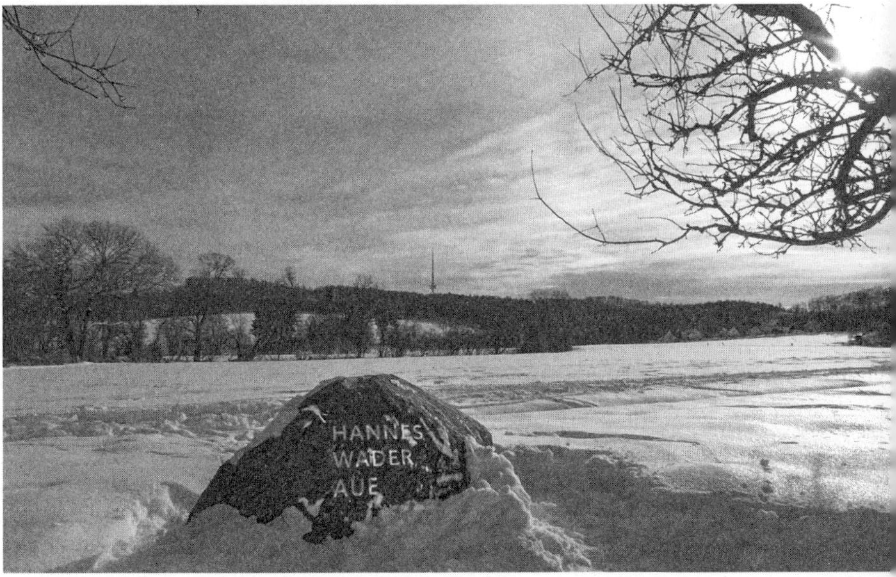

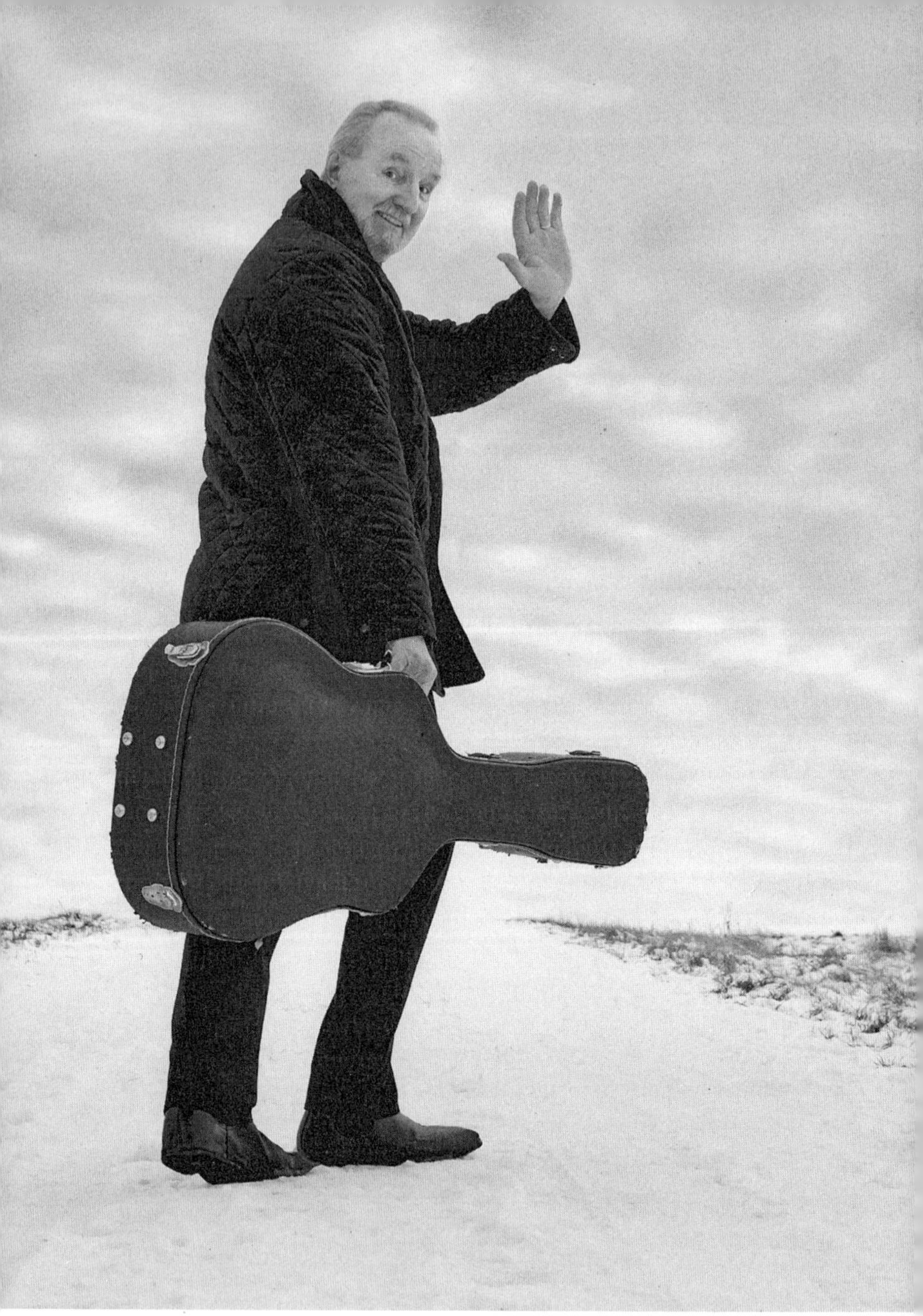

Macht's gut.

Zeittafel

1942 Geburt in Bethel bei Bielefeld

1945 Erster Auftritt bei einem Familienfest mit dem Lied »Auf der Reeperbahn nachts um halb eins«

1946 Heimkehr des Vaters aus dem Krieg

1948 Einschulung in die Volksschule Hoberge

1956 Beginn der Lehrzeit als Dekorateur in einem Schuhgeschäft in Bielefeld

1957 Tod des Vaters

1962 Verlobung mit Helga, der ersten festen Freundin; Beginn des Grafikstudiums an der Werkkunstschule Bielefeld; Auftritte als Klarinettist in einer Jazzband

1963 Umzug nach Berlin; Beginn des Grafikstudiums an der Akademie für Grafik, Druck und Werbung (später Hochschule der Künste Berlin)

1964 Auftritte als Straßenmusiker und zunehmend in den neu entstehenden Folk-Clubs in Berlin; erstes eigenes Lied: »Das Loch unterm Dach«

1965 Trennung von Helga

1966 Erster Auftritt beim Festival »Chanson Folklore International« auf der Burg Waldeck

1967 Auftritte und Tourneen gemeinsam mit Reinhard Mey; das Grafikstudium wird nicht fortgeführt

1969 Die erste Schallplatte erscheint: »Hannes Wader singt«

1971 Die Schallplatte »7 Lieder« erscheint; Beginn der Zusammenarbeit mit dem Gitarristen Werner Lämmerhirt bei Tourneen und Studioaufnahmen; letzte Trampreise durch Europa; Verhaftung aufgrund des Vorwurfs der Unterstützung einer kriminellen Vereinigung (RAF)

1973 Umzug nach Struckum/Nordfriesland in die alte Windmühle »Fortuna«

1973 »Hannes Wader singt Plattdeutsche Lieder« erscheint

1974 Hochzeit mit Susanne Tremper

1977 Eintritt in die DKP, in der Folge Boykott durch die Medien

1977 »Hannes Wader singt Arbeiterlieder« (Mitschnitt eines Auftritts beim UZ-Pressefestival)

1980 Susanne Tremper und Hannes Wader lassen sich scheiden

1980 Übertragung des Songs »No Man's Land« von Eric Bogle ins Deutsche: »Es ist an der Zeit« und Erscheinen des gleichnamigen Albums; bis in die späten 80er Tourneen mit Band: Reinhard Bärenz (Gitarre), Lydie Auvray (Akkordeon), Hans Hartmann (Bass); politisches Engagement bei der Friedens- und Anti-Atomkraftbewegung

1986 Risse in der politischen Überzeugung nach mehreren Reisen in die Sowjetunion und dem GAU im Atomkraftwerk Tschernobyl; Zusammenarbeit mit dem Gitarristen Reinhard Bärenz auf Tourneen und bei Studioaufnahmen bis in die frühen 90er; Hochzeit mit Cordula Finck

1987 Geburt des gemeinsamen Sohnes

1990 Beginn der Zusammenarbeit mit Robert Weißenberger als Konzertagent (bis zum Abschiedskonzert 2017)

1991 Austritt aus der DKP, die sozialistische Grundüberzeugung bleibt bestehen

1995 Geburt der gemeinsamen Tochter Louise

1996 Erscheinen des Albums »Liebe, Schnaps, Tod – Hannes Wader singt Bellman«, das gemeinsam mit Reinhard Mey und Klaus Hoffmann aufgenommen wurde

1997 »An Dich hab ich gedacht« – Hannes Wader singt Schubert, Begleitung: Ralf Illenberger (Gitarre) und Eberhard Weber (Bass)

1998 Umzug in einen Resthof im Kreis Steinburg (Mittelholstein)

2001 Sommertournee mit Konstantin Wecker, Mitschnitt des gemeinsamen Live-Albums »Was für eine Nacht«; Veröffentlichung des Soloalbums »Wünsche«

2003 Erscheinen des Albums »Mey Wader Wecker – Das Konzert« (Mitschnitt des gemeinsamen Konzerts anlässlich Hannes Waders 60. Geburtstags im Jahr 2002)

2008 Umzug nach Kassel

2010 Tournee mit Konstantin Wecker und den Musikern Jo Barnikel (Klavier und Keyboard), Nils Tuxen (Gitarre) und Hakim Ludin (Percussion), es erscheint begleitend das Live-Album »Kein Ende in Sicht«

2011 Der Dokumentarfilm »Wader Wecker Vaterland« von Rudi Gaul wird beim Münchner Filmfest präsentiert und gewinnt den Publikumspreis

2012 Das Album »Nah dran« erscheint; beim Weltmusikfestival in Rudolstadt erhält Wader die »Ehren-RUTH« für sein Lebenswerk

2013 Verleihung des Echo für sein Lebenswerk, die Laudatio hält Reinhard Mey; Tournee mit Allan Taylor und Erscheinen des Live-Mitschnitts »Old Friends in Concert«

2017 Abschiedstournee mit Abschlusskonzert im Tempodrom / Berlin; Beginn der Arbeit an der Autobiografie

2018 »Macht's gut!« – der Live-Mitschnitt des Abschiedskonzerts erscheint

Für eine vollständige Übersicht aller Alben und CDs siehe die nachfolgende Diskografie.

Diskografie

1969 *Hannes Wader singt*
(Conträr)

1971 *Ich hatte mir noch so viel vorgenommen*
(Universal Music)

1972 *7 Lieder*
(Universal Music)

1973 *Der Rattenfänger*
(Universal Music)

1974 *Plattdeutsche Lieder*
(Universal Music)

1975 *Volkssänger*
(Universal Music)

1976 *Kleines Testament*
(Universal Music)

1977 *Hannes Wader singt Arbeiterlieder*
(Universal Music)

1978 *Hannes Wader singt Shanties*
(Universal Music)

1979 *Wieder unterwegs*
(Universal Music)

1980 *Es ist an der Zeit*
(Universal Music)

1982 *Dass nichts bleibt wie es war (live)*
(Universal Music)

1983 *Nicht nur ich allein*
(Universal Music)

1985 *Glut am Horizont*
(Universal Music)

1986 *Liebeslieder*
(Universal Music)

1987 *Bis jetzt (live)*
(Universal Music)

1989 *Nach Hamburg*
(Universal Music)

1990 *Hannes Wader singt Volkslieder*
(Universal Music)

1991 *Nie mehr zurück*
(Universal Music)

1992 *Schon so lang '62–'92 (Compilation)*
(Universal Music)

1992 *Blick zurück – Das Beste aus den 80er Jahren (Compilation)*
(Pläne / nicht mehr lieferbar)

1995 *Zehn Lieder*
(Universal Music)

1996 *Liebe Schnaps Tod – Wader singt Bellman* (m. R. Mey & K. Hoffmann)
(Universal Music)

1997 *An dich hab ich gedacht – Wader singt Schubert*
(Universal Music)

1998 *Auftritt* (live mit Klaus Weiland & Benjamin Huellenkremer)
(Universal Music)

2001 *Was für eine Nacht* (Konstantin Wecker und Hannes Wader live)
(Universal Music)

2001 *Wünsche*
(Universal Music)

2003 *Mey Wader Wecker – Das Konzert*
(Universal Music)

2004 *... und es wechseln die Zeiten*
(Universal Music)

2004 *Wein auf Lebenszeit – Hannes Wader liest Kurt Kusenberg*
(Pläne / nicht mehr lieferbar)

2005 *Jahr für Jahr (Compilation)*
(Pläne / nicht mehr lieferbar)

2006 *Mal angenommen*
(Universal Music)

2007 *Neue Bekannte*
(Universal Music)

2010 *Wecker & Wader – Kein Ende in Sicht*
(Sturm & Klang/ALIVE/S&K 006)

2012 *Nah dran*
(Universal Music)

2013 *Hannes Wader & Allan Taylor – Old Friends in Concert*
(Universal Music)

2013 *Trotz alledem (Compilation)*
(Universal Music)

2015 *Sing*
(Universal Music)

2015 *Live*
(Universal Music)

2018 *Macht's gut*
(Universal Music)

2021 *Poetenweg* (Konzert und Lesung live)
(Stockfisch Records)

Liedverzeichnis

Das gesamte Verzeichnis der Lieder von Hannes Wader findet sich im Netz unter: www.hanneswader.de.

Liedverzeichnis weiterer Interpreten

Harry Belafonte: »Love alone«. John Hardy. *Belafonte Sings of the Caribbean.* RCA Victor 1957.

Peter Alexander: »Mein Mädel ist nur eine Verkäuferin«. Ralph Benatzky. Polydor 1963.

Walter Andreas Schwarz: »Im Wartesaal zum großen Glück«. Ariola 1956.

Lonnie Donegan: »Does Your Chewing Gum Lose Its Flavor«. Billy Rose, Ernest Breuer, Marty Bloom. Pye Records 1956.

Franz Josef Degenhardt: »Die alten Lieder«. *Der Senator erzählt.* Polydor 1968.

Lead Belly: »Good Night Irene«. *The Smithsonian Folkways Collection.* Smithsonian Folkways Recordings 2015.

Reinhard Mey: »Mädchen in den Schänken«. *Alles, was ich habe – Die 16 Großen Chansons.* Intercord 1973.

Bob Dylan: »Bob Dylan's Dream«. *The Freewheelin' Bob Dylan.* Columbia Records 1963.

Rolf Schwendter: »Ich bin noch immer unbefriedigt«. *Lieder zur Kindertrommel.* Polydor 1970.

Udo Lindenberg & das Panikorchester: »Alles klar auf der Andrea Doria«. *Alles klar auf der Andrea Doria.* Telefunken 1973.

Indian Summer: »Indian Summer«. Gary Bolstad. *Aftermath.* Heartistry Music 2005.

Hannes Wader & Allan Taylor: »Heute hier, morgen dort« / »Day To Day«. *Old Friends in Concert.* Hannes Wader, Gary Bolstad. Universal Music 2013.

Tom Paxton: »Leaving London«. *The Best of Tom Paxton. I Can't Help But Wonder Where I'm Bound.* Elektra Entertainment 1971.

Franz Josef Degenhardt: »Dämmerung«. *Dämmerung.* Koch Music 2006.

Literaturverzeichnis

Johann Sebastian Bach: »Erbauliche Gedanken eines Tabakrauchers«, in: *Clavierbüchlein der Anna Magdalena Bach*, Wiener Urtext Edition, Wien 2009.

Rüdiger Barth und Marc Bielefeld, *Wilde Dichter: Die größten Abenteurer der Weltliteratur*, Piper Verlag, München 2005.

Die Bibel. Herder Übersetzung mit Kommentar und Erläuterungen, Verlag Herder, Freiburg im Breisgau 2005.

Bertold Brecht: »Der aufhaltsame Aufstieg des Arturo Ui«, in ders.: *Stücke aus dem Exil*, Suhrkamp Verlag, Berlin 1957.

Raymond Chandler: *Lebwohl, mein Liebling*, Diogenes Verlag, Zürich 2009.

Johann Peter Eckermann: *Gespräche mit Goethe in den letzten Jahren seines Lebens*, hrsg. von Otto Schönberger, Philipp Reclam jun. GmbH & Co., Stuttgart 1994.

Friedrich Engels: »Ludwig Feuerbach und der Ausgang der klassischen deutschen Philosophie« in: *MEW Bd. 21*, Dietz Verlag, Berlin 1962.

Johann Wolfgang von Goethe: *Aller Anfang ist leicht. Maximen und Reflexionen*, Reclam Verlag, Stuttgart 2013.

Johann Christian Günther: »Lob des Winters«, in: *Gedichte*, Reclam Verlag, Stuttgart 1961.

Friedrich von Hardenberg (Novalis): »Fragment Nr. 105«, in: *Novalis: Werke, Tagebücher und Briefe Friedrich von Hardenberg*, hrsg. von Hans-Joachim Mähl und Richard Samuel, Bd. 2, Hanser Verlag, München 1978.

Michael Hartmann: *Soziale Ungleichheit – Kein Thema für die Eliten?*, Campus Verlag, Frankfurt/New York 2013.

Heinrich Heine: *Zur Geschichte der Religion und Philosophie in Deutschland*, Reclam Verlag, Stuttgart 2016.

Hermann Hesse: »Stufen«, in: *Das Lied des Lebens. Die schönsten Gedichte*, hrsg. von Volker Michels, Suhrkamp Verlag, Frankfurt am Main 1986.

Nâzım Hikmet: »Die Einladung«, in: *Die Luft ist schwer wie Blei – Hava Kurşun Gibi Ağır. Gedichte,* Dağyeli Verlag, Frankfurt am Main 1988.

Karl Marx und Friedrich Engels: »Zur Kritik der Hegelschen Rechtsphilosophie«, in: *MEW Bd. 1*, Dietz Verlag, Berlin 1981.

Karl Marx und Friedrich Engels: *Manifest der Kommunistischen Partei*, Philipp Reclam jun. GmbH & Co., Stuttgart 2014.

Friedrich Nietzsche: *Jenseits von Gut und Böse*, Reclam Verlag, Stuttgart 2015.

Rüdiger Safranski: *Romantik. Eine deutsche Affäre*, Carl Hanser Verlag, München 2007.

Friedrich Schiller: *Don Karlos*, Reclam Verlag, Stuttgart 2001.

Friedrich Schiller: »Das Lied von der Glocke«, in: *Gedichte*, hrsg. von Heinz Ludwig Arnold, Fischer Taschenbuchverlag, Frankfurt am Main 2008.

Theodor Storm: *Eine Halligfahrt*, Jan Thorbecke Verlag, Stuttgart 2018.

Kurt Tucholsky, in: *Kurt Tucholsky für Boshafte*, hrsg. von Christine M. Kaiser, Insel Verlag, Berlin 2011.

Voltaire: *Candid oder die beste der Welten*, Reclam Verlag, Stuttgart 2014.

Dylan Cem Akalin: »500.000 protestierten gegen Nato-Doppelbeschluss«, *General-Anzeiger Bonn* 22.10.2018, online abrufbar unter: http://www.general-anzeiger-bonn.de/bonn/500.000-protestierten-gegen-Nato-Doppelbeschluss-article1176315.html.

Brigitte Müller-Bilitza und C. Wolfgang C. Müller: »Club Ca ira«, *deutsche jugend,* 11/1966, online abrufbar unter: http://www.infopartisan.net/archive/1967/2667128.html.

Beate Lakotta: »Ausgeflimmert«, *Der Spiegel* 01.08.1995, online abrufbar unter: https://www.spiegel.de/spiegel/spiegelspecial/d-9206295.html.

Martin Oversohl, »Erinnerung an NS-Ankläger Fritz Bauer«, *WELT*, 09.04.2014, online abrufbar unter: https://www.welt.de/regionales/frankfurt/article126771697/Erinnerung-an-NS-Anklaeger-Fritz-Bauer.html.

Michael Ruff: »Das Ende vom Lied – »Goosmarkt« geschlossen«, *Norddeutsche Rundschau* 30.06.2009, online abrufbar unter: https://www.shz.de/lokales/norddeutsche-rundschau/das-ende-vom-lied-goosmarkt-geschlossen-id607666.html.

Gerd Schumann, »Abschied von der Landstraße«, *junge Welt*, 25./26.11.2017, online abrufbar unter: http://www.hanneswader.de/assets/jw-2017-11-25-23.pdf.

Peter Wolter: »Für die Völker des Südens hat der dritte Weltkrieg längst begonnen«, *Junge Welt* 16.11.2012, online abrufbar unter: https://www.jungewelt.de/loginFailed.php?ref=/artikel/192298.für-die-völker-des-südens-hat-der-dritte-weltkrieg-längst-begonnen.html?sstr=jean%7Cziegler.

»Tritt auf und singt«, *Der Spiegel*, 06.11.1972, Nr.46, online abrufbar unter: https://www.spiegel.de/spiegel/print/d-42765024.html

»Geschichte der Friedensbewegung. Sonne statt Reagan«, *Der Tagesspiegel* 19.10.2008, online abrufbar unter: https://www.tagesspiegel.de/gesellschaft/geschichte/geschichte-der-friedensbewegung-sonne-statt-reagan/1349992.html

Bildnachweis

Privatarchiv Hannes Wader, mit Ausnahme von:
Archiv André Heller/Heller Werkstatt: S. 491
Conträr Musik: S. 328
Dibbert, Hans-Jürgen: S. 352, S. 356
Dittmann-Soldičić, Magrit: S. 569
Drechsler, Rainer: S. 533
Gebhardt, Wolfgang: S. 494
Koenigs, Karl Anton: S. 580
Kröger, Ernst-Otto: S. 302
Mercury/Universal Music: S. 370, S. 423, S. 540, S. 554
PAN-FOTO/Günter Zint: S. 321, S. 521
Picture Alliance/Klaus Rose: S. 547
Roland-Beeneken, Frank: S. 257, S. 354/355
Rüdel, Holger: S. 346

Der Verlag hat sich bemüht, alle Rechteinhaber ausfindig zu machen, verlagsüblich zu nennen und zu honorieren. Sollte uns dies im Einzelfall aufgrund des Zeitablaufs und der schlechten Quellenlage bedauerlicherweise einmal nicht möglich gewesen sein, werden wir begründete Ansprüche selbstverständlich erfüllen.